International Arbitration

국제중재

임성우 저

서 문

국제중재가 세계 각국 기업들의 국제거래에서 발생하는 분쟁을 해결하는 가장 유력한 수단으로 자리매김을 한 지는 이미 오래다. 이에 발맞추어 세계 각국들은 국제중재 사건을 자국에 유치할 경우 발생하는 각종 경제적 부수 효과를 노리고 사건 유치를 위하여 치열하게 경쟁하고 있는 것은 이미 널리 알려진 사실이다. 아시아권에서는 싱가포르와 홍콩이 국제중재의 맹주로서의 자리를 차지하기 위해 경쟁하고 있는 상황에서 최근 우리나라 또한 서울을 동아시아 국제중재 시장의 허브로 만들기 위해 다양한 노력을 기울이고 있다. 2013년에 중재심리를 위한 첨단시설로 서울국제중재센터가 건립되고 대한상사중재원이 국내중재규칙과 별도로 선진화된 국제중재규칙을 마련하여 시행하고 있는 것도 모두 그러한 노력과 맞닿아 있다.

이처럼 우리나라는 국제중재의 선진화를 위하여 다양한 각도에서 노력을 기울이고 있지만, 다른 중재 선진국들에 비하여 지금까지 국제중재에 관한 보다 전문적이고 체계적인 연구나 논의는 활발하지 못하였던 것이 현실이다. 외국의 경우 중재실무가들이 풍부한 실무에서의 경험을 바탕으로 하여 국제상사중재와 투자조약중재를 아우르는 다양한 저서를 집필하여 출간하고 있고, 이를 기초로 한 국제중재 전문가들의 심도 깊은 논의를 통해 국제중재의 이론과 실무를 발전시켜 오고 있음은 주지하는 바와 같다. 주위의 많은 분들이 이러한 중재선진국의 상황을 언급하면서 우리 국제중재 실무가들의 노력과 분발을 촉구할 때마다 필자의 마음 한 구석에서 늘 죄송한 마음이 있었다.

이에 필자는 국제상사중재와 투자조약중재 등 국제중재의 쟁점만을 집중적으로 다룬 교과서 형태의 책자의 집필을 구상하고 그 동안 틈틈이 집필을 진행하여 오던 중 지난 2013년에 초고를 완성하였으나 그 이후에도 숨 쉴 틈이 없이 이어지는 사건들에 치여서 출간 작업을 마무리하지 못하고 있었다. 이렇게 오래 전에 초고를 완성하고도 출간을 미루어왔던 것에 대하여는 자책하는 마음이 없지 않지만, 초고 완성 이후 지금까지 국제적으로 중재법이나 중재규칙에 다양한 변화가 있었으므로 이를 모두 반영하여 책을 출간할 수 있게 된 것은 오히려 다행이라고 생각된다. 특히, 올해에는 우리 중재법이 대폭 개정되었는데, 이번에 그와 같이 개정된 내용과 그 의미까지 이 책을 통해 자세히 소개할 수 있게 된 것은 행운이라고 하겠다.

이 책은 무엇보다도 필자가 오랜 기간 동안 법무법인 광장의 국제중재팀장으로 일하면서 동료 변호사들과 함께 처리해온 실로 다양한 국제중재사건들의 실전 경험을 밑거름으로 한 것이다. 또한, 필자는 지난 2013년에 싱가포르 국제중재법원의 초대 상임위원으로 선임되어 Gary Born과 같은 세계적인 국제중재전문가들과 같이 교류하면서 싱가포르의 국제중재가 세계적으로 도약하는 그 과정을 바로 눈앞에서 살펴볼 수 있는 특권을 누렸고, 특히 최근에는 우리 중재법의 개정, 대한상사중재원의 국제중재규칙의 개정, 상사중재육성법의 제정 등 국제중재와 관련된 국내 주요 프로젝트에 모두 직접 참여하는 기회도 얻었는데, 이러한 소중한 경험들 또한 본 집필의 완성에 큰 도움이 되었음을 고백하지 않을 수 없다.

이 책을 집필하면서 필자는 현재 우리 국제중재의 실무에서 주목을 받지 못하고 있지만 여전히 국제중재를 이해하는 데에 중요한 여러 쟁점들을 가급적 빠짐없이 소개하고자 하였다. 또한, 각 주제에 관한 기존의 국내외의 다양한 학설과 판례를 소개하되 단순한 소개에만 그치지 않고 그러한 논의가 전체 국제중재의 체계에서 차지하는 의미를 분석하고 그에 관한 필자 나름대로의 비평과 의견을 제시하고자 노력하였다. 아무쪼록 부족하나마 그와 같은 시도가 국제중재의 다양한 쟁점에 관한 보다 심도 깊고 활발한 논의로 이어져 이를 통해 우리 국제중재의 이론과 실무를 보다 충실하고 완전하게 발전시켜나가는 조그마한 단초가 되었으면 한다.

아울러 이 기회를 빌려 항상 후배들이 해당 분야에서 최고의 전문가로 성장해나가기를 독려하며 물심양면으로 지원을 아끼지 않으시는 법무법인 광장의 김재훈 대표변호사님, 이문성 변호사님 등 선배들과, 바쁜 업무 중에서도 이 책의 발간을 위한 마무리 작업을 도와준 Robert Wachter 변호사, 김선영 변호사, 한예원 변호사, 김새미 변호사, 김현경 변호사, 구현양 변호사, 신정아 변호사, 유은경 변호사, 그리고 언제나 뒤에서 묵묵히 우리 국제중재팀을 위해 수고하고 애쓰는 차예주 대리를 비롯한 여러 스텝들에게 깊은 감사의 마음을 전하고자 한다.

마지막으로 이 책의 출간을 그 누구보다도 반기시면서 초고를 밤늦도록 꼼꼼히 검토하신 후 귀중한 의견을 주신 이동흡 전 헌법재판관님께 머리 숙여 감사를 드리며, 이 책의 최종 교정 및 출간에 큰 도움을 주신 박영사의 조성호 이사님, 김선민 부장님께도 감사를 드린다.

2016년 여름

저자 임 성 우

목 차

제1장 국제중재의 개관

제 2 장 국제중재절차를 관장하는 규범의 체계와 질서

제 3 장 중재합의

제 4 장 중재판정부

제 5 장 중재절차

제 6 장 중재판정의 승인 및 집행

제 7 장 중재판정에 대한 불복

제 8 장 투자조약중재

부 록

범 례

1. 기 관

AAA	미국중재협회(American Arbitration Association)
ACICA	호주국제상사중재센터(Australian Centre for International Commercial Arbitration)
BANI	인도네시아국립중재위원회(Indonesian National Board of Arbitration)
CAS	스포츠중재법원(Court of Arbitration for Sport)
CIETAC	중국국제경제무역중재위원회(China International Economic and Trade Arbitration Commission)
HKIAC	홍콩국제중재센터(Hong Kong International Arbitration Center)
IBA	국제변호사협회(International Bar Association)
ICC	국제상업회의소(International Chamber of Commerce International Court of Arbitration)
ICDR	AAA 국제분쟁해결센터(International Center for Dispute Resolution)
ICSID	국제투자분쟁해결기구(International Centre for Settlement of Investment Disputes)
JCAA	일본상사중재협회(Japan Commercial Arbitration Association)
KCAB	대한상사중재원(Korean Commercial Arbitration Board)
KLRCA	쿠알라룸푸르중재원(Kuala Lumpur Regional Centre for Arbitration)
LCIA	런던국제중재법원(London Court of International Arbitration)
LMAA	런던해사중재인협회(London Maritime Arbitration Association)
SCIA	스위스상공회의소 중재기관(Swiss Chambers' Arbitration Institution)

SCC	스톡홀름상업회의소 중재재판소(Arbitration Institute of Stockholm Chamber of Commerce)
SIAC	싱가포르국제중재센터(Singapore International Arbitration Center)
SICC	싱가포르국제상사법원(Singapore International Commercial Court)
SIMC	싱가포르국제조정센터(Singapore International Mediation Centre)
UNCITRAL	국제연합 국제무역법위원회(United Nations Commission on International Trade Law)
UNCTAD	국제연합 무역개발협의회(United Nations Conference on Trade and Development)
UNIDROIT	국제사법통일국제연구소(International Institute for the Unification of Private Law)
VIAC	비엔나국제중재센터(Vienna International Arbitral Centre)
WIPO	세계지적재산권기구 중재조정센터(World Intellectual Property Organization Arbitration and Mediation Center)

2. 중재규칙

AAA 상사중재규칙	미국중재협회 상사중재규칙(AAA Commercial Arbitration Rules: 2013. 10. 1. 발효)
ACICA 중재규칙	호주국제상사중재센터 중재규칙(ACICA Arbitration Rules: 2011. 8. 1. 발효)
CIETAC 중재규칙	중국국제경제무역중재위원회 중재규칙(CIETAC Arbitration Rules: 2015. 1. 1. 발효)
HKIAC 중재규칙	홍콩국제중재센터 중재규칙(HKIAC Administered Arbitration Rules: 2013. 11. 1. 발효)
ICC 중재규칙	국제상업회의소 중재규칙(Rules of Arbitration of the International Chamber of Commerce: 2012. 1. 1. 발효)
ICDR 중재규칙	AAA 국제분쟁해결센터 국제중재규칙(ICDR International Arbitration Rules: 2014. 6. 1. 발효)
JCAA 중재규칙	일본상사중재협회 상사중재규칙(JCAA Commercial Arbitration

	Rules: 2015. 12. 10. 발효)
KCAB 국내중재규칙	대한상사중재원 국내중재규칙(KCAB Domestic Arbitration Rules: 2011. 9. 1. 발효)
KCAB 국제중재규칙	대한상사중재원 국제중재규칙(KCAB International Arbitration Rules: 2016. 6. 1. 발효)
LCIA 중재규칙	런던국제중재법원 중재규칙(LCIA Arbitration Rules: 2014. 10. 1. 발효)
SCIA 중재규칙	스위스상공회의소 중재기관 국제중재규칙(Swiss Rules of International Arbitration of the Swiss Chambers of Commerce: 2012. 6. 1. 발효)
SIAC 중재규칙	싱가포르국제중재센터 중재규칙(Arbitration Rules of the Singapore International Arbitration Centre: 2016. 8. 1. 발효)
SCC 중재규칙	스톡홀름 상업회의소 중재재판소 중재규칙(Arbitration Rules of the Arbitration Institute of the Stockholm Chamber of Commerce: 2010. 1. 1. 발효)
UNCITRAL 중재규칙	국제연합 국제무역법위원회 중재규칙(UNCITRAL Arbitration Rules: 2014. 4. 1. 발효)
VIAC 중재규칙	비엔나국제중재센터 중재규칙(VIAC Rules of Arbitration: 2013. 7. 1. 발효)
WIPO 중재규칙	세계지적재산권기구 중재규칙(WIPO Arbitration Rules: 2014. 6. 1. 발효)

3. 법령 등

뉴욕협약	외국중재판정의 승인 및 집행에 관한 협약(Convention on the Recognition and Enforcement of Foreign Arbitral Awards)
로마협약	계약채무의 준거법에 관한 유럽공동체협약(Convention on the law applicable to contractual obligations 1980)
로마규정(Ⅰ)	계약상 채무의 준거법에 관한 유럽연합 규정(Regulation (EC) No 593/2008 of the European Parliament and of the Council of 17 June 2008 on the law applicable to contractual obligations)
로마규정(Ⅱ)	계약외 채무의 준거법에 관한 유럽연합 규정(Regulation (EC) No 864/2007 of the European Parliament and of the Council

	of 11 July 2007 on the law applicable to non-contractual obligations)
모범중재법	국제상사중재를 위한 UNCITRAL 모델법(UNCITRAL Model Law on International Commercial Arbitration)
우리 중재법	대한민국 중재법(법률 제14176호, 2016. 5. 29. 일부개정, 2016. 11. 29. 시행)
유럽협약	1961년 국제상사중재에 관한 유럽협약(European Convention on International Commercial Arbitration of 1961)
IBA 증거조사규칙	국제중재에서의 증거조사에 관한 국제변호사협회 규칙(IBA Rules on the Taking of Evidence in International Arbitration)
IBA 이해상충지침	국제중재에서의 이해상충에 관한 국제변호사협회 지침(IBA Guidelines on Conflicts of Interest in International Arbitration)
IBA 대리행위지침	국제중재에서의 당사자 대리에 관한 국제변호사협회 지침(IBAGuidelines on Party Representation in International Arbitration)
ICSID 중재규칙	ICSID 중재절차에 관한 규칙(Rules of Procedure for Arbitration Proceedings of ICSID)
ICSID 협약	국가와 타방국가 국민간의 투자분쟁의 해결에 관한 협약(Convention on the Settlement of Investment Disputes between States and Nationals of Other States)
UNCITRAL 투명성규칙	조약에 근거한 투자자-국가간 중재에서의 투명성에 관한 규칙(UNCITRAL Rules on Transparency in Treaty-based Investor-State Arbitration)

4. 저 서

Born(ICA)	Gary B. Born, International Commercial Arbitration, 2nd edition, Kluwer Law International, 2014
Born(IA)	Gary B. Born, International Arbitration: Law and Practice, 2nd edition, Kluwer Law International, 2015
Derains and Schwartz	Yves Derains, Eric Schwartz, A Guide to the ICC Rules of Arbitration, 2nd edition, Kluwer Law International, 2005

Dolzer and Schreuer	Rudolf Dolzer and Christopher Schreuer, Principles of International Investment Law, Oxford University Press, 2012
Fry/Greenberg/Mazza	The Secretariat's Guide to ICC Arbitration, International Chamber of Commerce (ICC), 2012
Gaillard and Savage	Emmanuel Gaillard and John Savage, Fouchard, Gaillard, Goldman On International CommercialArbitration, Kluwer Law International, 1999
Greenberg 외	Simon Greenberg, Christopher Kee, J. Romesh Weeramantry, International Commercial Arbitration, Cambridge University Press, 2011
Mcllwrath and Savage	Michael McIlwrath and John Savage, International Arbitration and Mediation: A Practical Guide, Kluwer Law International, 2010
Moses	Margaret L. Moses, The Principles and Practice of International Commercial Arbitration, Cambridge University Press, 2nd edition, 2012
Redfern and Hunter	Nigel Blackaby, et al., Redfern and Hunter on International Arbitration, 5th ed., Oxford University Press, 2009
Reed 외	Lucy Reed, Jan Paulsson, Nigel Blackaby, Guide to ICSID Arbitration, Kluwer Law International, 2011
Sutton 외	David St. John Sutton, Judith Gill, Matthew Gearing, Russell on Arbitration, Sweet & Maxwell Ltd, 2007, South Asian Edition, 2009 Fifth Impression, 2015
van den Berg	Albert Jan van den Berg, The New York Arbitration Convention of 1958, Kluwer Law International, 1981
김갑유(대표집필)	조승우 외 8, 중재실무강의, 박영사, 2012
목영준	목영준, 상사중재법, 박영사, 2011
박노형/오현석/이재우	박노형, 오현석, 이재우, 투자자 · 국가소송(ISD) 최신 판정분석, 법무부, 2014
석광현	석광현, 국제상사중재법연구 제1권, 박영사, 2007
주석중재법	양병회 외 8, 주석중재법, 대한상사중재원, 한국중재학회, 2006

제 1 장

국제중재의 개관

Ⅰ. 중재란 무엇인가?

1. 중재의 특징적 요소

중재(arbitration)는 분쟁을 소송(litigation)과 다른 절차를 통하여 해결하는 수단이라는 점에서 이른바 '대체적 분쟁해결수단(alternative dispute resolution; ADR)'의 일종으로 분류된다. 소송 이외의 방법으로 분쟁의 해결을 도모하는 대체적 분쟁해결수단의 종류는 매우 다양한데, 실무상 당사자들이 합의한 특정한 분쟁해결수단이 과연 중재로 분류될 수 있는가 하는 점이 문제되는 경우가 적지 않게 발생한다. 그 경우 중재를 다른 대체적 분쟁해결수단으로부터 구별해내는 기준이 무엇인가를 규명하는 작업은 생각보다 간단하지 않은 경우가 많다. 그럼에도 불구하고 중재라는 것이 무엇인가 하는 근본적인 쟁점에 대하여 국내외적으로 깊은 논의가 부족한 것은 약간은 놀라운 일이다. 1.01

우선, 당사자들이 합의한 어떤 특정한 분쟁해결수단이 과연 중재에 해당하는 것인지는 그 명칭에 구애받음이 없이 해당 분쟁해결수단의 실체적 본질에 따라 파악하여야 한다는 점에 있어서는 별다른 이견이 있을 수 없다고 본다. 즉, 당사자들이 중재라고 칭하지 않더라도 중재로 관념될 수 있는 분쟁해결수단이 있을 수 있는가 하면, 반대로 설령 당사자들이 중재라고 이름을 붙였더라도 실제로는 중재로 관념될 수 없는 분쟁해결수단도 있을 것이다. 그렇다면 어떤 분쟁해결수단을 실질적으로 '중재'라고 관념하기 위한 기준은 무엇일까? 1.02

1.03 이와 관련하여 어떤 분쟁해결수단이 중재로 관념되기 위한 핵심적 요소로서 '대체적 분쟁해결에 관한 당사자들의 합의(consent)', '종국적 구속력이 있는 결정(final and binding decision)' 등과 같은 요소들을 드는 견해가 있는가 하면,[1] 위의 특징에 더하여 분쟁 당사자들에게 각자의 주장을 개진할 기회를 공정하게 부여한다는 의미에서의 '사법적(司法的) 절차의 사용(use of adjudicatory procedure)'이라는 요건을 중재의 필수적 요소로 추가하여야 한다는 견해도 있다.[2] 특히 후자의 입장은 아래에서 설명하는 전문가결정(expert determination) 등과 같은 대체적 분쟁해결수단을 중재와 구분하려는 노력과 무관하지 않은바, 이하에서는 중재의 특징으로 거론되고 있는 위의 다양한 요소들을 중심으로 하여 중재를 그 밖의 다양한 대체적 분쟁해결수단과 비교하여 살펴봄으로써 중재의 개념에 관한 논의의 바람직한 방향을 제시해보고자 한다.

가. 대체적 분쟁해결에 관한 당사자들의 합의

1.04 중재는 분쟁을 법원의 판사 등 국가의 사법기관이 아닌 사적(私的)인 중재판정부[3]의 중재판정에 의하여 해결하기로 하는 당사자들의 합의에 기초를 두고 있다. 이처럼 중재는 당사자들의 사적 자치에 그 정당성의 기초를 두고 있는 절차라는 점에서, 당사자들 사이의 합의(consent)를 전제로 하지 않는 분쟁해결의 절차는 설령 그것을 중재라고 부른다고 하더라도 이를 중재로 관념하기는 어렵다.

(1) 강제적 중재

1.05 국제중재의 실무상 당사자들의 사적 자치에 의한 합의와 무관하게 특정한 분쟁에 대하여 중재를 강제하는 경우가 있는데, 예컨대 포르투갈은 2011년에 특정한 의약품에 관한 특허분쟁을 법원의 재판이 아닌 중재로 해결하도록 하는 입법을 하였다.[4] 이로 인하여 해당 특허분쟁의 당사자들은 중재합의를 하지 않았음에도

[1] Moses, 2면; 목영준, 6면 등 참조. 중재의 필수적 요소로 '당사자의 합의'와 '사적인 결정권자에 의한 판단(non-governmental decision-maker)'을 나누어 고찰하기도 하지만(Moses, 2면 등) 이 두 가지 요소는 '대체적 분쟁해결수단에 대한 당사자의 합의'라는 큰 범주에서 묶어 하나의 요소로 파악하는 것도 무방하다고 본다.

[2] Born(IA), 4면 참조.

[3] 소송에서 1인의 단독판사나 3인의 합의부를 불문하고 재판부라는 용어를 사용하는 것처럼, 중재에 있어서도 1인 중재이든 3인 중재이든 불문하고 모두 중재판정부(arbitral tribunal)라고 부른다. 중재판정부에 대한 보다 자세한 논의는 제4장 참조.

[4] Portuguese Law, PARLIAMENT Law No. 62/2011 (2011. 12. 12. 공표) 참조.

불구하고 소송을 제기하는 길이 차단되고 해당 분쟁을 오직 중재로만 해결하도록 법적으로 강제된다. 이러한 강제적 중재(compulsory arbitration)는 비록 그 명칭을 '중재(arbitration)'라고 부르고, 나아가 전형적인 중재규칙이 실제로 그에 적용된다고 하더라도, 중재에 요구되는 상호합의적인 본질(consensual nature)을 결여하고 있기 때문에 결코 진정한 의미에 있어서의 중재라고 할 수는 없다.

1.06 한편, 스포츠중재법원(Court of Arbitration for Sport; CAS)에 의한 중재절차의 경우에는, IOC나 FIFA 등 거의 대부분의 국제적인 스포츠단체가 자신들이 주최하는 스포츠 경기에 참여하는 선수들로 하여금 CAS 중재에 합의하도록 하는 결과, 경기에 참여하기를 희망하는 선수들로서는 달리 선택의 여지가 없이 CAS 중재에 합의하게 된다. 따라서 이러한 중재를 진정한 의미에 있어서 당사자들의 합의에 기한 중재가 아닌 강제적 중재(compulsory arbitration)의 일종이라고 설명하기도 한다.[5] 그러나 스포츠중재 분야이든 아니면 소비자 분쟁 관련 중재 분야이든 일단 분쟁을 중재에 맡기는 당사자들의 의사 합치가 인정된다면, 설령 그러한 당사자의 선택이 완전한 자유의사에 따른 것이라고 보기는 어렵다고 하더라도, 이는 앞서 본 포르투갈의 특정 의약품에 대한 특허분쟁의 경우와 같이 아예 법률에 의하여 강제가 되는 중재와 동일선상에 놓고 볼 것은 아니라고 본다.[6]

(2) 투자조약중재

1.07 중재에 대한 상호합의는 반드시 서로간의 직접적인 계약관계(privity)가 있는 경우에만 인정되는 것은 아니며, 분쟁의 당사자들 사이에 직접적인 계약관계가 없는 경우에도 얼마든지 중재합의는 성립할 수 있다. 예컨대, 투자조약중재(investment treaty arbitration)의 경우에는 투자자와 투자유치국 사이에 직접적인 계약관계가

---

[5] 논자에 따라서는 CAS 중재와 같은 스포츠중재에 대한 선수들의 동의는 허구적인(fictional) 것이라고 말하기도 한다[Jan Paulsson, "Arbitration of International Sports Disputes," Arbitration International Volume 9 Issue 4 (1993), 13면 참조)].

[6] 스포츠중재의 메카라고 할 수 있는 스위스의 경우 법원은 스포츠중재에서의 선수들의 중재의사는 사실상 강제적인 요소가 있음을 인정하면서도 신속하고 효율적인 분쟁해결의 필요성의 차원에서 그러한 중재합의를 유효한 것으로 보고 있고, 독일의 경우에도 최근의 유명한 Pechstein 사건에서 하급심이 CAS 중재가 선수에게 강제적 요소를 가진다거나 또는 CAS에게 독점금지법상의 시장지배적 지위 남용이 인정된다는 등의 이유로 해당 사안에서 선수와 스포츠단체 사이의 CAS 중재에 관한 합의가 무효인 것으로 판시하여 논란이 되었으나, 2016. 6. 7. 독일 연방대법원(Bundesgerichtshof; BGH)은 위의 하급심의 논리를 모두 배척하고 해당 중재합의가 유효하다는 판결을 내린 바 있다.

없다고 하더라도 투자조약(bilateral investment treaty; BIT)이라고 하는 매개를 통하여 일방 체약국 소속 투자자와 그러한 투자를 유치한 다른 체약국 사이에 유효한 중재합의가 성립될 수 있다. 즉, 그러한 경우 투자조약을 통해 체약국이 분쟁을 중재로 해결한다는 일종의 공개 청약(이른바 'standing offer')을 한 것으로 보고 투자자가 해당 조약을 원용하여 중재를 제기함으로써 그러한 청약을 승낙하여 중재합의가 성립되는 것으로 해석된다.[7]

1.08 한편, 최근 투자조약중재의 활성화에 고무되어 일반 상사중재의 경우에도 국가와 국가 사이에 이른바 중재조약(bilateral arbitration treaty; BAT)을 체결하여 당사자들에 의한 반대의 합의가 없는 한 체약국 소속 당사자들 사이의 분쟁은 중재로 해결하자는 견해가 있다.[8] 그러나 투자조약중재의 경우는 중재의 당사자인 국가가 조약이나 기타 법률에 의하여 자발적으로 중재에 동의하는 구조를 가지고 있으므로 어느 당사자들에게도 중재를 강제하는 요소가 존재하지 아니한다. 반면에 BAT의 경우는 일방 당사자가 중재를 원하지 아니하는 경우에도 입법에 의하여 중재를 강요하는 측면이 존재하므로, 이러한 강제적 요소는 당사자의 사적 자치에 기초한 중재제도의 본질이나 뉴욕협약의 체제에 반하는 것이라는 문제가 발생한다. 이러한 점을 고려하여 당사자들에게 계약을 통해 BAT의 적용을 배제할 수 있는 권한을 부여하는 내용을 BAT에 포함시키는 방안도 같이 제안되고 있으나, 그렇게 하더라도 중재를 원하지 않는 당사자의 입장에서 보면 여전히 강제적인 요소가 존재하게 된다. 결국, 국제적 거래관계에서 발생하는 분쟁의 해결 수단으로 중재가 더 많이 활성화되어야 한다는 기본 인식에는 공감하는 바가 크지만, BAT에 의한 중재절차는 사적 자치를 기반으로 하는 현재의 뉴욕협약 체제에 포섭될 수 있는 중재라고 보기는 어렵다고 본다.

나. 종국적 구속력

1.09 분쟁을 법원의 판사가 아닌 사인을 통하여 해결하는 대체적 분쟁해결수단은 여러 가지 형태가 있지만 그 가운데 특히 개념상 중재와는 구별되어야 할 절차로는 **조정**(mediation)을 들 수 있다.[9] 조정의 경우에는 분쟁의 해결을 위한 중립적 제3

[7] 이에 대한 보다 자세한 내용은 제8장 투자조약중재 부분 참조.

[8] Gary Born, "BITs, BATs and Buts: Reflections on International Dispute Resolution," Young Arbitration Review (Edition 13, April 2014) 참조.

[9] 조정에 대하여는 conciliation이라는 단어를, 알선에 대하여 mediation이라는 단어를 각각 구별

자인 조정인의 결정이나 판단이 당사자에 대하여 구속력을 가지지 않는다는 측면에서 구속력이 있는 중재판정을 통해 분쟁을 해결하는 중재와는 근본적인 차이가 있다.

1.10 위와 동일한 맥락에서 미국의 소송절차와 관련하여 활용되는 중립적 평가(neutral evaluation) 절차, 즉, 판사가 아닌 중립적 제3자가 분쟁 당사자 양측의 주장을 듣고 양측 주장에 대한 평가를 제시하는 절차 등과 같이 당사자에게 구속력을 가지지 않는 다른 많은 대체적 분쟁해결수단들 역시 그 명칭 여부와 무관하게 개념상 중재와는 분명히 구분이 된다.

1.11 그리고 해외건설계약의 실무상 분쟁해결수단으로 당사자들이 이용하는 **분쟁판정위원회**(Dispute Adjudication Board; DAB)**의 결정** 역시 비록 당사자에 대하여 구속력("binding")을 가지고 또 주어진 일정한 기한 내에 당사자가 이를 다투지 않는 경우에는 확정적인 구속력("final and binding")도 부여되게 되나, 그럼에도 불구하고 동 절차는 여전히 중재에 따른 종국적 분쟁해결절차가 남아 있는 잠정적인 분쟁해결절차라는 점에서[10] 판정을 통해 종국적으로 분쟁을 해결하는 절차인 중재와는 구분된다고 하겠다.[11]

다. 전문가결정 등과의 구분

1.12 당사자들에 대하여 구속력을 가진다는 측면에서는 중재와 유사하지만 다른 이유에서 중재와는 구별되는 대체적 분쟁해결수단으로는 '**전문가결정**(expert determination)'이 있다. 이는 M&A에서의 주식 등 자산의 가치나 적정 가격의 평가 또는 건설공사에 있어서 기성고나 물량 등의 확정과 같은 특수한 사실상의 쟁점에 관한 분쟁을 해결하기 위하여 일부 영미법 국가를 중심으로 하여 사용되어 온 분쟁해결의 수단인데, 최근에는 일반적인 분쟁의 해결에도 이용되고 있는 실정이

하여 사용하기도 한다(목영준, 4면 각주 3 참조).

10 일방 당사자가 분쟁판정위원회의 구속력이 있는 결정에 따르지 않을 경우 타방 당사자는 중재를 제기할 수 있다(1999년 개정 FIDIC약관 일반조건 제20.7조 등).

11 영국의 경우 건설계약상의 분쟁을 신속히 해결하기 위하여 별도의 입법에 의하여 마련된 'adjudication'이라는 절차가 실무상 많이 활용되고 있으나(Housing Grants, Construction and Regeneration Act 1996 제108조 참조), 이는 당사자들의 합의가 없이 일방 당사자의 신청에 의하여도 이용이 가능한 절차라는 점에 있어서 중재와 다르며, 중재나 소송에 따른 종국적 분쟁해결을 염두에 둔 잠정적인 분쟁해결절차라는 점에서도 중재와는 본질적으로 구분이 된다.

다.[12] WIPO의 전문가결정 규칙(Expert Determination Rules)은 지적재산권 등 다양한 분쟁의 해결에 활용되고 있으며, ICC 역시 전문가절차 관리규칙(Rules for the Administration of Expert Proceedings)을 새로 만들어 시행하고 있다.[13] 대륙법 국가의 경우에도 권리 또는 법률관계의 전제가 되는 사실관계의 확정이나 권리 또는 법률관계의 보충 또는 변경 등을 전문가인 제3자에 맡기고 그 판단에 복종하기로 하는 '**중재감정**(Schiedsgutachten)'과 같은 분쟁해결절차가 활용되고 있다.[14]

1.13 이러한 절차들은 모두 기본적으로 당사자의 사적 자치에 따른 것이고, 또한 분쟁의 대상이 되는 특정 쟁점에 관하여 내리는 제3자의 결정이 양 당사자를 구속한다는 점에서 중재의 중요한 특징적 요소를 구비하고 있다. 이러한 점으로 인하여, 혹자는 WIPO의 전문가결정 규칙(Expert Determination Rules)에 따른 분쟁해결절차를 전문가가 중재판정부의 역할을 하는 중재의 특수한 형태라고 파악하기도 한다.[15] 그러나 전문가결정 절차는 앞서 본 중재의 주요한 특징적 요소들을 구비하고 있음에도 불구하고 이러한 절차들은 중재와는 엄연히 구분되는 독자적인 분쟁해결절차로 이해되고 있고,[16] 실제로 중재를 이러한 절차들과 구분하기 위하여 중재의 특징적 요소를 다양한 각도에서 분석하려는 시도가 이루어지고 있다.

(1) 사법적 절차의 사용

1.14 앞서 본 바와 같이 전문가결정 등과 같은 대체적 분쟁해결수단을 중재와 구분하려는 노력의 일환으로 중재의 핵심적 요소로서 '대체적 분쟁해결에 관한 당사자들의 합의(consent)', '종국적 구속력이 있는 결정(final and binding decision)' 등에

---

12 Kendall, Freedman and Farrell, *Expert Determination*, Sweet & Maxwell, 4th edition, (2008) 참조. 이러한 전문가결정 제도는 국제중재의 일반적인 절차에서 특정 전문분야에 대한 중재판정부의 판단에 도움을 주기 위하여 당사자 또는 중재판정부가 전문가(expert)를 선임하는 경우와는 구분되는 개념인데, 통상의 중재절차에서 선임되는 전문가의 판단은 하나의 참고사항일 뿐 원칙적으로 기속력이 발생하지 않는다(2015 ICC Rules for the Administration of Expert Proceedings 제8조 제2항 참조).

13 2015년에 제정된 전문가절차 관리규칙은 2003년에 제정된 ICC의 전문가 규칙(Rules for Expertise)을 대체하는 것으로서 전문가에 의한 분쟁해결에 관하여 보다 완비된 규정을 담고 있다.

14 중재감정에 대한 보다 자세한 논의는 강수미, "중재감정계약에 관한 법적 연구," 연세대학교 대학원 박사학위 논문 (1998. 12.) 참조.

15 김갑유(대표집필), 212면 각주 99 참조.

16 Sutton 외, 45면 참조. WIPO의 전문가결정 규칙은 전문가의 결정에 구속력을 부여하지만[동 규칙 제17조 (f) 참조], 중재와 같은 종국적 기속력을 부여하고 있지는 않다.

더하여 분쟁 당사자 양측에 각자의 주장을 개진할 기회를 공정하게 부여한다는 의미에서의 사법적(司法的) 절차의 사용(use of adjudicatory procedure)을 중재의 필수적 요소로 추가하여야 한다는 견해가 있다. 이러한 입장에 따르면, 예컨대, 양 당사자들이 각자의 주장을 개진할 기회를 부여받는다는 것이 전문가결정 등과 구분되는 중재만의 특징적 요소로 설명된다.[17]

1.15 그러나 단적으로 WIPO의 전문가결정 규칙에서도 볼 수 있듯이,[18] 전문가결정 절차도 얼마든지 분쟁의 양당사자에게 각자의 주장을 개진할 기회를 공정하게 부여하고 그에 따라 판단을 내릴 수 있으므로, '사법적 절차의 사용'을 중재만의 본질적인 특징이라고 보고, 그러한 사법적 절차의 적용 여부에 따라 중재를 전문가결정 등 다른 분쟁해결절차와 구분해내기는 쉽지 않다고 본다.

(2) 제3자의 임무의 대상 및 범위

1.16 중재와 중재감정을 구분하는 기준을 결정권자인 제3자에게 위임된 임무의 대상, 즉, 해당 분쟁의 성격 또는 위임된 임무의 범위에서 찾으려는 시도도 있다. 이러한 맥락에서, 중재는 분쟁을 법원이 아닌 중재인에 의하여 해결한다는 점에서 당사자 간에 중재합의가 존재하지 않을 경우 법원의 재판권이 미치는 사항, 즉, 법률상의 분쟁이 아닌 단순한 법해석론상의 문제에 관한 분쟁이나 또는 법률문제를 포함하지 않는 단순한 사실의 존부나 평가에 관한 분쟁 등은 법률상의 쟁송에 해당하지 않기 때문에, 그에 관한 판단을 제3자에 맡기고 그에 따르기로 하는 취지의 합의(중재감정계약)는 중재합의에 해당되지 않는다는 견해가 있다.[19]

1.17 그러나 우선 대상 분쟁의 성격과 관련하여 중재가 법원의 재판권이 미치는 사항만을 대상으로 한다고 보는 것은 여러 가지 측면에서 문제가 있다. 중재가 재판과 달리 당사자의 사적 자치에 기초를 둔 제도인 이상 중재의 대상이 되는 분쟁(dispute or difference)을 반드시 법원 재판의 대상이 되는 사항에 국한하여 볼 합리적인 이유는 없다. 예컨대, 우리나라를 포함한 일부 대륙법계 국가의 경우 사실관계에 대한 확인을 구하는 소는 확인의 이익이 없다는 이유로 법원의 재판 대

---

[17] Born(IA), 4면 참조.

[18] WIPO 전문가결정 규칙 제14조 (b).

[19] 진상범, "중재합의의 효력 범위," 대법원 판례해설 제89호 (2011), 484면 등 참조.

상이 되지 않지만, 중재에서는 반드시 이러한 논리가 통용되지 않는다. 실제로 우리나라를 포함한 일부 국가의 법원에서는 채무불이행 여부에 관한 확인청구와 같은 것은 법률관계의 전제가 되는 사실을 확인하는 청구의 일종으로서 허용되지 않지만, 국제중재의 실무상 일방 당사자의 채부불이행 사실의 확인을 구하는 청구도 얼마든지 허용된다.

1.18 또한, 분쟁의 대상 또는 결정권자의 임무 범위의 측면에서 법률관계의 전제가 되는 사실의 존부나 내용에 관한 문제를 법률관계와 개념적으로 완전히 구분하여 파악하는 것도 결코 쉬운 일은 아니다. 더구나, 중재감정인에게도 얼마든지 권리 또는 법률관계 자체에 관하여 판단할 권한이 부여될 수 있다는 점을 고려한다면[20] 판단 대상의 성격이나 판단자의 임무 분석을 통해 중재의 개념을 파악하고 이를 중재감정으로부터 구분해낸다는 것은 더더욱 어렵다고 할 수 있다.[21]

(3) 종국적 구속력 및 법원의 사후 심사의 범위

1.19 이상과 같이 사법적 절차의 사용이나 분쟁의 대상 또는 위임된 임무의 범위 등의 관점에서 중재를 전문가결정이나 중재감정과 같은 절차에서 구분하는 데에서 발생하는 난점을 극복하기 위하여 실질재심사가 금지되는 종국적 구속력이나 법원의 사후심사권의 범위의 관점에서 양자를 구별하려는 시도도 있다. 이러한 견해에 따르면 중재의 경우 판정은 법원의 사후적인 실질재심사가 금지되는 반면 중재감정의 경우는 그 내용이 명백하게 부당하거나 불공평하면 무효가 된다는 점[22]

---

[20] 중재감정 가운데는 매매계약과 관련하여 적정한 가격에 합의한 후 무엇이 적정한 가격인지에 관한 다툼이 있을 경우 그에 대한 판단을 제3자에게 맡기거나 계속적 계약관계에서 경제상황이 변화한 경우 그에 따라 급부를 수정하는 것과 관련하여 발생한 분쟁을 제3자에게 맡기는 경우 등도 있다[강수미(각주 14), 23면 이하 참조].

[21] 중재의 개념을 어떻게 파악할 것인가 하는 문제는 중재가능성(arbitrability) 문제와는 구분하는 것이 바람직하다고 본다. 예컨대, 전문가결정 등과 같이 중재절차와는 구분되는 분쟁해결절차의 경우 비록 중재가능성이 있는 분쟁을 다루었다고 하더라도 이는 중재와 구분되며, 중재절차에서 중재가능성이 없는 분쟁을 다루었다고 하더라도 그로 인해 그러한 분쟁해결절차가 아예 중재로 관념되지 않는 것은 아니고 다만 관련 국가의 법률에 따라 중재가능성이 부인되어 중재판정이 취소되거나 승인 또는 집행이 거부될 수 있을 뿐이다. 이에 대한 보다 자세한 내용은 제3장 Ⅴ. 중재가능성 부분 참조.

[22] 독일 민법 제319조 참조. 일정한 사실관계에 대하여 전문가에게 감정을 의뢰하여 그 판단에 따르기로 합의한 경우, 해당 전문가의 판단 가운데 그 재량에 속하는 부분에 대하여는 원칙적으로 전문가의 판단을 존중하여야 하겠지만, 재량을 현저히 남용한 경우나 아니면 그 전문가가 자신의 감정에 대하여 주어진 전제를 그르치거나 그 범위를 벗어난 경우 등 절차적 측면에서 하자가 있는 경우에는 예외가 인정될 수밖에 없을 것이다.

에서 차이가 있다고 하며, 법원의 사후 심사의 정도를 판단함에 있어서는 당사자의 의사를 고려하여야 한다고 한다.[23]

1.20 그러나 중재판정에 대하여 법원의 사후적인 실질재심사가 금지되는 것은 해당 절차가 중재이기 때문에 부여되는 효과라고 볼 수 있으므로, 그러한 실질재심사 금지의 효과가 부여되는 경우에는 이를 중재로 본다고 하는 것은 아무래도 논의의 본말이 전도된 느낌을 떨쳐버릴 수 없다. 더구나 법원의 사후적인 실질재심사의 범위에 관하여 당사자의 의사를 추론한다는 것은 매우 어려운 일이기 때문에 이것이 중재를 중재감정 등 다른 분쟁해결절차와 구분하는 기준으로서 실질적으로 기능할 수 있는지에 대한 의문이 없지 않다.

(4) 당사자 의사 해석의 문제

1.21 당사자들이 어떠한 이슈나 쟁점에 대하여 제3자의 판단이나 결정에 따르기로 약정한 경우 합의한 분쟁해결수단이 중재인지 아니면 전문가결정이나 중재감정인지를 판단하는 것은 기본적으로 당사자의 진정한 의사를 발견하는 계약 해석의 문제라고 볼 수 있다.[24] 이 경우 표시된 문언에 중점을 두되 애매한 부분이 있을 경우에는 제반 사정을 종합 감안하여 당사자들의 합리적인 의사를 탐구해나가는 일반적인 의사해석론이 적용될 수 있을 것이다.

1.22 예컨대, 당사자들이 합의한 분쟁해결절차에 대하여 중재(arbitration)라는 용어를 사용하거나 그 결정권자를 중재인(arbitrator)으로 부르고 있다면 설령 그 절차가 사법적 절차에 충실한 것이 아니고 심지어 법률관계에 관한 판단이 아닌 그 전제사실에 관한 판단이나 평가를 내용으로 하고 있더라도 해당 절차를 얼마든지 중재로 관념할 수 있을 것이다. 또한, 분쟁에 대한 결정권자를 전문가(expert)로 표시하더라도, 그가 내린 판단을 판정(award)으로 표시하면서 그에 대하여 중재판정과 같은 종국적 구속력을 인정하고 있다면, 특별한 사정이 없는 한 해당 전문가를 중재인으로 하는 중재에 합의한 것으로 볼 여지가 매우 클 것이다. 반면에, 당사자들이 결정권자를 전문가(expert)로 표시하면서 중재인(arbitrator)이 아님을 명기하고 있다면, 특단의 사정이 없는 한 그와 같이 표시된 문언의 내용에 충실

---

[23] 강수미(각주 14), 50면 이하 참조.

[24] Sutton 외, 43면 참조.

하여, 아무리 분쟁해결에 사법적 절차가 적용되고 경우에 따라서는 법률상의 쟁점까지도 판단 대상에 포함되는 경우라고 하더라도 해당 절차를 중재로 관념하기는 어렵다고 할 것이다.

1.23 다만, 계약상 위와 같은 중재에 관련된 명시적인 표현이나 언급이 없는 경우에는 결국 다양한 사정을 종합하여 당사자의 진의를 확인할 수밖에 없을 것인데, 이 경우 어느 한 가지 기준에 의하여 의사를 확정하기보다는 위에서 살펴본 위임 임무의 대상이나 당사자들이 합의한 분쟁해결절차의 구체적인 과정 및 그 성질, 해당 분쟁해결절차에 대하여 중재판정 취소, 승인 및 집행 절차나 실질재심사 금지 등과 같은 중재절차 특유의 보호수단을 부여할 필요성이 있는지 여부 등 다양한 사정을 종합적으로 고려하여 당사자의 합리적인 의사를 추론하여야 할 것이다.

라. 소 결 론

1.24 이상에서 살펴본 바와 같이 중재의 개념을 정의하고 그 특징적 요소를 분석하여 이를 다른 분쟁해결수단과 구분하는 작업은 생각보다 손쉬운 일이 아니다. 이 점은 중재라는 절차가 당사자의 사적 자치에 기반을 둔 것으로서 역사와 지역에 따라 발전과 변모를 거듭하고 있고, 또한, 당사자들의 필요에 따라 얼마든지 다양한 방법으로 그 절차를 구성할 수 있는 매우 역동적인 분쟁해결절차의 하나라는 점과 무관하지 않다고 본다. 뉴욕협약이나 모범중재법이 의도적으로 중재의 개념에 대한 정의를 피하고 있는 것도[25] 바로 이와 같은 중재의 역동성에 비추어 충분히 이해가 가는 부분이다.[26]

1.25 각국의 입법례에 따라서는 중재법에 중재에 대한 정의조항을 두는 경우도 없지는 않으나, 이는 자칫 중재의 위와 같은 역동성을 제약하는 요인으로 작용할 우려가 있다는 점에서 그다지 권장할 만한 사항은 아니다. 예컨대, 투자조약중재와

---

[25] 모범중재법과 관련하여 중재에 관한 정의(definition) 조항을 두자는 제안이 있었으나 결국 채택되지 않았다(Report of the Working Group on International Contract Practices on the work of its third session, A/CN.9/216, paras 15-18, 17; Report of the Secretary-General: Possible Features of a Model Law on International Commercial Arbitration, A/CN.9/207, paras 20-30).

[26] 다만, 뉴욕협약이나 모범중재법은 중재합의에 대하여 "계약적인 것이든 아니든(whether contractual or not)" 불문하고 "일정한 법률관계(defined legal relationship)에 관한 분쟁"을 대상으로 하여 중재합의가 성립한다고 규정하고 있다(뉴욕협약 제2조 제1항 및 모범중재법 제7조 제1항 참조).

같이 오래 전에는 예상하지 못한 특수한 형태의 중재가 국제적으로 활성화되고 있는 것이나, 스포츠중재의 경우와 같이 특정 분야의 필요에 따라 종래 전형적인 형태와는 다른 형태의 중재절차가 생성, 발전되고 널리 활용되고 있는 것만 보더라도, 중재의 개념은 특정 국가의 전통적인 시각에 따라 일정한 틀에 넣어 도식적으로 파악하기보다는 좀 더 유연하고 열린 시각으로 폭넓게 이해하려는 자세가 필요하다고 본다.

1.26 한편, 우리 중재법은 모범중재법에 기초를 둔 것이면서도 모범중재법과 달리 중재에 대한 정의조항을 따로 두어 중재를 "당사자 간의 합의로 사법(私法)상의 분쟁을 법원의 재판에 의하지 아니하고 중재인의 판정에 의하여 해결하는 절차"로 규정하고 있었다.[27] 그러나 개정 중재법은 독일 중재법의 중재가능성(arbitrability)과 관련된 조항을 우리 중재법의 중재에 관한 정의조항으로 포섭하여, 중재의 대상이 되는 분쟁을 "재산권상의 분쟁 및 화해가능성이 있는 비재산권상의 분쟁"으로 변경하였다.[28] 다만, 우리 중재법의 개정 원안에서는 중재법 제1조의 중재법의 목적에 있는 "사법상의 분쟁"이라는 표현 역시 위와 동일하게 변경하는 것으로 되어 있었으나, 국회 법제사법위원회의 심의과정에서 중재의 대상은 기본적으로 사법(私法)상의 분쟁이라는 관점에서 기존의 조항을 그대로 존치하는 쪽으로 되었다. 이를 종합해보면, 개정 중재법은 중재의 대상을 '사법(私法)상의 분쟁'으로 보는 종전의 기본 입장을 유지하되, 다만 그 구체적인 적용범위를 "재산권상의 분쟁 및 화해가능성이 있는 비재산권상의 분쟁"으로 하여 중재 대상 적격을 종전보다 확대하는 구조를 취하고 있다고 하겠다.

1.27 이처럼 가급적 중재가능성이 있는 분쟁의 대상 범위를 넓히려는 개정 중재법의 태도는 일단 바람직한 것으로 평가될 수 있겠지만, 중재가능성의 개념을 중재의 정의조항에 포섭하는 형태로 개정을 한 것은 형식과 체계의 측면에서 바람직한 내용이라고 보기는 어렵다.[29] 또한, 보다 근본적으로는, 중재라는 절차가 국가별로 또는 산업이나 분야별로 당사자들의 다양한 요구에 부응하는 형태로 진화, 발전되어 오고 있고, 이러한 측면에서 중재의 대상을 '사법(私法)상의 분쟁'이라고

[27] 우리 개정 전 중재법 제3조 참조.
[28] 우리 개정 중재법 제3조 참조.
[29] 중재가능성의 개념에 관한 보다 자세한 논의는 제3장 Ⅴ. 1. 참조.

한정하는 등 중재의 개념을 일정한 고정관념이나 틀에 가두어 두기보다는 이에 대하여 보다 유연하고 열린 시각으로 접근할 필요가 있다고 본다. 이러한 측면에서 볼 때, 입법론적으로는 아예 중재에 대한 정의조항을 별도로 두지 않는 모범중재법의 태도를 그대로 수용하는 것이 더 바람직하지 않았을까 하는 아쉬움이 남는다.

2. 소송과 비교한 중재의 일반적 장점

1.28 가장 일반적인 분쟁해결수단이라고 할 수 있는 소송의 경우 법원은 국가의 공권력에 의거하여 증인의 출석을 강제하거나, 당사자가 아닌 제3자의 지배하에 있는 증거를 수집할 수 있는 것은 물론, 내려진 판결에 대하여 집행판결이라는 별도의 절차가 없이도 바로 집행에 나아갈 수 있다는 장점이 있다. 이에 반하여 중재의 경우 중재판정부는 당사자가 아닌 제3자에 대하여는 법원의 조력이 없이는 강제력을 행사할 수가 없으며, 중재판정부가 내린 판정을 집행하기 위하여서는 궁극적으로는 중재판정에 대한 별도의 법원의 집행 판결의 절차를 거쳐야 한다. 이러한 취약점에도 불구하고 중재가 분쟁해결의 수단으로 애용되고 있는 이유는 어디에 있을까? 중재는 다음과 같이 소송이 가지지 못한 장점들이 있다.

가. 사적 자치에 의한 절차의 유연성

1.29 소송의 경우 민사소송법 등에 의하여 절차가 엄격히 정하여져 있고 재판부의 구성을 포함한 대부분의 재판절차에 당사자가 능동적으로 관여하면서 절차를 형성할 수 있는 여지가 거의 없다. 반면에 중재는 당사자의 합의에 의하여 중재판정부의 구성을 포함한 중재절차의 세부적인 내용을 얼마든지 맞춤형으로 선택하거나 조정할 수 있다.

1.30 특히 당사자들이 합의하기에 따라서는 중재판정부를 구성하는 중재인의 선정을 비롯한 중재절차의 제반 단계에서 당사자들이 다양한 방법으로 능동적으로 참여할 수 있게 되고, 그 과정에서 분쟁의 성격에 맞는 전문성을 구비한 전문가들로 중재판정부를 구성할 수가 있게 된다. 그리고 그와 같은 방식으로 구성된 중재판정부는 중재절차의 진행에 있어서 당사자들의 의사를 최대한 반영하게 되므로 어느 모로 보나 소송에 비해 보다 탄력적이고 효율적인 절차운영이 가능하게 된다.

나. 단심제에 의한 신속한 분쟁해결

1.31 소송의 경우는, 국가에 따라 차이가 없지는 않지만, 일반적으로 항소 및 상고를 거치는 3심제를 채택하여 판결의 확정에 오랜 시간이 소요된다. 반면에 중재는 단심제에 의하여 분쟁이 해결되므로 아무래도 신속한 분쟁해결에 있어서 소송에 비하여 장점이 있다.

1.32 최근에는 이러한 단심제에 의한 분쟁해결에 대하여 불안을 느끼는 일부 수요자들을 위하여 당사자들의 선택과 합의에 따라 중재절차 내에서 당사자들이 중재판정과 관련하여 또 다른 중재판정부에 상소(appeal)를 할 수 있도록 하고 이를 통해 중대한 법률상의 오류나 현저한 사실오인 등을 시정할 수 있는 내부적인 절차를 제공하고 있는 중재규칙도 있지만, 그러한 중재규칙에 규정된 상소 절차는 통상의 법원을 통한 상소 절차에 비하여 매우 신속히 진행된다.[30]

다. 비공개성

1.33 개별 국가에 따라 차이는 있지만, 대체적으로 법원의 재판은 공개를 원칙으로 한다.[31] 반면에 중재의 경우는 일부 예외적인 경우를 제외하면[32] 기본적으로 당사자의 사적 자치에 의한 절차인 관계로 비공개로 진행되고 따라서 절차 자체의 프라이버시가 보장된다. 그리고 중재규칙이나 중재법 또는 당사자들이 중재절차의 과정에서 체결하는 별도의 합의 또는 중재판정부의 절차명령 등 다양한 수단에 의하여 중재와 관련된 다양한 정보의 비밀이 보장될 수 있다.[33] 이는 특히 분쟁과정이나 분쟁에 관련된 내용들이 대외적으로 공개되는 것을 꺼리는 대다수의 기업 등 당사자들에게 있어서 매우 매력적인 특징이 아닐 수 없다.

---

[30] AAA/ICDR이 2013년도에 도입한 Optional Appellate Arbitration Rules의 경우 상소 절차는 판정이 내려진 때로부터 30일 이내에 제기되어야 하며, 구두 변론 없이 서면에 의하여 진행되는 것을 원칙으로 하되, 특단의 사정이 없는 한 최종 서면 송달일로부터 30일 내에 결정을 내려야 하는 등 신속한 절차 진행을 위한 다양한 규정을 두고 있다.

[31] 우리나라의 경우 재판은 공개심리를 원칙으로 하고 있으나, 판결문은 매우 제한적으로 공개된다. 이에 반하여 미국 등 다른 선진국의 경우 판결문을 포함한 모든 소송기록이 공개되는 경우가 많은데, 이처럼 재판절차의 공개범위가 확대될수록 중재의 장점은 그만큼 더 커진다고 할 수 있다.

[32] ICSID중재의 경우 중재의 일방 당사자가 국가라는 점 등 여러 가지 특수성으로 인해 실무상 중재의 기밀성이 상대적으로 크게 제약된다. 이에 대한 보다 상세한 논의는 제8장 Ⅱ. 2. 나. 참조.

[33] 중재에 있어서의 비밀보호(confidentiality)에 관한 자세한 논의는 제5장 Ⅱ. 8. 참조.

라. 기 타

1.34 그 밖에 형평과 선에 의한 판정 또는 비법적 해결 등을 중재의 특징으로 드는 견해도 있으나, 이는 현대 중재의 보편적 특징이라고 볼 수는 없다. 또한, 실무상 중재를 조정과 유사한 절차로 잘못 관념하여 양당사자로 하여금 조금씩 양보하여 적절히 타협하도록 하는 것이 마치 중재의 본질에 부합하는 것처럼 오해하는 경우가 많고, 심지어 중재절차에서 당사자의 명시적 수권도 없는 상황에서 중재인이 조정을 통한 분쟁해결을 시도하는 경우도 적지 않다.[34]

1.35 물론 법원의 주관에 의해 적대적이고 대립적인(adversarial) 구도 하에서 진행되는 소송에 비하여 당사자 주도에 의해 보다 유연하고 부드러운 분위기에서 분쟁을 해결한다는 점이 중재라는 제도가 분쟁해결의 중요한 수단으로 자리를 잡게 된 중요한 원인이 된 것도 어느 정도 사실이다. 그리고 중재절차에서 많은 당사자가 기대하는 것은 법률은 물론 거래의 관행까지 고려하여 상업적으로도 타당하고 합리적인 결론을 도출하는 것이라는 점에서 중재가 추구하는 가치가 소송과는 다른 측면이 있는 것은 부인하기는 어렵고 실제로 적지 않은 중재인들이 그와 같은 생각을 가지고 있는 것도 사실이다. 즉, 실무상으로는 적지 않은 중재인들이 중재라는 제도의 취지가 연혁적으로는 물론 본질적으로도 재판과는 다르다고 여기고 있고, 법적용과 관련하여 자신들에게 부여된 매우 광범위한 재량을 적절히 활용하여[35] 사안에 따라 법적용에 있어서 재판 절차보다는 훨씬 유연한 입장을 취하기도 한다.[36]

1.36 그러나 법률에 구애받음이 없이 상호 양보를 통한 우호적 해결을 유도하는 조정

---

[34] 중재인이 중재절차에서 행하는 조정(Arb-Med)의 문제점에 대한 구체적인 논의는 제5장 Ⅳ. 4. 참조.

[35] 중재인의 법 적용에 대하여는 이른바 '실질심사 금지의 원칙'에 따라 특단의 사정이 없는 한 법원의 통제와 간섭이 배제된다.

[36] 중재판정부는 법원칙에 따라 판단을 내리고 당사자들은 그 판단에 구속되게 된다는 점에서 중재를 한마디로 '사적인 재판' 절차라고 할 수 있다는 견해가 있으나[김갑유(대표집필), 3면], 중재판정부는 대체로 실체적 준거법 이외에도 거래관행을 참조하여 판단하므로 중재를 재판절차와 완전히 동일시하기는 어렵다. 실제로 대부분의 중재규칙이나 중재법이 중재판정부는 거래관행을 참조할 수 있다고 규정하거나 심지어는 거래관행을 참조하여야 한다고 규정하고 있는데, 이는 국제 상거래의 급속한 발전을 관련 법 규정이 미처 따라가지 못하는 현재의 상황에서 엄격한 법률 적용에 따른 부당한 공백을 메우는 중요한 기능을 한다.

의 경우와 달리, 중재는 근본적으로 당사자의 특별한 수권이 없는 한 형평과 선(ex aequo et bono) 또는 공평의 원칙 등과 같은 추상적인 관념이 아닌[37] 구체적 준거법을 적용하여 분쟁을 해결하는 것을 원칙으로 하는 절차임은 부인할 수 없다는 점에서, 형평과 선에 의한 판정 또는 비법적 해결 등을 중재의 본질적 특징으로 파악하는 것은 또 다른 오해의 소지가 있다고 본다.[38]

3. 국제거래에 있어서의 중재의 장점

1.37 사적 자치에 의한 절차의 유연성 등 소송과 비교하여 중재절차가 가지는 위와 같은 일반적인 장점들은 국제거래에서 생기는 분쟁의 해결에 있어서 그 의미가 더욱 극대화된다. 국제거래에서 발생하는 분쟁을 일방 당사자가 속한 국가의 소송절차에 따라 해결하는 경우, 분쟁의 국제적 성격으로 인하여 준거법의 결정은 물론 송달이나 증거조사 등 재판의 과정, 나아가 판결의 승인 및 집행에 이르기까지 각 단계별로 매우 복잡한 문제가 발생하게 되고, 이를 통해 야기되는 불확실성은 결국 국제거래에서 발생하는 분쟁을 효율적이고 보다 예측 가능한 방향으로 해결하는 데에 큰 지장을 주어 급기야는 국제거래의 안전을 크게 저해하는 원인이 된다.

1.38 그런데, 이러한 국제거래에서 발생하는 분쟁에 대하여 당사자들의 사적 자치에 의한 절차적 유연성을 강조하는 중재제도를 접목할 경우 위와 같은 각국의 상이한 소송절차를 통한 분쟁해결의 불확실성을 최소화하고 그 예측가능성을 높일 수가 있다는 점에서 국제거래 질서의 안정화에 큰 도움이 된다. 이러한 관점에서

---

[37] 준거법을 떠난 이러한 형평과 선(ex aequo et bono)에 의한 판정이 당사자의 명시적인 수권이 없어도 가능하도록 하는 국가가 일부 없지 않으나 대개의 경우 당사자의 명시적인 수권이 있는 경우에만 극히 예외적으로 그와 같은 판정을 내릴 수 있도록 허용할 뿐이다. 그리고 당사자들이 합의할 경우 '형평과 선(ex aequo et bono)'과 같은 추상적 관념에 의한 중재가 가능하지만 형평과 선에 의한 중재의 경우 중재판정이 주관적이고 자의적으로 흐르거나 당사자의 주장을 적당히 반으로 나누는 식의 절충주의적 판단으로 흘러 중재절차의 신뢰성에 손상을 줄 위험성이 있고[양병회, "재판외 분쟁해결제도의 현황과 과제," 「중재」 제300호 (2001), 48면 참조], 실무상 당사자들이 그와 같이 합의하는 예를 찾아보기는 쉽지 않다.

[38] 우리 대법원 또는 하급심 판례 가운데 비록 방론이기는 하나 중재판정에 요구되는 이유 기재의 정도를 설시하는 과정에서 마치 중재판정의 경우 실정법을 떠나 공평의 원칙을 근거로 하여 판단하는 것이 일반적으로 허용될 수 있는 것처럼 판시하기도 하는바, 이는 중재에 대한 오해에서 비롯된 부적절한 내용이다(대법원 2010. 6. 24. 선고 2007다73918 판결; 서울고등법원 2007. 9. 12. 선고 2006나107687 판결 등 참조). 형평과 선에 의한 중재판정에 대한 보다 자세한 논의는 제5장 Ⅴ. 7. 참조.

볼 때, 중재의 장점은 국제거래에서 발생하는 분쟁의 해결에 있어서 더욱 크다고 할 수 있다. 특히, 아래에서 살펴보는 바와 같이, 국제거래에서 발생하는 분쟁을 중재로 해결하는 경우에는, 소송과 비교한 중재의 일반적인 장점들, 즉, 사적 자치에 의한 절차적 유연성, 단심제에 의한 신속한 분쟁해결, 비공개성 등과 같은 장점 이외에 중립성과 집행의 용이성이라는 측면에서도 매우 큰 장점이 있다.[39]

가. 중 립 성

1.39 국제거래에서 발생하는 분쟁을 어느 일방 당사자가 속한 국가의 소송절차에 따라 해결할 경우 타방 당사자로서는 소송제도는 물론 언어와 문화가 전혀 다른 상대방 국가에서 재판을 받을 수밖에 없어 절차적으로 큰 불이익을 입게 될 우려가 발생한다.[40] 그러나 이러한 국제적 분쟁에 있어서 '사적 자치에 의한 절차의 유연성'이라는 중재의 장점을 잘 활용할 경우 어느 일방의 국가에 치우치지 않은 중립적인 중재판정부를 구성하고 중립적인 장소에서 중립적인 절차를 통해 분쟁을 해결할 수가 있게 된다. 이러한 절차적 중립성의 확보 가능성은 국제거래에서 분쟁해결의 수단으로 소송보다 중재가 더 큰 장점을 가지는 가장 큰 이유 가운데 하나가 된다.[41]

나. 집행의 용이성

1.40 중재제도가 국제거래에 있어서 가장 유력한 분쟁해결수단의 하나로 자리를 확고히 한 것은 위와 같은 중립적 분쟁해결 방법에 대한 거래 당사자의 절실한 요구

---

[39] 중재절차에서는 어느 나라의 변호사라도 자유롭게 당사자를 대리할 수 있다는 점을 장점으로 드는 견해도 있으나[김갑유(대표집필), 28면], 이는 각국의 입법(변호사법 등) 및 법률시장 개방의 정도에 따라 그 취급이 달라질 수 있는 이슈라는 점을 주의하여야 한다. 중재 사건의 대리에 관한 상세한 논의는 제5장 참조.

[40] 예컨대, 한국 기업이 미국 기업을 상대로 미국에서 소송을 진행하는 경우, 굳이 미국 법원이나 배심원들이 자국 당사자에 대하여 보다 우호적인 입장을 취하지 않을까 하는 이른바 'home court advantage'에 대한 우려를 거론할 필요도 없이, 미국식의 방대한 증거개시제도(discovery)나 배심제 등 익숙하지 않은 소송절차를 통해 재판을 받는 것 자체부터가 큰 부담이 아닐 수 없다.

[41] 소송의 경우에는 각국에서 중복적으로 관할을 행사할 수 있는 반면 중재의 경우 그러한 관할을 둘러싼 분쟁이나 준거법에 관한 다툼을 피할 수 있다고 하면서 중재의 경우 오로지 당사자들이 합의한 단일한 포럼에서 집중적인 분쟁해결(centralized dispute resolution)이 가능하다는 점을 주요한 장점으로 거론하기도 하지만[Born(IA), 8면], 소송의 경우에도 관할이나 준거법에 관한 합의를 통해 어느 정도 유사한 목적을 달성할 수 있다는 점에서 이를 중재 특유의 주요한 장점으로 드는 것에는 의문이 있다.

에서 기인한 바가 크다고 할 것이지만, 국제거래의 활성화를 위하여 국제거래에서 발생하는 분쟁에 대한 중재합의를 존중하고 중재판정의 집행을 용이하게 함으로써 국제중재를 활성화시킨다는 이른바 pro-arbitration 및 pro-enforcement의 정신을 구현한 뉴욕협약과 같은 국제적 조약이나 모범중재법 등이 없었다면 결단코 오늘날과 같이 보편적인 분쟁해결의 수단으로 자리매김하지 못하였을 것이다.

1.41 예컨대, 판결의 경우 국제적 승인과 집행을 보장하는 조약이 없는 현재로서는[42] 그 승인 및 집행의 요건이 각국마다 상이한 것은 물론 대체로 요건 자체가 상호주의 등에 의해 매우 엄격하게 규율되고 있는 까닭에 현실적으로 승인 및 집행이 담보되기가 어렵다. 그러나 중재판정의 경우 뉴욕협약을 통해 중대한 절차상의 하자나 국제적 공공질서의 위배 등과 같은 현저한 사정이 없는 한 체약국 내에서는 승인 및 집행을 보장하고 있는바,[43] 이는 중재가 특히 국제거래에서 발생하는 분쟁의 주요한 해결 수단으로서 자리 잡는 데에 중요한 토양이 되었다고 하지 않을 수 없다.

Ⅱ. 국제중재란 무엇인가?

1. 국제거래의 안전과 국제중재

1.42 국제중재(international arbitration)는 국내중재(domestic arbitration)와 대립되는 개념이다. 국제중재와 국내중재를 구분할 것인지, 또 구분한다면 어떠한 기준으로 구분할 것인지는 국제중재의 체계와 본질을 이해함에 있어서 매우 중요한 의미를 가지는 중요한 쟁점이라고 할 수 있음에도 불구하고 국내에서는 이에 대한 깊은 논의가 부족한 실정이다.

1.43 견해에 따라서는 국제중재와 국내중재를 구분할 아무런 실익이 없다는 입장이

[42] 국제소송에서의 관할 법원에 관한 합의 및 그에 따른 외국판결의 승인 및 집행의 보장과 관련하여 "관할합의에 관한 협약(Convention on Choice of Court Agreements)"이 2005. 6. 30. 채택되었는바, 현재 덴마크를 제외한 전체 EU 소속 국가들을 포함한 다수의 국가들이 참여하고 있고, 최근 싱가포르도 국제 상사거래에서 발생하는 분쟁에 대하여 중재보다 소송을 선호하는 일부 수요자들의 요구에 부응하여 싱가포르 국제상사법원(Singapore International Commercial Court; SICC)을 발족시킨 상황에서 동 조약을 비준한 것은 주목할 만하다.

[43] 뉴욕협약은 1958년에 체결된 이래 현재 대만 등 일부 국가를 제외한 세계 156개국이 가입하여 유사 이래 가장 성공적인 국제조약으로 불린다.

없지는 않지만,[44] 국내중재와 국제중재는 본질적으로 차이점을 가지고 있으므로 이를 동일선상에 놓고 취급하는 것은 결코 바람직하지 않다고 본다. 특히 국제거래에서 발생하는 분쟁을 소송으로 해결하는 경우의 불확실성을 가급적 줄이고 국제중재의 촉진을 통해 국제거래의 안전성을 확보한다는 이념 아래 뉴욕협약이 체결되고, 그러한 뉴욕협약의 정신에 따라 국제연합국제무역법위원회(UNCITRAL)가 특별히 국제상사중재에 적용되는 중재법의 모델로서 모범중재법을 채택한 것에서도 쉽게 알 수 있듯이, 같은 중재라고 하더라도 국제거래의 안전과 밀접한 관련이 있어서 그 취급에 있어 pro-arbitration 또는 pro-enforcement의 정신이 반드시 적용되어야 하는 국제중재와 그렇지 않은 순수한 국내중재를 법률적으로 서로 달리 취급하는 것은 어쩌면 당연한 일이라고 볼 수 있다.

1.44 그러나 국내중재와 국제중재를 구체적으로 어떠한 기준으로 구분할 것인가 하는 점은 그리 간단하지 않은 문제이고, 실제로 각 국가마다 국내중재와 국제중재를 애당초 구별할 것인지 말 것인지, 그리고 구분한다면 어떠한 기준으로 구분할 것인지에 대한 취급이 같지는 않다. 이하에서는 뉴욕협약 및 각국의 중재법의 해석 및 적용과 관련하여 국제중재와 국내중재의 구분이 어떠한 의미를 가지는지를 먼저 논의한 다음 국제중재와 국내중재를 구분해야 할 실익과 바람직한 해석의 기준에 대하여 살펴보기로 한다.

2. 뉴욕협약의 적용 범위와 국제중재

가. 외국중재판정 또는 비내국중재판정

1.45 위에서 살펴본 바와 같이 뉴욕협약은 국제거래의 안정성 및 예측가능성의 확보와 관련하여 국제중재를 활성화시키려는 취지에서 체결된 것이지만 정작 국제중재가 무엇인지를 직접적으로 규정하고 있지는 않다. 그 대신 뉴욕협약은 동 협약의 적용 대상이 되는 중재판정의 범위에 대한 조항을 두고 있는데, 뉴욕협약 제1조 제1항은 체약국의 영토 밖에서 내려진 중재판정(외국중재판정, foreign award) 또는 중재판정 집행국의 법에 의하여 내국중재판정으로 인정되지 않는 중재판정(비내국중재판정, non-domestic award)이 모두 뉴욕협약의 적용대상이 된다고 규정하고 있다.

[44] Michael Mustill, "Cedric Barclay Memorial Lecture," (1992) Arb. 159, 165면 참조.

1.46 따라서, 1차적으로는 특정 체약국의 입장에서 볼 때 자국의 영토 밖에서 내려진 외국중재판정, 즉, 중재지가 당해 체약국의 영토 밖에 소재하는 경우는 '외국중재판정'으로서 뉴욕협약의 적용 대상이 된다. 다만, 중재지가 자국 내에 소재하는 경우에도 체약국이 내국중재판정이 아닌 '비내국중재판정'으로 보아 외국중재판정과 마찬가지로 뉴욕협약을 적용할 수 있는데, 이러한 '비내국중재판정'이 어떠한 경우에 인정되는지는 전적으로 각국의 입법 및 해석론에 맡겨져 있다고 할 수 있다.

1.47 따라서 각국이 이러한 '비내국중재판정'에 관한 입법 또는 해석론을 통하여 얼마든지 뉴욕협약의 적용 대상이 되는 중재판정 또는 중재합의의 범위를 더 넓힐 수가 있게 되어 있다. 즉, 뉴욕협약의 체약국은 설령 중재지가 자국 내에 있는 중재라고 하더라도 일정한 국제적 요소가 있는 중재에 대하여는 '비내국중재'로 보아 해당 중재판정에 대하여 뉴욕협약을 얼마든지 적용할 수가 있다.

1.48 이와 관련한 입법례를 우선 살펴보면, 뉴욕협약의 위와 같은 조항에도 불구하고 많은 국가들이 영토주의의 관념에 충실한 입장을 취하여 '외국중재판정'과 별도로 '비내국중재판정'의 개념은 인정하지 않고 있는 것이 현실이다. 다만, 미국의 경우는 비록 중재지가 자국 영토 내라고 하더라도 중재합의나 중재판정이 외국과 합리적인 관련(reasonable relation)이 있는 경우 등에는 이를 비내국중재판정으로 보아 뉴욕협약이 적용되는 것으로 보는 한편,[45] 반대로 외국을 중재지로 하는 중재의 경우에도 외국과의 합리적인 관련성이 없는 순수한 내국 당사자들 사이의 내국 관련 분쟁에 관한 중재라면 이는 뉴욕협약의 적용 대상이 되는 '외국중재판정'이 아닌 것으로 파악하기도 한다.[46]

---

[45] Bergesen v. Joseph Muller Corp., 710 F.2d 928 (2nd Cir. 1983) 참조. 다만, 미국 판례 가운데는 비내국중재판정의 경우에도 그 취소는 미국 연방 중재법상의 취소사유에 따라 이루어질 수 있다고 판시한 사례들이 있는데[Yusuf Ahmed Alghanim & Sons v. Toys "R" Us, Inc., 126 F.3d (2nd Cir. 1997) 등], 이에 대하여는 비내국중재판정의 취소 여부는 뉴욕협약의 승인 및 집행 거부사유에 따라 이루어지는 것이 보다 일관성이 있는 태도라는 비판이 존재한다[Born(IA), 379면 참조].

[46] 미국 연방 중재법 제202조("An agreement or award arising out of such a relationship which is entirely between citizens of the United States shall be deemed not to fall under the Convention unless that relationship involves property located abroad, envisages performance or enforcement abroad, or has some other reasonable relation with one or more foreign states. For the purpose of this section a corporation is a citizen of the United States if it is incorporated or has its principal place of business in the United States") 및 Wilson

1.49 한편, 중국의 경우에는 외국중재기관이 주관한 중재는 중재지가 중국이라고 하더라도 중국의 법률상 외국중재로 분류되어 뉴욕협약이 적용될 수밖에 없는데, 정작 뉴욕협약에 따르면 중재지가 체약국(중국) 내에 있는 경우 외국중재판정으로 분류될 수는 없으므로, 결국 그러한 중재판정에 대하여 뉴욕협약을 적용하려면 그 판정을 '비내국중재판정'으로 분류할 수밖에 없다.[47] 실제로, 중국 하급심 판결 가운데는 중국을 중재지로 하는 ICC 중재판정을 뉴욕협약상 '비내국중재판정'에 해당한다고 판시한 사례가 있으나, 최고법원의 견해는 파악되지 않는다.[48] 그 밖에, 중국은 외국관련성이 없는 분쟁에 대한 중재는 반드시 중국 국내에서만 진행되어야 하며, 그러한 분쟁에 대하여 설령 당사자들이 중재지를 외국으로 하는 중재에 합의하였다고 하더라도 그 효력을 인정하지 않고 있다.[49]

1.50 또한, 뉴욕협약의 해석론으로서, 집행국의 입장에서 설령 자국을 중재지로 한 중재라고 하더라도 일정한 국제적 요소가 있는 중재에 대하여 '비내국중재판정'으로 보아 뉴욕협약을 적용하여야 하고,[50] 반면에, 설령 중재지가 외국에 있다고 하더라도 당사자들이 자국의 강행규정을 피하기 위하여 중재지를 외국으로 합의하였을 뿐 달리 국제적 요소가 없는 중재의 경우에는 이를 굳이 '외국중재판정'으로 파악하여 뉴욕협약에 의한 강도 높은 보호를 부여할 필요는 없다고 보는 것이 오히려 뉴욕협약의 취지에 보다 부합한다는 견해도 있다.[51]

---

v. Lignotock U.S.A. Inc., 709 F.Supp. 797 (E.D. Mich. 1989) 등 참조.

47 蘇曉凌, "중국법원에서의 외국중재판정에 대한 승인과 집행: 판례에 대한 평석을 중심으로," 인하대학교 법학연구 제16집 제1호 (2013년 3월 31일), 504면 참조.

48 蘇曉凌(각주 47), 502면 참조.

49 중국법원은 당사자 일방이 외국국적이거나 해외거주자인 경우, 분쟁의 대상이 해외에 있는 경우 등 분쟁의 외국관련성을 매우 엄격하게 해석하고 있는데, 예컨대, 중국법원은 한국회사가 중국에 설립한 법인과 중국회사와의 사이에 발생한 분쟁이 외국관련성이 없다는 이유로 서울을 중재지로 하여 내려진 KCAB 중재판정의 집행을 거부하였다(Beijing Chaolaixinsheng Sports and Leisure Co. Ltd v. Beijing Suowangzhixin Investment Consulting Co. Ltd 사건). 다만, 최근 Shanghai Golden Landmark Co. Ltd v. Siemens International Trade Co. Ltd 사건과 같이 중국 상하이 자유무역지구(Free Trade Zone) 안에 등록된 외국인투자기업들이 Free Trade Zone을 통한 거래와 관련하여 발생한 분쟁에 관하여 외국중재기관의 중재를 진행한 것과 관련하여 중국 하급심이 분쟁의 외국관련성을 인정한 사례가 발견되고 있으나, 외국관련성의 해석과 관련하여서는 여전히 불확실성이 존재한다.

50 Born(ICA), 2958면 참조.

51 Born(ICA), 325면 참조. 이와 대조적으로, 외국중재판정의 개념에 관한 뉴욕협약의 문언상 중재지가 외국인 경우 내국인들 사이의 중재라고 하더라도 뉴욕협약의 적용 대상이 된다는 견해가 있으나(van den Berg, 17면; Gaillard and Savage, 966면; 석광현, 257면 등), 외국을 중재지로 함으로 인해 내국 강행규정을 회피하는 결과를 초래하는 경우에도 뉴욕협약을 적용해야 한다는

1.51 우리나라의 경우 이 문제를 직접적으로 다룬 판례는 발견되지 않지만, 학설상으로는 뉴욕협약의 해석과 관련하여 중재지가 한국인 내국중재의 경우에도 우리나라와 무관한 외국적 요소만 있는 중재의 경우 또는 중재절차에 적용된 절차법이 다른 국가의 법인 경우 등에는 이를 비내국중재판정(non-domestic award)으로 보아 뉴욕협약에 따른 승인 및 집행이 가능한 것으로 보는 견해가 있는가 하면,[52] 반면에 이와 같이 중재지가 한국인 경우에는 비록 국제적인 요소가 있는 중재라고 하더라도 뉴욕협약을 적용하는 것은 영토주의에 입각한 우리 중재법상 허용되지 않는다고 하면서 반대하는 학설도 있다.[53]

1.52 살피건대, 뉴욕협약상의 비내국중재판정의 인정 여부 및 그 범위 해석 문제는 중재법과 무관하게 뉴욕협약 자체의 해석론에 따라서 얼마든지 독자적으로 판단될 수 있다고 본다. 특히 우리 중재법이 명시적으로 비내국중재판정의 개념을 부인하고 있지 않는 이상, 오로지 외국당사자들 사이에서 진행되는 중재의 경우와 같이 외국적 요소만이 존재하는 중재의 경우 뉴욕협약상 비내국중재판정으로 해석하여 그 승인과 집행에 있어서 뉴욕협약을 적용하는 것이 이론상 불가능하다고 보기는 어렵다. 다만, 뉴욕협약이나 모범중재법은 중재판정의 승인 및 집행의 요건이 사실상 동일하다는 점에서 비내국중재판정을 인정할 실익은 크다고 보기 어렵다. 오히려 더 중요한 점은, 우리나라를 중재지로 하더라도 일정한 국제적 요소가 있는 중재의 경우에는 그 승인 및 집행의 요건을 포함한 제반 쟁점의 취급에 있어서 뉴욕협약의 정신을 최대한 반영하는 것이라고 하겠다.

나. 뉴욕협약과 중재합의의 승인 및 집행

1.53 뉴욕협약은 그 명칭만 놓고 보면 오직 중재판정의 승인 및 집행에만 관련되는 것으로 생각하기 쉽지만 실제로는 중재판정의 승인 및 집행 문제뿐만 아니라 중재합의의 승인 및 집행에 관하여도 규율을 하고 있다.[54] 다만, 뉴욕협약은 어떤 중재합의에 대하여 적용되는가 하는 점에 대하여 명시적으로 규정하고 있지 않아 이 점에 관하여도 다양한 견해가 존재한다.

취지인지는 분명하지 않다.

[52] 목영준, 283면 각주 37; 법원실무제요 민사집행(I), 170면 등 참조.

[53] 석광현, 92면 이하 참조.

[54] 뉴욕협약 제2조 제3항 참조.

1.54 즉, 뉴욕협약의 적용 대상이 되는 중재합의에 관하여는 위의 중재판정에 관한 규정을 유추 적용하여 어떤 중재합의가 '외국중재판정' 또는 '비내국중재판정'의 기초가 되는 경우에는 그러한 중재합의에 대하여는 뉴욕협약이 적용된다고 보아야 한다는 견해가 있는가 하면,[55] 뉴욕협약이 '중재판정'과 '중재합의'를 반드시 동일한 선상에서 규정하고 있지는 않으므로 '외국중재판정' 또는 '비내국중재판정'의 기초가 되는 중재합의인지 여부와는 무관하게 뉴욕협약의 취지상 국제적 요소가 있는 중재합의에 대하여는 뉴욕협약이 적용되어야 한다는 견해도 있다.[56]

1.55 살피건대, 뉴욕협약이 기본적으로 영토주의적인 입장에서 외국을 중재지로 하는 중재판정에 대하여는 명시적으로 뉴욕협약의 적용대상으로 규정하면서도, 자국 내에서 내려지는 중재판정 가운데 일정한 국제적 요소가 있는 중재를 '비내국중재'로 파악하여 뉴욕협약을 적용할지 여부는 각 체약국의 입법 및 해석론에 맡기고 있는 점은 앞서 본 바와 같다. 그리고 체약국이 '비내국중재판정'을 해석함에 있어서 주어진 입법 또는 해석상의 재량을 활용하여 일정한 국제적 요소가 있는 중재판정을 '비내국중재판정'으로 폭넓게 해석할 경우에는[57] 위와 같이 뉴욕협약의 적용 대상이 되는 중재합의의 범위에 관하여 대립되는 두 가지 견해는 결과적으로 큰 차이가 없게 될 것이다. 다만, 어느 입장을 취하든지 불문하고, 우리나라를 중재지로 하지만 내국 당사자와 외국 당사자 사이의 국제거래를 통해 발생하는 분쟁을 대상으로 하는 경우 등 일정한 국제적 요소가 있는 중재의 경우에는 중재판정의 승인 및 집행은 물론 중재합의의 집행에 관한 문제에 있어서도 뉴욕협약의 정신을 최대한 반영하는 것이 바람직하다고 하겠다.

3. 각국의 중재법과 국제중재

가. 모범중재법

1.56 뉴욕협약과 달리 모범중재법의 경우는 국제중재와 국내중재의 구분에 관한 보다 구체적인 기준을 제시하고 있다. 즉, 모범중재법은 제목 그 자체에서 알 수 있듯

55 van den Berg, 57면 등 참조.

56 Born(ICA), 2960면 각주 385 등 참조. 다만, 이러한 견해도 구체적으로 국제중재합의가 무엇을 의미하는지에 대한 기준을 제시하고 있지는 않다.

57 실제로 '비내국중재판정'을 폭넓게 해석하여야 한다는 입장도 있음은 앞서 본 바와 같다(위 각주 50 참조).

이 국제상사중재(international commercial arbitration)를 염두에 두고 마련된 법안으로서, 그 적용 대상이 되는 "국제(international)"중재의 개념과 관련하여 ① 중재의 당사자들이 서로 다른 국가에 영업소(place of business)를 두고 있거나, ② 중재지, 주된 의무의 이행지 또는 분쟁 대상과 밀접한 관련을 가진 장소 가운데 어느 하나라도 어느 일방 당사자가 영업소를 둔 국가와 다른 경우, ③ 중재합의의 대상이 되는 분쟁이 2개 이상의 국가와 관련이 있다고 중재의 당사자들이 명시적으로 합의한 경우 등에는 모두 국제중재로 보고 있다.[58]

나. 각국의 중재법

1.57 위와 같이 모범중재법이 국내중재와 국제중재를 구분하는 기준을 매우 자세하게 제시하고 있지만, 각국의 입법례는 모범중재법을 채택하였는지 여부 및 모범중재법을 채택한 경우에도 구체적으로 어떤 수정을 가하였는지 여부 등에 따라 매우 다양한 양상을 띠고 있다.

(1) 모범중재법을 채택한 국가의 경우

1.58 모범중재법을 채택하는 경우에는 싱가포르, 호주 등의 사례에서와 같이 대부분 국내중재와 국제중재를 구분하는 모범중재법의 기준까지 그대로 수용하여 국제중재에 대하여는 모범중재법을 적용하되, 국내중재는 별개의 법률로 규율하는 방식을 취한다. 다만, 독일, 스페인, 일본, 한국, 홍콩[59] 등과 같이 모범중재법을 채택하면서도 국내중재와 국제중재를 구분하는 모범중재법의 기준은 채택하지 않고, 자국 내에서 이루어지는 중재라면 국제중재와 국내중재를 구분하지 않고 모범중재법의 내용을 적용하는 경우도 있다.

(2) 모범중재법을 채택하지 않은 국가의 경우

1.59 모범중재법을 채택하지 않은 국가들의 경우에도 국제중재와 국내중재를 구분하는 국가가 있는가 하면 그렇지 않은 국가도 있다. 우선, 국내중재와 국제중재를 구분하여 국제중재에 대하여는 특별한 취급을 하는 입법례가 있는데, 프랑스, 스

---

58 모범중재법 제1조 제3항 참조.

59 홍콩은 과거 국제중재에 대하여만 모범중재법을 채택하였으나, 2011년 중재법을 개정하여 모범중재법을 국내 및 국제중재에 공히 적용하는 것으로 변경하였다.

위스 등이 이러한 경우에 해당한다. 프랑스의 경우 분쟁의 성격을 기준으로 하여 국제중재와 국내중재를 구분하는데, 프랑스 민사소송법 제1504조는 "국제거래상의 이해관계(interests of international trade)"와 관련이 있는지 여부에 따라 국제중재와 국내중재를 구분하고 각각에 대하여 전혀 다른 법적 취급을 하고 있다. 예컨대, 프랑스의 경우는 국제중재의 경우 중재판정의 취소 또는 승인 및 집행의 거부 요건 중 하나인 공공질서(public policy)위반과 관련하여 국내중재의 경우와 달리 국제적 공공질서(ordre public international)의 개념을 아예 입법적으로 채택하고 있다.[60] 스위스의 경우는 당사자의 거소를 기준으로 삼아 국제중재와 국내중재를 구분하고 있는데, 양 당사자 가운데 최소한 일방 당사자가 스위스에 주소나 거소를 두고 있지 않는 중재에 대하여는 특별히 스위스 국제사법 제12장을 적용한다. 반면에 영국의 경우는 모범중재법을 그대로 채택하지는 않았다는 점에서 프랑스 등의 경우와 같지만 프랑스 등과는 달리 자국 내에서 이루어지는 중재의 경우라면 몇 가지 특별한 경우를 제외하고서는 국내중재와 국제중재의 구분이 없이 동일한 중재법을 적용한다.

4. 국제중재와 국내중재의 구분 실익

1.60 국내중재와 국제중재 구분의 가장 큰 실익은 어떤 중재기관이 국내중재와 국제중재에 각기 서로 다른 규칙을 적용하는 경우 개별 분쟁에 적용될 중재규칙이 무엇인가를 확정하는 데 있다고 주장하는 견해가 있으나,[61] 국제중재의 관념을 국내중재와 구분하여야 할 가장 큰 실익은 이른바 pro-arbitration 또는 pro-enforcement라는 뉴욕협약의 정신이 최대한 적용되어야 할 중재와 그렇지 않은 중재를 구분하는 데에 있다고 해야 한다. 특히, 순수한 국내중재의 경우는 굳이 국제거래의 안전을 고려한 뉴욕협약의 정신을 반영한 특별한 취급을 할 필연적인 이유가 없다는 점을 감안한다면 국제중재와 국내중재는 본질이 서로 다른 것으로서 애당초 구분하여 취급하는 것이 불가피하며, 실제로, 뉴욕협약의 적용대상

---

60 프랑스 민사소송법 제1514조 참조.

61 김갑유(대표집필), 6면 참조. 이러한 인식하에서 국내중재와 국제중재를 구분함에 있어서 편의상 중재규칙을 기준으로 삼아 KCAB 국내중재규칙 외의 중재규칙에 따르는 경우를 국제중재로 분류하기도 하지만[김갑유(대표집필), 7면 참조], 예컨대, 섭외적 요소가 전혀 없는 국내중재에도 당사자들이 얼마든지 KCAB 국제중재규칙을 적용할 수가 있는 것에서 알 수 있듯이, 적용되는 중재규칙을 기준으로 삼아 국내중재와 국제중재를 구분하는 것은 자칫 국제중재라는 관념의 진정한 의미에 관하여 오해를 불러일으킬 소지가 있다고 본다.

이 되는 중재판정, 특히 비내국중재판정의 의미 해석, 뉴욕협약의 적용대상이 되는 중재합의의 범위 해석 등에 있어서 국제중재와 국내중재의 구분은 매우 중요한 작용을 함은 앞서 살펴본 바와 같다.

1.61 더구나, 국제중재와 국내중재를 입법적으로 구분하여 취급하지 않는 국가의 경우에는 뉴욕협약이나 중재법의 해석 및 적용에 있어서 더더욱 국제중재를 국내중재와 구분할 필요성과 실익이 커지게 된다고 볼 수도 있다. 즉, 영토주의적 관념에 기초하여 자국 내에 중재지를 둔 중재에 대하여는 비록 국제적 요소가 있다고 하더라도 그렇지 않은 경우와 별다른 구분 없이 동일한 중재법에 의하여 규율하는 우리나라를 포함한 일부 국가[62]의 경우에는 더더욱 공공질서(public policy)위반의 의미 해석, 중재가능성 문제를 포함한 중재합의 효력 판단 또는 기타 중재절차에 영향을 미치는 중재지의 강행규정의 적용 등에 있어서 국제거래 질서의 안정이나 국제적 예양이라는 측면이 고려되어야 할 국제중재와 그럴 필요가 없는 국내중재를 구분하여 달리 취급할 필요성이 절실하다고 할 것이다.[63]

1.62 예컨대, 우리 대법원은 뉴욕협약의 적용을 받는 외국중재판정의 승인과 집행에 있어서 이른바 '국제적 공공질서'의 개념을 채택하여 공공질서 위반의 판단에 있어서는 국내적인 사정뿐만 아니라 국제적 거래질서의 안정이라는 측면도 함께 고려하여 제한적으로 해석하여야 하는 것으로 판시하고 있는데,[64] 비록 중재지가 한국인 내국중재라고 하더라도 순수한 국내중재가 아닌 국제중재에 해당하는 경우에는 중재법상의 중재판정의 취소 또는 승인 및 집행 거부 사유의 하나인 공공질서 위반을 해석함에 있어서 위 뉴욕협약의 대상이 되는 외국중재판정의 경우와 마찬가지의 기준을 적용하는 것이 바람직하다.[65]

---

62 독일, 스페인, 일본, 한국, 홍콩 등. 예컨대, 한국의 경우 한국회사와 프랑스회사 사이의 중재라고 하더라도 중재지가 한국이면 순전히 한국회사들 사이에서 한국에서 진행한 국내중재와 차이가 없이 동일한 중재법 규정, 예컨대, 동일한 중재판정 취소의 요건에 관한 조항의 적용을 받게 된다(우리 중재법 제2조 제1항).

63 우리 중재법의 적용에는 국내중재와 국제중재를 구분할 실익이 적다고 하는 견해도 있다[이호원, "국제중재절차에서의 법원의 역할," 사법 제29호 (2014년 9월), 73면 참조].

64 대법원 1990. 4. 10. 선고 89다카20252 판결 등 참조.

65 내국중재판정에 대한 중재판정 취소사유의 하나인 공공질서 위반 여부에 관하여는 단지 중재지가 국내라고 하더라도 사안의 국제성 또는 내국관련성의 정도에 따라 그 의미를 달리 해석해야 한다는 주장이 있다(석광현, 220면 이하).

5. 국제중재와 국내중재의 구분 기준

1.63 이처럼, 자국이 중재지인 내국중재의 경우라고 하더라도, 예컨대, 서로 다른 국가의 당사자들 사이의 분쟁을 대상으로 하는 중재와 같이 외국적 요소가 분명히 존재하는 사안에 대한 중재는 순수한 국내중재와 다르게 취급하여야 한다. 즉, 후술하는 중재합의의 유효성에 관한 해석이나 중재판정의 취소, 승인 및 집행 등 제반 쟁점에 관하여 국제적 거래질서의 안정과 국제적 예양 등을 고려하여 특별히 보호하여야 하는 국제중재와 그렇지 않은 순수한 국내중재와는 다른 취급을 하는 것은 너무나 자연스런 귀결이라고 할 것이다. 특히, 국제적 요소가 있는 분쟁에 대하여 단지 그 중재지가 국내라는 이유로 국내중재와 동일한 잣대와 기준을 적용하는 것은 결단코 바람직한 취급이 아니라고 할 것이다.[66]

1.64 국제중재와 국내중재를 구체적으로 어떠한 기준에 따라 구분하여야 하는지에 대하여는 다양한 견해가 있을 수 있는데, 특히 프랑스 신 민사소송법이 “국제거래의 이해관계가 걸려 있는(international trade interests are at stake)” 중재를 국제중재로 파악하고 있는 것은 앞서 본 국제중재 보호의 필요성의 관점에서 이념적으로 매우 적절한 내용이기는 하나,[67] 그 구체성이 다소간 결여된 관계로 인해 통일된 해석이 어렵다는 난점이 있다. 오히려 지금까지 살펴본 다양한 논의를 종합하여 볼 때, 국제중재의 개념에 관하여는 일응 모범중재법의 해당 규정을 참고할 필요가 있을 것인데, 모범중재법은 중재지는 물론 당사자의 거소, 분쟁의 성격 등 다양한 각도에서 조금이라도 외국적 요소가 있는 중재를 국제중재로 파악하고 있음은 앞서 본 바와 같다. 국제거래의 안전성 확보라는 차원에서 국제중재를 국내중재와 구분하여 취급할 필요성이 있다는 점을 감안한다면, 중재지 이외에도 최소한 분쟁의 성격, 당사자의 거소 등 다양한 관점에서 외국적 요소가 있는 경우 국제중재로 보고 국내중재와는 구분하여 취급한다는 모범중재법의 보다 폭넓은 접근 태도는 기본적으로 매우 타당하다고 본다.

---

66 중재판정 취소사유를 설명함에 있어서 국내중재와 국제중재를 구분하지 않고 설명하는 경우도 있으나(목영준, 248면 이하), 동일한 중재판정 취소사유라고 하더라도 국내중재와 국제중재의 경우 그 기준이 다를 수도 있다는 점에서 이를 구분하지 않고 함께 설명하는 것은 해석상의 혼란을 초래할 우려가 있다고 본다.

67 프랑스 신 민사소송법 제1504조 참조.

1.65 다만 모범중재법이 제시하고 있는 기준 가운데 중재당사자가 내국인들이고 실질적으로 국제적인 요소가 없는 경우에도, 당사자들이 명시적인 합의에 의하여 본안이 2개국 이상과 관련이 있다고 합의한 경우, 즉, 당사자들이 국제중재로 합의한 경우에는 국제중재로 인정하도록 하고 있는 이른바 'opt-in provision'의 경우 [모범중재법 제1조 (3) (c)]에 대하여는 의문이 없지 않다. 앞서 본 바와 같이, 뉴욕협약의 해석과 관련하여, 설령 중재지가 외국에 있다고 하더라도 당사자들이 자국의 강행규정을 피하기 위하여 중재지를 외국으로 합의한 경우 등 국제적 요소가 없는 중재의 경우는 이를 굳이 '외국중재판정'으로 파악하여 뉴욕협약에 의한 강도 높은 보호를 부여할 필요는 없다고 보는 것이 뉴욕협약의 취지에 보다 부합하는 해석론인 것처럼, 성격상 국제적 요소가 전혀 없는 국내중재임에도 불구하고 단순히 당사자가 분쟁의 성격에 대하여 합의를 함으로써 자국법상의 각종 규제를 회피하는 결과가 초래되는 경우까지 이를 국제중재로 취급할 필요는 없다고 본다.[68]

1.66 이상에서 살펴본 바와 같이, 국제중재가 무엇인가 하는 문제는 뉴욕협약의 해석은 물론이고 특정 국가의 중재법의 전반적인 체계와 연관되어 있는 매우 중요한 문제로서, 이를 국내중재와 어떻게 구분하고 취급할 것인가 하는 점은 각국의 국제중재에 관한 입법 및 해석론의 전개에 매우 세심한 주의가 요구되는 부분이라고 할 것이다.

Ⅲ. 국제중재 실무의 최근 동향과 반성론

1.67 국제중재는 소송제도가 충족하지 못하는 여러 가지 장점을 바탕으로 하여 국제거래에서 파생되는 각종 분쟁의 가장 유력한 해결수단으로 자리를 잡았지만, 국제중재절차의 공정성(fairness)에 관하여는 오래 전부터 여러 가지 측면에서 의혹이 제기되어 왔고, 최근에 이르러서는 국제중재의 효율성(efficiency)에 관하여도 중재의 실제 수요자라고 할 수 있는 기업 등 관련 당사자로부터 심각한 비판이 제기되고 있는 실정이다.

---

[68] Gaillard and Savage, 52면 이하도 동지.

1. 국제중재계의 상업화에 대한 비판

1.68 국제거래에서 발생하는 분쟁의 해결수단으로 소송보다 중재가 큰 장점을 가지는 것은 사적 자치에 의한 절차의 유연성이라는 중재 특유의 장점을 잘 활용하여 중립성을 가지면서 전문성이 있는 중재인을 통해 분쟁을 공정하게 해결할 수 있기 때문이라는 점은 이미 살펴본 바와 같다. 그런데 종래의 실무상 일정한 규모 이상의 중요한 국제분쟁에 중재인으로 선정되는 이들은 대체로 50세 이상의 백인, 남자 변호사 또는 교수들로서 그 수가 매우 제한적인데다가, 이들은 마치 사교클럽의 멤버처럼[69] 때로는 중재인이나 중재사건의 대리인으로서의 역할을 번갈아 담당하거나 각종 중재대회(conference)를 통해 서로 교류하면서, 국제중재 절차에 관한 각종 주요 정책의 결정을 주도하고 있는데, 고액의 중재인 수당 또는 변호사 보수 등 경제적인 이해관계에서 자유롭지가 않은 이들 소수의 국제중재 실무가들에 의하여 중재절차의 공정성이 훼손되는 경우가 자주 발생하는 것은 물론, 국제중재계 전반이 점점 상업화되고 있다는 비판이 끊임없이 제기되어 왔다.

1.69 물론, 이러한 비판에 대하여는 실증적인 근거도 없이 국제중재의 현실을 지나치게 과장하는 것이라는 반론도 만만치 않지만,[70] 중재의 경우 소송의 경우와 달리 상업적으로 변질될 여지가 많은 것도 사실이다. 즉, 중재인의 역할을 맡은 사람이 다른 사건에서는 중재대리인의 역할을 맡기도 하고 중재인이 때로는 중재대리인으로 활약하기도 하는데다가, 3인 중재인에 의한 중재의 경우 각 당사자가 한 명씩 중재인을 선정하는 제도가 보편적으로 존재하므로 중재인으로서는 향후 자신을 중재인으로 선정할 가능성이 있는 당사자나 대리인에게 우호적으로 대하는 경향이 생길 수 있는 등 자칫 절차적 공정성이 손상될 우려가 있는 부분들이 얼마든지 있다고 할 수 있다.

1.70 이렇게 볼 때, 중재인의 중립성 확보를 위해서는 이해상충 여부를 엄격히 판단하는 것이 필요할 것 같지만, 막상 국제중재의 실무에서 중재인의 이해상충에 관하

---

69 중재실무가들 가운데는 국제중재 업계를 마피아 조직에 비유하면서 MAFIA가 Mutual Association For International Arbitration의 약자라고 자조 섞인 농담을 하기도 한다.

70 Jan Paulsson, "Ethics, Elitism, Eligibility," 14(4) J. Int'l Arb. 13 (1997), 19면 참조.

여 만들어지는 지침을 보면 느슨하다는 비판도 있다. 예컨대, IBA 이해상충지침을 보면 중재인과 대리인의 관계에 대한 규율이 별로 없는데다가 중재인이 속한 로펌이 당사자 일방을 위해 법률자문을 제공한 상황 등에 대해 비교적 관대한 태도를 취하고 있는데, 이에 대하여는 주로 대형 국제 로펌에 소속되어 때로는 중재인으로 때로는 대리인으로 활동하는 소수의 국제중재의 실무가들이 모여서 이해상충지침을 만든 결과라고 비판하는 견해까지 존재한다.[71]

1.71 한편, 국가를 당사자로 하는 투자조약중재의 경우는 소수의 중재인과 로펌에 의한 독식 현상이 더욱 심하고, 이들 소수의 중재실무가들이 자신들의 이익을 위하여 투자조약중재제도를 일방적으로 이끌어간다는 비판이 심지어 저명한 다른 중재인들로부터도 제기되고 있다. 즉, 상위 15명의 엘리트 중재인이 현재까지 알려진 450건의 투자조약중재 사건 가운데 55%에 해당하는 247건을 맡고 있는 현상과 관련하여 중재전문가 Toby Landau는 이들 소수의 특급중재인(super arbitrator) 그룹을 단순한 마피아가 아닌 "더욱 소규모의 마피아 내부조직"으로서 이들에게 사건이 집중되는 것은 이들이 투자조약중재를 출세의 도구로 삼고 있는 것을 보여준다고 꼬집는가 하면, 중재인으로서 싱가포르 대법원장의 지위에 오른 Sundaresh Menon은 이러한 기업적 중재인들이 자신들의 이해관계에 의하여 중재판정부의 중재관할을 폭넓게 인정함은 물론, 본안에 관한 판단에 있어서도 향후 더 많은 사건을 창출하려는 목적의식 하에 국가보다는 투자자에 우호적인 입장을 취하는 경향이 있다고 비판한다.[72]

2. 국제중재의 비효율화에 대한 비판

1.72 위와 같이 중재절차의 염결성(integrity)을 둘러싼 논란 이외에도, 국제중재절차가 중재의 원래의 취지와는 달리 점점 소송을 닮아가면서 비효율화되고 있다는 비판도 있다. 원래 중재라는 제도 자체가 번거롭고 형식적인 규정에 얽매인 소송절차보다 분쟁을 좀 더 효율적인 방법으로 해결하기 위하여 발전되어 온 측면이 있음에도 불구하고, 최근에 이르러서는 국제중재는 더 이상 신속하거나 비용이 적

---

[71] 보다 자세한 내용은 제5장 참조.

[72] Pia Eberhardt & Cecilia Olivet, Profiting from Injustice: "How law firms, arbitrators and financiers are fuelling an investment arbitration boom," (November 2012) Corporate Europe Observatory (CEO) and Transnational Institute (TI), Brussels/Amsterdam. 이에 관한 보다 자세한 논의는 제9장 참조.

게 소요되는 절차가 아니라는 비판이 거세게 대두되고 있는 것이다.[73] 실제로 국제중재라는 상품의 소비자라고 할 수 있는 전 세계의 주요 기업들을 상대로 이루어진 최근의 한 설문조사 결과[74]에 의하면 응답자의 50% 정도가 중재인에 의한 절차지연 등에 대하여 큰 불만을 가지고 있는 것으로 드러났다.

1.73 국제중재 실무가의 관점에서 국제중재의 절차의 최근 경향을 살펴보더라도, 사적 자치에 의한 절차의 유연성은 약화되고 점점 더 기관화(institutionalization)되어 가는 것은 물론, 그 절차가 점점 복잡해지고 형식성이 강화되어 오히려 점점 소송절차를 닮아가고 있는 것을 느낀다. 특히 증거조사의 방식에 있어서도, 엄청난 시간과 비용이 소요되는 미국식 증거개시제도(discovery) 정도까지는 아니더라도 문서제출요구를 둘러싼 당사자들의 치열한 공방의 와중에서 상당한 비용과 절차적 지연이 발생하고 있을 뿐만 아니라, 쟁점을 흐리는 각종 불필요한 주장(이른바 "red herring argument")으로 가득한 방대한 서면들이 마치 쓰나미(tsunami)처럼 중재절차를 휩쓰는 등 다양한 측면에서 비효율성이 증대하여 사건에 따라서는 천문학적인 법률비용이 발생하기도 한다.

3. 국제중재의 미래와 반성론

1.74 이처럼 국제중재가 더 이상 신속하거나 비용이 적게 소요되는 절차가 아니라는 비판이 거세게 대두되면서 국제중재의 실무가들 사이에서 중재절차의 비효율성을 최소화하기 위한 각종 제안이 이루어지는 등[75] 자체적인 반성론이 고개를 들고 있으나,[76] 시간당 보수를 받는 중재인이나 중재대리인들이 주도하는 국제중재

---

[73] Matthew Gearing at 'ADR in Asia Conference 2008: Arbitration and Mediation-Global Platforms for Dispute Resolution'.

[74] "2010 International Arbitration Survey: Choices in International Arbitration," Queen Mary International Arbitration Survey, (2010) 26면 참조

[75] 국제중재의 비효율성에 대한 비난이 커지자 급기야 ICC는 task force를 구성하여 2007년에 "Techniques for Controlling Time and Costs in Arbitration"이라는 지침을 마련하여 중재실무를 보다 효율적으로 진행하는 도구로 제시하기도 하였다.

[76] 뉴욕 소재 로펌인 Debevoise & Plimpton LLP는 중재절차의 비효율화 또는 소송절차화에 대한 반성론적 시각에서 2010년에 'Protocol to Promote Efficiency in International Arbitration'을 발표하였는데, 그 내용에 따르면, 중재절차를 ① 중재판정부의 구성(Formation of the Tribunal), ② 사실관계의 확정 및 절차(Establishing the Case and the Procedure), ③ 증거(Evidence), ④ 심리절차(Hearing), ⑤ 화해(Settlement Consideration) 등으로 나눈 다음, 각각의 단계에 있어 중재절차의 효율성을 증대할 수 있는 방안을 제시하고 있다. 보다 구체적으로는, ① 중재판정부의 구성과 관련하여 중재판정이 심리 후 3개월 이내에 이루어질 수 있도록 중재인들로부터 확

실무에서 이들이 스스로 중재절차를 효율적으로 만들어 가기를 기대하는 것은 순진한 생각이라고 하며 중재제도의 미래에 대하여 냉소적이고 회의적인 시각을 가진 견해도 없지 않은 것이 현실이다.

1.75 더구나, 국제중재의 공정성, 투명성, 효율성 등에 대한 위와 같은 염려와 더불어 중재라는 절차 자체가 당사자들 사이의 계약에 기초를 둔 것이라는 점에서 다수의 당사자들 사이의 관련 분쟁들을 일괄적으로 해결하기가 소송에 비해 쉽지 않은 등으로 인해 중재를 꺼리는 수요자들도 상당히 생겨나고 있다. 실제로 이러한 수요자들을 대상으로 하여 싱가포르는 국제 상거래에서 발생하는 분쟁을 중재가 아닌 중립국에서의 소송을 통해 해결한다는 관점에서 국제상사법원인 SICC를 발족시켜 대외적으로 홍보를 하고 있음은 앞서 본 바와 같다. 특히 SICC는 싱가포르 High Court의 판사들을 포함한 세계 각국의 저명한 법률가들을 SICC 판사로 선임하고, 일정한 기본요건이 되는 변호사들은 누구나 등록절차만 거치면 소송대리인으로 활동할 수 있도록 하는 이외에, 상사중재의 장점 가운데 하나로 거론되는 절차의 비밀보호를 일정한 범위 내에서 도입하고, 나아가 국내소송에서 적용되는 증거법칙을 배제하고 국제적인 기준을 적용할 수 있도록 하는 등 국제중재에서 통용되는 다양한 실무를 소송절차에 도입하고 있다.[77]

1.76 또한, 상사 분쟁뿐만 아니라 투자조약중재의 분야에서도 기존의 투자조약중재의 실무를 통해 노정된 다양한 문제점으로 인해 투자조약 분쟁을 중재가 아닌 중립적인 상설 법원을 통하여 해결하자는 움직임도 감지되고 있다.[78] 이와 더불어 국제소송에서의 관할 법원에 관한 합의 및 그에 따른 외국법원의 판결의 승인 및

약을 받는 방안 및 소규모 사건에 대해선 3인 판정부가 아닌 1인 판정부 구성이 가능하도록 상대편 대리인과 성실히 협상하는 방안을 제시하는 외에, ② 사실관계 확정 등 중재절차의 진행과 관련하여서는 상세한 내용을 가진 중재신청서 제출을 유도함으로써 중재절차가 신속히 진행될 수 있게 하는 방안이나 사안의 특성에 맞는 맞춤형 중재절차를 정하는 방안 등을 제시하고, ③ 증거와 관련하여서는 IBA Rules of Evidence에 따라 증거제출의 절차와 범위를 정하는 방안이나 각 증거를 중요도에 따라 분류하는 방안 등을 제시하는 한편, ④ 심리절차와 관련하여서는 화상회의를 통한 증인신문을 적극적으로 활용하는 방안과 심리에서 진술 시간을 엄격하게 제한하는 방안 등을 제안하고, 그 밖에 ⑤ 당사자 사이의 화해를 촉진하기 위하여 중재절차 초기에 화해를 시도하고 이를 위해 중재판정부의 잠정적인 심증을 절차 초반에 공식적으로 문의하도록 하는 절차를 실무에 도입하는 방안 등이 제시되고 있다.

77 SICC에 대한 자세한 내용은 Mohan R Pillay & Toh Chen Han, *The SICC Handbook*, Sweet & Maxwell (2016) 참조.

78 보다 자세한 내용은 제8장 Ⅴ. 참조.

집행의 보장을 위하여 관할합의에 관한 협약이 채택되어 현재 EU의 대다수의 국가나 싱가포르 등 아시아 국가들이 참여하고 있음은 앞서 본 바와 같다. 이러한 중립적 법원을 통한 국제분쟁해결 제도가 성공적으로 정착한다면 현재의 국제중재는 그 수요자들을 상당 부분 빼앗길 염려도 없지 않다.

1.77 위와 같이 국제중재가 직면한 다양한 도전과 비판을 감안할 때, 국제중재의 미래는 국제중재라는 시스템의 운영주체라고 할 수 있는 중재기관, 중재인, 중재대리인 등이 그 진정한 수요자인 중재당사자의 요구를 저버리지 않고 소송 등 다른 분쟁해결수단과 비교하여 중재절차의 공정성과 효율성을 더욱 제고하는 데에 얼마나 치열한 자정의 노력을 기울일 것인가 하는 점에 달려 있다고 할 것이다.

제 2 장

국제중재절차를 관장하는 규범의 체계와 질서

Ⅰ. 머 리 말

국제중재의 절차는 당사자들의 중재합의에 기초한 중재판정부의 구성, 중재판정부에 의한 본안(실체)의 준거법의 결정, 당사자들에 의한 주장 및 입증 등 중재심리의 진행, 중재판정 등에 이르기까지 법원의 협조나 관여가 없이 중재판정부의 주관 하에 진행되는 중재의 내부적 절차(internal procedure)와 법원에 의한 중재판정부 구성이나 교체, 중재지의 결정, 증거조사 등과 같은 중재절차에 대한 법원의 협력 또는 중재관할에 관한 법원의 중간 심사나 중재판정의 취소 등과 같은 중재절차에 대한 법원의 심사나 감독 등과 관계되는 중재의 외부적 절차(external procedure)로 구분할 수 있다. 2.01

이러한 국제중재의 절차의 다양한 측면을 관장하는 규범들로서 실무상 자주 논의되는 것들로는 뉴욕협약 등과 같은 국제중재에 관한 조약, 각국의 중재법의 모델로 제안된 UNCITRAL 모범중재법, 각국의 다양한 중재법, 당사자들이 합의에 의하여 채택하는 여러 국제중재기관의 중재규칙이나 UNCITRAL 중재규칙, 국제변호사협회(IBA)나 그 밖에 각종 국제기구에서 제정하는 국제중재에 관한 각종의 지침 또는 가이드라인 등이 있다. 국제중재를 보다 명확히 이해하기 위하여서는 이러한 각종 규범들의 체계와 질서를 정확히 파악하는 것이 필수적이라고 할 것이므로, 이하에서는 이에 대하여 살펴보기로 한다. 2.02

Ⅱ. 사적 자치의 원칙과 중재지법

1. 사적 자치의 원칙

2.03 앞에서 설명한 바와 같이 중재가 '당사자들의 합의로 일정한 법률상의 분쟁을 법원의 재판이 아닌 중재판정부(중재인)의 중재판정에 의하여 종국적으로 해결하는 절차'라고 할 때, 중재의 당사자들이 사적 자치에 의하여 중재의 절차를 합의할 수 있고 그와 같이 합의된 절차가 중재절차를 관장하게 됨은 당연하다 할 것인데, 뉴욕협약이나 모범중재법 역시 당사자에게 중재절차를 형성할 수 있는 권한을 부여하고 있다. 즉, 뉴욕협약은 중재의 절차는 사적 자치의 원칙에 따라 합의한 바에 따라 진행되어야 한다고 규정하고 있고,[79] 모범중재법도 중재판정부가 중재절차를 진행할 때 지켜야 할 절차에 대하여 당사자들이 자유롭게 합의할 수 있다고 규정하고 있다.[80]

2.04 예컨대, 국제거래의 당사자들이 계약서의 중재조항에서 특정 중재기관의 중재규칙에 의한 중재를 선택할 경우 당사자가 선택한 중재규칙(arbitration rules)의 내용들은 당사자의 사적 자치에 의한 합의의 내용으로서 그들 사이의 중재절차를 관장하는 가장 우선적인 기준이 된다. 해당 국가의 중재법의 각 조항들은 특단의 사정이 없는 한 중재지가 해당 국가인 경우에만 적용되지만, 중재기관의 중재규칙은 당사자들이 합의하는 한 중재지를 불문하고 적용되므로 중재기관의 중재규칙의 경우 반드시 그 소재국의 중재법과 정합성을 가지거나 그 내용이 유사해야 할 필연적인 이유는 없다. 따라서 중재기관은 그 소재지의 중재법의 내용에 연연할 필요가 없이 얼마든지 중재친화적이고 선진적인 중재규칙을 만들 수 있고, 이러한 중재규칙들은 중재지국의 강행규정에 반하는 등 특별한 사정이 없는 한 당

---

[79] 뉴욕협약 제5조 제1항 (d)
Recognition and enforcement of the award may be refused, at the request of the party against whom it is invoked, only if that party furnishes to the competent authority where the recognition and enforcement is sought, proof that: [t]he composition of the arbitral authority or the arbitral procedure was not in accordance with the agreement of the parties, or failing such agreement, was not in accordance with the law of the country where the arbitration took place.

[80] 모범중재법 제19조 제1항
Subject to the provisions of this Law, the parties are free to agree on the procedure to be followed by the arbitral tribunal in conducting the proceedings.

사자의 사적 자치에 따른 합의에 의하여 그 중재법에 우선하여 중재를 관장하는 규범으로 작용하게 되는 것이다.

한편, 당사자들이 중재규칙에 합의하면서 해당 중재규칙의 일부를 합의에 의하여 수정하는 것도 이러한 당사자의 사적 자치의 원칙에 따라 얼마든지 가능하다. 다만, 그 중재규칙을 운영하는 중재기관이 그러한 수정을 허용하지 않는 경우에는 그러한 수정된 내용에 따른 중재절차의 관리를 거부할 수 있을 것이므로,[81] 당사자들이 해당 중재기관에 의하여 관리되는 중재를 원할 경우에는 결국 해당 기관의 방침에 따를 수밖에는 없을 것이다. 2.05

그리고 당사자들이 선택한 중재규칙이 중재절차에 관하여 중재판정부에 광범위한 재량을 부여하는 경우 중재판정부가 그러한 재량의 범위 내에서 중재절차에 관하여 결정하는 절차명령(procedural order)의 내용 역시 당사자의 사적 자치에 의한 합의의 일부분이 되어 중재지의 중재법상 임의규정들보다 우선하여 중재절차를 관장하는 기준이 된다. 2.06

이와 관련하여, 중재절차상의 문제에 대하여 강행규정이나 당사자의 합의가 전혀 존재하지 않고, 또한, 법률상으로도 임의규정이 없으면 중재판정부의 자유재량에 따른다고 하면서 중재절차에 관하여는 1차적으로 강행규정이 적용되며, 2차적으로는 당사자의 합의가, 그 다음으로 임의규정이 적용되며, 마지막으로 중재판정부의 재량에 의한다고 설명하는 견해도 있다.[82] 그러나 당사자가 선택한 중재규칙이 중재판정부의 재량을 인정하고 있을 경우에는 중재판정부의 그러한 재량은 당사자의 합의에 의하여 인정되는 것이므로 중재지법의 임의규정에 앞서 적용된다고 보는 것이 중재절차에 관한 규범의 체계에 부합한다고 할 것이다. 2.07

나아가, 경우에 따라서는 여러 중재기관의 중재규칙의 내용을 보완할 목적으로 만들어진 IBA 증거조사규칙 등과 같은 각종 중재절차에 관한 지침(guidelines)을 당사자들이 중재절차의 규범의 일부로 합의하는 경우도 있고, 그러한 명시적인 2.08

---

[81] 예컨대, ICC 중재규칙 가운데 판정문 검토 절차에 관한 규정은 당사자들이 임의로 배제할 수 없는 내용으로 이해되고 있으므로 만약 당사자들이 그러한 규정을 배제하기를 고집한다면 ICC 중재법원은 그러한 중재에 대한 관리를 거부하게 된다(Craig/Park/Paulsson, *International Chamber of Commerce Arbitration*, 295면 참조).

[82] 주석 중재법, 92면 참조.

합의가 없더라도 당사자가 합의한 중재규칙 등에 의하여 부여되는 재량의 범위 내에서 중재판정부가 이러한 기준을 채택할 수도 있는데, 이러한 경우에는 위의 지침들 역시 중재규칙들과 마찬가지로 당사자들의 합의의 일부분을 이루어 당사자들 사이의 중재절차를 관장하는 우선적 규범으로 적용되게 된다.

2.09 다만, 이처럼 중재판정부의 중재절차에 대한 재량 역시 기본적으로 당사자들의 사적 자치에 기반을 두고 있는 것이므로 당사자들이 그와 달리 합의할 경우에는 여전히 당사자들의 합의가 우선한다고 보는 것이 타당하다. 이와 관련하여 중재판정부가 구성된 이후 당사자들과 협의하여 정한 중재절차에 대하여는 당사자들이 모두 합의하더라도 중재판정부의 동의가 없는 한 변경할 수 없다고 하는 주장도 있으나,[83] 중재절차가 본질적으로 당사자의 사적 자치에 기반을 두고 있는 이상 중재판정부가 당사자들의 합의 내용과 달리 중재절차를 진행하는 것은 허용될 수 없다고 할 것이다. 물론, 당사자들이 합의한 내용이 중재판정부로서 받아들이기 어려운 내용일 경우에는 중재판정부로서는 그에 따른 중재절차의 진행을 거부할 수 있을 것이므로 만약 당사자들이 해당 중재판정부에 의한 중재절차를 진행할 경우에는 중재판정부의 견해를 사실상 존중하지 않을 수는 없을 것이다.

2. 중재가 행하여지는 국가의 법

2.10 이처럼 중재절차에 관한 한 당사자들이 합의한 내용이 최우선적인 기준이 되지만 당사자들이 중재에 합의하면서 중재의 절차규칙을 정하지 않는 경우도 실무상 적지 않다. 또한, 당사자들이 중재절차의 기준으로 합의하는 유명한 중재기관의 중재규칙들은 매우 정치(精緻)하고 복잡한 내용을 담고 있지만, 이 역시 중재절차의 모든 부분을 완벽히 규율하고 있다고 보기는 어려워 경우에 따라서는 당사자의 의사를 보충할 규범이 필요하다. 나아가, 중재는 당사자의 사적 자치에 기반을 두고 있지만 당사자의 사적 자치는 무제한적으로 허용되는 것은 아니며, 특히 법원의 협조나 심사가 요구되는 중재의 외부적 절차에 관하여는 특정 국가의 법률의 적용을 피할 수가 없게 된다.

---

83 Michael Pryles, "Limits to Party Autonomy in Arbitral Procedure," 24(3) Journal of International Arbitration (2007), 332면 참조.

이와 관련하여, 뉴욕협약은 중재절차에 대하여 달리 당사자의 합의가 없을 경우에는 '중재가 행하여진 국가의 법(the law of the country where the arbitration took place)'에 따라야 하는 것으로 명시하고 있다.[84] 여기서 당사자의 합의가 없을 경우 적용되는 '중재가 행하여진 국가의 법'이란 구체적으로 무엇을 말하는가? 그 의미를 정확히 파악하려면 우선 '중재가 행하여지는 국가'의 의미부터 살펴볼 필요가 있다. 2.11

가. 중재지(seat of arbitration)

(1) 중재지의 개념

국제거래에서 중재합의를 하면서 그 계약서의 중재조항에 "중재는 런던에서 행하여진다(the arbitration takes place in London)"라고 규정할 때에 그 의미를 제대로 이해하는 당사자들은 의외로 많지 않다. 대개는 변론이나 증인 등에 대한 신문, 중재인들 사이의 협의 등과 같은 실제 중재심리(hearing)를 런던에서 하기로 하는 합의 정도로 이해한다. 그러나 국제중재에 있어서 이러한 계약조항은 중재심리를 런던에서 진행한다는 합의라기보다는 오히려 중재지(seat of arbitration)를 영국으로 한다는 합의로 해석된다. 그렇다면 중재심리의 장소(hearing place)와 중재지(seat of arbitration)는 어떻게 다른가? 2.12

중재에 있어서 증거조사 등과 같은 행위가 실제로 행하여지는 장소는 사건에 따라 다양할 수 있고 경우에 따라서는 여러 나라에 걸쳐서 이루어지는 경우도 있다. 그러나 '중재가 행하여지는 국가(the country where the arbitration took place)'라고 할 때는 이러한 사실상의 행위가 행하여지는 물리적(physical) 장소(venue)가 속한 국가가 아니라 법적 개념(legal concept)으로서[85] 중재절차가 법적으로 속한 2.13

[84] 뉴욕협약 제5조 제1항 (d)
Recognition and enforcement of the award may be refused, at the request of the party against whom it is invoked, only if that party furnishes to the competent authority where the recognition and enforcement is sought, proof that: [t]he composition of the arbitral authority or the arbitral procedure was not in accordance with the agreement of the parties, or failing such agreement, was not in accordance with the law of the country where the arbitration took place.

[85] 과거 중재판정문에 서명한 곳이 중재지가 된다는 취지의 영국법원 판결이 없었던 것은 아니지만, 1996년에 개정된 영국 중재법에서는 앞서 본 바와 같이 중재지는 이러한 사실적 행위가 이루어지는 장소와 다른 법적 개념임을 분명히 명시하였다.

국가를 가리키는 중재지(seat of arbitration 또는 place of arbitration)[86]를 말하는 것이라는 점에는 사실상 이견이 없다.[87]

2.14 실제로, 대개의 국가의 중재법이나 중재기관의 중재규칙들은 중재심리(hearing)가 행하여지는 장소와 중재지의 개념을 엄격히 분리하고 있고, 중재심리는 중재지와 다른 장소나 국가에서 행하여질 수 있다고 규정하고 있다. 예를 들면, 모범중재법 제20조 제2항은 중재판정부는 당사자들 사이에 별도의 합의가 없는 이상 증인에 대한 신문, 전문가증인(experts)에 대한 심리, 물건, 부동산 또는 문서의 검증(inspection) 등을 중재지 이외의 제3의 적합한 장소에서 행할 수 있다고 규정하고 있고,[88] ICC 중재규칙이나[89] LCIA 중재규칙[90] 등 많은 중재규칙들이 이와 유사한 취지의 규정을 두고 있다.

2.15 실무상 당사자들이 중재지에 합의할 때 "대한민국, 서울"이라고 하여 국가와 도시를 함께 기재하는 것이 일반적이고 이는 많은 중재기관의 표준 중재조항에서 권장되고 있지만, 법적 개념으로서의 중재지는 중재의 심리가 행해지는 특정 도시나 지역보다는 중재에 관한 법이 적용되는 단위인 국가 또는 주를 기준으로 관념되는 것이 바람직하다. 다만, 중재지와 중재심리의 장소가 이와 같이 법적으로는 엄격히 구분된다고 하더라도, 실무상 중재판정부가 심리장소를 정함에 있어서는 위와 같은 중재지 기재 내용을 존중하는 것이 일반적이므로, 당사자들이 위와 같이 도시까지 특정한 경우에는 해당 도시에서 중재심리가 이루어질 가능성은 높아질 것이다.

---

[86] 'seat of arbitration' 또는 'place of arbitration'은 보통 동일한 의미로 사용된다. 하지만 최근에 아시아 태평양 국가들을 중심으로 'place' 대신 'seat'를 더욱 많이 사용하는 경향이 나타나고 있는데, SIAC과 HKIAC은 모두 그 중재규칙에서 'place' 대신 'seat'라는 용어를 사용하고 있다.

[87] 뉴욕협약 제5조 제1항 a)에서 '중재판정이 내려진 국가(the country where the award was made)'라고 할 때도 이 역시 중재심리가 이루어진 장소나 판정문이 서명된 장소 등 사실상의 개념이 아닌 바로 법적 개념으로서의 '중재지(seat of arbitration)'를 지칭하는 것이다.

[88] 호주 New South Wales주 대법원은 Angela Raguz v. Rebecca Sullivan & Ors [2000] NSWCA 240 사건에서 'seat'와 'place'라는 용어는 국제중재에서 확립된 의미를 가지고 있는 것으로 판단하여 이를 실제 심리가 열리는 장소와 동일한 의미로 파악해야 한다는 원고의 주장을 배척하였다. 싱가포르 항소심 법원도 Naviera Amazonica Peruana S.A. v. Compania Internacional de Seguros del Peru [1988] 1 Lloyds Rep. 116 사건에서 중재재판에 있어 하나의 'place'가 지정되어 있다 하더라도 모든 심리나 기일이 이 한 장소에서만 이루어져야 하는 것은 아니라고 판시한 바 있다.

[89] ICC 중재규칙 제18조 제2항 참조.

[90] LCIA 중재규칙 제16조 제3항 참조.

2.16 한편, 이러한 '중재지'의 개념과 관련한 우리 중재법의 용어 사용은 다소 혼란스럽다. 즉, 우리 중재법 제2조 제1항은 "중재지가 대한민국인 경우에 적용한다"라고 규정하는 한편, 제21조 제3항에서는 "당사자 간에 다른 합의가 없는 경우 중재판정부는 제1항 및 제2항에 따른 중재지 외의 적절한 장소에서 중재인들 간의 협의, 증인·감정인 및 당사자 본인에 대한 신문, 물건·장소의 검증 또는 문서의 열람을 할 수 있다"라고 규정하여 중재지를 중재심리 관련 행위가 사실상 행하여지는 특정한 도시나 지역과 구분하고 있는 것으로 보인다. 그런데, 중재 관련 사건의 관할법원의 특정과 관련하여 중재법 제7조는 "중재지를 관할하는 법원"이라는 용어를 쓰고 있는데, 이는 중재지의 개념을 중재심리가 이루어지는 사실상의 지역으로 혼동한 것이라는 오해를 살 여지가 있는 부분으로 보인다.[91]

(2) 중재지 결정의 방법

2.17 실무상 당사자들은 중재조항에서 미리 중재지에 대하여 합의를 하는 경우가 일반적이지만, 당사자들이 중재지에 대해 특별히 합의하지 않은 경우에는 대개의 경우 당사자들이 합의한 중재규칙에 따라 중재지가 결정되게 된다.[92] 그 경우 중재규칙에 따라 중재지를 정하는 방법은 다양한데, ① 중재기관으로 하여금 중재지를 정하게 하는 경우(ICC 중재규칙,[93] ICDR 중재규칙[94] 등), ② 해당 중재기관이 위치한 국가가 자동적으로 중재지가 되도록 하는 경우(HKIAC 중재규칙,[95] CIETAC 중재규칙,[96] ACICA 중재규칙[97] 등), ③ 해당 중재기관이 위치한 국가를 일응 중재지

[91] 즉, 중재지가 대한민국인 경우 관할법원이 '대한민국을 관할하는 법원'이 되고, 설령 당사자들이 중재지를 기재할 때 서울과 같은 도시를 특정하였다고 하더라도 '서울을 관할하는 법원'이라는 개념은 법원의 토지관할의 기준이 되기 어려운 것은 마찬가지이다. 이에 대한 보다 자세한 논의는 제7장 Ⅲ. 1. 다. 참조.

[92] 미국의 경우 연방 중재법에 따라 법원이 중재에 회부할 것을 명령하는 경우에 있어서 당사자가 일정한 중재규칙에 합의하였음에도 불구하고 미국 내에서의 중재를 명하는 사례도 있는데, 이는 뉴욕협약 제2조나 당사자 자치의 원칙에 반하는 부당한 내용이라는 비판을 받는다[Born (ICA), 2107면 참조].

[93] ICC 중재규칙 제18조 제1항 참조.

[94] 다만 ICDR의 중재지 결정은 잠정적인 것에 불과하고 종국적으로는 중재판정부가 구성 후 60일 이내에 중재지를 확정하는 것으로 규정되어 있다(ICDR 중재규칙 제13조 참조).

[95] HKIAC 중재규칙 제23조 제1항 참조.

[96] CIETAC 중재규칙 제7조 참조. 중국 최고법원은 중재지를 당사자들이 합의로 정한 중재지가 아닌 중재기구의 소재지를 기준으로 판단하고 있는데, 이는 중재지의 개념을 오해한 것이다[蘇曉淩(각주 47), 495면 내지 497면 참조].

[97] ACICA 중재규칙 제15조 제1항 참조.

로 하면서, 중재판정부가 달리 중재지를 정할 수 있도록 하거나(KCAB 국제중재규칙,[98] SIAC 중재규칙[99] 등) 또는 중재기관이 달리 중재지를 정할 수 있도록 하는 경우(LCIA 중재규칙[100]) ④ 중재판정부가 적절한 중재지를 결정하도록 하는 경우(UNCITRAL 중재규칙[101]) 등이 있다.

2.18 당사자들이 특정한 중재규칙도 합의하지 않은 경우에는 누가 중재지를 정할 것인가 하는 점이 문제가 되나, 이 경우는 중재판정부가 그에게 부여된 절차 형성에 관한 내재적 권한의 하나로서 중재지를 결정할 수 있다고 할 것이다. 다만, 당사자들이 중재규칙은 물론 중재판정부 구성 방법에 관하여도 특별히 합의하지 않은 경우가 있는데 이러한 경우는 후술하는 바와 같이 중재절차의 진행에 여러 가지 어려움이 발생하게 된다.[102]

2.19 한편, 당사자들이 중재지에 관하여 합의하지 않아서 중재기관, 중재인, 법원 등에 의하여 중재지가 결정될 경우 어떠한 기준에 따라 중재지를 결정한 것인가 하는 점이 문제된다. 대개의 중재규칙이나 중재법은 중재지 결정에 대한 명확한 기준을 제시하고 있지는 않지만, 통상 중립성의 관점에서 당사자의 국적이 우선적으로 고려되고, 그 밖에 계약의 실체적 준거법, 계약이 체결된 장소나 이행이 이루어지는 장소 등을 포함한 분쟁의 소재지(locus of the dispute), 관련 당사자들의 소재지를 포함한 편의성 등도 아울러 고려된다.[103]

나. 중재지의 법

2.20 앞서 본 바와 같이, 뉴욕협약은 중재절차에 대하여 달리 당사자의 합의가 없을 경우에는 '중재가 행하여진 국가의 법'에 따라야 하는 것으로 명시하고 있으므로 중재지의 법이 중재절차에 관하여 당사자가 합의한 내용으로 해결할 수 없는 부분을 보충하는 규범으로 작용하는 것에 대하여는 별다른 이론의 여지가 없다. 그러면 중재지법의 역할과 기능은 단순히 중재절차에 관한 당사자의 사적 자치에

98 KCAB 국제중재규칙 제24조 제1항 참조.

99 SIAC 중재규칙 제21조 제1항 참조.

100 LCIA 중재규칙 제16조 제2항 참조.

101 UNCITRAL 중재규칙 제18조 제1항 참조.

102 이에 관하여는 본장 Ⅲ. 1. 다. 등 참조.

103 Derains and Schwartz, 213면 참조.

의한 합의 내용을 보충하는 정도의 의미에서 그치는 것일까? 중재지와 중재지법의 의미와 기능에 대하여는, 특히 중재절차에 관한 당사자의 사적 자치의 범위와 한계와 관련하여 국제중재의 실무상 다음과 같은 첨예한 의견의 대립이 있다.

2.21 우선, 중재의 당사자들이 선택한 중재지(seat of arbitration)의 법은 단순히 중재절차에 관한 당사자들의 사적 자치에 의한 합의 내용을 보완하는 시스템으로 기능하는 것에 그치는 것이 아니라 중재절차의 전반을 관장하는 lex arbitri로서 사적 자치의 한계를 설정하는 작용을 한다는 입장이 있다. 이러한 견해에 의하면 아무리 중재절차에 관하여 당사자가 합의를 하였다고 하더라도 그 합의 내용이 중재지의 강행규정에 위반된 경우에는 그 효력이 부인되는데, 최근까지 국제적으로 입법 또는 해석론을 통해 보다 보편적인 지지를 받아 온 전통적인 입장이라고 할 수 있다.

2.22 그러나 이러한 전통적인 입장에 반대하여 국제중재의 경우 중재절차를 중재지법의 통제와 감독으로부터 분리시키는 이른바 중재의 탈국가화(delocalization)[104]를 지지하는 입장이 있다. 이러한 견해에 의하면 당사자가 합의한 중재절차에 대한 중재지의 강행규정의 개입은 크게 제한되거나 심지어 배제될 수도 있는데, 최근 프랑스 등 국제중재의 주요 중심국을 중심으로 하여 국제중재의 탈국가화의 경향이 강화되고 있는 추세이다.

2.23 국제중재를 관장하는 규범의 체계에 대한 정확한 이해를 위해서는 중재절차에서의 중재지법의 역할과 기능과 관련한 위의 두 가지 대립되는 입장과 견해에 대한 올바른 이해가 필수적이라고 할 수 있으므로 이하에서는 위 두 가지의 상반된 입장에 대하여 보다 자세히 살펴보기로 한다.

Ⅲ. 중재절차에서의 중재지법의 역할과 기능

1. lex arbitri로서의 중재지법 – 전통적 견해

가. 이론적 배경

2.24 전통적으로 많은 학자들은 '중재절차는 그 절차가 진행되는 국가, 즉, 중재지의

104 일반적으로 delocalization은 '탈지역화'로 번역되지만, 중재절차를 특정 국가로부터 분리한다는 측면에서 '탈국가화'로 부르기로 한다.

사법주권에 복종하여야 한다'는 영토주의적 관념에 따라 중재가 행하여지는 국가의 법이 이른바 lex arbitri로서 중재절차의 전반을 규율하고 관장한다는 입장을 취하여 왔다. 예컨대, Mann은 사인의 권리는 그가 속한 국가의 법체계에서 비롯된 것으로서, 사인간의 합의 내용이 특정 국가의 법에 따라 법적 효력을 얻듯이, 중재합의나 그에 따른 중재판정 역시 해당 중재절차가 중재지의 법체계에 연결되어 있을 때 비로소 기속력이 있고 집행이 가능하다고 주장하였으며,[105] Petrochilos는 중재지법, 즉, lex arbitri는 중재를 전반적으로 관장하면서 중재절차 및 그에 따른 판정의 유효성을 판단하는 기준이 되는 매우 독특한 법이라고 설명한다.[106] Hunter는 국제중재를 초국가적 영역에 부유하는(floating) 어떤 절차로 관념하는 입장에 반대하여 중재지국의 의미를 강조하면서 "국가의 높은 산꼭대기에 선 중재판정부의 모든 구성원들에 의하여 한 목소리로 노래되는 경우(if it is sung in unison by all members of the Tribunal standing on top of the highest mountain in the country)"에만 중재 판정은 유효성을 인정받을 수 있다고 표현하기도 하였다.[107]

나. 뉴욕협약 및 모범중재법

2.25 사실, 국제중재의 절차는 중재지법(lex arbitri)에 의해 관장된다는 개념은 1923년의 이른바 제네바 프로토콜(Protocol)[108]에서도 나타나는데, 중재판정부의 구성과 같은 중재절차가 당사자가 합의한 내용은 물론 중재지법에도 부합하여야 한다고 규정하는 제네바 프로토콜 제2조[109]는 그러한 개념을 반영한 것으로 이해된다. 그 후 1927년에 체결된 제네바협약의 경우 심지어 중재판정을 다른 나라에서 집행하기 위해서는 집행지국 법원의 집행판결 이외에 별도로 중재지국 법원의 확

105 F. A. Mann, "The UNCITRAL Model Law – Lex Facit Arbitrum," 2 Arb. Int'l (1986), 244면 이하 참조.

106 G. Petrochilos, *Procedural Law in International Arbitration* (Oxford University Press, 2004), 22면 참조.

107 J. Hunter, "Achievement of the Intention of the Parties: Arbitration Agreements and the First Procedural Steps in International Arbitration," 47 JCI Arb. (1982), 214면 이하 참조.

108 Protocol on Arbitration Clauses in Commercial Matters, 1923년 제네바에서 체결되었다고 하여 제네바 프로토콜이라고 불린다.

109 제네바 프로토콜 제2조
The arbitral procedure, including the constitution of the arbitral tribunal, shall be governed by the will of the parties and by the law of the country in whose territory the arbitration takes place.

인(confirmation)을 받아야 하는 것으로 규정하기도 하는 등(이른바 "double exequatur" 원칙), 국제중재에서 중재지의 의미는 가히 절대적이었다고 할 수 있다.

2.26 그 후 뉴욕협약을 통해 "double exequatur" 원칙이 폐지됨은 물론, 중재절차에 관하여 당사자들의 합의 내용이 중재지의 법에 절대적으로 우선하는 것으로 내용이 변경되었으나,[110] 앞서 본 바와 같이 중재절차에 있어서의 중재지의 역할과 기능은 뉴욕협약에서도 여전히 강조되었다. 즉, 뉴욕협약은 중재절차에 대하여 달리 당사자의 합의가 없을 경우에는 여전히 중재지법에 따라야 하는 것으로 명시하고 있고, 나아가 중재관할의 기초가 되는 중재합의의 유효성 여부도 '중재가 행하여진 국가의 법'에 따르도록 하고 있을 뿐만 아니라,[111] 중재판정을 심사하여 취소할 수 있는 권한을 중재가 행하여진 국가, 즉, 중재지의 법원에게 전속적으로 귀속시키고 있다.[112]

2.27 특히, 국제중재의 절차를 규정하고 있는 모범중재법은 기본적으로 중재지가 해당 국가의 영토 내에 있는 중재에 대하여 법이 적용되는 것으로 규정하면서,[113] 중재지의 법에 비추어 유효한 중재합의가 인정될 수 없는 경우나 중재지의 법에 의할 때 중재대상이 아닌 사안에 대하여 중재판정을 내린 경우, 나아가 중재판정이 중재지의 공공질서에 위반되는 경우 등에는 중재지국의 법원이 중재판정을 취소할 수 있도록 하고 있다.

다. 중재지법의 lex arbitri로서의 역할과 기능

2.28 전통적 입장에서 볼 때, 위의 뉴욕협약이나 모범중재법의 제반 규정들은 모두 영토주의에 입각하여 중재지법[114]이 lex arbitri로서 중재절차의 전반을 관장한다는

---

110 van den Berg, 331면 참조.

111 뉴욕협약 제5조 제1항 (a) 참조.

112 뉴욕협약 제5조 제1항 (e)
"The award … has been set aside … by a competent authority of the country in which, … that award was made"

113 모범중재법 제1조 제2항
The provisions of this Law, except articles 8, 9, 17H, 17I, 17J, 35 and 36, apply only if the place of arbitration is in the territory of this State.

114 특정 국가(중재지)의 법이 lex arbitri가 된다고 할 때 그 경우 특정 중재지의 중재법 또는 그에 보조적으로 적용되는 민사소송법 등과 같은 절차규범만을 말하는 것은 아니고, 어떤 경우에는 중재지의 실체법까지도 중재절차에 영향을 미치는 경우도 있다. 특정 중재지의 절차법은 물론

입장을 반영한 내용이라고 해석된다. 중재지법(lex arbitri)이 중재절차를 관장한다는 것은 중재지법이 중재의 내부적 절차(internal procedure)는 물론 중재절차에 대한 법원의 협조나 감독에 관한 중재의 외부적 절차(external procedure)를 관장하는 규범으로 작용하면서, 아래에서 보는 바와 같이, 당사자들이 합의하지 않은 절차적 사항을 보충하는 것은 물론, 중재지의 강행규정에 의하여 당사자들의 사적 자치의 한계를 설정하기도 한다는 점에 그 의미가 있다.[115]

(1) 보충규범으로서의 기능

2.29 우선, 중재지법은 lex arbitri로서 중재판정부의 구성방법 등과 같은 중재의 내부적 절차(internal procedure)와 관련하여 당사자가 합의하지 못한 사항을 보완하는 것은 물론, 법원의 도움을 받아 제3자 증인을 강제로 소환하거나 법원에 대하여 잠정처분의 집행을 구하는 등과 같은 중재의 외부적 절차(external procedure)와 관련하여 당사자의 사적 합의만으로는 목적을 실현할 수 없는 절차를 가능하도록 만들기도 한다. 즉, 마치 당사자의 합의를 규율하는 특정 국가의 계약법이 양 당사자가 미처 합의하지 못한 사항들을 임의규정들을 통해 보완하여 합의를 더욱 완결한 것으로 만들어주는 것처럼 중재지의 법은 lex arbitri로서 중재절차에 대한 합의의 부족한 부분을 보충하는 규범으로 작용하는 것이다.

2.30 예컨대, 국제거래의 당사자들이 "본 계약으로부터 발생하는 분쟁은 중재로 해결하기로 한다"라고만 합의하고 중재규칙을 지정하거나 달리 중재인 선정 방법을 지정하지도 않은 경우(실무상 이러한 조항을 blank clause라고 부른다), 당사자들이 소송을 피하고 분쟁을 중재에 회부하겠다는 의사 자체는 분명하여 일응 중재합

실체적 강행규범마저도 경우에 따라서는 공공질서(public policy)라는 개념으로 중재절차에 영향을 미칠 수 있다. 다만, agency에 관한 계약에서 발생한 분쟁을 중재의 대상에서 제외하는 벨기에나 일부 아랍국가의 법을 예를 들면서 이러한 법이 단순히 절차법이라고 하기는 어렵다고 하는 견해도 있으나(Redfern and Hunter, para 3.60 참조), 어떤 분쟁이 중재의 대상이 될 수 있는가 하는 중재가능성(arbitrability)의 문제는 오히려 중재관할에 관한 이슈로서 절차법의 일부분이라고 볼 수도 있을 것이다.

115 중재지법이 중재절차를 관장한다는 이론을 seat theory로 칭하면서 이를 법정지주의로 번역하는 견해가 있는데[목영준, 107면; 김갑유(대표집필), 133면 참조], 중재지법(lex arbitri)은 소송에서 소가 제기된 국가의 법을 의미하는 법정지법(lex fori)처럼 작용하는 것은 아니라는 점에 주의하여야 한다. 즉, 소송의 경우는 법정지의 국제사법이 법정지법(lex fori)의 일부로서 소송에 적용이 되지만, 중재에 있어서는, 중재지의 국제사법이 lex arbitri로서 중재에 당연히 적용되는 것은 아니다(모범중재법 제28조 제2항 등 참조).

의가 성립한 것이라고 볼 수 있겠지만, 중재판정부의 구성 등 미비한 부분은 어느 나라의 중재법(lex arbitri) 및 법원의 도움에 의거하여 보충을 받을 수밖에 없다. 그런데, 위와 같이 중재조항에서 중재지를 지정하지도 않고 달리 중재지를 지정하는 방법도 정하지 않아 중재지가 확정될 수 없는 상황에서는[116] 어느 국가의 법원에 그와 같은 조력을 구할 것인지가 애매하게 되고,[117] 결국 당사자들이 합의한 중재조항의 작동이나 이행이 사실상 불가능하게 되는 결과를 초래할 수도 있다.[118] 이러한 점을 보면 국제중재에 있어서 중재합의의 미비점을 보완하는 측면에서 중재지 및 중재지법이 가지는 의미는 매우 중요하다는 것을 알 수 있다.

(2) 중재지의 강행규범

2.31 중재지법(lex arbitri)은 위와 같은 중재절차에 관한 당사자의 의사를 보충하는 기능을 하면서도 다른 한편으로는 당사자들의 사적 자치의 한계를 설정하는 기준으로 작용하기도 한다. 즉, 중재절차에 관하여 당사자들이 사적 자치에 의하여 합의를 하였더라도 중재지법의 강행규정에 위반되는 경우는 그 효력을 인정받을 수 없는 경우도 있다.

2.32 이와 관련하여 뉴욕협약 제5조 제1항 (d)가 중재절차에 관한 한 당사자의 사적 자치에 의한 합의가 중재지법의 내용보다 더 우선하는 것으로 규정하고 있다는 점에 기초하여, 설령 당사자가 합의한 중재절차가 중재지의 강행규정에 반하더라도 당사자간 합의가 우선하는 것으로 해석하는 것이 타당하다는 주장도 있다.[119] 그러나 위와 같은 뉴욕협약의 일부 조항의 문언에만 입각하여 중재절차에 관하여 뉴욕협약이 당사자의 사적 자치를 중재지의 강행규정보다 우위에 두는 입장을 취한 것이라고 단정하기는 어렵다.

---

116 각국의 중재법은 대체로 중재지가 자국인 경우에만 적용이 가능한 것으로 규정하고 있으므로(모범중재법 제1조 제2항; 우리 중재법 제2조 제1항 등 다수), 특단의 사정이 없는 한 중재지가 확정되지 않은 상황에서 특정 국가의 lex arbitri에 의한 중재절차의 흠결 보충을 기대하기는 어렵다.

117 당사자 간의 합의 및 중재절차법에 중재지 결정방법이 없는 경우 재판관할에 관한 일반 원칙으로 돌아가 피고의 주소 또는 거소를 우선으로 하고, 그도 없으면 의무이행지로 한다는 견해가 있으나(목영준, 121면 등), 이러한 견해는 수긍하기 어렵다.

118 순수한 내국 당사자들 사이의 국내중재의 경우에는 당사자들이 중재지를 자국으로 합의한 것으로 풀이하여 자국의 중재법을 적용할 수도 있을 것이지만, 국제중재의 경우는 그렇게 단정할 수 없다는 점이 문제이다. 이에 관한 보다 자세한 논의는 제3장 중재합의 부분 참조.

119 Born(IA), 395면 참조.

2.33 예컨대, 뉴욕협약 제5조 제1항 (e)는 중재지국의 법원이 중재판정을 취소할 수 있음을 전제로 하여 중재지국 법원이 취소한 중재판정은 그 승인 및 집행을 거부할 수 있도록 규정하고 있다. 그런데, 모범중재법을 비롯한 각국의 중재법들은 대체로 중재절차에 관한 당사자의 사적 자치에 일정한 제한을 가한다. 예컨대, 모범중재법의 경우 당사자들이 중재의 절차규칙에 합의를 할 수 있지만 그러한 합의는 "이 법의 규정에 따라(subject to the provision of the Law)" 이루어져야 하는 것으로 규정하고 있는데, 실제로 많은 국가에서 중재절차에 관한 당사자들의 사적 자치는 중재지의 절차적 강행규정에 의해 제약을 받는 것으로 해석되고 있다.[120] 모범중재법을 채택하지 않은 많은 국가들 역시 대체로 중재절차에 관하여 당사자들이 달리 합의할 수 없는 강행규정을 두고 있고, 그 범위 내에서 당사자의 사적 자치는 제한을 받는 것으로 규정하고 있다.[121] 이처럼, 중재지국의 중재법이 중재절차와 관련하여 당사자의 합의로도 배제할 수 없는 강행규정을 인정하고 있는 경우에는 그러한 강행규정에 위배되는 당사자의 합의는 어차피 그 효력을 인정받을 수 없게 된다.

2.34 이와 같이 볼 때, 중재절차에 관한 당사자의 합의가 중재지법의 강행규정에 우선하는지 여부는 위와 같은 뉴욕협약의 일부 규정에도 불구하고 결국 개별 중재지국의 입법과 해석에 따라 각기 달리 판단될 수밖에 없는 내용이라고 할 것이다. 즉, 중재절차에 관하여 당사자의 합의에 우선하는 강행규정을 인정할 것인지 여부 및 인정할 경우에 그 구체적인 내용 및 범위 등은 개별 국가마다 입법 또는 해석에 있어서 차이가 있을 수밖에 없다.

2.35 우선, 앞서 본 바와 같이 많은 국가의 중재법이 중재절차와 관련하여 당사자의 사적 자치로 배제할 수 없는 강행규정의 존재를 인정하고 있고, 중재절차에 관한 당사자의 사적 자치는 그러한 강행규정에 반하여 이루어질 수 없는 것으로 해석되고 있다. 다만, 강행규정의 구체적인 내용에 관하여는, 예컨대, 영국 중재법과 같이 강행규정을 구체적으로 명시하고 있는 경우가 있는가 하면,[122] 모범중재법

---

120 우리 중재법 제20조 제1항은 "이 법의 강행규정에 반하는 경우를 제외하고는 당사자들은 중재절차에 관하여 합의할 수 있다"라고 하여 이 점을 분명히 하고 있다.

121 영국 중재법 제4조 제1항은 동 중재법의 부속서(Schedule) 1에 명시된 내용은 강행규정으로서 당사자들의 합의와 무관하게 효력을 가지는 것으로 규정하고 있다.

122 영국 중재법 제4조 제1항은 동 중재법의 부속서(Schedule) 1에 강행규정을 구체적으로 규정하

과 같이 강행규정의 내용이나 범위에 대하여 구체적으로 명시하고 있지는 않고 해석에 맡기는 경우도 있다.

2.36 특히 모범중재법상의 강행규정의 내용과 관련하여서는, '당사자들이 달리 정하지 않는 한'이나 그 밖에 그와 유사한 표현이 부가된 조항들의 경우에는 해당 문언의 반대해석상 임의규정으로 해석되겠지만,[123] 그러한 표현이 사용되지 않았다고 하여 이를 무조건 강행규정으로 해석하기는 어렵다. 오히려 해당 조항의 강행규정성은 입법 목적 등을 종합적으로 감안하여 판단하되, 사적 자치를 기반으로 하는 중재의 본질과 뉴욕협약의 기본 정신에 비추어 당사자의 합의에 우선하는 강행규범은 가급적 엄격한 요건 하에서 인정되는 것이 바람직하다고 본다.[124]

2.37 예컨대, 중재인의 중립성과 독립성에 관한 의무 또는 법원에 대한 기피신청절차에 관한 조항,[125] 양 당사자에 대한 동등 대우의 원칙에 관한 조항,[126] 적정절차(due process)와 같은 근본적인 내용에 관련된 조항,[127] 중재판정취소소송에 관련된 조항,[128] 중재판정의 승인 및 집행에 관련된 조항 등은 당사자가 합의에 의하

고 있는데, 동 부속서는 "sections 9 to 11 (stay of legal proceedings); section 12 (power of court to extend agreed time limits); section 13 (application of Limitation Acts); section 24 (power of court to remove arbitrator); section 26(1) (effect of death of arbitrator); section 28 (liability of parties for fees and expenses of arbitrators); section 29 (immunity of arbitrator); section 31 (objection to substantive jurisdiction of tribunal); section 32 (determination of preliminary point of jurisdiction); section 33 (general duty of tribunal); section 37(2) (items to be treated as expenses of arbitrators); section 40 (general duty of parties); section 43 (securing the attendance of witnesses); section 56 (power to withhold award in case of non-payment); section 60 (effectiveness of agreement for payment of costs in any event); section 66 (enforcement of award); sections 67 and 68 (challenging the award: substantive jurisdiction and serious irregularity), and sections 70 and 71 (supplementary provisions; effect of order of court) so far as relating to those sections; section 72 (saving for rights of person who takes no part in proceedings); section 73 (loss of right to object); section 74 (immunity of arbitral institutions, &c.); section 75 (charge to secure payment of solicitors' costs)" 등을 강행규정으로 열거하고 있다.

123 모범중재법 제3조 제1항, 제10조, 제11조 제1항, 제12조 제2항, 제13조 제1항, 제14조 제1항, 제17조, 제20조, 제21조, 제22조, 제23조 제2항, 제24조 제1항, 제25조, 제26조, 제28조, 제29조, 제30조 등 참조.

124 이에 관하여는 본장 Ⅲ. 3. 참조.

125 모범중재법 제11조 제5항, 제12조 제2항, 제13조 제3항 등 참조.

126 모범중재법 제18조 참조.

127 모범중재법 제24조 제2항 및 제3항 참조.

128 모범중재법 제34조 참조.

여 배제할 수 없는 강행규정으로 해석될 수 있을 것이다. 그러나 예컨대, 중재인의 고지의무[129] 등과 같은 경우는 굳이 위의 중재인의 중립성과 독립성에 관한 의무규정과 별도로 강행규정으로 파악할 이유는 없다고 할 것이고,[130] 법원에 대한 보전처분 신청에 관한 조항[131]의 경우도, 논란의 여지가 전혀 없지는 않지만, 당사자들이 명시적으로 이를 배제하기로 합의한 경우에는 특단의 사정이 없는 한 그러한 합의를 존중하는 것이 바람직할 것이다.[132]

2.38 한편, 중재법에 따라서는 중재절차에 관한 당사자의 사적 자치를 매우 폭넓게 인정하여 해당 국가의 공공질서에 위반되지 않는 범위 내에서 당사자가 중재절차에 대하여 자유롭게 합의할 수 있다고 하는 경우도 있다.[133] 또한, 중재절차와 관련하여 동등한 변론 기회의 보장 등과 같은 근본적인 절차원칙의 위반 이외에 달리 절차적 강행규정을 두지 않음은 물론, 아예 '중재절차가 중재지법에 위반된 경우'를 중재판정의 취소사유에서 배제하는 국가도 있다.[134]

---

129 모범중재법 제12조 1항 참조.

130 우리 대법원은 중재인의 고지의무에 관한 우리 중재법 제12조를 강행규정으로 파악하고 있는데, 이는 우리 중재법이 모범중재법과 달리 중재인의 고지의무의 대상이 되는 사유와 기피사유를 구분하지 않고 동일하게 파악하고 있는 것과 무관하지 않아 보인다(보다 자세한 논의는 제4장 Ⅳ. 3. 참조).

131 모범중재법 제9조 참조.

132 Mantovani v. Caparelli SpA [1980] 1 LLoyd's Rep. 375 참조. 영국 중재법은 법원의 보전처분권한에 관한 제44조를 강행규정으로 보지 않고 있으므로, 당사자들은 법원의 그러한 권한을 배제할 수 있는 것으로 해석된다(Sutton 외, 431면 참조). 다만, 구체적인 사안에 따라서는 과연 당사자들이 법원에 의한 보전처분을 명시적으로 배제한 것으로 볼 수 있는가 하는 점이 논란이 될 수도 있고, 나아가 중재절차에서의 잠정처분이 당사자에 대한 실효적인 권리구제의 수단이 되기 어려운 경우 등 특별한 사정이 있는 경우에는 여전히 법원이 보전처분을 발령하기도 한다. 예컨대, 스포츠중재법원(CAS)의 규칙 제37조 제2항은 일반적으로 법원의 보전처분권한에 관한 명시적 배제 규정으로 해석되지만 미국이나 독일 등 국가에서는 여전히 CAS 중재절차의 대상이 되는 분쟁과 관련하여 보전처분을 발령하고 있으며[Meinrad Vetter, "The CAS – Arbitral Institution with its Seat in Switzerland," (http://epublications.bond.edu.au/slej/9) (2008), 5면 내지 6면 참조], 우리나라의 경우에도 위 CAS 규칙 제37조 제2항의 해석과 관련하여 당사자들이 법원에 대하여 보전처분을 구할 권리를 모두 포기한 것으로 보기 어렵다고 하면서 보전처분을 인용한 하급심 사례가 있다. 즉 서울동부지방법원은 수영선수 박태환의 리우 올림픽 출전자격과 관련하여 CAS 중재절차가 진행되고 있는 상황에서, 중재절차에서 내려질 잠정처분의 국내법적 기속력이나 집행력에 관하여 상대방이 의문을 제기하고 있다는 점, 올림픽이 임박한 상황에서 최종중재판정을 기다릴 경우 권리구제가 불가능해 보인다는 점 등 제반 사정을 고려하여 수영선수 박태환에게 올림픽 국가대표로 출전할 수 있는 지위가 있음을 임시로 정하는 가처분을 발령한 바 있다(서울동부지방법원 2016카합228 결정 참조).

133 일본의 경우 공공질서(public policy)에 관련된 조항을 위반하지 않는 범위 내에서 당사자들이 중재절차에 관하여 자유롭게 합의할 수 있다는 규정을 두고 있다(일본 중재법 제26조 제1항 참조).

134 미국, 프랑스, 스위스 등[Born(IA), 330면 참조].

라. 중재지법과 다른 중재절차법의 지정

이처럼, 당사자들이 중재지에 대하여 합의를 한 경우 당사자들이 의도하였든 아니하였든 중재지법이 lex arbitri로서 중재절차의 전반을 관장하게 된다고 볼 때, 당사자들이 중재지와 다른 나라의 법[135]을 중재의 절차법으로 선택할 수가 있는가 하는 문제가 발생한다. 이론적으로는 사적 자치의 원칙에 따라 당사자들이 그러한 합의를 하는 것이 불가능하다고 볼 수는 없다. 실제로, 뉴욕협약의 경우 중재지 이외에도 중재절차의 준거법 국가의 개념을 별도로 인정하면서 양쪽 법원 모두 중재판정취소소송의 관할을 인정하고 있다.[136] 2.39

이와 관련하여, 뉴욕협약에 의하면 당사자의 사적 자치에 의해 중재지법과 다른 국가의 법을 중재절차의 준거법으로 합의할 수 있음에는 의문이 없지만, 개별 국가의 중재법이 이를 허용하는가는 다른 문제라고 하면서, 우리 중재법은 영토주의를 취하고 있고 이는 강행규정이므로 당사자들이 중재지를 한국으로 정하는 이상 한국법이 아닌 외국법을 중재절차의 준거법으로 합의하는 것은 허용되지 아니한다는 견해가 있다.[137] 그러나 국제중재절차에서의 사적 자치의 원칙과 관련하여 뉴욕협약이 적용되는 경우와 우리 중재법이 적용되는 경우를 구분하여 각각 그 해석을 달리하는 것은 의문일 뿐만 아니라, 당사자들의 사적 자치를 원칙적으로 허용하면서도 그 개별 내용에 관하여 강행규정에 의해 허용 범위를 제한하는 것은 얼마든지 가능하므로, 우리 중재법의 해석상 중재지법과 다른 중재절차법을 합의할 수 있는 당사자의 사적 자치 자체를 전면적으로 부인할 필요까지는 없다고 본다. 2.40

다만, 실무상 당사자들이 중재지법과 다른 중재절차법을 합의하는 예를 찾아보기가 쉽지는 않다. 사실, 위와 같이 중재절차법을 중재지법과 다르게 지정하는 것 2.41

---

135 당사자들의 절차법에 관한 합의가 없어 중재인이 중재절차법규를 결정하는 경우에는 무국적 절차법규를 택할 수 없다는 견해도 있으나(목영준, 108면) 무국적 절차법규가 무엇인지 분명치 않다.

136 뉴욕협약 제5조 제1항 (e)
Recognition and enforcement of the award may be refused, … if … the award … has been set aside or suspended by a competent authority of the country in which, or under the law of which that award was made.

137 석광현, 292면 참조.

은 법률관계를 매우 복잡하고 불확실하게 만들기 때문에,[138] 당사자의 의사 해석에 있어서 매우 예외적인 경우에만 당사자들이 중재절차법을 중재지국법과 다르게 합의한 것으로 인정하기도 한다.

2.42 예컨대, 영국법원은 당사자들이 중재지를 영국으로 하면서도 중재를 인도 중재법에 규정된 절차에 따라 행하기로 합의한 사안에서, 원칙적으로 당사자들이 중재지법(영국법)과 다른 중재절차법(인도 중재법)을 적용하기로 합의할 수는 있지만 이러한 합의는 커다란 어려움과 혼란을 야기한다고 판시하면서, 중재를 인도 중재법에 규정된 절차에 따라 행하기로 합의한 내용은 인도 중재법을 중재의 절차법으로 정한다는 취지가 아니라 단지 중재의 내부적 절차(internal procedure)를 인도의 중재법에 정한 바에 따라 진행한다는 의미로 해석해야 한다고 판시한 바 있다.[139] 이와 같은 맥락에서, 당사자가 "Arbitration shall be conducted in State A; the procedural law of the arbitration shall be that of State B"라고 합의한 경우 이는 중재절차의 준거법을 B국으로 정하면서 단지 중재심리(hearing) 등 사실상의 절차를 A국에서 진행하기로 하는 합의로 풀이하는 것이 바람직하다는 견해도 있다.[140]

2. 국제중재의 탈국가화(delocalization)

가. 탈국가화의 개념

2.43 중재지(seat of arbitration)라는 관념에 기초하여 중재의 당사자들이 선택한 중재지의 법이 중재절차를 관장하는 lex arbitri로 작용하며 이에 따라 중재지의 강행규정이 중재절차에 개입하게 되어 심지어 당사자들이 합의한 경우에도 중재지의 강행규정에 위배되면 효력을 인정하지 않는다는 위와 같은 전통적인 입장에 저항하면서 중재절차를 가급적 특정 국가의 법으로부터 분리하여 탈국가화(delocalization)하려는 시도가 존재한다.

2.44 탈국가화의 개념은 주장하는 사람의 입장에 따라 다소 차이가 있고 아직 국제적으로 명확한 개념이 확립된 상태라고 하기는 어렵지만,[141] 중재판정의 집행을 위

[138] 이 경우, 예컨대, 어느 국가의 법원에 중재판정취소소송을 제기할 것인지, 또 그 경우 어느 국가의 절차법을 적용할 것인지 등을 둘러싸고 서로 상충되는 결론이 도출될 여지도 배제할 수 없다.

[139] Union of India v. McDonnell Douglas Corp. [1993] 2 Lloyd's Rep. 48 (Q.B.) 참조.

[140] Born(ICA), 1625면 참조.

[141] 논자에 따라서는 특정 국가의 실체법이 아닌 상인법(lex mercatoria) 등을 적용한 중재 또는 중

해서는 어차피 특정 국가의 법원의 집행판결을 필요로 한다는 점을 감안한다면, 중재절차를 특정 국가의 법으로부터 완전히 분리한다는 의미의 탈국가화는 본질적으로 불가능하다. 실제로 국제중재의 탈국가화의 옹호자 가운데 한 사람인 Paulsson은 중재절차를 어떤 국가의 법질서로부터도 완전히 분리시키려는 것이 탈국가화의 취지가 아니며, 다만 전통적인 견해와 같이 중재절차가 중재지의 법질서에 종속되어야 할 필연적인 이유가 없고 중재절차에 대한 통제는 오로지 중재판정을 집행하는 집행국의 법원을 통하여만 이루어져야 한다는 것이 탈국가화의 의미라고 주장한다.[142]

나. 이론적 배경

2.45 국제중재의 탈국가화를 주장하는 자들은 중재지의 강행규정이 중재절차를 통제할 수 있고 중재지 법원이 그 기준에 따라 취소한 판정은 집행국에서 승인이 거부되어야 한다는 등의 전통적인 관념은 뉴욕협약에서 명백한 근거를 발견하기가 어려운 내용이라고 주장한다. 오히려 중재절차나 중재합의의 유효성 해석에 있어서 당사자가 합의한 내용을 최우선적인 기준으로 삼고 있는 뉴욕협약 제5조 제1항의 여러 규정에 비추어 당사자들은 합의에 의하여 국제중재를 얼마든지 탈국가화할 수 있다고 주장한다. 이에 따르면 사적 자치에 의하여 중재절차를 형성할 수 있는 당사자들의 자유는 특히 국제중재에 있어서 폭넓게 해석하여, 중재지국의 강행규정의 적용이나 중재판정 취소권을 배제하기로 하는 당사자들의 합의를 존중하는 것이 오히려 뉴욕협약의 정신에 더 부합하는 것이 된다.

2.46 또한, 중재의 탈국가를 옹호하는 자들은, 비록 뉴욕협약 제5조 제1항 (e)에서 중재지국 법원에 의한 중재판정 취소의 가능성을 전제하면서 중재지국 법원에 의하여 취소된 중재판정에 대하여 집행국 법원이 승인 및 집행을 거부할 수 있다고 규정하고 있으나,[143] 이는 다른 중재판정 승인 및 거부 사유와 마찬가지로 집행국

재판정을 무국적 중재 또는 무국적 중재판정이라고 하여 탈국가화 논의와 연결시키기도 하지만 (목영준, 228면 참조), 중재의 탈국가화 논의는 주로 중재에 적용될 실체법보다는 중재절차를 관장하는 중재지법(lex arbitri)의 역할과 기능의 범위와의 상관관계에서 논의된다.

142 Jan Paulsson, "Delocalization of International Commercial Arbitration: When and Why it Matters," 32 International and Comparative Law Quarterly 53 (1983) 참조.

143 뉴욕협약 제5조 제1항 (e)
Recognition and enforcement of the award may be refused, … if … the award … has been set aside or suspended by a competent authority of the country in which, or under the law

법원의 의무규정이 아니므로, 그러한 중재판정의 집행을 허락할지 여부는 오히려 집행국 법원에게 재량이 부여된 문제에 불과하다고 주장한다. 더구나, 뉴욕협약 제7조는 각 체약국이 뉴욕협약보다 더 중재 및 중재판정의 승인 및 집행에 우호적인 입장을 취하는 것을 금지하지 않으므로 각 체약국(집행국)은 얼마든지 국제중재를 탈국가화할 수 있다는 것이 이들의 주장이다. 이러한 입장에서는, 예컨대, 뉴욕협약 제7조와 뉴욕협약 제5조 제1항 (e)에 의하여 부여된 집행국 법원의 재량과 결합하여 볼 때 중재판정을 집행하는 국가의 입장에서는 얼마든지 중재지국 법원에 의하여 취소된 판정이라도 승인 및 집행을 허용할 수 있게 된다.[144]

다. 대표적인 입법례와 사례들

2.47 국제중재의 탈국가화에 관하여 가장 극단적인 입법을 시도하였던 예로는 벨기에를 들 수 있는데, 벨기에는 과거 벨기에 당사자가 관여되지 않은 중재의 경우 비록 중재지가 벨기에라고 하더라도 벨기에 법원은 어떠한 관여도 할 수 없다는 다소 급진적인 태도를 취한 바 있다. 그러나 중재판정에 대하여 법원의 감독을 배제하는 이러한 극단적인 입법은 중재수요자들로부터 큰 호응을 얻지 못하였고 벨기에는 그 후 결국 좀 더 보수적인 내용으로 법을 개정하기에 이르렀다.

2.48 아시아의 경우는 2005년 개정이 되기 이전의 구 말레이시아 중재법이 비슷한 예로 소개될 수 있는데, 이에 의하면 중재지가 말레이시아이고 당사자들의 합의에 따라 쿠알라룸푸르 중재원(KLRCA)에서 판정부가 구성되어 중재판정이 내려진 경우에는 말레이시아 국내법원이 어떠한 경우에도 이에 대해 효력을 부인할 수 없었다. 그러나 2005년 중재법 개정으로 중재판정이 말레이시아 공공질서(public policy)에 반하는 경우에는 국내법원 판결에 의해 중재판정의 효력이 부인될 수 있다는 취지의 규정이 추가되었다.

2.49 그러나 이처럼 다소 극단적인 형태의 탈국가화 시도와는 별개로 스위스나 프랑스 등 국가는 국제중재와 관련하여 중재지 법원의 관여와 간섭을 가급적 최소화

---

of which that award was made.

[144] Hong-Lin Yu, "Is the Territorial Link Between Arbitration and the Country of Origin Established by Article I and V (1) (e) Being Distorted by the Application of Article VII of the New York Convention?," 5 International Arbitration Law Review 196 (2002), 203면 이하 참조.

하려는 탈국가화 이론의 정신을 pro-arbitration, pro-enforcement로 불리는 뉴욕 협약의 정신과 접목하여 자국의 중재법에 반영하여 왔는데, 대표적인 예로 중재판정 취소의 소 또는 취소사유를 배제하거나 제한하는 당사자들의 합의를 일정한 요건 하에 유효한 것으로 인정하는 것을 들 수 있다. 우선, 스위스의 경우 자국민이 아닌 외국 당사자들이 명시적인 합의를 통해 중재판정 취소의 소를 배제하는 합의를 하는 것을 허용하고 있다.[145] 프랑스의 경우는 국제중재의 경우 외국 당사자들인지 여부를 불문하고 명시적으로 합의한 경우에는 중재판정취소소송의 제기를 포기할 수 있도록 허용하고 있을 뿐만 아니라,[146] 중재판정이 중재지 등 외국 법원에 의하여 취소된 경우를 아예 승인 및 집행 거부 사유로 삼지 않고 있으므로 중재지국 법원이 취소한 중재판정의 경우도 프랑스에서 승인 및 집행이 가능하도록 하고 있다.[147]

2.50 국제중재의 탈국가화에 대한 논의는 오래전부터 특히 국가가 당사자인 중재사건과 관련하여 다양하게 다루어졌지만,[148] 탈국가화 논의에 본격적으로 다시 불을 붙인 사건으로는 Hilmarton 사건[149]과 Chromalloy 사건[150]을 들 수 있다. Hilmarton 사건의 경우 프랑스 파기원(Cour de Cassation)은 중재지인 스위스의 연방대법원이 취소한 중재판정에 대하여 집행을 허락하였는데, 프랑스의 경우 앞서 본 바와 같이 중재지국 법원에 의해 중재판정이 취소되었다는 점은 더 이상 프랑스 민사소송법상 중재판정 집행 거부의 사유가 아니다. 그리고 Chromalloy 사건에서 미국 District of Columbia 지방법원은 중재지인 이집트에서 당해 중재판정이 취소되었음에도 불구하고 당사자들이 중재판정에 대하여 어떤 종류의 불복도 하지 않기로 합의한 사실 등에 기초하여 동 중재판정에 대하여 미국에서의 집행을 허락하였다. 이러한 판정들은 비록 어떤 중재판정이 중재지의 강행규정에 반

---

145 스위스 국제사법 제192조 제1항 참조(벨기에 사법법 제1717조도 유사함).

146 프랑스 민사소송법 제1522조 이하 참조.

147 프랑스 민사소송법 제1526조 이하 참조.

148 Société Européenne d'Etudes et d'Entreprises (SEEE) v. Socialist Federal Republic of Yugoslavia, Court of Appeal, Rouen (November 12 1984) Yearbook Commercial Arbitration 1986, Vol. XI; General National Maritime Transport Company (GNMTC) v. AB Gotaverken, Cour d'appel de Paris France (21 February 1980) 등 참조.

149 Hilmarton Ltd v. Omnium de traitement et de valorisation (OTV), 23 March 1994, (1994) Revue de L'Arbitrage 327; (1995) XX Yearbook Commercial Arbitration 663.

150 Chromalloy Aeroservices Inc. v. The Arab Republic of Egypt 939 F Supp 907 (D.D.C. 1996).

한다는 이유로 중재지법에 의하여 취소된 경우에도 집행국 법원에 의하여 승인될 수 있음을 표명한 것으로서 중재의 탈국가화에 관한 대표적인 사례로 거론된다.[151]

3. 사적 자치의 한계와 중재지법의 역할에 관한 전망

가. 중재의 탈국가화와 ICSID 중재

2.51 국제적으로 보편성을 가지기 어려운 특정 국가의 독특한 강행규정이 중재절차에 관여될 때 발생할 수 있는 다양한 문제점을 생각한다면, 국제중재를 중재지법, 특히 중재지의 강행규정으로부터 분리시켜 탈국가화하려는 견해는 일견 매우 매력적으로 들리는 것이 사실이다. 사실 중재절차를 어느 특정 국가의 법체계로부터 완전히 분리하여 관념하는 순수한 의미에 있어서의 탈국가화가 이루어진 중재로는 ICSID협약에 따른 투자조약중재에서 그 예를 찾아 볼 수 있다.[152]

2.52 즉, 국가가 반드시 당사자로 되는 투자조약 관련 분쟁을 해결하기 위한 특수한 목적에서 체결된 ICSID협약 체제 하에서 진행되는 투자조약중재의 경우, 아예 중재지의 개념 자체가 존재하지 않기 때문에 중재지법이 중재의 절차에 간섭을 할 여지가 없다. 특히 ICSID협약 자체가 사실상 그 자체로 하나의 통일된 중재규칙으로 작용하면서 중재절차를 관장할 뿐만 아니라 분쟁의 실체의 준거법 역시 특정 국가의 법이 아닌 국제법이 기본적으로 적용되며, 중재판정에 대하여 불복하는 절차를 규칙 내부적으로 따로 가지고 있어서 특정 국가의 법원에 의한 판정 취소 역시 원천적으로 불가능하도록 되어 있다는 점에서(ICSID협약 제52조), 본질적으로 중재절차의 탈국가화가 이루어진 경우라고 할 수 있다.[153]

---

151 프랑스의 경우 이러한 국제중재의 탈국가화 경향을 계속 유지하고 있으나, 미국의 경우는 Chromalloy 사건 이후 유사한 취지의 판결이 이어지다가 최근에는 그와 반대의 취지의 판결이 내려진 바도 있다(Termorio SA v. Electranta SP, 487 F 3d 928 (D.C. Cir. 2007). Termorio 판결에 대한 비판적 견해로는 Born(ICA), 3633면 참조.

152 논자에 따라서는 스위스 로잔느(Lausanne)를 중재지로 하는 CAS 중재나 홍콩 특별행정구역(Special Administrative Region)을 중재지로 하는 전자거래중재(Electronic Transaction Arbitration) 등에 있어서는 중재지는 하나의 가상적인 개념에 불과하므로 탈국가화된 특수한 중재라고 볼 수 있다고 하지만(Moses, 63면), 중재지라는 개념이 존재하고 또 그 중재지의 법원에 중재판정의 취소를 구할 수 있다는 점에서 완전히 탈국가화된 중재로 보기는 어렵다.

153 투자조약중재 및 ICSID협약의 관계에 대한 보다 자세한 내용은 제9장 참조.

나. 뉴욕협약 체계와 탈국가화 논의의 한계

2.53 국가가 일방 당사자가 되는 투자조약중재의 특수성이 고려된 위의 ICSID협약은 일반적인 국제상사중재 제도의 기반이 되는 뉴욕협약과 그 체제상 본질적인 차이가 있다. 물론, 상사중재의 경우도 위의 ICSID협약과 같이 어떤 특정한 국가의 법원의 심사로부터 자유로운 어떤 통일된 중재규칙을 마련하는 것이 이상론적으로는 불가능하지 않겠지만, 현실적으로는 그와 같이 완전히 탈국가화한 제도에 대한 국제적 합의를 도출하기가 어려운 상황이다.

2.54 뉴욕협약은 이러한 현실 앞에서 집행국의 법원이 중재절차를 감독하고 심사할 수 있다는 것을 부인하지 않고, 다만 집행국마다 각기 다른 기준으로 중재절차의 적법성 등을 심사할 경우 발생할 수 있는 법적 불확실성을 최소화하기 위하여, 당사자의 합의가 없는 한 일응 당사자들이 중립적이라고 생각하고 선택한 중재지의 법을 기준으로 중재합의의 유효성이나 중재절차의 적법성 등을 판단하도록 하고, 다른 한편으로는 중재판정의 취소를 결정할 수 있는 권한은 오로지 중재지 법원에만 허락하는 등의 방법으로 중재판정의 심사와 통제에 있어서 가급적 통일적인 결과를 도출하려고 노력한 일종의 타협안으로 파악할 수가 있다.

2.55 더구나, 모범중재법의 경우는 뉴욕협약의 경우보다 한 걸음 더 나아가 각 중재지가 자국의 법에 따라 중재가능성을 판단하고 중재지의 공공질서에 의하여 중재판정을 취소할 수도 있다고 명시적으로 규정하고 있는데, 현실적으로 많은 나라가 이러한 모범중재법을 자국의 중재법으로 채택하고 있는 상황에서, 중재지의 의미를 완전히 무시하고 국제중재를 중재지로부터 완전히 탈국가화하여 초국가적 영역에 부유하는(floating) 어떤 절차로 파악하여야 한다고 주장하는 극단적인 형태의 탈국가론은 일견 공허한 이상론처럼 들리는 것도 사실이다.

다. 중재의 탈국가화와 당사자의 사적 자치의 확대

2.56 이상의 논의도 불구하고, 당사자의 사적 자치를 최대한 존중하고 중재지국의 중재절차에 대한 부당한 간섭으로부터 국제중재를 보호하려는 위의 탈국가화 이론의 기본정신은 뉴욕협약의 pro-arbitration 또는 pro-enforcement의 정신과도 일맥상통하는 측면이 있으므로, 이러한 기본 정신은 각국의 국제중재에 대한 입법

과 해석론에 감안되어야 마땅하다. 실제로 많은 국가들이 자국의 중재법의 해석에 있어서 가급적 중재절차에 대한 중재지 법원의 개입을 최소화하려고 노력하면서, 중재절차에 있어서 당사자의 합의에 의하여도 배제할 수 없는 중재지의 강행규정의 범위를 매우 엄격하게 해석하고 있고, 중재지 특유의 독특한 강행규정에 의해 중재판정이 취소되는 사례도 점점 줄고 있다. 나아가 중재판정 취소의 사유가 되는 공공질서(public policy)의 개념을 해석함에 있어서도 단순히 자국의 강행법규가 아닌 국제적 공공질서의 개념을 도입함으로써 중재지의 독특한 강행규정이 중재절차에 부당하게 간섭을 하는 것을 어떻게 해서든지 배제하려는 경향이 점점 늘어나고 있다.

2.57 좀 더 구체적으로 보면, 예컨대, 영국 중재법상 실질재심사의 원칙의 예외로 영국을 중재지로 하여 내려진 중재판정의 경우에는 중재판정의 법률적 쟁점(point of law)에 대하여도 법원에 이의제기(appeal)를 할 수 있다는 규정이 있는데,[154] 영국 중재법의 해석론상 위와 같은 규정은 강행규정으로 보지 않고 당사자의 합의에 의하여 배제할 수 있다고 풀이되고 있다. 나아가, 중재의 탈국가화에 보다 전향적인 입장을 보이고 있는 일부 국가의 경우에는, ICC 중재규칙,[155] LCIA 중재규칙,[156] SIAC 중재규칙[157] 등에서 동 규칙에 따라 내려진 중재판정에 대하여 당사자들은 어떠한 형태의 이의(any form of recourse)도 할 수 없다는 규정을 두고 있는 것과 관련하여, 비록 이러한 규칙의 내용을 중재판정취소소송에 대한 명시적 배

---

154 영국 중재법 제69조 참조.

155 ICC 중재규칙 제34조 제6항
Every award shall be binding on the parties. By submitting the dispute to arbitration under the Rules, the parties undertake to carry out any award without delay and shall be deemed to have waived their right to any form of recourse insofar as such waiver can validly be made.

156 LCIA 중재규칙 제26조 제8항
Every award (including reasons for such award) shall be final and binding on the parties. The parties undertake to carry out any award immediately and without any delay (subject only to Article 27); and the parties also waive irrevocably their right to any form of appeal, review or recourse to any state court or other legal authority, insofar as such waiver shall not be prohibited under any applicable law.

157 SIAC 중재규칙 제32조 제11항
Subject to Rule 33 and Schedule 1, by agreeing to arbitration under these Rules, the parties agree that any Award shall be final and binding on the parties from the date it is made, and undertake to carry out the Award immediately and without delay. The parties also irrevocably waive their rights to any form of appeal, review or recourse to any State court or other judicial authority with respect to such Award insofar as such waiver may be validly made.

제합의까지는 아니더라도, 특정 국가에 특유한 이의제기 방법, 예컨대, 영국 중재법상의 법률적 쟁점에 대한 이의제기권 등과 같은 것을 포기하는 내용으로 풀이함으로써 가급적 중재판정에 대한 법원의 간섭을 최소화하려는 노력을 하고 있다.[158]

2.58 나아가 ICC 중재규칙 등에서 발견되는 위와 같은 이의포기조항을 일정한 중재판정 집행거부사유의 배제에 관한 내용으로까지 해석할 수 있다는 입장도 대두되고 있다. 즉, 뉴욕협약은 중재 판정 집행 거부 사유의 하나로 중재지 법원이 중재판정을 취소한 경우를 들고 있으나 중재지 법원이 중재판정을 취소하였다고 하여 무조건 집행국이 그 집행을 거부하여야 할 필연적인 이유는 없으므로,[159] 이러한 집행거부 사유는 최소한 당사자들이 합의로 얼마든지 배제할 수 있다는 전제하에서, 위의 ICC 중재규칙상의 이의포기조항은 그러한 집행거부사유를 배제하는 취지의 내용으로 해석할 수 있다는 입장까지도 나타난다.[160]

2.59 또한, 중재지 법원에 의한 중재판정 취소권한을 당사자의 합의에 의하여 배제할 수 있는지 여부와 같은 일부 쟁점의 경우에도, 중재지의 역할에 대한 전통적 입장에 서 있는 많은 나라들은 여전히 그러한 권리를 사전에 포기하기로 하는 것은 자국의 강행규정에 반하는 것으로 보고 있지만,[161] 좀 더 진보적인 입장을 취하고 있는 스위스 등은 외국당사자들에 대하여는 명시적인 합의가 있는 한 취소소송을 배제할 수 있도록 하고 있고, 프랑스의 경우는 최근 이에서 한 발 더 나아가 아예 당사자들의 국적을 불문하고 그와 같은 합의의 효력을 인정하는 입법을 하였음은 앞서 본 바와 같다.

라. 미래에 대한 전망과 기대

2.60 국제중재의 절차와 관련한 당사자의 사적 자치의 범위와 한계, 그리고 중재지법의 기능과 역할을 둘러싼 탈국가화(delocalization)의 범위와 한계 등에 관한 이슈는 구체적인 쟁점에 따라, 그리고 각국의 입법과 해석론에 따라 상이한 결론에

158 보다 자세한 논의는 제7장 Ⅱ. 2. 가. 참조.

159 실제로 프랑스의 경우 국제중재에 관한 한 이를 중재판정 집행 거부의 사유로 보지 않음은 앞서 본 바와 같다.

160 Jennifer Kirby, "Finality and Arbitral Rules; Saying An Award Is Final Does Not Necessarily Make It So," Journal of International Arbitration 29, No. 1 (2012), 128면 참조.

161 우리 중재법상의 해석론으로서 그와 같은 입장을 취하는 견해도 있다(석광현, 455면 참조).

도달할 수 있는 여지가 많다. 따라서 당사자의 사적 자치와 영토주의에 입각한 중재지법의 규제 사이의 이러한 미묘한 긴장 관계를 반영하는 중재의 탈국가화에 관한 논의는 앞으로도 더욱 각국의 중재실무가와 학자, 더 중요하게는 각국의 법원이 보다 통일된 관점을 형성하기 위하여 지속적인 노력을 기울일 필요가 있는 영역이라고 할 것이다.

2.61 현재 세계 각국은 국제중재의 수요자들이 자국을 중재지로 선택할 수 있도록 자국의 중재법과 중재시스템을 보다 중재친화적인 것으로 만들기 위하여 경쟁적인 노력을 기울이고 있다. 물론, 과거 벨기에가 비록 중재지가 자국이라고 하더라도 자국의 당사자가 관여되지 않은 중재에 대하여는 벨기에 법원이 어떠한 관여도 하지 않는다는 다소 급진적인 태도를 취하였다가 국제중재의 수요자들로부터 호응을 얻지 못하고 결국 보다 보수적인 방향으로 법을 개정하게 되었던 사례에서와 같이, 무조건적인 자유방임적 입장이 반드시 국제중재의 수요자들의 지지를 받는다는 보장은 없다.

2.62 그러나 뉴욕협약의 근본정신에 비추어 중재지의 절차적 또는 실체적 강행규정이 당사자의 합의 또는 중재판정을 제약하고 통제하는 범위는 국제적으로 공감을 얻을 수 있는 보편적인 내용의 범위 내로 최소화하여야 한다는 견해는 이미 국제적으로 상당히 지지를 얻고 있다.[162] 실제로, 앞서 본 바와 같이, 영토주의에 입각한 모범중재법의 태도에서 한걸음 더 나아가 국제중재에 있어서 당사자의 사적 자치의 영역을 더욱 강화하고 중재지법의 강행규범의 간섭을 더욱 최소화함으로써 자국을 보다 매력적이고 선진적인 중재지로 만들려는 프랑스 등 일부 국가의 다양한 노력들은 중재수요자들로부터 큰 관심을 끌고 있다.

2.63 이와는 대조적으로 우리나라의 경우 아직 국제중재에서의 사적 자치의 확장과 중재의 탈국가화에 관한 다양한 쟁점들에 대한 논의가 부족한 실정이다. 최근에 개정된 우리 중재법을 보더라도 이는 2006년 개정 모범중재법의 내용을 최대한 반영하려는 노력의 결실이기는 하지만, 한 발 앞서가는 선진 중재제도에 비추어 여전히 부족한 점이 많다고 본다. 앞으로 우리 중재법의 해석과 운용, 그리고 입법의 과정에서 이러한 쟁점들에 대한 보다 심도 깊은 논의가 이루어지기를 기대한다.

---

162 Born(ICA), 1555면 이하 참조.

제 3 장

중재합의

Ⅰ. 머 리 말

1. 중재합의의 의의

중재는 당사자들의 사적 자치에 따른 합의에 의하여 분쟁을 소송이 아닌 중재로 해결하는 절차라고 볼 때, 중재절차의 정당성은 근본적으로 당사자들의 그와 같은 '중재합의'로부터 기인한다고 할 수 있다. 즉, 중재합의는 중재절차의 정당성의 가장 근본적인 기초이므로 중재합의가 없는 중재는 관념하기 어렵다.[163] 뉴욕협약이나 모범중재법은 중재에 대하여는 특별히 정의조항을 두고 있지는 않지만, 중재합의에 관하여는 "계약상이든 아니든 불문하고(whether contractual or not) 일정한 법률관계(defined legal relationship)에 관하여 당사자 사이에 이미 발생하였거나 장래 발생할 수 있는 분쟁의 전부 또는 일부를 중재에 회부하기로 하는 당사자 사이의 합의"라고 하는 매우 포괄적인 정의를 내리고 있다.[164] 3.01

전형적인 중재합의는 계약서에 포함된 중재조항을 통해 이루어지지만, 그 밖에도 3.02

163 앞서 본 바와 같이 국가에 따라서는 일정한 분쟁에 대하여 법률로써 중재를 강제하는 경우도 있는데, 이러한 분쟁해결절차는 비록 이름을 중재라고 부를지라도 본질에 있어서는 중재라고 볼 수 없고, 따라서 뉴욕협약에 의하여 승인과 집행이 보장되는 중재로 파악하기는 어렵다.

164 뉴욕협약 제2조; 모범중재법 제7조; 우리 중재법 제3조 제1호 등 참조. 여기서 "계약상이든 아니든 불문하고 일정한 법률관계에 관하여(defined legal relationship, whether contractual or not)"라는 문구로 인해 당사자들이 특정한 계약관계와 무관하게 장래의 당사자들 사이의 모든 분쟁은 중재로 해결한다는 식의 합의는 무효라고 해석된다는 견해도 있으나(van den Berg, 149면), 이러한 문구는 계약과 연관된 불법행위에 관한 분쟁 등도 중재합의의 대상이 된다는 점 이외에 별다른 의미를 부여하기는 어렵다고 본다[Born(IA), 50면 참조].

중재합의에 대한 청약(offer)과 승낙(acceptance)이 담긴 서신 등의 교환을 통해서도 얼마든지 중재합의가 이루어질 수도 있다. 또한, 중재는 당사자들의 사적 자치에 의한 합의에 기초하는 것이기는 하지만, 당사자들의 중재에 대한 합의가 인정되는 경우는 반드시 위와 같은 계약상의 중재조항이나 별도의 중재합의 등에 국한되는 것은 아니다.

3.03 예컨대, 투자조약중재 분야의 경우에서 볼 수 있는 것과 같이, 분쟁의 당사자들 사이에 직접적인 계약관계(privity)가 없는 경우에도 투자조약이라는 매개를 통하여 각 당사자들이 중재에 의한 분쟁해결에 각자 자발적으로 동의하는 방법 등으로도 얼마든지 유효한 중재합의는 성립할 수 있다.[165] 또한, 스포츠중재 분야에서 종종 볼 수 있는 것과 같이 스포츠단체의 내부규약(internal regulation)에 CAS 중재절차에 관한 규정이 있고 선수가 그 단체의 규약에 따르기로 하여 중재합의가 성립되기도 하는 등[166] 현대 국제중재에 있어서 중재합의가 인정되는 방식은 다양하게 진화하고 있다.

3.04 그러나 어떤 형태로 중재합의가 인정되든 간에 당사자들 사이의 중재합의는 중재절차에 대한 정당성의 기초가 되는 것이므로, 대상 분쟁에 대한 중재절차와 관련한 당사자들의 유효한 중재합의가 없으면 중재판정부의 중재관할 자체가 성립되지 않아 중재절차를 진행할 수가 없고, 설령 중재절차를 진행하여 중재판정부로부터 중재판정을 받는다고 해도 나중에 법원의 집행판결을 통해 그 중재판정을 집행할 수 없다. 또한, 어떤 분쟁에 대하여 중재합의가 있는 경우에는 당사자들은 소송을 제기할 수 없게 되고 당사자들이 중재합의에 위반하여 소송을 제기할 경우 법원은 재판 관할을 부인하여야 한다. 이러한 맥락에서 뉴욕협약은 유효한 중재합의가 없음에도 불구하고 중재판정이 내려진 경우 그 승인 및 집행을 거부할 수 있도록 하고 있고,[167] 중재합의가 있음에도 불구하고 소송이 제기된 경우

165 투자조약중재(investment treaty arbitration)의 경우는 전통적인 의미에서의 중재합의와 달리 체약국들이 조약 등을 통해 투자자 중재절차에 동의한다는 선언을 함으로써 그것이 중재합의에서의 일종의 청약을 구성하고, 해당 국가에 대한 투자와 관련하여 피해를 입은 특정 체약국의 투자자가 위 국가를 상대로 투자자 중재를 신청하는 것이 그러한 청약에 대한 승낙으로 간주되어 중재합의가 인정된다. 이에 대한 보다 자세한 내용은 본장 Ⅲ. 3. 다. 참조.

166 Jean-Francois Poudret and Sébastien Besson, *Comparative Law of International Arbitration*, Sweet & Maxwell (2007), 5면 참조.

167 뉴욕협약 제5조 제1항 (a).

법원은 그 중재합의가 무효가 아닌 이상 법원의 관할을 부인하여야 하는 것으로 규정하고 있다.[168]

2. 중재조항과 중재부탁계약

3.05 당사자들 사이에 이미 발생한 분쟁에 대하여 별도의 계약을 통해 해당 분쟁을 중재에 회부하여 해결하기로 하면서 중재절차의 진행에 관하여 구체적으로 합의하는 경우를 **중재부탁계약**(submission agreement)이라고 한다.[169] 그러나 실무상 중재합의는 이러한 중재부탁계약의 형태보다는 당사자들이 계약을 체결하면서 장차 분쟁이 발생하면 중재로 해결하기로 하는 **중재조항**(arbitration clause)을 계약서에 넣는 형태로 이루어지는 경우가 대부분이다.

3.06 한편, 계약에 있어서 중재조항은 당사자의 사적 자치에 의하여 국가법원의 재판관할권을 배제하고 중재판정부에게 분쟁에 대한 판정 권한을 부여하는 매우 중요한 내용임에도 불구하고 국제거래의 실무상 계약서를 작성할 때 중재조항이 매우 소홀히 취급되고 있는 것이 현실이다. 사실 당사자들이 거래를 시작할 시점에는 분쟁은 대체로 먼 미래에나 발생하는 하나의 가능성에 불과하므로 당사자들은 그 해결방안에 대하여 별로 신경을 쓰지 않고 눈앞에 바로 닥친 현안에만 집중하게 된다. 그러다 보니 협상의 막바지에 이르러 다른 중요한 조항을 모두 타결한 이후에서야 마지막으로 분쟁해결방법에 관한 조항을 간단히 논의하고 확정짓기 쉬운데, 그러한 과정을 거쳐 중재조항이 계약에 들어가다 보니,[170] 국제중재의 실무상 특히 중재조항을 둘러싼 분쟁은 매우 빈번하게 발생하게 된다. 더구나, 국제중재의 경우는 중재합의를 바라보는 시각이나 이를 규율하는 법이 각국마다 상이한 경우가 많아 당사자들이 각국의 법에 기초하여 중재조항의 성립과 효력, 그리고 그 이행과 해석 등의 문제를 둘러싸고 당사자들 사이에 첨예한 대립을 이루는 경우가 많으므로, 그 이행과 해석의 기준에 관하여 국제적으로 일관성 있는 법적 취급이 무엇보다도 절실하다고 하겠다.

---

168 뉴욕협약 제2조 제3항 참조.

169 일정한 쟁점, 예컨대, 중재합의의 종료사유 등에 있어서 중재부탁계약과 중재조항을 달리 취급하는 예도 없지는 않지만(Gaillard and Savage, 443면 참조), 국제중재의 실무상 양자를 구분할 실익은 그다지 크지 않다.

170 이로 인해 중재조항에 대하여는 'midnight clause' 또는 '새벽 3시 조항' 등과 같은 별명이 붙기도 한다.

3. 중재조항의 독립성

3.07 중재조항은 그 중재조항이 담겨 있는 계약과는 독립된 별개의 합의로 파악되는데 이를 중재조항의 독립성(autonomy) 또는 분리가능성(separability)의 원칙이라고 부른다. 계약 당사자들 사이에 계약의 존재 또는 유효성에 대하여 다툼이 있을 때 그러한 분쟁 자체도 중재를 통해서 해결되어야 한다는 것이 중재조항에 담긴 당사자들의 의사라는 점에서 보면 이러한 분쟁해결수단에 관한 합의를 본계약과 분리하여 보는 중재조항의 독립성의 원칙은 매우 자연스러운 논리적 귀결이라고 할 수 있다. 중재조항의 독립성의 원칙은 중재판정부에게 자신의 권한을 심사할 권한이 있다고 하는 권한심사권한의 원칙(competence-competence doctrine)[171]과 더불어 중재제도를 뒷받침하는 매우 중요한 원칙 가운데 하나로서, 모범중재법은 이러한 중재합의의 독립성 및 분리가능성의 원칙을 분명히 명시하고 있다.[172]

3.08 이러한 중재조항의 독립성 및 분리가능성의 원칙에 따라, 설령 중재합의가 무효라고 하더라도 주계약이 반드시 무효가 되는 것은 아님은 물론, 반대로 주계약이 무효라고 하여 반드시 중재조항이 무효가 되는 것은 아니게 된다.[173] 그리고 이러한 중재합의의 분리가능성의 원칙에 의할 때, 중재합의의 준거법 또한 반드시 주계약의 준거법과 일치할 필연적 이유가 없으므로, 후술하는 바와 같이, 계약에서 준거법을 정하였다고 하더라도 이는 특단의 사정이 없는 한 계약의 분쟁의 실체에 적용될 법을 지정한 것으로 해석될 뿐이고, 중재합의의 준거법에 대하여는 별도로 다시 따져보아야 된다.

---

171 이에 대한 보다 자세한 논의는 본장 Ⅶ. 2. 나. 참조.

172 모범중재법 16조 제1항
The arbitral tribunal may rule on its own jurisdiction, including any objections with respect to the existence or validity of arbitration agreement. For that purpose, an arbitration clause which forms part of a contract shall be treated as an agreement independent of the other terms of the contract. A decision by the arbitral tribunal that the contract is null and void shall not entail ipso jure the invalidity of the arbitration clause.

173 미국의 경우 소송에서 당사자가 중재조항이 담긴 주계약이 무효라고 주장할 뿐 달리 명시적으로 중재조항이 무효라고 하지 않는 경우에는 중재합의의 유효성을 다투지 않는 것으로 보아 사건을 중재에 회부하지만, 주계약이 아예 존재하지 않는다고 다투는 경우에는 달리 취급한다(Buckeye Check Cashing, Inc. v. Cardegna, 546 U.S. 440, 444 (2006), n.1). 국내외의 학설도 대체로 중재합의의 독립성을 논함에 있어서 주계약이 무효인 경우와 부존재인 경우를 구분하는 입장을 취한다(석광현, 26면; 주석중재법, 26면 등 참조).

4. 중재합의에 관한 다양한 쟁점들

국제중재의 실무상 중재합의에 관한 분쟁은 대체로 ① 당사자들 사이에 대상 분쟁에 대하여 유효한 중재합의가 존재하는지[중재합의의 실체적 유효성(substantive validity)의 문제], ② 당사자들 사이의 중재합의가 서면에 의한 것인지[중재합의의 형식상의 유효성(formal validity)의 문제], ③ 계약에 서명하지 않은 당사자도 중재합의의 당사자가 될 수 있는가 하는 문제[비서명당사자(non-signatory)의 문제], ④ 중재합의의 대상이 되는 분쟁이 중재라는 절차로 해결할 수 있는 성질의 것인지[중재가능성(arbitrability)의 문제], ⑤ 중재합의의 당사자가 중재합의를 할 수 있는 법률상의 능력이 있는지[당사자능력(capacity)의 문제] 등을 중심으로 하여 발생한다. 3.09

특히, 중재합의의 실체적 유효성(substantive validity)의 문제는 중재합의가 법률상 유효하게 성립하였는지 여부의 문제는 물론 유효하게 성립된 중재조항이 실제로 작동이나 이행이 가능한지 여부나 사후적으로 중재합의의 포기(waiver)가 이루어졌는지 여부 등에 관한 쟁점을 포함한다.[174] 또한, 중재합의의 실체적 유효성이라는 것은 위에서 언급한 바와 같이 단지 중재합의의 존재를 전제로 그 법적 효력 유무를 판단하는 문제뿐만 아니라 애당초 당사자들 사이에 중재합의가 존재하는지 여부에 대한 문제까지도 포함한다.[175] 뿐만 아니라, 중재합의는 일정한 분쟁을 대상으로 이루어지는 것이라는 점을 감안한다면, 중재합의가 어떤 대상 분쟁에 효력을 미치는지 여부와 같은 중재합의의 범위 또는 중재판정부의 권한 범위의 문제[176] 등 중재합의의 해석과 관련된 쟁점도 크게 보면 중재합의의 실체적 유효성에 관한 문제의 일종이라고 할 수 있다. 3.10

---

[174] 미국이나 영국의 경우에는 중재합의의 포기에 대하여는 법정지법(중재합의에 위배한 소송이 제기된 국가의 법)이 적용된다고 한다[Born(ICA), 883면 참조]. 그러나 예컨대, 중재합의가 있음에도 불구하고 소송이 제기되고 상대방도 다투지 않은 경우에 과연 중재합의의 포기가 있었다고 볼 수 있는지 여부는 중재합의의 실체적 유효성의 준거법에 따라 판단되어야 할 쟁점이라고 본다. 다만, 중재합의의 실체적 유효성의 준거법에 따라 중재합의의 포기 여부를 심사함에 있어서 중재합의에 위배된 소송이 제기된 국가의 법이 그러한 소송을 어떻게 취급하는가 하는 점을 참고할 수는 있을 것이다.

[175] 석광현, 114면 참조.

[176] 이를 subjective arbitrability의 문제로 칭하는 견해도 있는데(Greenberg 외, 182면 이하), 중재합의 대상 분쟁의 범위 해석의 문제는 arbitrability의 문제와는 구분되는 중재합의의 해석의 문제라고 보는 것이 더 정확하다고 본다.

3.11 이상과 같은, 중재합의가 실체적 유효성(substantive validity) 또는 일정한 형식상의 유효성(formal validity)의 요건을 갖추었는가 하는 문제, 계약에 서명하지 않은 당사자(non-signatory)도 중재합의의 당사자가 될 수 있는가 하는 문제, 중재합의가 중재가능성(arbitrability)이 있는 분쟁을 대상으로 한 것인가 하는 문제, 중재합의의 당사자가 중재합의를 할 수 있는 당사자능력(capacity)을 갖추었는가 하는 문제 등은 크게 보면 모두 당사자 사이에 특정 분쟁에 대한 유효한 중재합의가 존재하는가 하는 문제에 귀착되는 쟁점들이므로 이들을 모두 함께 묶어서 살펴볼 수도 있다. 그러나 후술하는 바와 같이 이러한 각각의 쟁점의 경우 그 준거법이 중재합의의 실체적 유효성에 관한 쟁점들과는 다른 측면이 있는 관계로 인해 실무상 이들을 구분하여 논의하는 것이 일반적이다.

3.12 따라서, 이하에서는 먼저 국제중재에 있어서 유효한 중재합의가 성립하는지 여부를 둘러싸고 발생할 수 있는 이러한 다양한 쟁점들, 즉, 중재합의의 실체적 유효성(Ⅱ), 중재합의의 형식상의 유효성(Ⅲ), 중재합의의 당사자(Ⅳ), 중재가능성(Ⅴ) 등에 관한 쟁점들을 그 해당 준거법에 대한 설명과 함께 각각 살펴본 다음, 이어서 중재합의의 효과(Ⅵ), 중재합의(관할)의 판단의 주체(Ⅶ), 바람직한 중재조항(Ⅷ) 등에 대하여 차례로 살펴보기로 한다.

Ⅱ. 중재합의의 실체적 유효성

1. 중재합의의 실체적 유효성에 관한 준거법

가. 뉴욕협약의 원칙

3.13 뉴욕협약은 중재합의가 당사자들이 합의한 법이나 (합의된 법이 없을 경우) 중재지의 법에 의하여 무효인 경우 당사자의 청구에 따라 중재판정의 승인 및 집행을 거부할 수 있도록 하고 있다.[177] 즉, 중재합의의 유효성이 문제가 되는 경우 그 판단의 준거법에 대하여, 우선 당사자의 사적 자치의 원칙을 존중하여 당사자들이 중재합의에 관하여 따로 준거법을 지정한 경우에는 그 법에 따라 유효한 중재합의가 있는지 여부를 따지고, 당사자들이 중재합의의 준거법을 따로 지정하지 않은 경우에는 중재지의 법에 따라 중재합의의 유효성을 판단하게 된다.[178] 중재합의가 중

177 뉴욕협약 제5조 제1항 참조. 모범중재법 제34조 제2항 및 제36조 제1항 등도 마찬가지이다.

178 우리 대법원 1990. 4. 10. 선고 89다카20252 판결은 중재합의의 철회 여부에 대하여 중재지법인

재관할에 관한 합의라는 측면에서 중재의 절차적인 문제의 일부라고 파악하는 입장에서는 이와 같이 중재절차의 준거법에 적용되는 원칙과 마찬가지의 내용이 중재합의의 유효성 판단에도 적용되는 것은 어쩌면 당연한 것이라고 할 수도 있다.[179]

3.14 다만, 이처럼 뉴욕협약이 1차적으로는 당사자가 합의한 준거법, 2차적으로는 중재지법을 중재합의의 유효성 판단의 준거법으로 제시하고 있음에도 불구하고 이른바 유효화 원칙(validation principle)이라고 하여, 중재합의에 적용 가능한 여러 가지 법 가운데 어느 하나에 의하더라도 중재합의가 유효한 경우 중재합의의 유효성을 인정할 수 있다는 견해도 존재하는데,[180] 스위스 등은 이러한 입장을 자국의 입법에 반영하였다. 즉, 예컨대, 스위스의 경우는 중재합의는 중재합의의 준거법, 중재지법, 계약의 준거법 가운데 어느 하나에 의거하여 유효한 것으로 판단될 수 있다는 입장을 취하고 있다.[181]

3.15 또한, 국제중재의 탈국가화에 매우 적극적인 입장을 보이고 있는 프랑스의 법원 및 일부 실무가들을 중심으로 하여 중재합의의 유효성의 판단은 사실관계에 기초하여 당사자의 의사를 확정하는 문제에 불과하므로 특정 국가의 법에 기속될 필요가 없다는 견해가 나타나는가 하면,[182] 미국의 일부 법원은 뉴욕협약상 중재합의의 유효성 판단에 관하여는 오로지 국제적으로 중립적인 일반 계약법의 규정을 적용하는 것만 허용된다는 입장을 취하기도 한다.[183]

3.16 살피건대, 우선, 중재합의의 유효성 판단은 어느 국가의 법에 기속될 필요가 없는 당사자의 의사해석의 문제라는 견해나, 또는 심지어 당사자가 합의한 준거법에 따라서 중재합의가 무효인 경우에도 달리 중재합의를 유효로 하는 것이 가능

영국법이 중재합의의 준거법이라고 판시한 바 있다.

179 일본, 독일, 스위스, 스웨덴 등의 경우[Born(ICA), 509면 내지 514면 참조]. 중국의 경우 중재지가 있는 경우는 중재지법이, 중재지가 없는 상태에서는 법정지법이 중재합의의 준거법으로 된다는 입장을 취하고 있다(최고인민법원의 중국 중재법 적용에 관한 몇 가지 이슈의 해석 제16조, Faxhi [2006] No.7).

180 Born(ICA), 545면 내지 546면 등 참조.

181 스위스 국제사법 제178조 제2항 참조.

182 Jean-Francois Poudret and Sébastien Besson(각주 166), para 188 참조.

183 Rhone Mediterranee Compagnia Franchese di Assicurazioni e Riassicurazioni v. Achille Lauro, 712 F.2d 50 (3d Cir. 1983); Chloe Z Fishing Co. v. Odyssey Re (London) Ltd, 109 F.Supp.2d 1236 (S.D. Cal. 2000) 등 판결[Born(IA), 60면 각주 44 참조].

하다는 위의 유효화의 원칙 등은 모두 가급적 중재합의를 유효한 것으로 해석하려는 취지에 입각하고 있다는 점에 있어서는 뉴욕협약의 정신에는 더 가까이 다가간 것이라고 하는 장점이 있다. 그러나 뉴욕협약의 문언을 고려할 때 그와 같은 해석론이나 입법은 해당 국가를 떠나 여러 나라에서 보편적인 해석론으로 적용되기에는 무리가 있다고 본다. 더구나, 중재합의의 유효성 판단이 당사자의 의사 해석의 문제이므로 어느 국가의 법에 반드시 기속될 필요가 없다는 주장의 경우, 의사해석의 방법 자체가 각 국가마다 접근방법이 상이하고 국제적으로 통용되는 원칙이라는 것이 확정되기 어려운 이상,[184] 이러한 애매한 원칙에 따라 중재합의의 유효성을 판단하는 것은 오히려 법적 불확실성을 증가시킬 우려도 없지 않다고 할 것이다.

나. 뉴욕협약상의 원칙의 적용 범위

(1) 중재판정 집행 이전의 단계

3.17 이러한 중재합의의 유효성의 준거법에 관한 뉴욕협약의 규정은 중재판정의 승인 및 집행과 관련하여 규정하고 있으므로 위와 같은 중재합의의 준거법의 기준은 오로지 중재판정의 승인 및 집행의 단계에서 집행국의 법원만 기속한다고 볼 여지도 전혀 없지는 않다. 그러나 앞서 본 바와 같이 뉴욕협약 제2조는 중재합의의 승인 및 집행과 관련하여, 중재합의가 있음에도 불구하고 소송이 제기된 경우 법원은 그 중재합의가 무효이거나, 작동하지 않거나, 이행이 불가능한 경우에는 관할을 부인하여야 하는 것으로 규정하고 있다.[185] 이처럼 뉴욕협약이 중재판정의 집행 단계 이전에도 적용이 되는 것이라고 볼 때, 이 경우 중재합의의 유효성 판단의 준거법에 관한 규정을 중재판정의 집행 단계와 구분할 별다른 이유가 없다.

3.18 특히, 중재합의가 중재관할에 관한 합의라는 측면에서 중재의 절차와 밀접한 관련이 있다는 점까지 감안한다면, 이와 같이 중재절차의 준거법에 적용되는 원칙

---

[184] 따라서 프랑스 법원이 외형상 국제적인 의사해석의 기준이라고 말할 때, 이를 자세히 보면 결국 프랑스 자국의 의사해석론의 일부에 불과함을 알 수 있다(Greenberg 외, 164면 참조).

[185] 뉴욕협약 제2조 제3항
The court of a Contracting State, when seized of an action in a matter in respect of which the parties have made an agreement within the meaning of this article, shall, at the request of one of the parties, refer the parties to arbitration, unless it finds that the said agreement is null and void, inoperative or incapable of being performed.

과 마찬가지의 내용인 중재합의의 유효성 판단의 준거법이 중재절차 전반에 걸쳐 적용되는 것은 어쩌면 당연한 귀결이라고 할 것이다. 결국, 뉴욕협약에서 정하고 있는 중재합의에 대한 기준이 반드시 집행 단계에서만 적용된다고 보는 것은 뉴욕협약의 취지에 맞지 않는 매우 형식적인 논리로서, 중재합의의 유효성이 문제가 되는 한 승인 및 집행 이전의 단계에서도 이러한 기준을 준용할 수 있다고 보는 것이 논리적 일관성과 법적 안정성의 측면에서 타당하고, 이에 대하여는 별다른 이견이 없다.[186]

3.19 이처럼 국제중재에서 중재합의의 유효성이 문제가 되는 경우, 판정 집행의 단계이든 그 이전 단계이든 불문하고, 뉴욕협약상의 준거법 판단의 기준을 염두에 두어야 한다. 이러한 점에서 우리나라 법원이 중재판정이 내려지기 이전의 단계에서 중재합의의 종료 여부가 소송상 문제가 된 사안에서, 문제가 된 중재합의가 중재지를 영국으로 하는 국제중재에 관한 합의임에도 불구하고 준거법에 대한 아무런 분석이나 언급도 없이 중재합의의 종료를 인정한 것은 아쉬운 부분이라고 하겠다.[187] 동 판례에서 문제된 중재합의의 효력에 당연히 우리 중재법이 적용되는 것을 전제로 이를 분석하는 입장도 있으나,[188] 이처럼 중재지가 영국인 사안의 경우에는 뉴욕협약에 따라 당사자의 합의가 없는 한 중재지법(영국법)에 의하여 중재합의의 유효성을 판단하였어야 타당할 것으로 본다.

(2) 뉴욕협약이 적용되지 않는 경우

3.20 한편, 실무상 그 예를 찾아보기는 어렵지만, 뉴욕협약의 적용 대상이 아닌 국제중재사건의 경우에 대하여도 위와 같은 중재합의의 유효성에 대한 뉴욕협약의 준거법 규정이 유추 적용될 수 있는가에 대하여는 논란이 있다. 이는 결국 각국의 입법 또는 해석론에 맡겨져 있는 문제라고 할 것이지만, 중재합의에 관한 뉴욕협약의 제반 규정은 모범중재법에도 동일 또는 유사한 취지로 채택될 정도로 국제적인 지지를 받고 있는 기준이므로, 비록 뉴욕협약의 적용을 받지 않는 경우에도 해석론이 허용하는 범위 내에서는 동일한 기준이 적용된다고 해석하는 것이 국제중재에 관한 예측가능성을 높이고 법적 안정성을 제고한다는 측면에서

[186] van den Berg, 126면 이하; 목영준, 73면; 석광현, 118면 등 참조.
[187] 부산지방법원 울산지원 1990. 9. 19. 선고 89가합3188 판결.
[188] 김갑유(대표집필), 63면 각주 85 참조.

바람직하고 이를 달리 볼 특별한 근거나 이유를 찾기는 쉽지 않다.

다. 중재지법과 다른 법을 계약의 준거법으로 명시한 경우의 문제

3.21 위에서 본 바와 같이 중재합의의 준거법에 대하여는 사적 자치의 원칙에 따라 당사자가 중재합의의 준거법으로 정한 법이 1차적인 기준이 되는데, 아쉽게도 실무상 당사자들이 계약을 체결하면서 '중재합의의 효력에 대한 준거법'을 계약서에 명시하는 예는 드물다. 그 대신 당사자들은 계약서에 계약의 준거법에 관한 규정만을 두는 경우가 많은데, 이 경우 과연 이러한 준거법의 지정이 중재합의의 준거법 지정의 의미도 가지는 것으로 해석할 수 있는지가 문제된다.

3.22 이와 관련하여 유념할 점은 이러한 당사자의 의사 해석의 문제는 당사자들이 중재지법과 다른 준거법을 계약의 준거법으로 명시한 경우에 발생한다는 점이다.[189] 우선, 당사자들이 중재합의에 대한 준거법 지정은 물론 계약의 일반 준거법에 관한 규정조차도 계약서에 두고 있지 않은 경우에는, 뉴욕협약상의 기준에 따라 중재지의 법이 중재합의의 유효성에 관한 준거법이 될 것이므로 논란의 여지가 별로 있을 수 없다. 또한, 당사자들이 계약의 준거법으로 정한 법이 중재지국의 법과 동일한 경우에도, 계약의 준거법에 대한 지정을 중재합의의 준거법에 대한 지정의 의미로 해석할 수 있는지 여부와 무관하게, 위의 뉴욕협약의 원칙에 따라 어차피 동일한 법(중재지국의 법)이 중재합의 해석의 기준이 될 것이기 때문에 역시 논란이 발생할 여지가 별로 없다.

3.23 예컨대, 우리 대법원은 "본 계약의 효력, 해석 및 이행은 영국법에 따라 규율되며, 그 효력, 해석 및 이행을 포함하여 본 계약 하에서 또는 그와 관련하여 발생하는 모든 분쟁은 본 계약일의 런던중재법원 규칙에 따라 중재에 의하여 결정된다"는 중재조항의 해석과 관련하여, 당사자가 중재합의의 준거법으로 영국법을 지정한 것이라고 판시하였는데,[190] 동 판례의 판시 취지를 중재지법과 다른 준거법을 계약의 준거법으로 명시한 경우에까지 확장하여 우리의 대법원이 그러한 경우에도 중재지법을 중재합의의 준거법으로 판시한 것으로 풀이하는 견해가 있

---

189 계약의 준거법이 중재합의의 준거법이 될 수 있는지 여부를 이러한 구분이 없이 단순히 긍정설과 부정설로 이분하여 소개하는 견해도 있다[김갑유(대표집필), 125면].

190 대법원 1990. 4. 10. 선고 89다카20252 판결 참조.

다.[191] 그러나 위 판례의 대상 사안은 중재지법과 계약의 준거법이 동일한 경우이어서 앞서 본 바와 같이 중재합의의 준거법에 대한 당사자의 의사에 대하여 논란이 발생할 여지가 별로 없는 경우에 해당하므로, 동 판례의 취지를 중재지법과 다른 준거법을 계약의 준거법으로 명시한 경우에까지 확장할 수 있는지는 의문이 있다.

3.24 이처럼, 중재합의의 준거법에 관한 당사자의 의사 해석의 문제는 특히 당사자들이 중재지 이외의 다른 국가의 법을 계약의 준거법으로 명시한 경우에 발생하는데, 이러한 경우 과연 그러한 준거법의 지정이 중재합의의 준거법 지정의 의미도 가지는 것으로서 당사자들의 의사를 추론하고 해석할 수 있는가 하는 점에 대하여는 매우 다양한 입장과 견해가 제시되고 있다.

(1) 계약의 실체적 준거법설

3.25 전통적으로 중재합의의 준거법을 계약의 실체적 준거법으로 보거나 최소한 계약의 실체적 준거법을 중재합의의 준거법으로 추정하여야 한다는 입장이 있어 왔다. 이러한 견해[192]는 (ⅰ) 중재조항은 계약의 전체 조항의 일부분이므로, 당사자가 선택한 계약의 전반에 적용되는 실체적 준거법이 중재조항의 준거법으로도 작용한다고 하거나, (ⅱ) 당사자가 계약서에 준거법을 지정한 것은 중재합의에 대한 준거법도 그와 동일한 법으로 하겠다는 의사가 있었던 것으로 강력히 추정할 수 있다는 등의 이유를 근거로 든다.[193]

---

191 김기창, "Arbitration Agreement under Korean Law," Korea University Law Review (2008), 85면 참조.

192 석광현, 117면; 이강빈, 202면 등 참조. 우리 중재법이 적용되는 중재판정의 집행과 관련하여 "중재합의의 독립성이라는 측면에서 본계약의 준거법에 관한 합의가 있다고 해서 의당 중재합의도 같은 준거법에 의하여 판단할 것은 아니"라고 하면서도 "이 사건에서 당사자들은 계약에 편입된 이면약관에서 계약의 준거법은 영국법에 의한다고 합의한 바 있고 중재합의도 같은 이면약관에 명시되어 있다는 점에서 중재합의에 관해서도 영국법을 적용하였다고 해석할 수 있을 것"이라고 하는 견해[김갑유, "중재합의의 유효성 판단과 그 준거법," 인권과 정의 제331호 (2004), 180면 참조] 및 "중재계약의 준거법을 판단함에 있어서도 우선적으로 당사자가 전체 계약의 준거법으로 정한 네덜란드 안틸레스의 법이 고려되었어야 할 것"이라는 견해[김갑유, "외국중재판정의 집행과 중재약정의 실효," 상사판례연구 Ⅶ (2007), 569면 참조] 등도 이와 비슷한 관점에 서 있는 것으로 보인다.

193 한편, 이러한 입장이 '재판지의 국제사법의 원칙에 따라 준거법을 정하는 전통적 입장'에서 기초하고 있다고 설명되기도 하나[김갑유, "중재합의의 유효성 판단과 그 준거법"(각주 192), 177면 참조], 중재에 있어서 실체적 준거법이 중재합의의 준거법이 된다고 할 때에는 해당 국가의 국제사법이 아닌 실체법이 준거법이 된다는 취지로 파악하는 것이 정확하다고 본다.

3.26 영국 법원의 경우 당사자가 중재합의의 준거법에 대하여 명시적으로 합의하지 아니한 경우 당사자의 묵시적(implied) 의사를 탐구하여 그 준거법을 정하되, 당사자의 묵시적 의사를 탐구함에 있어서 당사자가 실체적 준거법을 명시적으로 합의하지 않은 경우에는 중재지법이 적용되지만, 당사자가 실체적 준거법을 명시한 경우에는 당사자들이 그 실체적 준거법을 중재합의의 준거법으로 하려는 의사가 있었던 것으로 강력히 추정하는 것이 전통적인 입장이었다. 홍콩의 경우 역시 이러한 영국 법원의 전통적인 입장을 따르고 있는 것으로 보인다.[194]

3.27 우리 대법원은 "이 사건 계약의 당사자가 아닌 피고가 원고와 원·피고 사이의 분쟁에 관한 준거법을 따로 지정하였다고 볼 자료가 없는 이상, 원·피고 사이의 중재합의의 존부 및 효력은 이 사건 중재판정이 내려진 미국 캘리포니아주법에 의하여 판단하여야 한다"라고 판시한 사례가 있는데,[195] 이는 당사자들 사이에 실체적 준거법에 관한 지정이 있는 경우 중재합의의 존부 및 효력을 그에 따라 판단할 수 있다는 취지로도 읽을 수 있으나, 대상 사안이 실체적 준거법을 지정하지 않은 경우여서 그 정확한 취지를 파악하기는 어렵다. 다만, 우리나라의 하급심 판결 가운데는 "당사자들이 중재합의의 준거법을 명시하지 않았다고 하더라도 중재조항을 포함한 주된 계약의 준거법을 명시적 또는 묵시적으로 정하였다면 특별한 사정이 없는 한 당사자들은 주된 계약의 준거법을 중재조항의 준거법으로 지정하였다고 봄이 상당하다. 그러나 당사자가 주된 계약의 준거법을 묵시적으로라도 지정하지 아니하여 주된 계약의 준거법이 국제사법에 따라 객관적 연결에 의하여 결정되는 경우에는 중재조항의 준거법은 중재판정지법으로 봄이 합리적이다"라고 판시한 사례가 있는데,[196] 이는 실체적 준거법 지정이 있을 경우 해당 준거법이 중재합의의 준거법이 된다는 위의 전통적인 입장에 서 있는 판결례라고 할 것이다.

(2) 중재지법설

3.28 중재지법을 중재합의의 준거법으로 보거나 추정하는 입장도 있다. 이러한 견해는

---

194 Klockner Pentaplast Gmbh & Co Kg v. Advance Technology (HK) Co Ltd HCA 1526/2010 참조.

195 대법원 2016. 3. 24. 선고 2012다84004 판결 참조.

196 서울고등법원 2013. 8. 16. 선고 2012나88930 판결 참조.

그 근거로, (i) 앞서 본 바와 같이 중재조항은 그 중재조항이 담겨 있는 계약과는 독립된 별개의 합의로 파악되므로 중재합의의 준거법은 반드시 주계약의 준거법과 일치할 필요가 없고, 계약서에서 준거법을 정하였다고 하더라도 이는 계약의 분쟁의 실체에 적용될 법을 지정한 것일 뿐 중재합의의 준거법에 대하여는 별도로 다시 따져보아야 되는데, 당사자가 실체관계의 준거법으로 합의한 내용을 중재합의의 준거법으로 추론하는 것은 중재합의의 독립성의 원칙에 부합하지 않는 면이 있다는 점, (ii) 중재합의는 중재의 절차적인 측면인 중재관할을 인정하는 근거가 되므로 계약의 실체법보다는 중재지법(lex arbitri)과 더 밀접한 관련이 있다는 점 등을 든다.[197]

3.29 싱가포르의 경우 실체적 준거법을 중재합의의 준거법으로 강력히 추정하는 영국 법원의 전통적인 견해를 따르지 않고, 당사자들이 실체적 준거법의 국가와 다른 중재지에 합의한 경우에는 오히려 그와 반대로 중재지의 법을 중재합의의 준거법으로 하려는 의사가 있는 것으로 강력히 추정하고 있다.[198]

(3) 유효화 원칙(validation principle)설

3.30 중재합의의 준거법에 관하여 앞서본 유효화 원칙(validation principle)을 따르는 견해에 의하면, 계약의 준거법이나 중재합의의 준거법, 중재지법 가운데 어느 하나라도 중재합의가 유효한 것으로 판단되는 법을 적용하여 중재합의의 유효성을 인정할 수 있을 것이다. 이에 따르면 실체의 준거법에 따라 중재합의가 유효로 해석되면 중재지법에 따라 무효이더라도 중재합의의 유효성을 인정할 수 있고, 반대로 실체의 준거법에 따라 중재합의가 무효라고 하더라도 중재지법에 따라 유효하면 중재합의의 유효성은 여전히 인정될 것이다.

(4) 의사해석에 관한 일반원칙설

3.31 국제중재의 탈국가화(delocalization)를 주장하는 프랑스의 법원 및 실무가들을 중심으로 하여 중재합의의 유효성의 판단은 사실관계에 기초하여 당사자의 의사를

---

197 이러한 입장에 대하여, 이는 중재지의 국제사법의 원칙에 따라 중재합의의 준거법을 정해야 한다는 취지라고 설명하기도 하나[김갑유, “중재합의의 유효성 판단과 그 준거법”(각주 192), 178면 참조], 중재지의 법이 중재합의의 준거법이 된다는 입장은 중재지의 국제사법이 아닌 실체법에 따라 중재합의의 유효성을 판단하여야 한다는 취지로 보는 것이 타당하다.

198 FirstLink Investments Corp Ltd v. GT Payment Pte Ltd [2014] SGHCR 12 참조.

확정하는 문제에 불과하므로 특정 국가의 법에 기속될 필요가 없다는 견해가 있음은 앞서 본 바와 같다. 이러한 견해에 따르면 실체적 준거법이나 중재지법 가운데 어느 것에도 구애받음이 없이 국제법상의 의사해석에 관한 일반원칙을 적용하여 중재합의의 유효성을 판단하게 될 것이다.

(5) 소 결 론

3.32 우선 중재합의의 유효성 판단의 준거법에 관한 뉴욕협약 등의 문언을 고려할 때 중재합의의 유효성 판단은 어느 국가의 법에 기속될 필요가 없는 당사자의 의사해석의 문제라는 견해는 국제적으로 보편성을 얻기는 어렵다고 본다. 또한, 이른바 유효화 원칙에 따라 심지어 당사자가 합의한 준거법에 따라서 중재합의가 무효인 경우에도 달리 중재합의를 유효로 하는 것이 가능하다고 하는 것은 가급적 중재합의를 유효한 것으로 해석하려는 취지에서 공감할 수 있는 부분이 없지는 않지만, 중재합의의 준거법 문제가 불거지는 것은 당사자들 사이에 그러한 합의의 유효성에 관한 분쟁이 있는 경우라는 점을 감안한다면 이 역시 일반적 해석의 기준으로 삼기에는 무리가 있다고 할 것이다.

3.33 나아가, 특단의 사정이 없는 한 당사자가 계약서에서 정한 실체의 준거법을 중재지법에 우선하여 중재합의의 준거법으로 하여야 한다는 입장 역시 과연 그러한 추정이 당사자의 의사에 대한 합리적인 추정이 될 수 있을지 의문이다. 특히 중재조항은 이를 담고 있는 전체 계약과는 별개로 관념하여야 한다는 중재조항의 독립성의 원칙과 중재합의가 중재관할의 기초로서 절차적인 합의의 성격을 가진다는 점을 종합적으로 감안한다면 실체의 준거법에 대한 합의가 곧 중재합의의 준거법으로 추정되어야 한다는 논리는 강한 설득력을 유지하기 어렵다고 본다.

3.34 오히려, 중재합의의 유효성 문제는 중재판정부의 관할과 직결된 문제로서 중재절차에 관한 쟁점으로 파악할 수 있다는 점에서, 중재절차를 관장하는 중재지법에 보다 큰 비중을 두는 것은 어쩌면 불가피한 일일 수 있다. 또한, 계약상 준거법 결정에 있어서 일반적으로 '특징적 의무(characteristic obligation)'와의 관련성이 고려되는데, 중재합의의 경우에는 그 특징적 의무는 중재 진행 의무라고 할 수 있으며, 이는 중재지국과 본질적으로 매우 밀접한 관련이 있다고 볼 수 있다. 이러한 측면에서 볼 때, 당사자의 의사가 분명하지 않을 경우의 중재합의의 준거법은

계약의 준거법이 아닌 중재지법으로 강력히 추정하는 것이 더 자연스런 귀결이라고 할 수 있다. 실제로 최근의 영국 법원의 판례를 보면, 종래 당사자가 계약서에서 정한 실체의 준거법에 큰 추정력을 부여하던 전통적인 입장[199]이 더 이상 그대로 유지되지 않고 있고, 오히려 중재합의의 준거법에 대한 당사자의 의사 확정에 있어서 계약의 실체법보다는 중재지법에 더 큰 무게를 두는 입장으로 바뀌고 있는 것으로 파악된다.[200]

3.35 실무상 중재합의의 유효성을 둘러싼 분쟁은 대부분의 경우 주어진 사실관계 하에서 당사자의 의사가 무엇인가를 확인하는 작업이 될 것이므로 어떤 준거법에 따라 그 해석이 크게 달라지는 경우는 사실상 많지는 않을 것이고, 또한, 중재합의의 유효성에 관한 각국의 해석상 pro-arbitration이라는 뉴욕협약의 정신이 크게 반영되는 최근의 추세에 비추어 중재합의의 준거법에 대한 논의의 실익은 그만큼 줄어든 것이라고 볼 수도 있을 것이다. 그런데, 준거법에 따라 결론이 달라지는 경우에는, 결국 뉴욕협약의 원칙에 보다 문언적으로 충실하여, 원칙적으로 당사자가 지정한 준거법에 따르되, 당사자들의 명시적인 지정이 없는 경우에는 특단의 사정이 없는 한 중재지법을 기준으로 하여 판단하는 것이 타당하다고 본다.[201]

3.36 한편, 당사자들이 명시적으로 중재합의의 준거법을 합의하지도 않았고, 중재지를 확정할 수도 없는 상태에서 중재합의의 유효성이 문제되는 경우에는 부득이 법정지의 국제사법을 적용하여 준거법을 확정할 수밖에 없을 것이다.[202]

2. 중재합의의 성립

가. 중재합의의 필수적 요건

(1) 분쟁을 중재에 회부하기로 하는 당사자의 합의

3.37 중재(arbitration)는 일정한 법률관계에 관한 당사자들의 분쟁을 법원의 재판이 아

---

199 Sonatrach Petroleum Corporation (BVI) v. Ferrell International Ltd [2002] 1 All ER (Comm) 627 (Queen's Bench, Commercial Court) 참조.

200 Sulamerica Cia Nacional De Seguros S.A. v. Enesa Engelnharia S.A. [2012] EWCA Civ 638 참조.

201 LCIA는 2014년 중재규칙을 개정하여 당사자들이 달리 합의하지 않는 한 중재지법이 중재합의의 준거법으로 되어야 한다는 점을 명시한 바 있다(LCIA 중재규칙 제16조 제4항 참조).

202 van den Berg, 127면도 동지.

닌 중재판정부의 중재판정에 의하여 종국적으로 해결하는 절차인바, 중재합의가 유효하게 성립하기 위해서는 분쟁을 중재로 해결하기로 하는 당사자들 사이의 의사 합치만 있으면 족하다. 즉, 중재규칙, 중재지, 중재언어 등에 대하여 아무런 합의가 없다고 하여도 분쟁을 오직 중재에 회부하기로 하는 당사자의 합의만 있으면 중재합의는 성립한다. 우리 대법원도 "중재법이 적용되는 중재합의란 계약상의 분쟁인지의 여부에 관계없이 일정한 법률관계에 관하여 당사자 간에 이미 발생하였거나 장래 발생할 수 있는 분쟁의 전부 또는 일부를 중재에 의하여 해결하도록 하는 당사자 간의 합의를 말하는 것이므로(중재법 제3조 제2호), 장래 분쟁을 중재에 의하여 해결하겠다는 명시적인 의사표시가 있는 한 비록 중재기관, 준거법이나 중재지의 명시가 되어 있지 않더라도 유효한 중재합의로서의 요건은 충족하는 것이다"라고 판시한 바 있다.[203]

(2) 중재합의와 중재지

3.38 이상과 같이 중재기관이나 중재규칙, 중재언어 등 중재절차에 관한 다른 내용을 구체적으로 합의하지 않았더라도 분쟁을 중재에 회부하는 의사만 명확하다면 유효한 중재합의로 보는 것은 중재절차에 관한 다른 내용은 당사자의 의사해석이나 각국의 중재법에 따라 보충될 수 있음을 전제로 한 것이다. 그런데, 국제중재의 경우 당사자들이 중재합의를 하면서 중재지를 특정하지도 않고 그 밖에 달리 중재지를 특정할 수 있는 방법이나 기준조차 정하지 않은 경우에는 문제가 발생한다.

3.39 즉, 예컨대, 국제거래의 당사자들이 "본 계약으로부터 발생하는 모든 분쟁은 중재로 최종 해결하기로 한다"라고만 합의하고 달리 중재기관의 중재규칙을 지정하지 않은 경우, 당사자들이 분쟁을 중재에 회부하겠다는 의사는 분명하여 일응 중재합의가 성립한 것이라고 볼 수 있겠지만, 중재판정부의 구성 등 합의의 미비한 부분은 특정 국가의 중재법에 기초하여 법원의 도움을 받아 보충하여야 한다. 그런데, 앞서 본 바와 같이 각국의 중재법은 대체로 중재지가 자국 내에 있는 중재의 경우에만 적용되는 것으로 규정하고 있어,[204] 중재조항에서 중재지를 지정하지도 않고 달리 중재지를 지정하는 방법도 정하지 않아 중재지가 확정될 수 없는

---

[203] 대법원 2007. 5. 31. 선고 2005다74344 판결 참조(대법원 2000. 12. 8. 선고 2000다35795 판결 등도 같은 취지임).

[204] 모범중재법 제20조 제1항; 독일 민사소송법 제1043조 제1항; 우리 중재법 제2조 제1항 등 참조.

상황에서는 중재판정부의 구성 등 중재절차와 관련하여 해당 국가의 중재법 및 법원의 조력을 받기 어렵게 되어,[205] 결국 당사자들이 합의한 중재조항의 작동이나 이행이 사실상 불가능하게 되는 결과를 초래할 수도 있다.

3.40 다만, 예컨대, 독일, 스웨덴, 일본 등의 경우 비록 중재지가 자국 내에 없는 경우에도 중재판정부의 구성에 관한 법원의 조력 등에 관한 중재법의 조항이 적용될 수 있는 여지를 열어두기도 하므로,[206] 위와 같이 중재지를 특정할 수 있는 방법조차 정하지 않은 ad hoc 중재합의의 경우라고 하더라도 그러한 국가의 중재법 및 법원의 조력을 통해 중재판정부를 구성하고 중재절차를 진행할 수 있는 여지가 없지는 않다. 그러나 이들 국가의 중재법으로부터 조력을 받으려면 당사자들이 해당 국가와 일정한 관련성을 가져야 하는데[207] 그렇지 않은 경우에는 이러한 국가들의 중재법에 의한 보완조차 불가능하여 중재합의의 작동이 불가능하게 될 수 있다는 점을 유의하여야 한다.

나. 중재합의와 의사해석의 원칙

3.41 중재합의가 성립하기 위해서는 특정 분쟁에 대하여 당사자들 사이에 중재에 대한 의사의 합치가 있으면 족한데, 그러한 의사의 합치가 있었는지 여부를 판단하는 기준이 되는 법은 당사자들 사이에 특별한 합의가 없는 한 중재지법이라는 점은 앞서 본 바와 같다. 그런데, 당사자의 의사를 해석하는 기준이나 원칙은 각 나라의 법에 따라 조금씩 차이가 있다. 예컨대, 영미법 계통의 국가들의 경우 상대적으로 계약의 문언 내용에 더 큰 비중을 두면서 계약의 내용을 추론하는 것에 소극적인 반면, 대륙법 계통의 국가들의 경우 계약의 문언 이외에도 계약의 목적이나 계약체결의 전후 과정 등 제반 사정을 종합적으로 감안하여 당사자의 합리적인 의사를 추론하는 것에 보다 적극적인 입장을 보인다. 따라서, 계약해석에 관하여 국제적으로 통용되는 일반 원칙을 도출하는 것은 생각보다 쉬운 일은 아

---

[205] 순수한 내국 당사자들 사이의 국내중재의 경우에는 당사자들이 중재지를 자국으로 합의한 것으로 풀이하여 자국의 중재법을 적용할 수도 있을 것이지만, 국제중재의 경우 그렇게 단정할 수는 없다.

[206] 독일 민사소송법 제1025조 제3항; 일본 중재법 제3조 제2항 및 제8조; 스웨덴 중재법 제22조 등 참조. 우리나라의 경우도 입법론적으로는 이러한 조항을 두는 것이 바람직하다고 본다.

[207] 대개는 신청인이나 상대방 가운데 그 어느 하나의 주소 또는 거소가 자국 내에 있는 경우를 그 조건으로 하는데, 일본 중재법의 경우는 중재지가 국내일 가능성이 있어야 한다는 점을 추가하고 있는 점이 특이하다(일본 중재법 제8조 참조).

닌데, 실무상 국제중재에 있어서 중재합의를 둘러싸고 자주 논의되는 계약해석에 관한 몇 가지의 원칙들에 대하여 살펴보면 다음과 같다.

(1) 유효해석의 원칙

3.42 계약의 어떤 조항이 여러 가지로 해석될 수 있을 때 가급적 그 조항이 유효한 방향으로 해석을 하여야 한다는 유효해석의 원칙은 중재합의를 포함한 계약 일반에 적용될 수 있는 보편적인 원칙이기도 하지만,[208] 이러한 유효해석의 원칙은 특히 국제중재의 합의에 적용되어야 할 뉴욕협약의 pro-arbitration 정신과 결합될 때 남다른 의미를 가진다고 할 수 있다. 즉, 국제중재에 있어서는 선택적 중재조항이나 기타 일견 흠결이 있어 보이는 다양한 병리적인 중재조항의 해석에 있어서 이를 가급적 유효한 것으로 해석하려는 노력을 더욱 기울여야 할 뿐만 아니라, 중재합의의 대상 분쟁의 범위를 해석함에 있어서도 일반 계약의 경우보다 오히려 더 유연한 해석을 하는 경우가 많은데, 이는 국제중재를 관통하는 기본이념인 pro-arbitration의 정신이 요청하는 바에 따른 것이라고 할 것이다.

(2) 엄격해석의 원칙

3.43 중재합의가 법원의 재판관할권을 배제하고 중재판정부에게 분쟁에 대한 판정 권한을 부여하는 것을 요체로 하는 예외적인 합의라는 이유로 그러한 합의에 대하여는 고도의 엄격한 증명이 요구된다는 입장이 있을 수 있고 실제로 과거에 이러한 원칙에 입각한 판결들이 없지는 않았으나, 국내중재라면 몰라도 국제중재에 있어서 이러한 논리는 지지를 받기 어렵다. 즉, 국제중재는 어느 한 당사자가 속한 국가의 법정에서 분쟁을 해결하는 경우의 문제점을 극복하기 위하여 이용되는 보다 중립적인 분쟁해결수단이 된다는 점에서 국제소송의 경우와 비교할 때 반드시 예외적인 분쟁해결의 수단이 될 수 없고, 오히려 국제거래에서 발생하는 분쟁에 관하여는 중재가 소송보다 더 보편적이고 합리적인 분쟁해결수단이 된다. 따라서, 국제중재에 있어서 중재합의의 성립 여부에 관하여는 오히려 앞서 본 pro-arbitration의 원칙에 따라 다른 일반적인 계약의 경우보다 중재합의의 인정에 있어서 더 완화된 입장을 취하는 것이 타당할 뿐, 그와 반대로 이를 일종의 예외적인 분쟁해결수단인 것처럼 취급하여 다른 일반적인 합의보다 더 엄격하게

---

208 프랑스 민사소송법 제1157조; Gaillard and Savage, 258면 참조.

해석하는 것은 정당성을 확보하기 어려운 논리라고 할 것이다.[209]

다. 흠결이 있는 중재조항들

3.44 중재합의는 분쟁을 중재로 해결하기로 하는 당사자의 의사의 합치가 있으면 유효하게 성립하고, 중재기관이나 중재규칙, 중재인 선정방법 등이 중재조항에 반드시 명시될 필요는 없다.[210] 그러나 실무상으로는 과연 이러한 합의가 존재하는지 문제가 되는 경우가 많을 뿐만 아니라 중재조항의 내용이 그 자체로 서로 모순되거나 중재절차를 진행시킬 수 없을 정도로 중요한 사항에 흠결이 있는 경우가 있다.[211]

3.45 이론적으로 이와 같이 흠결이 있는 중재조항도 당사자들의 사후적인 합의에 의해 수정할 수 있겠지만, 실무상 일단 분쟁이 발생한 후에는 당사자들이 흠결을 보완하는 합의를 하기는 쉽지 않다. 다만, pro-arbitration의 이념이 주관하는 국제중재의 실무에 있어서는 대체적으로 앞서 본 바와 같은 유효해석의 원칙 등을 적용하여 어떤 중재조항이 언뜻 보기에는 하자가 있는 것처럼 보이더라도 가급적 유효한 중재조항으로 해석할 수 있는 방법을 찾고, 이러한 해석론을 통해 많은 중재조항의 흠결이 극복되기도 한다. 아래에서는 실무상 효력이 문제되는 중재조항의 다양한 예들을 살펴보기로 한다.

(1) 선택적 중재조항

3.46 중재합의는 법원의 재판을 배척하고 오로지 중재인의 판단에 따르기로 하는 합의이므로, '분쟁은 중재를 통해 해결될 수도 있다'는 정도의 합의만으로는 중재합의가 성립되었다고 할 수 없다. 물론 '소송을 제기할 수 없다'라는 명시적인 합의가 필요한 것은 아니라고 하더라도 중재합의에는 분쟁을 소송이 아닌 중재로 해결하기로 하는 당사자의 분명한 의사가 담겨 있어야 한다.

3.47 분쟁해결의 수단으로서 반드시 중재를 제기하도록 하지 않고 소송이나 기타 대체적 분쟁해결수단 가운데 중재가 아닌 다른 것을 선택할 수 있도록 규정한 경우

[209] Born(ICA), 753면; Gaillard and Savage, 260면 참조.

[210] 대법원 1990. 4. 10. 선고 89다카20252 판결 및 서울민사지방법원 1984. 4. 12. 선고 83가합7051 판결 등 참조.

[211] 실무상 이러한 흠결이 있는 중재조항을 흔히 병리적 조항(pathological clause)이라고 부른다.

과연 유효한 중재합의로 볼 수 있을지 여부에 대하여는 많은 논란이 있는데, 중재에 대한 선택권의 주체나 시기, 방법 등이 분명하게 규정되어 있다면 이를 무효로 볼 이유는 없다. 문제는 어떤 경우에 그와 같은 선택권의 주체나 시기, 방법 등이 분명히 규정되어 있는 것으로 볼 것인가 하는 점이다.

3.48 우선, 미국을 포함한 많은 국가의 법원은 다소 애매한 표현이 있더라도 가급적 선택적 중재조항이 아닌 것으로 해석하는데, 영국 법원의 경우는 "disputes may be dealt with"와 같은 표현 정도는 선택적 중재조항이 아니라고 보았고, 캐나다 법원의 경우 "the parties may refer any dispute under this agreement to arbitration"의 경우도 당사자 일방이 중재를 선택하면 타방이 이에 기속되는 선택권이 부여되는 조항으로 해석하였다.[212] 호주에서는 선택적 중재합의는 유효하며, 싱가포르 법원 역시 "양 당사자들에게 중재에 대한 선택권이 주어져 있는 경우 그러한 선택권을 행사할 경우 상대방은 그에 기속된다고 보아야 함은 너무나 명백하다"고 판시한 바 있다.[213] 우리 대법원 역시 "분쟁해결은 당사자 쌍방 모두 중재법에 의거 대한상사중재원 부산지부 중재에 따르고, 법률적 쟁송이 있을 경우 갑의 주소지 관할 법원으로 한다"는 중재조항은 선택적 중재조항이 아니고 위 조항에서 '법률적 쟁송이 있을 경우'라 함은 그 중재절차나 중재판정과 관련하여 제기될 수 있는 소송에 관한 중재법 제7조 소정의 관할합의를 한 것으로 보아야 한다고 판시하였다.[214]

3.49 다만, 중국 최고인민법원은 선택적 중재조항은 무효이지만 상대방 당사자가 중재절차에서 첫 번째 실체적 심리 전까지 반대를 제기하여야 한다고 판시하였고,[215]

---

212 Born(ICA), 791면 참조. 우리 하급심 판결 가운데는 "① The parties agree that in the event of a dispute between the parties arising out of or relating to this Agreement, either party may refer it to compulsory and binding arbitration in Hong Kong, ② The dispute shall be settled by arbitration in accordance with the Arbitration Rules of the United Nations Commission on the International Trade Law"라고 되어 있는 중재조항에서 위 ② 부분에서 "분쟁은 중재에 의하여 해결되어야 한다"라고 규정하고 있는 것에 비추어 ① 부분은 당사자 가운데 누구라도 중재를 제기할 수 있다는 취지이지 분쟁해결의 수단으로 소송을 선택할 수 있다는 취지가 아닌 것으로 해석한 사례가 있는데(서울중앙지방법원 2011. 7. 1. 선고 2010가합129441 판결), 매우 타당한 결론이라고 본다.

213 Greenberg 외, 190면 참조.

214 대법원 2005. 5. 13. 선고 2004다67264 판결 참조.

215 M. Lin, "Supreme People's Court Rules on PRC Arbitration Issues," (2007) 24(6) Journal of International Arbitration 597, 601면 참조.

우리 대법원 역시 소송과 중재를 선택적으로 규정하거나, 조정과 중재를 선택적으로 규정하는 경우 또는 조정과 중재를 선택적으로 규정하면서 조정에 불복하면 소송을 제기하도록 한 경우 등과 관련하여 어느 일방이 중재에 의한 분쟁해결을 반대하는 경우에는 유효한 중재합의로 간주될 수 없다고 판시하였다.[216]

3.50 한편, 우리 대법원이 위와 같이 판시한 것은 해당 중재조항이 당사자에게 중재를 선택할 권리를 분명히 부여한 것으로 볼 수 없었기 때문이지, 당사자에게 중재를 선택할 권리가 계약상 부여되어 있고 타방 당사자가 그러한 선택에 기속되는 것이 분명한 경우에까지 중재합의가 성립되지 않은 것으로 본 것은 아니라는 견해가 주류이다.[217] 특히, "분쟁을 조정 또는 중재로 해결"하기로 한 경우와 같이 소송 제기가 가능하다는 점이 계약서에 특별히 명시되지 않은 사안임에도 단지 법적 기속력이 없는 조정을 하나의 선택사항으로 했다고 해서 중재합의를 무효로 하는 것은 국내중재라면 몰라도 pro-arbitration의 정신이 적용되어야 하는 국제중재에서의 해석론으로는 허용될 수 없다고 본다.

(2) 중재판정에 대하여 제소가 가능하도록 되어 있는 중재조항

3.51 위와 같이 처음부터 중재와 소송을 선택할 수 있도록 되어 있는 중재조항과는 달리 중재판정에서 결론을 내린 분쟁을 다시 법원으로 가져가서 심사를 받을 수 있도록 합의한 경우에는 유효한 중재합의가 성립될 수 없다. 프랑스 법원은 국제중재에 있어서 중재판정에 대하여 법원에 항소하는 길을 열어 놓은 중재조항은 무효라고 판시했다.[218] 그러나 중재판정에 대하여 법원에 제소가 가능한 것으로 규

216 우리 대법원은 "국적이 같은 구매자와 공급자 간의 분쟁은 구매자 국가의 법에 따라 판결 또는 중재에 의하여 해결되어야 한다"(대법원 2003. 8. 22. 선고 2003다318 판결), "관계 법률의 규정에 의하여 설치된 조정위원회 등의 조정 또는 중재법에 의한 중재기관의 중재에 의하고, 조정에 불복하는 경우에는 법원의 판결에 의한다"(대법원 2004. 11. 11. 선고 2004다42166 판결), "제1항의 합의가 성립되지 못할 때에는 당사자는 관계 법률의 규정에 의하여 설치된 조정위원회의 조정 또는 중재에 의하여 해결할 수 있다"(대법원 2005. 5. 27. 선고 2005다12452 판결), "제1항의 합의가 성립하지 못할 때는 건설분쟁조정위원회나 하도급분쟁조정협의회 등에 조정을 신청하거나 다른 법령에 의하여 설치된 중재기관에 중재를 신청할 수 있다"(대법원 2005. 6. 24. 선고 2004다66513 판결) 등과 같은 조항을 선택적 중재조항으로 보아 원칙적으로 무효라고 판시하였다. 다만, 이러한 경우에도 타방 당사자가 이의를 제기하지 않으면 유효한 중재합의가 성립한다는 점에 유의하여야 한다.

217 석광현, 134면; 목영준, 101면 등 참조.

218 CA Paris, Oct. 27, 1994, de Diseno v. Mendes, 1995 REV. ARB. 263, 2d decision, and P. Level's note.

정된 경우에도 경우에 따라서는 중재판정취소소송 등 법이 허용하는 범위 내에서의 중재절차에 대한 사법적 심사권을 언급하는 것으로 해석할 수 있는 경우에는 무조건 중재합의 자체를 무효로 볼 것은 아니다. 또한, 당사자들이 계약에 중재조항을 두면서 소송을 언급하고 있는 경우에는 해석론이 허용하는 범위 내에서 동 계약에서 언급된 소송은 중재절차에 대한 법원의 조력을 언급하는 것으로 보아 중재조항을 무효로 보지 않으려는 노력을 하기도 한다.[219]

3.52 우리나라의 경우 "본 계약과 관련하여 발생하는 분쟁은 약정 당사자간의 합의로 해결하고, 합의로 해결되지 않을 경우 대한상사중재원의 중재로 해결하며, 당해 중재결정에 불복할 경우에는 갑이 소재하는 주소지의 관할법원에서 최종적으로 해결한다"라고 규정된 중재조항은 중재판정에 대하여 법원에 의한 일반적인 재심사 가능성을 유보하고 있음이 명백하다는 이유로 무효로 본 하급심 판결이 있다.[220] 이에 대하여는 가급적 중재합의를 유의미한 것으로 하는 방향으로 당사자의 의사를 추단하는 것이 보다 합리적이라는 전제 하에서 "당해 중재결정에 불복할 경우"라 함은 중재판정취소의 소를 제기하는 경우를 의미하고, 또한, "갑이 소재하는 주소지의 관할법원에서"라 함은 중재지 또는 중재판정취소의 소의 관할 합의를 한 것으로 파악하는 것이 당사자의 의사를 충실히 반영하는 보다 합리적인 해석이라고 주장하는 견해가 있는데,[221] 특히 pro-arbitration의 정신이 적용되어야 하는 국제중재합의의 해석의 경우에는 원칙적으로 이러한 해석론이 적용되어야 한다고 본다.[222]

(3) 존재하지 않는 중재기관 등의 지정

3.53 국제거래계약의 당사자들이 중재조항에서 정체불명의 중재기관이나 중재규칙을

219 Born(ICA), 783면 내지 788면 참조.

220 서울지방법원 2002. 10. 24. 선고 2002가합8808 판결.

221 신창섭, "우리나라와 중국 중재법에서 중재판정의 취소사유에 관한 연구," 중재연구 제16권 제2호, 59면 이하 참조.

222 우리 하급심 판결 가운데는 '중재판정은 최종적인 것으로 모든 당사자에 대하여 구속력을 가지는 것에 합의한다'라는 규정 이외에 부가사항으로 '중재판정에 대해 원고는 항소할 수 있다'고 규정한 사안에서 '항소할 수 있다'는 문구를 중재판정에 대하여 불복할 수 있다는 의미로 해석하더라도 그 불복방법은 중재판정 취소의 소에 의하여야 하는 것이라고 하면서 유효한 중재합의로 인정한 사례가 있다(서울고등법원 2011. 11. 25. 선고 2011나47208 판결 및 그 원심인 서울중앙지방법원 2011. 6. 1. 선고 2011가합29968 판결 참조).

기재하거나 그 표시를 정확하지 않게 하여 그 해석을 놓고 다툼이 발생하는 경우도 있다. 예컨대, "Singapore International Chamber of Trade"를 중재기관으로 기재한 경우 우선 SIAC를 중재기관으로 합의한 것으로 인정되기는 어렵다.[223] 이처럼 정체불명의 기관이나 규칙을 기재하거나 표시가 정확하지 않은 경우에 전체 중재조항 자체를 무효로 볼 것인지는 국가 및 사안에 따라 취급례가 다양하다.

3.54 그런데, 특히 국제중재의 경우에는, 당사자들 사이에 분쟁을 소송이 아닌 중재로 해결하기로 하는 의사만 분명하다면 pro-arbitration 원칙에 입각하여 계약 해석이 허용하는 범위 내에서는 가급적 존재하는 중재기관이나 규칙을 지정한 것으로 보완 해석하거나, 해당 중재기관이나 규칙에 대한 언급은 부수적 기재로 보아 그 부분을 무시하고 아예 그와 같은 언급이 없는 것처럼 파악하는 등 가급적 중재조항의 유효성을 인정하려고 노력하는 경우가 많다.[224]

3.55 예컨대, "international trade association organization in Zurich" 등과 같은 기재의 경우 "Zurich Chamber of Commerce International Arbitration Rules"에 따른 중재에 합의한 것으로 선해하기도 한다.[225] 우리 하급심 가운데는 "이 용선계약이나 그 불이행으로부터 또는 그와 관련하여 쌍방 당사자들 사이에 발생하는 모든 분쟁, 논쟁 및 상위점은 런던에서 중재에 의하여 최종적으로 해결한다. 중재는 영국법을 준거법으로 하여 영국상사중재원("The British Commercial arbitration board")의 상사중재규칙 등에 따라 이루어진다"는 중재조항과 관련하여, 영국에는 이와 동일한 명칭의 중재기관이 존재하지 않으므로 위 중재합의가 무효라는 피고의 주장에 대해, "중재합의는 분쟁을 중재에 부탁하기로 하는 서면에 의한 합의로서 족하고 중재장소나 중재기관 또는 중재인까지 명시할 것을 필요로 하는 것은 아니고, 또 The Bristish Commercial arbitration board도 뒷부분의 arbitration board 부분이 고유명사로 쓰이지 아니한 점에 비추어 중재기관의 명칭을 나타내는 것이 아니고 영국의 중재기구 중 상사분쟁중재기관을 통칭하는 의미로

---

223 Greenberg 외, 200면 참조.

224 다만, 우리 하급심 판례 가운데는 분쟁을 서울 소재 대한상공회의소의 중재에 회부하기로 약정하였으나 그 후 대한상공회의소가 더 이상 중재업무를 하지 않게 된 경우 그 중재계약의 이행이 불가능하게 되었다고 보아 소송을 제기할 수 있도록 한 사례가 있으나(서울고등법원 1980. 6. 26. 선고 80나535 판결), 이러한 논리가 국제중재에 그대로 적용될 수 있는지는 의문이다.

225 Born(IA), 77면 각주 15 참조.

봄이 상당하다"고 판시한 사례가 있다.[226]

(4) 중재기관을 복수로 지정하는 경우

3.56 중재합의에서 복수의 중재기관이 함께 지정된 경우 중재합의의 이행이 불가능한 것인지 여부가 문제가 될 수 있으나, 특히 국제중재의 경우 당사자들이 분쟁을 중재에 회부하기로 한 의사가 분명한 이상 pro-arbitration의 정신에 입각하여 가급적 해당 조항을 조화롭게 해석하는 방법을 찾아내어 유효한 중재조항으로 파악하기 위하여 노력하여야 하며, 함부로 중재합의의 효력을 부인할 것은 아니다.

3.57 서울민사지방법원은 "본 용선계약상 발생하는 어떠한 분쟁도 대한민국 서울의 대한상사중재원(The Korean commercial Arbitration Association) 및 일본국의 일본해운집회소(The Japan Shipping Exchange, Inc.)에 제기하여야 하며 그 판정은 최종적으로 쌍방당사자를 구속한다"라는 분쟁해결조항의 해석과 관련하여, 계약서상 대한상사중재원 "및" 일본 해운집회소라는 표현을 사용하고 있음에도 불구하고 이를 "또는"이라는 취지로 해석하는 것이 당사자들의 의사에 부합한다고 보고 이를 유효한 중재조항으로 인정하였고, 원고가 일본국 해운집회소에 중재신청을 하여 받은 중재판정에 대한 집행 청구를 인용하였는데, 이는 매우 바람직한 판결이라고 하지 않을 수 없다.[227]

(5) 중재기관과 중재규칙을 분리하는 조항

3.58 일반적으로는 당사자들이 특정 중재기관의 중재규칙에 합의할 경우 해당 중재는 해당기관에 의하여 그 중재규칙에 따라 진행된다. 그런데, 실무상 당사자들이 중재규칙과 중재기관을 분리하여 "모든 분쟁은 ICC 중재규칙에 따라 SIAC에서 중재에 의해 해결된다"는 식으로 합의하기도 하는데, 이런 경우 미묘한 문제가 발생한다. 실제로 이러한 중재조항의 효력이 문제가 된 사례가 바로 Insigma 사건인데, 싱가포르 법원은 이러한 중재조항의 효력을 인정하였고 그 후 항소심에서도 같은 결론이 유지되었다.[228]

---

226 서울민사지방법원 1992. 5. 1. 선고 91가합45511 판결 참조.

227 서울민사지방법원 1984. 4. 12. 선고 83가합7051 판결 참조.

228 Insigma Technology Co Ltd v. Alstom Technology Ltd [2009] 3 SLR 936; [2009] SGCA 24. 유

이러한 논란을 감안하여 2012년 개정 ICC 중재규칙 제1조 제2항은 ICC 중재규칙에 따른 중재사건을 관리할 수 있는 권한은 ICC 중재법원에만 부여된다는 점을 명시하기도 하였지만, Insigma 사건의 결론에 대하여는 국제적으로 여전히 논란이 적지 않으므로 당사자로서는 가급적 이러한 중재조항은 피하는 것이 바람직하다. 3.59

라. 중재합의의 무효 및 포기

(1) 계약의 일반적 무효 사유

중재합의도 계약의 요소를 가지므로 일반 계약의 무효사유, 즉, 사기나 강박에 의한 경우, 착오에 의한 경우, 불공정한 계약에 해당하는 경우[229] 등 일반 계약법에 보편적인 무효화 사유에 해당할 경우 그 효력을 인정하기 어려운 경우가 발생할 수 있다. 또한, 중재합의의 종료에 대하여 당사자들이 합의한 경우 해당 사유가 발생함으로써 중재계약이 종료될 수도 있다. 다만, 중재합의의 이행거절(repudiation)을 이유로 중재합의를 해제할 수 있는가 하는 쟁점에 관하여는, 중재판정부의 절차명령을 이행하지 않는 등과 같이 단순히 중재절차의 세부적인 사항을 이행하지 않는 경우에는 이를 이유로 중재합의를 해제할 수는 없지만, 중재합의를 고의적으로 위반하여 소송을 제기하는 경우에는 이를 이유로 중재합의를 해제할 수 있다는 견해가 있다.[230] 그러나 이는 후술하는 바와 같이 계약위반에 따른 해제의 문제로 보기보다는 중재합의의 포기(waiver)에 관한 문제로 파악하는 것이 더 적절하다. 3.60

(2) 중재합의의 독립성과의 관계

중재합의의 무효나 종료와 관련하여서는, 중재합의의 독립성의 원칙상 본계약이 무효로 되거나 기타의 사유로 종료되었다고 하여 반드시 중재합의도 같이 무효로 되거나 종료되었다고 볼 수는 없다는 점을 유의하여야 한다. 우리나라의 경우 3.61

사한 스웨덴 법원의 판결로는 IM Badprim SRL v. Russia (Case No. T2454-14) 참조.

229 어느 일방 당사자에게만 중재를 제기할 수 있는 권한을 부여하는 소위 asymmetrical arbitration agreement의 경우 불공정한 것이어서 무효라고 본 판례가 없지는 않으나 학자들은 대체로 이러한 중재조항을 무효로 보지는 않는다[Born(ICA), 866면 내지 870면 참조].

230 Born(IA), 85면 참조.

선박개조계약서에서 "이 계약은 계약서 제8조의 규정에 따라 개조선박을 재인도한 때에 종료하되, 보증기간의 만료와 관련조항에 따른 모든 의무를 이행한 때에 종료되는 제10조, 제12조, 제15조(중재조항), 제19조는 예외로 한다"라고 규정한 경우 보증기간 내에 하자보수청구가 있는 경우에만 그 의무의 이행이 끝날 때까지 관련조항들(중재약정에 관한 제15조 포함)이 유효하게 존속한다는 취지로 한정하여 해석하면서 보증기간 내에 하자보수청구가 있지 아니한 경우에는 중재조항도 종료한다는 취지로 판시한 사례가 있다.[231] 동 판례에 대하여 주된 계약의 종료와 함께 중재합의의 효력이 상실된 것이라고 판단한 것으로 보아 중재조항의 독립성에 반하는 판결이라고 비판하는 견해도 있으나,[232] 동 판결의 내용을 면밀히 분석해보면, 법원은 당사자들이 중재조항에 대하여 특별히 종료시점을 합의한 것으로 보고 그 합의에 따라 중재조항이 종료된 것으로 판단한 사안일 뿐, 본 계약이 종료되었다고 해서 자동적으로 중재조항도 종료된 것이라고 판시한 내용이라고 보기는 어려우므로 이를 중재조항의 독립성과 배치되는 판결이라고 단정하기는 어렵다.

3.62 또한, 비슷한 맥락에서 동 판결이 우리 현행 중재법과 달리 중재조항의 독립성에 관한 명시적인 규정이 없던 우리의 구 중재법 하에서 내려진 것이라는 점을 유의할 필요가 있다는 견해도 있으나,[233] 구 중재법이 중재조항의 독립성에 대하여 명시적인 규정을 두지 않았다고 해서 구 중재법 하에서 중재조항의 독립성이 부인되었다고 하기도 어려울 뿐만 아니라, 무엇보다도 동 사안의 경우 중재지가 영국이어서 중재합의의 유효성의 준거법도 영국법이라고 해야 할 것이므로 애당초 우리 중재법은 직접적인 관련이 없다고 보는 것이 타당하다. 다만, 위 판결에서 아쉬운 점은 앞서 본 바와 같이, 중재합의의 효력 여부 판단에서 중재조항의 독립성을 무시한 것이라기보다는 중재합의의 유효성 판단의 준거법을 명확히 확정하지 않은 채 중재합의의 유효성 판단에 나아갔다는 점이라고 할 수 있다.

(3) 약관에 의한 중재합의의 효력

3.63 국가에 따라서는 경제적 약자의 보호를 위한 특별한 입법목적에서 법에 의해 약

---

231 부산지방법원 울산지원 1990. 9. 19. 선고 89가합3188 판결 참조.

232 이규호, "국제상사중재에 있어서 준거법에 관한 쟁점," 중재 제331호 (2010), 34면 참조.

233 김갑유(대표집필), 63면 각주 83 참조.

관의 효력을 규제하기도 하는데, 중재합의가 그러한 약관에 담겨있는 경우에는 해당 법에 따라 중재조항의 효력이 부인될 수도 있고, 소비자나 근로자 등이 체결한 중재합의의 효력에 대하여도 특별한 규정을 두는 경우도 있다.[234] 스포츠중재 분야의 경우 선수들이 국제적 스포츠단체의 시합에 참여하기 위해서는 선택의 여지가 없이 CAS 중재절차에 동의하게 되는바, 이와 같이 온전한 자유의사에 의하지 아니한 중재절차를 실체적으로 유효한 것으로 볼 것인가 하는 점에 대하여는 국가별로 그 취급이 동일하지만은 않음은 앞서 본 바와 같다.[235]

3.64 우리나라의 경우 약관의 규제에 관한 법률은 소비자를 보호하기 위하여 약관의 효력을 일정한 범위에서 규제하고 있는바, 동법 제14조에서는 소제기를 금지하는 조항이 고객에게 부당하게 불리한 경우에는 무효인 것으로 규정하고 있어, 약관에 중재조항을 두는 경우 그것이 부당하게 소송 제기를 금지하는 것인지 여부가 문제될 수 있다. 이와 관련하여 법원의 판결은 아니지만 공정거래위원회가 국내의 한 업체가 거래 약관에 중재조항을 둔 것과 관련하여, 중재합의는 법원의 재판에 의한 법규의 해석과 그 적용을 박탈하는 결과를 가져오며 공정하지 못한 중재결과가 나왔을 경우 항소심 절차에 의하여 구제될 수 없음을 고려할 때 고객에게 부당하게 불리한 소송 제기 금지 약정이라고 하면서 그 중재조항을 수정 또는 삭제할 것을 권고하는 명령을 내린 바 있다. 그러나 중재를 소송보다 일반적으로 소비자에게 불리한 분쟁해결의 방법인 것처럼 파악하는 위와 같은 시각은 국내중재는 물론이거니와 국제중재의 관점에서는 더더욱 용인되기 어렵다고 본다. 우리 하급심 판결 가운데는 “선하증권 소지인이 그 이면약관에 있는 중재조항의 기재에 관여할 수 없었다는 사정이나 중재조항을 단지 그 ‘이면’에 기재하였다는 사정만으로 중재조항이 소지인의 재판청구권을 침해하였다거나 사회질서에 반하는 것이라고 볼 수 없다”고 판시하면서 선하증권 이면의 일본중재약정은 선하증권의 소지인을 구속하며 히말라야 약관에 따라 선주는 운송인의 중재위반주장을 원용할 수 있다고 판시한 사례가 있다.[236]

---

[234] 일본 중재법은 소비자가 체결한 중재합의를 해제할 수 있도록 하고(부칙 제3조), 개별근로관계 분쟁에 관하여 근로자가 체결한 중재합의는 무효라고 규정하고 있다(부칙 제4조).

[235] 제1장 I. 1. 가. 각주 6 참조.

[236] 부산지방법원 2008. 10. 8. 선고 2007가합20559 판결 참조.

(4) 후발적 이행불능 등

3.65 지정한 중재인이 중재합의 이후에 사망한 경우 등 중재합의는 유효하게 성립하였으나 후발적인 사정으로 중재합의를 이행할 수 없는 경우가 발생할 수도 있는데, 그러한 경우에도 중재의 유효성을 인정하기는 어려울 것이다.[237] 그 밖에 아주 흔한 경우는 아니지만, 중재조항에 중재판정 등 주요 행위의 기한을 정하면서 달리 기한 연장이 가능하도록 하는 규정을 두지 않은 경우도 실무상 발견되는데 그러한 경우 정해진 기간이 도과되어 버릴 경우 중재합의의 이행이 불가능하게 되는 어려운 상황이 생길 수도 있다는 점을 유념하여야 한다.

(5) 중재합의의 포기(waiver)

3.66 중재합의도 다른 일반적인 계약과 마찬가지로 사후적으로 당사자의 합의에 의하여 포기하는 것이 가능하다. 예컨대, 중재합의가 있음에도 불구하고 한 당사자가 중재의 대상이 되는 분쟁에 관하여 법원에 소송을 제기하고, 상대방 당사자가 이에 대하여 아무런 이의를 제기하지 않고 본안에 대해 변론을 한 경우에는 해당 분쟁에 대한 당사자들의 중재합의가 사후적으로 포기된 것으로 볼 수 있다.[238] 모범중재법은 유효한 중재합의의 대상이 된 사건이 법원에 제소되었을 경우 피고가 본안에 관한 최초의 변론을 할 때까지 중재합의가 있다는 항변을 제기하면 법원은 그 사건을 중재에 회부하여야 하는 것으로 규정하고 있는데,[239] 이를 중재합의의 포기에 관한 근거 규정으로 보아 만약 피고가 중재합의가 있다는 항변을 적시에 하지 않는 경우에는 원고의 포기 의사 여부를 불문하고 중재합의는 포기된 것으로 볼 수 있다고 보는 견해가 있다.[240] 중국 중재법은 그러한 경우 중재합의의 포기가 성립함을 명시적으로 규정하고 있다.[241]

---

237 우리 대법원은 "계약과 관련한 이견에 관하여 협의가 성립하지 아니할 때에는 서울특별시장에게 중재를 요청하여 그에 따른다"고 당사자들이 합의하였으나 서울특별시장이 중재인으로서 직무수행을 거부한 사안에 있어서 해당 중재합의는 효력을 상실하거나 이행이 불능인 때에 해당한다고 할 것이라고 판시하였다(대법원 1996. 4. 12. 선고 96다280 판결 참조).

238 Greenberg 외, 211면 각주 29 참조. 다만, 법원에 보전처분을 구하는 것은 설령 당사자가 동일하고 분쟁의 대상이 중재합의의 범위 내에 있다 하더라도 일반적으로 중재합의의 포기로 이해되지 않는다.

239 모범중재법 제8조 제1항 참조.

240 Born(IA), 85면 참조.

241 중국 중재법 제26조 참조.

한편, 스웨덴, 프랑스 등 일부 국가는 상대방의 동의가 없어도 일방 당사자에 의한 편면적인 중재합의 포기까지도 인정한다. 즉, 중재합의의 대상인 분쟁에 대하여 소송을 제기한 당사자는 비록 상대방이 그에 대하여 동의하지 않았더라도 스스로는 더 이상 중재합의를 원용하는 것이 금지된다.[242] 3.67

반대로, 사실 중재합의를 묵시적으로 포기하는 것에 관하여는 당사자의 보다 명확한 의사를 필요로 한다는 견해도 없지 않은데, 미국의 경우는 당사자가 중재를 제기할 수 있는 권한이 있음을 알면서도 소송을 제기하는 경우 등 엄격한 요건 하에서 중재합의의 포기를 인정하고 있다.[243] 그리고 중재판정부 가운데도 원칙적으로 권리의 포기는 추정될 수 없다는 논리 하에 소송을 제기한 당사자가 중재조항을 포기한다는 의사를 명확하게 표명하지 않았다는 이유로 중재합의의 포기를 부인한 경우도 있다.[244] 3.68

소송의 계속으로 인하여 중재합의의 묵시적 포기가 인정이 되는 경우에도 소송의 대상이 되지 않은 청구에 대하여는 포기의 효력이 미치지 아니한다고 보아야 한다.[245] 다만, 프랑스나 독일과 같이, 국가에 따라서는 이러한 경우 중재합의가 이행불능의 상태에 들어간 것으로 보아 달리 합의가 없는 한 다른 분쟁들도 중재로 해결할 수 없는 것으로 보는 국가도 있으므로 주의가 요망된다.[246] 3.69

우리 대법원은 당사자 일방이 소송을 제기하고 상대방이 관할항변을 제기하지 않고 소송에 응하여 판결을 받았다고 해서 중재합의를 해지하기로 묵시적으로 3.70

If the parties have concluded an arbitration agreement and one party institutes an action in a People's Court without declaring the existence of the agreement and … the other party does not, prior to the first hearing, raise an objection to the People's Court's acceptance of the case, he shall be deemed to have waived the arbitration agreement and the People's Court shall continue to try the case.

242 Bengt-Åke Johnsson and Ola Nilsson, "Waiving the Right to Arbitrate by Initiating Court Proceedings," Stockholm International Arbitration Review (SIAR) 2009-2, 1면 참조.

243 Born(ICA), 877면 참조.

244 ICC Case No. 6840 (1991), Collection of ICC Arbitral Awards, vol. Ⅲ, 470면 참조.

245 그러나 소송에서 제기되지 않은 청구라고 할지라도 그것이 소송에서 다루어진 청구와 밀접한 관련성이 있다면, 상대방은 금반언이나 청구의 병합, 신의칙 위반 등을 이유로 해서 이에 대하여 중재관할을 부인할 여지도 있다[보다 상세한 논의는 M. Pryles, "The Kaplan Lecture 2009: When is an arbitration agreement waived?," (2010) 27(2) Journal of International Arbitration 105, 117면 이하 참조].

246 Bengt-Åke Johnsson and Ola Nilsson(각주 242), 17면 내지 19면 및 23면 내지 24면 참조.

합의한 것으로 볼 수 없다는 취지로 판시를 한 바 있는데,[247] 이에 대하여 위 판례는 우리의 구 중재법 제3조에 따라 판단된 것이기는 하지만 내용이 같은 현행 중재법 제9조 제1항 하에서도 마찬가지로 판단될 것이라고 기대할 수 있다는 견해가 있다.[248] 그러나 위 판례는 소송에서 다루어진 청구원인이 중재사건의 청구원인과 서로 다른 경우에 관한 것으로서, 동일한 청구원인에 대하여 일방이 소송을 제기하고 타방이 중재항변을 제기하지 않아 판결까지 내려진 사안의 경우에도 위 판시취지를 그대로 적용할 수 있을 것인지에 대하여는 의문이 있다.

3.71 한편, 중재합의의 존재 여부나 효력 범위가 불분명한 경우에 일단 중재를 제기하면서 만에 하나 중재합의가 부인될 경우에 청구권이 시효로 소멸할 위험이 있으므로 시효중단의 목적으로 소를 제기해두는 것이 바람직하다는 견해도 있으나,[249] 중재합의의 대상이 되는 청구에 대하여 소송을 진행하는 것은 위와 같이 자칫 중재합의의 포기로 간주될 가능성이 크다는 점에서 실무상 큰 주의가 요망된다. 더구나, 부득이한 상황에서 소송을 제기하는 경우라고 하더라도 결코 소송의 제기가 중재합의를 포기하는 것이 아니라는 점을 소장 단계에서부터 명확히 하여 두는 등 만전을 기할 필요가 있다.

3. 중재합의의 대상 분쟁의 범위

(1) 중재합의의 범위 해석의 준거법

3.72 중재합의는 어떤 특정 분쟁을 대상으로 하는 것으로서 당사자가 중재합의를 함에 있어서 대상이 되는 분쟁을 특정하거나 그 범위를 정한 경우 어떤 클레임이 과연 그 범위에 속하는지 여부는 실무상 자주 논란의 대상이 된다. 만약 중재판정부가 중재합의의 범위를 넘는 사안에 대하여 판정을 내렸다면 이는 중재판정부의 권한을 유월한 것일 뿐만 아니라 해당 대상 분쟁에 대하여는 유효한 중재합의가 없는 셈이 되므로 중재판정 취소의 사유 또는 승인 및 집행 거부의 사유가 된다.

3.73 한편, 당사자들이 중재합의의 대상으로 삼은 분쟁의 범위 해석의 문제(또는 중재

247 대법원 1992. 1. 21. 선고 91다7774 판결 참조.
248 김갑유(대표집필), 63면 각주 85 참조.
249 김갑유(대표집필), 296면 참조.

판정부의 권한 범위의 문제)는 이와 같이 중재합의의 해석 문제, 보다 구체적으로는 결국 제반 사실관계에 기초한 당사자의 의사 확인에 관한 문제로 귀착되므로 어느 개별 국가의 법에 따라 그 결론이 크게 달라지기는 어려운 문제라는 점은 앞서 본 바와 같다.[250] 그러나 중재합의의 대상 분쟁의 범위를 확정하는 해석의 문제는 본질적으로는 특정 분쟁에 대하여 유효한 중재합의가 존재하는가 하는 판단의 문제에 해당하므로, 원칙적으로 중재합의의 실체적 유효성의 준거법에 따라 판단되어야 할 쟁점이라고 할 수 있다.[251] 이하에서는 실무상 자주 등장하는 중재합의 대상 분쟁의 범위 해석에 관한 쟁점들을 살펴보기로 한다.

(2) 계약과 관련된 불법행위 등

3.74 일반적으로 중재조항에는 'dispute in connection with the agreement' 또는 'dispute arising out of the contract" 등과 같은 형식으로 중재의 대상 분쟁을 특정하는 경우가 많은데, 대체로 이러한 문구들은 중재대상의 범위를 확장하는 상당히 포괄적인 개념으로 해석되어 계약의 성립, 효력, 이행, 해석, 양도, 해지나 종료 등과 관련된 분쟁을 포함하는 것으로 풀이되는 것이 보편적이다.[252] 나아가 위와 같은 포괄적인 내용의 중재조항의 경우 계약상의 청구뿐만 아니라 불법행위 등 계약외 청구(non-contractual claim) 역시 계약과 일정한 관련성이 있는 경우에는 중재합의의 대상 분쟁의 범위에 포함되는 것으로 해석하는 것이 일반적이다.

3.75 한편, 비록 국제중재에 관한 사안은 아니지만, 우리 대법원 역시 "동일한 사실관계에 기하여 하자담보책임과 불법행위책임이 경합하는 경우에 그 불법행위책임

---

250 van den Berg, 312면은 중재판정부의 권한 유월 여부의 문제는 사실관계에 관한 문제가 대부분이어서 준거법이 별로 문제가 될 여지가 없다고 한다.

251 다만, 미국 등 여러 국가의 법원은 중재지가 자국이 아님에도 불구하고 중재합의의 범위 해석에 관하여 자국의 법을 적용하고 있는 사례가 많다고 한다[Born(ICA), 1395면 이하 참조]. 우리 대법원 판결 가운데도 당사자들이 계약의 준거법으로 버뮤다법을, 중재지를 일본으로 각각 정한 사안과 관련하여 해당 중재조항의 적용 대상이 되는 분쟁의 범위를 판단함에 있어서 준거법에 관한 판단을 하지 않고 바로 당사자의 의사해석에 나아간 사례가 있다(대법원 2015. 10. 29. 선고 2013다74868 판결 참조).

252 다만, 'dispute in connection with the interpretation or application of the contract'와 같이 문장 가운데, interpretation 또는 application과 같은 수식어가 들어가는 경우는 다소간 문제가 복잡해지는데, 국가에 따라 그 의미를 다소 제한적으로 풀이하는 경우도 없지 않으므로 실무상 주의를 요한다(Judgment of 25 Jaunary 1972, Quijano Aguero v. Marcel Laporte, 1973 Rev. arb. 158 (Paris Cour d'appel); Northern Cal. Newspaper Guild Local 52 v. Sacramento Union, 856 F.2d 1381, 1383 (9th Cir. 1998)).

의 존부에 관한 분쟁은 본 계약의 내용의 이행과 밀접하게 관련된 분쟁으로 위 중재조항이 규정하는 중재대상에 포함된다고 보는 것이 타당"하다고 판시하거나,[253] "중재계약은 중재조항이 명기되어 있는 계약 자체뿐만 아니라 그 계약의 성립과 이행 및 효력의 존부에 직접 관련되거나 밀접하게 관련된 분쟁에까지 그 효력을 미친다"고 판시한 바 있다.[254] 우리 대법원은 특히 중재조항의 대상 분쟁의 범위와 관련하여 계약의 성립과 이행 및 효력의 존부에 "직접" 관련되거나 "밀접하게" 관련된 분쟁이라고 하여 그 관련성 판단에 있어서 다소간 엄격한 표현을 사용하고 있다고 볼 수도 있으나, 구체적인 사안에서는 대체로 그러한 관련성을 폭넓게 인정하고 있는 것으로 보인다.[255]

3.76 다만, 이와 관련하여 서울중앙지방법원이 소프트웨어 라이선스계약의 당사자들 사이에 저작권 침해 여부를 둘러싸고 소송이 진행된 사안에서 "저작권 침해 여부에 관한 판단이 위 계약의 성립, 이행 및 그 효력의 존부에 직접 관련되거나 밀접하게 관련된 분쟁이라고 볼 수 없으며, 계약관련 분쟁에 대한 중재조항을 두었다고 하여 절대적인 저작권에 대한 침해 여부의 판단을 구하는 이 사건 본소에까지 위 중재조항의 효력이 미친다고 보기 어렵다"고 판시한 것이 눈에 띈다.[256]

(3) 일괄해결의 원칙 등

3.77 동일한 당사자들 사이에 체결된 여러 계약들 가운데 각기 분쟁해결방법을 다르게 규정한 경우, 일부 계약에만 중재조항이 있는 경우 또는 모두 중재조항을 두고 있으나 각기 그 내용이 조금씩 다른 경우 등에 있어서 중재조항의 대상 분쟁의 범위를 어떻게 해석할 것인가 하는 점은 기본적으로 제반 사실관계에 따른 당사자의 의사해석의 문제로 귀착된다고 할 것이다. 국제중재의 실무상 중재조항의 해석에 있어서, 동일한 당사자들이 여러 가지 관련된 계약들을 체결하면서 어느 한 계약에서만 중재합의를 한 경우에도 가급적 당사자들이 자신들 사이에 발생하는 분쟁에 대하여 각기 다른 분쟁해결수단을 이용하기보다는 한꺼번에 동일한

---

253 대법원 1992. 4. 14. 선고 91다17146 판결 참조.

254 대법원 2001. 4. 10. 선고 99다13577 판결 참조.

255 우리 대법원 판례 가운데는 공사도급계약에 중재조항이 있는 경우 할인분양에 따른 손해배상책임의 존부와 범위도 위 공사도급계약에 따른 법률관계에서 발생한 분쟁이거나 그와 밀접하게 관련된 분쟁이라고 판시한 사례도 있다(대법원 2005. 5. 13. 선고 2004다67264 판결 참조).

256 서울중앙지방법원 2007. 1. 17. 선고 2005가합65093 판결 참조.

분쟁해결수단으로 해결하기로 합의한 것으로 의사를 추정하는 이른바 "분쟁일괄해결(one-stop adjudication)"의 원칙에 입각하여 다른 관련 계약에 대하여도 중재합의가 있는 것으로 폭넓게 해석하려는 시도를 많이 한다.[257]

3.78 예컨대, 동일한 당사자들 사이에 다수의 계약이 체결된 경우, 각각의 계약들이 하나의 프로젝트나 거래에 관련되는 등 밀접한 관련성을 가지고 있고 서로 모순된 분쟁해결조항을 가지고 있지 않은 경우에는, 비록 중재조항이 없는 계약과 관련된 청구라고 하더라도 중재조항이 있는 계약과 관련성이 있는 분쟁으로 보아 그 중재조항의 대상 분쟁으로 판단할 수 있다고 할 것이다. 비록 국제중재에 관한 사안은 아니지만, 우리 대법원은 당사자들이 계약에서 '사실관계에 대한 이견 기타 분쟁'을 중재합의의 대상으로 규정한 경우에도 그 문언을 해석함에 있어서 단순한 사실관계에 대한 분쟁뿐만 아니라 계약해석이나 법률문제에 관한 분쟁도 그 대상으로 하고 있다고 풀이하는 것이 타당하다고 보았는데,[258] 이 역시 당사자들이 사실관계만 따로 떼어 내어서 그 부분만 중재로 해결하기로 하였다고 해석하기보다는 계약과 관련하여 발생하는 분쟁 전반을 모두 중재로 해결하기로 해석하는 것이 합리적이라는 입장에 선 것이다.

3.79 그러나 동일한 당사자 사이에 체결된 계약들이 서로 밀접한 관련성을 인정하기 어렵거나 각기 구분되는 별개의 사안에 대한 것인 경우 어느 한 계약의 중재조항을 다른 계약에 적용하기는 어려울 것이다.[259] 더구나, 동일한 당사자들이 여러 계약을 체결하면서 한 계약에서는 중재조항을 두면서 다른 계약에는 소송에 관한 관할 합의를 하는 경우 등 각각의 계약에 대하여 분쟁해결의 방법을 다르게 두려는 의사가 인정되는 경우에는 함부로 위에서 본 "one-stop adjudication"의 원칙을 적용할 수는 없다. 그러한 경우에는 오히려 어느 한 계약에서의 중재조항이 대상으로 하는 중재대상 분쟁의 범위를 다른 계약과의 관계에서 제한적으로 해석할 수밖에 없는 경우가 많을 것이라는 점을 주의하여야 한다.[260]

---

257 이를 pro-arbitration presumption이라고 부르기도 한다[Born(ICA), 1326면 참조].

258 대법원 2011. 12. 22. 선고 2010다76573 판결 참조.

259 Born(ICA), 1373면 각주 283 참조.

260 우리 대법원은 중재조항이 있는 주주간 계약서에 회사도 서명을 하였으나, 같은 날 체결된 회사와 일방 주주와의 다른 계약서('사채계약')에는 중재합의가 없을 뿐만 아니라(오히려 사채계약의 해당 조항에 따르면 당사자들이 소송을 분쟁해결수단의 하나로 기재하고 있다), 준거법 또한 주주간 계약서의 준거법인 버뮤다법과 달리 뉴욕주법으로 기재하였고, 그 후 체결된 회사와 해당

3.80 또한, 동일한 당사자가 체결한 여러 계약들이 그 내용에 있어서 밀접한 관련성이 있고, 모두 중재조항을 두고 있는 경우에도, 각각의 중재조항의 중재지나 중재기관 등 중재조항의 핵심적인 내용이 다르게 정하여진 경우에는 각 계약의 중재조항의 대상 분쟁의 범위가 매우 제한적으로 해석될 수밖에 없는 상황이 발생할 수도 있고, 이러한 경우 어느 한 계약의 중재조항에 기초하여 하나의 중재로 일괄하여 분쟁을 해결할 수 없음은 물론이거니와, 경우에 따라서는 관련된 계약에 존재하는 서로 모순되고 충돌되는 중재조항으로 인해 각 계약의 중재조항들이 전체적으로 유효한 중재합의로 작동하기조차 어렵게 되는 경우도 있을 수 있다는 점을 주의하여야 한다.

3.81 마지막으로, 실무상 당사자들이 중재조항이 있는 계약에서 발생한 분쟁에 대하여 별도로 합의계약(settlement agreement)을 체결하면서 정작 당해 합의계약에서는 중재조항을 넣어두지 않은 경우가 종종 있는데, 이러한 경우 과연 그러한 합의계약상 분쟁에 대하여 기존의 계약의 중재조항을 기초로 중재를 제기할 수 있는가 하는 문제가 생긴다. 실무상 이러한 합의계약 또는 변경계약에서 기존의 중재조항이 살아남는지 여부와 관련하여 이를 긍정한 사례가 있는가 하면 부정한 사례도 있으므로 특히 주의가 요망된다.[261]

주주 사이의 또 다른 계약, 즉, 위 사채상환금의 반환 및 배당금의 반환 등에 관련된 계약서('반환계약')에서는 준거법에 관한 규정이나 중재조항을 두지 않은 사안에서, 위 '반환계약'의 내용 해석을 둘러싸고 회사와 위 주주 사이에 분쟁이 발생하자 회사가 주주간 계약서의 중재조항을 원용하여 중재를 제기한 사안에서, 위 사채계약상 동일한 당사자들 사이에서 같은 날 또는 그 후에 체결된 일련의 계약과의 관계에서 주주간 계약서가 회사와 위 해당 주주 사이에 발생하는 모든 분쟁을 중재로 해결하기로 하는 분쟁해결에 관한 일종의 총괄계약(master agreement)의 성격을 띠는 것으로 보기는 어렵고 따라서 준거법을 전혀 달리하는 사채상환금의 반환 등이 포함된 쟁점들에 대하여 모두 주주간 계약서의 중재조항이 적용되는 것으로 해석할 수는 없다는 당사자의 주장을 받아들여 대상 분쟁에 관하여 유효한 중재합의가 없다고 판시한 원심판결을 파기하면서, 그러한 분쟁 역시 중재라는 하나의 분쟁해결수단으로 해결하려고 하였다고 보는 것이 당사자의 합리적 의사에 부합한다고 판시하였다(대법원 2015. 10. 29. 선고 2013다74868 판결 참조). 그러나 위 대법원 판결은 국제중재 사건에 있어서 중재합의의 존재 또는 그 효력범위를 판단하면서 그 준거법을 특별히 지정하지 않고 바로 판단에 나아간 것은 물론, 동일한 당사자들 사이에서 내용을 달리하는 다양한 계약이 체결된 상황에서 모든 분쟁을 중재로 일괄 해결하기로 의사해석을 하면서도 그 근거에 관한 보다 정치하고 자세한 분석이 결여되어 있다는 점에서 아쉬움이 남는다.

261 Born(ICA), 1377면 내지 1388면 참조.

Ⅲ. 중재합의의 형식적 유효성

1. 중재합의의 방식을 결정하는 준거법

3.82 중재합의의 방식은 중재합의의 실체적 유효성(substantive validity)이 아닌 형식적 유효성(formal validity)에 관련된 것이다.[262] 그런데, 뉴욕협약은 중재합의의 방식과 관련하여 각 체약국은 분쟁을 중재에 부탁하기로 하는 "서면상의 약정"을 인정하여야 한다고 명시하는 한편,[263] "서면에 의한 중재합의"란 "당사자들에 의하여 서명되었거나 서신 또는 전보 교환 속에 담긴, 주된 계약상의 중재조항 또는 중재합의"를 말하는 것으로 규정함으로써[264] 중재합의의 방식에 대하여는 별도의 준거법을 지정하기보다는 아예 직접적인 규정을 두고 있다. 따라서, 국제중재에 있어서 중재합의의 방식의 준거법을 따로 논의할 실익은 상대적으로 적다고 할 수 있다.

3.83 그러나 후술하는 바와 같이, 각 체약국이 중재합의의 방식요건을 추가하는 것은 몰라도 방식요건을 입법으로 완화하는 것은 원칙적으로 허용된다고 볼 때, 그 범위 내에서 중재합의의 방식에 대하여 별도로 준거법을 논할 실익이 있다.[265] 이와 관련하여, 중재합의가 필요한 방식을 갖추었는가 하는 문제 역시 크게 보면 중재합의의 유효성 판단의 한 측면이라는 점 등을 감안할 때, 중재합의의 방식에 관한 일반적인 준거법으로는 중재합의의 실체적 유효성의 준거법이 적용된다고 보는 것이 일관성 있는 결론의 도출이라는 측면에서 타당하다고 본다.[266]

---

262 우리 대법원은 중재합의의 방식과 관련하여 뉴욕협약 제2조 제1항, 제2항에서 요구하는 '서면에 의한 중재합의'가 결여된 경우 뉴욕협약 제5조 제1항 (a) 후단에서 정한 중재판정의 승인·집행 거부사유인 중재합의가 무효인 경우에 해당한다고 판시하였다(대법원 2016. 3. 24. 선고 2012다84004 판결 참조).

263 뉴욕협약 제2조 제1항
Each Contracting State shall recognize an agreement in writing under which the parties undertake to submit to arbitration all or any differences which have arisen or which may arise between them in respect of a defined legal relationship, whether contractual or not, concerning a subject matter capable of settlement by arbitration.

264 뉴욕협약 제2조 제2항
The term "agreement in writing" shall include an arbitral clause in a contract or an arbitration agreement, singed by the parties or contained in an exchange of letters or telegrams.

265 그 밖에 뉴욕협약이 적용되지 않는 중재합의에 대하여도 준거법을 논할 실익이 있으나 이는 실무상 큰 의미는 없다.

266 Born(ICA), 621면 내지 623면 참조.

2. 중재합의의 방식에 관한 요건

가. 뉴욕협약

3.84 뉴욕협약은 중재합의의 방식과 관련하여 중재합의는 '서면에 의한 합의(agreement in writing)'로 하여야 한다고 규정하는 한편,[267] "서면에 의한 합의는 당사자들에 의하여 서명되었거나, 서신 또는 전보의 교환 속에 포함된, 주된 계약상의 중재조항 또는 중재합의를 포함한다"고 명시하고 있다.[268] 따라서 이에 의하면 ① 당사자들이 서명한 주된 계약상의 중재조항, ② 당사자들이 서명한 중재합의, ③ 서신 또는 전보의 교환 속에 포함된 주된 계약상의 중재조항, ④ 서신이나 전보의 교환 속에 담긴 중재합의 등은 모두 유효한 중재합의의 방식이 된다.

3.85 뉴욕협약 제2조 제2항이 규정하고 있는 위와 같은 내용이 중재합의의 유효한 방식을 제한적으로 열거한(exhaustive) 사항인지 아니면 예시한 사항에 불과한지를 둘러싸고 논란이 있다.[269] 우리나라의 경우 뉴욕협약이 정한 중재합의의 방식 요건에 관한 내용은 제한적 열거 사항이라는 입장에 서서 각국이 위의 방식과 다른 중재합의의 방식을 인정할 수 없다는 견해가 있고,[270] 우리 대법원 역시 당사자들 사이에 원래 중재합의가 없었음에도 불구하고 베트남 상사중재원에 중재가 제기되고 상대방도 아무런 이의 없이 중재절차를 진행하여 중재판정이 내려지고 동 중재판정에 대하여 우리 법원에 집행판결이 청구된 사안에서 "일방 당사자가 중재를 신청하고 상대방이 아무런 이의를 제기하지 않음으로써 일종의 묵시적인 중재합의가 이루어졌다 한들 뉴욕협약 제2조에 따른 서면에 의한 유효한 중재합의가 있었다고 볼 수 없다"고 판시하여 뉴욕협약의 서면성 요건에 관한 규정을

---

267 뉴욕협약 제2조 제1항 참조.

268 뉴욕협약 제2조 제2항 참조.

269 뉴욕협약의 문언상 only 등과 같은 제한적 문언이 없을 뿐만 아니라 오히려 "include"라는 문언은 동 조항이 서면에 의한 중재합의를 제한적으로 열거한 것이 아니라 예시한 것을 암시한다는 주장이 있는 반면, 뉴욕협약의 불어판본이나 스페인어 판본에는 "단지(only)"에 해당하는 용어가 사용되고 있다고 하면서 그러한 주장이 근거가 약하다고 하는 반론도 있다[Di Pietro, "Incorporation of Arbitration Clauses by Reference" (2004) 21(5) Journal of International Arbitration 439, 441면 참조].

270 목영준, 48면 각주 11, 12 등 참조.

상당히 엄격히 해석하고 있다.[271]

3.86 그러나 위에서 본 바와 같이 뉴욕협약의 중재합의 서면성 요건에 관한 규정을 반드시 제한적 열거로 해석할 필연적인 이유는 없다고 보며, UNCITRAL 역시 같은 취지의 뉴욕협약의 해석에 대한 권고안을 제시한 바 있음은 후술하는 바와 같다.

나. 체약국에 의한 중재합의의 형식적 요건의 변경

(1) 중재합의의 요건의 강화

3.87 뉴욕협약은 각 체약국은 그 분쟁이 중재로 해결할 수 있는 일정한 법률관계에 관한 것인 이상 당사자들이 이를 중재에 부탁하기로 서면에 의해 합의한 경우 반드시 중재합의를 인정하여야 한다고 규정하고 있다. 이와 관련하여, 각 체약국이 중재합의에 관하여 위 뉴욕협약보다 더 엄격한 요건을 요구하거나 새로운 요건을 추가하는 것은 원칙적으로 허용되지 않는다고 보아야 한다. 즉, 뉴욕협약은 중재합의의 요건의 최대한(maximum)을 규정한 것이라고 보아야 하며 이에 더하여 요건을 추가하는 것은 허용되지 않는다고 보는 것이 타당하다.

3.88 예컨대, 중국 중재법은 중재합의가 유효하려면 중재합의에 중재회부의 의사와 중재대상이 표시되어 있어야 할 뿐만 아니라 중재기관(arbitration commission)이 특정되어야 한다고 규정함으로써,[272] 중국이 중재지인 경우에는 비기관(ad hoc) 중재에 대한 합의는 그 효력이 인정되지 않는다.[273] 더구나 중국최고인민법원은 당사자들이 "Arbitration: ICC rules, Shanghai shall apply"라고 합의한 사건에서 중재기관을 특정하지 않았다는 이유로 중재판정의 집행을 거부하기도 하였다.[274] 이처럼 중재합의의 효력 발생 요건으로 뉴욕협약의 요건 이외의 특이한 요건을

271 대법원 2004. 12. 10. 선고 2004다20180 판결 참조.

272 중국 중재법 제16조 및 제18조 참조.

273 중국최고인민법원은 이러한 규정이 중국이 중재지인 경우에만 적용되는 것이라고 해석하고 있다.

274 Wuxi Woco-Tongyong Rubber-Engineering Co., Ltd. v. Zueblin International GmbH, Wuxi Intermediate People's Court, (Civil 3), (2006. 7. 19.) 그 후 이 판결이 문제가 되자 중국최고인민법원은 당사자들이 선택한 중재규칙에 의하여 중재기관이 확인될 경우에는 중재합의는 유효하다는 해석을 내놓기도 하였다(이에 대한 보다 자세한 논의는 N. Darwazeh and F. Yeoh, "Recognition and Enforcement of Awards under the New York Convention, China and Hong Kong Perspectives" (2008) 25 Journal of International Arbitration 837 참조).

추가하는 것은 뉴욕협약에 위배되는 것이 아닌가 하는 의문이 있다.[275]

3.89 이와 같이 각 체약국이 중재합의의 요건에 관하여 위 뉴욕협약의 요건보다 더 엄격한 요건을 요구할 수 없는 것처럼, 뉴욕협약에서 정한 중재합의의 방식상의 요건 역시 그 최대한(maximum)을 규정한 것으로 보아야 한다. 따라서, 각국이 중재합의에 관하여, 예컨대, 공증을 요구한다든가 아니면 본 계약과 별도의 서면에 의하여야 한다든가 하는 등의 형식상의 요건을 추가로 요구하는 것은 뉴욕협약에 위반되는 것으로서 허용되지 않는다고 보아야 한다.

(2) 중재합의의 형식적 요건의 완화

3.90 중재합의의 형식적 요건을 위의 뉴욕협약 제2조의 내용보다 완화하는 것이 허용되는가 하는 점과 관련하여, 앞서 본 바와 같이 뉴욕협약이 규정하고 있는 위의 중재합의의 방식이 제한적으로 열거한(exhaustive) 사항인지 아니면 예시에 불과한지를 둘러싸고 논란이 없지는 않지만, 이를 제한적 열거로 해석할 필연적인 이유는 없을 뿐만 아니라,[276] 중재합의의 방식상의 요건을 뉴욕협약보다 더 엄격하게 하는 것은 몰라도 각 체약국이 이를 완화하는 것은 뉴욕협약 제7조에 의하더라도 가능하다고 보아야 한다.

3.91 즉, 뉴욕협약 제7조는 관계 당사자가 집행국의 법령 등에 의하여 허용된 범위 내에서 중재판정을 원용할 수 있는 권리를 박탈하지 아니한다고 규정함으로써 비록 뉴욕협약에서 정한 요건이 갖추어지지 않은 경우에도 그보다 더 유리한 체약국의 법이 있는 경우에는 그 법에 따를 수 있도록 하고 있다. 따라서, 체약국이 뉴욕협약 제7조에 기초하여 중재합의의 방식상의 요건을 위 뉴욕협약상의 요건보다 더 완화하는 것은 허용된다고 보는 것이 일반적인 견해이다. 후술하는 바와 같이 UNCITRAL은 2006년 모범중재법을 개정하여 중재합의의 서면성의 요건을 완화하면서, 중재합의의 방식에 관한 위 뉴욕협약 제2조의 규정은 중재합의의 형

---

[275] 따라서, 예컨대, 중국 중재법에 따라 ad hoc 중재에 관한 합의의 효력을 부인하여 해당 중재판정을 중국 법원이 취소하였다고 하더라도 이는 뉴욕협약에 위배되는 것으로서 앞서 본 프랑스 등과 같이 다른 중재지국 법원에 의하여 취소된 중재판정도 자국 내에서 집행하는 것이 가능한 것으로 보는 경우에는 이러한 비기관 중재에 의한 중재판정에 대하여 집행을 허용할 수도 있다고 할 것이다.

[276] 홍콩 대법원 Jiangxi Prov'l Metal & Minerals Imp & Exp Corp v. Sulanser Co. [1995] 2 HKC 373 참조.

식적 유효성에 관한 요건을 제한적으로 열거한(exhaustive) 내용으로 해석될 수 없다는 점 및 뉴욕협약 제7조의 해석상 관련 당사자가 체약국의 법에 근거하여 중재합의의 유효성을 주장하는 것은 허용된다는 점 등을 담은 권고안을 채택하기에 이르렀다.[277] 실제로, 국제중재의 경우 중재합의의 서면성 요건을 폐지하거나 중재합의의 효력을 보다 폭넓게 인정할 수 있도록 입법을 하는 등 자국의 국제중재제도를 뉴욕협약의 문언보다 더욱 중재친화적인 형태로 만들어가는 국가들이 많이 있음은 후술하는 바와 같다.

다. 모범중재법 및 각국의 중재법

3.92 1985년 모범중재법은 기본적으로는 위의 뉴욕협약의 중재합의의 방식에 관한 규정에 바탕을 두면서도 그 서면요건을 좀 더 완화하였는데, 특히 1985년 모범중재법안 제7조 제2항은 중재합의의 방식에 대하여 다음과 같이 규정하였다.

> 3.93 중재합의는 서면에 의한 것이어야 한다. 중재합의가 당사자들에 의해 서명된 문서 또는 교환된 서신, 텔렉스, 전보, 기타 합의를 기록한 정보통신 수단에 담겨 있는 경우 및 교환된 청구서면(statement of claim)과 반박서면(statement of defence)에서 일방 당사자에 의하여 중재합의의 존재가 주장되고 상대방 당사자가 이를 부인하지 않은 경우에는 합의가 서면에 의한 것으로 본다.

3.94 이와 같이 1985년 모범중재법은 '서면에 의한 중재합의'라는 개념의 외연을 앞서 본 뉴욕협약의 내용보다 좀 더 넓히기는 하였지만 기본적으로는 역시 뉴욕협약의 규정과 마찬가지로 중재합의가 성립하려면 반드시 그 합의가 서면에 의한 것이어야 한다는 입장을 유지하고 있다.

3.95 그러나 1985년 모범중재법을 자국의 입법으로 채택함에 있어서 중재합의의 서면성 요건을 일정한 한도 내에서 좀 더 완화하는 국가도 있는데, 예컨대, 독일의 경우는 굳이 위의 모범중재법의 규정처럼 굳이 청구서면(statement of claim)과 반박서면(statement of defence)이 아니라도 당사자들이 교환한 서면 또는 제3자가 양 당사자에게 보낸 서면에서 일방이 중재합의의 존재를 주장하고 상대방이 상당한

---

[277] Recommendation regarding the interpretation of article Ⅱ, paragraph 2, and article Ⅶ, paragraph 1, of the Convention on the Recognition and Enforcement of Foreign Arbitral Awards, done in New York, 10 June 1958, adopted by the UNCITRAL on 7 July 2006 at its thirty-ninth session 참조.

기간 내에 다투지 아니하였으면 중재합의가 성립하는 것으로 규정하였다.[278] 이에서 한 발 더 나아가 뉴욕협약이나 모범중재법이 요구하는 서면성 요건은 중재합의의 요식상의 성립요건이라기보다는 중재합의의 존재를 용이하게 입증하게 하는 입증방법상의 요건으로 풀이하여야 타당하다는 견지에서, 구두로 이루어진 중재합의도 그러한 내용이 어떠한 방식으로든지 기록이 되어 있을 경우에는 유효한 중재합의라고 해야 한다는 입장도 나타나기 시작하였는데, 영국의 1996년 중재법은 중재합의가 서면에 의하여 입증될 수 있으면 족한 것으로 규정하면서,[279] 심지어 제3자에 의한 기록에 의하여 중재합의를 입증하는 것도 허용함으로써[280] 서면성 요건을 더욱 큰 폭으로 완화하였다. 그 밖에 심지어 중재합의를 다른 계약과 구분할 필요가 없다는 전제 하에서 아예 구두에 의한 중재합의도 유효한 것으로 해석하여야 한다는 입장까지 대두되었는데, 프랑스나 스웨덴, 뉴질랜드 등은 이러한 입장을 자국의 입법에 반영하였다.[281]

3.96 이처럼 중재합의의 서면성 요건의 완화를 둘러싼 각국의 다양한 논의와 입법의 경과를 반영하여 급기야 2006년에는 모범중재법이 개정되기에 이르렀다. 즉, 2006년 개정 모범중재법은 뉴욕협약이나 기존의 모범중재법보다 중재합의의 서면성 요건을 더욱 완화하거나 또는 아예 삭제하는 방안을 제시하고 각국이 두 가지의 선택사항 가운데 하나를 고를 수 있도록 하였다. 그 내용을 좀 더 구체적으로 살펴보면, 2006년 개정 모범중재법 제7조의 선택사항 Ⅰ은 중재합의의 서면성 요건을 유지하면서도 1985년 모범중재법보다 더 중재합의의 서면성 요건을 더욱 완화하여 "중재합의가 구두로, 행동으로, 또는 기타의 방식으로도 이루어졌더라도 그 내용이 기록되어 있기만 하면 서면으로 작성된 것"으로 본다고 규정하고 있고,[282]

278 독일 민사소송법(ZPO) 제1031조 제3항 참조. 우리 중재법도 유사한 취지로 규정하고 있다(중재법 제8조 제3항 제3호).

279 영국중재법 제5조 제2항 (c) 참조.

280 영국중재법 제5조 제4항 참조.

281 프랑스의 경우 국내중재의 중재합의는 서면에 의하여야 하지만(프랑스 민사소송법 제1443조), 국제중재의 경우에는 그러한 제한이 없다. 뉴질랜드의 경우 역시 이미 1996년부터 중재합의의 서면성 요건을 폐지한 바 있고(뉴질랜드 중재법 제7조 제1항 참조), 스웨덴도 중재합의에 대하여 서면성 요건을 요구하지 않는다(스웨덴 중재법 제1조 참조).

282 모범중재법 제7조 제3항 (선택사항 Ⅰ의 경우)
An arbitration agreement is in writing if its content is recorded in any form, whether or not the arbitration agreement or contract has been concluded orally, by conduct, or by other means.

선택사항 Ⅱ는 아예 방식상의 요건을 더 이상 요구하지 않고 있다.[283]

3.97 중재합의에 대하여 성립요건이든 입증방법상의 요건이든 다른 일반 계약의 경우보다 더 엄격한 서면성을 요구하는 것은 합리적인 근거가 없으므로 서면성 요건을 아예 폐지하여야 한다는 주장에 일리가 없는 것은 아니고, UNCITRAL이 뉴욕협약의 서면성 요건은 예시적인 것으로 해석하여야 한다는 내용 이외에도 체약국이 서면성 요건을 폐지하더라도 이는 뉴욕협약의 내용보다 더 중재친화적인 조치로서 뉴욕협약 제7조에 따라 허용된다는 해석권고안을 제시하였으므로[284] 각 체약국이 선택사항 Ⅱ를 채택하더라도 뉴욕협약과 상충되는 문제는 발생하지 않을 것이다.

3.98 그러나 중재합의의 서면성 요건을 아예 폐지할 경우 중재판정부의 관할권의 기초가 되는 중재합의의 존재 및 효력 여부를 둘러싸고 불필요한 분쟁을 초래할 수 있다는 점에서 반드시 중재절차에 이롭다고만 볼 수는 없다. 뿐만 아니라, 뉴욕협약의 서면성 요건에 관한 규정이 제한적 열거는 아니라고 하더라도 뉴욕협약이 중재합의에 일정한 서면성 요건을 요구하고 있다는 점은 현재로서는 부인하기는 어려우므로 뉴욕협약과의 일관성 차원에서도 중재합의의 서면성 요건을 완전히 폐지하기보다는 이를 대폭 완화하는 2006년 모범중재법 선택사항 Ⅰ의 입장이 현실적으로는 더 바람직한 취급례라고 본다.

3.99 실제로, 싱가포르나 홍콩의 경우는 위의 모범중재법 제7조의 선택사항 Ⅰ의 입장을 자국의 입법에 반영하였다.[285] 우리 중재법 역시 위 선택사항 Ⅰ을 채택하고 있다.

3. 서면에 의한 중재합의 성립의 다양한 태양

가. 모범중재법 제7조 제5항

3.100 뉴욕협약의 해석상으로도 이처럼 당사자 일방이 청구서면(statement of claim)에서 중재합의의 존재를 주장하고 상대방이 반박서면(statement of defence)에서 이를

[283] 모범중재법 제7조 (선택사항 Ⅱ)
"Arbitration agreement" is an agreement by the parties to submit to arbitration all or certain disputes which have arisen or which may arise between them in respect of a defined legal relationship, whether contractual or not.

[284] 각주 277 참조.

[285] 싱가포르 국제중재법 제2조A; 홍콩 2011 신 중재법 제19조 등 참조.

다투지 않은 경우에 서면에 의한 중재합의가 있었던 것으로 인정할 수 있는지에 대하여는 논란이 있다. 우선 뉴욕협약 제2조의 서면에 의한 중재합의에 이러한 묵시적 중재합의까지 포함시키는 것은 뉴욕협약 자체의 해석론으로서는 무리한 것이라는 견해도 있으나, 앞서 본 바와 같이 뉴욕협약이 반드시 서면상의 중재합의가 인정되는 경우를 제한적으로 열거한(exhaustive) 것이라고 해석할 것은 아니다. 더구나, 중재합의의 실체적 유효성의 경우와 마찬가지로 당사자가 합의한 법이나 (합의가 없을 경우) 중재지의 법이 위 모범중재법의 예에 따라 중재합의의 서면성 요건을 뉴욕협약의 경우보다 완화한 경우에는 그에 따라 유효한 중재합의를 인정할 수도 있을 것이고, 집행국의 중재법이 서면성 요건에서 보다 완화된 입장을 취하는 경우 뉴욕협약 제7조의 규정에 따라 당사자가 집행국의 중재법에 따라 유효한 중재합의를 주장할 수도 있다고 할 것이다.[286]

3.101 1985년 모범중재법 제7조 제2항 또는 2006년 모범중재법 제7조 제5항(선택사항 Ⅰ)은 서면에 의한 중재합의가 애당초 존재하지 않는 경우에도 일방 당사자가 청구서면(statement of claim)에서 중재합의의 존재를 주장하고 상대방이 반박서면(statement of defence)에서 이를 다투지 않은 경우에는 중재합의가 서면에 의하여 이루어진 것으로 간주하고 있다.[287] 이러한 모범중재법의 규정은 묵시적 의사합치에 의하여도 서면에 의한 중재합의가 성립하는 것으로 인정하였다는 점에서 중재합의의 방식의 요건을 또 다른 측면에서 크게 완화한 내용으로 볼 수 있다.

3.102 개정 전 우리 중재법 제8조 제3항 제3호는 "어느 한 쪽 당사자가 당사자 간에 교

---

286 우리나라가 2006년 개정 모범중재법 제7조의 선택사항 Ⅰ을 따른다면 앞서 본 베트남 상사중재원의 중재판정에 대한 대법원의 판결(각주 271)의 내용은 설 여지가 없다는 견해도 있으나(석광현, "중재법 개정방향: 국제상사중재의 측면에서," 중재인회보 제14호, 46면 참조), 엄밀히 말하면 동 판결은 뉴욕협약상의 중재합의의 형식적 요건에 대한 것이어서 중재법상의 중재합의의 형식적 요건과는 직접적인 관련이 없는 쟁점을 다룬 판결이라고 볼 수 있다. 사실, 위 판결이 내려질 당시에도 이미 우리 중재법은 현재와 같이 묵시적 합의에 의한 중재합의를 인정하고 있었던바(개정 전 우리 중재법 제8조 제3항 3호 참조), 만약 해당 사안의 사실관계가 우리 중재법의 완화된 서면성 요건을 충족하고 있었고, 당사자가 그 사건에서 뉴욕협약 제7조에 따라 중재합의에 관한 서면성 요건에 관하여 뉴욕협약의 조항보다 유리한 우리 중재법을 원용하였더라면 (우리나라가 모범중재법 제7조 선택사항 Ⅰ을 채택하였는지 여부와 전혀 무관하게) 판례의 결론이 얼마든지 달라졌을 수도 있었다고 본다.

287 모범중재법 제7조 제5항
Furthermore, an arbitration agreement is in writing if it is contained in an exchange of statements of claim and defense in which the existence of an agreement is alleged by one party and not denied by the other.

환된 문서의 내용에 중재합의가 있는 것을 주장하고 상대방 당사자가 이에 대하여 다투지 아니하는 경우"라고 하여 모범중재법과 같이 비단 청구서면과 반박서면의 교환뿐만 아니라 그 종류를 불문하고 문서의 교환 과정에서 일방 당사자가 중재합의를 주장하고 상대방이 이를 다투지 않은 경우에 대하여도 서면에 의한 중재합의의 성립을 인정하고 있다. 이는 문언상으로는 모범중재법과 비교하여 중재합의의 서면성 요건을 더 완화한 것으로 해석될 수 있는 내용이었지만,[288] 개정 중재법에서는 모범중재법의 내용과 동일한 내용으로 변경되었다.[289] 싱가포르의 경우 이에 관한 모범중재법의 내용을 다소 변경하여 비단 청구서면(statement of claim)이나 반박서면(statement of defence)이 아니라도 상대방의 답변이 요구되는 서면에서 중재합의를 주장했음에도 상대방이 답변을 하면서 중재관할의 항변, 즉, 중재합의의 부존재를 주장하지 아니하면 서면에 의한 중재합의가 있는 것으로 규정하고 있다.[290]

3.103 이와 같이 볼 때, 일방 당사자가 청구서면(statement of claim)에서 중재합의가 있음을 주장하였는데, 상대방이 반박서면(statement of defence)에서 이에 대하여 관할항변을 하지 않고 중재를 진행한 경우 이는 서면에 의한 유효한 중재합의를 구성하므로, 그와 같이 중재절차를 진행한 당사자가 추후에 중재합의의 부존재를 다투는 것은 허용될 수 없다. 한편, ICC 중재규칙에 따른 중재의 경우 경험이 많은 중재판정부는 양 당사자들이 서명하는 중재위탁요지서(Terms of Reference)에 중재합의의 존재에 대하여 다툼이 없다는 점을 명확히 기재하여 두기도 하는데,

---

288 석광현, "국제상사중재에서의 중재합의에 관한 법적 문제점," 중재연구 제15권 제2호, 250면 참조.

289 우리 개정 중재법 제8조 제3항 제3호는 종래의 '교환된 문서'라는 표현을 '교환된 신청서와 답변서'로 대체하였으나, 우리 중재법이 말하는 신청서 또는 답변서 등은 흔히 국제중재의 실무에서 중재판정부 구성 이전 단계에서 신청인이 제출하는 중재신청서(request for arbitration)나 답변서(answer)와는 다른 개념임을 유념하여야 한다. 즉, 이는 모범중재법에서 statement of claim 또는 statement of defence 등으로 표현되고 있는 문서로서, 이는 중재신청서(또는 중재요청서)나 답변서와는 별개로 중재판정부 구성 이후 일방 당사자가 중재판정부를 상대로 정식으로 자신의 청구의 원인을 설명하고 그에 대하여 타방 당사자가 반박하는 서면을 말하는 것이다(우리 중재법 제24조 참조). 이는 구체적인 국제중재의 실무에서 과연 묵시적 중재합의가 언제 어떤 경우에 인정되는 것인지 또는 피신청인이 중재관할에 관한 이의를 언제까지 제출하여야 하는 것인지를 둘러싸고 오해나 혼동의 소지가 있는 부분이므로 주의가 요망된다. 다만, 싱가포르의 경우는 상대방의 답변이 요구되는 서면이면 족하므로, 당사자들이 합의한 중재규칙에 따라 상대방의 답변이 요구되는 서면, 즉, 중재신청서 등에서 중재합의가 있음을 주장하였는데, 상대방이 답변서에서 이에 대하여 관할항변을 하지 않으면 서면에 의한 유효한 중재합의가 성립한다고 볼 수 있게 된다.

290 싱가포르 국제중재법 제2조A (6) 참조.

이는 향후 중재합의를 둘러싼 불필요한 분쟁을 미연에 방지하는 데에 큰 도움이 된다고 할 것이다.

나. 중재조항이 있는 계약의 인용

3.104 일반적으로 중재조항이 있는 계약을 인용하는 경우 유효한 중재합의가 성립하는지 여부는 두 가지 측면에서 논의될 수 있다. 즉, 우선 문서를 인용하는 당사자들 사이에 중재조항을 계약의 일부로 하려는 의사가 있는가 하는 점(중재합의의 실체적 유효성에 관한 쟁점)이 문제될 수 있고, 다음으로는 당사자들 사이의 그러한 합의가 서면성의 요건을 갖춘 것인가 하는 점(중재합의의 방식상의 유효성에 관한 쟁점)도 아울러 살펴보아야 한다.

3.105 우리 대법원은 인용된 계약과 인용하는 계약의 당사자가 서로 동일한 경우[291]는 물론, 당사자가 서로 달라도 중재조항이 제3자에게 적용되는 것을 전제로 광범위하게 규정되어 있는 경우[292]에는 인용 문구에 의한 중재합의를 인정한 바 있다. 그러나 개별 사안에서 유효한 중재합의를 인정할 것인가 하는 문제는 결국 다른 계약을 인용하는 당사자들 사이에 그 인용된 계약에 담긴 중재조항까지 계약의 일부로 편입시키려는 의사가 있는가 하는 당사자의 합리적 의사해석의 문제로 귀착된다고 할 것이다.[293]

(1) 2006년 개정 모범중재법의 내용

3.106 2006년 개정 모범중재법 제7조 제6항은 계약이 중재조항을 포함하고 있는 문서를 인용하고 있는 경우에는, 그러한 인용이 해당 중재조항을 계약의 일부로 만드는 것이라면 서면에 의한 중재합의가 있는 것으로 본다고 규정하고 있다. 위 모범중재법의 규정은 1985년 모범중재법 제7조 제2항에서 계약이 중재조항을 포함하고 있는 문서를 인용하고 있는 경우에 그러한 중재조항을 인용하는 계약이 서면으로 작성되어 있어야 서면에 의한 중재합의로 본다고 규정하였던 것과 달리,

---

291 대법원 2001. 4. 10. 선고 99다13577, 13584 판결 참조.

292 대법원 2001. 10. 2. 선고 99다45543, 45550 판결 참조.

293 우리 개정 중재법 제8조는 2006년 모범중재법 제7조 선택사항 Ⅰ을 선택한 것인데, 모범중재법 제7조 제6항에서 "그 인용이 당해 계약조항의 일부를 구성한다면"이라고 하여 표현상 오해의 소지가 전혀 없지는 않지만, 그 의미는 "그 인용되는 문서에 담긴 중재조항까지 계약 내용으로 인용하는 것으로 볼 수 있는 경우"로 풀이된다.

중재조항을 인용하는 계약에 대하여 굳이 서면성이 필요하지 않는 것으로 규정하고 있는 것은 주목할 만하다.[294]

(2) 선하증권과 용선계약상의 중재조항의 편입

3.107 중재조항을 포함하는 문서를 인용하는 방법으로는 해당 문서에 포함된 중재조항을 구체적으로 인용하는 경우(특정인용의 경우)가 있는가 하면, 그렇지 않고 해당 문서 전체를 포괄적으로 인용하는 경우(일반인용의 경우)도 있다. 실무상 중재조항이 있는 계약의 인용이 문제되는 전형적인 경우가 중재조항이 있는 용선계약을 선하증권에서 인용하는 경우에 관한 것이다.

3.108 우선 위의 용선계약과 선하증권의 경우, 용선계약의 내용의 전부 또는 일부를 선하증권에 포함한다는 문구에 의하여 용선계약상의 중재조항이 선하증권에 편입되는가 하는 점이 문제가 될 수 있는데, 특정인용의 경우에는 별다른 문제가 없겠지만 일반인용의 경우는 논란이 발생할 수 있다. 일반인용에 의한 중재합의의 편입을 인정할 것인가 하는 문제와 관련하여서는 국가별로 취급이 조금씩 다르지만 대체로 당사자의 의사해석의 문제로 접근할 뿐 반드시 특정인용이 필요하다고 보지는 않는 것이 일반적이다.[295] 한편, 당사자의 의사해석에 있어서 중재합의는 소송을 제기할 수 있는 권리의 포기라는 시각에서 중재조항의 편입 의사의 확인에 있어서 엄격해석의 원칙을 적용해야 하고 위의 용선계약상 중재조항이 선하증권에 편입되는지 여부도 그와 같은 입장에서 해석하여야 한다는 입장이 있을 수 있으나 이는 앞서 본 바와 같이 pro-arbitration의 원칙이 적용되는 국제중재에 있어서 중재합의의 해석에 통용될 수 있는 내용은 아니라고 본다. 다만, 중재조항을 특정하여 인용하지 않은 일반인용의 경우에는 당사자의 의사가 일견 분명하지는 않을 수도 있다는 점에서 객관적으로 중재조항의 편입의사를 인정할 수 있는 상황의 뒷받침은 필요할 것이다.

3.109 우리 대법원도 선하증권에서 중재조항이 있는 용선계약의 일반 조항을 모두 편

---

[294] 1985년 모범중재법 제7조 제2항
[...] The reference in a contract to a document containing an arbitration clause constitutes an arbitration agreement provided that the contract is in writing and the reference is such as to make that clause part of the contract.

[295] Greenberg 외, 152면 이하 참조.

입한다는 문구가 있는 일반인용의 사안에서 중재조항의 편입을 인정하기 위한 조건으로서 "선하증권의 소지인이 그와 같이 편입의 대상이 되는 중재조항의 존재를 알았거나 알 수 있었어야 하고, 중재조항이 선하증권에 편입됨으로 인하여 해당 조항이 선하증권의 다른 규정과 모순이 되지 않아야 하며, 용선계약상의 중재조항은 그 중재약정에 구속되는 당사자의 범위가 선박소유자와 용선자 사이의 분쟁뿐 아니라 제3자, 즉, 선하증권의 소지인에게도 적용됨을 전제로 광범위하게 규정되어 있어야 할 것이다"라고 판시한 바 있다.[296]

3.110 그런데, 위 대법원의 판결은 용선계약의 중재조항이 선하증권의 내용으로 편입되기 위한 요건에 관한 것일 뿐이므로 선하증권 소지인과의 관계에서 서면에 의한 중재합의를 인정할 것인가 하는 서면성 요건 판단의 문제는 별개라고 하면서, 심지어 특정편입의 경우에도 소지인과의 관계에서는 서면요건을 충족하기 어렵다고 보는 견해가 있다.[297] 즉, 선하증권은 운송인이 일방적으로 작성하여 송하인에게 교부하는 것이고 우리법상 운송인과 송하인(또는 수하인) 간의 계약도 아니기 때문에 서면성 요건을 충족하는 것으로 보기 어렵다는 것이다.

3.111 그러나 2006년 모범중재법이 중재조항의 인용에 의한 중재합의의 성립과 관련하여 중재조항을 인용하는 계약 자체도 반드시 문서로 이루어질 필요는 없다는 취지로 개정이 되었고, 중재 선진국들이 중재합의의 서면성 요건을 대폭 완화하고 있는 추세인데다가, UNCITRAL이 중재합의의 서면성 요건에 관한 뉴욕협약의 규정이 제한적 열거 사항이 아니라는 해석상의 권고안을 낸 현 시점에서, 중재조항의 인용에 의한 중재합의의 성립과 관련하여 서면성 요건을 너무 엄격하게 해석하는 것은 바람직하지 않다고 본다. 더구나, 중재합의의 대상이 되는 채권의 양수인 등 승계인에 대하여는 별도의 중재합의가 없어도 중재합의의 효력이 미칠 수 있는 것처럼 선하증권의 인수인이 선하증권에 기한 권리의 행사에 있어서 선하증권에 편입된 중재조항의 조건에 기속되는 것은 매우 자연스런 귀결이라고 할 수 있다. 결국, 중재조항이 있는 용선계약을 선하증권에 편입하는 의사를 인정할 수 있는 객관적인 상황이 뒷받침되고 선하증권의 소지인이 중재조항의 존재를 알았거나 알 수 있었던 경우에 한하여 선하증권 소지인과의 관계에서 서면

296 대법원 2003. 1. 10. 선고 2000다70064 판결 참조.

297 석광현, 490면 등 참조.

에 의한 중재합의의 성립을 인정하는 우리 대법원의 판시 취지는 중재합의의 서면성 요건을 대폭 완화하는 최근의 국제적 경향에 비추어 볼 때 충분히 수긍할 수 있는 내용이라고 본다.

다. 투자조약중재의 경우

3.112 투자조약중재(investment treaty arbitration)의 경우, ICSID 중재와 같이 중재절차에 관하여 탈국가화(delocalization)가 이루어져 있을 뿐만 아니라 뉴욕협약과 다른 독자적인 중재판정의 집행 절차를 갖추고 있는 중재도 있지만, UNCITRAL 중재규칙이나 ICC 중재규칙 등에 따라 중재절차가 진행되고 뉴욕협약에 따른 승인과 집행이 이루어지는 중재도 있다.[298] 그런데, 어느 경우이든 이러한 투자조약중재의 경우는 다른 중재합의와 달리 당사자들 사이에 직접적인 계약관계(privity)가 존재하지 아니하는 특징이 있다. 즉, 투자조약중재의 중재합의는 대체로 특정 국가가 조약 등을 통해 체약국 국민이 제기하는 일정한 투자자 중재절차에 동의한다는 일반적 선언을 함으로써 중재합의의 청약을 구성하고('standing offer'), 해당 국가에 대한 투자와 관련하여 피해를 입은 특정 체약국의 투자자가 위 국가를 상대로 투자자 중재를 신청하는 것이 승낙(acceptance)으로 간주되어 해당 국가와 투자자 사이에 중재합의가 성립하게 된다. 이러한 경우 뉴욕협약에 따른 서면성 요건을 갖춘 중재합의로 볼 수 있느냐 하는 점이 문제가 될 수 있으나, 이 역시 문서에 의한 중재합의로 파악할 수 있음은 물론이다.[299]

Ⅳ. 중재합의의 당사자

1. 중재합의의 당사자 확정

3.113 계약의 효력이 계약의 당사자에게 미치듯이 중재합의 역시 중재합의의 당사자에게 그 효력이 미치는 것은 당연하다. 그런데 일반 계약에서도 계약의 효력이 미치는 당사자를 어떻게 확정할 것인지가 가끔씩 문제되듯이 중재합의의 경우에도 동일한 문제가 발생한다.

---

298 보다 자세한 내용은 제9장 투자조약중재 부분 참조.

299 J. Paulsson, "Arbitration without Privity," 10 International Centre for Settlement of Investment Disputes Review-Foreign Investment Law Journal (1995), 247면 참조.

가. 중재합의의 당사자 확정의 준거법

3.114 누가 중재합의의 당사자인가를 확정하는 문제는 두 가지 측면, 즉, 해당 당사자와의 사이에 중재합의가 성립하였는지 여부(중재합의의 실체적 유효성에 관한 쟁점) 및 그러한 중재합의가 서면성 요건을 갖춘 것으로 볼 수 있는지 여부(중재합의의 방식상의 유효성에 관한 쟁점) 등의 관점에서 논의된다. 그 가운데 전자, 즉, 누가 중재합의의 당사자인가 하는 점에 대하여는 기본적으로 중재합의의 실체적 유효성의 준거법에 따라 판단되어야 할 것으로 생각할 수 있지만, 사안에 따라서는 그와 같은 획일적인 취급이 곤란한 경우가 많으므로 각별한 주의가 요망된다.[300] 특히, 후술하는 법인격 부인의 법리나 금반언의 법리 등에 의하여 당사자를 확정하는 경우에는 그러한 법리들이 신의성실의 원칙이나 공평의 원칙과 같은 보다 근본적인 법원칙에 의해 형성된 것이므로 어느 특정 국가의 법을 준거법으로 하여 판단할 필요는 없다는 견해가 유력하다.[301]

나. 서명당사자

3.115 국가에 따라 다소간 차이는 있지만 국제거래에 있어서는 대체로 계약서에 서명을 하는 방식으로 계약을 체결하므로 결국 중재부탁계약이나 중재조항이 담긴 본계약에 서명한 당사자(signatory)가 중재합의의 당사자가 된다고 할 것이다.[302] 그러나 중재조항은 본계약과 별개의 독립된 계약이라는 점을 감안할 때, 중재조항이 담긴 본계약에 서명을 한 당사자라고 해서 무조건 중재합의의 당사자가 되는 것은 아니고 경우에 따라서는 중재합의가 본계약의 일부 당사자들 사이에서만 체결되는 경우도 있을 수 있다는 점을 주의해야 한다.[303]

---

300 우리 하급심 판결 가운데는 미합중국 캘리포니아주법에 의하여 설립된 회사를 상대로 받은 중재판정에 기하여 법인격부인의 법리에 따라 alter ego에 해당하는 개인을 상대로 중재판정금의 지급을 구하는 소송과 관련하여, 우리 국제사법 제16조에 따라 법인격 부인 여부는 회사의 설립 준거법에 따라야 한다고 판시한 후, 해당 사안에서 미합중국 캘리포니아주법에 따라 법인격 부인이 인정된다고 판단하면서 그 청구를 인용한 사례가 있다(서울고등법원 2013. 11. 1. 선고 2012나104382 판결 참조).

301 Born(ICA), 1492면 내지 1495면 참조.

302 국내계약의 체결에 있어서 서명 대신 기명·날인을 하는 국가도 없지는 않다. 우리나라의 경우 기명·날인에 의한 중재합의가 뉴욕협약의 서면성 요건을 갖춘 것인지에 대하여는 중재합의의 서면성 요건을 엄격하게 보는 전통적인 입장에 기초하여 서면성 인정에 부정적인 견해도 있으나, 국제거래에서는 대체로 서명에 의하여 계약이 체결되므로 실무상 논의의 실익이 크지는 않다.

303 주주들 및 합작투자회사 간에 체결된 합작투자계약의 중재조항에 주주들만을 당사자로 포함시

3.116 한편, 일반 계약의 경우 계약서에 당사자로 서명하지 않았더라도 계약의 당사자가 되는 경우가 있다. 예컨대, 우리 대법원은 타인의 이름을 빌려서 계약을 체결하는 경우에 있어서 일정한 요건 하에서는 명의자가 아닌 실제 행위자를 계약의 당사자로 보는 경우가 있다.[304] 즉, 관련 당사자의 의사가 합치한 경우 또는 의사의 합치가 없더라도 계약 체결의 전후 사정에 비추어 명의자가 아닌 행위자를 당사자로 보는 것이 합리적일 때에는 행위자를 계약의 당사자로 파악하기도 한다. 이러한 법리가 중재합의의 당사자 확정에도 적용될 수 있다는 견해도 있는데,[305] 중재합의에 있어서도 서명하지 않은 자(non-signatory)라고 하더라도 법인격부인, 금반언의 원칙 등에 의하여 중재합의의 당사자가 될 수도 있기는 하지만, 국제적 보편성을 획득하기 어려운 우리나라 특유의 계약 당사자 확정의 논리가 국제중재에 있어서 중재합의의 당사자 확정에 대하여도 그대로 적용될 수 있을 것인지는 의문이 있다.

다. 법인격부인 등

3.117 회사는 그 회사를 지배하는 주주나 경영자와 구분되는 독립된 법적 주체로서 회사의 계약상의 의무는 그 모회사나 경영자와 같이 그 회사를 사실상 지배하는 주체에 대하여 미치지 않는 것이 원칙이다. 그러나 겉으로는 독립된 법적 주체의 형태를 취하고 있으나 실질적 운용에 있어서는 별개의 독립적 법인격을 가지지 못하는 경우에 법적 외형에 구애받지 않고 계약의 당사자를 확정하기도 한다. 특히, 법적 책임을 회피하기 위한 불법적인 의도로 법적 인격의 외형을 의도적으로 악용하는 경우에 외관적 법인격을 부인할 수 있는 법리는 'alter ego', 'piercing (lifting) the corporate veil', 'Durchgriff', 'levee du voile social' 등 나라에 따라 그 명칭과 요건이 다르기는 하지만 널리 국제적으로 확립되어 있다.[306] 우리 대법

키고, 합작투자회사는 명시적으로 제외하고 있는 경우에는 합작투자회사가 주된 계약의 당사자라고 하더라도 중재합의의 당사자가 되지 않을 수도 있다[김갑유(대표집필), 87면 참조]. 다만, 우리 대법원은 주주간 계약서의 중재조항이 주주들 이름을 특정하여 그들에게만 중재인 선정권을 부여하는 등 주주들이 중재의 당사자로 되는 경우를 염두에 둔 것으로 보이는 기재가 있음에도 불구하고, 해당 주주간 계약서에 회사가 당사자로 서명한 이상 중재조항에 대하여도 회사가 당사자가 된다고 판시한 사례가 있으나(대법원 2015. 10. 29. 선고 2013다74868 판결 참조), 그와 같은 판시내용에 대한 구체적인 설명이 없어 정확한 논지를 파악하기 어렵다.

[304] 대법원 1999. 6. 25. 선고 99다7183 판결 참조.

[305] 김기창(각주 191), 95면 참조.

[306] Born(IA), 100면 참조.

원도 비록 엄격한 요건 하에서나마 법인격을 부인한 사례가 있다.[307]

3.118 국제중재에 있어서 중재합의의 당사자를 확정함에 있어서도 이와 같은 법리를 적용할 수 있는가 하는 점에 대하여는 국가마다 그 취급이 같지는 않지만, 대체로 한 법적 주체가 다른 외형상 독립된 주체를 일일이 통제하면서 그러한 통제권을 제3자를 기망하거나 기타 법적 책임을 회피하기 위하여 활용하였다는 명백한 증거가 있는 경우 등 아주 예외적인 경우에는 적용한다.[308]

라. 기업집단(group of companies)이론

3.119 기업집단이론은 비록 직접 계약을 체결한 것은 아니지만 일정한 기업집단에 소속된 회사의 계열회사로서 계약의 협상이나 이행에 관여한 경우에는 당해 계약상의 중재조항의 효력이 그 계열사에도 미친다는 이론이다. 이러한 이론은 위의 법인격 부인론과 그 내용이 유사한 면이 있으나, 그와는 달리 처음부터 국제중재의 당사자 확정과 관련하여 발전한 이론으로서 그 적용요건이 법인격 부인론의 경우보다 좀 더 완화된 것이라는 점에서 차이가 있다.

3.120 이러한 이론은 실무상 중재판정부에 의하여 종종 채택되기도 하지만,[309] 법원으로부터 보편적 지지를 얻고 있다고 보기는 어렵고 특히 아시아권에서는 더더욱 그렇다. 예컨대, 기업집단이론은 영국에서는 법원에 의해 명시적으로 배척된 바 있고,[310] 호주에서도 아직 정착되지 않았으며, 인도와 일본에서는 아직 인정되지 않고 있고, 뉴질랜드에서는 단지 세법과 파산법 분야에서만 적용된다고 알려져 있으며, 싱가포르 판례는 유사한 이론을 인정하고 있지만 아직 이론이 법에 의해 정착되지는 않은 것으로 평가된다.[311]

---

307 대법원 2001. 1. 19. 선고 97다21604 판결("회사가 외형상으로는 법인의 형식을 갖추고 있으나 이는 법인의 형태를 빌리는 것에 지나지 아니하고 그 실질에 있어서는 완전히 그 법인격의 배후에 있는 타인의 개인기업에 불과하거나 그것이 배후자에 대한 법률적용을 회피하기 위한 수단으로 함부로 쓰여지는 경우에는, 비록 외견상으로는 회사의 행위라 할지라도 회사와 그 배후자가 별개의 인격체임을 내세워 회사에게만 그로 인한 법적 효과가 귀속됨을 주장하면서 배후자의 책임을 부정하는 것은 신의성실의 원칙에 위반되는 법인격의 남용으로서 심히 정의와 형평에 반하여 허용될 수 없고, 따라서 회사는 물론 그 배후자인 타인에 대하여도 회사의 행위에 관한 책임을 물을 수 있다고 보아야 한다") 참조.

308 Born(IA), 100면 참조.

309 Born(IA), 101면 참조.

310 Born(IA), 101면 각주 7 참조.

311 Greenberg 외, 166면 이하 참조.

마. 대리인에 의한 중재합의

(1) 준 거 법

3.121 대리행위 또는 대표행위에 의하여 중재합의가 이루어진 경우 그 효력이 당사자인 본인에게 미치는지 여부에 대하여는 어떤 특정 국가의 법을 적용하기보다는 국제적 원칙을 적용하여야 한다는 견해가 있는가 하면,[312] 중재합의의 실체적 유효성의 준거법을 적용하는 견해도 없지는 않으나, 대체로는 대리행위지법을 적용하는 국가가 많다.[313]

3.122 우리 대법원 역시 대리행위를 통해 체결된 중재계약의 본인에 대한 효력 여부가 문제된 사안에서 우리 국제사법을 적용하여 대리행위지법인 영국법을 준거법으로 정하고 이를 통해 해당 쟁점을 판단하였는데,[314] 이러한 문제를 당사자 능력의 문제가 아니라 중재합의의 유효성의 문제로 파악하면서 대법원이 당사자들이 중재합의의 준거법으로 지정한 법에 대한 판단을 하지 않은 것은 중재합의의 독자성을 충분히 고려하지 못한 것이라고 비판하는 견해도 있다.[315] 그러나 중재합의가 대리행위에 의하여 이루어진 경우 본인에게 중재합의의 효력이 미치는지 여부는 대리인과 상대방 사이에 유효한 중재합의가 있었는지의 여부(중재합의의 실체적 유효성의 문제)와는 구분되는 쟁점으로 파악할 수 있다. 위에서 본 바와 같이 대리인에 의한 중재합의가 본인에게 효력을 미치는지에 대하여는 각국의 실무상 대리행위지법을 준거법으로 하여 판단이 이루어지는 경우가 적지 않은 것도 바로 대리행위에 의한 중재합의의 효력 문제가 가지는 특수한 성격과 무관하지 않은바, 이러한 관점에서 볼 때 우리 대법원이 대리인에 의한 중재합의의 효력이 본인에게 미치는지 여부와 관련하여 우리 국제사법에 따라 대리행위지법을 준거법으로 적용한 것을 두고 중재합의의 독자성을 고려하지 않은 것이라고 마냥 비판하기는 어렵다고 본다.

3.123 마지막으로, 국제중재에 있어서의 중재합의의 당사자능력은 뉴욕협약의 기본적

---

312 Gaillard and Savage, 250면 이하 참조.

313 Born(ICA), 632면 내지 633면 참조.

314 대법원 1990. 4. 10. 선고 89다카20252 판결 참조.

315 김갑유, "중재합의의 유효성 판단과 그 준거법," 인권과 정의 제331호 (2004), 180면 참조.

인 정신에 비추어 국제적으로 보편성을 인정받을 수 있는 기준에 따라 판단되어야 할 문제이므로, 예컨대, 중재합의에 관하여 대리인의 권한을 제한하고 있는 개별 국가들의 특수한 법[316]은 국제중재에서 다른 나라의 법원이나 중재판정부에 의하여 당사자능력의 준거법으로 채택되거나 고려되기는 어려울 것이다.[317]

(2) 대리인에 의한 중재합의의 효력

3.124 일반 계약의 경우처럼, 예컨대, 대리인이 본인을 위하여 중재합의에 서명을 한 경우, 대리인이 본인을 대신하여 중재합의를 할 권한이 있다면 본인이 비록 계약서에 직접 서명은 하지 않았다고 하더라도 본인이 중재합의의 당사자가 되는 것은 당연하며, 이는 회사의 직원이 회사를 대신하여 중재합의에 서명한 경우에도 마찬가지이다. 반대로 대리인이 그러한 권한이 없는 경우에는 본인에게 중재합의의 효력이 미칠 수 없다고 할 것이다.

3.125 이와 관련하여 실제로는 본인으로부터 중재합의의 권한을 부여받은 바가 없으나 그러한 권한을 가진 것처럼 행세하며 계약을 체결한 경우 본인을 중재합의의 당사자로 할 수 있는지 여부가 문제되는데(표현대리의 문제), 각국의 법률이 통일되어 있다고 보기는 어렵지만, 본인이 그러한 권리의 외관을 형성하였고, 거래의 상대방이 그러한 권리외관을 믿은 데에 정당한 사유가 있는 경우에는 비록 대리인으로 행세하는 자가 자기에게 주어진 권한의 범위를 넘어 중재합의를 하였다고 하더라도 본인이 중재합의의 당사자로 책임을 져야 할 것으로 본다.[318]

2. 중재합의의 제3자에 대한 효력

3.126 일반 계약의 경우에 계약의 당사자 이외의 제3자에 대하여도 계약의 효력이 미치는 경우가 있는데, 제3자를 위한 계약의 경우 또는 계약이 제3자에게 승계(합병 등의 경우의 포괄승계 및 채권양도 등과 같은 특정승계 포함)된 경우 등이 그 전형적인

---

316 프랑스 민법 제1989조
An agent may do nothing beyond what is expressed in his agency: the authority to compromise does not include that to enter into an arbitration agreement.

317 Born(ICA), 634면 참조.

318 Born(IA), 100면; 국제상사계약에 관한 UNIDROIT 원칙(UNIDROIT Principles of International Commercial Contracts) 제2조 제2항 제2호 등 참조.

예라고 할 수 있다.[319] 마찬가지로 중재합의의 경우에도 중재조항이 담긴 본계약에 서명하지 않은 당사자에 대하여도 중재합의의 효력이 미치는 경우가 있다. 예컨대, 중재조항이 있는 본계약의 권리가 제3자에게 양도되거나 그 의무가 인수 또는 승계되는 경우 본계약에 따라 발생한 권리나 의무에 관한 분쟁을 중재로 해결하기로 하는 당사자의 합의는 그로 인해 실효된다고 보기는 어렵고, 오히려 대체적으로 그러한 분쟁은 여전히 승계인과의 관계에 있어서도 중재로 해결되어야 하는 것으로 보는 것이 타당할 것인데,[320] 이 경우 권리의무의 승계인은 중재합의의 당사자는 아니지만 중재합의의 효력이 미치게 된다. 또한, 제3자를 위하여 체결된 계약에 중재조항이 있는 경우 특별한 사정이 없는 한 계약과 관련된 분쟁은 그 제3자와의 관계에서도 중재로 해결되는 것이 타당할 것인데,[321] 이 경우 계약에 따른 권리를 향유하는 제3자는 계약의 당사자라고 하기는 어렵지만 중재합의의 효력이 미치는 경우라고 할 수 있다.

가. 제3자에 대한 효력 판단의 준거법

3.127 기본적으로 중재합의의 당사자가 누구인가 하는 문제는 특별한 사정이 없는 한 중재합의의 성립에 관한 문제이므로 중재합의의 실체적 유효성의 준거법에 따라 판단되어야 할 사항임은 앞서 본 바와 같다. 같은 취지에서, 예컨대, 위의 제3자를 위한 계약, 즉, 본계약에 담긴 중재조항의 효력이 그 본계약에 대하여 수익의

---

319 논자에 따라서는 대리인에 의해 중재합의가 체결된 경우나 묵시적으로 중재합의가 체결되는 경우 등도 중재합의의 서명자가 아닌 제3자에게 중재합의의 효력이 미치는 경우로 분류하기도 하지만[Born(ICA), 1142면 이하 참조], 이러한 경우 대리인을 통하여 중재합의를 체결한 본인 또는 묵시적 중재합의의 주체가 중재합의의 당사자인지가 문제되는 경우일 뿐 이미 유효하게 체결된 중재합의의 효력이 당사자가 아닌 제3자에게 미치는지 여부와는 구분하는 것이 바람직하다. 반대로, 제3자를 위한 계약의 수익자, 합병 등과 같이 당사자의 지위가 포괄적으로 승계되는 경우의 승계인 등도 제3자가 아니라고 하는 견해가 있으나[김갑유(대표집필), 88면 참조], 이들은 이미 체결된 중재합의의 당사자는 아니고 승계 또는 그 밖의 법리에 따라 중재를 통해 분쟁을 해결하여야 하는 제3자라고 보는 것이 더 적절하다고 본다.

320 다만, 중국의 경우 중화인민공화국 중재법 적용에 관한 여러 가지 쟁점에 대한 최고인민법원의 해석 제9조는 당사자들이 달리 합의하거나, 양수인이 중재합의에 대해 양도시에 명시적으로 반대하거나, 양수인이 중재합의를 몰랐던 경우를 제외하고 양도는 양수인을 구속한다고 해석을 내렸다(Greenberg 외, 169면 참조). 그러나 예컨대, 합병을 인정하면서 중재조항의 승계는 부인할 수 있도록 하는 국가의 법이 다른 국가의 법원에 의하여 채택되기 어려운 것처럼[Born(ICA), 1498면 내지 1499면 참조], 본계약의 승계를 인정하면서 그에 담긴 중재조항의 승계를 배제할 수 있도록 하는 것도 마찬가지로 채택되기 어렵다고 보아야 할 것이다.

321 제3자를 위한 계약에서 달리 명시할 수도 있겠지만, 특별한 사정이 없는 한 계약상의 권리를 향유하면서 중재조항으로부터 자유롭다고 보는 것은 부당하다고 할 것이다.

의사를 표시하여 그 효력을 향유하는 제3자(third party beneficiary)에게도 미치는지 여부에 대하여 중재합의의 준거법이 적용되어야 한다는 견해도 있으나,[322] 실제적인 측면에서는 대체로 이는 본계약상의 효력이 제3자에게 미치는지 여부에 관한 실체적 판단에 좌우될 문제라는 점에서 반드시 중재합의의 실체적 유효성의 준거법에 따라 해결되어야 할 필연적인 이유는 없고 오히려 이러한 쟁점은 본계약의 준거법에 따라 판단되는 것이 타당할 경우가 많다고 본다.[323] 아울러, 중재조항이 담긴 본계약의 승계에 따라 계약의 당사자가 아닌 제3자에게 중재합의의 효력이 미치게 되는 경우에도, 계약상 권리나 의무의 승계인과의 관계에서 본계약상의 권리의무에 관한 분쟁을 중재로 해결하여야 하는가 하는 판단 역시 실제로는 본계약이 유효하게 승계되었는가 하는 문제에 달려 있다는 점에서 이에 대하여는 중재합의의 준거법이 적용되기보다는 본계약의 승계의 준거법이 적용되는 것이 더 타당하다고 본다.

3.128 결국, 위와 같이 중재합의가 제3자에게 효력을 미치는지 여부에 대하여는 2가지 준거법이 중첩적으로 적용된다고 할 것이다. 먼저, 본계약의 당사자들 사이에 유효한 중재합의가 있었는가 하는 측면에 대하여는 중재조항의 독립성의 원칙에 따라 중재합의의 실체적 유효성에 관한 준거법이 적용되겠지만, 본계약의 중재조항의 효력이 제3자에게도 효력을 미치는지 여부에 대한 판단에는 본계약의 실체적 준거법(제3자를 위한 계약의 경우) 또는 승계의 효력에 관한 준거법(계약이 승계된 경우)이 추가로 적용된다고 할 것이다. 다만, 승계가능성의 문제 등과 같이 계약(또는 권리나 의무)의 승계가 유효하게 이루어졌는지 여부를 판단하는 준거법에 대하여는 국제적으로 통일된 기준이 없는 관계로 일관성 있는 결론 도출에는 한계가 따를 수밖에 없는데, 계약 승계 등의 여부는 중재판정부에 전권이 부여되는 실체적 권리의 판단과 밀접한 관련이 있다는 점을 감안한다면, 특별한 사정이 없는 한 중재판정부가 본안 판단 과정에서 내린 계약 승계의 효력 여부에 관한 판단을 존중하여야 할 경우가 많을 것이다.

3.129 우리 대법원은 중재조항이 담긴 본계약을 제3자에 포괄적으로 양도함으로써 양도인이 본계약의 당사자로서의 지위를 상실하였고 중재약정이 실효되었다는 피

---

322 Born(ICA), 1455면 내지 1459면 참조.

323 Am. Patriot Ins. Agency, Inc v. Mut. risk Mgt, Ltd, 364. 3d 884, 890 (7th Cir. 2004) 참조.

신청인의 항변에 대하여 중재판정부가 그와 같은 양도는 양도행위와 가장 관련이 많은 사우디법에 따르면 유효하지 않다는 이유로 피신청인의 관할항변을 배척하고 신청인의 청구를 인정하자 피신청인이 중재약정의 실효를 주장하면서 중재판정의 집행 거부를 구한 사건에서, 이러한 경우 "중재약정의 실효 여부 판단은 본안에 관한 판단과 불가분적으로 결부되어 있으므로 본안에 대한 판단에 준하여 그 자체가 중재인(중재판정부)의 판단에 따를 사항"이라고 하는 한편, 양도의 유효 여부에 관한 "준거법의 결정 및 사우디법하에서의 이 사건 사실관계에 대한 법적 평가가 명확하지 아니한 이 사건에서 있어서 … 중재판정부의 판정 내용은 존중되어야 하고 집행국의 법원이 그 본안에 관하여 다시 심사할 수 없다"고 판시한 바 있다.[324]

3.130 이에 대하여는 집행국 법원에 부여된 심사권을 방기한 것이라는 비판이 있는 바,[325] 비록 위 판례의 판시에는 중재조항이 있는 본계약의 양도가 이루어진 경우 양수인에게 중재조항의 효력이 미치는지 여부에 관한 준거법에 대하여 면밀히 분석하지 않은 아쉬움이 있으나, 뉴욕협약에 따른 중재판정의 승인 및 집행 거부 사유의 존재에 대하여는 승인 및 집행을 거부하는 자가 입증책임을 부담한다는 점, 중재약정의 실효가 본안에 대한 판단과 밀접하게 연관되어 있어서 중재합의에 대한 심사가 본안에 대한 심사로 이어질 위험이 있다는 점 등에 비추어 볼 때, 해당 준거법 판단 및 그 준거법 하에서의 중재당사자로서의 지위 상실 여부가 명확하지 아니한 사안의 경우 중재판정의 승인 및 집행을 함부로 거부할 수 없다고 판시하면서 그에 관한 중재판정부의 판정 내용을 존중한 것은 오히려 뉴욕협약의 pro-enforcement 정신에 충실한 내용으로 평가받을 수도 있다고 본다.[326]

나. 승 계 인

3.131 일반적으로 계약상의 권리, 의무는 채권이나 계약상의 지위의 양도, 채무나 계약상의 지위의 인수 등 당사자의 법률행위에 의하거나 기타 상속이나 합병 등에 관한 법률의 규정 등에 의하여 제3자에게 승계될 수 있다. 중재합의의 경우 종래 양도나 이전이 불가능한 것으로 해석된 적도 없지는 않지만 최근에 이르러서는

---

[324] 대법원 1995. 2. 14. 선고 93다53054 판결 참조.

[325] 김갑유, "외국중재판정의 집행과 중재약정의 실효," 상사판례연구 Ⅶ (2007), 566면 내지 569면 참조.

[326] Born(ICA), 3414면 내지 3415면 참조.

다른 계약과 마찬가지로 중재합의 역시 제3자에 승계될 수 있다는 점에 이의를 제기하는 견해는 찾아보기 어렵다. 즉, 중재조항이 담긴 계약이 제3자에 승계될 경우 특단의 사정이 없는 한 중재조항 역시 승계되어 그 승계인에게 중재합의의 효력이 미치게 된다.

3.132 이와 관련하여 우리 하급심 판례는 중재조항이 포함된 도급계약에 기한 공사대금 채권의 양수인이 채무자에 대하여 양수금 청구의 소를 제기한 사안에서 위 채권의 양수인에게 중재조항의 효력이 미친다고 판시한 바 있다.[327] 또한, 앞서 본 바와 같이 우리 대법원은 용선계약상의 중재조항이 선하증권에 편입이 된 경우에는 선하증권의 소지인에 대하여 중재조항의 효력이 미치는 것으로 판단하고 있다.[328] 이에 대하여 선하증권의 소지인에 대하여 중재합의의 서면성 요건을 부인하는 견해도 있음은 살펴본 바와 같지만, 선하증권의 유통성을 감안할 때 선하증권의 중재조항은 선하증권을 배서, 교부받은 선하증권의 소지인에게 승계되는 것이 마땅하므로, 그 용선계약의 중재조항이 선하증권에 편입된 것으로 인정이 될 경우에는 선하증권의 소지인에 대하여 중재합의의 효력을 부인하는 것은 부당하다고 본다.

3.133 다만, 우리 하급심 판결 가운데는 대한민국이 국세징수법에 따라 체납자의 제3자에 대한 용선계약에 따른 용선료 채권을 압류한 후 체납자를 대신하여 이를 추심하는 소송을 제3자를 상대로 제기하자 제3자가 용선계약상의 중재합의를 이유로 관할항변을 제기한 사안에서, (i) 중재합의의 효력이 모든 분쟁에 무제한적으로 적용될 수 없고 특수한 공익 추구가 요구되는 영역에서는 중재합의의 효력을 제한할 필요성이 있는 점, (ii) 국가의 과세징수권은 매우 중대한 공익적 문제이고 위 국세징수법에 의한 추심권의 행사는 조세의 징수를 목적으로 하는 체납처분의 일환이므로 일반적인 추심권의 행사와 반드시 같게 볼 수 없다는 점, (iii) 용선계약상 용선료 채권에 대하여 다툼이 없어 중재의 대상이 되는 분쟁도 전혀 존재하지 않는 점 등을 이유로 관할항변을 배척한 사례가 있다.[329] 이러한 판례를

327 서울지방법원 서부지원 2002. 7. 5. 선고 2001가합6107 판결 참조.

328 우리 대법원은 선하증권의 소지인이 선하증권상의 권리를 행사하는 이상 선하증권의 문언에 따른 효력을 받는 것이기 때문에 선박소유자와 선하증권의 소지인 사이에서도 중재합의가 있다고 본다(대법원 2010. 7. 15. 선고 2009다66723 판결 참조).

329 서울중앙지방법원 2012. 3. 22. 선고 2011가합83801 판결 참조.

반대해석하면 일반적인 채권 추심 청구의 경우에는 당해 채권에 중재합의가 따르는 경우 존중해야 하고, 국세징수를 위한 추심의 경우에도 실제로 추심 대상 채권과 관련하여 분쟁이 있는 경우에는 달리 판단될 여지도 있을 것이다.

다. 제3자를 위한 계약의 경우

3.134 국가에 따라서는 계약의 당사자가 아니라도 제3의 수익자(third party beneficiary)로서 계약상의 권리를 청구하는 것을 허용하는데, 이 경우 제3자는 계약에 포함되어 있는 중재조항을 원용할 수 있는지가 문제된다. 당해 계약의 수익자가 그 계약에 기하여 계약상의 수익자로서의 권리를 청구하는 경우에는 특단의 사정이 없는 한 계약에 포함된 중재조항에 구속된다고 볼 것이지만,[330] 이는 결국 당사자의 의사해석의 문제라고 할 것이어서 경우에 따라서는 중재조항의 효력이 제3의 수익자에게는 미치지 않는 경우도 없지는 않다고 할 것이다.[331]

3. 중재합의의 당사자능력

가. 당사자능력의 준거법

3.135 다른 일반 계약과 마찬가지로 중재합의 당사자는 중재합의를 체결할 능력을 가진 자이어야 하고 그렇지 않을 경우에는 중재합의는 효력을 인정받을 수 없다. 뉴욕협약은 "당사자가 그들에게 적용될 법에 의해 무능력자였던 경우"를 중재판정의 승인 및 집행 거부사유로 정하고 있으나,[332] 당사자가 중재합의를 체결할 능력(당사자능력)이 있는지를 판단하는 준거법 또는 그 준거법을 정하는 방식 등을 지정하지도 않을 뿐더러 중재합의의 방식의 경우와 같이 실질법적인 규정을 두고 있지도 않다.[333] 모범중재법의 경우에는 위 뉴욕협약의 "그들에게 적용될 법률에 의해"라는 문구를 삭제하였지만, 기본적으로 준거법에 대하여 아무런 지침도 제시하지 않고 있기는 마찬가지이다.[334]

---

330 Final Award in ICC Case No. 9762, XXIX Y.B. Comm. Arb. 26(2004) 참조.

331 Born(ICA), 1455면 이하 참조.

332 뉴욕협약 제5조 제1항 (a) 참조.

333 뉴욕협약이 말하는 "그들에게 적용될 법(the law applicable to them)"이 당사자의 속인법(personal law)을 말한다는 견해도 있으나[L. Craig, W. Park, and J. Paulsson, *International Chamber of Commerce Arbitration*, Oceana Publications, Inc. (2001), para 5.02 각주 3 참조], 뉴욕협약이 명시적으로 준거법을 지정하고 있다고 보기는 어렵다.

334 모범중재법 제34조 제2항 (a) (i) 참조.

3.136 결국 당사자가 중재합의를 체결할 능력이 있는가 하는 문제 역시 법정지의 법원이나 중재판정부의 판단에 맡겨져 있다고 할 수 있는데,[335] 실무상 중재합의의 준거법 또는 국제적 원칙에 따라 당사자의 능력이 판단되는 경우도 없지는 않지만,[336] 대체로 당사자능력은 당사자의 속인법(personal law)에 따라 판단된다. 그러나 그러한 경우에도 속인법 판단의 기준 자체가 각 국가마다 다르기 때문에 여전히 당사자의 능력에 관하여 일관성이 있는 결론이 도출되기는 어려운 점이 있다.[337]

나. 국가의 당사자능력

3.137 중재합의의 당사자능력과 관련하여 실무상 국가에게 중재합의를 체결할 수 있는 당사자 능력이 있는지가 자주 문제가 된다. 실제로, 국가에 대하여는 아예 중재합의의 체결 능력을 부인하는 나라도 있고, 매우 제한된 범위 내에서만 중재합의 체결 능력을 인정하는 경우도 있다. 그러나 국가를 당사자로 하는 투자조약중재를 굳이 거론할 필요도 없이 국가라고 하여 중재합의의 당사자능력을 부인할 필연적인 이유가 없을 뿐만 아니라, 국가가 중재합의를 회피하기 위하여 자신의 국내법을 원용하는 것은 허용될 수 없다는 견해가 유력하다.[338]

Ⅴ. 중재가능성(Arbitrability)

1. 개 념

가. 다양한 개념과의 구분

(1) 주관적 중재가능성

3.138 어떤 분쟁에 대하여 유효한 중재합의가 인정되려면 당사자들이 그 대상 분쟁에 대하여 중재를 합의하였어야 함은 앞서 본 바와 같다. 이처럼 당사자가 중재의 대상으로 합의하지 않은 분쟁은 중재로 해결할 수 없다는 측면에서 중재합의 대상 분쟁의 범위 해석 문제를 주관적 중재가능성(subjective arbitrability)의 문제라

---

335 중재판정의 승인 및 집행 거부 사유의 판단과 관련하여 당사자의 능력이 문제가 되는 경우 그 준거법은 법정지의 국제사법에 따라 정하여야 한다는 견해로는 van den Berg, 276면 참조.

336 Born(ICA), 628면 각주 787 참조.

337 속인법과 관련하여 대륙법계 국가의 경우는 자연인의 경우 국적법, 법인의 경우 영업소의 법을 기준으로 삼는 데에 반해, 영미법계 국가의 경우는 자연인의 경우 주소지법, 법인의 경우 설립준거지법을 기준으로 한다고 한다[Born(ICA), 629면 내지 630면 참조].

338 Greenberg 외, 170면 참조.

고 표현하여 중재가능성의 문제와 병렬적으로 논하는 경우가 있으나,[339] 중재가능성의 문제는 중재 대상 분쟁의 성질상 애당초 당사자들이 사적 자치에 의하여 중재로 해결하기로 합의할 수 없는 경우에 관한 것이므로, 원래 성질상 중재로 해결할 수는 있는 분쟁을 전제로 하여 당사자들이 합의한 중재 대상 분쟁의 범위가 어디까지인가 또는 당사자들에 의하여 주어진 중재판정부의 판정 권한이 어느 범위에 미치는가 하는 문제는 중재가능성의 문제와는 엄격히 구분되어야 한다.

(2) 중재의 정의

3.139 중재가능성의 문제는 엄밀히 말하자면 어떤 분쟁해결수단을 중재로 정의할 것인가 하는 중재의 개념에 관한 논의와도 구분된다. 예컨대, 전문가결정 등과 같이 중재절차와는 구분되는 분쟁해결절차의 경우 비록 중재가능성이 있는 분쟁을 다루었다고 하더라도 중재의 개념에 포섭되기 어려운가 하면, 중재절차에서 중재가능성이 없는 분쟁을 다루었을 경우에도 그로 인해 그러한 분쟁해결절차가 아예 중재로 관념되지 않는 것은 아니고 다만 관련 국가의 법률에 따라 중재가능성이 부인되어 중재판정이 취소되거나 승인 또는 집행이 거부될 수 있을 뿐이다.[340]

(3) 공공질서

3.140 중재가능성의 문제는 특정국의 공공질서와 전혀 무관한 것은 아니지만, 중재가능성이 없는 분쟁에 대하여 중재가 진행되고 판정이 내려졌을 경우 공공질서 위반과 별개로 중재가능성 결여라는 이유 자체만으로도 중재판정이 취소되거나 중재판정의 승인 및 집행이 거부될 수 있다.[341] 이러한 점에서 중재가능성에 대한 논의는 중재가능성이 있는 분쟁에 대하여 내려진 중재판정이라고 하더라도 그 승인이나 집행이 중재지국이나 집행국의 공공질서에 위배된 경우 취소되거나 그 집행이 거부될 수 있다고 하는 측면에서의 공공질서 위반의 문제와도 구분된다

---

339 Greenberg 외, 182면 이하 참조.

340 이러한 측면에서 우리 개정 중재법이 중재가능성 문제를 중재의 정의조항에 담은 것은 체계의 관점에서는 바람직한 것은 아니었다고 본다.

341 뉴욕협약은 분쟁의 대상이 집행국의 법률에 의하여 중재로 해결될 수 없는 것일 때에는 중재판정의 승인 및 집행이 거부될 수 있다고 규정하고 있고(뉴욕협약 제5조 제2항 참조), 모범중재법은 분쟁이 중재지의 법률에 의하여 중재로 해결될 수 없을 때에는 중재지 법원에 의하여 중재판정이 취소될 수 있다고 규정하고 있다(모범중재법 제34조 제2항 제b호 참조).

고 할 수 있다.

나. 중재가능성의 범위

3.141 뉴욕협약이나 모범중재법은 중재가능성이 없는 분쟁에 대하여는 중재합의의 효력을 부인하는 입장을 취하면서도 정작 중재가능성에 대하여 어떠한 구체적인 기준이나 정의도 제시하지 않고 있고, 중재가능성을 판단하는 기준이 되는 준거법도 명시하지 않고 있는 관계로, 중재가능성 여부의 판단은 개별 국가의 법 및 법원의 판단에 맡겨져 있다. 예컨대, 프랑스의 경우 처분 가능한 권리에 관계된 경우에는 어떤 분쟁에 대하여도 중재합의를 할 수 있다고 하면서도, 가족법 등 일정한 분야에 관계되는 분쟁이나 공공의 이해관계를 가지는 문제에 대하여는 중재가능성을 부인한다.[342] 독일의 경우는 재산권에 관한 청구 또는 비재산권상의 청구 가운데서 당사자들이 분쟁에 대하여 화해를 체결할 수 있는 청구에 관한 분쟁은 중재대상이 된다고 규정하고 있다.[343]

3.142 한편, 각 국가들이 자국의 정치, 경제, 사회, 문화 등에 관한 정책에 따라 중재가능성 여부를 판단하겠지만,[344] 앞서 본 바와 같이, 국내중재의 경우와 달리 국제중재에 있어서의 중재가능성 판단에는 뉴욕협약의 기본 정신에 입각한 일정한 국제적 한계가 있다고 보는 것이 타당하다.[345] 아울러 각국의 재량범위에 속하는 경우라고 하더라도 국내중재와 달리 국제중재의 경우는 중재가능성의 범위를 너무 제한적으로 해석하는 것은 결코 바람직하지 않다. 실제로 미국이나 프랑스 등 주요 국가의 경우 중재가능성 판단에 있어서 국제중재와 국내중재를 엄격히 구분하되, 국제중재의 경우는 이른바 pro-arbitration 및 pro-enforcememt의 정신에 입각하여 중재가능성을 상대적으로 보다 완화하여 해석하는 경향이 있다.[346]

---

342 프랑스 민법 제2059조 및 제2060조 참조.

343 독일 민사소송법 제1030조 제1항 및 제2항 참조.

344 프랑스, 스위스, 독일, 영국, 미국 등 국가에 있어서의 중재가능성 문제에 관한 보다 일반적인 내용은 M. Lehmann, "A plea for a transnational approach to arbitrability in arbitrable practice" (2004) 42 Columbia Journal of Transnational Law 753 참조.

345 본장 Ⅱ. 4. 중재가능성의 준거법 부분 참조.

346 Born(ICA), 957면 이하 참조. 중재가능성에 대한 주요 국가의 입장의 개요는 목영준, 63면 내지 64면 참조.

3.143 우리나라의 경우 구 중재법이 "당사자가 처분할 수 없는 법률관계"에 관하여는 중재합의를 할 수 없는 것으로 규정하였다가(구 중재법 제2조), 1999년 중재법 개정시 당사자의 처분 가능성 요건을 삭제한 결과 사법상의 분쟁에 해당하면 중재합의가 가능한 것으로 되었다(구 중재법 제3조). 그러나 앞서 본 바와 같이 최근 중재법 제3조가 개정되어 독일의 경우와 같이 "재산권에 관한 청구 또는 비재산권상의 청구 가운데서 화해가능성이 있는 분쟁"이면 중재가 가능한 것으로 그 내용이 개정되었는데, 그 개정의 취지는 중재가능성이 있는 분쟁의 범위를 외국의 입법례의 추이에 맞추어 확장함으로써 특허권 등 지적재산권의 효력에 관한 분쟁, 불공정거래행위(독점규제법)에 관한 분쟁 등도 중재판정에 의해 해결할 수 있도록 한다는 데에 있다. 이와 같이 중재의 대상 적격을 확대함으로써 우리나라의 경우 ① 지적재산권 분쟁 등에서 저작권자가 영업기밀, 기술 등의 공개를 극히 꺼려 은밀히 사건이 처리되기를 희망하는 경우, ② 유사한 특허로 다투는 당사자들이 신규성·진보성 등이 없음을 다투기보다는 금전적으로 분쟁의 해소를 희망하는 경우, ③ 외국 기업 등이 지자체 등과 약간의 공법적 성격을 갖춘 재산권적 분쟁을 하는 경우 등 다양한 사안에서 중재의 활용도가 높아질 것으로 기대된다.[347]

2. 중재가능성의 준거법

3.144 중재가능성(arbitrability)은 중재합의의 대상 분쟁이 애당초 중재로 해결될 수 있는 내용인가 하는 점에 관한 것으로서, 우선 뉴욕협약은 분쟁의 대상이 집행국의 법률상 중재의 대상이 될 수 없는 경우에 중재판정의 승인 및 집행을 거부할 수 있다고 규정하여,[348] 집행국이 자국의 법을 기준으로 하여 중재가능성을 판단할 수 있도록 한다. 또한, 모범중재법은 중재지국의 법에 따라 중재가능성이 없는 경우를 중재판정 취소의 사유로 삼고 있으므로,[349] 동 조항이 채택된 경우 중재지국이 중재판정 취소 여부를 심사하는 단계에서 자국의 법에 따라 중재가능성을 판단

---

347 국회법제사법위원회, "중재법 일부개정법률안 심사보고서," 5면 참조.

348 뉴욕협약 제5조 제2항
Recognition and enforcement of an arbitral award may also be refused if the competent authority in the country where recognition and enforcement is sought finds that: (a) The subject matter of the difference is not capable of settlement by arbitration under the law of that country; [···]

349 모범중재법 제34조 제2항 (b) (ⅰ) 참조.

하게 될 것이다.

3.145 다만, 위와 같은 경우 이외에 중재가능성이 문제되는 경우 어느 나라의 법을 기준으로 판단하여야 하는가에 대하여는 뉴욕협약에 명시적인 규정이 없어 논란이 있다.[350] 우선, 중재가능성의 문제를 중재합의의 유효성에 관한 문제의 하나로 보거나 중재관할이라고 하는 중재의 절차적 측면에서 파악할 경우에는 중재지법(lex arbitri)이 중재가능성 판단의 준거법이 된다고 해석할 여지도 있다. 그러나 중재가능성은 그 자체로 각국의 공공질서(public policy)와 관계되므로 사적 자치에 의하여 당사자들이 자유롭게 준거법에 대한 합의를 할 수 있는 중재합의의 유효성 또는 중재절차 일반의 준거법에 대한 기준을 그대로 적용하기 어려운 점이 있고, 특히 양 당사자의 국가의 법이 중재가능성을 인정함에도 불구하고 단지 중재지의 법이 중재가능성을 부인한다고 해서 중재가능성을 부인할 이유가 어디에 있는가 하는 점과 관련하여 더욱 논란의 여지가 있다.

3.146 한편, 중재가능성이 공공질서와 관련이 있는 이슈라는 점을 고려하여, 공공질서에 관한 로마협약의 기준[351]에 따라 쟁점 또는 대상 분쟁이 외국과 더 실질적으로 관련성이 있는 경우에는 법정지의 법원이 외국의 중재가능성에 관한 법을 적용하게 될 경우도 있을 수는 있겠지만,[352] 실무상으로는, 분쟁의 중재가능성 여부가 소송상 쟁점이 되는 경우 비록 중재지가 외국인 경우라고 하더라도 중재지법보다는 자국의 법에 따라 중재가능성을 판단하는 경향이 더 크다고 한다.[353]

3.147 다만, 어떠한 견해를 취하든지 국제중재에 있어서의 중재가능성 판단 역시 뉴욕협약의 기본적인 정신에 비추어 국제적으로 보편성을 인정받을 수 있는 기준에 따라 이루어져야 한다. 따라서, 예컨대, 판매점계약(distribution agreement)의 종료에 관한 분쟁에 대한 중재합의를 금지하고 있는 벨기에법,[354] 회사법 관련 분쟁에

---

350 뉴욕협약 제2조 제1항 참조.

351 로마협약 제7조 제1항 참조.

352 Born(ICA), 606면 참조.

353 미국, 프랑스, 스위스, 벨기에, 이탈리아 등[Born(ICA), 602면 이하 참조].

354 독일 법원 역시 독일법상 강행규정인 대리상의 보상청구권과 관련하여 당사자들 사이에 그러한 분쟁을 중재로 해결하기로 하는 합의가 있다고 하더라도 중재판정부가 그러한 강행규정을 적용하지 않을 위험성이 있다면 그러한 중재합의는 효력을 인정할 수 없다고 판시한 바 있다(정홍식, "국제중재에서 판매점의 보상청구권," 국제거래법연구 제22집 제1호, 국제거래법학회, 333면 참조).

대한 중재합의를 부인하는 러시아법, 불법행위나 노동 관련 분쟁의 중재를 금지하는 이탈리아법 등이 다른 나라의 법원이나 중재판정부에 의하여 잘 채택되거나 고려되지 않고 있는 것에서 알 수 있듯이,[355] 어떤 경우에도 국제적으로 보편성이 없는 기준에 의하여 특정 분쟁의 중재가능성을 제한하는 국가의 법은 다른 국가나 중재판정부에 의하여 준거법으로 채택되기는 어려울 것이다.

3. 중재가능성이 문제가 되는 주요 분야

가. 독점금지법 분야

3.148 중재 실무상 분쟁의 대상이 된 계약이 독점금지법을 위반했는지 여부가 논란이 되는 경우가 종종 있는데, 미국의 경우 과거에는 독점금지법상의 청구는 공익과 밀접한 관련이 있다는 이유로 중재로 해결하기에는 부적절한 것으로 여겨져 왔으나,[356] 1985년 이른바 Mitsubishi Motors 사건을 계기로 국제중재의 경우에는 독점금지법 관련 분쟁도 중재가능성이 있는 것으로 판단하고 있으며, 프랑스, 스위스, 영국, 독일, 이탈리아, 스웨덴 등 EU 소속 국가들 역시 동일한 입장을 취하고 있다.[357]

나. 지적재산권 분야

3.149 특허권이나 상표권 등 지적재산권에 관한 분쟁 가운데 중재가능성이 특히 문제가 되는 경우는 지적재산권의 효력을 둘러싸고 당사자들 사이에 분쟁이 발생한 경우라고 할 수 있는데, 이에 대하여는 각국의 취급이 조금씩 다르다. 예컨대, EU의 경우는 등록을 통해 권리가 부여되는 지적재산권의 성립 또는 유효성에 직접적으로 관련되는 분쟁은 중재가능성이 없는 것으로 입법이 이루어진 반면에,[358] 미국의 경우는 특허 분쟁의 경우 입법에 의하여 심지어 특허의 침해는 물론 소유권이나 효력에 관한 분쟁도 모두 중재로 해결이 가능한 것으로 되었고,[359]

---

[355] Born(ICA), 609면 각주 698 참조.

[356] American Safety Equipment Corp. v. J.P. Maguire & Co. 391 F.2d 821 (2d Cir. 1968) 참조.

[357] Born(ICA), 977면 내지 978면 이하 참조. 우리나라의 경우 과거 공정거래법 위반 관련 분쟁의 중재가능성을 부인하는 견해도 있었으나[조재연, "외국중재판정에 대한 집행판결: 뉴욕협약을 중심으로," 사법연구자료 11집 (1984), 185면], 민사법원에서 판단할 수 있는 분쟁이라면 중재가능성을 부인할 이유가 없다고 본다(석광현, 33면도 동지).

[358] EC Regulation 44/2001 제22조 제4항 참조.

[359] 35 U.S.C. §294, §135(d) 참조.

판례는 저작권이나 상표도 동일하게 해석하고 있다.[360]

3.150 실무상 대체로 라이선스 등 지적재산권에 관한 계약과 관련한 분쟁은 물론 지적재산권의 침해에 관한 분쟁 등도 중재에서 많이 다루어지지만,[361] 특허 등 지적재산권의 효력에 관한 분쟁에 대하여는 매우 신중한 입장을 취하는 중재판정부가 많은 것으로 보인다. 학자들의 경우에도 특허무효확인 청구 등과 같이 당사자에 의하여 처분 가능성이 없고 따라서 일반 민사법정에서 다루어질 수 없는 분쟁은 사법상의 분쟁으로 보기 어렵다는 견해를 취하는 경우도 있다.[362] 그러나 앞서 본 우리 개정 중재법의 입법취지에 비추어 볼 때, 특허의 효력에 관한 분쟁이라고 하더라도 대세적 효력을 가지지 않는 당사자들 사이의 중재를 통해 해결되지 못할 이유는 없다고 본다.[363]

다. 증권거래법 분야

3.151 증권거래와 관련하여 경제적 약자인 소비자를 위하여 증권거래법에서 각종 보호조항을 두는 경우가 많은데, 예컨대, 증권회사와 증권 투자자 사이에서 증권거래법 위반의 문제가 분쟁의 대상이 될 경우 중재판정부가 이러한 분쟁을 다룰 수 있는가에 대하여 실무상 논란이 있다. 미국의 경우 1933년 연방 증권법 제14조가 증권 투자자로 하여금 증권법의 조항이 정하는 내용의 준수를 포기하도록 하는 약정은 무효라고 규정하고 있어 특히 증권거래 관련 분쟁의 중재가능성이 문제가 되었다. 유명한 Wilco 사건[364]에서 미국 연방대법원은 증권거래법 위반에 관

---

360 Born(ICA), 991면 이하 참조.

361 우리나라의 경우 하급심이 "우리나라의 경우 법률상 공업소유권(특허권, 상표권, 저작권 등)에 대한 분쟁을 중재대상에서 제외하는 아무런 근거가 없으므로 공업소유권에 관한 분쟁이 당연히 중재의 대상에서 제외된다고 할 수 없다"고 판시한 사례가 있다(서울고등법원 1993. 8. 17. 선고 92나34829 판결). 한편, 서울중앙지방법원은 중재대상 분쟁의 범위와 관련하여 "계약관련 분쟁에 대한 중재조항을 두었다고 하여 절대적인 저작권에 대한 침해 여부의 판단을 구하는 이 사건 본소에까지 위 중재조항의 효력이 미친다고 보기 어렵다"고 판시하였으나(서울중앙지방법원 2007. 1. 17. 선고 2005가합65093, 2006가합54557 판결 참조), 저작권에 대한 침해 여부가 애당초 중재가능성이 없는 것으로 판단하지는 않았다.

362 석광현, 34면 참조. 다만, 특허권 침해의 선결문제로 특허권의 유효성이 다투어지는 경우 침해소송의 법원도 특허권의 유효성을 판단할 수 있듯이 중재판정부도 선결문제에 대하여 판단할 수 있다고 한다.

363 Born(ICA), 993면 내지 994면 및 손경한·박진아, "지적재산의 국제적 분쟁해결 합의," 중재연구 제14권 제2호 (2004), 232면도 동지.

364 Wilco v. Swan, 346 U.S. 427, 435 (1953) 참조.

한 분쟁에 대하여 중재가능성을 부인하였으나, 그 후 Scherk 사건[365]을 통해 뉴욕협약의 적용을 받는 국제중재에 관하여는 증권거래법 위반 문제도 중재가능성이 있다고 판시된 이래, 심지어 순수한 국내중재에 있어서도 증권거래법 위반 문제는 중재가능성이 있는 것으로 판단되고 있다.[366]

라. 도산 분야

3.152 도산 분야의 중재가능성 문제는 주로 중재합의의 당사자에 대하여 도산절차의 개시가 있는 경우 해당 당사자를 상대로 한 중재절차의 개시가 가능한지 여부 또는 중재절차가 이미 개시된 경우에는 중재절차가 중단되는지 여부 등을 둘러싸고 논의가 이루어진다. 도산절차는 여러 채권자들의 권리관계를 일거에 조정하는 집단적이고도 집중화된 절차로서의 강행적 성격을 가진다는 점을 고려하여 대체로 도산절차가 중재절차에 우선하는 효력을 가지는 것으로 파악이 되지만, 일방당사자에 대한 도산절차의 개시가 중재합의나 중재절차에 미치는 영향의 구체적인 내용은 국가마다 다양하므로 주의가 요망된다.

3.153 미국의 경우 연방파산법은 파산절차가 개시되는 경우 중재절차를 포함한 파산자에 대한 모든 법적 절차가 법원의 별도의 허락이 없는 한 원칙적으로 중단이 되도록 하고 있다.[367] 영국의 경우에도 파산관재인 또는 법원이 재량에 의해 도산절차에 들어간 당사자를 상대로 한 중재절차의 진행 여부를 결정할 수 있지만 그 기준은 사안에 따라 다르다.[368] 프랑스의 경우는 순수한 도산 분쟁은 제3자의 권리와 관련이 있으므로 중재가능성이 없다고 보는 반면, 계약상의 분쟁에 대하여는 중재가능성을 인정하지만, 손해배상액의 확정에서 더 나아가 도산절차에 들어간 당사자에게 손해배상금의 지급을 명하는 것은 공공질서(public policy)에 위배

---

[365] Scherk v. Alberto-Culver Co. 417 U.S. 506 (1974) 참조.

[366] Rodriquez de Quijas v. Shearson/American Express Inc., 490 U.S. 477, 484 (1989) 참조.

[367] 11 U.S.C. §362(a) 참조. 다만, 어떤 경우에 중재가능성을 인정하여 중재의 진행을 허용할 것인가 하는 점은 법원의 선택과 재량에 달려 있는데, 핵심 파산사건(core proceedings)인지 비핵심 파산사건(non-core proceedings)인지에 따라 그 판단이 달라진다고 하지만 그 기준이 판례마다 상이하여 불확실성이 적지 않다는 평가를 받고 있다(Jonathan Sutcliffe and James Rogers, "Effect of Party Insolvancy on Arbitration Proceedings: Pause for Thought in Testing Times," (2010) 76 Arbitration, 281면 및 282면 참조).

[368] 보다 자세한 내용은 Burn and Grubb, "Insolvency and arbitration in English Law," Intl ALR 2995, 8(4), 124면 내지 130면; Jonathan Sutcliffe and James Rogers(각주 367), 279면 등 참조.

되는 것으로 본다.[369]

3.154 반면에 독일의 경우는 파산관재인의 선임 및 재산의 회수와 배분 및 기업의 회생 등과 같은 중재판정부에 의한 해결이 불가능한 문제 이외에는 중재가능성을 인정하는 입장을 취하며,[370] 스위스 역시 일방 당사자의 도산은 일반적으로 중재합의에 영향을 미치지 않는 것으로 본다.[371] 다만, 폴란드의 경우는 일방 당사자가 도산절차에 들어가면 중재합의 자체가 무효로 돌아가고 진행 중인 중재절차는 모두 종료되는 것으로 취급한다는 점에서 위의 다른 국가들보다 도산절차에 더욱 강력한 효력을 인정하고 있다. 우리나라의 경우 이에 관한 판례가 명확하지 아니하고 학설 또한 대립이 있지만, 미국의 경우와 유사하게 도산절차에 의하여 중재절차는 중단되는 것을 원칙으로 하되 쟁점이 단순히 계약상의 권리관계에 관한 다툼에 불과한 경우 등에는 도산절차를 담당하는 법원이 채권조사확정재판과 병행하여 중재절차의 개시 또는 속행을 선별적으로 명할 수 있다는 견해가 법원의 파산실무를 담당하는 판사들 사이에 유력한 것으로 알려져 있다.

3.155 이처럼 일방 당사자에 대하여 진행되는 도산절차가 중재절차에 미치는 영향이 각 나라마다 다른 관계로 인해 특정 국가의 법이 도산절차에 들어간 당사자를 상대로 한 중재합의나 중재판정의 효력을 부인하더라도 다른 국가의 법은 그 효력을 인정할 수 있다.[372] 따라서, 국제중재의 실무상 중재판정부는 대체로 일방 당사자에 대하여 도산절차가 진행 중이라고 하더라도, 도산절차를 관장하는 특정 국가의 법이 중재절차의 중지를 요구하고, 그 법이 중재절차에 적용되어야 할 명확한 근거가 있는 등 특별한 사정이 없는 한, 도산절차에도 불구하고 중재를 계속 진행하는 경우가 적지 않다.[373]

---

369 Jonathan Sutcliffe and James Rogers(각주 367), 283면 참조.

370 Lazic, *Insolvency Proceedings and Commercial Arbitration* (1998) TMC, Asser Institute, 163면 이하 참조.

371 Laurent Levy, "Insolvency in Arbitration (Swiss Law)" (2005) Int. ALR 23.

372 대표적인 사례로는 'Vivendi 사건'을 들 수 있는데, 이에 대한 보다 자세한 분석은 Klaus Sachs, "Insolvency Proceedings and International Arbitration," COLLECTED COURSES OF THE INTERNATIONAL ACADEMY FOR ARBITRATION LAW, YEAR 2011, Volume 1, at 1 (2013), 36면 이하 참조.

373 Born(IA), 88면 참조.

마. 노동 분야

3.156 국가에 따라서는, 예컨대, 일본의 경우와 같이 개별 근로관계 분쟁에 관한 중재합의의 효력을 인정하지 않는 경우도 있다.[374] 독일의 경우 근로자분쟁의 중재가능성이 부인되는 것은 아니지만 일반적인 중재와 달리 민사소송법이 아닌 노동법원법의 중재규정이 따로 적용된다. 반면에, 미국의 경우는 연방 중재법 제1조가 선원(seamen)이나 철도근로자(railroad employees) 등 특수한 직역에 종사하는 근로자의 근로계약에 대해서는 중재로 분쟁을 해결할 수 없도록 규정하고 있지만, 다른 영역에서의 근로자 중재제도는 매우 활성화되어 있다고 할 수 있다.[375]

바. 소비자분쟁 분야

3.157 소비자분쟁 분야 역시 위의 노동 분야와 마찬가지로 중재가능성과 관련한 각국의 태도가 조금씩 다른 분야인데, 우선 일본의 경우는 중재가능성을 부인하지는 않지만 원칙적으로 소비자가 일방적으로 중재합의를 해제할 수 있도록 하는 외에 경제적 약자인 소비자를 위한 다양한 절차적 보호수단을 강구하고 있다.[376] 독일의 경우도 소비자를 당사자로 하는 중재의 경우 반드시 자필 서명을 요구하는 등 중재합의의 방식을 엄격히 규율하고 있다.[377] 반면에 미국의 경우에는 소비자중재 역시 매우 활성화되어 있고 연방대법원은 거듭 소비자분쟁의 중재가능성을 확인하고 있다.[378]

Ⅵ. 중재합의의 효력

1. 소극적 효력

3.158 뉴욕협약이 규정하고 있는 바와 같이,[379] 중재합의가 있음에도 불구하고 소송이

---

374 일본 중재법 부칙 제4조 참조. 기타 이탈리아나 벨기에 등도 연혁적으로 일본과 비슷한 입장으로 알려져 있다.

375 Born(IA), 89면 참조.

376 일본 중재법 부칙 제3조 참조.

377 독일 민사소송법 제1031조 제5항 참조.

378 Green Tree Fin. Corp.-Alabama v. Randolph, 531 U.S. 79 (U.S.S.Ct. 2000) 등 참조.

379 뉴욕협약 제2조 제3항
The court of a Contracting State, when seized of an action in a matter in respect of which the parties have made an agreement within the meaning of this article, shall, at the request

제기된 경우 그 중재합의가 무효가 아닌 이상 상대방의 요청에 따라 법원은 그 소송을 중지하고 중재에 회부하여야 한다(소극적 효력). 또한, 유효한 중재합의가 있음에도 불구하고 소송을 중단하지 않고 판결이 내려진 경우 그러한 판결은 다른 뉴욕협약의 체약국에서 승인 및 집행이 될 수 없을 것이다.

3.159 한편, 중재합의가 있더라도 법원에 보전처분을 신청하는 것은 허용되는 것이 일반적이나, 우리나라 등 일부 대륙법 국가에서 인정되는 만족적 가처분과 같은 경우에는 비록 이름은 가처분이지만 사실상 본안에 관한 중재판정을 통해 얻을 수 있는 권리구제를 허락하는 것이므로 논란의 소지가 전혀 없지는 않다.

2. 적극적 효력

3.160 유효한 중재합의가 있는 경우 당사자는 분쟁에 대하여 중재를 신청할 수 있고 중재판정부는 비록 상대방이 중재에 응하지 않는다고 하더라도 중재절차를 진행하고 중재판정을 내릴 권한을 가진다(적극적 효력). 한편, 중재합의가 존재함에도 불구하고 소송을 제기한 경우 뉴욕협약은 체약국 법원이 "당사자들을 중재에 회부하여야 한다(refer the parties to arbitration)"고 규정하고 있는데,[380] 그럼에도 불구하고 대부분의 국가는 소송을 중단하거나 기각할 뿐, 당사자들에게 중재를 진행할 것을 명하지는 않는다. 다만, 미국의 경우는 예외인데, 미국 연방 중재법은 유효한 중재합의의 당사자들에 대하여 중재를 강제하는 명령을 내린다.[381] 또한, 미국 법원은 특히 뉴욕협약 등 조약이 적용되는 중재의 경우에는 중재지가 미국이 아닌 경우에도 그와 같이 중재를 강제하는 명령을 내리는데, 이처럼 중재지 이외의 법원이 적극적으로 중재를 강제하는 명령을 내릴 경우 중재지법과 충돌을 일으킬 수도 있다는 점에서 바람직하지 않다는 견해도 있다.[382]

3.161 한편, 중재합의 위반행위에 대한 손해배상 청구가 가능한가 하는 점에 대하여도 반대의 견해가 없지는 않지만[383] 실무상 손해에 대한 인과관계의 입증의 어려움

---

of one of the parties, refer the parties to arbitration, unless it finds that the said agreement is null and void, inoperative or incapable of being performed.

380 뉴욕협약 제2조 제3항 참조.

381 미국 연방 중재법 제4조, 제206조, 제303조 등 참조.

382 Born(ICA), 1018면 참조.

383 장문철·박영길, 주석중재법(2005), 30면 참조.

으로 인해 손해배상 청구가 권리 구제의 유효한 수단이 되지 못하는 경우가 있다고 하더라도 이러한 점을 이유로 손해배상 청구가 아예 불가능하다고 볼 것은 아니다. 예컨대, 일방 당사자가 중재합의를 위반하여 제기한 소송에 타방 당사자가 부득이 응소함으로 인해 발생한 비용이나 기타 추가 손해 등이 있다면 이에 관하여 얼마든지 손해배상 청구를 할 수 있다고 보아야 한다.[384]

3. 소송금지명령(anti-suit injunction)

3.162 중재합의의 당사자가 일방적으로 소송을 제기하거나 제기할 우려가 있는 경우 상대방이 그러한 소송의 금지를 구할 권리가 있는가 하는 점은 실무상 많은 논란의 대상이 된다.

가. 중재판정부의 소송금지명령

3.163 중재합의의 당사자가 중재판정부를 상대로 중재판정부의 임시적 처분의 한 유형으로 이러한 소송금지명령을 구하는 것과 관련하여서는 결국 중재판정부가 명할 수 있는 임시적 처분의 범위 문제로 귀착된다. 각 국가의 중재법이 다소간 차이는 있으나, 2006년 개정이 이루어진 모범중재법 제17조 제2항은 중재절차 자체에 해를 끼치거나 그런 가능성이 농후한 행위를 금지하는 조치를 취할 수 있다고 하여 중재판정부에 의한 소송금지명령의 근거를 명백히 규정하고 있다.[385]

나. 법원의 소송금지명령

3.164 당사자가 법원을 상대로 직접 소송금지명령을 신청할 수 있는가 하는 점은 간단치 않은 문제이다. 주로는 영국이나 미국 등 영미법계 국가의 법원이 소송금지명령의 발령에 적극적인 것으로 알려져 있는데, 영국의 경우 The Angelic Grace 사건[386]을 선도적으로 하여 중재지가 영국으로 된 중재합의가 있는 사안에 대하여

---

[384] Born(IA), 70면; Union Discount v. Zoller [2001] EWCA 1755 (English Court of Appeal) 등 참조.

[385] 모범중재법 제17조 제2항
An interim measure is any temporary measure, whether in the form of an award or in another form, by which, at any time prior to the issuance of the award by which the dispute is finally decided, the arbitral tribunal orders a party to: […]
(b) Take action that would prevent, or refrain from taking action that is likely to cause, current or imminent harm or prejudice to the arbitral process itself […]

[386] Aggeliki Charis Compania Maritime SA v. Pagnan SpA (The Angelic Grace) [1995] 1 Lloyd's Rep. 87 (C.A.)(Chesire, North & Fawcett, 474면 참조).

영국 법원이 소송금지명령을 발령할 수 있다는 입장을 취하고 있으나, 2004년 유럽사법재판소(ECJ)는 유명한 West Tankers 사건 이후 Turner v. Grovit 사건[387] 등 여러 판결들을 통해 그러한 소송금지명령은 민사 및 상사사건의 재판관할과 재판의 집행에 관한 유럽공동체협약("브뤼셀협약")에 반하는 것으로 판단한 바 있다.

3.165 이와 관련하여 중재판정부가 소송금지명령을 내릴 수 있다고 본다면 중재지의 법원도 그러한 명령을 내릴 수 있다고 해야 하고 국가의 법체계에 따라 그러한 명령에 위반하는 경우 비록 영국과 같이 법정모독으로 보아 처벌하는 등의 강제수단이 없는 경우에도 간접강제 등 자국법이 허용하는 범위 내에서 그러한 명령을 강제할 수 있도록 하는 것이 바람직하다는 입장이 있다.[388]

3.166 살피건대, 물론 중재판정부는 당사자들이 사적으로 합의하여 권한을 준 기관으로서 중재판정부가 그와 같은 명령을 내릴 수 있다고 하더라도 중재지 법원 또한 반드시 그와 동일한 선상에 놓고 비교할 수 있는 내용은 아닐 것이다. 더구나 뉴욕협약 제2조 제3항에서 규정한 바와 같이 유효한 중재합의가 없음에도 소송이 제기된 경우 당사자로서는 해당 법원에 그 사실을 소명할 수 있고 그 경우 법원은 관할을 부인하도록 되어 있다. 따라서 굳이 중재지국 법원이 소송금지명령을 발령하는 것은 결국 해당 국가의 법원의 그러한 관할에 관한 판단을 믿지 못하겠다는 불신에서 기초하는 것이라고 볼 여지도 있고, 이는 중재관할을 둘러싼 분쟁에 관한 각국 법원의 판단 권한을 침해하는 측면이 없지는 않다.[389] 실제로 위의 브뤼셀 협약 체제 하에서 영국 법원이 내리는 소송금지명령이 허용되지 않는 것도 협약 가입국 간의 상호신뢰(mutual trust)의 정신에 반한다는 인식에서 기인한다.

3.167 그러나 다른 경우는 몰라도 뉴욕협약 등에 의하여 pro-arbitration 정신이 지배하는 국제중재에 있어서는 각국이 중재합의의 효력을 존중해야 할 기본적인 의무를 부담한다는 점, 일방 당사자가 그 약정에 위반하여 소송을 제기하는 것을 금지하는 것은 법원의 중재에 대한 간섭이 아니라 오히려 중재친화적인 조치에 해당한다는 점, 앞서 본 바와 같이 중재합의 위반에 대하여는 금전적인 손해배상이

387 Turner v. Grovit, case c159/02, [2004] 2 Lloyd's Rep. 169.

388 이규호, "국제상사중재와 국제소송의 경합," 국제사법연구 제16호 (2010), 99면 참조.

389 영국과 같은 특정 국가의 법원이 이러한 소송금지명령을 일방적으로 발령할 경우 이를 반대하는 입장의 국가의 법원은 헤이그송달협약이 적용되는 범위 내에서 관련 송달의 촉탁을 거부하는 등으로 대응할 수도 있다.

유효하고도 충분한 구제수단이 될 수 없는 경우가 많다는 점 등을 감안할 때 이러한 형태의 구제수단을 반드시 거부할 이유는 없다고 본다. 다만, 유효한 중재합의가 있는지 여부는 기본적으로 중재지국의 법률에 따라 판단된다는 점에서 이러한 형태의 구제수단은 특단의 사정이 없는 한 중재지국의 법원을 통하여서만 허용되는 것을 원칙으로 하되, 그러한 경우에도 중재합의의 효력에 별다른 의문이 없어 당사자의 합의 위반이 매우 명백하고 나아가 소송을 금지하지 않을 경우 일방 당사자에게 회복하기 어려운 큰 피해가 예상되는 등 매우 이례적인 상황 하에서만 이러한 구제수단을 허용함으로써 절차남용의 가능성을 최소화하는 것이 바람직하다고 본다.[390]

Ⅶ. 중재합의의 심사권

3.168 중재절차에서 유효한 중재합의가 존재하는지 여부, 즉, 중재관할의 존부에 대한 심사는 다양한 단계에서 이루어지는데, 이하에서는 각 단계별로 중재합의를 심사하는 주체와 또 심사권의 범위에 대하여 주의할 점을 살펴본다.

1. 중재기관의 일응의(prima facie) 판단

3.169 중재기관의 규칙에 따라서는 중재신청서가 중재기관에 접수되면 중재기관이 1차적으로 중재합의가 존재하는지 여부를 심사할 수 있도록 하는 경우가 있다. 예컨대, 중국의 경우 CIETAC 중재규칙 제6조 제1항은 중재판정부가 아니라 CIETAC에게 중재합의의 존재에 대한 절대적 판단 권한을 부여하고 있는데,[391] 중국 중재법상 이러한 판단은 종국적인 효력을 가지고 다만 법원에 의하여만 재심사 대상이 될 뿐이라는 점에서 매우 이례적이라고 할 수 있다.

3.170 그러나 이러한 예외적인 경우를 제외하면 대개의 경우 중재합의, 즉, 중재관할의 존부는 중재판정부가 판단할 내용임을 전제로, 다만 이론의 여지가 없이 중재합

---

390 영국의 경우 역시 소송금지명령은 (i) 영국 법원이 사안에 대하여 충분한 이해관계가 있을 것, (ii) 외국 법원에서의 소송절차가 신청인에게 충분한 불이익(prejudice)을 초래할 것, (iii) 상대방의 정당한 이익을 박탈하지 않을 것 등과 같은 요건이 갖추어졌을 때 발령된다[Born(IA), 68면 참조].

391 CIETAC 중재규칙 제6조 제1항
CIETAC has the power to determine the existence and validity of an arbitration agreement and its jurisdiction over an arbitration case. CIETAC may, where necessary, delegate such power to the arbitral tribunal.

의의 존재가 인정되지 않은 경우 중재신청을 기각할 수 있도록 함으로써 중재기관에게 중재합의에 대한 일응의(prima facie) 판정 권한만을 부여하는데, ICC 중재규칙이 그 대표적인 예라고 할 수 있다.[392] 즉, ICC 중재규칙 제6조 제3항에 의하면 피신청인이 아예 답변서를 제출하지도 않거나 중재관할에 대하여 이의를 제기하는 경우에는 ICC 중재법원이 1차적으로 중재합의의 존재, 유효성, 범위 등에 대하여 일응의(prima facie) 심사를 먼저 하여 논란의 여지가 없을 정도로 명백하게 중재합의가 인정되지 않는 경우에는 더 이상 절차를 진행시키지 않고 바로 중재신청을 기각한다.[393]

3.171 실무상 이러한 일응의(prima facie) 판단 단계에서 유효한 중재합의가 없다고 보아 중재신청이 기각된 사례는 손에 꼽을 정도로 찾아보기 어렵고 어지간하면 중재판정부를 구성하여 중재판정부가 유효한 중재합의가 있는지 여부를 판단하도록 한다. 그러나 아래에서 살펴보는 바와 같이, 다수당사자들을 상대로 한꺼번에 중재신청을 하는 경우 또는 당사자들 사이에 여러 가지 계약이 존재하는 상황에서 각 계약에서 발생하는 여러 가지 청구들을 한꺼번에 묶어서 중재신청을 하는 경우 등에서는 ICC 중재법원이 그러한 병합 청구를 정당화하는 유효한 중재합의가 존재하지 않는 경우에는 중재판정부 구성에 나아가지 않고 ICC 중재규칙 제6조 제3항에 따라 바로 중재신청을 기각하기도 하므로 세심한 주의가 요망된다.

---

392 ICC 중재규칙 제6조 제3항

If any party against which a claim has been made does not submit an Answer, or raises one or more pleas concerning the existence, validity or scope of the arbitration agreement or concerning whether all of the claims made in the arbitration may be determined together in a single arbitration, the arbitration shall proceed and any question of jurisdiction or of whether the claims may be determined together in that arbitration shall be decided directly by the arbitral tribunal, unless the Secretary General refers the matter to the Court for its decision pursuant to Article 6(4).

393 SIAC 중재규칙 제28조 제1항

If a party objects to the existence or validity of the arbitration agreement or to the competence of SIAC to administer an arbitration before the Tribunal is appointed, the Registrar shall determine if reference of such an objection is to be made to the Court. If the Registrar so determines, the Court shall decide if it is prima facie satisfied that a valid arbitration agreement under the Rules may exist. The proceedings shall be terminated if the Court is not so satisfied. Any decision by the Registrar or the Court is without prejudice to the power of the Tribunal to rule on its own jurisdiction.

가. 다수당사자 중재의 경우

ICC 중재규칙은 당사자가 3인 이상일 경우 당사자들 모두를 구속하는 중재합의가 일응 존재한다고 인정되는 경우에만 중재를 진행하는 것으로 규정하고 있다.[394] 이와 관련하여 대체로 ICC 중재법원은 계약에 서명을 하지 않은 당사자가 피신청인이 된 경우에도 해당 피신청인이 계약의 협상이나 이행 등에 참가하는 등, 예컨대, 앞서 본 기업집단(group of companies) 이론 등에 의하여 중재합의가 인정될 수 있는 경우에는 중재를 일단 진행한다. 또한, ICC 중재법원은 건설 중재 사건에서 제2신청인이 시공사인 제1신청인과 관계회사로서, 중재조항을 포함하는 피신청인과의 계약서에 서명을 하지는 않았지만, 제1신청인의 이행을 담보하는 보증을 별도의 문서로 제공한 사안과 관련하여, 보증을 포함하는 문서가 분쟁해결조항을 따로 가지고 있지 않다는 점을 고려하여 일단 중재를 진행시킨 경우도 있다.[395] 3.172

나. 다수의 계약에 기한 중재의 경우

동일한 당사자들 사이에 다수의 계약이 있고 그와 관련된 분쟁을 묶어서 중재신청을 할 경우 ICC 중재규칙 제6조 제4항은 (a) 각각의 계약의 중재합의가 양립이 가능하고 (b) 그 각각의 분쟁을 단일한 중재에서 해결하기로 합의한 것으로 인정되는 경우에만 중재를 진행한다. ICC 중재법원은 모든 계약이 동일한 당사자들 간에 체결되고, 모든 계약이 동일한 경제적 거래에 관련된 것이고 각각의 계약상의 분쟁해결조항이 서로 양립이 가능한 경우(예를 들어, 적용 규칙, 중재지, 중재판정부 구성 방법, 중재언어 등이 동일한 경우) 다수의 계약과 관련한 분쟁이라도 동일한 중재에서 다룰 수 있도록 허용해왔다.[396] 3.173

다. 중재기관의 판단에 대한 구제수단

만약 중재기관이 위와 같이 일응의 중재합의가 없다고 판단하여 중재신청을 기 3.174

---

[394] ICC 중재규칙 제6조 제4항 참조.

[395] Greenberg 외, 232면 이하 참조.

[396] A. Whitesell and E. Silva-Romero, "Multiparti and Multicontract Arbitration: Recent ICC Experience," ICC International Court of Arbitration Bulletin, Special Supplement (2003), 7면; Greenberg, 233면 등 참조.

각할 경우에는 대개의 경우 소송의 제기 등 다른 방안을 강구할 수밖에 없을 것이다. 다만, ICC 중재규칙 제6조 제6항은 위와 같이 중재관할을 부인당한 당사자는 관할 법원에 중재합의 존재 여부에 관한 판단을 구할 수 있다고 규정하고 있는데, 실무상 ICC가 중재관할을 부인한 사안에서 법원이 유효한 중재합의가 있다고 판단한 사례가 없지는 않고, 그 경우 관할 법원, 예컨대, 중재지 법원이 유효한 중재합의가 있다고 판단하면 당사자는 그에 기초하여 새로이 중재신청을 제기할 수 있을 것이다.[397]

2. 중재판정부에 의한 중재관할 판단

가. 관할항변과 직권(ex officio) 심사

3.175 중재합의에 대한 심사는 대체로 피신청인이 중재관할에 대한 항변을 제기함으로써 시작된다. 다만, 소송과 달리 중재는 기본적으로 의제자백 등과 같은 절차가 존재하지 않으므로 당사자가 상대방의 중재신청에 대하여 관할항변을 포함한 아무런 답변을 하지도 않고 아예 중재절차에 처음부터 참여하지 않는 경우에도 중재판정부는 일단 중재관할 유무에 대하여 먼저 심사를 할 필요가 있다. 한편, 피신청인 입장에서는 상대방이 유효한 중재합의가 없음에도 중재신청을 한 경우 중재절차에 참여하지 않더라도 나중에 중재판정의 집행 단계에서 중재관할에 대하여 다툴 수 있기는 하지만 경우에 따라서는 불이익을 입을 수도 있으므로 중재관할에 관한 항변이나 이의는 최소한 적기에 제기하여 두는 것이 바람직하다고 할 것이다.

3.176 중재신청을 당한 피신청인이 중재절차에 참여를 하는 경우 중재관할에 관한 항변이 있으면 반드시 초기에 이를 제기하는 것이 바람직하며, 그렇지 않을 경우 중재관할에 동의한 것으로 간주될 수 있음은 앞서 살펴본 바와 같다. 즉, 피신청인이 중재판정부의 구성에 참여한다고 해서 나중에 관할항변을 제기할 수 없게 되는 것은 아니지만, 모범중재법 제16조 제2항은 중재판정부가 관할을 가지고 있지 않다는 항변은 반드시 피신청인이 반박서면(statement of defence)을 제출하기 전에 이루어져야 한다고 명시하고 있다.[398] 모범중재법을 채택하면서도 중재판정

---

397 Greenberg 외, 234면 이하 참조.

398 UNCITRAL 중재규칙 제3조 제2항은 반대신청에 대한 중재관할의 항변은 반대신청에 대한 답변

부의 중재관할에 대한 항변은 본안에 관한 최초의 주장서면 제출 또는 최초의 본안에 대한 구두 변론이 이루어지기 전에 하도록 약간 변경하여 규정하고 있는 국가도 있다.[399] 나아가 모범중재법 제7조(선택사항 Ⅰ) 제5항은 신청인이 청구서면(statement of claim)에서 중재합의의 존재를 주장하고 피신청인이 반박서면(statement of defence)에서 이를 다투지 않으면 서면에 의한 중재합의가 있는 것으로 인정함은 앞서 본 바와 같다.

3.177 그리고 중재합의는 본안에 관한 심사의 선결문제이므로 중재합의의 유효성에 대하여 의문이 클 경우에는 중재절차를 이분(bifurcation)하여 본안 심리에 앞서 먼저 중재관할에 대한 심사 및 판단을 선행하는 것이 효율적인 경우도 있지만, 실무상으로는 중재관할의 쟁점이 본안과 밀접하게 관련이 있는 경우가 많아 중재인들이 절차를 그와 같이 분리하는 것을 꺼리는 경우가 대부분이다.

나. 중재판정부의 권한심사권

3.178 앞에서 살펴본 '중재합의의 독립성의 원칙'과 함께 중재합의에 관하여 국제중재의 실무상 매우 중요한 원칙의 하나로 거론되는 것이 중재판정부가 스스로의 관할(권한)을 심사할 권한을 가진다는 '권한심사권한(competence-competence)의 원칙'이다. 모범중재법 제16조 제1항은 이와 관련하여 "중재판정부는 중재합의의 존부 또는 유효성에 관한 이의를 포함하여 자신의 관할을 결정할 권한을 가진다"라고 명시하고 있고, 모범중재법을 채택하지 않은 프랑스 등 다른 많은 국가들도 이러한 원칙을 명시하고 있다.[400] UNCITRAL 중재규칙 제23조 제1항 역시 위 모범중재법과 마찬가지의 규정을 두고 있으며, 그 밖에 주요한 국제중재기관의 중재규칙들도 모두 유사한 규정을 두고 있다.[401]

3.179 이러한 원칙은 사실 중재절차에서 논리필연적으로 요구되는 개념이라고 할 수도 있다. 예컨대, 만약 이러한 원칙이 없다면, 중재판정부가 스스로 판정권한이 없다

제출시까지 이루어져야 한다고 명시한다.

[399] 일본 중재법 제23조 제2항 참조.

[400] 목영준, 149면 참조. 다만, 중국의 경우는 앞서 본 바와 같이 중재판정부가 아닌 중재기관 및 법원이 중재관할에 대하여 심사권을 가지는 것으로 규정하고 있다.

[401] ICC 중재규칙 제6조 제5항; LCIA 중재규칙 제23조 제1항; ICDR 중재규칙 제19조 제1항 등 참조. 다만 CIETAC 중재규칙은 기본적으로 관할심사권한은 CIETAC이 보유하고 다만 CIETAC은 그 권한을 중재판정부에 위임할 수 있을 뿐이다(동 규칙 제6조 제1항 참조).

는 판정을 내리는 것은 그 자체로 논리적인 모순에 해당하게 된다고 볼 수 있다. 왜냐하면 판정권한이 없는 중재판정부라면 애당초 판정 권한이 없다는 판정 자체도 할 수 없을 것이기 때문이다. 그러나 국제중재의 실무상 '권한심사권한의 원칙'은 단순히 관할을 부정하는 중재판정부의 판단을 정당화하는 논리 이상의 큰 의미를 가지고 있다.

3.180 즉, 중재절차에서 중재판정부의 권한에 대한 이의가 제기되었을 때 중재인 스스로가 이를 판단할 것인가 아니면 중재절차를 중지하고 그에 관한 법원의 판단을 받을 것인가 하는 문제는 물론, 그와는 반대로 소송절차에서 중재합의의 존부가 다투어질 때 법원이 스스로 이를 판단할 것인가 아니면 소송절차를 중지하고 그에 관하여 중재판정부의 판단을 받을 것인가 하는 문제, 나아가 중재판정부가 내린 중재관할에 관한 판단을 법원이 얼마나 존중할 것인가 하는 문제 등 중재판정부의 관할의 기초가 되는 중재합의의 유효성에 관한 심사권을 둘러싸고 다양한 문제가 발생한다. 이러한 쟁점들을 올바로 이해하고 판단하기 위해서는 중재판정부의 관할심사권에 관한 '권한심사권한의 원칙'에 대한 정확한 이해가 요구된다.

다. 중재판정부의 관할 판단에 대한 이의

3.181 우선, '권한심사권한의 원칙'에 따라 중재판정부가 자신의 관할을 심사하는 권한을 가지는 이상, 중재판정부는 자신의 관할에 대하여 항변이 제기되는 경우에도 절차를 중지하고 법원의 판단을 기다리거나 하지 않고 스스로 관할에 관한 판단에 나아갈 수 있음은 물론이다. 그러나 '권한심사권한의 원칙'은 결코 중재판정부의 그러한 자신의 관할에 대한 판단이 종국적이고 이에 대하여 법원에 의한 재심사가 불가능하다는 내용이 아니다. 당사자들은 중재판정부가 자신의 관할에 대하여 내리는 판정에 대하여 다음과 같은 절차를 거쳐 이의를 제기할 수 있다.

(1) 중재관할을 인정한 경우

3.182 우선, 모범중재법 제16조 제3항은 중재판정부가 본안에 관한 중재판정에 앞서 선결문제로서 중재관할이 있음을 판단할 수도 있도록 규정하고 있고, 그 경우 당사자는 중재지 법원에 중재판정부의 판단에 대한 심사를 요구할 수 있도록 규정하

고 있다. 이 경우 법원은 아래에서 살펴보는 바와 같이 중재판정부가 중재관할을 인정하고 종국 판정에 나아간 경우와 마찬가지로 중재판정부의 관할 판단에 대하여 전면적인 재심사(de novo review)를 하게 된다. 이 경우 중재관할을 인정한 중재판정부의 판단에 대하여 법원에 심사를 요구하지 아니한 당사자가 나중에 중재판정부의 본안에 관한 중재판정 이후에 중재관할이 없다는 이유로 중재판정 취소의 소를 제기하거나 중재판정의 승인 및 집행을 거부할 수 있는가 하는 점이 문제가 되나, 당사자에게 선택권이 인정된다고 본다.[402]

3.183 다음으로, 중재판정부가 중재관할을 선결문제로 먼저 판단하지 아니하고 본안에 관한 심리에 나아간 후 중재판정에서 중재관할을 인정한 경우 중재에서 불리한 판단을 받은 당사자는 유효한 중재합의가 없다고 주장하면서 이를 이유로 중재지 법원에 중재판정취소소송을 제기할 수 있음은 물론,[403] 유리한 중재판정을 받은 당사자가 그 중재판정을 집행하려고 할 때 중재판정부의 중재관할을 다투면서 집행거부를 주장할 수도 있다.[404] 이러한 경우, 법원에 의한 실질재심사가 금지되는 실체적 판단 부분과는 달리, 유효한 중재합의가 있었는지 여부, 즉, 중재판정부의 중재관할에 관한 판단에 대하여는 중재지국 법원 또는 집행국 법원이 전면적인 재심사(de novo review)를 하게 된다.

3.184 다만, 미국의 경우 다수의 판례가 당사자가 합의에 의하여 중재관할에 관한 중재판정부의 판단을 종국적인 것으로 하고 법원에 의한 재심사가 불가능하도록 약정할 수 있다고 하면서 그러한 당사자들의 합의가 명확("clear and unmistakable")하다면 법원에 의한 중재관할 여부의 심사는 마치 실체관계에 대한 것과 마찬가지로 극히 제한적으로 이루어져야 한다는 입장을 취하는 한편, 당사자들이 중재판정부의 '권한심사권한의 원칙'을 천명하는 중재규칙을 선택한 경우 그와 같은 합의가 명확하다고 본다.[405] 그러나 중재규칙이 규정한 중재판정부의 관할심사권은 그것이 종국적이고 사법심사를 배제하는 것으로 해석되기 어려울 뿐만 아니라 중재규칙 선택의 문제도 중재합의가 일단 유효하다는 판단 이후에나 의미가

402 제7장 중재판정에 대한 불복 Ⅱ. 1. 가. 각주 1128 참조.

403 모범중재법 제34조 제2항 a) (ⅰ) 참조.

404 뉴욕협약 제5조 제1항 및 모범중재법 제36조 제1항 a) (ⅰ) 참조.

405 First Options of Chicago, Inc. v. Kaplan, 514 U.S. 938, 942 (U.S.S.Ct. 1995) 참조.

있을 것이라는 점 등에서 이러한 입장은 국제적으로 보편성을 얻기는 쉽지 않아 보이고 실제로 미국에서도 이러한 판례의 입장에 대하여 반대하는 견해도 만만치 않다.[406] 한편, 독일 판례는 종래 당사자들이 합의에 의하여 중재관할에 관한 심사권한을 중재판정부에 주고 법원의 심사를 배제할 수 있다고 판시한 바 있으나, 우리나라의 경우에는 그러한 합의는 무효라고 하는 견해가 있다.[407]

(2) 중재관할을 부인한 경우

3.185 중재판정부가 중재판정부 자신의 관할을 부인한 경우에 관할을 부인당한 일방 당사자가 이에 대하여 법원에 심사를 청구할 수 있는지 여부는 논란의 대상이다.

3.186 모범중재법 제16조 제3항은 중재판정부가 선결문제로 자신의 관할을 인정하는 결정을 내릴 경우에 일방 당사자가 법원에 심사를 청구할 수 있다고 규정할 뿐 관할을 부인하는 중재판정부의 결정 또는 판정에 대하여는 아무런 구제수단을 인정하지 않고 있다. 원래 모범중재법 성안 과정에서 중재판정부가 자신에게 관할이 없다고 판정한 경우 일방 당사자가 30일 내에 법원에 이의를 제기할 수 있다는 내용의 조항을 추가하자는 제안이 있었으나 최종적으로는 채택되지 않았다.[408] 이와 같이 중재관할을 부당하게 부인하는 중재판정부의 판정에 대하여 중재합의의 당사자들에게 전혀 불복의 방법을 부여하지 않는 모범중재법안의 태도에 대하여는 이른바 "법적 진공사태(legal vacuum)"를 초래한다는 비판적 입장들이 많았다.

3.187 따라서, 이러한 모범중재법의 태도에도 불구하고 종래 영국, 프랑스, 벨기에, 스웨덴, 스위스, 이탈리아, 뉴질랜드, 인도 등 여러 나라는, 비록 심사 절차의 구체적인 방법론에 있어서는 차이가 없지 않으나,[409] 중재관할을 부인하는 중재판정

406 Born(ICA), 1169면 참조.

407 이호원(각주 63), 83면 내지 84면 참조.

408 우리 대법원도 종전에는 관할이 없음을 이유로 본안에 대하여 판단을 내리지 않고 중재신청을 각하한 판정은 중재판정 취소의 소의 대상 자체가 아닌 것으로 판시한 바 있다(대법원 2004. 10. 14. 선고 2003다7049 판결 참조).

409 예컨대, 프랑스와 같이 관할을 부인하는 중재판정부의 판단을 중재판정으로 보아 이를 중재판정 취소소송의 예에 따라 법원이 심사하도록 하는 경우도 있고, 싱가포르 국제중재법이나 우리 개정 중재법의 경우와 같이 중재판정부가 선결문제로서 중재관할이 있다고 판정한 경우에 대한 불복 절차와 동일한 절차에 따라 법원이 이를 심사하도록 하는 경우도 있다.

부의 결정에 대하여 법원의 심사권을 부여하고 있고, 아시아에서는 최근 싱가포르가 중재법을 개정하여 그 대열에 합류하였다.[410] 우리나라 역시 이러한 최근의 추세에 따라 중재관할을 부정하는 중재판정부의 결정에 대하여는 30일 이내에 법원에 심사를 청구할 수 있는 조항이 개정 중재법에 포함되었다.[411]

3.188 위와 같은 법원의 심사 결과 중재판정부의 결정이 부당하다는 판단이 내려진 경우의 후속 절차에 대하여는 다양한 견해가 있을 수 있으나, 이러한 법원의 결정이 있을 경우 해당 중재판정부로 하여금 중재절차를 계속 진행하도록 하되, 만약 중재판정부가 중재절차의 진행을 거부하거나 기타의 사유로 기존의 중재절차가 계속 진행될 수 없을 경우에는 부득이 중재판정부를 다시 구성하여 중재절차를 진행할 수밖에 없을 것이다.[412]

3.189 한편, 중재판정부가 자신의 중재관할을 부인하는 결정을 내리면서 관련 중재비용의 분담에 관하여 판정을 내릴 수 있는가 하는 점에 대하여는 논란이 없지 않지만, 중재판정부의 권한심사권한의 원칙에 따라 그 경우 당사자의 요구가 있을 경우 비용의 분담을 명할 수 있다고 보는 것이 타당하다.[413] 국가에 따라서는 그와 같은 경우에도 중재판정부가 비용분담에 관한 결정을 할 권한이 있다는 점을 법에 명시적으로 규정하기도 한다.[414]

3.190 다만, 해당 중재지법에 명시적인 근거가 없는 이상 논란은 불가피하다고 할 것인데, 그와 같은 논란의 여지를 없애기 위해서는 중재판정부가 관할에 관한 심리

---

[410] 다만, 홍콩의 경우는 반대로 최근 중재법 개정시 중재관할을 부정하는 중재판정부의 결정에 대하여는 불복이 불가하다는 점을 명시하였다.

[411] 우리 중재법 제17조 제6항 참조.

[412] 싱가포르 국제중재법 제10조 제6항; 우리 중재법 제17조 9항 등 참조.

[413] 다만, 당사자들 사이에 유효한 중재합의가 존재하지만 해당 분쟁이 중재합의의 대상 범위에 속하지 않아서 중재관할이 부인되는 경우와 달리, 아예 당사자들 사이에 중재합의가 존재하지 않는 경우에는, 법률에 규정이 있는 등 특단의 사정이 없는 한, 중재판정부의 판정 권한을 부인하는 피신청인에게 비용의 부담을 명하는 것은 정당화되기 어렵다는 견해도 있다(Colin Y.C. Ong and Michael Patrick O'Reilly, *Costs in International Arbitration*, LexisNexis (2013), 31면 및 32면 참조).

[414] 싱가포르 국제중재법 제10조 제7항; 오스트리아 민사소송법 제609조 제2항 등 참조. 우리 중재법 개정 과정에서 개정안으로서 "중재판정부가 제5항에 따라, 법원이 제6항에 따라 중재판정부의 판정권한이 없다는 결정을 하게 되면 중재판정부나 법원은 그때까지의 절차비용에 대한 명령을 할 수 있다"라는 내용을 제17조 제10항으로 넣는 방안이 논의되었으나 최종안에는 반영되지 않았다.

및 판단에 나아가기에 앞서 사전에 당사자들로부터 중재비용 분담에 관한 권한을 명시적으로 부여받아 두는 것이 보다 안전한 길이 될 것이다.[415] 실제로 그와 같은 당사자들의 합의가 있는 경우에 법원은 중재판정부의 비용 분담에 관한 판정의 집행을 허용한 사례도 있다.[416]

3. 법원의 심사권과의 관계

가. 법원에 의한 일응의(prima facie) 심사

3.191 일방 당사자가 제기한 소송과 관련하여 상대방이 중재합의가 있다는 방소항변을 제기하는 경우 해당 법원은 그 중재합의가 무효이거나 실효하였거나 또는 이행불능의 상태에 있는 경우가 아닌 이상 분쟁을 중재에 회부해야 하고 그에 대한 관할권을 행사할 수 없다.[417] 이와 같이 소송에서 중재합의에 기초하여 방소항변이 제기된 경우 법원은 필연적으로 유효한 중재합의가 있는지를 심사하게 되는데, 그 경우 과연 어느 범위 내에서 법원이 중재합의에 대한 심사권을 가지는가 하는 점은 중재판정부의 '권한심사권한의 원칙'과 관련하여 국제중재의 실무에서 많은 논란의 대상이 되어 왔다.

3.192 우선, 영국이나 미국은 물론 모범중재법을 채택하는 국가들 상당수가 법원은 위와 같은 경우에도 중재합의의 유효성에 대하여 일응의(prima facie) 심사권이 아닌 최종적인 결정권을 갖는 것으로 해석한다.[418] 따라서, 설령 중재판정부의 관할에 관한 판정이 아직 없는 경우에도 법원은 유효한 중재합의가 존재하는지에 대하여 전면적인 심사를 하게 된다. 다만, 미국의 경우는 앞서 본 바와 같이 다수의 판례가 당사자들이 중재판정부의 '권한심사권한의 원칙'을 천명하는 중재규칙을 선택한 경우 당사자가 합의에 의하여 중재관할에 관한 중재판정부의 판단을 종국적인 것으로 하고 법원에 의한 재심사가 불가능하도록 약정한 것으로 보아 법원에 의한 중재합의의 심사를 극히 제한적으로만 인정하기도 한다.[419]

415 ICC 중재의 경우 중재위탁요지서(Terms of Reference) 작성시 그와 같은 조항을 명시적으로 기재하여 두는 것도 좋은 방안이 될 것이다.

416 Commonwealth Development Corporation v. Montague [2000] QCA 252 (Supreme Court of Queensland Australia).

417 뉴욕협약 제2조 및 모범중재법 제8조 제1항 참조.

418 Born(ICA), 1077면 내지 1087면 참조.

419 자세한 내용은 본장 Ⅶ. 2. 다. (1) 참조.

3.193 나아가, 모범중재법이 중재판정의 취소 또는 승인 및 집행의 단계에서는 법원이 중재합의의 범위에 대하여도 심사할 수 있도록 하고 있는 반면,[420] 중재판정부의 판단이 내려지기 이전에 소송에서 중재합의의 존부가 문제가 된 경우에는 단지 중재합의가 무효이거나 실효하였거나 또는 이행불능의 상태에 있는지 여부만 심사하는 것으로 하여 달리 규정하고 있다는 점[421] 등을 근거로 하여, 중재합의의 성립(existence), 유효성(validity), 적법성(illegality) 등과 같이 유효한 중재합의가 존재하는지 여부에 대하여는 법원이 전면적인 심사를 할 수 있지만, 중재합의가 유효히 존재하는 것을 전제로 하여 다만 중재 대상 분쟁의 범위 해석만이 문제가 되는 경우에는, 법원은 오로지 일응의(prima facie) 심사, 즉, 중재합의가 명백하고 현저하게 무효인지 여부만을 심사하고 만약 유효한 것으로 판단될 여지가 있는 이상 중재판정부의 관할을 부인할 수 없다는 입장도 있다.[422]

3.194 이러한 입장에서 더 나아가, 중재판정부의 자기권한심사권을 최대한 존중한다는 측면에서 중재판정부의 판단에 앞서 이루어지는 법원의 중재합의에 대한 심사는 어떤 경우이든 일응의(prima facie) 판단에 그쳐야 하고, 다툼의 여지가 있을 때에는 바로 소송 관할을 인정하기보다는 소송을 중지하고 중재판정부의 판단을 먼저 기다려야 한다고 보는 국가도 있다.[423]

3.195 심지어, 프랑스의 경우는 중재합의가 명백하게 무효인 경우가 아닌 이상 분쟁은 중재에 회부하여야 하는 것을 원칙으로 하면서, 중재판정부가 일단 구성된 경우에는 법원에게 일응의(prima facie) 심사권조차도 허용하지 않고 중재합의의 효력에 대하여 중재판정부의 판단을 일단 기다려야 하는 것으로 하고 있다.[424]

3.196 살피건대, 소송이 제기되고 동 소송에서 중재관할을 이유로 방소항변이 제기되는 경우이든 아니면 그 밖에 일방 당사자가 적극적으로 법원에 중재관할 유무의 판단을 구하는 경우이든 불문하고, 법원은 중재판정부의 관할에 관하여 전면적인

420 모범중재법 제34조 및 제35조 참조.
421 모범중재법 제8조 제1항 참조.
422 Born(ICA), 1107면 내지 1110면 참조.
423 싱가포르나 홍콩 등 적지 않은 국가의 법원들이 이러한 입장에 동조하고 있다(Tomolugen Holding Ltd and another v. Silica Investors Ltd and other appeals [2015] SGCA 57; Kin Yat Industrial Co Ltd v. MGA Entertainment (HK) Ltd [2007] HKCU 435 등).
424 프랑스 민사소송법 제1458조 참조.

심사에 나아가기보다는 우선 일응의(prima facie) 심사만을 하되, 그 결과 중재합의가 명백하게 무효가 아닌 이상 일단 중재관할의 문제에 관하여는 중재판정부의 판단에 먼저 맡기는 것이 바람직하다고 본다.

나. 중재금지명령(anti-arbitration injunction) 등

3.197 당사자 일방이 유효한 중재합의가 존재하지 않음을 이유로 법원에 중재절차의 진행의 금지를 구하거나 진행되고 있는 중재절차가 위법하다는 확인을 구할 수 있는지 여부에 대하여도 앞서 본 중재판정부의 권한심사권한(competence-competence)의 원칙의 의미나 그 적용범위와 관련하여 실무상 다양한 논의가 있고, 각국의 취급례도 통일되어 있지 않다.[425]

3.198 우리 대법원은 중재절차 위법 확인의 소가 우리 중재법 하에서는 허용되지 않는다고 판시하면서, 중재합의 없이 중재절차가 진행되는 경우 중재법이 인정하고 있는 사법적 통제는 (ⅰ) 중재판정부 스스로가 자신의 권한에 대하여 선결문제로 내린 판단에 대하여 당사자가 법원에 이의를 한 경우(중재법 제17조 제1항 내지 제5항), (ⅱ) 중재판정 취소의 소에서 취소사유를 심사하는 경우(중재법 제36조), (ⅲ) 중재판정 승인 및 집행판결 청구의 소에서 승인 및 집행 거부사유를 심사하는 경우(중재법 제37조) 등 세 가지로 한정되어 있고, 중재법 제6조는 "법원은 이 법이 정한 경우를 제외하고는 이 법에 관한 사항에 관여할 수 없다"고 규정하고 있어서, 결국 중재절차에 대한 사법적 통제의 일종인 중재절차 위법 확인의 소는 중재법 제6조에 따라 허용되지 아니하는 것으로 그 이유를 설명한 바 있다.[426]

3.199 그러나 그 결론의 당부를 떠나 위와 같이 법원이 중재판정부의 판정 권한이나 중재합의의 유효성에 대하여 심사하는 것은 오로지 위 3가지의 경우에 국한되는 것으로 보고 그 이외의 심사 또는 사법적 통제는 우리 법률상 애당초 허용되지 않은 것처럼 설시한 것은 오해의 소지가 있을 수 있다고 본다. 우선, 예컨대, 일방 당사자가 중재의 대상이 되는 분쟁에 대하여 소송을 제기하였을 때 타방 당사자가 방소항변을 제기한 경우와 같이, 법원이 중재합의의 유효성 판단에 나아가는

---

425 이규호(각주 388), 66면 참조.

426 대법원 2004. 6. 25. 선고 2003다5634 판결 참조(유사한 취지로 중재절차정지 가처분을 불허한 판례로는 대법원 1996. 6. 11.자 96마149 심결 참조). 그 밖에 우리나라 중재법상 중재금지가처분은 인정되기 어렵다고 보는 견해로는 김갑유(대표집필), 258면; 이규호(각주 388), 63면 등 참조.

것은 비단 위 판례가 말하는 3가지의 경우에 국한된다고 단정할 수 없다. 따라서, 우리 중재법 제6조(또는 모범중재법 제5조)가 '이 법이 정한 경우를 제외하고는 이 법에 관한 사항에 관여할 수 없다'고 규정한 것과 관련하여, 이를 법원이 중재합의의 효력 등에 관하여 위 3가지 심사 이외에는 절대로 판단하거나 심사권을 행사할 수 없다는 뜻으로 해석하는 것은 다소 무리가 있다고 본다.

3.200 또한, 소송금지명령(anti-suit injunction)이 분쟁을 중재로만 해결하고 소송을 제기하지 않기로 하는 당사자의 명시적 합의사항의 이행을 확보하는 차원에서 그 필요성과 정당성이 인정되는 것임은 앞서 본 바와 같다. 마찬가지로, 예컨대, 당사자들이 적극적으로 소송관할에 합의를 하였음에도 일방 당사자가 그러한 합의에 위반하여 악의로 중재를 제기한 경우나 중재관할을 부인하는 법원의 판결이 있음에도 불구하고 중재를 제기한 경우 등과 같은 특수한 상황 하에서는, 법원에 그 금지를 구하는 가처분 등을 신청하는 길을 원천적으로 배제할 필요는 크지 않다. 오히려 그와 같은 이례적인 상황에서까지 중재관할에 대한 법원의 심사가 원천적으로 배제된다고 본다면 이는 모범중재법 제5조의 의미를 너무 지나치게 확대 해석하는 것이 아닌가 하는 의문이 있다.

3.201 다만, 중재금지명령이 실무상 절차지연을 위한 전략에서 남용되는 경우가 다반사라는 점을 감안할 때, 위와 같은 이례적인 사정이 있는 경우가 아니라면, 가급적 법원은 중재판정부의 권한심사권(competence-competence)을 최대한 존중하여 중재금지명령의 발령에 매우 신중을 기하여야 하는 것은 말할 필요도 없다.[427] 특히 중재지가 외국인 중재의 경우에 있어서는, 뉴욕협약에 따라 특별한 사정이 없는 한 중재합의의 유효 여부 판단의 준거법이 중재지법이 된다는 측면을 감안할 때, 법원의 중재금지명령은 더더욱 엄격한 요건 하에서만 인정되어야 마땅하다.[428]

[427] Born(ICA), 1314면 참조.

[428] Weissfisch v. Julius and Others, [2006] EWCA 218 (English Court of Appeal) 참조.

Ⅷ. 중재조항의 작성에 있어서 고려할 사항들[429]

1. 중재기관

가. 기관중재와 ad hoc 중재

3.202 실무상 중재조항을 작성함에 있어서는 대체로 중재절차를 중재기관이 관장하지 않고 당사자들의 합의에 맡기는 ad hoc 중재보다는 중재기관에 의한 중재가 많이 선호된다. 기관중재의 경우 중재 관리비용(administrative cost) 등 소정의 수수료를 지급하여야 한다는 단점은 있으나 중재절차에 필요한 대부분의 규정이 잘 구비된 규칙에 따라 중재를 진행할 수 있는 장점이 있을 뿐만 아니라, 중재에 경험이 많은 중재기관의 사무국 및 그 실무 담당자가 중재의 시작에서부터 끝까지의 절차를 지원하고 도와준다는 점 역시 무시할 수 없는 장점이 된다.

3.203 반면에, 일단 분쟁이 발생하고 나면 중재인의 선정 등 중요 절차에서 당사자들 사이의 원만한 협조와 합의 도출이 어렵게 되어 기본적으로 당사자들의 합의에 의존하여 절차를 진행하는 ad hoc 중재의 경우 상대방이 지연 전략을 택한다면 상대방의 비협조 등으로 인해 상당한 범위의 절차지연이 있을 수 있다는 단점이 있다.

3.204 따라서, 국제중재에 대한 경험이나 지식이 부족한 당사자로서는 가급적 널리 알려진 유명한 중재기관에 의한 중재를 택하는 것이 안전하며, 상황에 따라 ad hoc 중재를 택하는 경우에는 ad hoc 중재를 위해 마련된 UNCITRAL 중재규칙과 같은 잘 갖추어진 중재규칙을 선택하는 한편, 당사자들 사이의 합의에 의해 중재인이 선정되지 못할 경우에 대비하여 중재인을 선정하는 중립적인 기관을 미리 지정해두는 것도 고려해 봄직하다.

나. 중재기관 및 중재규칙

3.205 기관중재를 선택하는 경우 가급적 국제적인 명성이 있고 검증된 중재기관과 그

---

[429] 국제계약에서 중재조항을 작성함에 있어서 고려하여야 할 사항과 해당 사항별 구체적 조문의 예시에 관하여는 국제변호사협회가 2010년에 마련한 IBA Guidelines for Drafting International Arbitration Clause가 참조할 만한데, 이하 Ⅷ.항에서 설명되지 않은 내용, 예컨대, 다단계 중재조항(multi-tiered clause) 등에 관하여는 해당 지침의 내용을 참조하기 바란다.

중재규칙을 선택하는 것이 안전할 것이지만, 어느 정도 검증된 중재기관 가운데 어떤 것을 선택할 것인가는 결코 쉬운 일이 아니다.

3.206 우선, 중재기관의 가장 핵심적인 기능이 공정하고 능력 있는 중재판정부의 구성에 있다고 볼 때, 해당 중재기관이 유능하고 공정한 중재인을 당사자들의 의사를 반영한 투명한 절차에 따라 선정하는지 여부를 면밀히 살펴볼 필요가 있다.

3.207 그리고 중재기관의 중재규칙이 당사자들의 합의를 보충하고 보완하는 의미를 가진다고 볼 때, 대개의 유명한 중재기관의 중재규칙의 내용은 대체로 잘 정비가 되어 있으나, 긴급중재인(emergency arbitrator) 제도를 포함한 임시적 처분 관련 구제수단, 다수의 계약(multiple contracts)이나 다수의 당사자(multi-parties)를 둘러싼 분쟁을 일괄 해결할 수 있는 제도, 신속절차(expedited procedure) 등에 있어서 상당한 차이를 보이는 것도 사실이므로 해당 중재기관의 중재규칙이 중재 당사자들의 필요를 얼마나 섬세하게 고려하고 그에 대한 절차를 완비하고 있는지도 면밀히 검토하여 중재규칙을 선정하여야 할 것이다.

3.208 또한, 특정한 중재기관의 중재규칙을 선택하는 경우에는 가급적 해당 중재기관이 마련한 표준중재조항을 토대로 하는 것이 바람직하다.[430] 그리고 표준조항에 포함된 내용을 임의로 삭제하는 경우 해석상의 불필요한 다툼의 원인이 되기도 하므로 주의가 요망된다. 나아가 중재규칙의 선택과 별도로 추가의 조건을 합의하는 경우 추가되는 내용들이 중재기관이 중재규칙을 적용함에 있어서 당사자의 합의에 의한 배제(opt-out)를 허용하는 부분인지 여부를 사전에 면밀히 검토하는 것이 바람직하다. 특히, 당사자가 별도로 합의한 내용이 중재기관이 강행규정으로 정한 중재규칙의 내용[431]과 배치가 되는 경우에는 일정한 제한이 따를 수 있다. 예컨대, ICC 중재법원은 당사자들이 ICC 중재규칙에 따르기로 하면서 ICC 중재규칙상의 중재위탁요지서(Terms of Reference)에 관한 규정이나 판결문 검토(scrutiny) 절차에 관한 규정을 배제하기로 합의하는 것은 허용하지 않고 있다.[432]

3.209 그리고 해당 중재기관이 국제중재규칙 외에 다양한 중재규칙들을 보유하고 있을

[430] 표준조항은 대체로 각 중재기관의 웹사이트에서 쉽게 입수가 가능하다.

[431] ICC 중재규칙 중에도 강행규정인 것과 아닌 것이 있다[Robert H. Smit, "Mandatory ICC Arbitration Rules," Liber Amicorum in honour of Robert Briner (2005), 845면 등 참조].

[432] ICC 중재규칙 제23조 및 제33조 참조.

때 특정한 중재규칙의 적용을 받고 싶을 경우 구체적으로 해당 중재규칙을 명시하는 것이 필요하다. 아울러 해당 중재기관의 중재규칙이 계속 개정되어 나간다는 점을 감안할 때 특정한 시점에서 시행되고 있는 중재규칙의 적용을 희망할 경우 이를 조항에서 명시하는 것이 필요하다.

3.210 실무상 중재기관과 중재규칙을 분리한 이른바 하이브리드(hybrid) 방식의 중재조항을 넣기도 하는데(예컨대, ICC 중재규칙에 따른 SIAC 중재 등), 이러한 조항은 그 효력을 둘러싼 불필요한 분쟁이 발생할 수 있으므로 피하는 것이 바람직하다.

2. 중 재 인

가. 단독중재 또는 3인 중재

3.211 중재인의 수는 중재절차에 소요되는 비용과 관계가 있지만 중재의 실무에 있어서 어차피 중재인 수당이 전체 중재비용에서 차지하는 비중이 그다지 크지 않으므로 중재인 수의 선택에 있어서는 비용의 측면 이외의 다양한 요소들이 종합적으로 고려되어야 한다.

3.212 일반적으로 3인 중재의 경우 1인의 독단에 의하여 판단이 왜곡되는 가능성을 최소화할 수 있는 장점이 있지만 그만큼 중재인 수당 등 중재비용이 증가하고, 의사결정에 있어서 단독중재의 경우보다 더딜 수도 있다는 단점이 있다. 3인 중재의 경우 각 중재기관의 중재규칙상 기본 원칙이 조금씩은 다르지만, ICC 중재규칙 등 많은 국제중재기관의 중재규칙의 경우 당사자가 각각 중재인을 1명씩 지명함으로써 중재판정부 구성에 참여할 수 있는 권한을 부여하는데, 이 경우 당사자는 중재절차에 대해 좀 더 통제할 수 있고, 그로 인해 심리적 안정감을 확보할 수도 있게 된다.

3.213 분쟁의 규모 등 상황에 따라 좀 더 신축적으로 대응하기를 희망하는 경우에는 중재조항에 중재인의 수를 특정하지 않을 수도 있고, 그 경우 대개의 중재기관의 중재규칙은 당사자의 의사 및 기타 제반 사정을 감안하여 중재인의 수를 정하게 된다.

나. 중재인 선정 방법

앞서 본 바와 같이 중재기관의 가장 핵심적인 기능은 중립적이고 유능한 중재인을 투명한 방법에 따라 선정하는 것이라고 할 수 있는데, 중재기관에 따라서는 중재인 선정 과정이 불투명하거나 당사자들의 의견을 충분히 반영하지 않고 일방적으로 지정하는 경우도 없지 않다. 따라서, 예컨대, 당사자들이 지명하는 중재인 이외에 의장중재인 또는 단독중재인의 선정 과정에 있어서도 중재기관에 의한 일방적인 지정을 피하고 당사자 또는 당사자가 지명한 중재인들의 합의에 의하여 선정하는 기회를 얻고 싶다면 그 뜻을 중재조항에 명기하는 것도 고려해볼 수 있다. 3.214

3. 중재지와 심리장소

가. 중 재 지

중재지의 법은 이른바 lex arbitri로서 중재절차의 전반에 큰 영향을 미치며, 중재지국의 법원이 중재판정취소소송에 대하여 관할을 행사하는 유일한 기관이 되는 등 여러 가지 점에서 중재실무가들 사이에서는 중재지 선택이 준거법 선정의 경우보다 오히려 더 중요한 문제로 여겨지기도 한다. 따라서, 중재지를 선정함에 있어서는 해당 국가가 뉴욕협약 가입국인지, 모범중재법을 중재법에 채택하거나 그보다 더 중재친화적인 중재법을 보유한 국가인지, 해당 국가의 법원이 국제중재에 대하여 pro-arbitration 정신에 충실한 태도를 보이는지, 당사자의 사적 자치를 존중하고 가급적 간섭을 자제하는 태도(이른바 'hands-off approach')를 보이고 있는지, 증거조사 등에 있어서 중재절차에 적극적인 협조와 조력을 하는지 여부 등을 면밀하게 살펴보아야 한다. 3.215

또한, 실무적인 관점에서 볼 때 중재지는 대체로 중재기관들이 의장중재인이나 단독중재인과 같이 판정에 결정적인 영향을 미치는 중재인을 선정함에 있어서도 크게 고려하는 요소라는 점에서 더욱 중요한 의미를 가진다. 따라서, 중재지를 선정함에 있어서는 중재판정의 예측가능성의 확보 차원에서 해당 국가가 대륙법계 국가인지 영미법계 국가인지를 포함한 사회 또는 문화적 특성, 해당 국가에 중립적이고 실력이 검증된 중재인들이 많이 활동하고 있는지, 중재전문가들의 커 3.216

뮤니티가 활성화되어 중립적이고 국제적으로 보편타당한 중재절차에 얼마나 익숙한지 등에 대한 검토가 요구되기도 한다.

3.217 현재 국제중재의 중재지로서 가장 널리 선정되고 있는 지역은 영국, 프랑스, 홍콩, 싱가포르, 스위스 등으로 알려져 있는데, 이들은 대체로 중립적이고 공정한 법률시스템을 갖추고 있고, 중재친화적인 중재법 및 법원을 구비하고 있어서 국제적으로 명성과 인지도가 높은 지역들이다.[433]

나. 심리장소

3.218 중재지의 개념은 중재심리 등 중재절차가 진행되는 물리적 장소와는 개념상 구분이 된다. 즉, 앞서 본 바와 같이, 많은 중재규칙이 당사자의 중재지에 관한 합의에도 불구하고 심리장소는 중재판정부가 적절하다고 생각하는 곳을 택할 수 있다고 규정하고 있고, 실제로 특별한 사정이 있는 경우에는 중재조항에서 지정된 중재지 이외의 장소에서 중재심리가 이루어지기도 한다. 따라서 반드시 중재심리가 열리는 장소를 특정하고 싶을 때에는 이 점 역시 중재조항에 분명히 기재하여 두는 것이 바람직하다.

3.219 다만, 실무상 중재지에 대한 합의가 있는 경우 대부분 중재의 심리기일 역시 중재지에서 진행하는 것이 보편적이므로, 중재조항에서 중재지를 기재함에 있어서 국가는 물론 런던, 파리, 홍콩, 제네바 등과 같은 도시까지 구체적으로 특정하는 것이 권장되며, 이 경우 해당 국가 및 도시를 선정함에 있어서는 여행 및 시차 등의 관점에서 지리적으로 얼마나 가까운지, 중재심리를 위한 설비가 완비되어 있는지, 속기사나 통역사 등 중재관련 서비스 제공이 용이한지, 기타 심리기일 참석을 위한 출입국 등 중재절차에 장애가 되는 요소는 없는지 등도 고려되어야 한다.

다. 기 타

3.220 국제중재의 실무상 많은 경우에 중재기관을 선택할 때 중재지를 해당 중재기관이 소재한 곳으로 지정하는 경우가 많지만, 중재지를 반드시 중재기관 소재지로

---

433 2015 International Arbitration Survey: Improvements and Innovations in International Arbitration 14면 참조.

할 필요는 없다는 점을 유념할 필요가 있다. 예컨대, 중재기관을 LCIA로 하면서도 중재지는 싱가포르로 할 수도 있고 아울러 중재기관을 SIAC로 하면서 중재지는 서울로 하는 것도 얼마든지 가능하다. 또한, 중재지와 심리장소는 구분되는 개념이므로 중재조항 협상에 임하는 당사자로서는 부득이 중재지를 상대방이 원하는 국가로 양보해야 할 경우 심리장소만큼은 자신이 희망하는 곳을 지정하는 전략을 구사하는 것도 고려해볼 필요가 있다.

4. 준 거 법

3.221 국제적 요소가 있는 거래에서는 어느 나라의 법을 계약의 준거법으로 할 것인지를 미리 정하는 것이 바람직하다. 준거법을 명시적으로 지정하지 않는 경우 중재절차 초기부터 이를 둘러싼 불필요한 공방으로 큰 법률비용이 소요되는 경우가 다반사이므로 각별한 주의가 요망된다. 준거법을 정함에 있어서는 계약 체결의 상황에 따라 다양한 요소들이 고려되어야 하겠지만,[434] 국제중재의 경우 많은 분쟁이 계약의 해석을 둘러싸고 발생하고 어느 국가의 계약해석의 원칙에 따르는지에 따라 결과가 달라지기도 하므로 세심한 주의를 기울여야 한다.[435]

3.222 한편, 계약서에 특별한 규정이 없이 단순히 준거법만을 지정할 경우에는 이는 실체적 권리관계를 규율하는 준거법을 의미하는 것으로 해석된다. 특히 중재지를 준거법 국가와 다르게 지정할 경우에는, 앞서 본 바와 같이, 계약상 준거법보다는 중재지법이 중재합의의 준거법으로 될 가능성이 더 크다. 따라서, 중재합의를 둘러싼 여러 가지 분쟁에 대비하여 중재합의의 준거법으로 중재지법 이외에 다른 법을 특별히 지정하기를 희망한다면 반드시 그러한 취지를 계약서에 명시하는 것이 바람직하다.

3.223 그리고 중재지법과 다른 법을 중재절차를 관장하는 법으로 지정하는 것이 불가능하지는 않으나 실제로 그와 같이 중재지법과 다른 절차법을 합의할 경우 매우 복잡한 법률문제가 발생함은 이미 설명한 바와 같으므로 주의가 요망된다.

---

434 예컨대, 국제건설계약의 경우 준거법 선택과 관련하여서는 석광현, “FIDIC 조건을 사용하는 국제건설계약의 준거법 결정과 그 실익,” 사법 29호(2014년 9월), 3면 내지 67면 등 참조.

435 계약 해석의 원칙에 관한 자료로는 윤진수, “계약 해석의 방법에 관한 국제적 동향과 한국법,” 비교사법 제12권 제4호 통권 제31호(2005. 12), 27면 내지 91면 참조.

3.224 준거법으로 특정 국가의 실체법을 선택하는 것은 별다른 문제가 없으나 그 밖에 흔히 상인법(lex mercatoria)으로 불리는 상거래에 일반적으로 통용되는 원칙 등 무국적의 법규를 배제하거나 포함하고 싶다면 그 취지를 분명히 하는 것이 바람직하다. 이러한 무국적의 법규를 적용한 중재판정이 없지는 않으나 경우에 따라서는 집행 등에 있어서 문제가 될 수 있으므로 세심한 주의를 기울여야 한다.

5. 중재의 대상이 되는 분쟁의 특정

3.225 특히 중재조항에서 중재의 대상이 되는 분쟁의 범위를 특별히 제한하여야 하는 필요성이 있는 경우가 아니라면 "any and all"이나 "arising out of" 또는 "in connection with" 등과 같은 포괄적인 단어를 사용하는 것이 바람직하다. 일반적으로는 "All disputes arising out of or in connection with this Agreement, including any questions regarding its formation, existence, validity, performance, or termination" 등과 같이 매우 포괄적으로 기재하는 것이 추천된다.

3.226 특히, 중재합의의 대상이 되는 분쟁을 확정함에 있어서 무심코 "interpretation or construction of the agreement"와 같은 다소 제한적인 용어를 사용하는 경우가 있는데, 이는 나중에 중재합의의 적용 범위에 관한 해석상의 논란으로 이어지기 쉬우므로 가급적 피하는 것이 바람직하다.

6. 비밀유지조항

3.227 소송과 비교한 중재절차의 장점 가운데 하나로 당사자의 합의에 따라 심리 등 절차와 판정문 등이 대외적으로 공개되지 않고 비밀로 유지할 수 있다는 점을 들 수가 있다. 그런데, 중재법이나 중재규칙 가운데 당사자들에게 비밀유지의무를 부과하는 경우가 생각보다 많지 않다.[436] 따라서, 관련 당사자들의 비밀유지의무를 보다 명확히 하고 싶을 경우에는 중재조항에 이에 대하여 자세히 규정하는 것이 바람직하다.[437]

---

436 ICDR 중재규칙은 중재인이나 사무국 직원 등의 비밀유지의무 이외에 당사자들에게 비밀유지의무를 부과하지는 않고 있고 ICC 중재규칙은 당사자의 비밀유지의무를 부과하지 않는 대신에 당사자의 요청에 따라 중재판정부가 비밀유지에 관한 절차명령을 발할 수 있는 것으로 규정하고 있다. 보다 자세한 것은 제5장 Ⅳ. 6. 참조.

437 IBA Guidelines for Drafting International Arbitration Clauses 제64항 참조.

7. 기 타

가. 중재언어

중재언어가 정하여지지 않은 경우 대체로 중재인이 결정하게 될 것인데, 그 경우 계약상의 언어나 당사자 사이의 의사소통에 이용된 언어 등이 고려될 것이지만 불필요한 공방의 대상이 될 수 있다. 따라서, 당사자들의 언어가 다른 경우 중재언어를 미리 지정하는 것이 바람직하다. 3.228

나. 증거조사방법

문서제출 요구 등 증거조사의 방법과 관련하여서는 나라마다 접근방법과 규칙이 상이하므로, 이러한 경우 대륙법계 국가와 영미법계 국가의 증거조사 방법을 서로 절충한 IBA 증거조사규칙을 지침으로 삼을 수 있음을 합의하는 것도 권할 만하다. 3.229

다. 중재비용

국제중재의 경우 중재판정부에게 변호사 비용을 포함한 중재비용의 부담에 관하여 정할 수 있는 재량권이 부여된다. 실제로 국제중재의 실무에서는 패자에게 중재비용의 부담을 명하는 경우가 일반적인데 국제중재의 실무상 중재절차의 과정에서 발생하는 비용이 상당하므로, 이러한 위험을 피하고자 하는 당사자는 중재비용을 각자 부담한다는 취지를 기재하는 것이 바람직하다. 반대로 회사의 임직원, 사내변호사 등이 중재와 관련하여 지출한 비용까지도 포함하여 보상받기를 원하면 이러한 취지를 중재조항에 명시하는 것이 바람직하다. 3.230

라. 중재합의의 강제수단

그리고 상대방이 중재합의를 위반하는 경우에 대비하여 그 경우 손해배상을 청구할 수 있는 근거 및 손해배상액의 예정액을 마련해두는 것이 분쟁을 미연에 방지하기 위한 수단이 되지만 실무상 활용되는 경우가 많지는 않아 보인다. 3.231

마. 사법적 심사의 제한

3.232 당사자들에 따라서는 중재판정에 대하여 중재지국 법원에 중재판정취소소송을 제기하는 권한마저 배제하고 나아가 중재지국 법원이 중재판정을 취소하더라도 그것만으로는 다른 국가에서의 집행을 거부할 수 없도록 약정하기를 희망하는 경우도 있고, 반대로 중재판정에 대한 사법적 심사범위를 더욱 확대하기를 희망하는 경우도 있다. 이러한 당사자들의 합의는 중재지국, 집행지국 등의 강행규정 등의 해석과 관련하여 그 효력이 문제가 되는 경우가 있을 수 있으므로 사전에 세심한 주의가 요망된다.

바. 다수당사자 중재 등

3.233 중재는 기본적으로 당사자들의 합의에 기초한 절차인 관계로 인해 법원의 재판절차와 달리 다수의 관련 계약에 따른 분쟁을 한꺼번에 묶어서 동일한 절차에서 해결하는 것에는 일정한 제약이 따른다. 이러한 문제를 해결하기 위하여 각 중재규칙은 다수당사자 사이의 중재나 청구의 병합 등에 대하여 다양한 규정을 마련하고 있는 추세이다. 다만, 어느 범위 내에서 분쟁을 묶어서 동일한 절차에서 해결할 수 있는가 하는 구체적인 점에 있어서는 각 중재규칙마다 그 내용이 조금씩 다르므로 중재규칙을 선정함에 있어서 면밀한 검토가 요구된다.[438]

3.234 만약 선택한 중재규칙과 별도로 관련 계약들을 둘러싸고 발생하는 다수당사자 중재를 일괄 해결할 수 있는 중재조항을 원할 경우, 각 계약에 담긴 중재조항들을 동일하거나 최대한 유사하게 규정함으로써 서로 양립이 가능하도록 만들고, 모든 당사자들이 그러한 다수당사자 중재에 동의한다는 점을 가급적 명시적으로 각 계약들에 기재하는 것이 바람직하다. 다만, 그 경우 추후에 분쟁이 발생할 경우 그 의사에 반하여 다수당사자 중재절차에 끌려 들어갈 수 있다는 점을 유념하여야 함은 물론이다.

사. 국가를 당사자로 하는 경우

3.235 국가가 중재조항에 합의하는 경우 대체로 주권면제(sovereign immunity)의 적용을

438 이에 대한 자세한 논의는 제5장 V. 1. 참조.

포기한 것으로 간주되지만,[439] 나중에 중재판정의 집행 단계에서 문제가 될 위험은 여전히 남는다. 따라서, 국가를 상대로 하여 중재조항을 작성하는 경우에 있어서는 사전에 다음과 같은 조항을 넣는 것을 고려해볼 필요가 있다.[440]

> "The obligations and performance by the Purchaser as required under this Agreement constitute commercial acts rather than public or governmental acts. Neither the Purchaser nor its agents or representatives are entitled to or will claim any right of immunity in any jurisdiction from arbitration, suit, jurisdiction, judgment, attachment, set-off, enforcement or execution of an award against its assets, or from any other legal procedure or remedy relating to its obligation under this Agreement."

---

[439] 석광현, 325면 참조.

[440] Moses, 56면 참조.

제 4 장

중재판정부

Ⅰ. 머 리 말

4.01 중재절차에는 중재합의의 대상이 되는 분쟁의 당사자(party), 그리고 당사자를 대리하여 중재절차를 진행하는 로펌이나 변호사 등 대리인들(counsel), 중재의 제반 절차를 관리하는 중재기관(institution), 중재절차에 대한 협력, 지원, 감독을 하는 법원(court) 등 여러 주체가 다양한 국면에서 관여하게 된다. 그러나 누구보다도 중재절차에서 단연 핵심적인 역할을 담당하는 주체는 중재판정부(tribunal)라고 할 수 있다.[441] 물론, 중재절차가 근본적으로 당사자의 중재합의에 기초한 절차라는 점에서 당사자의 사적 자치에 의한 합의가 중요하지만, 일단 당사자들이 직접 또는 중재기관이나 법원의 조력에 의하여 중재판정부를 구성하고 나면 절차의 주도권은 중재판정부를 구성하는 중재인들에게 넘어가게 되고, 중재판정부는 자신에게 부여된 광범위한 재량을 통해 중재절차를 주도하게 된다.

4.02 이하에서는 중재절차에서 중재판정부에게 주어지는 다양한 권한(Ⅱ), 중재판정부의 구성방법(Ⅲ), 중재판정부를 구성하는 중재인의 의무(Ⅳ), 중재인에 대한 기피 및 교체(Ⅴ) 등에 대하여 차례대로 살펴보기로 한다.

---

441 앞서 본 바와 같이 소송에서 단독판사인지 합의부인지 여부를 불문하고 재판부라는 용어를 사용하는 것과 마찬가지로, 중재에 있어서도 중재인이 1명이든 3명이든 모두 중재판정부(arbitral tribunal)라고 부른다. 모범중재법 역시 "arbitral tribunal means a sole arbitrator or panel of arbitrators"라고 하여 이 점을 분명히 하고 있다(모범중재법 제2조 참조).

Ⅱ. 중재판정부의 권한

1. 실체 판단에 관한 결정권

4.03 중재판정부는 분쟁에 대하여 종국적인 판단을 내릴 수 있는 막강한 권한을 보유하고 있는데, 자유심증에 의하여 다툼이 있는 사실관계를 확정할 수 있는 것은 물론 그와 같이 확정된 사실관계에 대하여 법률을 적용하여 최종 판정을 내리기까지 중재판정부에게 부여된 판단의 재량은 실로 광범위하다. 특히, 당사자가 분쟁의 실체에 관하여 적용될 준거법을 지정하지 않은 경우에는 중재인은 준거법의 선택에 있어서 매우 폭넓은 재량을 가질 뿐만 아니라, 설령 당사자가 분쟁에 대하여 특별히 준거법을 지정하였다고 하더라도 그러한 법의 적용과 해석에 있어서 매우 광범위한 재량을 행사할 수 있는데, 이러한 중재인의 실체적 판단에 대하여는 이른바 실질심사금지의 원칙에 따라 중재지국이나 집행지국의 법원이 그 내용을 재심사를 할 수 없게 된다는 점에서 중재인의 권한은 가히 절대적이라고 할 수 있다.

2. 중재절차에 관한 결정권

4.04 중재판정부는 중재절차에 관하여도 광범위한 재량을 가진다. 앞서 본 바와 같이, 중재절차는 기본적으로 당사자가 합의한 바에 따르고, 당사자의 합의가 없는 사항에 대하여는 중재지법(이른바 lex arbitri)이 적용되는데, 당사자가 중재의 절차규범으로 합의한 중재기관의 중재규칙은 물론 당사자의 합의가 없는 경우에 적용되는 중재지법 역시 대체로 중재절차와 관련하여 중재판정부에 광범위한 재량을 부여하고 있다. 중재판정부는 이러한 권한에 기초하여 중재절차에 관하여 당사자의 다툼이 있거나 다툼이 예상되는 쟁점에 대하여 절차명령(procedural order)을 수시로 내린다. 이하에서는 실무상 특히 중요한 의미를 가지는 중재판정부의 중재절차에 관한 권리를 살펴본다.

가. 중재관할에 대한 자체 심사

4.05 앞서 본 바와 같이, 대개의 국가의 중재법 및 대부분의 중재기관의 중재규칙은 중재절차에서 중재관할에 대한 다툼이 있을 때 중재판정부에게 중재관할에 대한

심사권을 부여하고 있다. 물론 중재판정부의 중재관할에 대한 판단에 대하여는 비록 나중에 중재지국의 법원이나 집행국의 법원이 중재판정에 대한 취소소송 또는 집행 및 승인을 구하는 소송의 단계에서 그 당부를 다시 심사하게 되지만, 그 이전까지는 많은 국가의 법원이 대체로 중재판정부의 중재관할에 대한 판단을 존중한다는 점은 앞서 살펴본 바와 같다. 한편, 중재판정부가 자신의 중재관할을 부인하는 결정을 내릴 경우 당사자들이 이에 대하여 불복하거나 이의를 제기할 방법이 마련되어 있지 않는 국가들도 많은바, 그러한 경우에는 중재판정부의 관할에 대한 자체 심사권은 그 의미가 더욱 크다고 하겠다.

나. 중재지 및 심리장소의 결정

4.06 당사자들이 중재합의를 하면서 때로는 중재지 또는 중재심리의 장소를 지정하지 않는 경우가 있는데, 당사자들이 달리 합의하지 않는 한 중재판정부는 중재지 또는 심리장소를 지정할 권한을 가진다. 대부분의 중재기관의 중재규칙이나 여러 국가의 중재법은 당사자가 중재지(seat of arbitration)를 미리 정하지 않은 경우 중재판정부가 중재지를 결정하도록 하고 있고,[442] 그 경우 중재지법은 lex arbitri로서 중재에 지대한 영향을 미치게 됨은 앞서 본 바와 같다. 그리고 대부분의 중재규칙과 중재법은 설사 당사자들이 법적 개념으로서의 중재지를 정하였다고 하더라도 중재심리가 열리는 장소는 그와 별개의 개념으로서 이에 대하여는 중재판정부에게 적절하다고 생각하는 장소를 임의로 선택할 권한을 부여하는 경우가 일반적이다. 중재심리의 장소가 중재당사자나 증인 등 중재절차에 관계된 많은 사람들에게 미치는 적지 않은 영향을 고려할 때 이에 대한 중재판정부의 결정권 역시 결코 무시할 수 없는 중요한 의미를 가진다.

다. 중재언어의 지정

4.07 중재에 사용될 언어 역시 중재절차에 있어서는 매우 중요한 요소인데, 중재합의에 있어서 당사자들이 중재언어를 지정하지 않는 경우 많은 중재규칙은 중재판정부가 계약상의 언어 등 제반 사정을 감안하여 가장 적절한 중재언어를 결정하도록 하고 있다.[443]

---

[442] 제2장 Ⅱ. 2. 가. (2) 참조.

[443] ICC 중재규칙 제20조; KCAB 국제중재규칙 제28조 제1항; HKIAC 중재규칙 제15조; JCAA 중재

라. 증거조사 및 전문가 선정 등

4.08 국제중재의 실무상 사실관계의 조사에 관한 증거법칙을 당사자들이 명시하는 경우가 드문데, 그러한 경우 중재판정부는 다양한 증거조사의 방법을 사용할 수 있고 자유심증에 의하여 판단의 기초가 되는 사실관계를 확정하게 된다. 그 과정에서 중재의 일방 당사자는 입증을 위하여 상대방이 소지하고 있는 특정 문서의 제출을 요구하는 경우가 많은데 상대방이 그러한 문서제출 요구에 응하지 않을 경우 중재판정부는 해당 문서가 분쟁과 관련성(relevance)이 있고 또 사건의 판단에 영향을 미치는 중요성(materiality to the outcome of the case)을 가지는지를 판단하여 문서의 제출을 명할 수 있는 권한을 가지며,[444] 그러한 명령에 불응하는 상대방에 대하여 불리한 추론(adverse inference)을 할 수 있는 권리를 가진다.[445]

4.09 그리고 중재판정부는 당사자의 통제 하에 있는 증인의 소환을 명할 수 있고 당사자의 통제 하에 있지 않는 제3자의 증인에 대하여도 법원의 조력을 얻어 소환을 할 수도 있다. 뿐만 아니라, 손해배상액 산정에 있어서 회계적인 지식이 요구될 경우라든가 기타 중재판정부가 전문가의 도움을 필요로 할 경우 제3의 전문가를 지정하여 그 의견과 도움을 구할 수 있다.[446]

마. 대리인의 부당한 행위에 대한 제재권

4.10 그 밖에 중재인의 절차적 권한 가운데 최근 실무상 주목을 받고 있는 부분은 중재판정부가 중재절차에서 이해상충(conflict of interest)이 있거나 변호사윤리 등에

규칙 제11조 등 참조.

444 IBA 증거조사규칙 제3조 제9항
The Arbitral Tribunal, at any time before the arbitration is concluded, may request a Party to produce to the Arbitral Tribunal and to the other Parties any documents that it believes to be relevant and material to the outcome of the case.

445 IBA 증거조사규칙 제9조 제4항
If a Party fails without satisfactory explanation to produce any document requested in a Request to Produce to which it has not objected in due time or fails to produce any document ordered to be produced by the Arbitral Tribunal, the Arbitral Tribunal may infer that such document would be adverse to the interests of that Party.

446 IBA 증거조사규칙 제6조 제1항
The Arbitral Tribunal, after having consulted with the Parties, may appoint one or more independent Tribunal-Appointed Experts to report to it on specific issues designated by the Arbitral Tribunal.

반하는 부적절한 행동을 하는 대리인에 제재를 가하거나 중재절차에서 배제할 권한이 있는가 하는 부분이다.

4.11 이에 관하여는 최근 국제중재가 활성화되면서 검증되지 않은 대리인들이 국제중재절차에서 여러 형태로 부적절한 행위를 하는 경우가 발생하고 있으므로 마치 판사가 소송절차의 공정성 유지를 위하여 소송대리인의 부적절한 행위를 제재하는 것처럼 중재인에게도 그러한 권한이 내재적으로 부여되어 있다고 보는 것으로 파악하는 견해가 있는가 하면, 대리인의 이해상충 행위 등의 판단 기준이 되는 준거법도 명확하지 않을 뿐만 아니라 무엇보다도 해당 대리인이 속한 국가의 법원이 그와 같은 쟁점들을 다루기에 가장 적합하다는 이유로 중재판정부에게 권한을 부여할 수 없다는 입장도 여전히 유력하다.[447] 한편, 지금까지의 국제중재 실무에서는 중재판정부가 대리인을 중재절차에서 배제시키는 결정을 내린 예를 발견하기가 쉽지 않았다.

4.12 그러나 최근에 이르러서는 중재판정부에 이러한 권한을 부여하는 것이 바람직하다는 견해가 점점 힘을 얻고 있는 추세이다. 일례로 국제변호사협회(IBA)가 2013년에 마련한 IBA 대리행위준칙에 의하면 중재판정부가 구성된 이후 중재판정부와 이해상충이 있는 대리인을 선정하는 경우[448] 등에는 중재판정부 스스로가 해당 대리인을 중재에서 배제할 수 있도록 되어 있다.[449] 이러한 IBA의 지침은 당사자가 합의하거나 또는 중재인이 적절하다고 판단하는 경우에 적용될 수 있지만, 이에서 한 발 더 나아가 LCIA의 경우는 최근 아예 중재규칙을 개정하여 대리인의 행위 준칙을 규칙에 포함시키면서 그에 위반한 행위에 대하여 중재인이 제재를 가할 수 있는 근거를 마련하였고, 아울러 종래 국제중재의 실무상 문제가 되어 온 이슈, 즉, 일방 당사자가 중재절차의 막바지에 중재판정부와 이해상충 관계에 있는 대리인을 일방적으로 선임하는 경우 중재판정부가 이를 배제할 권리가 있는지를 둘러싼 쟁점과 관련하여서는 아예 중재판정부가 선정된 이후에 새로운 대리인을 선임하는 것에 대하여 중재판정부의 허락을 받도록 규정함으로

[447] 이에 관한 미국법원의 입장은 갈린다고 한다[Born(IA), 273면 참조].

[448] 새로 선임된 대리인으로 인해 중재의 염결성(integrity)이 손상되는 경우와 같은 특별한 사정이 있는 경우에는 중재판정부가 대리인을 중재에서 배제할 수 있다는 점을 확인한 판정 사례로는 The Rompetrol Group N. V. v. Romania (ICSID Case No. ARB/06/3) 참조.

[449] IBA 대리행위준칙 제5조 참조.

써 문제를 원천적으로 차단하였다.[450]

3. 임시적 처분(interim measure)에 관한 권한

4.13 법원이 본안 소송에 앞서 가처분이나 가압류 등 임시적 처분을 발할 수 있듯이 중재판정부 역시 본안에 관한 판정에 앞서 일정한 현상을 보전할 필요가 있을 때 잠정적인 처분을 명할 수 있는 권한이 인정된다. 대부분의 중재규칙이나 중재법이 중재판정부에 대하여 이러한 임시적 처분권을 인정하고 있다. 다만, 중재판정부가 어떠한 요건 하에서 이러한 처분을 내릴 수 있는지에 대하여는 취급례가 조금씩 차이가 있는데, 2006년에 개정된 모범중재법에서는 1) 만약 임시적 처분이 없을 경우 향후 손해배상판정에 의해 적절하게 구제될 수 없는 피해가 초래될 수 있고, 2) 임시적 처분이 내려질 경우 그러한 피해가 상대방에게 초래될 수 있는 피해를 상당히 능가할 뿐만 아니라, 3) 중재신청의 본안에서 이길 합리적인 개연성이 있는 경우에는 중재판정부가 임시적 처분을 내릴 수 있는 것으로 규정하고 있다.[451]

4.14 모범중재법 개정 작업의 과정에서 과연 중재판정부가 타방 당사자의 관여 없이 일방 당사자의 신청에 의하여(ex parte) 임시적 처분을 내릴 수 있는가에 대하여는 논란이 있었다. 개정 작업에 참여한 미국 대표들은 개정 법안에 중재판정부에게 그러한 권한을 허용해야 한다고 적극적으로 주장한 반면, 다른 대표들은 그러한 권한은 중재가 당사자들의 합의에 기초한다는 사실과 적법절차에 반한다고 주장하면서 중재판정부에 그러한 권한을 부여하는 것에 의문을 표명하였다. 이러한 이견으로 인해 결국 개정 모범중재법은 타방 당사자의 관여가 없는 일방 당사자의 신청만에 의하여(ex parte) 예비명령(preliminary order) 형식의 긴급처분만을 내릴 수 있도록 하는 것으로 타협을 하였다.[452] 한편, 예비명령은 원칙적으로 20일간 유효하지만, 중재판정부는 예비명령이 발해진 당사자에게 변론의 기회를 준 후에 예비명령을 채택하거나 수정하는 임시적 처분을 발령할 수 있도록 하고 있다.[453]

---

450 LCIA 중재규칙 제18.3조 및 제18.4조 참조.

451 이에 관한 보다 자세한 내용은 제5장 Ⅳ. 2. 가. 참조.

452 모범중재법 제17조 B 참조.

453 모범중재법 제17조 C 제4항 참조.

4. 중재비용부담에 대한 결정

가. 중재비용 부담

국제중재의 경우 중재규칙이나 중재법에 따라 차이가 전혀 없지는 않으나 대체로 중재판정부가 광범위한 재량을 가지고 중재절차에서 발생한 중재절차비용, 변호사비용 등에 대하여 분쟁당사자들 사이에 분배할 수 있는 권한을 가진다. 국제중재의 실무상 발생하는 법률비용의 규모가 크다는 점을 감안한다면 중재비용부담에 관한 중재판정부의 권한은 역시 무시할 수 없는 부분이라고 할 수 있다. 4.15

나. 중재비용에 대한 담보제공

중재절차를 신청하는 당사자로서는 중재판정을 위하여 필요한 비용을 어차피 고려하고 감수하는 것이겠지만, 피신청인으로서는 재정적 상태가 불확실한 신청인이 무리하고도 무익한 중재신청을 해올 경우 자신이 승소할 때 상대방으로부터 회수할 수 있는 비용에 대하여 미리 담보를 제공할 것을 신청인에게 요구할 필요성이 발생한다. 이는 피신청인이 자력이 없는 신청인을 상대로 반대청구를 하는 경우에도 마찬가지이다. 중재규칙에 따라서는 신청인 또는 피신청인이 중재판정부에게 중재비용을 위한 담보를 제공해야 한다는 취지의 명령을 요구하는 것이 가능하다. 예를 들어 LCIA 중재규칙은 중재판정부에게 신청인 또는 피신청인으로 하여금 은행보증 또는 기타 형태로 타방 당사자에게 법률비용 또는 기타 비용에 대한 담보를 제공하도록 명령할 권한을 부여하고 있고,[454] ICC 중재규칙[455] 하에서도 임시적 처분에 관한 중재판정부의 일반적 권한에 중재비용에 대한 담보에 대한 명령을 내리는 것도 포함되는 것으로 해석된다. 4.16

Ⅲ. 중재판정부의 구성

이상과 같이 중재판정부가 중재절차에서 차지하는 비중과 그 권한을 고려한다면 실무상 “Arbitration is only as good as the arbitrators are”이라고 하는 말처럼 중재판정부의 구성이 중재절차에서 가장 중요한 부분으로 인식되고 있는 이유를 어렵지 않게 알 수 있다. 4.17

[454] LCIA 중재규칙 제25조 제2항 참조.
[455] ICC 중재규칙 제28조 참조.

4.18 중재판정부의 구성방법은 원칙적으로는 당사자가 어떻게 합의하느냐에 달려 있다. 당사자들은 계약서의 중재조항에서나 또는 분쟁이 발생한 후 별도의 합의를 통하여 중재인의 수, 선정절차 및 중재인의 자격에 대해 자유로이 합의할 수 있다. 중재판정부의 구성에 대해 당사자가 특별히 합의한 내용이 없더라도 별도로 합의한 중재규칙 또는 중재절차법이 있다면 이에 따라 중재판정부가 구성되게 된다. 이와 관련하여 유의할 점은 중재판정부의 구성이 당사자의 합의에 반하는 경우 또는 (당사자의 합의가 없을 경우) 중재지법에 부합하지 않는 경우에는 중재판정의 승인 및 집행이 거부될 수 있다는 점이다.[456]

1. 중재인의 수

4.19 중재판정부는 1명, 3명, 5명 등과 같이 홀수의 중재인으로 구성된다. 국가들 사이의 중재에서는 5명의 중재인으로 중재판정부를 구성하기도 하지만,[457] 대개는 1명 또는 3명으로 중재판정부를 구성한다. 실무상 짝수로, 예컨대 2명의 중재인을 선정하는 경우 이들이 합의에 도달하는 경우도 없지 않지만, 만약 합의에 도달하지 못하고 그 해결 방법에 대하여 당사자들조차 교착상태에 빠질 경우 중재지법 등 중재절차의 준거법이 이 문제를 보완할 수 있는 규정을 두고 있지 않는 한 전체 중재절차가 무효화될 수도 있음을 주의하여야 한다. 이로 인해 국가에 따라서는 법으로 짝수 중재인 선정을 아예 허용하지 않는 경우도 있다.[458]

4.20 한편, 영국중재법은 당사자가 명시적으로 달리 합의하지 않는 한, 짝수 중재인을 선정하겠다는 당사자들의 합의는 의장중재인으로 추가 중재인 임명을 요하는 것으로 이해되어야 한다고 규정하고 있다.[459] 또한, 영국중재법은 의장중재인과는 별도로 '심판관' 또는 '심판중재인'(umpire)제도를 두고 있는데, 이 심판관은 당사

---

456 뉴욕협약 제5조 제1항 (d)
The composition of the arbitral authority or the arbitral procedure was not in accordance with the agreement of the parties, or, failing such agreement, was not in accordance with the law of the country where the arbitration took place.

457 북미자유무역협정(North America Free Trade Agreement; NAFTA)의 국가 간 중재에서 5명의 중재인이 선정된 적이 있다고 한다.

458 프랑스 민사소송법 제1453조(내국중재사건의 경우); 네덜란드 민사소송법 제1026조 제1항; 벨기에 사법전(Judicial Code) 제1681조; 이탈리아 민사소송법 제809조; 인도 중재법 제10조 제1항 등 참조.

459 영국 중재법 제15조 제2항 참조.

자 사이의 합의에 따라 선정되거나,[460] 2인 중재의 경우 당사자가 선정한 중재인들 사이의 합의에 따라 선정된다.[461] 2인 중재판정부가 어떤 쟁점에 대하여 합의에 이를 때까지는 중재인들이 판정 등의 권한을 가지나, 중재인들이 합의에 이르지 못할 경우에는 당사자 사이에 다른 합의가 없는 한 2인 중재판정부는 중재인으로서의 지위를 상실하고, 심판관이 단독중재인과 같이 판정 등에 관한 권한을 가지게 된다.[462]

가. 1인 또는 3인

4.21 중재인 수를 결정할 때 고려해야 할 요소가 여러 가지 있다. 단독중재인을 임명하는 경우, 회합이나 심리기일을 지정하는 것이 보다 쉽고 중재인들 내부의 합의에 도달하는 데에 요구되는 시간이 필요하지 않기 때문에 상당한 비용절감을 할 수 있을 뿐만 아니라, 시간적인 측면에서도 보다 효율적이라는 장점이 있다. 또한, 3인 중재판정부의 경우에는 중재인간에 합의에 도달하는 과정에서 드물기는 하지만 가끔씩 법을 떠난 타협 등으로 사건의 본질이 왜곡되기도 하는데, 단독중재인의 경우는 그러한 위험도 없다.

4.22 반면 단독중재인을 선택한다는 것은 3인 중재판정부에 비하여 판단상의 오해나 실수의 위험이 증가된다는 위험이 있다. 3인 중재판정부의 경우 중재인들의 다양한 지식, 기량, 전문성 그리고 문화적 인식 등이 결합되어 판단의 질이 높아지고, 그만큼 당사자들의 중재절차에 대한 신뢰를 제고할 수 있다는 장점이 있다. 특히, 3인 중재판정부를 선호하는 가장 중요한 이유는 각 당사자가 한 명씩의 중재인을 직접 지명할 수 있다는 점인데, 이렇게 직접 지명한 중재인이 포함된 3인 중재판정부에 의한 중재판정이 내려질 경우 단독중재인에게 판정받는 경우에 비하여 전혀 예상하기 어려운 엉뚱한 판정이 나올 확률이 그만큼 줄어들 수 있다.

4.23 이상의 장단점을 고려할 때, 분쟁의 성격이나 규모 등을 정확히 예상할 수 없는 상황에서 미리 계약에 중재인의 수를 지정하여 두는 것보다는 추후 분쟁이 발생한 이후 발생한 분쟁의 성격이나 규모에 따라 당사자들의 합의에 의하여 또는 합

460 영국 중재법 제16조 제1항 참조.

461 영국 중재법 제16조 제6항 (b) 참조.

462 영국 중재법 제21조 제4항 참조.

의가 없을 경우 중재기관에 신청을 하여 적절한 중재인의 수가 결정될 수 있도록 가능성을 열어 두는 것이 오히려 바람직할 수도 있다고 하겠다.[463]

나. 중재인 수에 대한 당사자의 합의가 없는 경우

(1) 중재규칙

4.24 당사자들이 중재인 수에 대한 합의를 하지 않은 경우, 중재규칙마다 기본으로 하는 중재인 수에 대한 입장이 다른데, 크게 네 가지로 분류할 수 있다.

4.25 첫째, 단독중재인을 기본 원칙으로 하면서 경우에 따라 중재기관이 사안의 규모나 복잡성 등 제반 사정을 감안하여 3인 중재판정부를 구성할 수 있도록 하는 경우인데, ICC 중재규칙,[464] LCIA 중재규칙,[465] ICDR 중재규칙,[466] JCAA 중재규칙,[467] KCAB 국제중재규칙[468] 등 많은 중재기관의 중재규칙이 이와 같은 입장을 취한다. SIAC 중재규칙[469] 역시 단독중재인을 원칙으로 하면서도 SIAC 사무국(Registrar)이 분쟁의 복잡성, 분쟁규모 및 기타 관련 사정을 고려하여 적합한 경우에는 3인 중재판정부를 구성하도록 결정할 수 있다고 규정하고 있다.

4.26 둘째, 3인 중재판정부를 기본으로 하는 입장인데, UNCITRAL 중재규칙[470]의 경우 원래부터 3인 중재판정부를 기본 입장으로 하였으나, 2010년 개정규칙에는 약간의 변화가 있었다. 즉, 기본 입장은 3인으로 유지하되 일방 당사자의 신청이 있을 경우 단독중재인을 임명할 수도 있도록 임명권자(appointing authority)에게 재량을 부여하고 있다. 이는 피신청인이 중재판정부 구성에 참여하지 않음에도 불구하고 신청인이 소규모 분쟁을 위해 불필요하게 3인 중재판정부를 구성하여 절차를 진

---

463 ICC 중재법원에 2007년부터 2011년 사이에 접수된 사건 가운데 60%는 3인 중재인이, 40%는 1인 중재인이 선정되었다고 한다(Fry/Greenberg/Mazza, 137면 참조).

464 ICC 중재규칙 제12조 제2항 참조.

465 LCIA 중재규칙 제5조 제8항 참조.

466 ICDR 중재규칙 제11조 참조.

467 JCAA 중재규칙 제23조 참조.

468 KCAB 국제중재규칙 제11조 참조. 다만, KCAB 국내중재규칙은 중재인 수에 관하여 당사자의 합의가 없으면 사무국이 구체적인 사건의 여러 상황을 고려하여 1인 또는 3인으로 정하도록 하고 있다(동 규칙 제23조 참조).

469 SIAC 중재규칙 제9조 제1항 참조.

470 UNCITRAL 중재규칙 제7조 제1항 참조.

행해야 하는 상황을 피하기 위함이다.

4.27 셋째, 미리 중재인 수를 정하지 않는 입장도 있다. ACICA 중재규칙[471]이 그러한데, ACICA에게 모든 관련 사정을 고려하여 중재인 수를 정할 권한을 주고 있다. HKIAC 중재규칙[472]도 당사자들이 중재인 수를 합의하지 않은 경우 HKIAC 위원회(Council)가 중재인 수를 정하게 하고 있다.

4.28 넷째, 분쟁 금액과 당사자들이 중재비용 예치를 했는지 여부에 따라 중재인 수를 정하는 입장도 있는데,[473] 이러한 경우 사건 초기에 신청인의 청구금액이 특정되지 않거나 그 밖의 사유로 분쟁금액이 명확하지 않을 수도 있다는 점에서 문제가 생길 여지가 있다.

(2) 중 재 법

4.29 당사자들이 중재인의 수에 대하여 합의하지도 않고 따로 중재규칙을 지정하지도 않은 경우에는 중재지법의 도움을 받아 중재판정부를 구성하게 되는데, 모범중재법은 중재인의 수에 관하여 3인 중재판정부를 기본 원칙으로 하고 있다.[474] 국가에 따라서는, 예컨대, 말레이시아와 같이 국제중재에 대하여는 3인 중재판정부를, 국내중재에 대하여는 단독중재인을 선정하는 것을 기본 입장으로 하고 있는 경우도 있는가 하면, 3인 이상의 당사자 중재의 경우에는 당사자의 신청에 의해 법원이 중재인의 수를 정하도록 하는 경우도 있다.[475]

4.30 싱가포르는 비록 모범중재법을 채택했지만, 모범중재법을 변형하여 단독중재인을 기본으로 하고 있다.[476] 인도도 단독중재인을 기본으로 하고 있으며,[477] 홍콩은 당사자들이 중재인 수를 합의하지 않은 경우에 HKIAC에게 결정권한을 주고 있다.[478] 중국 중재법은 중재인 수에 대한 기본 입장을 정하지 않고, 중재판정부는

---

[471] ACICA 중재규칙 제8조 참조.

[472] HKIAC 중재규칙 제6조 제1항 및 제3조 제3항 참조.

[473] 이러한 입장을 취한 예로 Indian Council of Arbitration Rules 제22조 참조.

[474] 모범중재법 제10조 참조.

[475] 일본 중재법 제16조 제3항 참조.

[476] 싱가포르 국제중재법 제9조 참조.

[477] 인도 중재법 제10조 참조.

[478] 홍콩 중재법 제10조 제3항 참조.

1명 또는 3명으로 구성될 수 있다고만 규정한다.[479]

2. 중재판정부의 구성 방법

가. 일 반 론

4.31 중재판정부의 구성은 당사자의 사적 자치에 의하여 합의한 방식에 따라 이루어져야 한다. 당사자들이 중재조항에 중재판정부의 구성 방법에 관하여 특별히 약정하는 경우도 있지만, 그와 같은 구체적인 합의가 없을 경우에는 당사자가 합의한 중재규칙 또는 각 국가의 중재법에서 정한 방식에 따라 중재판정부는 구성된다.

4.32 당사자들이 중재기관의 중재규칙을 지정함에 있어서는 해당 중재기관이 당사자의 사적 자치에 의한 중재판정부의 구성에 어떠한 제약을 가하고 있는지 여부 등도 면밀히 살펴보아야 한다. 예컨대, ICC 중재규칙을 비롯한 여러 중재기관의 중재규칙을 보면, 당사자들의 중재합의 또는 중재규칙에 따라 당사자들에게 중재인을 선정(appoint)하거나 지명(nominate)할 권한이 부여되는 경우에도 당사자들이 선정 또는 지명한 중재인이 자동적으로 중재인으로 임명되는 것이 아니라 중재기관의 확인(confirmation) 절차를 통해 최종적으로 중재인으로 임명되도록 하고 있다.[480] 그리고 CIETAC 중재규칙은 당사자들이 CIETAC의 중재인 명부에 속하지 않은 중재인을 선정하려고 하는 경우 CIETAC의 확인(confirmation)을 받아야 하는 것으로 되어 있다.[481] 이러한 경우 중재기관은 중재인에 대한 확인 절차의 과정에서 당사자들이 선정 또는 지명한 중재인이 중재인으로서 적절하지 않다고 판단할 경우 확인을 거부할 수 있으므로 중재인 선정에 관한 당사자의 사적 자치는 그만큼 제약된다고 볼 수 있다.

4.33 자연인이 아닌 법인을 중재인으로 지정할 수 있는가 하는 점과 관련하여서는, 중재인이라는 역할의 본질이 매우 개인적이라는 점에 기초하여, 만약 당사자들이 자연인이 아닌 법인에 분쟁을 위탁한 경우 그 중재합의는 해당 법인이 그 소속 구성원 가운데 한 명을 중재인으로 선정하는 것으로 해석되어야 한다는 견해가

---

479 중국 중재법 제30조 참조.

480 ICC 중재규칙 제12조 및 제13조; SIAC 중재규칙 제9조 제3항; KCAB 국제중재규칙 제13조 등 참조.

481 CIETAC 중재규칙 제26조 제2항 및 제76조 참조.

있다.[482] 그리고 일정한 평가에 관한 분쟁을 조합(partnership)에 맡기는 당사자의 합의를 두고 해당 조합을 중재인으로 선정한 것으로 해석한 판례도 있다.[483]

4.34 한편, 당사자들은 때로는 계약서의 중재조항에 특정한 개인을 중재인으로 지정하는 경우가 있는데 분쟁이 발생하기 전에 이와 같이 중재인을 미리 정하는 것은 바람직하지 않다. 물론 그 경우 중재판정부의 구성이 훨씬 빠르고 보다 확실하다는 장점이 있지만, 만약 지정된 사람이 그 동안 사망하거나 그 밖의 다른 이유로 분쟁이 발생했을 때 중재인으로 활동할 수 없는 상황이 발생하거나 중재합의가 이루어진 후에 그 지정된 사람의 개인적인 또는 직업적인 활동과정에서 이해충돌관계의 상황이 야기될 수도 있으므로 실무상 추천할 만한 중재판정부 구성 방법이라고 할 수는 없다.

4.35 또한, 분쟁이 발생하기 전에 중재인의 자격요건을 미리 정하는 경우도 있는데 이 역시 결코 바람직하지 않다. 왜냐하면, 분쟁이 법률문제일 수도 있고, 사실관계의 문제일 수도 있으며, 또한, 사실관계의 문제라 하더라도 그 사실관계를 정확하게 파악하기 위해 어떤 전문성이 요구될 수도 있는데, 이를 사전에 정하는 것은 여러 가지 문제점을 야기할 수 있기 때문이다. 예를 들어 "10년 이상의 변호사 경력을 가진 자로서 한국법과 건설 및 엔지니어링 분야에 경험을 가진 영어를 모국어로 사용하는 자"와 같은 자격요건을 정하는 것은 중재판정부 구성을 지연시키거나 불가능하게 만들 수도 있다는 점을 염두에 두어야 한다.[484] 위와 같이 중재합의에서 특정한 사람을 지정하거나 그 자격요건을 정하는 것보다는 오히려 미리 임명권자나 중재인을 선정하는 임무를 가지는 기관을 지정하는 것이 더욱 중요하다. 그러나 이러한 접근방법보다 가장 바람직한 방법은 신뢰할 만한 중재기관의 중재규칙을 지정하는 것일 것이다.

482 Sutton 외, 120면 참조.

483 Leigh v English Property Corp Ltd [1976] 2 Lloyd's Rep. 298 참조.

484 우리 대법원은 중재계약에서 특정인을 중재인으로 선정한 경우에 있어서는 그 특정인의 중재판정을 받고자 하는 것이 중재계약을 체결한 당사자들의 의사이므로, 그 특정인이 중재인으로서의 직무수행을 거부하면 그 중재계약은 효력을 상실하거나 이행이 불능인 때에 해당한다고 판시한 바 있다(대법원 1996. 4. 12. 선고 96다280 판결).

나. 중재규칙에 따른 중재판정부의 구성

4.36 단독중재인이나 3인 중재판정부의 선정 방법에 대하여 당사자들이 사전에 또는 분쟁 발생 이후에 합의를 한 경우에는 그에 따르는 것이 원칙이겠지만,[485] 그렇지 못한 경우에는 당사자들이 지정한 중재규칙에 따라 중재인을 선정할 수밖에 없을 것인데, 그 구체적인 방법은 각 중재규칙에 따라 차이가 있다.

(1) 당사자에 의한 중재인 선정

4.37 3인 중재판정부의 경우에 있어서 의장중재인 이외의 나머지 2명의 중재인을 선정하는 방법과 관련하여, 예컨대 ICC, SIAC, HKIAC 등 다수의 중재기관의 중재규칙의 경우처럼 당사자가 중재인을 한 사람씩 선정하도록 하는 것을 허용하는 입장이 있는 반면, LCIA, ICDR 등과 같이 당사자에게 지명 또는 선정권을 주지 않고 3인 모두 중재기관이 선정하도록 하는 입장을 취하는 경우도 있는데, 이 가운데 어느 쪽이 더 바람직한 입장인가를 둘러싸고 실무자들 사이에 적지 않은 논란이 있다.

4.38 당사자들이 직접 중재인을 선정하는 방식에 대하여 거부감을 보이는 입장에서는 당사자들이 선정한 중재인들이 의식적으로든 무의식적으로든 자기를 선정한 당사자의 편을 드는 moral hazard가 발생할 수 있는데,[486] 실제로 이들에게 당사자로부터 완전히 독립된 불편부당한 입장을 요구하기 어려운 것이 현실임을 감안할 때, 이러한 문제가 많은 중재인 선정 방식을 중재기관의 중재규칙의 기본원칙으로 하여 권장하는 것은 바람직하지 않다고 주장한다. 그러나 이러한 비판에 대하여 지지하는 입장이 그리 많지는 않은 듯하다. 즉, 대다수의 실무가들은, 당사자가 중재인 가운데 한 명씩을 직접 지명 또는 선정할 수 있도록 하는 것은 당사자에 대하여 중재절차에 대한 심리적 안정감과 신뢰를 줄 수 있는 중재절차 특유

---

[485] 실무상 대체로 3인 중재판정부에 합의할 경우 각 당사자가 한 명씩 중재인을 선정하고 그와 같이 선정된 중재인들이 합의하여 의장중재인을 선정하는 것으로 합의하는 경우가 많다.

[486] 중재인은 후술하는 바와 같이 공정성(impartiality)과 독립성(independence)에 관한 의무를 부담하므로 당사자에 의하여 선정된 중재인이라고 하더라도 자신을 지명한 당사자로부터 엄격한 독립성(independence)을 유지하여야 한다. 따라서, 일단 중재인으로 선정된 이후에는 자신을 지명한 당사자와 일방적으로 사건과 관련한 교신을 하는 것은 허용되지 않는다, 다만, 실무상 의장중재인의 선정과정에서 자신이 지명한 중재인에게 의장중재인 선정에 관한 자신들의 의견을 개진하는 것은 당사자들의 합의를 통해 예외적으로 허용하는 경우가 적지 않다.

의 좋은 제도이고, 중재인 선정권을 당사자로부터 빼앗아 중재기관에 넘겨줄 경우 중재기관과 친밀한 관계를 형성한 중재인에게만 유리할 뿐 특별히 당사자가 중재인을 선정하는 경우에 비하여 더 나은 결과를 가져오지 않고, 이런 점에서 당사자가 중재인 1명을 직접 선정할 수 있도록 하는 제도는 최선은 아니라도 차선이 된다("the lesser of the evil")는 이유로 반대의 입장을 취한다.

4.39 또한, 당사자들의 관여 여부는 의장중재인의 선정을 둘러싸고도 문제가 된다. 예컨대, ICC 중재규칙의 경우, 3인 중재에서 당사자들이 의장중재인을 합의하지 못하는 경우 ICC 중재법원이 의장중재인을 선정하는 것을 기본 원칙[487]으로 하고, LCIA의 경우는 앞서 본 바와 같이 중재조항에 달리 정하지 않는 이상 LCIA 중재법원이 모든 중재인을 선정하는 것을 원칙으로 하고 있다.[488] 그러나 ICC 중재의 실무상 당사자들이 의장중재인 선정권을 ICC 중재법원에 넘기기보다는 각자 선정한 중재인들이 협의하여 의장중재인을 선정하는 방법을 택하는 경우가 많고, LCIA의 경우 역시 위의 기본 규정에도 불구하고 당사자들이 별도로 추가 합의를 하여 각자 중재인을 선정하고 그와 같이 선정된 중재인들이 의장중재인을 선정하는 방법을 선택하는 경우가 50% 이상 된다고 한다. 이러한 실무례에서도 알 수 있듯이 당사자들은 아무리 신뢰성이 있는 중재기관이라고 하더라도 중재기관에 중재판정부 구성을 전적으로 맡기기보다는 가급적 스스로가 중재판정부 구성에 어떤 형태로든지 관여하기를 원하는 경향이 있음을 알 수 있다.

4.40 사실, 단독중재인이든 3인 중재판정부든 예측가능성의 확보 등의 차원에서 볼 때 가급적 당사자들이 합의를 통해 중재판정부를 구성하기 위하여 노력을 기울이는 것이 바람직하다.[489] 실무상 3인 중재판정부의 경우 양 당사자들이 각각 1명의 중재인을 선정하고, 그와 같이 선정된 중재인들이 의장중재인을 선정하는 과정에서도 가급적 양 중재인들이 합의하여 일정한 의장중재인 후보 리스트를 만든 다음 이를 양측에 배포하여 선호도를 조사하는 등의 방법을 통해 중재인을 선정하는 등 가급적 중재의 당사자들의 의사를 최대한 반영하기 위하여 노력을 기울이

487 ICC 중재규칙 제12조 제5항 참조.

488 LCIA 중재규칙 제5조 제7항 참조.

489 실무상 중재기관에 의하여 선정된 중재인이 사건에 적합하지 않을 경우에 발생하는 risk가 너무 크기 때문에 중재기관에 단독중재인이나 의장중재인의 선정을 맡기는 것을 룰렛 게임에 비유하기도 한다.

는 경우가 많다.[490]

(2) 중재기관에 의한 중재인 선정

4.41 중재기관이 중재인을 선정하는 경우, 중재인을 원칙적으로 중재기관이 보유하고 있는 일정한 중재인 명부에서 선택하는 중재기관들이 있는가 하면,[491] 중재인 선정과정에서 미리 중재인 후보 명단을 당사자에게 배포한 다음 당사자들의 선호도에 관한 의견을 물어 중재인을 선정하는 방식을 사용하는 중재기관들도 있다.[492] 반면에, 중재인 선정과정에서 당사자의 의견을 별도로 구하지도 않을 뿐더러 그 선정과정을 완전히 비밀에 부치고 대외적으로 공개하지 않는 경우도 있다. ICC 중재법원의 경우 National Committee 또는 Group 등의 추천을 받아 의장중재인 또는 단독중재인을 선정하는 것을 원칙으로 하는데,[493] 이러한 National Committee 등을 통한 추천 절차에 관하여 당사자들은 어떠한 통지도 받지 아니한다.[494]

4.42 결국, 중립적이고 유능한 중재인을 투명한 절차에 의하여 선정하는 것이 중재기관의 가장 중요한 역할이라는 점을 감안한다면, 당사자들이 중재기관을 선택할 때에는 중재기관이 얼마나 유능한 중재인을 확보하고 있는지, 나아가 중재인 선정절차에 자신들의 의사가 어느 정도 반영되며 또 선정절차가 어느 정도 투명하고 공정한지 등을 면밀히 잘 비교하여 살펴볼 필요가 있다. 또한, 중재규칙에 명

---

490 이를 위하여, 중재 실무상 양 당사자들이 일정한 프로토콜(protocol)을 합의하여 만들기도 하는데, 그 프로토콜에는 당사자들이 요구하는 의장중재인으로서의 일반적 자격요건(qualification), 두 당사자 추천 중재인들이 제시해야 하는 의장중재인 후보의 수, 양측 당사자에 의한 이해상충 확인 절차, 당사자들에 의한 선호도 및 우선 순위 확정의 구체적인 방법(대개는 양측으로부터 선호 순위를 얻어 합산 점수가 가장 높은 후보를 선정하되, 점수가 동점인 후보가 있는 경우에는 중재인들이 최종 지명하는 방법을 사용함), 중재인 후보의 의장중재인 취임 의사 확인 과정 및 방법 등에 대한 자세한 내용이 들어간다.

491 예컨대, AAA(ICDR), KCAB, CIETAC, SIAC, HKIAC 등은 중재인 명부를 가지고 있으며 특별한 사정이 없는 한 가급적 중재인 선정의 경우 해당 중재기관이 보유하고 있는 중재인 명부에 기재된 중재인 가운데서 중재인을 선정하도록 되어 있다.

492 ICDR 중재규칙, KCAB 국내중재규칙, UNCITRAL 중재규칙 하에서 임명권자에 의한 중재인 선정의 경우 등이 이러한 방식을 취한다.

493 다만, 2012년 개정 ICC 중재규칙에 의하면 당사자의 일방이 국가이거나 국가라고 주장될 때 등 일정한 사유가 있을 경우에는 ICC 중재법원이 National Committee 등의 추천 없이 직접 중재인을 선정할 수도 있음을 유념하여야 한다(ICC 중재규칙 제13조 제3항 및 제4항 등 참조).

494 이는 중재인 후보자 선정에 방해 또는 압력이 가해지는 상황을 방지하기 위한 조치로 설명된다(안건형, "ICC중재에서 중재법원의 제3중재인 선정에 관한 연구," 무역학회지 제33권 1호, 4면).

시적인 규정이 없다고 하더라도, 단독중재인이나 의장중재인 선정에 관하여 특별한 의견이 있을 경우 당사자들로서는 지체 없이 이를 중재인을 선정하는 중재기관 등에 알려 그 의사가 최대한 반영이 되도록 노력을 기울이는 것이 바람직하다.

(3) UNCITRAL 중재규칙에 따른 중재인 선정

4.43 UNCITRAL 중재규칙에 따른 비기관(ad hoc) 중재에서는 당사자들이 중재인 선정권자(appointing authority)를 미리 정한 경우 중재인 선정권자가 중재인을 선정한다.[495] 당사자들이 미리 중재인 선정권자를 정해 놓지 않은 경우나 당사자들이 정한 선정권자가 자신의 역할을 다하지 않을 때에는 헤이그에 있는 상설중재법원(Permanent Court of Arbitration; PCA)의 사무총장에게 중재인 선정권자를 지정해 주도록 요청하여야 한다.[496]

다. 중재지의 중재법에 의한 중재판정부 구성

4.44 당사자들이 중재규칙을 지정하거나 그 밖의 방법으로 중재판정부 구성방법에 대하여 합의하지 않은 경우, 또는 합의된 방법이 일방 당사자의 비협조나 기타의 사유로 작동하지 않게 될 경우 당사자들은 법원에 중재인 선정 등 중재판정부의 구성에 관한 협조를 구할 수 있다. 예컨대, 당사자들이 비기관(ad hoc) 중재를 선택한 경우, 당사자들이 선택한 중재규칙이 있다면 그에 따라 중재판정부가 구성될 것이고, 특별한 중재규칙의 지정이 없다면 중재지의 중재법에 따라야 할 것이다.

4.45 모범중재법은 중재판정부의 구성에 관하여 당사자들의 합의가 이루어지지 않는 경우 법원 또는 소정의 다른 임명기관이 당사자의 요청에 의해 중재인을 선정하도록 정하고 있다.[497] 한편, 싱가포르에서는 SIAC 의장이 중재인 임명기관으로 정해져 있고,[498] 홍콩에서는 중재인 임명권이 입법에 의해 HKIAC에 주어져 있다.[499] 그리고, 말레이시아에서는 KLRCA 이사에게 중재인 선정의 책임이 주어

---

[495] 2010 UNCITRAL 중재규칙 제8조 내지 제10조 참조.

[496] 2010 UNCITRAL 중재규칙 제6조 참조.

[497] 모범중재법 제11조 제3항 (a) 참조. 우리 중재법은 중재판정부 구성에 관하여 당사자들의 합의가 이루어지지 않는 경우 법원이 중재판정부를 선정하도록 하고 있다(우리 중재법 제12조 참조).

[498] 싱가포르 국제중재법 제8조 제2항 참조.

[499] 홍콩중재법 제13조 제2항 참조.

져 있지만, 이사가 선정을 할 수 없거나 하지 않는 경우 당사자들은 법원(High Court)에 중재인 선정을 요청할 수 있다.[500]

4.46 법원이 중재인을 선정하는 방법 역시 각 국가마다 다양하다.[501] 당사자들이 합의에 의한 중재판정부 구성에 실패하여 법원의 조력을 구할 경우의 문제점으로는, 우선 법원이 저명한 국제중재기관에 비하여 대체로 적임의 국제상사중재인을 선택하는 데에 필요한 경험이나 전문성, 자료 등이 부족할 뿐만 아니라, 경우에 따라서는 불필요한 국수주의 또는 기타 선입견 등이 작용할 가능성도 배제할 수 없다는 점이다. 법원에 의한 중재인 선정의 문제점이 극명하게 드러난 사례로는 캐나다 법원이 캐나다 당사자와 일본 당사자 사이의 중재사건의 의장중재인으로 캐나다인을 임명한 Nippon Steel 사건이 유명한데,[502] 이 사건 이후, British Columbia 국제상사중재법은 단독 또는 의장중재인은 모든 당사자의 동의 없이 당사자 일방과 같은 국적을 가져서는 안된다는 내용으로 개정되기도 했다.[503]

4.47 우리 중재법의 경우 종래 법원에 의한 중재인 신청의 경우 법원이 중재인을 선정하는 것으로 되어 있었으나 우리 개정 중재법은 '법원 또는 법원이 지정한 중재기관'이 중재인을 선정할 수 있도록 하고 있다.[504] 이는 법원이 중재인 선정권한을 가지면서도 법원이 중재인 선정에 요구되는 전문성 및 신속성을 고려하여 사안에 따라 그 선정권한을 중재기관에 위임할 수 있는 법적 근거를 마련한 것이다.

4.48 법원에 의한 중재인 선정과 관련하여 주의할 점은 영토주의에 입각한 모범중재법을 채택한 국가들은 중재지가 자국인 경우에 한하여 자국의 중재법에 따라 중재판정부 구성에 협조가 가능하도록 규정하고 있다는 점이다.[505] 다만, 중재지가 아직 정해지지 않은 경우에도 당사자의 일방이 자국 내에 주소 또는 거소가 있는 경우 등에는 자국 법원이 중재인을 선정할 수 있도록 규정하고 있는 나라도 있다.[506] 또한, 영국의 경우는 당사자들 사이에 중재지에 대한 합의가 없는 경우에

---

500 말레이시아 중재법 제13조 참조.

501 자세한 내용은 Born(ICA), 1420면 이하 참조.

502 Nippon Steel Corp. v. Guintette Coal Ltd, [1988] B.C.J. No. 492 (B.C. S.Ct.).

503 British Columbia 국제상사중재법 제11조 제9항 참조.

504 우리 개정 중재법 제12조 참조.

505 모범중재법 제1조 제2항 및 제11조 참조.

506 독일 민사소송법 제1025조 제3항; 네덜란드 민사소송법 제1073조 제2항; 프랑스 신 민사소송법

도 자국 법원이 중재절차를 지원할 수 있도록 규정하고 있고,[507] 이탈리아의 경우는 중재합의나 본 계약이 자국에서 체결되었으면 자국 법원이 중재인을 선정할 수 있도록 규정하고 있다.[508] 따라서, 당사자들이 중재지는 물론 중재지를 정하는 기준이나 방법조차 정하지 않은 경우에는, 중재지가 자국이 아니더라도 위와 같이 당사자의 주소나 거소 등을 기준으로 하여 중재인 선정에 조력을 할 수 있는 가능성을 열어둔 국가의 법원에 중재인 선정을 구할 수밖에 없다고 할 것이고,[509] 그러한 방법도 통하지 않는 경우에는 결국 중재합의가 작동이 불능이 되어 효력을 인정받지 못하게 될 수도 있을 것이다.

라. 다수당사자의 경우

4.49 당사자가 3명 이상인 중재에서 각 당사자가 한 명의 중재인을 선정할 경우 중재판정부의 수는 당사자들의 수에 의장중재인까지 더한 수로 되어 문제가 발생할 수 있다. 이와 관련하여 종래 당사자들에 의한 반대의 약정이 있지 않는 한, 복수의 신청인이나 피신청인은 합의하여 한 명의 중재인을 선정해야 했다. 이 경우, 예컨대, 한 명의 신청인이 복수의 피신청인들을 상대로 중재를 제기한 경우 신청인은 자기가 원하는 대로 중재인을 지명 또는 선정할 수 있는 반면에 피신청인들은 그들 사이에 내부적으로 중재인 선정을 위하여 별도의 타협을 해야만 하여 불공평한 결과가 발생하는 측면이 있었다.

4.50 이러한 다수당사자들에 의한 중재인 선정의 방법이 가지는 문제점은 유명한 Dutco 사건[510]에서 법원의 판결을 통해 지적되었다. 동 사건에서 당사자들은 두 명의 당사자가 각각 한 명씩 중재인을 선정하고 그렇게 선정된 중재인들이 의장중재인을 선정하도록 약정을 하였는데, 중재사건의 2명의 피신청인들은 일단 합의하여 한 명의 중재인을 선정함에 있어서, 자신들이 서로 다른 이해관계를 가지

제1452조 등 참조.

507 영국 중재법 제2조 제4항 및 제18조 참조.

508 이탈리아 민사소송법 제810조 참조.

509 National Iranian Oil Co. v. State of Israel, Judgment of 29 March 2001, 17(6) Mealey's Int'l Arb. Rep. A-1 (2002) (Paris Cour d'appel) 참조. 이 경우 당사자의 거래와 가장 관련성이 깊은 국가의 법원이 중재인을 선정하여야 한다는 견해도 있으나[Born(ICA), 1435면 참조], 이는 각국의 입법 내용에 달려 있는 문제라고 보는 것이 더 타당하다.

510 Siemens AG and BKMI Industrienlagen GmbH v. Dutco Consortium Construction Co, French Cour de Cassation, First Civil Chamber, 7 January 1992.

기 때문에 각자 한 명의 중재인을 선정할 권리를 가져야 한다고 주장하는 한편, 나중에 이에 대하여 이의를 제기할 수 있는 권한을 유보하였다. 그 후 피신청인들은 중재판정부가 부적절하게 구성되었다고 하면서 중재판정 취소의 소송을 제기하였는데, 이에 대하여 프랑스 파기원(Cour de Cassation)은 중재인 선정과정에서의 당사자들의 평등은 중재에 있어 근본적으로 요구되는 것이라고 하면서 위의 중재인 선정 과정은 당사자들의 평등권을 침해하는 것이라고 판시하였다. 이 판결로 인해 결국 1998년에 ICC 중재규칙이 개정되었고, 개정된 ICC 중재규칙은 복수의 신청인이나 복수의 피신청인이 중재인의 공동선정을 위한 합의에 도달할 수 없는 경우에는, 어떠한 당사자도 중재인을 선정하지 못하고 ICC 중재법원이 3인의 중재인을 전부 선정할 수 있도록 하였다.[511]

4.51 이러한 판결 이후 전 세계의 여러 중재기관의 중재규칙이 다수당사자 중재에 있어서 중재판정부 구성 방법에 관한 규정을 두기에 이르렀는데, 그 내용에 있어서 사소한 차이는 있으나 대체로 위 ICC 중재규칙의 규정과 비슷한 내용이다. 그리고 CIETAC 중재규칙은 종래 다수당사자들이 중재인 선정 또는 그 방법에 합의를 못할 경우 CIETAC이 3명 모두의 중재인을 선정하는 것이 아니라 합의에 이르지 못한 당사자들을 대신하여 중재인을 선정하는 것으로 규정하고 있었으나, 2012년 개정 CIETAC 중재규칙에서는 당사자들이 합의하지 못할 경우 위의 ICC 중재규칙과 같이 3인 모두를 CIETAC에서 선정하는 것으로 변경되었다.[512]

3. 중재인의 자격(qualification)

가. 일반적 자격 요건

4.52 일반적으로 중재인이 되기 위한 자격에는 아무런 제한이 없다. 물론 중재는 조정과 달리 기본적으로 확인된 사실관계에 법을 적용하여 판단을 하는 사법절차의 하나이므로 재판절차에서 판사에게 요구되는 자질의 상당 부분이 중재인에게도

---

511 ICC 중재규칙 제12호 제8항 참조.

512 CIETAC 중재규칙 제27조 제3항
Where either the Claimant side or the Respondent side fails to jointly nominate or jointly entrust the Chairman of CIETAC with appointing one arbitrator within fifteen (15) days from the date of receipt of the Notice of Arbitration, the Chairman of CIETAC shall appoint all three members of the arbitral tribunal and designate one of them to act as the presiding arbitrator.

적용된다고 할 수 있고, 국제중재의 실무상 대부분 일정한 법률교육을 받고 변호사 시험을 통과한 법률전문가, 그 중에서도 중재에 경험이 많은 사람이 중재인으로 선정이 되므로 사법절차에 대한 기본적인 이해와 소양이 부족한 중재인은 찾아보기 어려운 것이 사실이다. 그리고 국제중재의 경우 영어가 중재언어가 되는 경우가 많은데 그 경우 영어구사력은 중재인에게 기본적으로 요구되는 자질이라고 할 수 있으나, 그렇다고 하여 반드시 영어에 능통한 법률전문가만이 국제중재의 중재인이 될 수 있는 자격이 있는 것은 아니다. 실제로 대부분의 국가의 법이나 대부분의 중재기관의 중재규칙은 중재인의 자격요건에 대해 특별히 제한을 두지 않는다.[513]

4.53 다만, 경우에 따라서는 중재인이 되기 위한 자격요건을 규제하고 있는 국가도 전혀 없지는 않다는 점을 주의하여야 한다. 예를 들어, 사우디아라비아는 이슬람법(샤리아)에 대한 지식이 있는 사람만이 중재인이 될 수 있다고 하고 있고, 인도네시아의 경우에는 중재인의 자격요건으로, 법적 소송을 수행할 권한이 있거나 적임이어야 하고, 나이가 35세 이상이어야 하며, 분쟁의 당사자들과 혈연이나 결혼에 의한 가족관계가 없어야 할 뿐만 아니라, 중재판정에 경제적으로나 그 이외의 다른 이해관계가 없어야 하며, 해당 분야에 적어도 15년 이상의 경험을 가지고 현역으로 일하는 대가(active mastery)이어야 한다는 특별한 조건을 요구하기도 한다.[514]

4.54 일본의 경우, 변호사법상 일본변호사 자격이 있는 자만이 일본에서 중재인이 될 수 있는 것으로 규정되어 있다.[515] 다만, 일본 변호사법의 해석론으로는 일본 변호사 자격이 없는 사람이 중재지가 일본인 중재사건에서 중재인으로 선정되어 활동하는 것은 그 활동이 정당한 업무수행으로 여겨지는 한 일본 변호사법 위반이 아니라고 한다는 견해가 있다.[516] 실제 일본 변호사 자격이 없는 변호사들이 일본에서 국제중재인으로 활동하는 사례가 드물지 않다. 우리나라도 변호사법에

---

513 스페인은 분쟁이 법률적인 쟁점을 포함하는 경우 중재인은 반드시 변호사 자격을 가지도록 하였으나 최근 중재법 개정을 통해 그와 같은 규정을 폐기했다.

514 인도네시아 중재 및 분쟁해결법(Arbitration and Dispute Resolution Act) 제12조 참조.

515 일본 변호사법 제72조 참조.

516 T. Nakamura, "Commercial Litigation/Arbitration," Japan Business Law Guide, Vol. 2, paras 83-570 참조

일본의 경우와 유사한 조항이 있지만,[517] 위 일본 변호사법의 해석론이 참고가 될 것이고, 보다 바람직하게는 해당 조항을 삭제하거나 중재법에 별도의 특칙을 두는 것이 바람직하다고 할 것이다.

4.55 또한, 파산자나 기타 행위무능력자의 경우 각국의 입법례에 따라서는 중재인이 되기 위한 자격요건을 결할 수 있으므로 주의할 필요가 있다.[518] 우리나라의 경우 구중재법 제5조는 다양한 중재인의 결격사유를 규정하고 있었으나,[519] 현행 중재법에서는 이러한 제한규정이 없어졌다.[520]

나. 의장중재인과 단독중재인

4.56 중재인들 가운데서 특히 의장중재인은 당사자들을 통제하는 한편 다른 중재인들을 관리하면서 중재절차를 효율적으로 진행시킬 수 있는 능력을 가져야 한다. 특히, 중재의 당사자 일방이나 심지어는 당사자가 선정한 중재인들에 의해 중재절차가 방해를 받는 일은 국제상사중재에 있어서 흔히 일어날 수 있는 일인데, 의장중재인은 이러한 상황에 잘 대처할 수 있어야 한다. 그리고 의장중재인은 절차법적인 측면이나 실체법적인 측면에서 전문성을 가지고 사건의 쟁점이나 문제를 이해하고 분석할 수 있어야 한다. 실무상 중재기관 등에 의하여 의장중재인이 선정될 때 국제중재의 이론과 실무에 밝고 경험이 풍부한지 여부가 주요한 고려요인이 된다.

4.57 중재규칙에 따라서는 종종 당사자가 선정한 중재인에 비해 의장중재인에게 더 많은 권한을 부여하기도 한다. 예를 들어 ACICA 중재규칙은 절차적인 문제는 의

517 우리 변호사법 제109조는 변호사가 아닌 자가 금품을 받고 중재를 하는 것을 금지하고 있다.

518 중재인의 요건에 관한 각국의 다양한 취급례는 Born(ICA), 1447면 내지 1450면 참조. 특히, Born(ICA), 1450면은 개별 국가의 중재인 자격요건 가운데 중재인이 성인일 것을 요구한다거나 현직 판사가 아닐 것을 요구하는 등의 자격요건과 달리 현지 변호사 자격을 보유한 자일 것을 요구하는 것은 뉴욕협약상 허용되지 않는다는 입장을 취한다.

519 우리 구 중재법(법률 제5454호, 일부 개정 1997. 12. 13.) 제5조 ① 금치산자 또는 한정치산자 ② 파산자로서 복권되지 아니한 자 ③ 금고 이상의 형을 선고받고 그 집행이 종료되거나 집행을 받지 아니하고로 확정된 후 3년이 경과하지 아니한 자 ④ 금고 이상의 형을 받고 그 집행유예기간 중에 있는 자 ⑤ 금고 이상의 형의 선고유예를 받은 경우에 그 선고유예기간 중에 있는 자 ⑥ 공민권의 제한 또는 자격정지의 형을 받은 자를 결격사유로 열거하고 있었다.

520 다만, 중재인이 법률상 또는 사실상의 사유로 직무를 수행할 수 없거나 정당한 사유 없이 직무수행을 지체하는 경우에는 그 중재인의 사임 또는 당사자 사이의 합의에 의하여 중재인의 권한을 종료시킬 수 있다(중재법 제15조 제1항 참조).

장중재인이 결정할 수 있다고 규정한다.[521] 또한, 의장중재인은 다수결이 형성되지 않을 때 단독으로 중재판정을 내릴 권한이 있다.[522] 다만, 모범중재법이나 UNCITRAL 중재규칙은 이러한 권한을 의장중재인에게 부여하지 않는다. 이처럼 다수결이 형성되지 않을 경우 의장중재인에게 판정권한을 주지 않을 경우 결국 의장중재인은 다수결을 형성하기 위하여 자신의 의견과 가장 가까운 다른 중재인의 의견을 따를 수밖에 없는 경우도 발생한다.[523] 결국, 이처럼 중재규칙이 다수결원칙을 요구하는 경우, 다른 중재인들을 자신의 의견 쪽으로 설득하거나, 타당한 절충적 해결책을 찾아낼 수 있는 의장중재인의 역량이 더욱 요구된다고 할 것이다.

4.58 단독중재인의 경우 당사자가 선정한 중재인을 관리한다는 측면을 제외하면 대체로 의장중재인의 경우와 유사한 자질이 요구된다고 할 수 있다. 다만, 단독중재인은 사건을 단독으로 처리하여야 하므로 더욱 꼼꼼하고 성실하게 처리할 수 있는 중재인을 선정하는 것이 필요할 수도 있다.

다. 중재인의 국적(nationality)

4.59 이상론으로서는 중재인의 국적보다는 중재인의 자질, 경험 및 성실성 등이 중요하므로 중재인의 국적은 자격요건의 하나로 고려될 이유가 없다고 할 수도 있다. 모범중재법은 "당사자들이 달리 합의하지 않는 한, 어떤 이도 국적을 이유로 해서 중재인으로 활동하는 것이 배제되어서는 안 된다"라고 규정하고 있다.[524] 때로는 이러한 의장중재인의 국적의 중립성에 대한 요구로 인해 예컨대 분쟁의 실체에 대한 준거법이 당사자 중 한 명의 국가의 법인 경우 의장중재인은 분쟁의 실체적 준거법과 전혀 무관한 제3의 국가 출신이 되어 절차적 비효율을 초래하기도 하는 것이 사실이다. 그러나 설령 중재인이 당사자들과 중립적인 국적을 가진다는 사실 자체가 독립성이나 공정성을 실질적으로 보장하지는 못하고 경우에 따

---

521 ACICA 중재규칙 제17조 제3항; SIAC 중재규칙 제19조 제5항 등 참조.

522 CIETAC 중재규칙 제49조 제6항; KCAB 국제중재규칙 제35조; ICC 중재규칙 제31조 제1항; SIAC 중재규칙 제32조 제7항 참조.

523 이러한 문제점은 UNCITRAL 중재규칙 개정 작업과 관련하여 2007. 9. 10.부터 14.까지 진행된 UNCITRAL Working Group Ⅱ 47번째 세션에서 크게 논의가 되었으나, 최종적으로는 종전 규정을 변경하지 않는 것으로 되었다.

524 모범중재법 제11조 제1항 참조.

라서는 비효율이 초래되기도 할지라도 외견상의 공정성 확보가 그에 못지않게 중요하다는 점에서 국제중재에 있어서 중재인의 국적이 중요하게 고려되는 것은 부득이한 일이라고 할 것이다.

4.60 실제로, 국제중재에서는 단독중재인 또는 의장중재인에 대하여 분쟁당사자와는 다른 국적을 가질 것을 요구하는 것이 일반적이다. 예컨대, UNCITRAL 중재규칙은 중재인 임명권자(appointing authority)는 당사자의 국적과 다른 국적의 중재인을 임명하는 것의 적절성 여부에 대해 고려하여야 한다고 규정하고 있고,[525] ICC 중재규칙은 단독 또는 의장중재인은 당사자와 다른 국적을 가져야 한다는 점을 아예 분명히 명시하고 있으며,[526] LCIA 중재규칙 역시 당사자들이 달리 합의하지 않는 한, 단독 또는 의장중재인은 당사자와 같은 국적을 가져서는 안 된다고 규정한다.[527]

Ⅳ. 중재인의 의무

1. 일 반 론

4.61 중재인은 앞서 본 바와 같이 중재절차에서 막강한 권한을 보유하고 있을 뿐만 아니라, 분쟁금액을 기준으로 하는 방식(ad valorem)[528] 또는 시간급 방식[529]에 의하여 상당한 보수를 지급받는 등 다양한 혜택을 누리는 반면에, 그에 상응하여, (ⅰ) 당사자들의 분쟁을 사법적인 방법으로(in an adjudicatory manner) 해결할 의무, (ⅱ) 당사자들의 중재합의에 따라 중재를 수행할 의무, (ⅲ) 중재에 대해 비밀을 유지할 의무, (ⅳ) 일정한 경우에 당사자들에게 화해를 제안할 의무, (ⅴ) 중재인에게 위임된 사항을 완수할 의무 등 다양한 의무를 부담하게 된다.[530]

---

525 UNCITRAL 중재규칙 제6조 제7항 참조.

526 ICC 중재규칙 제13조 제5항 참조. ICC 중재법원은 의장중재인을 선정함에 있어서 당사자들의 국적은 물론 당사자들이 선정한 중재인의 국적도 고려하는데, 당사자들이 달리 합의하지 않는 한, 당사자가 선정한 중재인의 국적과 동일한 국적을 가진 중재인을 의장중재인으로 선정하지 않으므로, 실무상 당사자들이 중재인을 지명할 때 이 점도 반드시 염두에 두어야 한다(Fry/Greenberg/Mazza, 154면 참조).

527 LCIA 중재규칙 제6조 제1항 참조.

528 ICC 중재규칙 부록(Appendix) Ⅲ 제1조 제2항 참조.

529 LCIA 중재규칙 Schedule of Costs 제2조 제1항; ICDR 중재규칙 제35조 제2항 등 참조.

530 Born(ICA), 1615면 참조. 중재인에게 부과되는 다양한 의무에 관하여는 1987년에 만들어진 IBA Rules of Ethics for International Arbitration 참조.

4.62 비록 중재인은 당사자들의 분쟁을 판단할 광범한 재량이 주어지지만, 그러한 판단에 이르는 과정은 공정하고, 효율적이어야 한다. SIAC 중재규칙은 "중재판정부는 공정하고, 신속하고, 경제적인 방법으로 분쟁을 종국적으로 해결하기 위해 당사자들과의 합의를 거쳐 자신이 생각하는 적절한 방법으로 중재를 수행하여야 한다"고 규정하여 이 점을 분명히 하고 있다.[531]

4.63 또한, 중재인은 중재절차와 관련하여 당사자들이 자신에게 부여한 판단권한을 스스로 행사하여야 하며 이를 제3자에게 일부라도 넘길 수는 없다. 최근의 실무상 중재인을 보조하여 중재일정을 관리하고 증거서류를 정리하는 등 행정적인 업무를 담당하는 서기(secretaries) 또는 보조(assistants)가 선임되는 경우가 많은데, 중재인이 중재를 수행함에 있어서 중재서기에게 맡길 수 있는 업무의 범위가 어디까지인지가 실무상 논란이 된다. 이와 관련하여 2012년에는 'ICC Note on the Appointment, Duties, and Remuneration of Administrative Secretaries'가 공표되었고,[532] 2014년에는 'The Young ICCA Guide on Arbitral Secretaries 2014'가 발표되었는데,[533] 어떤 경우이든지 중재서기가 중재판정부의 실체적 또는 절차적 쟁점에 대한 결정권한을 일부라도 행사하는 것은 허용되지 않는다.[534]

4.64 한편, 중재인에게 집행이 가능한 중재판정을 내리도록 모든 노력을 다할 의무를 부담시키는 중재규칙들도 있는데,[535] 이러한 의무가 중재규칙에 명시적으로 언급되어 있지 않은 경우에도 일반적으로 인정된다고 보아야 한다. 다만, 아주 경험이 많은 중재인들조차도 향후 중재판정이 어떤 국가에서 집행될지, 그리고 그 경우 집행국법원이 판정의 집행에 어떠한 요건을 요구할지를 일일이 다 예견할 수는 없다. 설령 중재인들이 예견할 수 있다 하더라도, 그러한 모든 요건에 따르는

531 SIAC 중재규칙 제19조 제1항 참조.

532 이에 따르면 중재서기는 당사자들이 동의한 경우에만 선임될 수 있고, 중재서기에게 지급될 비용은 중재인에게 지급될 비용에서 지급되어야 할 뿐만 아니라, 중재서기에 대하여는 중재인과 같이 공정성과 독립성에 관한 의무가 적용된다.

533 동 지침은 법률쟁점에 관한 조사, 사실관계에 관한 증거나 증언에 관한 질문의 조사, 당사자들이 제출한 서면 및 증거의 검토, 중재판정부의 평의 과정에의 참여, 판정이유를 제외한 중재판정의 초안 작성 등 제법 광범위한 영역에서의 중재서기의 활용을 허용하고 있다는 점에서 주목할 만하다.

534 최근 전 세계적으로 주목을 끈 이른바 'Yukos 중재사건'과 관련하여, 당해 중재사건에서 중재서기가 중재인보다 더 많은 시간을 사용하였다는 사실 등에 기초하여 중재인의 임무가 중재서기에 의하여 실질적으로 수행되었다는 점이 중재판정의 취소사유의 하나로 거론되기도 하였다.

535 ICC 중재규칙 제41조; SIAC 중재규칙 제41조 제2항; LCIA 중재규칙 제32조 제2항 등 참조.

것이 반드시 타당하다고 할 수는 없을 뿐만 아니라, 경우에 따라서는 각 집행국이 요구하는 요건들이 서로 상반될 수도 있어 양 쪽 모두에서 집행이 가능한 판정을 내리는 것이 불가능할 수도 있다. 결국, 중재인들은 (ⅰ) 뉴욕협약의 정신과 일치하고, (ⅱ) 중재지에서 집행가능하고, (ⅲ) 중재의 당사자가 중재판정의 집행을 구할 것으로 합리적으로 예견되는 국가에서 집행이 가능한 중재판정을 내릴 수 있도록 최선을 다할 수밖에 없다고 할 것이다.[536]

2. 공정성(impartiality) 및 독립성(independence)에 관한 의무

4.65 사전(Black's Law Dictionary)에는 공정성(impartiality)을 사건에 대해 편견이나 이해관계가 없다는 뜻으로,[537] 독립성(independence)을 타인의 지배나 영향을 받지 않는 상태로 규정하고 있는데,[538] 이는 중재인이 가져야 할 공정성 또는 독립성의 의미에 관하여 참고할 만한 내용이라고 할 수 있다. 이 양자의 개념의 구분과 관련하여, 공정성은 주로 마음의 상태와 관련된 주관적이고 추상적인 개념임에 반해 독립성은 좀 더 객관적인 개념이라고 설명하기도 하지만, 실무상으로 양자를 명확히 구분짓기는 쉽지 않은 경우도 있고 또 그럴 필요도 사실상 별로 없다.

4.66 어쨌든 중재인이 당사자의 분쟁을 해결하는 주체라는 점에서 중재인이 공정하고 독립적이어야 한다는 것은 너무나 당연한 내용이 아닐 수 없다. 그리고 공정성과 독립성은 실제로 중재인이 공정하고 독립적인가 하는 점도 중요하지만, 외견상 공정하고 독립적으로 여겨지는 방식으로 행동하는 것도 그에 못지않게 중요하다고 본다. 물론, 중재인으로서의 자격을 논할 때 단순히 외견상 공정하지 못하게 보인다는 점만으로는 자격을 문제삼을 수 없다는 견해들이 없지 않지만,[539] 편견(bias)이라는 것은 주관적 심리상태이므로 이를 직접적으로 입증하기보다는 외견상 표출되는 각종 정황을 통해 추론할 수밖에 없을 것이다.

4.67 중재인의 공정성이 문제가 되는 경우는 후술하는 바와 같이 중재의 당사자, 또는 그 대리인이나 로펌 등과의 관계에서 다양하게 발생하지만, 때로는 분쟁의 대상

536 Greenberg 외, 269면 참조.

537 Impartial, adj. Unbiased; disinterested.

538 Independent, adj. Not subject to the control or influence of another.

539 Nationwide Mut. Ins. Co. v. Home Ins. Co., 429 F.3d 640 (6th Cir. 2005) 및 AT&T Corp. v. Saudi Cable Co. [2000] 2 Lioyd's Rep. 127 (English Court of Appeal) 등 참조.

사안과의 관계에서도 발생한다(issue conflict의 문제). 특히 비슷한 유형의 쟁점이 반복적으로 등장하고 그에 대한 중재인의 견해가 판정문의 공개를 통해 대외적으로 드러나게 되는 투자조약중재의 경우 중재인이 이전의 다른 사건에서 동일 또는 유사 쟁점에서 어떤 견해를 표명하였다는 점이 중재인의 공정성의 측면에서 문제가 되기도 한다. 그러나 판사의 경우 자신이 과거의 어떠한 사안에 대하여 내린 판결로 인하여 공정성을 의심받아 기피 또는 제척이 되지 않듯이 중재인의 경우에도 마찬가지로 쟁점에 대한 자신의 판단을 이유로 공정성이 문제될 수는 없다고 보는 것이 일반적인 견해이다.[540]

4.68 공정성 및 독립성에 관한 중재인의 의무는 중재절차 전반에 걸쳐서 요구되며, 특히, 중재인이 사건에 관하여 어느 한 당사자만을 상대로 일방적인(ex parte) 의사소통을 하는 것은 공정성 및 독립성의 의무를 저버리는 것으로서 특별한 사정이 없는 한 허용되지 아니한다.[541] 다만, 변호사나 당사자가 특히 당사자 지명 중재인을 선정하기 전에 후보자와 면접을 보는 것은 일반적으로 허용이 되는데, 그 경우에도 이해충돌 여부 등 중재인이 자신이 그 사건을 맡기에 적절한지를 판단함에 있어서 부득이한 정도를 벗어나서 사안의 구체적인 내용을 논의하는 것은 피하여야 한다.[542]

3. 중재인의 고지의무 등

4.69 중재인은 자신의 공정성 및 독립성에 의심을 살 만한 사유는 사전에 공개하여야 할 의무를 부담한다. 중재인의 공정성 및 독립성은 그 자체로 추상적인 개념이어서 구체적인 경우 그 위반 사실을 입증하기 곤란하기 때문에 공정성 및 독립성에 의심을 살 여지가 있는 사유에 대하여 고지의무를 구체적으로 부과하는 것이 공정성 및 독립성을 보장하는 데 있어서 보다 실제적인 수단이 될 수 있다. 다른 한편으로는, 중재인이 공개한 사유에 대하여 당사자가 즉시 이의를 제기하지 않

---

540 Born(IA), 142면 참조.

541 AAA 상사중재규칙 R-19조; ICDR 중재규칙 제13조 제2항 및 제5항; LCIA 중재규칙 제13조 제4항 등 참조.

542 The Chartered Institute of Arbitrators Practice Guideline 16(The interviewing of Prospective Arbitrators)은 9항에서 중재인 후보자와의 면접과 관련한 자세한 지침을 제시하고 있다(보다 자세한 내용은 http://www.ciarb.org/information-and-resources/Practice%20Guideline%2016%20April2011.pdf 참조).

은 경우 나중에 이를 이유로 공정성 및 독립성을 문제삼을 수가 없게 된다는 점에서 이러한 공개의무는 중재인의 공정성 및 독립성에 대한 다툼을 미연에 방지하는 수단도 된다.

4.70 공정성 및 독립성을 유지하는 것이 중재절차 내내 지켜져야 할 중재인의 의무이듯이 공개의무 또한 마찬가지이다. 즉, 중재인은 공정성 및 독립성에 대한 의구심을 불러올 수 있는 새로운 사정이 발생하는 경우 수시로 이를 관련 당사자들에게 즉시 공개하여야 한다. 이처럼 중재인의 공정성 및 독립성에 관련된 사유에 관한 사전 고지의무는 중재절차의 염결성(integrity)를 유지하는데 핵심적인 기능을 담당하기 때문에,[543] 중재인이 자신의 공정성 또는 독립성에 대한 정당한 의심을 불러일으킬 만한 사정이 있었음에도 불구하고 이러한 고지의무를 위반하는 경우에 대해서는 그 사실만으로도 중재인의 공정성과 독립성을 의심할 만한 강력한 사정이 된다.[544]

4.71 모범중재법은 중재인으로 직무수행을 요청받은 경우 자신의 공정성과 독립성에 정당한(justifiable) 의심을 발생시킬 여지가 있는 모든 사정을 고지해야 하며, 중재인으로 임명된 이후부터 중재절차가 종료할 때까지 그러한 사정이 발생할 경우 지체 없이 이를 당사자들에게 고지해야 하는 것으로 규정하고 있다.[545] 여기서 주의할 점은 중재인의 고지의무의 대상이 되는 사유는 중재인의 기피사유보다 더 폭넓게 인정된다는 점이다. 즉, 모범중재법은 중재인의 기피사유에 대하여는 '자신의 공정성이나 독립성에 관하여 정당한 의심을 야기하는 상황이 존재할 경우'라고 규정하면서도,[546] 중재인의 고지의무와 관련하여서는 '자신의 공정성이나 독립성에 관하여 정당한 의심을 야기할 여지가 있는 모든 사정'이라고 규정함으로써[547] 고지의무의 대상이 되는 정당한 의심을 야기할 여지가 있는(likely to give

543 Born(ICA), 1513면 참조.

544 목영준, 139면 참조.

545 모범중재법 제12조 제1항 참조. 다만, CIETAC 중재규칙은 중재인이 그러한 사정을 CIETAC에 고지하여야 하는 것으로 규정하는데, 그 경우 CIETAC은 당사자에게 중재인이 공개한 내용을 전달해야 한다(CIETAC 중재규칙 제31조 참조).

546 모범중재법 제12조 제2항 참조("if circumstances exist that give rise to justifiable doubts as to his impartiality or independence").

547 모범중재법 제12조 제1항 참조("any circumstances likely to give rise to justifiable doubts as to his impartiality or independence").

rise to) 사정과 기피 사유가 되는 정당한 의심을 야기하는(give rise to) 사정을 구별하고 있음을 알 수 있다. 따라서, 중재인은 실제로 중재인의 공정성이나 독립성이 침해될 정도로 심각한 경우가 아니더라도 그러한 사정이 당사자로 하여금 중재인의 공정성이나 독립성에 정당한 의심을 야기할 가능성이 있다고 판단된다면 이를 고지해야 할 의무가 있다고 해야 한다.[548]

4.72 한편, 중재판정부의 독립성과 공정성에 관한 규정이 강행규정이라는 점에는 의문이 없으나,[549] 중재인의 공개의무에 관한 규정,[550] 즉, 중재인이 자신의 독립성이나 공정성에 대하여 정당한 의심을 불러일으킬 여지가 있는 사정에 대하여 공개를 하여야 한다는 규정을 반드시 강행규정으로 파악할 이유는 없다고 본다. 따라서, 당사자들이 중재판정부에 대하여 공개의무를 부과하지 않기로 명시적으로 합의한 경우, 나중에 이러한 합의 내용을 무시하고 당사자 일방이 중재인의 공개의무 위반을 이유로 기피신청을 하거나 중재판정의 취소를 구하는 것은 허용될 수 없다고 보는 것이 타당하다.[551] IBA 이해상충지침의 내용을 보더라도, 어떠한 사정을 공개하지 않았다는 점 자체가 기피사유가 되거나 중재판정 취소 또는 집행거부의 사유가 되는 것이 아니고, 공개되지 않은 사정의 구체적인 내용이 기피사유에 해당할 정도로 중요한 것인가 하는 점이 오히려 관건이 된다.[552]

4.73 다만, 우리 중재법은 중재인의 고지의무의 대상이 되는 사유를 기피사유와 구분하지 않고 있고,[553] 이로 인하여 중재인의 고지의무에 대한 규정은 강행규정으로 해석되고 있다.[554] 그러나 앞서 본 바와 같이 모범중재법상 고지의무의 대상이 되는 사유는 기피사유보다는 폭넓게 인정되는 것이므로, 고지의무와 중재판정부의 독립

---

548 IBA 이해상충지침은 중재인은 당사자들의 시각에서 중재인의 공정성과 독립성에 의심을 불러일으킬 수 있는 사실은 공개를 하여야 한다고 규정하고 있다[동 지침 일반기준(General Standard) 제3조 제3항 참조].

549 모범중재법 제11조 제5항 참조.

550 모범중재법 제12조 제1항 참조.

551 Greenberg 외, 92면도 동지.

552 1987년에 만들어진 IBA Rules of Ethics for International Arbitration의 제3조 및 제4조는 중재인의 공정성 및 독립성, 그리고 공개의무에 대하여 규정하고 있었으나, 이들 조항은 그 후 만들어진 IBA 이해상충지침에 의하여 대체되었다.

553 우리 중재법 제13조 제1항 및 제2항 참조.

554 김갑유(대표집필), 175면 참조. 우리 대법원은 중재인의 고지의무에 관한 우리 중재법 제13조 제1항이 강행규정이라고 판시한 바 있다(대법원 2005. 4. 29. 선고 2004다47901 판결 참조).

성 및 공정성에 관한 의무는 구분하는 것이 입법론적으로는 바람직하다고 본다.

4.74 한편, 국가에 따라서는 사소하다고 보기 어려운 사정이라면 중재인이 이를 공개하지 않은 것 자체를 중재판정의 취소사유로 삼기도 하므로[555] 실무상 주의가 요망된다. 또한, ICC 중재의 실무상 중재인에 대한 기피사유의 주된 내용은 중재인의 독립성 및 공정성에 관련된 것이 많은데, 그 가운데서도 상당수는 중재인이 일방 또는 쌍방 당사자와의 관계를 미리 공개하지 않은 점에 근거하는 경우라고 한다.[556] 따라서, 비록 중재인이 사소한 관계까지 지나치게 자세히 공개할 경우 절차지연을 위한 악의적인 이의제기 또는 기피의 대상이 될 수도 있다는 점에서 주의를 하여야 할 것이지만, 공정성이나 독립성에 의심의 여지가 어느 정도 있는 사정에 대하여는 가급적 미리 공개하는 것이 불필요한 오해를 불식시키는 방안이 될 수도 있다.

4.75 또한, 중재규칙에 따라서 중재인은 임명될 때 공정성 및 독립성에 대한 선언서 또는 진술서를 서명해야 하는 경우도 있는데, 예컨대, ICC 중재규칙은 중재인은 임명되기 전에 공정성 및 독립성에 대한 진술서에 서명해야 하고 당사자들 눈에(in the eyes of the parties) 중재인의 공정성에 합리적인 의심을 불러일으킬 상황 및 중재인의 독립성에 의심을 불러일으킬 만한 성질의 사실관계나 상황을 서면으로 사무국에 공개해야 한다. 사무국은 당사자에게 그러한 정보를 제공하고 당사자들로부터의 의견을 듣기 위한 기간을 정해야 한다고 규정하고 있다.[557] 이러한 종류의 선언이 이루어진 경우, 중재인은 선언 당시에 공정하고 독립적이라는 추정이 존재하고, 이러한 추정을 반박할 책임은 주장하는 자에게 있다.

4.76 참고로, IBA 이해상충지침은 혹시라도 존재할 수 있는 이해상충을 조사하기 위하여 적절한 질문을 할 의무를 중재인에게 부과하고 있는데,[558] AAA-ABA 윤리

---

555 Commonwealth Coatings Corp. v. Continental Casualty Co., 393 U.S. 145 (1968) 판결 등 참조. 특히, AAA와 미국 변호사협회(ABA)가 1977년에 마련하여 2004년에 개정한 상사중재에 있어서의 중재인 윤리규정(The Code of Ethics for Arbitrators in Commercial Dispute; 이하 'AAA-ABA 윤리규정'이라고 함)은 IBA 이해상충지침보다 더 엄격한 기준을 제시하고 있는데, 예컨대, 중재인은 당사자는 물론 그 대리인이나 다른 공동중재인 등과의 개인적인 관계를 공개하여야 하는 것으로 규정하고 있다[Cannon Ⅱ (A)(2) 참조].

556 Derains and Schwarz, 187면 참조.

557 ICC 중재규칙 제11조 제2항 참조.

558 IBA 이해상충지침 일반 기준(General Standard) 제7조 (c) 참조.

규정은 한 걸음 더 나아가 잠재적인 또는 현존하는 이해상충에 관하여 파악하려는 합리적인 노력을 기울일 의무를 중재인에게 부과하고 있다.[559] 그리고 중재인이 어떠한 이해상충을 인식하지 못하였더라도 그에 대하여 중재인이 조사를 할 의무를 부과한 것으로 보이는 판결도 보이는데,[560] 실무상 주의를 요하는 부분이라고 하겠다.

4. 중재인의 절차지연 등 방지의무

4.77 중재절차와 관련하여 불필요한 비용과 지연을 피하기 위한 중재인의 의무가 점점 중요해지고 있다. 모범중재법은 중재인이 부당하게 절차를 지연할 경우 당사자는 법원에 해임을 신청할 수 있도록 규정하고 있으며,[561] 심지어 어떤 국가에서는 법원이 당사자들이 합의한 기간 내에 중재판정을 내리지 않은 중재인들에게 개인적인 책임을 물린 경우도 있다.[562]

4.78 ICC 중재규칙에 의하면 ICC 중재법원은 중재인이 법률상 또는 사실상 자신의 임무를 수행하지 못하거나, 중재규칙에 따라 또는 정해진 기간 내에 임무수행을 못한다고 판단한다면 ICC 중재법원이 직권으로 그 중재인을 해임할 수 있는데,[563] 동 규정은 중재인이 중재판정문 작성 등 절차를 용인할 수 없을 정도로 지체할 경우에 주로 적용된다.[564] SIAC 중재규칙 역시 중재판정부는 분쟁의 공정, 신속, 경제 및 최종적인 해결을 위해 적합하다고 생각하는 방법으로 중재를 수행해야 한다고 명시하고 있다.[565]

4.79 KCAB 국제중재규칙 등 여러 중재규칙의 경우 중재판정부가 중재판정을 내려야 하는 기간을 제시하고 있지만,[566] 대체로 이러한 기간은 연장될 수 있다. ICC 중재규칙 하에서는 중재판정부가 시간을 지연시키면 중재인 보수가 삭감될 수 있

---

559 AAA-ABA Code Canon Ⅱ (B) 참조.

560 New Regency Productions, Inc., v. Nippon Herald Films, Inc., 501 F.3d 1101 (9th Cir. 2007) 참조.

561 모범중재법 제14조 제1항 참조.

562 Jilet v Castagnet, Case 1660 FS-P+B (French Cour de Cassation) 참조.

563 ICC 중재규칙 제15조 제2항 참조.

564 Fry/Greenberg/Mazza, 185면 참조.

565 SIAC 중재규칙 제19조 제1항 참조.

566 KCAB 국제중재규칙 제38조; CIETAC 중재규칙 제48조; ICC 중재규칙 제30조 등 참조.

고 더 극단적인 경우 중재인이 교체될 수도 있다. UNCITRAL 중재규칙의 경우 중재절차 지연 등 방지의무에 대해 명시적인 언급을하지 않고 중재판정부가 적합하다고 생각하는 방법으로 중재절차를 수행할 재량을 중재판정부에게 주고 있지만,[567] 그와 같이 중재규칙에 언급이 없다 하더라도 중재판정부는 불필요한 지연이나 비용을 방지해야 하는 고유의 의무를 가진다.

4.80 ICC Commission on Arbitration은 국제중재에 소요되는 시간과 비용이 점점 증가하고 있다는 지적에 따라 특별 전담반을 만들어 연구조사를 한 결과 2007년에 "중재에서 시간과 비용을 통제하는 기술(Techniques for Controlling Time and Costs in Arbitration)"이라는 지침을 공표하기도 하였는데,[568] 이는 비단 ICC 중재규칙에 의한 중재뿐만 아니라 다른 중재에도 참고가 될 수 있는 실무지침이라고 할 수 있다.

5. 중재인의 면책

4.81 중재인의 의무 위반에 따른 책임 추궁과 관련하여서는 중재인에게 일반적인 과실 책임을 부과할 경우 자칫 중재절차를 위축시키고 나아가 중재인에 대한 책임 추궁과 관련된 민, 형사상의 분쟁으로 인하여 분쟁의 신속한 해결이라는 중재절차의 목적이 손상될 우려가 있다. 이러한 관점에서 일부 중재기관의 경우 중재인은 자신의 작위 또는 부작위에 대하여 누구에게도 책임을 지지 않는다는 규정을 중재규칙에 두기도 한다.[569]

4.82 중재인의 면책 허용 범위에 관하여 각국의 취급례가 나뉜다. 대륙법계 국가들의 경우 주로 당사자와 중재인의 관계를 계약관계로 보아 중재인의 중재절차를 적절하게 진행하고 중재판정을 내려야 할 자신의 계약상의 의무를 다하지 못한 경우에는 당사자들에 대해 책임을 질 수도 있다는 입장을 취하는데, 다만 절차상의 실수나 잘못된 판정에 대한 중재인의 책임은 고의 또는 중과실이 있는 경우에 예외적으로 인정된다고 한다.[570] 이에 반하여 영미법계 국가들은 대체로 중재인을 사법적 기능을 수행하는 판사와 유사하게 보아 중재인에게 고의나 악의(bad

---

567 UNCITRAL 중재규칙 제17조 제1항 참조.

568 www.iccwbo.org/uploadedFiles/TimeCost_E.pdf 참조.

569 ICC 중재규칙 제40조 등 참조.

570 스페인 중재법 제21조 제1항[Born(IA), 152면 참조].

faith)가 인정되지 않는 이상 면책을 부여하는 경우가 많다.[571]

V. 중재인에 대한 기피신청 또는 교체

1. 중재인에 대한 기피신청

가. 기피절차

4.83 대개의 중재규칙은 중재인이 당사자들이 합의한 자격이나 법에서 정한 요건을 갖추지 못하였거나 그 공정성 및 독립성에 의문이 있는 경우에는 당사자들이 중재인에 대하여 기피신청[572]을 할 수 있도록 규정하고 있다.[573] 또한, 중재규칙을 지정하지 않은 비기관 중재의 경우 등 특수한 경우에는 중재지의 중재법에 따라 기피신청이 가능한데, 모범중재법 역시 중재인의 독립성이나 공정성에 대한 정당한 의문이 있는 경우나 중재인이 당사자들이 합의한 자격요건을 갖추지 않은 경우 당사자들이 중재인 기피신청을 할 수 있도록 하고 그 구체적인 절차를 규정하고 있다.[574]

4.84 중재인에 대한 기피의 구체적인 절차는 당사자들이 선택한 중재규칙이나 중재지의 법에 따를 것인데, 기피에 관한 판단 권한을 누구에게 부여하는가 하는 점은 중재규칙이나 중재지의 법에 따라 조금씩 다르게 정하고 있다. 즉, 일반적으로는 중재기관에 그 권한이 부여되는 경우가 많지만,[575] 경우에 따라서는 중재인을 임명한 임명권자에게 판단 권한을 주는 경우가 있는가 하면,[576] 기피의 대상이 되고 있는 중재인을 포함한 중재판정부에게 권한을 부여하기도 한다.[577]

4.85 당사자의 기피신청에 대한 판단권자의 판단에 대하여 불복하는 절차에 대하여는

---

571 영국 중재법 제29조[Born(IA), 152면 참조].

572 영문으로 중재인 자격에 대한 이의제기를 challenge라는 단어를 사용하는데, 특히 당사자가 중재인 자격에 대하여 이의를 제기하는 경우와 관련하여서는 실무자들에게 보다 익숙한 '기피' 또는 '기피신청'이라는 용어를 사용하기로 한다.

573 ICC 중재규칙 제14조; LCIA 중재규칙 제10조 제3항; ICDR 중재규칙 제14조 및 제15조; SIAC 중재규칙 제14조; HKIAC 중재규칙 제11조 제7항; CIETAC 중재규칙 제32조; JCAA 중재규칙 제31조; KCAB 국제중재규칙 제14조 등 참조.

574 모범중재법 제12조 제2항 참조.

575 ICC 중재규칙 제14조 제3항; VIAC 중재규칙 제20조 등 참조.

576 UNCITRAL 중재규칙 제13조 제4항 참조.

577 모범중재법 제13조 제2항 참조.

각 국가의 중재법이 조금씩 다르다. 우선, 모범중재법은 당사자가 합의한 절차, 예컨대, 당사자가 지정한 중재규칙에 따른 기피신청의 절차 또는 모범중재법이 정한 기피신청의 절차에 따라 기피신청이 받아들여지지 않은 경우 기피신청을 한 당사자는 다시 법원 등에 기피에 대한 결정을 신청할 수 있도록 규정하고 있다.[578] 그러나 당사자들이 중재규칙의 지정 등을 통하여 기피신청의 절차를 합의하지 않은 경우, 예컨대, 비기관(ad hoc) 중재의 경우 이외에는 법원에 기피신청을 판단할 권한을 부여하지 않는 국가도 있는가 하면,[579] 기피신청에 관한 중재기관이나 중재판정부의 결정에 대하여 바로 법원에 이의를 제기하는 절차를 두지 않고 추후 중재판정이 내려진 이후에 중재판정부의 공정성 결여 등을 중재판정 취소의 사유로 주장할 수 있도록 하는 국가도 있으나,[580] 그러한 경우에도 기피신청에 대한 판단권자의 판단에 불복하는 당사자는 후일 중재판정취소소송을 대비하여서라도 미리 불복의 의사를 분명히 하여 두는 것이 바람직할 것이다.

4.86 대개의 중재규칙을 보면 중재인에 대한 기피 여부의 판단에는 대체로 판단의 이유가 요구되지 않고 있고,[581] 심지어 중재인 기피 등에 대한 판단권자의 판정이 최종적이고 그에 대하여는 당사자들이 어떠한 이의도 제기할 수 없다고 규정하는 경우도 적지 않다.[582] 그러나 그러한 중재규칙의 내용은 당사자가 합의한 절차에 따라 중재인에 대한 기피신청이 받아들여지지 않을 경우 기피신청을 한 당사자가 다시 법원에 기피에 관한 결정을 신청할 수가 있도록 명시하고 있는 위 모범중재법 제13조 제3항의 내용과 충돌된다. 따라서 모범중재법 또는 그와 유사한 내용을 입법으로 채택한 중재지의 경우 그러한 중재규칙의 내용은 효력이 인정되기 어려울 것이다.[583] 또한, 미국과 같이 중재인의 편파성 등을 중재판정 취소

---

578 다만, 법원의 결정에 대하여는 항소가 허용되지 아니한다(모범중재법 제13조 제3항 참조).

579 프랑스, 스위스, 스웨덴, 벨기에, 네덜란드 등의 그와 같은 입장을 취한다[Born(ICA), 1565면 내지 1566면 참조].

580 미국 연방 중재법 제10조 (a) (2) 참조.

581 다만, LCIA는 2006년에 중재인 기피에 대한 결정을 이유와 함께 공표하는 것으로 결정한 바 있다(P. Turner abd R. Mohtashami, A Guide to the LCIA Arbitration Rules (Oxford University Press, Oxford, 2009) 48면 참조). 이에 따라 LCIA는 1996년부터 2010년 사이의 기피신청 사건의 요지를 발간했는데, 기피신청인이 인용된 사례는 총 28개 가운데 6개에 불과한 것으로 나타났다(27 Arbitration International, issue 3, 2011 참조).

582 ICC 중재규칙 제11조 제4항; SIAC 중재규칙 제16조 제4항; KCAB 국제중재규칙 제10조 제4항 등 참조.

583 영국 중재법은 모범중재법을 채택하지는 않았지만 모범중재법과 비슷한 취지의 규정이 있으며

의 사유로 삼거나 그 밖에 중재인의 공정성이나 독립성을 중재판정취소소송 등의 단계에서 별도로 심사하는 국가의 경우에는 위와 같은 중재인 기피 판단의 종국성에 관한 중재규칙의 규정에도 불구하고 중재인에 대한 기피사유의 존재 여부는 사실상 법원에 의하여 재심사될 수밖에 없다고 할 것이다.

4.87 한편, 중재인에 대하여 기피사유가 있음을 안 당사자는 즉시 기피신청을 하여야 한다. 만약 중재규칙 등 관련 규정에서 정한 기한을 도과한 경우[584] 기피에 대한 권리를 아예 박탈당할 수 있고, 그 후에 중재판정취소소송에서도 이를 주장할 수 없게 될 수 있음에 주의하여야 한다. 캐나다 대법원은 "일반적으로 중재인의 결격 사유가 중재가 시작되기 전에 양 당사자에게 알려졌고, 그에 대하여 아무런 이의제기 없이 중재절차가 진행되었더라면 중재판정은 취소될 수 없을 것"이라고 판시한 바 있다.[585]

4.88 우리 대법원도 중재인의 공정성이나 독립성에 관하여 의심을 야기할 사유가 당사자에게 통지되어 당사자가 중재절차에서 그러한 사정을 잘 알고 있었음에도 불구하고 이의를 제기하지 아니하다가 중재판정이 내려진 이후에 중재판정 취소를 청구한 사안과 관련하여 민사소송법 제41조상의 법관의 제척사유와 같이 중대한 사유에 해당한다는 등의 특별한 사정이 없는 한 그 사유를 중재판정 취소의 사유로 삼을 수 없다고 판시한 바 있다.[586]

(영국 중재법 제24조 제2항 참조), 이는 강행규정으로 파악되고 있다[영국 중재법 부속서(Schedule) 1 참조]. 또한, 영국 법원은 중재인의 기피신청에 대한 ICC 중재법원의 판단에도 불구하고 중재인의 기피 여부에 대하여 심사를 할 수 있다는 입장을 취하고 있다(AT&T Corp, v. Saudi Cable Co. [2000] 참조). 싱가포르의 경우에 대하여는 Greenberg 외, 278면 참조. 한편, 우리 중재법이 중재인에 대한 기피절차를 당사자 간의 합의로 정할 수 있다고 규정하고 있다는 이유로(우리 중재법 제14조 제1항), 법원에 대한 기피신청에 관한 조항을 임의규정으로 풀이하는 견해도 있으나[석광현, "대한상사중재원의 2007년 국제중재규칙의 주요내용과 그에 대한 평가," 서울대학교 법학 49권 1호(2008), 75면 참조], 우리 중재법 제14조는 모범중재법 제13조를 반영한 것으로서, 모범중재법 제13조 제1항은 기피사유에 관한 당사자의 합의는 동법 제13조 제3항의 제한 하에서 가능하다고 규정함으로써 이를 강행규정으로 규정하고 있다("The parties are free to agree on a procedure for challenging a arbitrator, subject to the provision of paragraph (3) of this article").

584 모범중재법은 기피신청을 하는 당사자는 공정성이나 독립성에 대하여 합리적 의심을 불러일으키는 상황을 알게 된 때로부터 15일 내에 기피신청을 해야 하는 것으로 규정하고 있다(모범중재법 제13조 제2항 참조).

585 Ghirardosi v Minister of Highways (BC) (1996) 56 DLR (2d) 469, at 473 참조.

586 대법원 2005. 4. 29. 선고 2004다47901 판결 참조. 다만 우리 하급심 가운데는 중재인의 고지의무 위반을 주장하는 사안에서 "민사소송법 제41조의 제척사유 등에 해당할 정도로 자신의 공정

4.89 그리고 중재인에 대한 기피신청은 가급적 중재판정이 내려지기 이전에 중재판정부 구성 단계에서 하는 것이 그 인용 가능성을 높이는 방안이 될 것이므로, 중재판정부 구성 단계에서 중재인에 대하여 기피사유가 있는지 여부를 철저히 조사하는 것이 매우 중요하다.[587]

나. 기피사유

(1) 중 재 법

4.90 중재인에 대한 기피사유는 중재기관의 중재규칙이나 각국의 중재법에 따라 조금씩 차이가 있는데, 모범중재법의 경우 중재인의 독립성이나 공정성에 대한 정당한 의문이 있는 경우나 중재인이 당사자들이 합의한 자격요건을 갖추지 않은 경우에만 당사자들이 중재인 기피신청을 할 수 있도록 하고 있어서 중재절차와 관련한 중재인의 부당한 행동 등은 기피사유에서 제외하고 있다.[588] 반면에 영국 중재법의 경우에는 기피사유를 보다 확대하여 중재절차를 적절하게 진행하지 못하는 경우 등에도 중재인이 기피될 수 있도록 규정하고 있다.[589]

(2) 중재규칙

4.91 중재규칙의 경우에는 대체로 중재인 기피사유가 상당히 포괄적으로 기재되어 있다. 예컨대, ICC 중재규칙의 경우 중재인의 공정성 또는 독립성의 결여 이외의 다른 사유("or otherwise") 역시 중재인에 대한 기피사유가 될 수 있는 것으로 규정하고 있다.[590] 실무상 중재인이 중재절차를 부당하게 지연하거나 중재 도중에

성이나 독립성에 관하여 의심을 살 만한 중대한 사유에 해당한다고 보기도 어렵다"라고 판시한 예도 있으나(서울중앙지방법원 2011. 10. 27. 선고 2101가합117370 판결 참조), 민사소송법 제41조의 제척사유 등과 같은 중대한 사유가 있는 경우에는 설령 당사자가 이를 알고서도 이의를 제기하지 않았다고 하더라도 중재판정 취소의 사유가 될 수 있으므로, 반드시 그와 같은 정도로 중대한 사유만이 고지의무 위반을 구성하는 것은 아니라는 점을 주의할 필요가 있다.

587 중재인이 과거 중재당사자의 대리인과 공동대리인으로 활동한 전력을 미리 공개하지 않은 것이 나중에 중재판정의 집행 단계에서 문제된 사안에서 미국 법원은 중재판정 취소의 사유가 될 수 없다고 판단하였는데(Positive Software Solution, Inc., v. New Century Fin. Corp., 476 F. 3d 278)(5th Cir. 2007), 당사자가 이러한 사정을 미리 파악하여 기피신청을 하였더라면 결과가 달라졌을 수도 있을 것이다.

588 모범중재법 제12조 제2항 참조.

589 영국 중재법 제24조 제1항 참조.

590 ICC 중재규칙 제14조 제1항 참조.

행한 부적절한 행동 등이 기피사유로 문제되는 경우가 없지는 않지만, 주로 거론되는 기피사유로는 중재인의 공정성과 독립성에 관한 문제, 그 가운데서도 특히 중재인의 이해상충(conflict of interest)의 문제라고 할 수 있다.

(3) IBA 이해상충지침

4.92 중재인의 이해상충에 관하여 국제적으로 보다 일관성 있는 취급을 위하여 IBA 이해상충지침이 마련되어 있음은 앞서 본 바와 같다.[591] IBA 이해상충지침은 중재인의 중재당사자들에 대한 이해관계를 교통신호에 사용되는 빨간색, 노란색, 초록색을 이용하여 크게 4가지의 목록으로 구분하여 예시하고 있는데, 구체적으로는 (i) 당사자들의 동의를 얻어도 치유될 수 없는 이해상충이 있는 경우에 관한 '포기 불가능한 적색 목록(Non-Waivable Red List)', (ii) 이해상충은 있지만 당사자들이 동의하면 치유되는 경우에 관한 '포기 가능한 적색 목록(Waivable Red List)', (iii) 당사자들에게 중재인의 공정성 및 독립성에 정당한 의심을 갖게 만드는 사항이어서 중재인 후보자가 반드시 공개를 해야 하는 경우에 관한 '황색 목록(Orange List)' 및 (iv) 중재인 후보자들이 공개할 필요가 없는 사항들을 예시한 '녹색 목록(Green List)'으로 구분된다.

4.93 우선, **포기 불가능한 적색 목록**에 해당하는 경우 당사자들의 이의 제기 여부 또는 공개 여부와 무관하게 중재인으로서 결격 사유에 해당하는 것으로서, 예컨대, 중재인이 사건의 결과 또는 당사자 일방과의 관계에서 중요한 경제적 이해관계를 가지는 경우가 이에 해당하는데, 이러한 경우 중재인은 취임 요청을 거절해야 하며 중재인으로 선정되었더라도 사임해야 한다. 한편, **포기 가능한 적색 목록**의 예로는 중재인이 현재 해당 사건에 관하여 직접 일방 당사자를 상대로 자

---

591 2004년에 처음으로 도입된 IBA 이해상충지침은 2014년도에 개정이 되면서 동 지침이 상사중재 이외에도 투자조약중재에까지 적용되고, 법률가가 아닌 중재인도 적용 대상으로 한다는 점을 분명히 하였다. 그 밖에도 2014년 이해상충지침은 (i) 이해상충의 사정이 발생할 수 있음을 미리 고지하고 그에 대하여 이의권의 사전 포기가 있었더라도 추후 그러한 사정이 실제 발생한 경우 중재인은 여전히 고지의무를 부담한다는 점[General Standard 3 (b)], (ii) 중재판정부에 대한 서기(secretaries) 또는 보조(assistants)에게도 공정성 및 독립성의 의무가 있다는 점[General Standard 5 (b)], (iii) 제3자 자금조달 제도를 통해 자금을 제공하는 제3자나 보험회사도 중재판정에 대하여 직접적인 경제적 이해관계가 있는 것으로 취급된다는 점[General Standard 6 (b)], (iv) 당사자들에게 모든 대리인들의 신원(identity) 및 그 대리인과 중재인과의 관계를 고지할 의무가 있다는 점[General Standard 7 (b)] 등을 명시하여 중재절차의 공정성 및 독립성에 관한 기준을 더욱 강화하였다.

문을 제공하고 있는 경우나 중재인이 속한 로펌이 현재 당사자 일방과 중요한 상업적 관계를 맺고 있는 경우 등을 들 수 있는데, 이 경우 해당 사실을 중재의 관련자들, 즉, 당사자, 중재인, 중재기관 등이 모두 이를 인지하고 합의하지 않는 이상 중재인의 역할을 수행할 수 없다. 다음으로, 중재인이 공개의무를 부담하면서, 당사자의 이의제기에 따라 기피사유가 될 수도 있으나 일정한 기간 내에 이의제기가 없을 경우에는 이의를 포기한 것으로 보아 중재인의 역할을 수행할 수 있는 **황색 목록**의 예로는, 중재인이 또는 중재인이 속한 로펌이 최근 3년 내에 일방 당사자들 상대로 자문을 제공한 경우나 중재인이 최근 3년 내에 일방 당사자로부터 2회 이상 또는 일방 대리인이나 로펌으로부터 3회 이상 중재인으로 선정된 적이 있는 경우 등을 들 수 있다. 마지막으로, 중재인이 고지의무를 부담하지도 않고 중재인의 직무를 수행함에도 아무런 문제가 없는 **녹색 목록**의 경우인데, 중재인이 일방 당사자의 대리인과 함께 공동중재인이나 공동대리인으로 활동한 적이 있는 경우 등이 녹색 목록에 예시되어 있다. 그 구체적인 내용은 아래와 같다.[592]

4.94

1. 포기 불가능한 적색 목록(Non-Waivable Red List)

1.1. 일방 당사자와 중재인이 동일하거나 또는 중재인이 중재의 일방 당사자인 법인의 법률상 대표이거나 직원인 경우

1.2. 중재인이 일방 당사자 또는 중재판정에 직접적인 경제적 이해관계를 가지는 법인의 감독기구의 관리자, 이사, 또는 위원이거나, 일방 당사자 또는 중재판정에 직접적인 경제적 이해관계를 가지는 법인에 대하여 그에 준하는 지배력을 가지고 있는 경우

1.3. 중재인이 어느 일방 당사자들에 대하여 또는 사건의 결과에 대하여 상당한 경제적 또는 개인적 이해관계를 갖고 있는 경우

1.4. 중재인 또는 그가 속한 회사가 일방 당사자 또는 그 계열사에 정기적으로 자문을 제공하며, 중재인 또는 그가 속한 회사가 그러한 자문 제공을 통해 상당한 경제적 이익을 창출하는 경우

592 보다 자세한 내용은 http://www.ibanet.org/Document/Default.aspx?DocumentUid=e2fe5e72-eb14-4bba-b10dd33dafee8918 참조.

2. 포기 가능한 적색 목록(Waivable Red List)

2.1. 중재인과 해당 분쟁간의 관계

2.1.1 중재인이 해당 분쟁에 관하여 당사자들 중 어느 일방이나 당사자 일방의 계열사에게 법률자문이나 전문가 의견을 제공한 경우

2.1.2 중재인이 과거에도 해당 분쟁에 개입한 적이 있는 경우

2.2. 해당 분쟁에 대한 중재인의 직접, 간접적 이해관계

2.2.1 중재인이 당사자들 중 어느 일방이나 그 개인소유 계열사에 대해 직접, 간접적으로 지분을 보유하고 있는 경우

2.2.2 중재인과 가까운 친족관계에 있는 자[593]가 해당 분쟁의 결과에 대해 상당한 경제적 이해관계를 갖고 있는 경우

2.2.3 중재인 또는 그와 가까운 친족관계에 있는 자가 해당 분쟁의 패소당사자 측에 상환할 책임을 지게 될 제3자와 친밀한 관계가 있는 경우

2.3. 중재인과 당사자들 또는 법률대리인 간의 관계

2.3.1 중재인이 현재 당사자들 중 어느 일방이나 그 계열사를 대리하거나 이들에게 자문을 제공하는 경우

2.3.2 중재인이 현재 당사자들 중 어느 일방을 대리하는 변호사 또는 법무법인을 대리하거나 이들에게 자문을 제공하는 경우

2.3.3 중재인이 현재 당사자들 중 어느 일방을 대리하는 법률대리인과 동일한 법무법인에 소속된 변호사인 경우

2.3.4 중재인이 일방 당사자의 계열사가 해당 중재에 회부된 분쟁과 직접적인 관련이 있는 사안에서, 그 일방 당사자의 계열사의 감독기구의 관리자, 이사, 위원이거나, 또는 그에 준하는 지배력을 갖고 있는 경우

2.3.5 중재인이 속한 법무법인이 과거에 해당 사건을 담당하였으나 현재에는 더 이상 담당하지 않고, 중재인 본인은 해당 사건에

593 목록에서 사용되는 '가까운 친족관계에 있는 자'라 함은 배우자, 형제자매, 직계비속, 직계존속, 사실상 배우자 또는 그 외에 가까운 친족관계가 있는 사람을 말한다.

개입한 바가 없는 경우

2.3.6 중재인이 속한 법무법인이 현재 당사자들 중 어느 일방이나 그 계열사와 중요한 상업적 관계를 맺고 있는 경우

2.3.7 중재인이 일방 당사자나 그 계열사에게 정기적으로 자문을 제공하지만, 중재인이나 그가 속한 법무법인이 그러한 자문 제공을 통해 상당한 경제적 이익을 창출하지 않는 경우

2.3.8 중재인이 일방 당사자, 일방 당사자나 그 계열사의 감독기구의 관리자, 이사, 위원, 또는 일방 당사자나 그 계열사에 대해 감독기구의 관리자 등에 준하는 지배력을 갖고 있는 자, 또는 일방 당사자를 대리하는 법률대리인과 가까운 친족관계에 있는 경우

2.3.9 중재인과 가까운 친족관계에 있는 자가 당사자들 중 어느 일방이나 그 계열사에 대해 상당한 경제적 또는 개인적 이해관계를 갖고 있는 경우

3. 황색 목록(Orange List)

3.1. 과거 일방 당사자에 대한 법률서비스 제공 또는 기타 방식에 의한 사건 관여

3.1.1 중재인이 최근 3년 내에 당사자들 중 어느 일방이나 그 계열사의 법률대리인으로 활동하였거나, 또는 해당 사건과 무관한 사안에서 중재인이 일방 당사자나 그 계열사에게 자문을 제공하였거나 그들과 상의를 하였지만, 중재인이 그 일방 당사자나 계열사와 지속적인 관계를 유지하지는 않은 경우

3.1.2 중재인이 최근 3년 내에 해당 사건과 무관한 사안에서 일방 당사자 또는 그 계열사의 상대방 대리인으로 활동한 적이 있는 경우

3.1.3 중재인이 최근 3년 내에 당사자들 중 어느 일방이나 그 계열사에 의하여 2회 이상 중재인으로 선정된 적이 있는 경우

3.1.4 중재인이 속한 법무법인이 최근 3년 내에 해당 사건과 무관한 사안에서, 중재인이 개입하지 않은 상태에서 일방 당사자나

그 계열사를 대리하거나 일방 당사자나 그 계열사를 상대로 대리한 적이 있는 경우

3.1.5 중재인이 현재 또는 최근 3년 내에 당사자들 중 어느 일방이나 그 계열사가 당사자로 되어 있는 다른 중재사건에서 중재인 역할을 수행하고 있거나 수행한 적이 있는 경우

3.2. 현재 일방 당사자에게 법률서비스를 제공하는 경우

3.2.1 중재인이 속한 법무법인이 당사자들 중 어느 일방이나 그 계열사에게 자문을 제공하고 있지만, 현재 중요한 상업적 관계를 형성하지 않고, 중재인이 개입하지 않은 경우

3.2.2 중재인이 속한 법무법인과 수익 또는 수임료를 공유하는 법무법인 또는 기관이 중재판정부 앞에서 당사자들 중 어느 일방이나 그 계열사에게 법률서비스를 제공하는 경우

3.2.3 중재인이나 그가 속한 법무법인이 정기적으로 중재의 일방 당사자나 그 계열사를 대리하나, 현재 분쟁에는 개입하지 않은 경우

3.3. 중재인과 다른 중재인 또는 법률대리인 간의 관계

3.3.1 중재인과 다른 중재인이 동일한 법무법인에 소속된 변호사인 경우

3.3.2 중재인과 다른 중재인 또는 일방 당사자의 법률대리인이 동일한 법정변호사 협회 회원인 경우

3.3.3 중재인이 최근 3년 내에 다른 중재인이나 법률대리인과 파트너 관계에 있었거나 다른 제휴관계를 맺었던 경우

3.3.4 중재인이 속한 법무법인의 다른 변호사가 일방 당사자나 당사자들 모두 또는 일방 당사자의 계열사가 당사자로 되어 있는 다른 분쟁을 심리하는 중재인인 경우

3.3.5 중재인과 가까운 친족관계에 있는 자가 일방 당사자를 대리하는 법무법인의 파트너(구성원변호사) 또는 직원이기는 하나, 해당 분쟁에 법률적 조력을 제공하지 않는 경우

3.3.6 중재인 및 일방 당사자의 법률대리인 간 가까운 개인적 친분관계가 존재하는 경우

3.3.7 중재인과 중재절차에 출석한 법률대리인 간에 적대감이 존재하는 경우

3.3.8 중재인이 최근 3년 내에 동일한 법률대리인 또는 동일한 법무법인으로부터 3회 이상 중재인으로 선정된 경우

3.3.9 중재인과 다른 중재인이 또는 일방 당사자의 법률대리인이 현재 또는 최근 3년 내에 공동대리인으로 활동하고 있거나 활동한 적이 있는 경우

3.4. 중재인과 당사자 및 기타 중재에 관련된 자들 간의 관계

3.4.1 중재인이 속한 법무법인이 현재 당사자들 중 어느 일방이나 그 계열사를 상대로 하는 사건을 수행하는 경우

3.4.2 중재인이 최근 3년 내에 일방 당사자나 그 계열사와 전(前) 직원 또는 파트너와 같이 직업적으로 연관된 적이 있는 경우

3.4.3 중재인과 아래 열거된 자들 간에 가까운 개인적 친분관계가 존재하는 경우: 일방 당사자나 중재판정에 직접적인 경제적 이해관계를 가지는 법인의 감독기구의 관리자, 이사 또는 위원, 일방 당사자나 그 계열사에 그에 준하는 지배력을 갖고 있는 자, 증인 또는 전문가

3.4.4 중재인과 아래 열거된 자들 간에 적대감이 존재하는 경우: 일방 당사자나 중재판정에 직접적인 경제적 이해관계를 가지는 법인의 감독기구의 관리자, 이사 또는 위원, 일방 당사자나 그 계열사에 그에 준하는 지배력을 갖고 있는 자, 증인 또는 전문가

3.4.5 중재인이 전직 판사라면, 중재인이 최근 3년 내에 당사자들 중 일방이나 그 계열사가 관련된 중요한 사건을 심리한 적이 있는 경우

3.5. 기타 사유

3.5.1 중재인이 직접, 간접적으로 주식을 보유하되, 그러한 주식 보유가 주식의 수량 또는 액면 가액을 이유로 일방 당사자나 공개상장기업인 그 계열사에 대해 주요지분을 보유하는 행위에 해당되는 경우

3.5.2 중재인이 중재 심리중인 사건과 관련하여 공개적인 논문, 연

설문 등에 특정 입장을 공개적으로 옹호하는 경우

3.5.3 중재인이 해당 분쟁에 대한 선정권한을 가진 중재기관에서 직위를 보유하고 있는 경우

3.5.4 중재인이 일방 당사자의 계열사의 감독기구의 관리자, 이사 또는 회원이거나 그 계열사에 대해 감독기구의 관리자 등에 준하는 지배력을 가지나 그 계열사가 중재에 회부된 분쟁사항과 직접적인 관련이 없는 경우

4. 녹색 목록(Green List)

4.1. 과거에 법률적 의견을 밝힌 경우

4.1.1 중재인이 과거에 해당 중재에서도 발생한 쟁점에 관하여(법률저널이나 강의를 통해) 일반적인 의견을 공표한 경우(단, 그러한 의견은 현재 심리중인 중재사건에 중점을 둔 것이 아니어야 함)

4.2. 현재 일방 당사자에게 자문제공

4.2.1 중재인이 속한 법무법인과 제휴 또는 협력 관계를 맺고 있으나, 수임료나 기타 수익을 공유하지 않는 법무법인이 해당 중재와 무관한 사안에서 당사자들 중 어느 일방이나 그 계열사에게 법률서비스를 제공하는 경우

4.3. 다른 중재인 또는 일방 당사자의 법률대리인과의 접촉

4.3.1 중재인이 동일한 전문가 협회나 사회단체의 회원자격 또는 소셜 미디어 네트워크를 통해 다른 중재인이나 일방 당사자의 법률대리인과 관계를 맺고 있는 경우

4.3.2 중재인이 일방 당사자의 법률대리인 또는 다른 중재인과 과거에 함께 중재인으로 활동한 적이 있는 경우

4.3.3 중재인이 다른 중재인 또는 일방 당사자의 법률대리인과 같은 기관 또는 학교에서 가르치거나 전문가 협회나 사회단체 또는 자선단체의 위원으로 함께 근무하는 경우

4.3.4 중재인이 다른 중재인 또는 당사자들의 법률대리인과 1개 이상의 컨퍼런스에서 함께 연설자, 토론주재자나 주최자였던 경우 또는 전문적, 사회적, 또는 자선단체의 위원회나 세미나에

함께 참가했던 경우

4.4. 중재인과 일방 당사자 간의 접촉

4.4.1 중재인이 당사자(또는 각각의 법률대리인) 또는 그 계열사와 중재인으로 선정되기 이전에 애초에 접촉한 적이 있고, 그러한 접촉이 중재인으로서의 능력 및 자격에 한정되거나, 의장중재인 후보자 명단에 한정되며, 중재인에게 사건의 기초적인 이해를 돕기 위해 제공한 것 외에는 해당 분쟁의 본안이나 절차적 쟁점에 대해서 다루지 않았던 경우

4.4.2 중재인이 일방 당사자 또는 공개상장기업인 그 계열사에 대해 미량의 지분을 보유하고 있는 경우

4.4.3 중재인이 일방 당사자나 그 계열사의 감독기구의 관리자, 이사, 위원, 또는 그에 준하는 지배력을 갖고 있는 자와 함께 공동 전문가로서, 또는 동일 사건의 중재인으로 활동한 경우를 포함하여 다른 직위에서 함께 직무를 수행한 적이 있는 경우

4.4.4 중재인이 소셜 미디어 네트워크를 통해 일방 당사자나 그 계열사와 관계를 맺고 있는 경우

(4) IBA 이해상충지침과 국제중재의 실무

4.95 ICC 중재법원의 사례를 보면, (i) 중재인이 피신청인에 대해 간접적 지분소유를 가진 회사의 이사로 활동하고 있는 경우, (ii) 중재인의 로펌이 일방 당사자를 대리하고 있는 로펌과 제휴관계를 맺고 있는 경우, (iii) 이미 동일 당사자에 의해 지명된 관련 중재사건에서 당사자 지명 중재인으로 활동하고 있는 경우, (iv) 당사자 지명 중재인이 이전의 관련 거래에서 당사자 일방을 위해 활동했다는 사실이 드러난 경우, (v) 의장중재인이 중재 당사자 일방의 모회사에 대한 청구를 대리하고 있는 로펌 출신인 경우 등에는 당사자가 지명한 중재인에 대한 확인(confirmation)이 거부되거나 중재인 기피신청이 받아들여지는 등 실무상 중재인의 독립성을 판단함에 있어서 대체로 위의 IBA 이해상충지침과 유사한 내용이 고려되고 있음을 알 수 있다.[594]

---

[594] A. Whitesell, "Independence in ICC Arbitration: ICC Court Practice concerning the Appointment, Confirmation, Challenge and Replacement of Arbitrators" (2007) ICC Court of

4.96 다만, 위와 같은 IBA 이해상충지침은 말 그대로 하나의 지침에 불과하고 구체적인 사안에서의 적용 내용은 중재기관이나 국가마다 차이가 있을 수 있다는 점을 염두에 두어야 한다. 실제로, ICC 중재법원은 중재인이 일방 당사자의 대리인과 함께 다른 사건을 공동 대리하고 있는 경우에 대하여 여러 차례 기피사유의 존재를 인정한 바 있는데, 이는 위에서 살펴본 IBA 이해상충지침의 원칙적인 내용과는 다소간 괴리가 있는 것으로서 실무상 주의를 요한다.[595]

4.97 한편, IBA 이해상충지침의 구체적인 내용에 대해서는 그 기준이 너무 느슨하다는 비판도 없지 않다. 예컨대, 중재인이 속한 로펌이 당사자 일방을 위해 법률자문을 제공한 상황에 대해 IBA 이해상충지침이 비교적 관대한 태도를 취하고 있는 것과 관련하여 주로 대형 국제 로펌에 소속된 실무가들에 의하여 IBA 이해상충지침이 입안된 결과라고 비판을 받기도 한다.[596]

2. 중재인의 교체

가. 교체사유

4.98 대개의 중재규칙을 보면 앞서본 바와 같은 중재인의 공정성이나 독립성의 결여 등을 이유로 한 당사자의 기피신청이 받아들여지는 경우나 양 당사자들이 합의에 의하여 교체를 요구하는 경우,[597] 중재인의 사망, 중재인의 사임[598] 등의 경우는 물론 그 밖에도 중재인이 중재인으로서의 역할을 수행하기 어려운 상황이 발생한 경우[599] 중재기관이 직접 중재인을 교체할 수 있도록 규정하고 있

Arbitration Bulletin 7, Special Supplement, 7면 이하 참조.

[595] J. Fry and S. Greenberg, "The Arbitral Tribunal: Application of Articles 7-12 of the ICC Rules in Recent Cases" (2009) 20(2) ICC International Court of Arbitration Bulletin 12, 17면 참조.

[596] M. Bond, "A Geography of International Arbitration" (2005) 21(1) Arbitration International 99, 104면 참조.

[597] 2012년 개정된 ICC 중재규칙 제15조 제1항은 양당사자가 교체에 합의를 하더라도 중재법원의 수락이 있어야 중재인의 교체가 가능한 것으로 규정하고 있다. 그러나 실무상 당사자들의 의사가 명확한 경우 ICC 중재법원이 받아들이지 않는 경우는 찾아보기 어려울 것이다.

[598] 중재기관에 따라서는 중재인의 사임 신청을 거절할 권리를 유보하는 경우가 있다(ICC 중재규칙 제15조 제1항 또는 ICDR 중재규칙 제15조 제1항 등 참조). ICC 법원의 경우 1998년과 2010년 사이에 208건의 사임 신청을 받았는데, 그 중 5건이 거절되었다(Fry/Greenberg/Mazza, 181면 참조).

[599] 참고로, 모범중재법은 중재인이 법률상 또는 사실상 자신의 직무를 수행할 수 없거나, 다른 사유로 적정한 기간 내에 직무를 수행하지 아니하는 경우 자진 사임 또는 당사자들의 합의로써

다.[600] 예컨대, ICC 중재규칙은 중재인이 법률상 또는 사실상 자신의 임무를 수행하지 못하거나 중재규칙에 따라 또는 정해진 기간 내에 자신의 임무를 수행하지 않는 경우에 ICC 중재법원의 주도로 관련 당사자들의 의견을 들은 후 중재인이 교체될 수 있는 것으로 규정한다.[601] 실무상 중재인 교체가 일어나는 가장 흔한 경우로는 중재인이 중재절차를 부당하게 지연하는 경우를 들 수 있는데, 예컨대 ICC 중재법원은 중재인들 간에 의견불일치 때문에 ICC 중재규칙에 따라 다수결을 형성하는데 심각한 지연이 발생한 경우에 의장중재인을 교체한 경우도 있고, 단독중재인이 당사자들이 요청한 어떠한 시간대에도 심리를 개최할 수 없는 경우에 그 단독중재인의 교체를 결정한 경우도 있다.[602]

나. 보궐 중재인의 선정

4.99 중재인의 교체가 이루어지는 경우 대체로 보궐 중재인의 선정 방법은 원래의 선정절차와 동일한 절차에 의하지만,[603] ICC 중재규칙과 같이 ICC 중재법원에 보궐 중재인을 선정 방법 결정에 관한 재량을 부여하는 경우도 있다.[604]

4.100 그리고 중재절차의 막바지에 중재판정부를 구성하는 3인 가운데 1인의 결원이 생기는 경우(이른바 'truncated tribunal'), 보궐 중재인을 선정하지 않고 나머지 중재인들이 계속 중재를 진행할 수 있는가 하는 문제가 발생한다. 실무상 당사자가 선정한 중재인이 자신을 지명한 당사자에 대한 패소판정을 눈앞에 앞두고 절차를 지연할 목적으로 악의적으로 사임하는 경우도 종종 발생한다. 중재판정부에 일부 결원이 생긴 경우 ICDR 중재규칙과 같이 다른 중재인들이 결원이 발생한 상태로 중재절차를 계속 진행할 것인지 여부를 재량에 따라 판단하도록 하는 경우도 있는 반면,[605] ICC 중재규칙의 경우와 같이 사건의 심리가 종결된 이후에 결원이 발생한 경우와 같이 예외적인 경우에 한하여 중재법원이 당사자들과 다

중재인의 직무권한은 종료되는 것으로 하면서, 이에 관하여 다툼이 있을 경우 당사자는 법원 등에 중재인의 권한종료에 관한 결정을 요청할 수도 있다고 규정하고 있다(모범중재법 제14조 제1항 참조).

600 ICC 중재규칙 제15조 제2항; KCAB 국제중재규칙 제15조 제2항 등 참조.

601 ICC 중재규칙 제15조 제2항 참조.

602 Fry/Greenberg/Mazza, 185면 참조.

603 모범중재법 제15조; ICDR 중재규칙 제15조 등 참조.

604 ICC 중재규칙 제15조 제4항; LCIA 중재규칙 제11조 제1항 등 참조.

605 ICDR 중재규칙 제15조 제3항 참조.

른 중재인들의 의견을 들어 재량에 따라 결원이 발생한 상태로 중재절차를 계속 할지를 결정할 수 있도록 하는 경우도 있다.[606]

다. 교체 이후의 중재절차

4.101 중재판정부에 결원이 발생하고 보충되었을 때 중재판정부는 심리를 처음부터 다시 시작해야 하는지 아니면 남은 절차만을 진행하여도 되는지가 문제된다. 대부분의 중재규칙은 중재인이 교체된 경우에 중재판정부가 필요하다고 간주한다면 심리가 다시 개최될 것을 명할 권한을 부여하고 있다.[607] 한편, 2010년 개정 UNCITRAL 중재규칙은 중재판정부가 달리 결정하지 않는 한 중재인이 교체되었을 경우 중재절차는 교체 당한 중재인이 그 역할을 중단한 시점으로 복귀된다고 규정하고 있다.[608]

4.102 중재인이 교체되었을 경우 절차를 반복할 것인지, 반복한다면 어느 범위에서 할 것인지를 중재판정부가 판단함에 있어서, 대체로 결원이 발생할 때 아직 hearing이 개최되지 않았다면 새로이 구성된 중재판정부나 당사자들이 종전의 절차를 다시 밟을 필요는 없을 것이다. 그 경우에는 교체된 중재인이 당사자들 사이에 교환된 주장서면, 서증 등 자료, 종전 중재판정부에 의해 내려진 절차명령 등을 검토하면 될 것이기 때문이다. 다만, hearing이 시작된 후에 결원이 발생한 경우 이미 조사된 증거 및 이미 구두로 이루어진 법적 주장이 교체된 중재인을 위해 다시 반복되어야 하는지에 대하여는 의문이 있을 수 있는데, 그러한 경우에도 절차의 반복은 매우 비효율적이기 때문에 당사자의 반대가 없고, 또한 속기록 등 관련 자료를 통해 이미 진행된 심리 상황을 새로운 중재인이 파악하는 데에 지장이 없다면 가급적 종전의 절차를 반복하는 것은 피하는 것이 중재 당사자의 이익에 부합하는 일일 것이다.

606 ICC 중재규칙 제15조 제5항 참조.

607 ICC 중재규칙 제15조 제4항; LCIA 중재규칙 제12조 제3항; ICDR 중재규칙 제15조 제2항; KCAB 국제중재규칙 제15조 제4항; CIETAC 중재규칙 제33조 제4항 등 참조.

608 UNCITRAL 중재규칙 제15조 참조. 참고로, 개정 전 UNCITRAL 중재규칙 제14조는 단독중재인 또는 의장중재인이 교체된 경우, 이전에 개최된 hearing이 다시 개최되어야 한다고 규정하고 있었다.

제 5 장

중재절차

Ⅰ. 머 리 말

5.01 흔히 '중재절차(arbitral procedure)'라고 할 때는 당사자들의 중재합의에 기하여 중재신청서가 접수되고 그에 따라 중재판정부가 구성된 다음 그 중재판정부의 주관 하에 당사자들에 의한 주장 및 입증 등 심리의 과정을 거쳐 분쟁에 대한 타당한 결론을 도출하는 중재의 내부적 절차(internal procedure)와 대외적으로 법원과의 관계에서 증거조사 등 일정한 중재절차나 중재판정부가 내린 중재판정의 집행 등에 관하여 법원의 도움을 받거나 중재판정에 대하여 불복하여 그 취소나 승인 및 집행의 거부를 구하는 등과 같은 중재의 외부적 절차(external procedure) 등을 포괄하는 의미로 사용됨은 앞서 본 바와 같다. 그러나 본장에서 살펴볼 '중재절차'는 주로 그 가운데서 중재의 심리절차에 관한 것이다.[609]

5.02 중재의 심리절차의 핵심은 소송절차와 같이 분쟁의 대상이 되는 쟁점에 대하여 그 사실관계를 일정한 증거조사 과정을 거쳐 확정하고, 그와 같이 확정된 사실관계에 대하여 일정한 기준에 따라 선택된 준거법을 적용하여 해당 쟁점에 대하여 타당한 결론을 도출하는 것에 있다. 따라서, 이하에서는 위와 같은 중재의 절차 진행의 준거가 되는 법과 기본원칙(Ⅱ)에 관하여 먼저 살펴본 다음, 중재의 전형적인 심리절차의 각 단계(Ⅲ), 중재절차와 관련하여 실무상 발생하는 다양한 쟁점

[609] 전체 중재절차 가운데 중재관할이나 중재판정부에 관하여는 제3장, 제4장에서 각각 살펴본 바 있고, 중재판정 및 그 승인과 집행 문제는 제6장에서, 그리고 중재판정의 취소 또는 집행거부 등 중재판정에 대한 불복에 대하여는 제7장에서 각각 살펴보기로 한다.

들(Ⅳ), 실체적 준거법의 선택(Ⅴ), 중재의 심리절차에 대한 법원의 역할과 도움(Ⅵ) 등에 대하여 차례대로 살펴보기로 한다.

Ⅱ. 중재절차의 준거법

1. 당사자의 사적 자치와 중재판정부의 재량

가. 당사자의 합의와 중재규칙

5.03 앞서 본 바와 같이 소송과 비교되는 중재의 가장 큰 장점은 중재절차를 당사자들의 사적 자치에 의하여 사안에 따라 맞춤형으로 형성할 수 있는 절차적 유연성이 허락된다는 점이라고 할 수 있다. 즉, 중재는 당사자의 합의에 기초를 두고 있는 절차이므로 당사자 자치(party autonomy)의 원칙에 따라 당사자들이 구체적인 중재절차의 내용을 합의를 통해 정할 수 있을 뿐만 아니라, 중재절차를 자세히 규정하고 있는 특정 중재규칙에 따를 것을 합의할 수도 있다. 이와 관련하여 뉴욕협약은 중재판정부의 구성이나 중재절차는 일차적으로 당사자가 합의한 바에 따라야 하는 것으로 규정하고 있고,[610] 모범중재법을 비롯한 많은 국가의 중재법 역시 특별한 사정이 없는 한 중재절차는 당사자들이 합의한 바에 의하도록 규정하고 있다.[611] 특히, 당사자가 어떤 중재규칙에 따르기로 합의한 경우 해당 중재규칙의 내용은 당사자들의 합의의 일부로서 가장 우선적으로 중재절차를 관장하는 규범이 됨은 앞서 본 바와 같다.[612]

나. 중재판정부의 재량과 중재지법

5.04 대개의 중재규칙은 중재절차에 관하여 중재판정부에게 광범위한 재량을 부여하고 있는데, 그 경우 중재판정부가 해당 중재규칙에 따라 자신에게 부여된 재량의 범위 내에서 중재절차에 관하여 결정하는 내용은 당사자의 사적 자치에 의한 합의의 일부분이 되어 마찬가지로 중재절차를 관장하는 우선적 기준이 된다.[613] 또한, 그와 같은 중재규칙에 따를 것을 특별히 합의하지 않은 경우에도 모범중재법 등 각국의 중재법은 중재판정부의 절차에 대한 재량권을 매우 넓게 인정하

---

610 뉴욕협약 제5조 제1항 (d) 참조.

611 모범중재법 제19조 제1항 참조.

612 보다 자세한 내용은 제2장 중재를 관장하는 규범의 질서와 체계 참조.

613 UNCITRAL 중재규칙 제17조 제1항; LCIA 중재규칙 제14조 제2항 등 참조.

고 있다.[614]

5.05 이와 관련하여, 중재절차상의 문제에 대하여 강행규정이나 당사자의 합의가 전혀 존재하지 않고 또한 법률상으로도 임의규정이 없으면 중재판정부의 자유재량에 따른다고 하면서 중재절차에 관하여는 1차적으로 강행규정이 적용되며, 2차적으로는 당사자의 합의가, 그 다음으로 임의규정이 적용되며, 마지막으로 중재판정부의 재량에 의한다고 설명하는 견해도 있다.[615] 그러나 당사자가 선택한 중재규칙이 중재판정부의 재량을 인정하고 있을 경우에는 중재판정부의 그러한 재량은 당사자의 합의에 의하여 인정되는 것이므로 중재지의 임의규정에 앞서 적용된다고 보는 것이 중재절차에 관한 규범의 체계에 부합한다.

5.06 다만, 당사자가 특별한 중재규칙을 선택하지 않았거나 당사자가 선택한 중재규칙에서 중재판정부의 재량에 관한 규정을 두지 않은 경우에는 중재지의 임의규정이 중재판정부의 재량에 우선하여 적용될 수는 있을 것이다. 이와 관련하여 모범중재법은 당사자들의 합의가 없는 경우에는, 중재절차규칙과 관련하여 중재판정부가 모범중재법의 강행규정은 물론 임의규정에 따라 적정한 방법으로 절차를 진행하는 것으로 규정하고 있다.[616]

5.07 이상과 같이, 중재판정부는 자신에게 부여된 중재절차에 관한 광범위한 재량을 활용하여 어느 국가에 특유한 절차나 방식에 구애받지 않고 보다 중립적이고 유연한 방법에 의하여 중재절차를 형성하고 진행할 수 있게 된다. 이러한 절차적 유연성은 소송과 비교되는 중재만의 특유한 장점이라는 점 역시 앞서 본 바와 같다.

2. 사적 자치 및 중재판정부의 재량의 한계

가. 중재지의 중재법의 강행규정

5.08 위에서 본 바와 같이 중재절차는 당사자가 자유로이 합의할 수 있고, 또 중재판

---

614 모범중재법 제19조 제2항 등 참조.

615 주석중재법, 92면 참조.

616 모범중재법 제19조 제2항 전문
Failing such agreement, the arbitral tribunal may, subject to the provisions of this Law, conduct the arbitration in such manner as it considers appropriate.

정부에 중재절차의 진행에 관한 매우 광범위한 재량이 부여되는 것이 원칙이지만, 중재절차에는 당사자 또는 중재판정부에 의하여 달리 정할 수 없는 일정한 강행적 절차규범이 존재하는 것은 부인할 수 없다. 즉, 국제중재를 관장하는 규범의 체계와 관련하여 앞서 살펴본 바와 같이, 당사자가 합의한 중재절차의 내용이 중재지의 중재법의 강행규정에 위배되는 경우에는 그 효력을 인정받지 못하는 경우가 있다.

5.09 다만, 중재절차에 관하여 당사자의 합의에 우선하는 강행규정을 인정할 것인지 여부 및 인정할 경우에 그 구체적인 내용 및 범위 등은 개별 국가마다 입법 또는 해석에 있어서 차이가 있을 수밖에 없다.[617] 한편, 모범중재법의 경우는 강행규정의 내용 및 범위에 대하여는 해석에 맡기고 있는데, 사적 자치를 기반으로 하는 중재의 본질과 뉴욕협약의 기본 정신에 비추어 볼 때, 당사자의 합의에 우선하는 강행규정은 가급적 엄격한 요건 하에서 인정되는 것이 바람직할 것이다.[618]

나. 동등한 대우 및 충분한 변론기회

5.10 이상과 같이 중재절차에 관한 모범중재법의 규정 가운데 어떤 것이 강행규정이고 어떤 것이 임의규정인지에 대하여는 각국의 입법례나 학설에 따라 차이가 있을 수 있지만, 양 당사자에 대한 동등한 대우,[619] 충분한 변론 기회의 보장[620] 등 보다 근본적인 절차적 권리에 관련된 규정이 강행적인 규정이 된다는 것에 대하여는 이견이 없다. 뉴욕협약 역시 당사자가 중재인의 선정이나 중재절차에 관하여 적절한 통고를 받지 아니하였거나 또는 기타 이유에 의하여 변론할 수 없었을 경우에는 중재판정의 승인 및 집행이 거부될 수 있다고 규정하고 있다.[621] 이는 이른바 '적정절차(due process)'에 관한 규정으로서, 이러한 권리는 그 어떠한 경

617 일본의 경우 공공질서(public policy)에 관련된 조항을 위반하지 않는 범위 내에서 당사자들이 중재절차에 관하여 자유롭게 합의할 수 있다는 규정을 두고 있고(일본 중재법 제26조 제1항 참조), 중재절차와 관련하여 동등한 변론 기회의 보장 등과 같은 근본적인 절차원칙의 위반 이외에 달리 절차적 강행규정을 두지 않음은 물론, 아예 '중재절차가 중재지법에 위반된 경우'를 중재판정의 취소사유에서 배제하는 국가도 있다. 이에 대한 보다 자세한 논의는 제2장 Ⅲ. 참조.

618 이에 대한 보다 자세한 논의는 제2장 Ⅲ. 1. 다. (2) 참조.

619 모범중재법 제18조 참조.

620 모범중재법 제24조 제2항, 제3항 참조.

621 뉴욕협약 제5조 제1항 (b) 참조.

우에도 배제될 수 없는 매우 근본적인 권리의 성격을 가진다.

(1) 동등한 대우

5.11 중재절차에 있어서 당사자들이 평등하게 대우되어야 한다는 요건은 그야말로 기본적인 절차원칙에 해당하며 이는 대체로 중재법이나 중재기관의 중재규칙에 명시적으로 선언되고 있는 경우가 많다.[622] 다만, 어떻게 하는 것이 당사자를 동등하게 취급하는 것인지 여부는 일률적으로 규정하기는 어렵고 구체적인 사안에 따라 판단할 수밖에 없다.

5.12 예컨대, 당사자들의 변론이 가능하기 위해서는 일방 당사자에 의해 중재판정부에 제출된 서류나 정보는 물론 전문가의 의견서 등이 다른 당사자에게도 반드시 전달되어야 하는 것은 당사자를 동등하게 취하여야 하는 원칙상 당연한 귀결이다.[623] 또한, 당사자들은 중재판정부에 의하여 선정된 전문가에 의한 검증 등 증거조사에 참여할 수 있고 또 그 관련 정보를 수령할 수 있는 권리를 가지고 있다.[624] 그러나 당사자를 절차적으로 동등하게 취급한다고 해서 반드시 당사자들에게 동일한 수의 증인만을 허락하여야 한다거나 증인신문에 동일한 시간을 허여하여야 하는 것은 아니다. 이러한 불필요한 오해를 피하기 위하여 UNCITRAL 중재규칙을 입안할 당시 처음에는 당사자들이 절대적으로 평등하게(with absolute equality) 대우되어야 한다는 문언이 입안되었으나, 최종안에서는 당사자들에 대한 동등한 대우가 단순히 형식적인 평등을 보장하는 것이 아니라는 점을 이유로 "absolute"라는 수식어가 삭제된 바도 있다.[625]

(2) 충분한 변론기회

5.13 당사자들이 자신의 사건에 관하여 변론을 할 수 있는 권리 역시 당사자들의 합의에 의하여 배제될 수 없는 매우 근본적인 내용인데, 이와 관련하여 모범중재법은

---

622 모범중재법 제18조; UNCITRAL 중재규칙 제17조 제1항; KCAB 국제중재규칙 제16조 제1항; CIETAC 중재규칙 제24조 등 참조.

623 모범중재법 제24조 제3항; UNCITRAL 중재규칙 제17조 제4항 등 참조.

624 IBA 증거조사규칙 제6조 제3항 참조.

625 "Report of the Secretary-General: "Preliminary Draft Set of Arbitration Rules for Optional Use in Ad Hoc Arbitration Relating to International Trade," UN Doc A/CN.9/97 (1974), 172면 내지 173면 참조.

각 당사자는 자신의 사건을 변론할 수 있는 충분한(full) 기회를 부여받아야 한다고 규정하고 있다.[626] 그러나 당사자에게 충분한 변론의 기회가 주어져야 한다고 하더라도 이는 중재판정부가 반드시 당사자들에게 구두로 변론할 수 있는 기회를 허용하여야 한다는 것을 의미하는 것은 아니며, 사안에 따라서는 중재판정부가 구두변론 없이 서면만으로 쟁점사항을 판단할 수도 있다.[627] 그리고 이러한 충분한 변론의 기회는 일방 당사자에게 원하는 사람은 누구나 증인으로 소환할 수 있는 권리를 준다거나, 비정상적으로 긴 법률적 주장을 늘어놓는 것을 허용하는 내용도 아니다.

5.14 중재법이나 중재규칙에 따라서는 모범중재법이 사용하는 "충분한(full)"이라는 단어에서 발생할 수 있는 오해를 피하기 위하여 아예 "합리적인(reasonable)" 기회라는 표현을 사용하기도 하는데,[628] 2010년 개정 UNCITRAL 중재규칙 역시 위 모범중재법의 "충분한(full)"이라는 단어가 오해의 소지가 있을 수 있다는 비판을 받아들여 이를 "합리적인(reasonable)"이라는 용어로 수정한 바 있다.[629]

Ⅲ. 국제중재의 절차 진행 단계

5.15 위에서 살펴본 바와 같이 국제중재의 경우에는 주장과 입증 등 분쟁의 구체적인 심리방법과 절차에 대하여 중재판정부에게 광범위한 재량이 부여된다. 그로 인해 실무상 중재절차의 구체적인 진행 방법과 내용은 중재판정부, 3인 중재의 경우에는 그 중에서도 특히 의장중재인의 출신과 배경에 따라 적지 않게 차이를 보인다.

5.16 그러나 세계 각국의 중재실무가들의 지속적인 노력으로 인해 최근에는 통상적인 국제중재의 경우에 있어서는 어느 정도 표준화된 전형적인 절차가 형성되고 있

---

626 모범중재법 제18조 참조.

627 다만, 실무상으로는 구두 변론 없이 서면에 의하여 심리를 진행시키는 것은 매우 이례적인 경우에 한하며 모범중재법은 당사자가 요청을 할 경우 구두 심리를 하도록 규정하고 있다(모범중재법 제24조 제1항).

628 홍콩 중재법 제46조 제3항 (b); ICC 중재규칙 제22조 제4항; HKIAC 중재규칙 제13조 제1항; CIETAC 중재규칙 제35조 제1항 등 참조.

629 UNCITRAL 중재규칙 제17조 제1항; "Report of the Working Group on Arbitration and Conciliation on the work of its forty-fifth session," (Vienna, 11-15 September 2006), UN Doc A/CN 9/614, para 77 참조.

다. 따라서, 중재기관이나 중재판정부, 그리고 사안의 규모와 복잡성 등에 따라 차이가 전혀 없는 것은 아니지만 일반적인 국제중재 사건의 경우에는 당사자가 중재신청을 하여 최종적으로 중재판정을 받기까지 대체로 뒤의 도표에서 예시된 바와 같은 전형적인 절차의 단계를 거치게 된다.[630]

국제중재의 경우 대체로 중재대리인에 의하여 진행이 되므로 이하에서는 중재신청서 제출 이전의 사건착수단계라고 할 수 있는 중재대리인 선임에서부터 시작하여 최종 판정에 이르기까지의 구체적 심리절차를 차례대로 살펴보고자 한다. 5.17

1. 중재대리인의 선임

가. 중재대리인

실무상 분쟁이 발생하여 중재절차를 진행하기를 원하는 당사자가 제일 먼저 하는 일은 사건을 맡길 변호사나 로펌 등 대리인(counsel)을 찾는 일일 것이다. 실제로 대리인의 선임은 당사자에게 있어서는 중재절차 가운데서 가장 중요한 내용의 하나라고 할 수 있다. 흔히 당사자들이 국제중재를 소송의 경우와 혼동하여 중재대리인을 선임함에 있어서 중재지의 현지 변호사나 로펌을 찾는 경우도 있으나 중재합의의 효력이 다투어지는 등 특별히 중재지의 법이 쟁점이 되는 경우가 아니라면 반드시 그럴 필요는 없다. 오히려 국제중재의 절차는 후술하는 바와 같이 어느 특정 국가에 편향됨이 없이 중립적인 내용으로 정형화되어 있다는 점을 감안할 때, 절차진행에서 매우 중요한 요소의 하나인 의사소통이나 신뢰관계의 측면에서 보다 유리한 자국의 변호사나 로펌을 선호하는 경우도 많다. 5.18

나. 중재대리인의 자격

중재의 경우 당사자를 대리하는 대리인의 자격에 특별한 제한이 없는 경우가 대부분이다. 이와 관련하여 영국 중재법과 같이 당사자가 달리 합의하지 않는 한 중재의 당사자는 변호사나 그 밖에 자신이 선택한 사람을 중재사건의 대리인으로 내세울 수 있도록 명시적으로 규정하고 있는 경우도 있다.[631] 그러나 중재법에 5.19

---

630 뒤의 도표에서 예시된 절차는 해당 절차가 대략 1년 6개월 정도 소요되는 경우를 전제로 한 것이며, 투자조약중재의 경우는 상사중재의 경우와는 세부적 절차의 진행에 있어서 어느 정도 차이를 보이고 있으며 대체로 3년에서 5년이 소요되는 경우가 많다.

631 영국 중재법 第36조 참조.

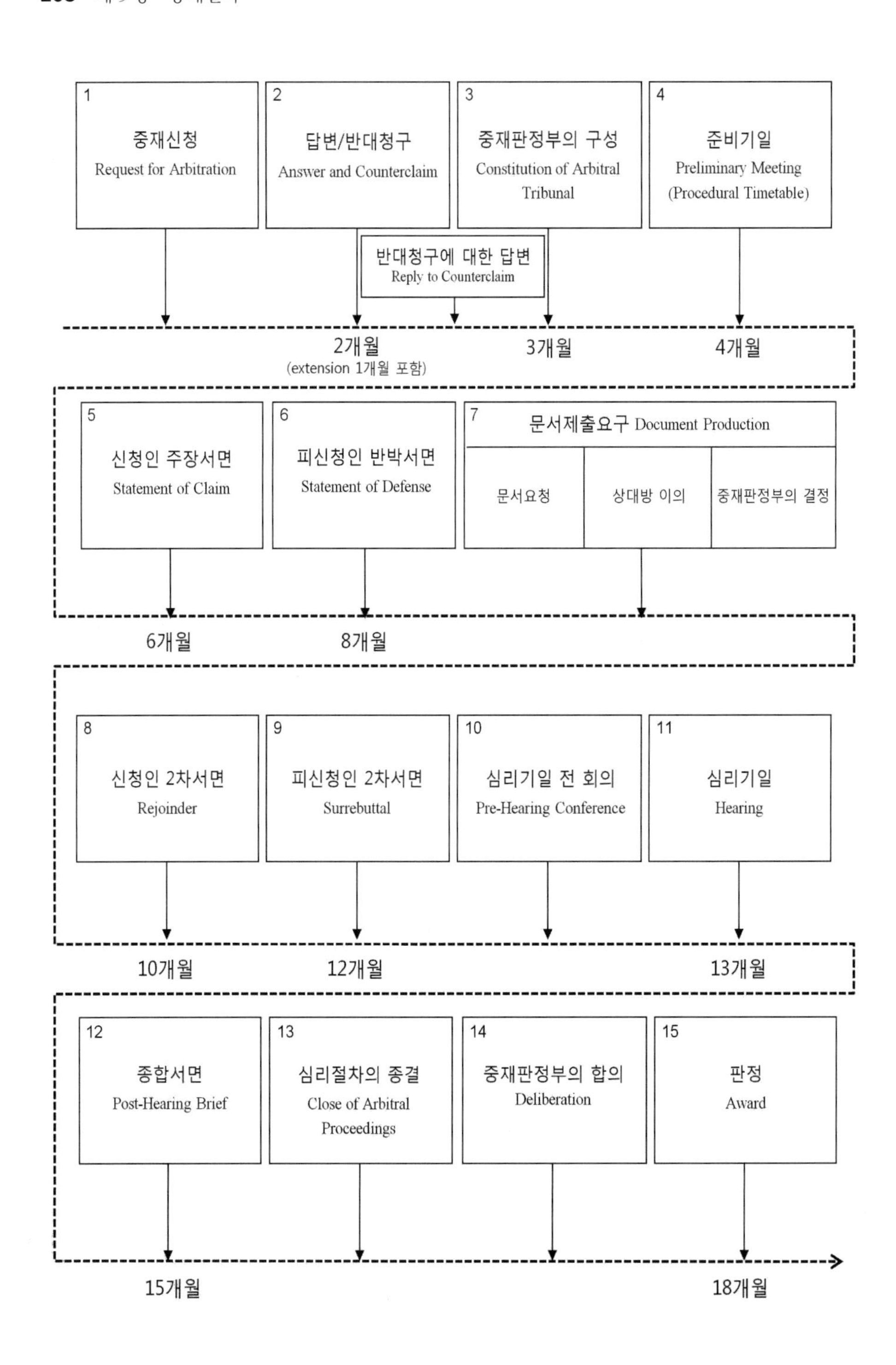
1
중재신청
Request for Arbitration
2
답변/반대청구
Answer and Counterclaim
3
중재판정부의 구성
Constitution of Arbitral Tribunal
4
준비기일
Preliminary Meeting (Procedural Timetable)
반대청구에 대한 답변
Reply to Counterclaim
2개월
(extension 1개월 포함)
3개월
4개월
5
신청인 주장서면
Statement of Claim
6
피신청인 반박서면
Statement of Defense
7
문서제출요구 Document Production
문서요청
상대방 이의
중재판정부의 결정
6개월
8개월
8
신청인 2차서면
Rejoinder
9
피신청인 2차서면
Surrebuttal
10
심리기일 전 회의
Pre-Hearing Conference
11
심리기일
Hearing
10개월
12개월
13개월
12
종합서면
Post-Hearing Brief
13
심리절차의 종결
Close of Arbitral Proceedings
14
중재판정부의 합의
Deliberation
15
판정
Award
15개월
18개월

이에 대한 명시적인 규정을 두고 있지 않더라도 실무상 대리인의 자격에는 별다른 제한을 가하지 않는 경우가 대부분이다.

5.20 중재규칙의 경우에는, 인도네시아 BANI 중재규칙 제5조 제2항처럼 인도네시아법이 적용되는 중재에서 외국전문가 또는 외국변호사가 당사자를 대리하는 경우 인도네시아 전문가 또는 인도네시아 변호사가 공동으로 대리하여야 하는 것으로 규정하고 있는 것과 같은 특별한 사례가 전혀 없지는 않지만, 대부분의 경우 당사자들이 선택한 자라면 누구든지 중재를 대리할 수 있는 것으로 규정하고 있다.[632] 따라서, 그러한 경우 중재규칙상으로는 중재의 당사자를 대리하는 자는 반드시 변호사나 로펌일 필요가 없고 그 밖에 달리 어떠한 자격이 요구되지 않는다.

5.21 다만, 위와 같은 중재규칙의 내용에도 불구하고 국가에 따라서는 변호사법 등 관련 법령에 따라 해당 국가 또는 주의 변호사로 등록되지 않은 사람이 중재사건의 대리를 하지 못하도록 규정하고 있는 경우가 없지는 않으므로 주의가 요망된다. 예컨대, 미국의 경우에는 캘리포니아주 변호사 자격을 가지지 않은 변호사가 캘리포니아주에서 진행되는 국내중재사건의 대리를 할 수 없다는 판결이 있었으나,[633] 동 판결은 비록 방론이나마 그와 같은 대리인의 자격 제한은 국제중재에는 미치지 않는다고 판시한 바 있고, 학자들도 이러한 견해를 지지하고 있다.[634] 그러나 여전히 국가에 따라서는 법률시장의 개방 정도에 따라 국제중재의 대리권에 일정한 제한이 따를 수도 있음을 주의하여야 하는데, 예컨대 중국의 경우에는 외국로펌이 중국에서 진행되는 중재사건을 대리할 수 있으나 중국법에 관한 쟁점에 대하여는 법률적인 조언을 할 수 없도록 하고 있다.

5.22 우리나라의 현행 외국법자문사법 역시 외국법자문사가 동법에서 정하는 국제중재사건, 즉, 외국법자문사의 원자격국의 법령, 원자격국이 당사국인 조약 또는 일반적으로 승인된 국제관습법이 적용되거나 또는 적용될 수 있는 민사·상사의 중재사건을 대리할 수는 있다고 규정하면서, 다만 중재에서 해당 법령이나 조약 등

632 UNCITRAL 중재규칙 제5조; ICC 중재규칙 제26조 제4항; LCIA 중재규칙 제18조 제1항; SIAC 중재규칙 제23조 제1항; HKIAC 중재규칙 제13조 제6항; CIETAC 중재규칙 제22조; ACICA 중재규칙 제6조; KCAB 국제중재규칙 제7조; WIPO 중재규칙 제13조 (a) 등 참조.

633 Birbrower, Montalbano, Condon & Frank, PC v. Superior Court, 949 P.2d 1 (Cal. 1998).

634 Born(IA), 270면 참조.

이 적용되지 아니하기로 확정된 경우에는 그 때부터 그 사건을 대리할 수 없다고 규정하고 있다.[635] 물론 실제로는 우리나라를 중재지로 하는 국제중재사건에서 이러한 엄격한 대리의 요건이 그대로 적용되고 있지는 않는 것으로 보이지만, 앞서 본 국제중재의 대리 자격에 관한 국제적 취급 경향에는 부합하지 않는 태도로서 입법상의 개선이 요구된다고 본다.[636]

다. 중재대리인의 대리행위의 준칙

5.23 최근 국제중재가 활성화되면서 검증되지 않은 중재대리인들이 여러 형태로 부적절한 행위를 하는 경우가 발생하고 있는바, 이로 인해 최근에는 중재절차에서의 대리인의 대리행위의 준칙을 설정하고 그에 위반할 경우 일정한 제재가 필요하다는 공감대가 형성되어 왔다. 이에 국제변호사협회(IBA)는 당사자 대리에 관한 지침(Guidelines on Party Representation)을 만들어 당사자들이 합의하거나 또는 중재인이 적절하다고 판단하는 경우에 국제중재절차에 적용될 수 있도록 하였다. 동 지침은 대리인이 상대방 당사자를 배제한 채 일방적으로(ex parte) 중재인과 교신하는 행위나, 사실에 관하여 알면서 허위주장을 하거나 허위 증인진술을 하는 행위 등을 금지하는 한편, 문서제출절차와 관련하여 대상 분쟁과 관련성이 있을 수 있는 증거서류를 당사자가 파기하지 않고 보존하도록 알릴 의무 등 중재대리인의 행위 준칙을 비교적 자세히 규정하고 있다. 무엇보다도 동 지침은 중재판정부가 구성된 이후 중재판정부와 이해상충이 있는 대리인을 선임하는 등의 경우[637] 중재판정부의 염결성(integrity)을 지키기 위하여 중재판정부가 해당 대리인을 중재에서 배제할 수 있다는 점을 포함하여 대리인에게 요구되는 다양한 행위준칙을 명기하고 있다.[638]

5.24 이러한 IBA의 지침은 당사자가 합의하거나 또는 중재인이 적절하다고 판단하는 경우에 적용될 수 있지만, 최근에는 중재기관의 중재규칙에도 이러한 당사자 대

---

635 외국법자문사법 제2조 제7호, 제24조 제3호 등 참조.

636 싱가포르의 경우 과거 싱가포르법이 관련이 있는 사건의 경우 자국 변호사가 반드시 공동대리인으로 선임되어야 하는 것으로 하였으나 현재는 이러한 제한을 폐지하였다[법률전문가법(Legal Profession Act), 제35조 (2004 개정법)].

637 새로 선임된 대리인으로 인해 중재의 염결성(integrity)이 손상되는 경우와 같은 특별한 사정이 있는 경우에는 중재판정부가 대리인을 중재에서 배제할 수 있다는 점을 확인한 판정 사례로는 The Rompetrol Group N. V. v. Romania (ICSID Case No. ARB/06/3) 등 참조.

638 IBA 대리행위지침 제4항 내지 제6항 참조.

리에 관한 규정이 도입되고 있다. 예컨대, LCIA의 경우는 최근 중재규칙을 개정하여 대리인의 행위 준칙을 아예 중재규칙에 포함시키면서 그에 위반한 행위에 대하여 중재인이 제재를 가할 수 있는 근거를 마련하였다. LCIA 중재규칙은 위의 IBA 지침에서 다루는 여러 가지 쟁점들 이외에 중재절차의 지연전략(guerilla tactics)에 대하여 이를 구체적으로 언급하면서 금지하는 한편, 특히 아예 중재판정부가 선정된 이후에 새로운 대리인을 선임하는 것에 대하여 중재판정부의 허락을 받도록 규정함으로써 앞서 본 바와 같이 일방 당사자가 중재절차의 막바지에 판정부와 이해상충 관계에 있는 대리인을 일방적으로 선임하는 경우를 둘러싼 문제를 원천적으로 차단하였다.[639]

5.25 다만, 이해상충행위의 금지 등 대리인의 행위 준칙의 구체적인 내용에 관하여는 각 나라마다 또는 해당 대리인이 속한 변호사 단체마다 각기 다른 기준을 가지고 있는데 그러한 경우 어떠한 준칙을 기준으로 하여 해당 쟁점을 판단할 것인지에 대하여는 아직 논란이 많아 획일적인 기준이 확립되어 있지 않다. 그리고, 그러한 문제를 각국의 법원이 아닌 중재판정부가 다루는 것이 과연 적절한 것인지에 대하여도 여전히 많은 논란이 있다. 따라서 국제중재의 실무상, 예컨대, 심각한 이해상충으로 인해 중재절차의 염결성(integrity)을 해할 우려가 있는 극단적인 상황이 아닌 한 중재판정부는 좀처럼 대리인을 중재에서 배제시키는 것과 같은 극단적인 결정을 하지 않으려는 경향에 있다.[640]

2. 중재신청서 및 답변서

가. 중재절차의 개시 시점

5.26 중재절차의 개시(commencement) 시점을 정확히 확인하는 것은 계약에서 당사자들이 중재신청의 기한을 정한 경우에 그러한 기한을 준수하였는지 여부 또는 소멸시효나 제척기간에 관한 판단과 관련하여 매우 중요하다.[641] 이와 관련하여 언

639 LCIA General Guidelines for the Parties' Legal Representative 제18.3조 및 제18.4조 참조.

640 Born(IA), 275면 내지 278면 참조.

641 소멸시효 등에 대한 취급은 국가마다 다소간 다른데, 대륙법계 국가들은 이 문제를 실체법에 관한 것으로 분류하여 실체법의 준거법에 따라 기한 만료 여부를 판단하는 반면, 영미법계 국가에서는 대체로 절차법에 관련된 것으로 파악하여 lex arbitri에 따라 기한 만료 여부를 따지는 등 각국마다 기본적인 접근 방법 자체가 다른데다가 그 내용이 매우 다양하여서 불확실성이 큰 분야라는 점을 주의하여야 한다. 소멸시효에 관한 보다 자세한 논의는 제7장 Ⅳ. 3. 참조.

제 중재절차가 개시된 것으로 볼 것인가 하는 점은 먼저 당사자가 합의한 중재규칙의 내용을 기준으로 하되, 중재규칙이 절차의 개시 시점을 구체적으로 명시하고 있지 않을 경우에는 중재지법(lex arbitri)에 의하여 판단하여야 할 것이다.

5.27 국제중재의 절차는 분쟁의 일방 당사자인 신청인(claimant)이 중재신청서(request for arbitration) 또는 중재요청서(notice of arbitration)를 상대방에게 전달하거나 중재기관에 접수함으로써 개시된다. 구체적인 중재절차 개시 방법은 중재규칙의 내용에 따라 조금씩 다르므로 주의가 요망된다. 예컨대, ICC 중재규칙[642]에 의한 중재의 경우와 같이 신청인이 중재신청서를 중재기관에 제출함으로써 중재가 개시되는 경우가 있는가 하면,[643] LCIA 중재규칙이나 SIAC 중재규칙에 의한 중재와 같이 중재요청서를 신청인이 직접 피신청인에게 송부한 다음 이를 중재기관에 제출함으로써 중재가 개시되는 경우도 있고,[644] UNCITRAL 중재규칙에 의한 ad hoc 중재와 같이 신청인이 직접 중재요청서를 피신청인에게 송부함으로써 중재가 개시되는 경우도 있다.[645]

5.28 중재규칙이 중재절차의 개시 시점을 명시하고 있지 않는 경우 또는 당사자들이 중재규칙의 정함도 없이 비기관(ad hoc) 중재에 합의한 경우 등에는 중재지법의 내용에 따라 개시 시점을 확정할 수밖에 없을 것이다. 이와 관련하여 모범중재법은 당사자들이 달리 합의하지 않은 한 중재절차는 중재요청이 피신청인에 의해 수령되는 날에 개시되는 것으로 규정하고 있다.[646]

5.29 영국 중재법은 당사자들 사이에 특별한 합의가 없는 경우의 중재절차의 개시 시점에 관하여 좀 더 자세한 규정을 두고 있다. 우선 중재합의 자체에 중재인으로 선정된 특정인이 명시되어 있다면 중재는 해당 분쟁을 그 중재인에게 회부하겠다는 서면통지가 상대방에게 송달되었을 때 개시된 것으로 본다. 그리고 중재합의시 일방 당사자가 중재인을 선정하기로 합의하였다면 상대방에게 중재인의 선

---

642 ICC 중재규칙은 시효중단 등 모든 목적상(for all purposes) 중재절차가 개시되는 시점은 중재신청서가 사무국에 접수된 때를 기준으로 한다고 규정하고 있다(ICC 중재규칙 제4조 제2항).

643 ICC 중재규칙 제4조 제2항; KCAB 국제중재규칙 제8조 제2항; CIETAC 중재규칙 제11조 등 참조. 이러한 경우 중재신청서는 중재기관이 피신청인(respondent)에게 송달하게 된다.

644 LCIA 중재규칙 제1조 제1항 (vii); SIAC 중재규칙 제3조 제4항 등 참조.

645 UNCITRAL 중재규칙 제3조 제1항 참조.

646 모범중재법 제21조 참조.

정에 대한 동의를 요구하는 서면통지가 송달된 때를 기준으로 중재절차가 개시된 것으로 본다. 나아가 만일 양 당사자 모두가 중재인을 선정하기로 했다면 상대방에게 중재인을 선정할 것을 요구하는 서면통지가 송달되었을 때를 기준으로 중재가 개시된 것으로 본다. 마지막으로 중재인이 중재인 선정자 또는 상설중재기관 등과 같이 그 중재절차의 당사자가 아닌 사람 또는 기관에 의해 선정되기로 하였다면 중재는 그 사람 또는 기관에 대해 선정을 요구하는 서면통지가 도달된 때에 개시된 것으로 간주한다.[647]

나. 중재신청서 등의 내용

5.30 중재신청서에 어떠한 내용을 담아야 하는지 역시 중재규칙에 따라 조금씩 다르므로 해당 중재규칙에서 정한 내용을 사전에 면밀히 검토하는 것이 바람직하다.[648] 실무상 중재규칙에서 정한 내용의 일부를 중재신청서에 담지 않았다 하여 중재신청이 각하되는 것은 아니고 일정한 내용을 빠트린 중재신청서를 접수한 중재기관은 필요한 경우 당사자에게 보정을 명하는 등의 방법으로 필요한 정보를 확인한다.[649]

5.31 실무상 중재신청서에 청구의 원인이 되는 사실적, 법률적 주장을 자세히 담는 경우도 없지는 않으나, 중재판정부 구성 이후 보다 자세한 주장과 증거를 제출할 기회가 부여되므로 중재신청서에는 청구의 요지나 구하는 구제수단(relief)을 개략적으로 설명하고 그러한 분쟁에 대하여 당사자들 사이에 중재합의가 있음을 소명하는 정도의 간단한 내용을 담는 경우가 적지 않다.[650] 한편, 당사자들이 3인 중재에 합의하여 중재인 지명권이 부여된 경우에는 중재신청서에 중재인 지명에 관한 내용을 기재하기도 한다.[651]

---

[647] 영국중재법 제14조 제3항 내지 제5항 참조.

[648] 대개의 중재규칙은 중재신청서에 분쟁의 요지 및 구제수단 등과 같은 기초적인 사항을 기재하면 되고 증거서류 등을 반드시 첨부할 것을 요구하지는 않지만, CIETAC 중재규칙의 경우 중재신청서에 사실관계와 신청근거를 증거서류와 함께 제출하도록 요구하고 있다(동 중재규칙 제12조).

[649] Derains and Schwarz, 51면 내지 53면 참조.

[650] 다만, 중재절차에서 신청서가 너무 빈약하게 작성될 경우 중재인이나 상대방에게 청구의 진정성을 의심받게 될 우려도 있으므로 주의가 요망된다.

[651] ICC 중재규칙 제4조 제3항 (g) 참조.

5.32 중재규칙이나 중재법에 따라서는 중재요청서(notice of arbitration)를 상대방에게 송달함으로써 중재절차가 개시되는 경우도 있음은 앞서 본 바와 같다. 이러한 경우에도 해당 중재규칙이나 중재법이 중재요청서에 어떤 내용을 담을 것을 요구하고 있는지 사전에 면밀히 검토할 필요가 있다. 대체로 중재요청서에는 분쟁을 중재에 회부하는 것을 상대방에게 통지하는 내용만 담으면 되는 경우가 많지만 실무상 분쟁의 개요와 청구의 원인 등에 대하여도 어느 정도 밝히는 경우가 적지 않다.[652]

다. 답 변 서

5.33 신청인의 중재신청서 또는 중재요청서를 송부받은 피신청인(respondent)은 일정한 기한 내에[653] 답변서(answer 또는 response)를 제출하여야 한다.[654] 실무상 피신청인으로부터 답변서 제출기간의 연장 요청이 있을 경우 중재기관은 대체로 합리적인 기간의 범위 내에서 연장을 허락한다.[655] 답변서에 기재될 내용 역시 중재규칙에 따라 다소 상이한데, 실무상 피신청인은 나중에 중재판정부가 구성된 이후에 상대방의 청구서면(statement of claim)을 통한 본격적인 주장, 입증에 대하여 반박서면(statement of defence)을 통해 보다 자세하게 반박할 기회를 갖게 되므로 답변서에서는 상대방 주장에 대한 간략한 반박만을 하는 경우도 적지 않다.

라. 중재관할의 항변

5.34 피신청인이 중재합의의 부존재 등을 이유로 중재관할을 다투는 경우에는 이를 답변서를 통해 밝히는 경우가 많다. 이와 관련하여 우리 중재법 제17조 제2항에 따르면 중재판정부의 권한에 관한 이의는 본안에 관한 답변서를 제출할 때까지 하여야 하므로 중재신청에 관한 답변과 함께 관할에 대하여 이의를 제기하는 것

---

652 우리 중재법 제22조는 중재요청서에 당사자, 분쟁의 대상 및 중재합의의 내용을 적어야 한다고 규정하고 있다.

653 대개의 중재규칙의 경우 중재신청서를 받은 때로부터 30일 이내에 답변서를 제출하여야 하는 것으로 규정한다(ICC 중재규칙 제5조; ICDR 중재규칙 제3조 등 참조).

654 1976년 UNCITRAL 중재규칙의 경우 피신청인이 중재통지를 수령한 후에 답변서를 제출하는 요건이 없었으므로 당사자들은 바로 중재인을 선정하는 절차를 나아갔지만, 2010 UNCITRAL 중재규칙 제4조에서는 중재통지에 대한 답변서 제출 요건이 포함되었다.

655 ICC 중재의 실무상 30일 정도는 연장이 되지만, 그 이상의 연장을 요구할 경우 그 필요성을 뒷받침할 수 있는 명확한 근거를 제시하는 것이 바람직할 것이다.

이 통례라고 설명되기도 한다.[656] 그러나 우리 중재법 제17조 제2항은 중재관할에 대한 이의는 원칙적으로 본안에 관한 주장을 담은 반박서면(statement of defence)을 제출할 때까지 제출하도록 규정하고 있는 모범중재법 제16조 제2항의 내용을 그대로 따른 것으로서, 위 중재법 해당 조항에서 말하는 답변서는 국제중재에서 통상 중재신청서에 대응하여 제출하는 답변서(answer)와는 차이가 있음을 유념하여야 한다. 오히려 모범중재법의 원래 취지에 충실하게 해석한다면 최소한 중재판정부가 구성된 이후 중재판정부를 상대로 본안에 관하여 주장을 할 때까지만 이의를 제기하면 족할 뿐이므로, 중재관할에 관한 이의를 반드시 답변서(answer) 제출시까지 해야 하는 것은 아니라고 본다.[657]

5.35 한편, 앞서 본 바와 같이 중재규칙에 따라서는 중재관할에 관하여 중재기관이 일응의(prima facie) 심사를 할 수 있도록 허용하는 경우가 있는데,[658] 이러한 중재규칙이 적용되는 중재사건의 경우 중재관할에 관하여 다투는 피신청인으로서는 답변서의 제출과 별도로 관할에 관한 심사를 중재기관에 요청할 수 있음은 물론이다.

마. 피신청인의 해태(default)

5.36 중재의 경우 피신청인이 답변서를 기한 내에 제출하지 않았다고 해서 중재관할을 인정하는 것으로 간주되지는 않으며, 또한, 소송과는 달리 본안에 관한 신청인의 주장에 대하여 의제자백이 성립되지도 않는다.[659] 즉, 피신청인이 중재에 응하지 않는 경우에도 중재절차는 중단되지 않고 진행되며,[660] 신청인은 자신에게 주어진 주장 및 입증의 책임을 다하여야 한다. 오히려 이러한 경우 피신청인이

---

656 김갑유(대표집필), 189면 참조.

657 다만, KCAB 국제중재규칙은 “중재판정부의 관할권에 대한 이의신청은 이 규칙 제9조에 따라 신청서에 대한 답변서를 제출할 때까지, 반대신청의 경우에는 반대신청에 대한 답변서를 제출할 때까지 제기하여야 한다”라고 규정하여 모범중재법과 다른 입장을 취하고 있음을 주의하여야 한다(KCAB 국제중재규칙 제25조 제3항 참조).

658 ICC 중재규칙 제6조 제3항 참조.

659 오히려 답변서를 제출하지 않는 경우 신청인의 청구의 기각을 구하는 것으로 간주되는데, KCAB 국내중재규칙 제12조 제5항은 이를 명시하고 있다.

660 모범중재법은 피신청인이 반박서면(statement of defence)을 제출하지 않더라도 그러한 해태(default)가 신청인의 주장을 인정하는 것으로 취급되지 않고 중재절차는 계속되어야 하고, 당사자 일방이 심문기일에 출석하지 않거나 증거를 제출하지 않더라도 중재판정부는 제출된 증거에 기초하여 중재판정을 내릴 수 있다고 규정하고 있으며[모범중재법 제25조 (b) 및 (c) 참조], ICC 중재규칙은 당사자 일방이 중재철차에 참여하지 않는 경우라도 해당 중재절차는 진행이 된다고 명시하고 있다(ICC 중재규칙 제6조 제8항 참조).

중재판정에 대하여 나중에 다툴 가능성이 크므로 향후 중재절차의 진행 과정에서 흠결이 발생하지 않도록 각종 절차의 통지 등에 각별히 신경을 써야 한다.

5.37 피신청인의 입장에서는 중재절차에 전혀 참여하지 않은 경우에는 절차적으로 큰 불이익이 예상되므로, 예컨대, 설령 중재관할에 대하여 이의가 있다고 하더라도 가급적 중재절차에 참여하여 관할에 대한 이의를 제기하는 것이 바람직하다. 그 밖에 중재절차에 소요되는 비용을 감당하기 어려운 경우에도 아예 중재절차에 불응하는 것보다는 비용이 크게 들지 않는 서면 등의 방법을 통해서라도 최소한의 이의제기나 항변을 하여 두는 것이 안전하다.

바. 반대청구 또는 상계

5.38 신청인의 청구에 대하여 반대청구(counterclaim)가 있는 경우에는 피신청인은 답변서와 함께 반대청구도 제출하여야 한다. 반대청구에 기재하여야 할 내용은 중재규칙의 내용을 참조하여야 하는데, 예컨대, ICC 중재의 경우 반대청구의 원인이 된 분쟁의 본질과 상황 및 반대청구의 근거에 대한 설명은 물론, 금전청구의 경우는 반대청구금액을, 그 밖의 청구의 경우는 할 수 있는 범위 내에서 금전적인 가치 추정액을 기재하도록 되어 있다.[661] 이 경우 반대청구는 신청인의 청구 내용과 마찬가지로 중재합의의 범위에 속하여야 함은 물론이다.

5.39 참고로, 국제거래에 있어서 중재의 제기를 가급적 억제하기 위하여 상대방의 국가를 중재지로 하고 그 주소지 소재 중재기관에만 중재를 제기할 수 있도록 정하는 경우가 있는데, 이러한 경우 일방이 제기한 중재절차에서 상대방의 반대청구를 함께 병합하여 심리할 수 있는가 하는 점에 의문이 있을 수 있다. 실무상 당사자들 역시 분쟁을 일거에 해결하기를 희망하므로 이러한 경우에도 통상 반대청구나 상계에 대하여 이의를 제기하지 않겠지만, 상대방이 이의를 제기할 경우 중재조항이나 중재규칙의 해석과 효력을 둘러싸고 여러 가지 논란이 있을 수 있으므로 주의가 요망된다고 하겠다.

5.40 한편, 피신청인은 경우에 따라 반대채권으로 상계항변을 하기로 선택하는 경우도 있는데, 상계항변이 사실상 반대청구와 효과에 있어서 큰 차이가 없는 경우에는

---

661 ICC 중재규칙 제5조 제5항 참조.

반대청구에 적용되는 논리의 대부분이 상계의 경우에도 적용된다고 볼 수 있다. 예컨대, 신청인의 청구에 대하여 상계의 항변을 하는 경우 상계의 근거가 되는 자동채권은 신청인의 청구 내용과 마찬가지로 중재합의의 범위에 속하여야 한다.[662] 특히 중재규칙에 따라서는 상계 항변이 있는 경우 그 내용이 상대방의 청구와 전혀 별개인지 여부를 따져 절차비용의 산정에 이를 감안하는 경우도 있다는 점을 염두에 두어야 한다.[663]

5.41 반대청구가 있는 경우, 신청인은 다시 그에 대하여 일정한 기간 내에 피신청인의 반대청구에 대한 반박의 요지를 담은 답변(reply)을 제출하게 된다. 그러나 이러한 답변은 반드시 제출이 요구되는 것은 아니며, 제출하는 경우에도 신청인의 청구에 대한 답변서보다 더 간략한 내용으로 반박을 하는 경우가 대부분이다.

사. 중재비용의 예납

(1) 예납비용

5.42 대개의 중재기관의 중재규칙은 당사자들이 관리비용(administrative expenses)이나 중재인수당(arbitrator fees) 등 중재비용을 예납하도록 규정하고 있다.[664] 비기관중재의 경우에도 중재판정부는 사건의 진행에 앞서 일정한 비용을 예납할 것을 요구할 수 있다.[665] 그리고 예납비용(advance cost)은 사건의 진행에 따라 재조정될 수 있고 이에 따라 추가 예납이 요구될 수 있다.

5.43 당사자들이 이러한 예납비용을 정해진 기간 내에 납부하지 않을 경우 중재절차는 중단되거나 종료된다. 예컨대, ICC 중재의 경우 예납하여야 할 중재비용은 신청인과 피신청인이 균등하게 분담하도록 규정되어 있는데,[666] 당사자 일방이 자신의 부담 부분을 납부하지 않은 경우 상대방이 대신하여 예납금을 납부할 있도

662 다만, 스위스의 경우 2004년부터 6개의 중재기관이 통일된 중재규칙을 채택하였는데, 동 규칙 제21조 제5항에 의하면 중재판정부는 중재조항의 범위를 벗어난 채권으로도 상계가 가능하도록 규정하고 있고, 2014년 개정 ICDR 중재규칙 제3조 제2항이 개정 전 중재규칙과 달리 반대청구는 중재합의의 대상이 되는 경우에 허용되는 것으로 규정하면서 상계에 대하여는 그러한 제한을 가하지 않고 있는 것도 주목할 만하다.

663 ICC 중재규칙 제36조 제7항 참조.

664 ICC 중재규칙 제36조 등 참조.

665 UNCITRAL 중재규칙 제43조 참조.

666 ICC 중재규칙 제36조 제2항 참조.

록 하는 한편,[667] 중재비용이 일정한 기간 내에 예납되지 않은 경우 중재신청이 철회된 것으로 간주될 수 있다.[668]

5.44 실무상 피신청인이 중재에 참여하면서도 자신의 부담 부분을 예납하지 않는 경우 신청인으로서는 중재신청의 진행을 위하여 부득이 피신청인의 부담 부분을 대납할 수밖에 없는데, 그 경우 신청인은 ICC 중재규칙에서 정한 자신의 부담 부분을 예납하지 않는 피신청인을 상대로 그 지급을 명하는 일부중재판정(partial award)을 중재판정부에 요청하기도 한다. 실무상 이러한 신청인의 요청을 받아들이지 않는 중재판정부도 있지만, 위와 같은 ICC 중재규칙에 따른 예납비용 중 자신의 부담 부분에 대한 납부를 거절하는 것을 채무불이행으로 파악하여 그 의무의 이행을 일부중재판정을 통해 명하는 판정부도 적지 않다.

(2) 중재비용에 관한 담보

5.45 당사자 일방이 중재신청을 제기할 경우 상대방은 아무리 그와 같은 청구가 부당하더라도 일단 중재에 응하여 시간과 비용을 소모할 수밖에 없는 처지에 놓이게 된다. 물론 그러한 경우 피신청인이 최종적으로 중재에서 이길 경우 비용부담에 관한 판정(cost award)를 통하여 자신이 방어를 위하여 지출한 중재비용을 상대방으로부터 회수할 수 있는 길이 열려 있지만, 그 경우 상대방이 자력이 없는 등으로 인해 자발적으로 비용부담에 관한 판정을 이행하지 않는다면 문제에 봉착하게 된다.

5.46 이러한 점을 감안하여 최근 많은 중재규칙들은 중재판정부에게 중재비용에 대한 담보를 제공하도록 명령할 권한을 명시적으로 부여하고 있는데,[669] 이러한 권한이 중재규칙에서 명시적으로 부여되어 있지 않은 경우에도 중재판정부가 발령할 수 있는 임시적 처분에 이러한 중재비용에 관한 담보제공을 명할 권한이 포함되어 있다고 해석된다. 실제로, 2006년 개정 모범중재법의 경우 "중재판정의 이행에 필요한 자산을 보전할 수 있는 수단의 제공"이라는 제17조 제2항 (c)에 중재비용에

---

667 ICC 중재규칙 제36조 제5항 참조.

668 ICC 중재규칙 제36조 제6항 참조.

669 UNCITRAL 중재규칙 제26조 제2항 (c); SIAC 중재규칙 제27조 (j); ACICA 중재규칙 제28조 제2항 (e) 등 참조.

대한 담보까지 포함되는 것으로 해석된다.[670] 영국의 경우 LCIA 중재규칙, 중재법 등이 명시적으로 중재판정부의 중재비용 관련 담보제공 명령권을 인정하고 있지만, 실무상으로는 아주 특별한 경우가 아니면 대체로 중재판정부로서는 이와 같은 명령의 발령에 대하여는 매우 신중한 입장을 취한다는 점을 염두에 두어야 한다.

3. 중재판정부의 구성 및 절차일정의 확정 등

가. 중재판정부의 구성

5.47 임시적 처분이 긴급히 필요한 경우 등 특수한 상황 하에서는 중재판정부 구성 이전에 긴급중재인(emergency arbitrator)[671]이 임시로 선정되어 해당 문제를 판단하기도 하지만, 기본적으로 중재절차는 중재판정부가 정식으로 구성된 후 그 중재판정부의 주도 하에 진행된다. 3인 중재로 합의한 경우 대체로 신청인은 중재신청서를 통해 1명의 중재인을 지명하고 피신청인은 중재신청서를 받은 때로부터 일정한 기간 내에 역시 1명의 중재인을 지명하여야 한다. 통상 중재기관이 부여하는 중재인 지명권 행사기한은, 앞서 살펴본 답변서 제출 기간과 달리, 연장이 잘 되지 않으므로 피신청인으로서는 그 기간 내에 적절한 중재인을 선정하도록 각별한 주의를 기울여야 한다.[672]

나. 예비모임(preliminary meeting)

5.48 중재판정부가 구성되면 이때부터는 중재판정부가 사건을 직접 관장하게 된다. 중재판정부는 중재절차의 진행에 앞서 미리 확정할 필요가 있는 선결적 쟁점, 예컨대 중재관할이나 준거법 등의 이슈 그리고 향후의 서면제출의 기한 및 심리일 등 중재절차의 일정(timetable)이나 주장과 입증의 방법 등을 당사자들과 의논하여 확정하기 위한 예비모임(preliminary meeting)을 가진다. 절차의 협의를 위한 예비모임을 강제하는 규칙도 있는데, 예컨대, 2012년 개정 ICC 중재규칙은 중재판정부로 하여금 사건의 초기에 사건관리회의(case management conference)를 하도록 의무화하였다.[673]

---

670 "Report of Working Group Ⅱ (Arbitration and Conciliation) on the work of its forty-seventh session" (Vienna, 10-14 September 2007), UN Doc.A/CN.9/641, para 48 참조.

671 이에 대한 보다 자세한 논의는 본장 Ⅳ. 2. 다. 참조.

672 중재판정부의 구성에 관한 보다 자세한 내용은 제4장 참조.

673 ICC 중재규칙 제24조 제1항 참조.

5.49 중재판정부에 따라서는 관련 당사자들을 모두 일정한 장소로 불러 예비모임을 하는 경우도 있지만, 소요되는 경비 등을 고려하여 그 대안으로 상대방의 얼굴을 보며 인사를 할 수 있는 장점이 있는 화상 회의를 하거나 그 밖에 상황이 여의치 않을 경우에는 전화회의 등의 형식으로 예비모임을 진행하게 된다.[674] 한편, 중재판정부에 따라서는 당사자들이 그 대리인들의 조력 하에 사적으로 향후 진행될 절차에 대하여 미리 합의를 하도록 하고, 예비모임에서는 당사자들이 합의하지 못한 부분을 집중하여 논의하도록 하는 경우도 있다. 중재판정부는 예비모임에서 논의되고 합의된 사항을 종합하여 향후의 진행절차에 대한 세부적 사항을 담은 절차명령(procedural order) 제1호를 발령한다.[675]

다. 중재위탁요지서(Terms of Reference)

5.50 중재기관에 따라서는 사건의 신속하고도 효율적인 진행을 위하여 중재의 초기 단계에서 중재판정부로 하여금 사안의 쟁점이나 중재절차에 관한 개략적인 사항 등을 문서의 형태로 정리하도록 강제하는 경우가 있는데, 예컨대, ICC 중재의 경우 중재판정부는 사무국으로부터 중재파일을 넘겨받은 때로부터 60일 이내에 당사자들의 청구 및 주장의 요지 및 사건의 쟁점 기타 필요한 절차적 사항 등을 담은 중재위탁요지서(Terms of Reference; TOR)를 의무적으로 작성하여 관련 당사자들이 서명하도록 한다.[676] 중재위탁요지서(TOR)가 작성된 이후에는 당사자들은 중재판정부의 승인이 없는 한 새로운 청구나 반대청구를 할 수가 없으며,[677] 공격

---

674 ICC 중재규칙 제24조 제4항 참조.

675 중재절차에 관하여 당사자와 중재판정부가 참고할 수 있는 지침으로는 UNCITRAL Notes on Organizing Arbitral Proceedings나 ICC 중재규칙 부칙 Ⅳ의 사건관리기법(Case Management Techniques) 등의 내용이 있으나, 실무상 경험이 많은 중재인은 중재절차를 규율하는 기본적인 사항을 담은 제법 두꺼운 양식을 가지고 있어서 이를 기초로 절차명령 1호를 내린다. 이에 관한 보다 자세한 내용은 Christian Dorda & Jarred Pinkston, "Properly Setting the Table in International Arbitration: Drafting a Robust Procedural Order No. 1," Global Wisdom on Business Transactions, International Law and Dispute Resolution - Festschriftfür Gerhard Wegen zum 65. Geburtstag 참조.

676 ICC 중재규칙 제23조 참조. SIAC 중재규칙의 경우 과거 Memorandum of Issues라고 해서 중재위탁요지서(TOR)와 비슷한 서면을 작성하도록 하였으나, 현행 규정에서는 더 이상 이러한 제도를 채택하지 않고 있다.

677 ICC 중재규칙 제23조 제4항 참조. 이와 비교하여 다른 중재규칙의 경우 대체로 당사자들이 청구(반대청구, 상계 등 방어수단 포함)를 수시로 변경할 수는 있되, 다만 중재판정부가 절차의 지연이나 상대방에 불이익이 큰 경우 등 예외적으로 이를 불허할 수 있다고 규정한다[UNCITRAL 중재규칙 제22조; LCIA 중재규칙 제22조 제1항 (ⅰ); ICDR 중재규칙 제9조 등].

방어방법은 중재위탁요지서(TOR)가 작성된 후에도 변경될 수는 있지만 그 내용이 중재위탁요지서(TOR)와 모순되거나 상치되는 경우에는 상대방으로부터 큰 공격을 당할 수도 있으므로, 그 내용의 초안을 작성하고 또 서명하는 과정에서 실무상 각별한 주의가 요망된다.

5.51 당사자들이 서명한 중재위탁요지서(TOR)는 경우에 따라서 원래의 중재합의에 있을 수 있는 결함을 보완하고 이를 대체하는 중재합의로서의 역할과 기능을 담당하기도 한다. 예컨대, 실무상 중재판정부가 중재관할을 부인하는 판정을 내릴 경우 중재판정부가 중재절차에 소요된 비용을 신청인에게 부담시키는 비용판정을 내릴 권한이 있는가 하는 점이 논란이 되기도 하는데, 중재위탁요지서(TOR)에 중재비용에 관한 쟁점을 중재판정부가 판단하기로 하는 내용이 있고 당사자들이 이에 서명하였다는 점을 기초로 하여 중재판정부가 중재관할을 부인하면서 내린 중재절차 비용부담에 관한 판정에 대하여 집행을 승인한 판결례도 있다.[678]

라. 선결적 쟁점과 절차의 분리

5.52 중재절차의 진행과 관련하여 단계별로 먼저 해결되어야 할 쟁점들이 존재한다. 예컨대, 중재관할이 심각하게 다투어지고 있는 경우 중재관할에 대한 판단 결과 관할이 부인될 경우 무익한 본안심리에 나아갈 필요가 없을 것이고, 본안의 경우에도 손해배상책임(liability)이 심각하게 다투어지고 있는 사안에서 만약 손해배상책임이 부정된다면 굳이 손해배상의 액수(quantum) 산정이라는 복잡하고도 시간과 비용이 많이 소요되는 절차에 나아갈 필요가 없을 것이므로, 이러한 중재관할이나 손해배상책임 등은 선결적(preliminary or threshold) 쟁점이 될 수 있다.

5.53 이러한 선결적 쟁점이 있는 경우 중재판정부는 중재절차를 이분(bifurcation) 또는 삼분(trifurcation)하여 각 단계별로 쟁점을 판단하기도 한다. 그러나 중재관할에 관한 쟁점의 경우는 만약 결과적으로 중재관할이 인정될 경우 절차를 분리하여 두 번 심리를 개최하는 것은 심리에 소요되는 시간과 비용을 감안할 때 큰 부담이 될 수 있을 뿐만 아니라 중재관할의 문제는 경우에 따라 본안의 쟁점과 밀접한 관계가 있어서 본안에 대한 조사 이전에 단독으로 판단을 내리기 어려운 경우가 적지 않으므로, 일견 보아서 중재관할 인정에 큰 의문이 있는 아주 예외적인

---

[678] Commonwealth Development Corp (UK) v Montague [2000] QCA 252 참조.

경우가 아니라면 가급적 절차를 분리하지 않고 최종 판정에서 관할 쟁점도 한꺼번에 판단하는 길을 선택하는 경우가 더 많다.[679] 손해배상책임과 배상액 산정의 경우 역시 배상액 산정에서 회계(accounting) 이슈가 등장하는 등 기술적으로 매우 복잡하여 시간과 비용이 크게 소요될 것으로 예상된다면, 피신청인이 책임의 존재 여부 자체를 매우 심각하게 다투고 있는 경우에는 중재절차를 책임과 배상액 산정의 두 단계로 이분하는 것이 바람직할 수도 있겠으나, 실무상 중재판정부는 절차를 분리하는 것에 대하여 매우 신중한 입장을 취하는 경우가 많다.

5.54 한편, 실체관계에 적용되어야 할 준거법이 정해지지 않은 경우 당사자들이 본안에 관하여 변론(pleading)함에 있어서 어떤 법이 기준이 되는지를 먼저 정하지 않으면 주장 자체가 주위적, 예비적으로 나뉘면서 심리가 매우 비효율적으로 진행될 수 있다는 점에서 실체적 준거법 역시 절차의 초기 단계에서 미리 판단이 이루어지는 것이 바람직한 쟁점 가운데 하나라고 할 것이다.[680] 실무상 이러한 준거법이 문제가 되는 사안의 경우 구체적인 주장서면의 교환에 선행하여 준거법 결정에 대하여 양 당사자의 치열한 공방이 진행되면서 중재절차의 지연을 초래하는 경우가 있다. 이러한 절차지연을 가급적 줄이기 위하여 중재판정부가 준거법에 대한 판단을 부분판정(partial award)이 아닌 절차명령(procedural order)의 형식으로 내리는 것으로 합의하는 경우가 많으나, 중재기관에 따라서는 준거법에 대한 중재판정부의 결정은 다소간 더 시간이 소요되더라도 판정의 형식으로 하는 것을 권장하는 경우도 있다.[681]

4. 주장 및 입증방법의 교환

5.55 준비모임을 통해 확정된 일정표에 따라 당사자들은 순차적으로(consecutively) 또는 경우에 따라서는 서로 동시에(concurrently) 2회 정도에 걸쳐 본격적인 주장서면(memorial 또는 statement)의 공방을 벌인다. 실무상 누가 마지막으로 서면을 내는지에 대하여 논란이 생기기도 하는데, LCIA 중재규칙의 경우 영국 소송

679 다만, 투자조약중재의 경우는 실무상 중재관할의 쟁점이 손해배상책임의 존부나 그 배상액의 산정과는 별도로 선결적 쟁점으로 다루어지는 경우가 흔하다.

680 이에 관한 보다 자세한 내용은 본장 V. 부분 참조.

681 물론 준거법을 둘러싼 이러한 절차적 비효율을 근본적으로 불식시키기 위해서는 당사자들이 분쟁해결조항에서 준거법을 명시하여 두는 것이 바람직함은 말할 필요도 없다.

절차의 영향을 받아 원칙적으로 신청인이 마지막 서면을 내는 것으로 규정하고 있고,[682] 영국 출신 중재인들 가운데는 비슷한 입장을 취하는 경우가 있다는 점을 염두에 두어야 한다.

가. 주장서면

5.56 주장서면은 사안에 따라 차이가 있지만, 대체로 먼저 모두(introduction)에 자신의 주장의 요지를 간략히 설명한 후 관련 사실관계(relevant fact)에 관한 설명과 법률적 주장(argument), 요청하는 구제수단(relief) 등을 자세히 기재하되, 특히 법률적 주장은 중재관할항변이나, 준거법 등 선결적 쟁점에 관하여 먼저 다루고, 나아가 책임(liability)과 손해배상(damages), 이자(interest)와 비용(cost) 등에 관하여 설명하는 방식으로 작성되는데, 관련 당사자들이 쉽게 참조할 수 있도록 주장서면의 각 항목마다 항목번호를 붙이기도 한다. 그리고 이러한 주장을 뒷받침할 입증방법 등에 대하여는 중재판정부에 따라 조금씩 차이가 없지는 않지만, 대체로 주장서면을 제출할 때 법률적·사실적 주장을 뒷받침하는 각종의 증거방법들, 즉, 서증(exhibit) 및 증인진술서(witness statement), 전문가의견(expert opinion) 등을 모두 묶어서 함께 제출하는 것이 일반적이다.[683]

나. 서 증

5.57 국제중재 사건의 경우 대체로 분쟁의 대상이 되는 배경 사실관계에 대한 양측의 주장이 극명하게 대립되고 실제로 사실관계의 확정이 판정에 있어서 제일 중요한 관건이 되는 경우가 많다. 실무상 사실관계를 입증하는 증거방법 가운데서 증인의 진술보다는 서증, 그 가운데서도 사건 발생 당시에 작성된 서류(contemporaneous document)들이 이른바 최우량 증거의 원칙(best evidence rule)에 따라 매우 큰 증거가치를 가지는 것으로 취급된다. 그리고 서증들은 주장서면에 서증으로 첨부하여 제출되는 것이 일반적이다.

5.58 주장서면에 첨부할 서증은 사실관계에 관한 입증 서류와 법률관계에 관한 근거 서류로 구분하여 편철을 하는 경우도 있는데, 어느 경우이든 관련 당사자들이 쉽

682 LCIA 중재규칙 제15조 참조.

683 영국 출신의 중재인들 가운데는 영국 소송제도의 영향을 받아 먼저 주장서면을 통한 공방이 있은 이후에 증인진술서 등은 나중에 교환하는 방식을 택하는 경우도 있다.

게 참고할 수 있도록 가지번호(index)를 붙여서 제출하는 것이 일반적이다.[684] 그리고, 해당 서증이 중재언어로 작성되지 않은 경우에는 중재언어로 번역된 내용을 같이 첨부하는데, 해당 서증 전체를 번역하기도 하지만 경우에 따라서는 문서 가운데 필요한 부분만을 일부 발췌하여 번역하기도 한다. 중재판정부는 특별한 사정이 없는 한 이와 같이 중재언어로 번역된 내용을 기초로 심리를 진행하게 되므로 서증의 번역은 실무상 매우 중요한 작업 가운데 하나이다.

다. 증인진술서

5.59 위와 같이 국제중재에서 증거로서 가장 큰 가치를 가지는 것은 증인의 증언보다는 서증, 그 가운데서도 특히 관련 사건이 발생한 당시에 작성된 문서이지만, 이러한 서증과 함께 증인진술서(witness statement)를 제출하는 경우가 많다. IBA 증거조사규칙은 증인진술서에 담을 내용에 대하여 자세히 규정하고 있는데, 증인진술서는 당사자의 주장이 아닌 사실관계에 관한 내용을 매우 구체적으로 진술하여야 하며, 특히 그러한 사실관계에 관한 증인의 진술의 근거(source)를 밝히도록 규정하고 있다.[685]

5.60 증인진술서는 증인이 직접 작성하는 경우도 있지만 실무상 대리인이 증인과의 면담을 통해 그 내용을 정리하여 작성하는 경우가 더 많다. 이처럼 실무상 증인진술서 작성에 변호사가 깊이 개입하다보니 증인진술서의 내용이 법률전문가가 사용하는 용어까지 사용하여 마치 주장서면과 비슷한 내용과 체계로 작성되는 경우도 가끔씩 발견되는데, 중재판정부에 따라서는 이러한 형식의 진술서에 대해 부정적인 선입견을 가지고 신빙성을 크게 부여하지 않는 경우가 있으므로 실무가들의 세심한 주의가 요망된다.

라. 전문가의견서(expert opinion)

5.61 사실관계에 관한 쟁점이 매우 전문적인 지식을 필요로 하는 내용인 경우나, 아니면 법률관계의 문제라고 하더라도 예컨대 중재판정부가 잘 모르는 외국법이 실

684 신청인측 서증은 (사실관계에 관한 서증의 경우) C-1, C-2 또는 (법률에 관한 근거자료인 경우) CL-1, CL-2, … 등으로 가지번호를 붙이고, 피신청인 서증 역시 마찬가지로 R-1, R-2 또는 RL-1, RL-2, … 등으로 가지번호를 붙인다.

685 IBA 증거조사규칙 제4조 제5항 참조.

체의 준거법이 되어 당사자들 사이에 준거법의 내용에 대하여 다툼이 있는 경우[686] 등에는 중재판정부의 심리에 도움을 주기 위하여 해당 분야의 전문가의 의견을 필요로 하는 경우가 있다. 이러한 경우 당사자는 전문가를 선임하여 의견서를 받은 후에 주장서면에 당사자선임전문가(party-appointed expert)의 의견서를 첨부하여 제출한다.

5.62 전문가의견서에는 특히 전문가의 의견에 사용된 방법, 증거 및 정보 등을 기재하여야 한다.[687] 그리고 다른 증인과 마찬가지로 전문가 증인 역시 당사자들이 달리 합의하지 않는 한, 심리기일에 참여하여 증언하여야 하고, 그렇지 않을 경우에는 특단의 사정이 없는 한 중재판정부는 그 전문가증인의 증언을 무시하여야 한다.[688] 전문가증인은 비록 당사자들에 의하여 선임되는 경우에도 당사자로부터 영향을 받지 않은 독립적이고 객관적인 의견을 제시하여야 하지만,[689] 실무상 전문가는 자신을 선임한 당사자의 입장을 대변하는 일종의 "hired gun"의 역할을 한다는 비판도 적지 않다.

5.63 이처럼 당사자선임전문가(party-appointed expert) 제도가 가지는 문제점을 개선하기 위하여, 실무상 양 당사자들이 각각 일정한 수의 전문가 후보 리스트를 제출하고 중재판정부가 그 가운데서 전문가를 선정하여 이른바 'expert team'을 구성한 후, 그들이 당사자들을 통하지 않고 직접 중재판정부에 공동으로 보고서를 작성하고, 당사들은 중재판정부 앞에서 'expert team'에 질문하는 기회를 부여받는 방식으로 전문가를 활용하는 이른바 'Sachs Protocol'이라는 방법이 활용되기도 한다.[690]

---

686 다만, 해당 외국법에 대한 전문적 지식을 가진 변호사가 대리인으로 참여하는 중재절차의 경우에는 당사자들이 별도로 각자 외국법에 대한 법률전문가(legal expert)를 선임하는 것은 별로 의미가 없다고 하며 부정적인 견해를 취하는 입장도 없지 않고, 실제로 그러한 경우 법률전문가를 따로 선임하지 않는 경우도 적지 않다.

687 IBA 증거조사규칙 제5조 제1항 참조.

688 IBA 증거조사규칙 제5조 제5항 참조.

689 CIArb Protocol for the Use of Party-Appointed Expert Witnesses in International Arbitration 제4조 제4항 참조.

690 Klaus Sachs, "Protocol on Expert Teaming: A New Approach to Expert Evidence," *Arbitration Advocacy in Changing Times*, ICCA Congress Series No. 15, 135 (Kluwer, 2011) 참조.

마. 문서제출

5.64 국제중재의 경우 증거조사와 관련하여 당사자는 상대방의 수중에 있는 문서의 제출을 요구하는 것이 허용된다. 이러한 문서제출(document production) 요청은 경우에 따라서 1차 서면공방 이전에 진행되거나 2차 서면공방 이후에 진행되기도 하지만, 대개의 경우 1차 서면공방에 따라 당사자들이 각자의 주장 및 이를 뒷받침하는 서증을 제출한 이후 2차 서면공방 이전에 이루어지는 경우가 많다.

(1) IBA 증거조사규칙

5.65 증거조사의 방식은 중재지국마다 기본적인 접근방법 자체가 제법 큰 차이를 보이는데, 예컨대, 미국의 경우는 증거가 부족하더라도 일단 소송을 제기하면 광범위한 증거개시절차(discovery)를 통해 상대방의 수중에 있는 각종 자료를 입수하여 부족한 증거를 보완해나갈 수가 있지만 대륙법계 국가는 그렇지 않다. 영미법계 국가의 경우에도 미국식의 광범위한 증거개시절차에 대한 극도의 거부감으로 인해 아예 중재에서 discovery라는 단어를 사용하는 것조차 꺼리는 경향이 있다. 또한, 대륙법계 출신들은 '증거가 없으면 소송을 제기할 수 없다'고 기본적으로 생각하는 반면, 미국의 실무가들은 '증거가 충분하지 않기 때문에 소송을 제기하는 것'이라는 입장을 취하여 소송절차에서 상대방의 수중에 있는 증거를 조사하는 것을 당연시하므로 그 근본적인 시각의 차이가 크다. 그리고, 영미법계 국가이든 대륙법계 국가이든 각 나라마다 증거법칙은 나름대로 차이가 있어서 중재인이 어느 쪽 출신이냐에 따라 접근 방법이 조금씩 상이한 것이 현실이고, 따라서 어느 국제중재 사건의 경우에나 적용될 수 있는 보편타당한 증거법칙을 수립하기는 쉽지 않다.

5.66 IBA 증거조사규칙은 광범위한 증거개시절차를 허용하는 영미법 계통 국가와 문서제출 요구에 매우 소극적인 대륙법 계통 국가의 입장을 절충하여 보다 중립적인 기준을 제시하고 있는데,[691] 동 규칙이 정하는 문서제출 요구 절차는 현재 다양한 국제중재 사건에서 기준으로 많이 활용되고 있다. 동 규칙은 당사자의 합의

---

691 B. Hanotiau, "Document Production in International Arbitration: A Tentative Definition of Best Practices," (2006) ICC International Court of Arbitration Bulletin, Special Supplement, 113면 참조.

또는 중재판정부의 결정에 따라 관련 당사자들을 기속하는 중재절차의 규범으로 정식으로 채택될 수 있으나, 실무상 동 규칙을 당사자 및 중재인을 기속하는 규범으로 활용하기보다는 기본적으로 중재판정부의 재량을 인정하는 전제 하에서 하나의 지침으로만 활용하는 경우가 많다.

(2) 문서제출 절차와 Redfern Schedule

5.67 IBA 증거조사규칙은 분쟁과 관련성(relevance)이 있고 사건 결과에 대한 실질적 영향(materiality to the outcome of the case)이 있는 중요 서류만을 대상으로 문서제출 의무를 부과한다.[692] 따라서, 이른바 '증거 낚기(fishing expedition)'식의 무분별한 문서제출 요구는 국제중재절차에서 허용되지 않는다. 다만, 중재인이 어떠한 법제에 더 익숙한가에 따라 이러한 기준이 실무상 엄격하게 적용되기도 하고 느슨하게 적용되기도 한다.

5.68 또한, 문서의 제출을 요구하는 당사자는 해당 문서를 명확히 특정하여야 하며,[693] 대상문서의 범위가 지나치게 넓은(overly broad) 경우나 문서의 양이 너무 많아서 상대방에게 지나치게 부담스러운(overly burdensome) 경우에는 제출이 거부될 수도 있다.[694]

5.69 IBA 증거조사규칙에 따라 문서를 요구하는 자는 요청하는 문서를 자신이 소지하지 않고 있다는 점 및 요청하는 문서가 상대방의 점유, 보관 또는 통제 하에 있을 것으로 추정하는 이유를 설명해야 한다.[695] 이와 관련하여 문서가 상대방의 통제 아래에 있다는 점은 형식적인 판단이 아니라 실질적인 기준에 따라 이루어짐을 유념하여야 한다. 요청받은 문서를 분실하거나 파손한 경우는 합리적인 개연성에 의하여 그 사실을 소명하여야 한다.[696]

5.70 당사자는 상대방의 문서제출 요구에 대하여 자발적으로 문서를 제출하거나 아니면 일정한 거부 사유를 들어 이의를 제기할 수도 있다. 문서제출 요구를 둘러싼

[692] IBA 증거조사규칙 제9조 제2항 참조.
[693] IBA 증거조사규칙 제3조 제3항 (a) (ⅰ) 참조.
[694] IBA 증거조사규칙 제9조 제2항 (c) 참조.
[695] IBA 증거조사규칙 제3조 제3항 참조.
[696] IBA 증거조사규칙 제9조 제2항 (d) 참조.

공방은 주로 중재판정부의 개입이 없이 당사자들 사이에 먼저 진행되고, 중재판정부는 당사자들 사이에 제출 여부를 둘러싸고 서로 이견이 있는 부분에 대하여만 판단을 내리는 구조로 절차가 진행된다. 실무상 문서 공개와 관련하여 양 당사자 사이에 이견이 있는 쟁점에 대하여 중재판정부가 일목요연하게 파악할 수 있도록 고안된 Redfern Schedule이라는 일정한 양식이 이용된다.

5.71 Redfern Schedule은 4개의 란을 가진 표인데, 첫째 란에는 상대방에게 제출을 요구하는 문서를 특정이 가능하도록 최대한 상세하게 기재하고, 둘째 란에는 요청 당사자가 요구되는 문서가 중재의 결과에 어떻게 관련이 있으며 왜 중요한지를 기재하며, 셋째 란에는 요청을 받은 당사자가 요청에 응하는지 여부 및 응한다면 어느 정도로 응하는지 그리고 반대한다면 반대하는 근거가 무엇인지를 기재하되, 넷째 란은 중재판정부의 결정을 위해 공란으로 비워둔다. 중재판정부는 이러한 양식의 도움을 받아 최종적으로 각 문서별로 제출 명령 허부를 결정하게 된다.

(3) 특권(privilege)의 대상이 되는 문서

5.72 미국이나 영국 등 영미법계 국가에서는 변호인과 의뢰인 사이에서 의뢰인이 법률자문을 받을 목적으로 비밀리에 이루어진 의사 교환에 대하여는 의뢰인이 공개를 거부할 수 있는 특권(attorney-client privilege)이 판례상 인정되고 있고, 미국의 경우 변호사의 직무상 서류(work product)에도 litigation privilege라는 유사한 특권이 부여된다. 그 밖에 합의를 위한 협상 과정에서 논의되었던 내용이 일방 당사자에게 불리한 증거로 사용될 수 없다는 이른바 settlement privilege도 있다. 국제중재의 실무상 이러한 특권을 이유로 특정 서류의 제출 요구에 대한 이의를 하는 경우 어떻게 취급할 것인가가 문제인데, IBA 증거조사규칙은 이를 중재판정부가 재량으로 결정할 사항으로 규정하고 있지만,[697] 아쉽게도 이 문제에 대하여는 국제적으로 통용이 될 수 있는 기준이 마련되어 있지는 못하다.

5.73 사견으로는 특권(privilege)을 이유로 한 서류제출 요구의 거부 문제는 실체법에 관한 쟁점이라기보다는 중재절차에 관한 쟁점이라고 할 것이므로, 당사자들이 달리 명시적으로 합의한 내용이 없는 이상, 결국 1차적으로 lex arbitri, 즉, 중재지 국가의 법이 어떻게 취급하고 있는지를 우선 참고하여야 할 것으로 본다. 대개의

[697] IBA 증거조사규칙 제9조 제3항 참조.

중재지법은 비록 영미법과 동일한 법리에 근거하지는 않더라도 기본적으로 변호사와 의뢰인 사이에 비밀유지의무를 인정하고 있어 관련 서류의 공개에 일정한 제한이 뒤따를 수밖에 없다.[698] 또한, 중재지법에서 그 제한 범위 등에 대하여 다소간 불분명한 점이 있다고 하더라도, 분쟁의 실체의 준거법 또는 이의를 제기하는 당사자가 속한 국가의 법 등 관련 국가의 법률상 문제가 제기될 우려가 있어 향후 집행단계에서 논란이 예상된다면, 특권이 문제가 되는 서류에 대하여는 무리하게 서류의 제출을 강제하는 것은 바람직하지 않다고 본다. 아울러, 어느 일방 당사자로부터 보다 높은 수준의 특권이 주장될 때 절차적 공평의 관점에서 다른 당사자에 대하여도 동일한 수준의 특권을 인정하는 것이 안전한 조치일 것이다.[699]

(4) 기밀성(confidentiality)이 있는 문서

5.74 당사자는 특정 문서에 대하여 자신의 또는 제3자의 영업상 또는 기술상의 기밀보호를 이유로 그 제출을 거부하는 경우도 있다. IBA 증거조사규칙은 이에 관하여 중재판정부의 재량을 부여하고 있지만, 그러한 문서의 제출을 배제하기 위해서는 강력한(compelling) 비밀보호의 필요성이 요구된다.[700]

5.75 중재인들, 특히 영미법 계통의 중재인은 이러한 경우 해당 문서에 대한 접근을 대리인 등 일부에 제한하는 일정한 보호조치(protective order)를 명하기도 하고, 해당 문서를 오로지 판정부만 보는 이른바 in camera 방식의 증거조사를 시도하기도 한다.[701] 또 경우에 따라서는 판정부가 선임한 전문가(expert)로 하여금 문서를 검토하여 문서제출에 대한 이의가 정당한지를 평가하게 하고 그 문서의 제출을 명하게 할지 아니면 일정 부분을 가리고 제출하게 할지에 대한 의견을 보고하도록 하기도 한다. 그러나 이러한 방식은 대체로 광범위한 증거개시의무에 익숙

---

698 우리나라의 대법원은 형사사건과 관련하여 변호사가 작성하여 회사 측에 전송한 전자문서를 출력한 '법률의견서'에 대하여 피고인들이 증거로 함에 동의하지 아니하고 변호사가 그에 관한 증언을 거부한 사안에서 위 의견서의 증거능력을 부정하고 무죄를 인정한 원심의 결론을 정당하다고 보았다(대법원 2012. 5. 17 선고 2009도6788 전원합의체 판결).

699 ICDR Guidelines for Arbitrators Concerning Exchange of Information 제7조 참조.

700 IBA 증거조사규칙 제9조 제2항 참조.

701 Decision on Parties' Requests for Production of Documents Withheld on Grounds of Privilege dated 17 Nov. 2005, at 6, in Glaims Gold, Ltd. v. United States, NAFTA/UNCITRAL, available at http://www.state.gov/documents/organization/57342.pdf 참조.

한 영미계통의 중재인들에게는 별 문제가 없는 것으로 보일지 모르나, 대륙법계 실무가들의 입장에서는 기본적으로 증거에 대한 위와 같은 보호조치에 익숙하지도 않을 뿐더러 더구나 in camera 방식의 증거조사는 보편적으로 허용되는 증거조사방법이 결코 아니라는 점에서 논란의 여지가 적지 않다. 더구나 견해에 따라서는 상대방의 문서제출 거부가 현저히 부당하다고 볼 특별한 사정이 없는 한,[702] 적정 절차(due process)의 관점에서 볼 때 함부로 일방 당사자를 배제한 in camera 방식의 증거조사에 나아갈 것은 아니라는 주장도 가능하다는 점에서 어느 모로 보나 매우 신중한 접근이 필요한 이슈라고 할 것이다.

(5) 제재수단

5.76 중재판정부가 문서의 제출을 명하였음에도 불구하고 요청을 받은 당사자가 문서제출 명령에 위반하여 문서제출을 하지 않는 경우, 중재판정부로서는 그 당사자에게 불리한 추론(adverse inference)을 할 수 있다.[703] 그러나 중재판정부가 내린 불리한 추론은 나중에 중재판정 집행 과정에서 문제가 될 수도 있다. 따라서 실무상으로는 설령 상대방이 중요한 문서의 제출을 거부하는 경우에도 사실인정 및 법률 판단에 관한 중재판정부의 재량을 행사함에 있어서 사실상 불이익을 주는 이외에 위와 같은 불리한 추론을 명시적으로 내리는 경우는 많지 않다. 또한, 중재판정부는 중재비용의 분담에 있어서 문서제출 명령에 대한 위반사실 등을 고려하여 불이익을 줄 수도 있다.[704]

(6) 제3자에 대한 문서제출명령

5.77 미국이나 홍콩 등의 경우와 같이[705] 중재지법에 따라서는 중재판정부가 법원의 판사와 마찬가지로 제3자를 상대로 서류 제출을 명할 수 있도록 규정하고 있는 경우도 없지는 않으나, 일반적으로는 당사자의 합의에 기초를 둔 중재절차의 본

---

702 예컨대, 방법특허의 침해가 문제되는 사안처럼 상대방이 자발적으로 제조방법을 공개하지 않으면 침해의 입증이 불가능한 사안에 있어서 다른 여러 가지 증거에 의하여 침해의 개연성이 인정되고 오히려 자신의 제조방법이 보호받을 수 있는 영업비밀이라는 당사자의 주장이 단순한 핑계에 불과한 것으로 추지되는 경우 등이 있을 수 있을 것이다.

703 IBA 증거조사규칙 제9조 제4항 참조.

704 IBA 증거조사규칙 제9조 제7항 참조.

705 미국 연방 중재법 제7조; 홍콩 중재법 제56조 제1항 (b) 등 참조. 미국 연방 중재법 제7조에 의하여 중재판정부가 제3자로 하여금 소지하고 있는 주요 문서를 지참하여 출석하도록 요구하는 절차에 관한 자세한 논의는 Moses, 114면 이하 참조.

질상 중재의 당사자 이외의 제3자가 소지하고 있는 문서에 대하여는 중재판정부가 제출을 명령할 수 없다. IBA 증거조사규칙은 제3자에 대한 문서제출 요구에 대하여 규정을 두고 있으나,[706] 이를 강제하기 위하여서는 결국 법원의 협력을 받을 수밖에 없을 것이다.[707]

바. 중재판정부에 의한 증거조사

(1) 중재판정부의 서증제출 요구

5.78 중재절차에 관하여는 중재판정부에게 광범위한 재량이 부여되므로 사실확정에 필요할 경우 중재판정부는 직권으로 당사자들에게 서류의 제출을 명할 수 있음은 물론이다. 중재규칙에 따라서는 중재판정부가 사실관계의 확인을 위해 스스로 가능한 수단을 취할 수 있도록 규정하고 있는 경우도 있다.[708] IBA 증거조사규칙은 중재판정부가 당사자에게 증거로 제출되지 않은 문서에 대하여 제출을 명령할 수 있으며, 심지어 제3자로부터 문서를 제출받기 위하여 필요할 경우 당사자에게 적절한 조치를 취하도록 요청할 수도 있다.[709]

(2) 중재판정부에 의한 전문가 선임

5.79 전문가증인은 주로 당사자들에 의하여 선임되지만 경우에 따라서는 중재판정부가 직접 전문가증인을 임명하기도 한다. 전문가증인이 중재판정부에 의해 임명되는 경우 중재판정부는 당사자들과 긴밀히 협의하여 전문가증인의 의견을 구하는 내용의 요지 등을 구체적으로 기재한 위탁요지서(TOR)를 작성하는 것이 바람직하다.

5.80 IBA 증거조사규칙은 중재판정부가 선임하는 전문가증인에 대하여 비교적 자세한 규정을 두고 있는데, 전문가증인은 마치 중재인과 유사하게 임명 수락 전에 중재판정부와 당사자들로부터 독립적이라는 진술서를 제출하여야 한다.[710] 또한, 중재판정부가 임명한 전문가증인은 당사자들에게 검사를 위해 문서, 물품, 샘플, 자산

---

706 IBA 증거조사규칙 제3조 제9항 참조.
707 모범중재법 제27조 참조.
708 ICC 중재규칙 제25조 제1항 등 참조.
709 IBA 증거조사규칙 제3조 제10항 참조.
710 IBA 증거조사규칙 제6조 제2항 참조.

또는 현장에 대한 정보와 접근을 요청할 권한이 부여된다.[711] 전문가증인의 보고서는 결론에 도달하는 데에 사용된 방법, 증거 및 정보를 기술해야 한다.[712] 당사자들은 전문가증인이 작성한 보고서와, 중재판정부와 중재판정부가 임명한 전문가 증인 사이에 주고받은 서신이나, 전문가증인이 검토한 서류를 검토할 권리가 있다.[713] 중재판정부가 임명한 전문가증인의 심리기일 출석이 요청될 수 있고, 심리기일에서 중재판정부가 임명한 전문가증인은 중재판정부, 당사자, 또는 당사자가 임명한 전문가증인에 의해 질문을 받을 수 있다.[714] 마지막으로, 중재판정부가 임명한 전문가증인의 보고서는 중재판정부를 구속하지 않지만, 중재판정부는 사안의 모든 사정을 충분히 고려하여 전문가증인의 결론을 평가하여야 한다.[715]

(3) 검증(inspection)

5.81 중재판정부에 증거를 제시하는 또 다른 방법으로는 중재판정부가 분쟁의 대상물을 검증하는 것이 있다. 예컨대, 건설 중재의 경우 플랜트 등의 현장을 중재판정부가 직접 찾아가 검증을 하는 경우가 적지 않다.

5.82 IBA 증거조사규칙에 따르면 중재판정부는 당사자의 신청 또는 자신의 판단으로 중재판정부가 직접 필요한 현장, 자산, 기계, 또는 어떤 물품이나 프로세스 또는 문서를 검증하거나 중재판정부가 임명한 전문가증인으로 하여금 검증하도록 요구할 수 있다.[716] 다만, 실무상 대개의 중재판정부는 얻을 수 있는 정보에 비하여 비용이 다대하게 소요되는 현장검증제도를 잘 이용하지 않고 오히려 모델, 사진, 도면, 동영상 등을 현장검증 대신에 이용하는 경우가 많다.[717] 경우에 따라서는 중재판정부가 현장 또는 분쟁의 대상을 당사자 일방의 참여 없이 검증하게 되는 경우도 있는데, 이는 적정절차의 관점에서 문제를 야기할 수 있으므로 주의가 요망된다.

---

711 IBA 증거조사규칙 제6조 제3항 참조.

712 IBA 증거조사규칙 제6조 제4항 참조.

713 IBA 증거조사규칙 제6조 제5항 참조. 이처럼 IBA 증거조사규칙의 내용은 이른바 in camera 방식, 즉, 당사자들에게 비공개로 중재판정부가 전문가 증인과 교신할 수 있는 가능성을 염두에 두고 있지는 않다.

714 IBA 증거조사규칙 제6조 제6항 참조.

715 IBA 증거조사규칙 제6조 제7항 참조.

716 IBA 증거조사규칙 제7조 참조.

717 Redfern and Hunter, 411면 참조.

5. 심리기일(hearing)

가. 준비회의 등

5.83 심리기일(hearing)을 앞두고 신문할 증인의 순서와 신문시간의 배분,[718] 증인신문 시 다른 증인의 참석배제(sequestration) 여부, 심리장소[719]나 통역[720] 및 속기[721] 인력에 대한 예약 상황, 심리기일에서 편리하게 참조하기 위하여 그간의 주장과 증거 가운데 필요한 서류를 따로 정리하여 편철하는 hearing bundle의 준비[722] 등 심문기일에 관련된 제반 세부계획(logistics)의 점검 및 협의를 위한 회의를 가지는 경우도 있는데, 이러한 심리기일 전 회의(pre-hearing conference)는 주로 전화회의의 방법으로 이루어진다.

5.84 한편, 국제중재의 경우 중재판정부를 구성하는 중재인들이 심리기일에 이르러서야 직접 대면하면서 사건에 대하여 논의를 하는 경우가 많다. 그러나 보다 효율적인 심리기일 진행을 위해 중재판정부를 구성하는 중재인들이 심리기일 직전에 미리 따로 모여 사건의 쟁점 및 심리의 방향에 대하여 의견을 교환하는 기회(이른바 'Reed Retreat)'를 가지기도 한다.[723]

---

718 중재판정부에 따라 다르지만, 이른바 chess-clock이라고 하여 시간배분을 철저히 하여 이를 위반하는 경우 신문을 제재하는 경우도 있으므로 사전에 충분한 협의가 필요하다.

719 중재심리는 해당 중재기관의 심리실, 싱가포르의 Maxwell Chambers와 같은 독립된 중재시설 그 밖에 호텔이나 로펌의 회의실 등을 빌려서 진행되는데, 그 경우 중재인이나 당사자들이 휴식할 수 있는 break-out room도 따로 준비하는 것이 필요하며, 기타 심리에 필요한 오디오, 비디오 설비 등도 사전에 차질 없이 준비되어야 한다.

720 국제중재의 특성상 증인의 진술은 통역을 통하여 이루어지는 경우가 많은데, 중재나 재판에서의 통역 경험이 풍부한 전문 통역사를 사전에 확보하는 것이 중요하며, 통역사를 당사자들이 공동으로 선임할지 아니면 각자 선임하는 것으로 할지도 미리 협의하여 정하여야 한다.

721 국제중재의 경우 심리기일에서의 관련 당사자의 모든 진술은 모두 현장에 참석한 속기사에 의하여 기록되는데, 실무상 실시간으로 속기내용을 모니터링할 수 있는 라이브 노트(Live Note)라는 속기방식에 의하여 심리기일의 진술 내용이 단어 하나까지 고스란히(verbatim) 조서(transcript)로 기록된다.

722 가끔씩 심문기일에 새로운 서증을 제시하여야 할 필요가 있는 경우도 있는데, 상대방이 이의를 제기할 경우 제출이 허용되지 않을 수 있으므로 그 경우 심문기일 이전에 충분히 협의하는 것이 필요하다.

723 Charles N. Brower, Michael Pulos and Charles B. Rosenberg, "So is there anything really wrong with international arbitration as we know it?," Contemporary Issues in International Arbitration and Mediation: The Fordham Papers (2012), 1면 내지 13면 참조.

나. 심리기일(hearing)의 진행

5.85 일정한 서면에 의한 각종 공방을 벌인 당사자들은 특정의 장소(대개는 중재지의 호텔이나 기타 중재시설이지만 경우에 따라서는 중재판정부가 더 적절하다고 생각하는 장소)에서[724] 일정한 기간 동안 심리기일을 진행하게 되는데, 이러한 집중심리의 절차를 심리기일(hearing)이라고 부른다. 심리기일은 대체로 미리 예약된 장소에서 양 당사자의 모두진술(opening statement)에 이어 증인진술서를 제출한 증인(전문가증인 포함)에 대한 신문, 특히 반대신문(cross-examination)을 위주로 하여 통상 일주일 이내, 그리고 특별히 복잡한 사건의 경우에도 2주일을 넘지 않는 범위 내에서 절차가 진행된다.[725]

5.86 소송의 경우에는 summary judgment와 같이 서류만에 의하여 분쟁의 대상이 되는 실체적 쟁점에 관한 판단이 가능한 경우도 있지만, 중재의 경우 당사자들이 달리 합의하거나 기타 소액사건 등에 관하여 중재규칙이 따로 정하지 않는 한 일방당사자의 요청이 있는 경우 판정에 앞서 심리기일을 반드시 개최하여야 한다.[726]

5.87 한편, 국제중재의 경우 이와 같이 당사자들에 의한 수차례에 걸친 서면공방이 있은 이후 절차의 후반부에 심리기일이 진행되는 관계로 인해 중재판정부는 그 이전에는 사건의 쟁점에 대하여 별로 신경을 쓰지 않다가 심리기일에 이르러서야 사건의 구체적인 쟁점을 입체적으로 파악하게 되는 경향이 있다. 이와 관련하여 중재판정부가 사건의 초반부터 쟁점을 정확히 파악하고 당사자들에게 법적, 사실적 공방의 방향이나 지침을 제공하는 것이 효율적인 심리에 도움이 된다는 이유로 당사자들에 의한 1차 서면공방이 있은 이후에 양측의 쟁점을 정리하고 심리의 방향을 제시하는 심리기일(이른바 'Kaplan Opening')을 본 심리기일에 앞서 한 번 더 가지는 것이 더 효과적이라는 주장도 제기된다.[727]

5.88 그러나 국제중재의 경우 소송과 달리 서면공방 이후 절차의 후반에 심리기일을

---

724 많은 중재기관의 중재규칙은 hearing 장소와 seat of arbitration을 구분하며 전자에 대하여 중재판정부에 광범위한 재량을 부여하고 있음은 앞서 본 바와 같다.

725 증인에 대한 증거조사가 주를 이룬다는 점에서 이를 evidentiary hearing이라고도 부른다.

726 ICC 중재규칙 제5조 제6항; LCIA 중재규칙 제19조 제1항; UNCITRAL 중재규칙 제17조 제3항; 모범중재법 제24조 제1항 등 참조.

727 Neil Kaplan, "If it Ain't Broke, Don't Change It" (2014) 80 Arbitration 172 참조.

통해 집중심리를 하는 방식이 모범적인 절차(best practice)로 정착을 하게 된 것은 심리기일의 진행에 상당한 시간과 비용이 수반될 수밖에 없다는 점을 고려한 것이다. 따라서, 중재판정부에 의한 쟁점의 파악 및 양측의 공방 방향에 관한 지침 제공을 위하여 굳이 비싼 비용이 소요되는 심리기일을 추가하는 것이 바람직한 것인지에 대하여 의문이 존재한다. 더구나, 추가 증거조사가 남아 있는 상황에서 중재판정부로부터 예단이 드러나거나 일정한 결정이나 판단이 이루어질 경우 나중에 중재판정에 불만을 가지는 당사자에게 불복의 빌미를 제공할 여지도 있다는 점까지 감안한다면 이러한 예비 심리기일의 추가 및 운용에는 매우 신중을 기할 필요가 있다고 할 것이다.

(1) 모두진술(opening statement)

5.89 중재판정부가 심리기일에 출석한 당사자들을 확인하고 그 밖의 절차상의 남은 쟁점들에 대하여 정리를 마치면 각 당사자들이 사건의 쟁점에 관한 자신들의 주장과 입증의 요지에 관하여 파워포인트 등 시청각 수단을 활용하여 모두(冒頭)진술을 한다. 중재판정부에 따라서는 핵심 쟁점을 정리한 심리전 서면(pre-hearing brief)을 제출하는 것으로 하고 실제 심리과정에서는 모두진술을 아예 생략하거나 간략한 진술만을 허용하는 경우도 없지는 않다.

(2) 증인신문(witness examination)

5.90 IBA 증거조사규칙에 따르면 당사자들이 달리 합의하지 않는 한 증인진술서를 제출한 증인은 모두 반드시 심리기일에 출석해 증언해야 하는 것이 원칙이다. 다만 증인의 출석에 대하여 당사자들이 달리 합의할 수 있고, 상대방 증인의 출석을 요구하지 않았다고 해서 그러한 합의가 해당 증인의 진술서 내용에 동의한 것으로 간주되지는 않는다.[728] 증인의 채택 여부는 당사자들의 책임 소관으로서 당사자들은 심리기일에 소환할 증인을 자유롭게 선택할 수 있다. 또한, 어느 당사자도 채택하지 않은 증인이라도 중재판정부가 출석을 요구할 수도 있다.[729]

5.91 그리고 당사자가 서면에 의한 증인진술서를 제출한 증인들 가운데서 상대방이 그 내용을 다투면서 소환을 요구하였음에도 해당 증인이 심문기일에 출석하지

[728] IBA 증거조사규칙 제4조 제8항 참조.
[729] IBA 증거조사규칙 제8조 제1항 참조.

않으면 그 증인의 진술내용은 특별한 사정이 없는 한 증거로 사용될 수 없게 된다. IBA 증거조사규칙은 사실관계에 관한 증인 및 전문가 증인에 대하여 똑같이 이 점을 명시적으로 규정하고 있다.[730] 한편, 증인이 출석할 수 없는 부득이한 사정이 있다고 하더라도 반대신문을 거치지 않은 증인의 진술의 신빙성은 크게 약화될 수밖에 없다.

5.92 증인신문에 대비하여 해당 증인과 면담(interview)하는 등 신문을 준비(prepare)하는 것이 어느 범위 내에서 허용되는지에 대하여는 국가별로 실무가 다르므로 주의가 요망된다. 예컨대, 영국 변호사들, 특히 법정변호사(barrister)들은 기일에 앞서 증인과 함께 증인신문을 미리 준비하는 작업을 꺼리기도 하지만, 증인에 대한 인터뷰 등을 통한 증인신문 준비는 국제중재의 실무상 일반적으로 허용된다.[731] 실제로 대개의 증인들은 반대신문에 익숙하지 않으므로 사전에 신문절차를 설명하고 그 요령을 숙지시키는 것은 국제중재의 실무에서 대단히 중요한 부분이라고 할 수 있다.[732] 물론 증인신문의 준비가 증인조작이 되어서는 안 되며, 지나치게 잘 준비된 증인은 경우에 따라서는 중재판정부에게 신뢰성을 잃기 쉽다는 점도 기억하여야 한다.[733]

5.93 국제중재에 있어서 증인은 그 중재지의 강행법규에 의하여 요구되는 경우가 아니라면 특정한 형식에 따른 선서를 하지는 않지만, 대체로 중재판정부는 증언에 앞서 증인에게 사실 그대로 말할 것을 다짐받는다.[734] 이처럼 증인의 허위증언에 대하여 반드시 형사적 처벌이 담보되지 않는다는 점에서 국제중재의 실무상 증인의 증언보다는 대체로 서류상의 증거에 대하여 보다 큰 비중을 두고 심리가 이

---

730 IBA 증거조사규칙 제4조 제7항 및 제8항 참조.

731 IBA 증거조사규칙 제4조 제3항 참조.

732 증인신문의 준비와 관련하여 실무가들이 참조할 수 있는 내용으로는 D. Roney, "Effective Preparation for International Commercial Arbitration: A Practical Guide for Counsel," Journal of International Arbitration 20 no.5 (2003), 429면 이하 참조.

733 B. Hanotiau, The Conduct of the Hearings, in Newman and Hill (eds), *The Leading Arbitrator's Guide to International Arbitration*, 2nd edition, Juris Publishing, 2008, 366면 참조.

734 우리 중재법을 비롯한 대륙법계 입법례들은 대체로 증인선서에 관한 규정을 두지 않음으로써 선서를 시킬 수 없게 하였고(우리 구 중재법 제8조 제2항은 증인이 선서를 할 수 없음을 명시하였음), 이에 반해 영국 중재법 제38조 제5항은 중재판정부가 증인으로 하여금 선서를 한 후 증언을 하게 할 수 있도록 하였다.

루어지지만, 중재인에 따라서는, 특히 영미 계통의 중재인들의 경우에는, 증인의 진술 등에 대하여 상당한 비중을 두는 경향이 있으므로 증인의 신빙성에 대한 탄핵에는 매우 세심한 주의가 필요하다. 또한, 심리기일에서 이루어지는 증인신문의 과정에서 각자의 주장의 핵심이 드러나게 되므로 중재인들에게 사건의 쟁점을 입체적으로 제시함에 있어서도 증인신문은 매우 중요한 절차라고 할 수 있다.[735]

5.94 증인신문의 방식은 중재판정부의 출신에 따라 크게 영향을 받는 부분이지만, 대체로 시간의 제약을 감안하여 주신문은 생략하거나 핵심 사항만을 중심으로 짧게 진행하고 대부분의 시간을 상대방의 반대신문(cross-examination) 및 그에 대한 신청인의 재주신문(redirect examination)에 할애한다. 국제중재의 경우 많은 증인들이 통역을 통해 증언을 하는데, 그 경우 중재판정부는 증인의 진술을 통역을 통하여 듣게 되므로 통역 과정에서 증인의 진술의 미묘한 톤이나 뉘앙스가 왜곡되는 일이 없도록 경험이 많고 노련한 통역사를 선택하는 것이 매우 중요하다고 할 수 있다.

5.95 증인신문에 관하여는 중재판정부가 상당한 재량을 가지고 있다.[736] 즉, 중재판정부는 증인의 진술 내용이 사건과 관련성이 없거나, 사건의 결과에 중요하지 않는 등의 경우에는[737] 증인의 출석은 물론 출석한 증인에 대한 질문과 증인에 의한 답변 등을 제한하거나 배제할 수 있는 권한이 있다.

5.96 한편 전문가증인이 있는 경우에는, 중재판정부에 따라 다소 다르지만, 대개는 사실관계에 대한 증인신문이 있은 후 전문가를 신문하게 된다. 전문가에 대한 증인신문의 경우 토론식 신문(witness conferencing 또는 속칭 “hot tubbing”)의 방식을 채택하는 중재판정부도 있다. 이는 전문가들을 위의 주신문, 반대신문 등과 같은 전통적인 틀에 얽매이지 않고 토론의 방식으로 대질하면서 신문하는 방식인데, 경우에 따라서는 중재와 관련한 사실에 대한 증인과 전문가 증인등을 모두 참석시켜 동시에 공동으로 신문을 진행하기도 한다. 이러한 신문방식은 주로 복잡다양한 기술적, 사실적 쟁점이 뒤엉켜있는 특수한 사건에 많이 활용된다. 토론식

[735] 국제중재에서의 증인반대신문과 관련된 신문기법에 대하여는 Lawrence W. Newman and Ben H. Sheppard, Jr., *Take the Witness: Cross-Examination in International Arbitration*, Juris 2010 참조.

[736] IBA 증거조사규칙 제8조 참조.

[737] IBA 증거조사규칙 제9조 제2항 참조.

신문은 이에 경험이 많은 중재판정부에 의해 잘 운용될 경우 짧은 시간 내에 효율적으로 복잡한 기술상의 쟁점을 정리할 수 있는 매우 유용한 신문방법의 하나이지만, 자칫 사전 준비가 없이 함부로 진행할 경우 큰 혼란을 초래할 수도 있으므로 주의가 요망된다.

(3) 종결진술(closing statement)

5.97 증인들에 대한 반대신문이 종료된 후 당사자들의 합의 또는 중재판정부의 선택에 따라 심리기일의 과정에서 드러난 핵심 쟁점, 또는 중재판정부가 확인을 요하는 쟁점들에 대하여 쌍방이 변론을 교환하는 기회를 가지기도 한다. 경우에 따라서는 심리기일 이후 제출되는 서면(post-hearing brief)으로 갈음하고 별도의 구두공방을 생략하는 경우도 있지만, 이러한 기회가 주어질 경우 대리인들은 보통 심리 동안에 제시된 증거에 초점을 맞추어 자신의 주장을 요약하여 개진한다.

다. 심리 후 주장서면 등의 제출

(1) 심리 후 주장서면(post-hearing brief)

5.98 중재사건에 따라서는, 특히 쟁점이 복잡한 대형사건의 경우에는, 심리를 마친 이후 일정한 기간 내에 위의 최종 진술에 덧붙여 또는 최종 진술에 갈음하여 심리결과에 관한 양측의 주장 및 입증을 종합하여 설명하는 심리 후 주장서면을 제출하는 기회를 가지는 경우가 많다. 일반적으로는 위와 같은 심리 후 주장서면은 1회에 걸쳐 양측이 동시에 교환하는 방식을 취하지만, 경우에 따라서는 2차 보충서면의 교환이 있기도 한다. 이러한 최종서면의 목적은 그 동안의 모든 법률적·사실적 주장을 하나의 최종적인 문서에 요약하는 것인데, 대개는 심리기일의 변론 및 신문 내용을 기록한 조서(transcript)를 포함하여 증거를 구체적으로 인용하는 등으로 인해 방대한 서면이 되는 경향이 있으므로, 경우에 따라서는 중재판정부가 이러한 서면의 장수나 취급하는 쟁점의 범위를 제한하기도 한다.

(2) 비용서면(cost brief)

5.99 대부분의 중재규칙은 중재판정부가 중재절차와 관련된 제반 비용, 즉, 중재기관의 관리비용, 중재인보수, 당사자들의 법률 비용 등을 어느 당사자가 부담할 것

인지에 대하여 결정할 수 있도록 규정하고 있다.[738] 특히 2010년 UNCITRAL 중재규칙은 중재비용을 원칙적으로 중재에서 진 당사자가 부담하는 것으로 명시하면서, 중재판정부가 제반 사정을 감안하여 비용 분담에 대하여 결정할 수 있도록 하고 있다.[739]

5.100 따라서, 중재판정부는 위와 같은 중재비용의 분담에 대한 판정을 위하여 양 당사자로 하여금 중재비용의 지출 내역을 별도의 서면으로 제출하도록 명한다. 실무상 변호사 보수 등의 경우 특권(privilege) 또는 업무상의 비밀 등의 이유로 자세한 청구서(invoice) 등을 첨부하지는 않고 발생 비용에 대한 사내변호사 또는 대리인의 확인서 제출로 갈음하는 경우가 많다. 이러한 비용에 관한 서면에 대하여는 상대방이 의견을 개진할 기회를 주기도 하는데, 중재판정부는 이들 서면의 내용 및 사안의 복잡성, 신속하고 효율적인 절차진행을 위한 노력의 정도[740] 등 제반 사정을 참작하여 중재비용 부담에 관한 판정을 내린다.

6. 중재판정부의 평의(deliberation)

5.101 위와 같은 양측의 공방이 있은 후 중재판정부는 심리의 종결을 선언한 다음[741] 중재판정을 내린다. 3인 중재판정부의 경우는 중재판정에 앞서 판정부의 구성원들 사이의 의견을 조율하기 위한 평의(deliberation)가 필연적으로 요구된다. 이러한 중재판정부의 평의는 반드시 직접 중재판정부의 구성원들이 만나서 할 필요는 없고 실무상 이메일 또는 전화회의(telephone conference)를 통하여 진행되는 경우가 다반사이지만, 중재인으로서는 해당 중재지의 규정상 중재판정부의 평의 방식에 관한 특별한 규정이 있는지를 사전에 면밀히 파악하여 두는 것이 바람직하다.

가. 평의의 기밀성

5.102 실무상 중재인이 평의의 과정에서 자신을 중재인으로 지명한 당사자에게 불리한 판정이 내려질 것으로 예상되는 경우 몰래 그러한 분위기를 당사자에게 전달하는 등 부적절한 행동을 하는 경우도 있다. 대개의 중재규칙은 중재판정부의 평의

[738] ICC 중재규칙 제37조 제4항 등 참조.
[739] UNCITRAL 중재규칙 제42조 참조.
[740] ICC 중재규칙 제37조 제1항 참조.
[741] ICC 중재규칙 제27조; KCAB 국제중재규칙 제31조 제1항 등 참조.

과정 및 내용의 비밀성에 대하여 명시적으로 규정하고 있지는 않지만, 중재판정부의 평의의 내용 및 과정은 당사자들에게 공개가 되어서는 안 되며,[742] HKIAC 중재규칙은 이 점을 명시적으로 규정하고 있다.[743] 중재판정부의 평의 내용이 당사자들에게 공개가 될 경우 중재판정부의 구성원들의 의견 교환이 크게 위축될 것이라는 점에서 중재판정부의 평의가 비밀에 붙여지는 것은 당연한 것이라고 하겠다.

나. 다수결의 원칙과 반대의견

5.103 중재판정부 내부에 의견의 불일치가 있을 경우 다수결에 의해 판정이 내려지게 된다.[744] 그러나 다수의 의견이 형성되지 않는 경우에는 중재규칙이나 중재법의 내용이 조금씩 다르다. ICC 중재규칙의 경우 등 많은 중재규칙이 다수의 의견이 존재하지 않는 경우에는 중재판정부의 의장이 결정을 하는 것으로 규정하고 있다.[745] 반면에 UNCITRAL 중재규칙[746]이나 ICSID 중재규칙,[747] ICDR 중재규칙,[748] 또는 모범중재법[749]이나 프랑스 민사소송법[750] 등은 이러한 의장중재인의 결정 권한을 인정하지 않는다. 이는 중재판정부 구성원들 사이에 가급적 타협을 유도하고 다른 한편으로는 의장중재인의 독단적인 견해로부터 당사자들을 보호하기 위한 의도적인 선택이라고 설명된다. 다만 이러한 규칙들은 당사자들 또는 중재판정부 구성원들의 전원합의에 의하여 의장중재인이 '중재절차의 문제'에 관하여 결정을 할 수 있도록 규정하고 있는데, 이 경우 중재지의 결정은 물론 증거의 허부와 같이 실체관계에 영향을 미치는 이슈들이 '중재절차의 문제'인가 하는 점에 대하여 견해가 나뉘기도 한다.[751]

---

742 국제중재인을 위한 IBA 윤리규정 제9조는 평의의 비밀성을 당연한 전제로 하면서 중재인이 평의의 내용을 공개할 수 있는 특별한 상황에 대하여 규정하고 있다.

743 HKIAC 중재규칙 제42조 제4항 참조.

744 중재판정 이외의 중재절차에서의 결정 역시 이견이 있을 경우 다수결에 의하여 결정되는 것이 원칙이다.

745 ICC 중재규칙 제31조 제1항 참조.

746 UNCITRAL 중재규칙 제33조 제1항 참조.

747 ICSID 중재규칙 제16조 참조.

748 ICDR 중재규칙 제29조 등 참조.

749 모범중재법 제29조 참조.

750 프랑스 민사소송법 제1513조 참조.

751 Born(ICA), 2041면 참조.

대부분의 중재규칙 등에 명시적인 근거 규정이 없고[752] 또 그다지 바람직하지도 않은 경우가 대부분이지만, 실무상 가끔은 다수의견에 동의하지 않는 중재인이 중재판정에 대하여 반대의견을 제시하는 경우도 있다. 하지만, 반대의견은 판정의 일부분이 아니며 또 실무상 그러한 반대의견으로 인해 다수의견에 따른 판정의 집행이 문제가 되는 경우는 없다.[753] 경우에 따라서는 반대의견을 가진 중재인이 중재판정문에 서명을 거절하는 경우도 있지만 이 역시 판정의 효력에 아무런 영향을 주지 아니한다. 5.104

7. 중재판정

가. 중재판정의 기한

중재법에 중재판정의 기한을 명시한 예는 거의 찾기 어려우나,[754] 중재규칙의 경우에는 중재절차의 신속성을 담보하기 위하여 중재판정부가 중재판정을 내려야 하는 시한에 대하여 규정을 하고 있는 경우가 적지 않다. 예컨대, ICC 중재규칙의 경우 중재위탁요지서(TOR)를 작성한 이후 6개월 이내에, KCAB 국제중재규칙의 경우 심리 종결일 또는 최종서면 제출일 가운데 나중의 날짜로부터 45일 이내에 판정을 내리도록 되어 있으며,[755] 중재규칙에 따라서는 신속절차가 적용되는 사안에 있어서는 판정의 기한을 일반적인 경우보다 더 단축시키기도 한다. 5.105

물론 이러한 중재규칙상의 중재판정 기한은 중재기관의 재량으로 연장이 가능하도록 규정되어 있고[756] 실무상 그러한 연장 결정은 다반사로 이루어진다. 또한, 그러한 기한은 훈시규정으로서 설령 그 기한을 어기더라도 이는 절차 위반을 구성하지 않는 것으로 취급되기도 하지만, 국가에 따라서는 중재판정의 기한을 놓친 것이 중재판정 취소의 사유가 되기도 하므로,[757] 중재판정부로서는 중재판정 5.106

[752] 다만, ICSID 중재규칙 제46조는 반대의견, 소수의견이 판정문에 포함된다고 규정하고 있다.

[753] Born(IA), 299면 참조.

[754] 중재판정 기한은 주로 최종중재판정(final award)에 관한 것이다. 중재판정의 개념 등 중재판정에 대한 보다 자세한 논의는 제6장 Ⅱ. 중재판정 부분 참조.

[755] KCAB 국제중재규칙 제38조 제1항 참조. SIAC 중재규칙은 중재판정부가 심리종결일로부터 45일 이내에 판정문 초안을 Registrar에 전달해야 하는 것으로 규정하고 있다(SIAC 중재규칙 제32조 제3항 참조).

[756] KCAB 국제중재규칙 제38조 제2항 참조. 다만, 중재판정부는 판정기한 연장을 할 수 없다고 본 사례로는 Greenberg 외, 387면 각주 41 참조.

[757] Born(IA), 300면 참조.

의 기한에 대하여 신중을 기하는 것이 바람직하다.

5.107 당사자들이 중재계약에서 중재판정의 기한을 약정하기도 하는데, 그 경우 중재판정의 기한을 준수하지 못할 특수한 사정이 있음에도 일방 당사자가 기한 연장에 합의를 해주지 않아서 문제가 생기기도 한다. 이러한 경우를 대비하여 중재판정부나 법원에 중재판정 기한의 연장에 관한 권한을 부여하는 국가도 있는데, 예컨대, 영국 중재법은 당사자들이 달리 합의하지 않는 한 중재판정부 또는 일방 당사자가 언제든지, 심지어 중재판정 기한이 지난 시점에서도 법원에 중재판정의 기한 연장 결정을 구할 수 있도록 하고 있다.[758]

나. 중재판정의 작성 및 심사(scrutiny)

5.108 중재판정의 내용이 중재판정부의 평의(deliberation)를 걸쳐 확정되면 단독 중재인 또는 의장중재인의 주도로 중재판정문 초안이 작성되고, 그 초안은 중재기관의 일정한 검토 과정을 거치는 경우가 많다.[759] 특히 ICC 중재규칙의 경우 판정부가 초안을 잡은 중재판정문은 반드시 ICC 중재법원의 검토(scrutiny) 과정을 거치도록 명시적으로 규정하고 있다. 이는 ICC 중재법원이 중재판정의 내용에 간섭하는 것이 아니라 중재판정의 형식이나, 판정문이 다루어야 할 모든 쟁점을 다루고 있는지, 오타나 산술적인 잘못은 없는지 등을 검토함으로써 중재판정문의 신뢰성을 높이기 위한 절차로 설명되고 있지만, 실무상 이러한 공식적 검토절차에 수개월이 소요됨으로써 중재판정의 지연의 한 요인이 된다는 비판도 없지 않다. 한편, ICC 중재규칙의 경우 당사자들이 중재판정이 내려지는 시기를 어느 정도 예상할 수 있도록, 중재판정부가 중재심리를 종결하는 선언을 할 때 언제 중재판정문 초안을 ICC 중재법원에 제출할 예정인지를 사전에 통지하도록 규정하고 있다.[760]

5.109 이러한 과정을 거쳐 중재판정문이 최종안으로 완성되고 그 후 중재인의 서명을 거쳐 최종적으로 당사자에게 송달됨으로써 중재의 내부적 절차는 일단락된다.

---

758 영국 중재법 제50조 참조. 그 밖에도 영국 중재법은 법원이 중재판정 제기 시한(제12조) 또는 기타 중재절차 관련 각종 기한(제79조) 등을 연장할 수 있는 권한을 가진다.

759 ICC 중재규칙 제33조; SIAC 중재규칙 제32조 제3항 등 참조.

760 ICC 중재규칙 제27조 참조.

중재비용에 대한 부담에 관한 판정은 본안에 대한 판정에 함께 포함되는 경우가 많지만 중재판정부에 따라 비용에 관한 판정(cost award)을 따로 내리기도 한다.

다. 중재절차의 종료

(1) 중재절차의 종료사유

5.110 이와 같이 최종중재판정에 의하여 중재절차는 종료되며,[761] 그에 따라 중재판정문의 오기 등을 정정하는 것과 같은 일정한 예외적인 상황을 제외하고서는 중재인의 임무와 권한 역시 소멸하게 된다(이른바 "functus officio").[762]

5.111 그러나 최종중재판정 이외에도 다양한 경우에 중재절차가 종료될 수 있는데, 이와 관련하여 모범중재법은 신청인이 청구서면(statement of claim)을 제출하지 않은 경우,[763] 신청인이 그 신청을 철회하는 경우,[764] 당사자들이 중재절차의 종료를 합의하는 경우,[765] 중재판정부가 그 밖의 사유로 중재절차를 속행하는 것이 불필요하거나 불가능하다고 인정하는 경우[766] 등에는 중재판정부가 중재절차를 종료하여야 한다고 규정하고 있다.

(2) 중재신청의 철회 및 신청인의 해태(default) 등

5.112 중재를 제기한 신청인이 중재신청을 도중에 철회할 수 있는가 하는 문제는 실무상 당사자들이 중재에 불참하는 경우, 즉, default proceeding의 한 측면에서 논의가 된다. 이에 대하여는 당사자가 합의한 중재규칙의 규정을 우선적으로 살펴보아야 할 것이고, 중재규칙이 특별히 정함이 없는 경우에 중재지의 중재법에 따라 처리가 되어야 할 것인데,[767] 이는 각 중재절차의 단계와 상황에 따라 다른 취

---

761 모범중재법 제32조 제1항 참조.

762 모범중재법 제32조 제3항 등 참조.

763 모범중재법 제25조 제a호 등 참조.

764 모범중재법 제32조 제2항 제a호 참조.

765 모범중재법 제32조 제2항 제b호 참조.

766 모범중재법 제32조 제2항 제c호 참조.

767 중재규칙 등 당사자의 합의 사항에 대한 별도의 설명이 없이 바로 중재법에 기초하여 이 문제를 설명하기도 하나[김갑유(대표집필), 196면 참조], 이 문제 역시 다른 중재절차에 관한 쟁점과 마찬가지로 당사자의 사적 자치에 의한 합의, 즉, 중재규칙의 내용에 따라 먼저 따져보아야 한다.

급이 가능하다.

5.113 우선, 신청인이 중재절차의 시작 단계에서 신청취지와 신청원인을 밝히지 않는 경우에는 현실적으로 중재판정부로서는 중재절차를 계속 진행할 수 없을 것이므로 중재절차의 종료를 선언할 수밖에 없을 것이다. 이와 관련하여, UNCITRAL 중재규칙은 신청인이 중재를 제기한 이후 자신의 청구를 설명하지 않을 때 중재판정부는 중재절차의 종료를 선언하여야 하는 것으로 규정하고 있다.[768] 모범중재법 역시 신청인이 신청취지와 신청이유가 담긴 청구서면(statement of claim)을 제출하지 않은 경우에는 중재판정부가 중재절차를 종료할 수 있도록 규정하고 있음은 앞서 본 바와 같다.

5.114 다음으로, 신청인이 중재절차 도중에 중재신청을 일방적으로 철회하면서 중재절차에 참여하지 않는 경우에 대하여는,[769] 중재규칙에 따라 그 취급례가 조금씩 다르다. 즉, KCAB 국제중재규칙과 같이 중재신청의 철회의 요건에 관하여 자세한 규정을 두는 경우가 있는가 하면,[770] ICC 중재규칙과 같이 중재신청의 철회에 대하여는 별도의 규정을 두지 않은 한편, 다만, 당사자들이 중재비용을 예납하지 않을 경우에 중재판정부로 하여금 중재절차의 종료를 선언하게 할 수 있도록 하는 규정을 두는 경우도 있다.[771] 다만, ICC 중재규칙은 당사자 일방의 신청 철회 등으로 중재절차가 종료될 경우에도 상대방 당사자는 그 때까지 발생한 법률 비용 등 중재비용을 상대방이 부담하도록 하는 결정을 중재판정부 또는 중재법원에 신청할 수 있도록 규정하고 있다.[772]

5.115 중재규칙에 따라서는 중재절차의 종료에 관하여 매우 포괄적인 규정을 두는 경

---

[768] UNCITRAL 중재규칙 제30조 제1항 참조. 다만, 동조 제2항은 당사자가 심리기일에 아무런 이유 없이 출석하지 않더라도 중재판정부는 중재절차를 계속 진행할 수 있다고 규정하고 있다.

[769] 피신청인이 신청인의 중재신청에 불응하고 절차에 참여하지 않더라도 중재절차는 계속된다(본장 Ⅲ. 2. 마. 참조). 한편, 피신청인이 반대신청을 한 상태에서 신청인이 중재절차에 참여를 하지 않는 경우 그 반대신청에 관하여는 중재절차가 계속될 것이다.

[770] KCAB 국제중재규칙은 중재판정부 구성 전과 후를 구분하여, 중재판정부 구성 전의 경우에는 피신청인이 답변서를 제출하지 않은 이상 피신청인의 동의 없이 자유롭게 신청의 철회를 허용하되, 중재판정부가 구성된 이후에는 피신청인이 철회에 동의하지 아니하고 중재판정부가 피신청인에게 분쟁의 최종적 해결을 구할 정당한 이익이 있다고 인정되는 경우에는 철회를 허용하지 않을 수 있도록 규정하고 있다(KCAB 국제중재규칙 제34조 참조).

[771] ICC 중재규칙 제36조 제6항; LCIA 중재규칙 제24조 제6항 등 참조.

[772] ICC 중재규칙 제37조 제6항 참조.

우도 있는데, 예컨대, ICDR 중재규칙의 경우 중재절차의 계속적 진행이 불필요하거나 불가능한 경우에는 중재판정부가 당사자에게 절차 종료 예정 사실을 통보하고, 당사자들로부터 정당한 이의가 제기되지 않는 경우에는 중재절차를 종료하도록 규정하고 있다.[773]

5.116 모범중재법은 신청인의 일방적인 중재신청 철회에 대하여 피신청인이 이의를 제기하고 중재판정부가 피신청인에게 중재절차의 진행을 통해 분쟁의 최종적 해결을 구할 적법한 이익이 있다고 인정할 때에는 그러한 중재신청 철회를 인정하지 않고 중재절차를 계속 진행할 수 있도록 규정하는 외에,[774] 중재판정부가 기타 사유로 중재절차를 속행하는 것이 불필요하거나 불가능하다고 인정하는 경우에도 중재절차의 종료를 명할 수 있다는 포괄적 규정까지 두고 있다.

Ⅳ. 중재절차와 관련된 여러 쟁점들

1. 복수의 청구와 병합

가. 개념의 정리

5.117 양 당사자 사이에서 다수의 계약(multiple contracts)이 체결된 경우 또는 3인 이상의 복수의 당사자들(multi-parties) 사이에서 하나 또는 그 이상의 계약이 체결된 경우 관련 계약 또는 관련 당사자들 사이의 여러 가지 청구들을 한꺼번에 묶어서 동일한 중재절차로 진행할 수 있다면 매우 효율적일 것이다. 소송의 경우 이와 같은 복수의 청구들을 처음부터 묶어서 소를 제기하는 청구의 객관적 혹은 주관적 병합이 폭넓게 인정되지만, 개별 계약에 담긴 중재조항을 기초로 하여 이루어지는 중재절차의 경우는 사정이 조금 다르다.

5.118 물론, 하나의 계약에 기초를 두고 있는 경우라면, 그 계약에서 발생한 복수의 청구를 묶어서 한꺼번에 청구하거나 또는 당사자들이 3인 이상인 경우 신청인 또는 피신청인을 복수로 하여 중재신청을 하는 것이 중재라고 해서 특별히 문제가 될 것은 없다. 그러나 당사자들이 동일하더라도 각기 다른 계약들에서 발생하는 복수의 청구를 하나로 묶거나 또는 당사자들이 다른 다양한 계약들에서 발생하는

---

773 ICDR 중재규칙 제32조 제3항 참조.

774 모범중재법 제32조 제2항 제a호; 우리 중재법 제33조 제2항 제1호 등 참조.

청구들을 한꺼번에 묶는 것은 계약 단위로 진행되는 중재절차의 본질상 일정한 제약이 따를 수밖에 없다.

5.119 한편, 국제중재의 실무에서는 이미 시작된 다수의 중재사건을 하나의 중재절차로 묶는 것을 병합(consolidation)이라고 하고,[775] 이미 제기된 중재절차에 새로운 당사자를 추가로 끌어들이는 것을 인입(joinder)이라고 한다.[776] 소송의 경우는 관련성이 있는 여러 당사자들 사이에 계속된 소송을 변론의 병합이나 병행심리의 방법으로 동일한 재판부에 의하여 한꺼번에 재판을 진행하는 것이 비교적 용이하고 경우에 따라서는 당사자 참가도 보다 유연성 있게 허용된다. 반면에, 어디까지나 당사자들의 개별적인 중재합의에 기초를 두고 있을 뿐만 아니라 비밀보호의 필요성까지 강조되는 중재절차의 경우는 각기 당사자들을 달리하는 여러 중재절차의 병합, 제3자의 중재절차 인입 등이 결코 소송과 같이 폭넓게 인정되기 어려운 내재적인 제약이 있다.

5.120 일부 국가의 경우 중재법상 당사자의 합의가 없어도 중재절차의 병합을 신청할 수 있는 권한이 당사자에게 부여되기도 하지만,[777] 당사자의 개별적인 중재합의를 기초로 하고 있는 중재절차에서 당사자의 의사와 무관하게, 심지어 그 의사에 반하여 병합을 허용하는 것은 뉴욕협약 위반의 문제를 야기할 수도 있다.[778] 그러나 중재절차의 병합, 추가 당사자 인입 등의 절차는 당사자들의 사적 자치에 의한 합의의 범위 내에서는 얼마든지 그 정당성을 인정받을 수 있으므로,[779] 최근 이러한 맥락에서 중재절차의 병합이나, 인입 등의 절차에 관하여 비교적 자세한 규정을 두는 중재규칙들이 점점 많아지고 있다.[780]

---

775 병합(consolidation)의 경우 별개로 제기된 두 개의 중재절차를 하나로 묶는 것이므로, 애당초 하나의 중재절차에서 다수당사자에 의한 또는 다수당사자를 상대로 한 청구를 하는 경우 또는 다수의 계약상의 청구를 묶어서 한꺼번에 청구하는 경우와는 개념이 구분된다.

776 인입과는 반대로 이미 진행 중인 중재절차에 제3자가 스스로 당사자로 참여하는 것을 참가(intervention)라고 한다.

777 네덜란드 민사소송법 제1046조 제1항; 홍콩 중재법 Schedule 2, 2(1) 등 참조.

778 PT First Media TSK (formerly known as PT Broadband Multimedia TBK) v. Astro Nusantara International BV and others and another appeal (2013) SGCA 57 참조.

779 당사자들이 관련 중재를 병합하기를 원한다면 다수계약에서 중재합의를 할 단계에서 이 점을 염두에 두고 절차의 병합에 대한 조항을 잘 만들어 두는 것이 바람직하며(Greenberg 외, 175면 참조), 필요한 경우 이러한 조항을 잘 구비하고 있는 중재규칙을 선택하는 것도 한 방법이 될 수 있다.

780 ICC 중재규칙 제7조, 제10조; SCIA 국제중재규칙 제4조 제1항; JCAA 중재규칙 제53조; KCAB

다만, 이러한 다수의 계약 또는 다수당사자 중재에 관한 중재규칙의 규정들은 그 내용이 조금씩 상이하므로 해당 중재규칙에 대한 면밀한 조사가 요구된다.[781] 이하에서는 다수당사자 중재를 상당히 폭넓게 인정하고 있다고 평가되는 ICC 중재규칙을 중심으로 다수의 계약, 다수당사자, 인입, 병합 등의 절차에 대하여 간략히 살펴보고자 한다. 5.121

나. 다수의 계약(multiple contracts)

ICC 중재규칙은 복수의 청구가 다수의 중재합의에 기초할 경우에는 (i) 각 계약의 중재조항이 서로 양립이 가능한 경우로서, (ii) 당사자들이 그러한 복수의 청구를 단일한 중재절차에 의하여 진행하기로 합의하였다고 볼 여지가 있는 경우에는 이를 허용하지만, 그러한 요건이 충족되지 않을 경우 중재법원이 아예 중재판정부 구성에 나아가지 아니하고 중재신청을 기각할 수 있도록 규정하고 있다.[782] 5.122

이 경우 각 계약의 중재조항들이 서로 양립 가능한지 여부를 판단함에 있어서는 반드시 중재조항이 동일할 필요는 없지만, 중재지나 중재언어, 중재인의 수가 다른 경우에는 특단의 사정이 없는 한 양립이 불가능하다고 판단될 것이다. 또한, 어느 한 중재합의는 중재지, 중재인의 수 등을 명시하고 있는데, 다른 중재합의는 그에 대한 명시적인 언급이 없을 경우 ICC 중재규칙에 따라 중재지나 중재인의 수를 일치시킬 수 없다면 양립 가능성을 인정받지 못할 수도 있다. 물론 중재인은 청구별로 준거법을 달리 적용할 수도 있으므로 각각의 계약의 실체의 준거 5.123

국제중재규칙 제21조, 제22조, 제23조; SIAC 중재규칙 제6조, 제7조, 제8조; ICDR 중재규칙 제7조, 제8조 등 참조.

[781] 예컨대, 당사자 인입(joinder)의 경우, 인입되는 제3자의 동의가 없어도 제3자를 강제로 중재절차에 끌어들일 수 있도록 하는 경우가 있는가 하면(ICC 중재규칙 제7조 제1항; HKIAC 중재규칙 제27조 등 참조), 제3자의 동의가 없이는 그러한 인입을 허용하지 않는 경우도 있다[LCIA 중재규칙 제22조 제1항 (viii); KCAB 국제중재규칙 제21조 제1항 등 참조]. 한편, SIAC 중재규칙은 제3자가 일응(prima facie) 중재합의의 당사자로 보이는 경우 중재법원의 원장(President) 또는 중재판정부는 제3자의 동의가 없어도 당사자 일방의 신청에 따라 제3자의 인입(joinder)을 명할 수 있다는 점이 특이하다(SIAC 중재규칙 제7조 제1항 a 및 제7조 제8항 a 참조).

[782] ICC 중재규칙 제9조 및 제6조 제4항 (ii) 참조. 이에 관하여는 제3장 Ⅶ. 1. 나. 참조. 참고로, KCAB 국제중재규칙 역시 양립 가능한 중재합의가 있는 경우에는 다수의 계약에서 발생한 여러 청구들을 묶어서 중재신청을 할 수 있는 것으로 하면서도, 사무국이 이를 불허할 수 있도록 규정하고 있는데, 그 경우에도 당사자가 나중에 중재판정부에 중재사건의 병합(consolidation) 신청을 할 수는 있다(KCAB 국제중재규칙 제22조 참조).

법이 서로 다른 경우라고 하더라도 중재합의는 양립이 가능하다고 인정될 수 있을 것이나, 다수의 중재합의에 절차적으로 양립이 불가능한 내용이 있는 경우에는 양립 가능성을 인정받기 어려울 가능성이 많다.[783]

5.124 이러한 중재합의의 양립 가능성 문제와 별도로 당사자들이 그러한 복수의 청구를 단일한 중재절차에 의하여 진행하기로 합의하였다고 볼 여지가 있는지 여부도 문제가 되는데, ICC 중재법원은 중재합의의 당사자의 동일성, 경제적 거래 관계 또는 법률관계의 동일성 등 여러 가지 사정을 종합적으로 고려하여 재량에 의해 이 점을 판단하게 된다.[784]

다. 다수당사자(multi-parties)

5.125 3인 이상의 다수당사자들 사이의 청구를 동일한 중재절차에서 해결하기 위해서는 관련 당사자들 전부에 대하여 기속력이 미치는 중재합의가 존재하여야 함은 물론이다.[785] 그리고, 3인 이상의 당사자들의 청구가 2개 이상의 중재합의에 기초하는 경우에는, 위에서 본 바와 같이 (i) 각 계약의 중재조항이 서로 양립이 가능한 경우로서, (ii) 당사자들이 그러한 복수의 청구를 단일한 중재절차에 의하여 진행하기로 합의하였다고 볼 여지가 있는 경우이어야 한다.

라. 당사자의 인입(joinder)

5.126 ICC 중재규칙은 추가 당사자의 인입에 대하여도 규정을 두고 있는데, 특히 2012년 개정 ICC 중재규칙에 의하면 종전과 달리 신청인뿐만 아니라 피신청인도 관련된 제3의 당사자를 추가로 중재절차에 끌어 들이는 인입(joinder) 신청을 할 수가 있고,[786] 그러한 인입 신청에 대하여 중재법원의 사전 허락을 받을 필요도 없게 되었다. 이러한 인입 신청은 사실상 중재신청을 추가하는 의미를 가지므로 인

---

783 Fry/Greenberg/Mazza, 81면 참조.

784 Fry/Greenberg/Mazza, 82면 이하 참조.

785 ICC 중재규칙 제6조 제4항 (i) 참조.

786 ICC 중재규칙은 당사자가 아닌 제3자에 의한 참가(intervention)에 대하여는 규정하고 있지 않으며, 설사 제3자가 그와 같은 요청을 한다고 하더라도 비밀유지의무를 부담하고 있는 ICC 사무국으로서는 심지어 중재절차가 진행 중이라는 점에 대하여도 확인할 수 없는 입장이므로 제3자에 의한 중재 참가는 현실적으로 이루어지기가 어렵다. 반면에 제3자가 중재절차에 참가를 신청할 수 있도록 하는 중재규칙도 있다(HKIAC 중재규칙 제27조 제6항; SIAC 중재규칙 제7조 제1항 등 참조).

입 신청을 하는 경우 그 신청서에는 중재신청서에 기재되어야 할 일정한 정보들이 담겨 있어야 한다.[787]

5.127 다만, 그 경우 앞서 본 바와 같은 다수당사자 중재의 요건을 갖추고 있어야 함은 물론, 서로 다른 중재조항에 기초한 복수의 청구가 있는 경우에는 그와 관련하여 요구되는 요건도 갖추어야 한다.[788] 그리고 무엇보다도 이러한 인입 신청으로 인한 절차의 지연 등을 방지하기 위하여, 인입 신청은 중재판정부의 구성 이후에는 달리 당사자들이 합의하지 않는 한 이루어질 수 없으며, 사무국이 인입 신청의 기한을 정한 경우에는 그 기간도 준수가 되어야 한다.[789]

마. 중재절차의 병합(consolidation)

5.128 중재절차의 병합과 관련하여 ICC 중재규칙은 (ⅰ) 당사자들이 병합에 동의한 경우는 물론, (ⅱ) 중재의 모든 청구가 동일한 중재합의에 기초를 두고 있는 경우, 그리고 (ⅲ) 청구가 복수의 중재합의에 기초를 두고 있더라도, 중재의 당사자가 동일하고 분쟁이 동일한 법률관계와 관련하여 발생하였으며[790] 복수의 중재합의가 서로 양립이 가능한 것으로 판단되는 경우 등에는 당사자의 신청에 의하여 중재법원이 중재절차의 병합 여부를 판단할 수 있다고 규정하고 있다.[791]

5.129 중재절차의 병합에 대한 판단은 ICC 중재법원의 재량사항으로서, 중재법원은 병합의 적합성을 판단함에 있어서 각각의 중재절차에서의 중재인 선정 상황 등 여러 가지 사정을 종합적으로 감안하며, 만약 각 중재절차에서 중재판정부 구성이 다른 중재인을 구성원으로 하여 확정된 상황이라면 특단의 사정이 없는 한 중재

---

787 ICC 중재규칙 제7조 제2항 참조.

788 ICC 중재규칙 제6조 제3항 및 제4항 등 참조.

789 ICC 중재규칙 제7조 제1항 참조. 실무상 대체로 답변서 제출시점까지는 인입 신청이 이루어져야 할 것이다.

790 실무상 동일한 법률관계는 동일한 경제적 거래를 의미하는 것으로 이해되고 있는데, ICC 중재법원은 두 개의 호텔 건설 프로젝트와 관련된 계약상 중재조항 등 계약 조건이 거의 동일하였음에도 건설 현장이 서로 다른 지역이라는 이유로 동일한 경제적 거래에서 발생한 청구가 아니라고 판단한 다음 병합을 거절한 사례가 있다(Fry/Greenberg/Mazza, 114면 이하 참조).

791 ICC 중재규칙 제10조 참조. 참고로, SIAC 중재규칙은 그 외에도 주된 계약과 부수적 계약의 관계에 있는 계약들에서 발생한 분쟁들이나 같은 거래 또는 일련의 거래(series of transaction)로부터 발생한 분쟁들의 경우도 병합이 가능한 것으로 규정하고 있다(SIAC 중재규칙 제8조 제1항 c 참조).

절차의 병합은 어려울 것이다.[792]

2. 임시적 처분, 사전명령, 긴급중재인

가. 임시적 처분(interim measure)

(1) 임시적 처분의 의미

5.130 임시적 처분(interim measure)은 중재판정부가 최종적인 중재판정을 내리기 이전에 중재절차에서 내리는 다양한 잠정적(provisional) 처분을 말하는데, 구체적으로 어떠한 조치가 이에 해당하는지에 대하여는 의견이 반드시 일치되지는 않는다. 일반적으로 계쟁물 또는 상대방의 책임 재산에 대한 가압류·가처분은 물론 임시의 지위를 정하는 가처분도 이에 포함되며, 심지어 중재비용을 위한 담보 제공명령 등과 같은 처분도 임시적 처분의 일환으로 논의되기도 한다.[793]

5.131 이처럼 임시적 처분에 관하여 구체적인 정의를 내리는 것이 까다로운 관계로 인해 아예 임시적 처분을 유형별로 구분하여 법에 명시하는 경우도 있는데, 2006년 개정 모범중재법 제17조 제2항은 (ⅰ) 현상(status quo)의 유지, (ⅱ) 중재절차 자체에 현저하고 급박한 위험이나 영향을 미치는 행위의 방지 또는 중단, (ⅲ) 중재판정 집행의 보전, (ⅳ) 분쟁의 해결에 중대한 영향을 미치는 관련 증거의 보전 등으로 임시적 처분의 유형을 명시하고 있다.[794] 종래 1985년 모범중재법은 중재판정부의 임시적 처분의 대상을 '분쟁의 대상(subject matter of the dispute)'에 관한 것으로 한정하고 있었으므로[795] '분쟁의 대상'의 의미를 좁게 해석할 경우 임시적 처분의 범위는 제한될 우려가 있었으나, 2006년 개정 모범중재법은 그러한 표현을 삭제함으로써 임시적 처분의 범위를 확대하였다. 그 가운데서 특히 "중재

---

792 Fry/Greenberg/Mazza, 114면 참조. KCAB 국제중재규칙의 경우, 기존의 중재절차의 당사자들과 동일한 당사자들 사이에 KCAB 국제중재규칙에 따른 별개의 새로운 중재신청이 있는 경우에 한하여, 새로운 중재사건에서 중재판정부가 구성되기 이전까지 선행 중재사건의 중재판정부가 일방 당사자의 신청에 의해 새로운 중재사건의 병합을 결정할 수 있도록 하는 한편(KCAB 중재규칙 제23조 제1항 참조), 중재판정부가 청구의 병합 여부를 결정함에 있어서는 당사자들에게 의견을 진술할 합리적인 기회를 주어야 하고 중재합의, 분쟁의 성격 그리고 기타 관련 상황을 고려하여야 한다고 규정하고 있다(KCAB 국제중재규칙 제23조 제2항 참조).

793 LCIA 중재규칙 제25조 제2항 참조.

794 우리 개정 중재법 제18조 제2항 및 KCAB 국제중재규칙 제32조 제1항도 위 모범중재법 제17조 제2항과 유사한 보전 및 임시적 조치의 유형을 열거하고 있다.

795 1985년 모범중재법 제17조 참조.

절차 자체에 영향을 미치는 행위를 방지하는 임시적 처분"과 관련하여서는 중재합의의 당사자들이 중재합의를 위반하여 법원에 제소하는 행위를 금지하는 제소금지명령(anti-suit injunction)도 포함되는 것으로 해석된다.[796]

(2) 임시적 처분의 근거

5.132 우선 법률상 특별한 근거가 없다고 하더라도 임시적 처분의 중재절차에 관한 것이라고 볼 때 중재절차의 1차적 준거가 되는 당사자의 합의의 일부를 구성하는 중재규칙에서 이러한 중재판정부의 임시적 처분을 허용하는지 여부가 관건인데, 많은 중재기관의 중재규칙은 중재판정부에 대하여 임시적 처분을 내릴 수 있는 권한을 부여하고 있다.[797] 예컨대, 2010년 개정 UNCITRAL 중재규칙은 현상의 유지, 당사자에 급박한 손해를 끼치는 행위의 금지, 중재판정의 집행을 담보하는 자산의 보존 등을 포함한 광범위한 임시적 처분 발령 권한을 부여하고 있다.

5.133 다만, 실무상 중재지법에 중재판정부의 임시적 처분에 관한 권한을 배제하고 있는 경우에는 중재판정부가 임시적 처분의 발령을 꺼리는 경우가 많고, 실제로 임시적 처분은 국가 법원에 전속하는 영역으로 보아 중재판정부가 중재판정에 앞서 임시적 처분을 발령하는 것을 금지하는 국가도 없지는 않다.[798] 그러나 많은 국가의 중재법은 중재판정부에게 각종의 임시적 처분을 발령할 수 있는 권한을 부여하고 있는데,[799] 앞서 본 모범중재법 역시 당사자가 달리 합의하지 않는 한 중재판정부는 잠정처분을 내릴 권한이 있음을 분명히 하고 있다. 또한, 미국의 경우는 연방 중재법이 잠정처분에 대하여 특별한 규정을 두고 있지는 않지만 판례상 당사자가 달리 명시하지 않는 한 중재판정부의 잠정처분 권한은 묵시적으

---

[796] 2006년 모범중재법 개정 과정에서 찬반양론이 있었으나, 결국 제17조 제2항 (b)를 통하여 중재판정부의 소송금지명령권을 인정하는 것으로 결론을 내렸다. 법원에 의한 소송금지명령에 대하여는 제3장 Ⅵ. 3. 나. 참조.

[797] ICC 중재규칙 제28조 제1항; LCIA 중재규칙 제25조 제1항 (iii) 등 참조.

[798] 중국, 이탈리아, 아르헨티나 등의 경우 법률상 잠정처분은 중재판정부가 아닌 법원의 권한으로 규정되어 있다[Born(ICA), 1951면 이하 참조].

[799] 영국 중재법 제38조; 싱가포르 국제중재법 제12조 제1항 (ⅰ); 우리 중재법 제18조 등 참조. 다만 영국 중재법은 금전이나 재산에 대한 임시적 처분을 명할 중재판정부의 권한은 당사자들이 합의한 중재규칙에 중재판정부의 임시적 처분권을 규정하고 있는 경우 등 중재 당사자들이 중재판정부에게 그와 같은 권한을 주는 것으로 합의한 경우에 한하여 부여된다(영국 중재법 제39조 제4항).

로 인정되는 것으로 해석되고 있다.[800]

(3) 임시적 처분의 요건

5.134 모범중재법을 포함한 대개의 중재법이나 중재규칙은 판정부의 임시적 처분 발령의 요건에 대하여 자세하게 규정하고 있지는 않다. 그러나 실무상 대부분의 중재판정부는 소송의 경우에 준하여 그러한 임시적 조치를 구하는 당사자에게 회복하기 어려운(irreparable) 또는 심각한(serious) 피해를 면하기 위한 급박한(urgent) 사정이 있는지 등 임시적 처분의 필요성에 대하여 면밀히 심사하며, 그 밖에 경우에 따라서는 명확한 피보전권리가 있는지를 따져보기도 한다. 우리 중재법 제18조의2는 임시적 처분의 요건을 구체적으로 규정하였다. 실무상 이러한 임시적 처분이 쟁점이 되는 경우 대체로 신청인과 피신청인이 본안의 내용에 관한 치열한 공방과 함께 소위 "mini-hearing"으로 사건이 번지게 되고 그 과정에서 적지 않은 비용이 발생할 뿐더러 절차도 상당히 지연되는 경우가 많다는 점에서 임시적 처분을 신청하는 입장에서는 매우 신중한 판단과 선택이 요구된다.

5.135 중재판정부의 경우에도 당사자의 신청이 있다고 하더라도 이러한 임시적 처분을 함부로 발령할 것은 아니고 신청인과 피신청인 등 관련 당사자의 이익과 손해의 균형, 승소가능성 등을 종합적으로 고려하는 신중한 접근을 하여야 한다.[801] 특히 부당한 보전처분으로 인하여 피해를 입은 당사자가 상대방이나 심지어 중재판정부를 상대로 손해배상을 청구해올 수도 있다는 점도 고려되어야 하는데,[802] 실무상 이러한 임시적 처분은 대체로 그와 같은 부당한 처분으로 인한 피해를 보전할 수 있도록 신청인이 일정한 담보를 제공하는 것을 조건으로 하여 발령된다.[803]

(4) 임시적 처분의 집행

5.136 중재판정부가 내리는 임시적 처분에 당사자가 불응할 경우에는 중재판정부는 불응한 당사자에 대하여 중재절차에서 자신에게 부여된 각종 재량권, 예컨대, 중재

800 Born(ICA), 1951면 이하 참조.

801 모범중재법 제17조 A 제1항; 우리 개정 중재법 제18조의2 제1항, 제2항 참조.

802 모범중재법 제17조 G; 우리 개정 중재법 제18조의6 참조.

803 우리 개정 중재법 제18조의4도 중재판정부는 임시적 처분을 신청하는 당사자에게 상당한 담보의 제공을 명할 수 있다고 규정하였다.

절차에서 발생하는 비용 부담에 대한 판정(cost award)과 관련하여 자신에게 부여된 재량 행사 등에 있어서 위와 같이 임시적 처분에 불응한 당사자에게 불이익을 줄 수도 있다.[804] 이러한 불이익에도 불구하고 당사자가 자발적으로 임시적 처분을 이행하지 않을 경우 또는 임시적 처분이 제3자의 협조를 전제로 하는 경우 등에는 이를 강제하기 위해 법원에 그 집행을 요구하는 절차가 필요하게 된다.

5.137 임시적 처분을 법원을 통해 집행하는 것과 관련하여서는 종래 중재판정의 집행과 같은 절차를 통해 중재판정부의 임시적 처분의 집행이 가능하다는 입장이 없지는 않다. 예컨대, 미국의 경우 반대의 판례가 전혀 없지는 않지만, 임시적 처분이 일부중재판정(partial award)의 형태로 내려지거나, 또는 비록 판정의 형태로 내려지지 않았더라도, 또한 그것이 일정한 기간 동안에만 잠정적인 효과를 가지는 것이라도 그 기간 동안에는 종국적인(final) 효력을 가지는 경우에는 이를 중재판정의 집행 절차를 통해 집행될 수 있다고 본 판례들이 많다.[805] 그러나 임시적 처분이 종국성을 가지는 중재판정에 해당하는지 여부에 대하여는 여전히 논란이 적지 않다.[806]

5.138 이에 2006년 개정 모범중재법은 중재판정부의 임시적 처분이 판정(award)의 형태로 내려진 것인지 결정(order)의 형식을 취하는 것인지를 불문하고 중재판정 집행 절차와 유사하게 법원의 집행판결을 통해 집행이 될 수 있는 길을 열어 놓고 있다.[807] 특히 2006년 개정 모범중재법 제17조 H 제1항은 임시적 처분에 관하여는 영토주의의 관념에서 탈피하여 중재지가 외국인 경우에도 뉴욕협약에 따른 외국중재판정 집행 절차와 유사한 절차를 통해 집행이 가능한 것으로 규정하고 있는데, 이러한 모범중재법이 각국에 의하여 채택될 경우 임시적 처분의 집행에 관하여 전 세계적으로 통일된 절차의 운용이 가능하게 될 것이다.

5.139 실제로, 뉴질랜드, 페루, 슬로베니아 등 몇 국가에서는 이러한 2006년 모범중재법

---

804 영국 중재법 제41조 제7항 참조.

805 Moses, 112면 참조.

806 1985년 모범중재법을 기초로 한 우리 구 중재법 하에서의 해석론을 보면 임시적 처분은 결정의 형식으로 하는바, 법원에서 집행 판결을 받을 수 있는 대상은 중재판정에 한하므로 (중재법 제37조) 임시적 처분은 법원의 집행판결을 받을 수 없다고 보는 부정설이 다수로 보인다(목영준, 188면; 석광현 443면 등 참조).

807 모범중재법 제17조 H 제1항 참조.

을 채택한 바 있고,[808] 독일[809]이나 홍콩[810] 등 일부 국가의 경우 비록 그대로는 아니더라도 중재지가 외국인 중재절차에서 내려진 임시적 처분에 대하여도 모범중재법과 유사한 방식으로 자국 내에서의 집행을 허용한다. 다만, 이러한 경향이 아직 국제적으로 보편적인 것으로 보기는 어렵다. 예컨대, 싱가포르의 경우는 중재지가 자국인 경우에 한하여 중재판정부의 임시적 처분에 대하여 집행을 허용하고 있고,[811] 우리나라의 경우도 최근 중재법을 개정하여 모범중재법의 내용을 대부분 채택하면서도 집행에 관하여는 싱가포르와 같이 중재지가 국내인 경우에 한하여 그 집행을 허용하는 것으로 하였다.[812]

5.140 한편, 2006년 개정 모범중재법은 중재판정부가 내린 임시적 처분에 대하여 법원이 집행을 거부하기 위해서는 중재판정의 집행 거부 사유에 준하는 엄격한 사정을 요구하며,[813] 집행 법원은 설령 중재판정부가 임시적 처분에 대하여 담보를 요구하지 않았다고 하더라도 집행의 단계에서 별도로 담보 제공을 요구할 수도 있는 것으로 규정하고 있다.[814]

나. 사전명령(preliminary order)

5.141 2006년 개정 모범중재법은 위와 같이 당사자 쌍방의 공방이 허용되는 임시적 처분과 별도로 상대방이 임시적 처분의 신청 사실을 인지할 경우 그 임시적 처분의 실행을 방해할 염려가 있다고 인정되는 경우에는 당사자가 상대방에 대한 통지 없이 일방적으로(ex parte) 중재판정부에 사전명령(preliminary order)을 청구할 수 있다고 규정하였다.[815] 다만, 사전명령의 이러한 특수성을 감안하여 그 기간도 20

808 UNCITRAL Model Law Status, www.uncitral.org 참조.

809 독일 민사소송법 제1041조, 제1062조 등 참조. 참고로, 독일 민사소송법의 경우 부당한 임시적 처분에 따른 손해배상책임에 대하여 매우 자세한 규정을 두고 있다는 점이 다소 특이한데, 이는 2006년 모범중재법 제17조 G(비용 및 손해배상)의 기초가 되었다.

810 홍콩 중재법 제61조 참조.

811 싱가포르 국제중재법 제12조 제6항 참조.

812 우리 개정 중재법 제18조, 제2조 등 참조. 다만, 중재법 개정안 원안에서는 임시적 처분의 요건(개정안 제18조의2 제1항) 및 승인 및 집행 거부사유(개정안 제18조의8 제1항 가목)와 관련하여 "증명"이라는 용어를 사용하였으나, 국회 법제사법위원회 심사 과정에서 "증명"이라는 표현이 "소명"으로 변경 가결되었는데, 이는 보전처분의 경우 해당 요건에 대한 입증의 정도를 본안소송에서 요구되는 "증명"과 달리 "소명"으로 하고 있는 현행 민사소송법의 입장을 고려한 결과로 보인다.

813 모범중재법 제17조 I 제1항 참조.

814 모범중재법 제17조 H 제3항 참조.

815 모범중재법 제17조 B 참조.

일로 한정되고 사전명령 발령 이후 즉시 상대방에게 통지를 하여 이의제기를 할 수 있는 기회를 부여하도록 되어 있을 뿐만 아니라, 다른 임시적 처분과 달리 판정의 형식으로 발령할 수 없고 법원을 통해 집행할 수도 없도록 하고 있다.[816]

5.142 이러한 개정 모범중재법의 사전명령제도에 대하여는 찬반양론이 팽팽하게 존재한다. 찬성론자들은 사전명령제도의 기습적인 성격은 임시적 처분의 유효성 확보를 위해 필수적이며, 법원이 취할 수 있는 조치를 중재판정부라고 해서 못할 이유는 없을 뿐만 아니라, 오히려 이러한 사전명령 제도는 국가법원으로부터의 중재의 독립성을 증가시켜 국제중재의 유용성과 효율성을 증가시킨다고 주장한다. 그러나 반대론자들은 사전명령제도는 타방 당사자의 의견을 들어보지도 않고 분쟁의 본안에 대해 중재판정부가 사전판단을 하는 결과가 되어 적법절차(due process)의 원리에 반할 뿐만 아니라 소송과 달리 양 당사자의 합의에 기초하는 중재의 본질에도 반하는 것이라고 주장한다.

5.143 사전명령제도에 관한 이와 같은 견해의 대립을 반영이라도 하듯 뉴질랜드나 홍콩 등은 모범중재법의 사전명령제도를 입법에 반영하였으나, 싱가포르는 2009년에 국제상사중재법을 개정하면서 2006년 모범중재법의 사전명령제도를 도입하지는 않았다. 그 후 2010년 UNCITRAL 중재규칙의 개정 과정에서도 찬반양론이 계속 이어졌는데, 결국 반대론자들의 주장이 받아들여져 사전명령제도는 채택되지 않은 바 있다.[817] 우리 개정 중재법도 모범중재법의 임시적 처분에 관한 규정을 대부분 그대로 도입하면서도 집행력이 부여되지 않는 사전명령제도는 채택하지 아니하였다.

다. 긴급중재인(emergency arbitrator)

5.144 이상과 같이 중재판정부에게 각종의 임시적 처분을 발령할 수 있는 권한이 부여되고 있지만, 국제중재의 실무상 중재판정부가 구성되기까지는 몇 주 혹은 몇 달이 걸릴 수 있으므로, 중재판정부의 구성 이전에 중재의 당사자가 긴급한 조치가 필요한 경우에는 결국 법원에 대하여 보전처분을 구할 수밖에 없다. 그러나 이러

---

816 모범중재법 제17조 C 제5항 참조.

817 이준상, "UNCITRAL 중재규칙 개정작업의 현황과 전망," 국제규범의 현황과 전망, 2009(하), 166면 이하 참조.

한 경우 법원에 대하여 별도의 보전적 조치를 구하는 것은 시간과 비용이 많이 소요될 뿐만 아니라, 애당초 당사자들이 분쟁을 법원에 가져가는 것을 피하기 위하여 중재를 택하였다면 중재판정부 구성 이전에도 법원에 호소할 필요가 없이 중재절차 내에서 긴급한 보전처분이 가능하도록 제도를 마련하는 것이 당사자들의 의사와 편의에 부합하는 방향이라고 할 수 있다.

5.145 이러한 점을 고려하여 정식으로 중재판정부가 구성되기에 앞서 긴급한 보전처분이 요구되는 경우 중재기관이 별도로 이른바 '긴급중재인(emergency arbitrator)'을 선정하여[818] 보전적 조치를 내릴 수 있도록 하는 제도를 중재규칙에 도입하는 중재기관이 점점 늘고 있다.[819] 특히 ICC 중재규칙의 경우 심지어 당사자가 중재신청서를 접수하기 이전에도 이러한 긴급중재인 선정요청을 할 수 있도록 규정하고 있다.[820]

5.146 당사자들이 이러한 긴급중재인 제도를 두고 있는 중재기관의 중재규칙에 합의한 경우에는 별도의 추가 합의가 없어도 긴급중재인 제도를 자동적으로 이용할 수 있게 되겠지만, 대개의 중재규칙의 경우 경과규정에 따라 각 중재규칙의 개정 시점 이후에 중재합의가 이루어진 경우에만 긴급중재인 제도를 이용할 수 있는 것으로 규정하고 있으므로 주의를 요한다. 다만, SCC 중재규칙의 경우는 그 발효일인 2010. 1. 1. 이전에 중재합의가 이루어진 사건에도 소급 적용이 가능하다.[821]

5.147 긴급중재인은 신청일로부터 짧은 기간 내에 긴급명령을 내리게 되는데,[822] 위에서 본 사전명령제도의 경우와 같이 당사자 일방이 ex parte로 긴급명령을 구할

818 긴급중재인은 당사자들의 합의가 없는 한 나중에 선정되는 정식 중재판정부의 구성원이 될 수 없다(예컨대, ICC 중재규칙 부칙 5 제2조 제6항 참조).

819 ICC 중재규칙 제29조; ICDR 중재규칙 제6조; SCC 중재규칙 제32조; SIAC 중재규칙 제30조 제2항; WIPO 중재규칙 제49조; KCAB 국제중재규칙 제32조 제4항 등 참조. Netherlands Arbitration Institute(NAI) 중재규칙은 이른바 'Summary Arbitral Procedure'라고 해서 실질적으로 긴급중재인을 통한 보전처분이 가능하도록 하고 있으며(NAI Arbitration Rules Art. 42a ff 참조), LCIA 중재규칙의 경우는 긴급중재인 제도는 두고 있지 않는 반면 긴급한 처분이 필요한 경우 당사자의 신청에 의하여 중재판정부의 구성을 앞당기는 절차를 두고 있다.

820 ICC 중재규칙 제29조 제1항 참조.

821 SCC 중재규칙 전문에서는 "본 중재규칙을 적용하기로 합의한 중재합의에서 당사자가 달리 합의하지 않는 한, 당사자들은 중재개시일 또는 긴급중재인 신청시에 본 중재규칙을 적용하기로 한 것으로 간주한다"고 규정하고 있다.

822 ICC 중재규칙의 경우 신청 후 2일 내에 절차 일정이 확정되고(ICC 중재규칙 부칙 5 제5조 제1항) 3주 이내에 결정이 내려져야 하는 것으로 규정하고 있고, SIAC 중재규칙은 긴급중재인이 선정된 때로부터 14영업일 이내에 판정을 내려야 하는 것으로 규정하고 있다(SIAC 중재규칙 부속서 1 제9항).

수는 없다. 긴급중재인에 의한 결정은 SIAC 국제중재규칙 또는 SCC 중재규칙의 경우에는 판정(award)의 형식으로 내려지고, ICC 중재규칙의 경우는 명령(order)의 형식으로 내려지기도 하는데, 긴급중재인은 임시로 구성된 중재인이므로 추후에 정식으로 구성되는 중재판정부는 그들의 결정 내용에 구속되지 않고 이를 변경 또는 철회할 수 있다.

5.148 긴급중재인의 결정이 중재판정부의 임시적 조치 등과 마찬가지로 법원을 통해 집행이 될 수 있는지 여부는 현재로서는 불투명하고 이 부분은 각국의 입법적인 보완이 요구되는 부분이라고 할 수 있다.[823] 다만, 이러한 긴급중재인의 명령에 불응하는 것은 당사자들 사이의 계약 위반이 될 수 있을 뿐만 아니라 추후 구성되는 중재판정부에 의한 최종판정시 손해배상의 대상이 될 수도 있고, 중재비용의 부담에 대한 중재판정부의 결정에서 고려될 여지도 있으므로, 실무상 당사자들이 긴급중재인의 결정에 자발적으로 따르는 경우가 많다. 긴급중재인 제도는 국제중재의 실무에 있어서 비교적 새로운 절차의 하나이므로 향후 얼마나 많이 당사자들에 의하여 이용될지는 분명하지는 않으나 그 발전 과정은 관심을 가지고 지켜볼 필요가 있다.

3. 신속절차(expedited procedure)

5.149 앞서 본 바와 같이, 항소 및 상고를 거치는 3심제가 보편화되어 있는 소송절차에 비하여 단심제에 의한 신속한 분쟁해결이 가능하다는 점이 중재의 장점 가운데 하나이지만, 최근 점점 국제중재절차가 기관화(institutionalization)되어 가는 경향과 함께 불필요한 요식 절차가 증가하는 등 최종 판정에 이르기까지 1년 반에서 2년이 소요되는 경우가 다반사일 정도가 되어 종래 중재의 장점 가운데 하나로 여겨졌던 절차의 신속성이 점점 퇴색되어 가고 있고, 이에 대하여는 중재실무가들 사이에 반성론이 크게 대두되고 있다.[824]

5.150 이와 관련하여 사적 자치에 의한 절차의 유연성이라고 하는 중재절차의 또 다른

823 네덜란드 중재법 및 NAI 중재규칙은 'Summary Arbitral Procedure'를 통해 임시중재인에 의하여 내려진 결정을 중재판정으로 간주하여 즉시 집행이 가능한 것으로 규정하고 있다[네덜란드 중재법 제1051조 제3항 및 NAI Arbitration Rules Art. 42(l) 참조]. 싱가포르의 경우도 긴급중재인을 중재인으로 본다고 규정하여 여타의 중재인의 임시처분과 마찬가지로 집행이 될 수 있는 길을 열어 놓고 있다(싱가포르 국제중재법 제2조 제1항 참조).

824 보다 자세한 내용은 제1장 Ⅲ. 참조.

장점을 충분히 살려 당사자들이 합의하기에 따라서는 얼마든지 신속하게 중재절차를 진행할 수 있음은 물론이겠지만, 중재규칙에 따라서는 비록 당사자들의 합의가 없더라도 분쟁금액의 규모가 일정액 이하인 경우[825] 등에는 통상의 경우에 비하여 절차가 훨씬 빨리 진행되는 신속절차(expedited procedure)에 대한 특별히 규정을 두는 경우가 점점 늘고 있다. 이러한 신속절차는 중재기관의 표준 중재규칙의 일부로 규정될 수도 있고,[826] 신속절차에 관하여 별도의 규칙이 마련될 수도 있다.[827]

5.151 신속절차에 의한 중재(fast-track arbitration)는 중재규칙에 따라 조금씩 차이는 있지만 대체로 (i) 중재판정부의 신속한 구성,[828] (ii) 단독중재인에 의한 중재,[829] (iii) 서면 제출 등 각종 기한의 단축,[830] (iv) 구두심리기일(hearing)을 생략한 약식의 중재판정,[831] (v) 상대적으로 짧은 중재판정기한[832] 등을 특징으로 한다.

4. 중재절차에서의 조정("Arb-Med")

5.152 조정은 중재와 같이 분쟁을 소송 이외의 방법으로 해결하는 대체적 분쟁해결수단의 하나이지만 기본적으로 당사자의 자발적인 수용을 전제로 한 절차이다. 제3의 조정인에 의하여 내려지는 조정안은 당사자들에 대하여 구속력을 가지지 않는다는 점에서 구속력 있는 중재판정을 통해 분쟁을 종국적으로 해결하는 중재와는 근본적인 차이가 있다. 실무상 중재절차를 마치 양 당사자가 서로 조금씩 타협하고 양보하여 분쟁을 해결하는 조정이나 화해와 유사한 절차로 오해하는

---

825 SIAC 중재규칙 제5조 제1항은 반대청구나 상계항변 액수를 포함하는 분쟁금액이 싱가포르 달러 6백만불 이하인 경우에는 당사자가 서면으로 신속절차를 신청할 수 있고, KCAB 국제중재규칙 제43조는 신청금액이 5억원 이하인 경우(단, 반대신청이 5억원을 초과하는 경우는 제외)에는 당사자의 신청이 없어도 신속절차가 적용되는 것으로 규정하고 있다.

826 SIAC 중재규칙 제5조; HKIAC 중재규칙 제41조; CIETAC 중재규칙 제56조 내지 제64조; JCAA 중재규칙 제77조 내지 제82조; KCAB 국제중재규칙 제44조 내지 제49조 등 참조.

827 ACICA Expedited Arbitration Rules (2011); WIPO Expedited Arbitration Rules (2014) 등 참조.

828 ACICA Expedited Arbitration Rules 제8조 제2항; LCIA 중재규칙 제9조 등 참조.

829 SIAC 중재규칙 제5조 제2항 b; HKIAC 중재규칙 제41조 제2항 (a); CIETAC 중재규칙 제58조; KCAB 국제중재규칙 제45조 제1항 등 참조.

830 CIETAC 중재규칙 제53조; ACICA Expedited Arbitration Rules 제22조 등 참조.

831 SIAC 중재규칙 제5조 제2항 c; HKIAC 중재규칙 제41조 제2항 (e); ACICA Expedited Arbitration Rules 제13조 제2항 등 참조.

832 CIETAC 중재규칙 제62조; HKIAC 중재규칙 제41조 제2항 (f); ACICA Expedited Arbitration Rules 제27조; KCAB 국제중재규칙 제48조 제1항 등 참조.

경우가 적지 않지만, 중재는 원칙적으로 준거법에 의하여 분쟁을 해결한다는 점에서도 분명 조정과는 구분되는 절차라고 하겠다.

5.153 이와 같이 조정과 중재가 본질이 각기 다른 분쟁해결수단이므로 중재기관이 조정을 위하여 어떤 절차규칙을 마련해 두고 있는 경우에도 조정과 중재는 전혀 별개의 독립적인 절차로 운용되는 것이 일반적이다.[833] 다만, 실무상 중재인이 중재절차의 과정에서 양 당사자의 조정을 시도하는 경우가 있는데, 이와 같이 중재와 조정을 결합한 분쟁해결시도인 이른바 "Arb-Med"에 대하여 논란이 적지 않다.

5.154 중재인이 중재절차에서 조정을 시도하는 것과 관련하여서는 국가별 전통과 실무에 크게 차이가 있는데, 특히 전통적으로 재판에 있어서 판사의 역할을 엄중한 심판관으로 관념함으로써 판사가 재판 도중에 직접 조정을 시도하는 것을 원칙적으로 허용하지 않는 영미법 계통의 국가에서는 중재인이 중재절차에서 직접 조정을 시도하는 것에도 극도의 거부감을 가진다. 특히 중재인이 조정을 시도하는 과정에서 양 당사자들로부터 각기 상대방이 없는 상황에서 여러 가지 내밀한 의견이나 정보에 접하게 되는데(이른바 caucusing), 이러한 경우 중재인으로서의 중립성이나 독립성에 심각한 훼손을 입게 되어 더 이상 중재인으로 활동할 수 없게 된다는 시각도 있음을 유념하여야 한다.

5.155 이와 관련하여 IBA 이해상충지침은 중재인은 중재절차의 어느 단계에서든 분쟁의 화해에 이를 수 있도록 당사자들을 도울 수 있지만, 반드시 당사자로부터 명시적인 동의가 있어야 한다고 규정하고 있다.[834] 모범중재법에는 중재인이 중재의 과정에서 조정을 시도하는 것에 대하여 명시적인 규정이 없지만, 모범중재법

---

[833] HKIAC Mediation Rules; ICDR International Mediation Rules; ICC ADR Rules; WIPO Mediation Rules 등 참조. 싱가포르의 경우 최근 조정을 전담하는 기구로 별도로 설립된 SIMC와 중재절차를 관장하는 SIAC를 연계하여 분쟁을 해결하는 이른바 중재-조정-중재(Arb-Med-Arb) 절차를 마련하였는데, 이와 관련하여 마련된 SIAC-SIMC Arb-Med-Arb Protocol에 의하면, 당사자들이 사전에 Arb-Med-Arb 절차에 합의할 경우 일단 SIAC에 중재를 제기한 다음 상대방의 답변서가 제출된 후 즉시 SIMC에 사건을 회부하여 중재판정부와 별개로 선임된 조정인에 의해 8주의 기간 동안 조정을 시도하되, 조정이 성공할 경우에는 당사자들의 신청에 따라 SIAC 중재절차에서 화해 중재판정(consent award)을 내릴 수도 있고, 조정이 실패할 경우에는 중단된 SIAC 중재절차를 계속 진행하는 방식으로 분쟁이 해결된다.

[834] IBA 이해상충지침 Part I, Explanation to General Standard 4, (d) 참조.

을 채택한 국가들, 특히 전통적으로 조정이라는 분쟁해결수단을 선호하는 경향이 있는 아시아권의 국가들은 중재절차에서의 조정을 가능하게 하는 규정을 중재법에 명시적으로 두고 있는 경우가 많고,[835] 중재기관의 중재규칙에도 조정과 관련된 규정을 두는 경우도 있다.[836]

5.156 우리나라의 경우 소송에서 수소법원에 의한 조정 등이 보편화되어 있는 관계로 중재인들 역시 중재절차에서 조정을 시도하는 경우가 실무상 적지 않다. 그러나 앞서 본 바와 같이 중재인이 중재과정에서 행하는 조정에 대하여 부정적인 시각을 가지고 있는 국가가 적지 않음을 감안할 때, 중재법이나 중재규칙 등에 중재인이 중재절차에서 조정을 행하는 입법적 근거를 마련해 두는 것이 필요하다고 본다. 아울러, 우리나라의 경우 중재인이 중재절차에서 조정을 행함에 있어 기준으로 삼을 수 있는 절차적 규범이 전혀 확립되어 있지 않은 상태이므로 중재인의 조정 시도와 관련하여 참고할 수 있는 모범적인 절차규칙을 구체적으로 정립하여 시행하는 것이 시급하다고 할 것이다.

5. 비밀보호(confidentiality)

5.157 중재절차의 장점은 공개심리를 원칙으로 하는 소송의 경우와 달리 사적인 합의에 의하여 진행되는 심리에 있어서 프라이버시(privacy)가 보호된다는 점에 있음은 이미 살펴본 바와 같다. 다만, 프라이버시가 보장된다고 하여 중재의 당사자들이나 그 밖에 중재에 관여하는 자들, 즉 중재인이나 증인 등이 중재절차와 관련하여 비밀보호(confidentiality) 의무를 반드시 부담하는 것은 아니다. 즉, 일반적으로 중재절차에서는 관련 당사자들에게 비밀보호 의무가 당연히 존재하는 것으로 오해하기 쉽지만 사실은 그렇지 않다.[837]

5.158 이와 관련하여 UNCITRAL Notes on Organizing Arbitral Proceedings에서는 중재절차에서의 비밀보호와 관련하여 "비밀보호는 중재의 유용한 장점 중의 하나이다. 그럼에도 불구하고 중재의 참가자들이 사안과 관련한 비밀정보를 어느 정

---

835 싱가포르 국제중재법 제16조, 제17조; 홍콩 중재법 제32조, 제33조; 인도 중재 및 조정법 제30조 제1항; 일본 중재법 제38조 제4항 등 참조.

836 CIETAC 중재규칙 제40조 등 참조.

837 L. Y. Fortier, "The Occasionally Unwarranted Assumption of Confidentiality" (1999) 15(2) Arbitration International, 138면 참조.

도로 지켜야 하는지에 대해 각국의 국내법에 통일된 규정은 없다. 더구나 비밀보호 의무를 명시적으로 다루지 않는 중재규칙이나 조항들에 합의한 당사자들은 모든 국가에서 비밀보호에 관한 묵시적 합의가 인정된다고 가정해서는 안 된다. 더구나 중재에 참여하는 자들은 비밀보호의 범위에 관하여 동일한 생각을 가지고 있지 않다. 그러므로 중재판정부는 당사자와 적절하다고 생각된다면, 비밀보호의 의무에 관하여 합의된 원칙을 기록하기 위해 논의하기를 원할 수도 있다"라고 규정하고 있다.[838]

5.159 실제로, 영국, 프랑스, 독일, 스위스, 싱가포르 등에서는 중재절차 및 제출된 서류에 대하여는 사안에 따라 묵시적인 비밀유지의무가 존재하는 것으로 보는 경우가 없지 않지만,[839] 미국이나 스웨덴 등에서는 묵시적 의무가 일반적으로 인정될 수는 없다고 보고 있으며, 모범중재법 역시 비밀유지의무에 대하여는 아무런 규정을 두고 있지 않다.

5.160 중재절차에 있어서의 비밀보호에 관하여는 중재기관의 중재규칙의 내용 역시 서로 조금씩 다른데, LCIA 중재규칙[840]이나 WIPO 중재규칙,[841] 그리고 SIAC 중재규칙[842] 등은 이를 명시적으로 인정하지만,[843] 이와는 대조적으로 ICC 중재규칙은 비밀보호에 대하여 명시적으로 규정하고 있지는 않으면서 다만 중재판정부가 당사자의 신청에 따라 중재절차 또는 중재와 관련된 다른 쟁점에 대한 비밀을 준수할 것을 명할 권한이 있다고 규정하고 있다.[844]

5.161 그리고 중재규칙에 증인 등 제3자에 대한 비밀보호 의무도 규정하고 있는 예도 있으나,[845] 당사자가 선택한 중재규칙이 제3자에게 효력을 미치기는 어렵다는 점

---

838 UNCITRAL Notes on Organizing Arbitral Proceedings, para 31 참조.

839 Gu Wexia, "Confidentiality Revisited: Blessing or Curse in International Commercial Arbitration?," (2004) 15 American Review of International Arbitration 607, 610면 참조.

840 LCIA 중재규칙 제30조 참조.

841 WIPO 중재규칙 제75조 내지 제78조 참조.

842 SIAC 중재규칙 제39조 참조.

843 반면에 ICSID 중재의 경우는 그 취급이 다소 다르다(이에 대한 보다 자세한 논의는 제8장 Ⅱ. 2. 나. 참조).

844 ICC 중재규칙 제22조 제3항 참조.

845 CIETAC 중재규칙 제38조 제2항
For cases heard in camera, the parties and their representatives, the arbitrators, the witnesses, the interpreters, the experts consulted by the arbitral tribunal, the appraisers ap-

을 감안한다면 해당 증인들에게 비밀보호 의무를 명확히 부과하기 위하여서는 증언에 앞서 비밀보호약정을 체결하여 두는 것이 보다 확실하다고 하겠다.

5.162 마지막으로, 중재절차에 있어서 비밀보호는 어차피, 예컨대, 중재판정취소소송이나 집행판결 청구 등 비밀보호가 이루어지지 않는 관련 소송절차에 나아간 경우는 물론 그 밖의 일정한 경우에 있어서 제약과 예외가 따를 수밖에 없다는 점도 기억하여야 한다. 이러한 예외에 대하여는 일의적으로 어떤 기준을 제시하기는 사실상 불가능하며, 실제로 영미법계의 국가들의 경우 비밀보호에 대한 예외 사유를 사안에 따라 다양하게 인정한다.[846]

Ⅴ. 실체관계에 적용될 법규의 선택

1. 당사자 자치의 원칙

가. 당사자들의 지정

5.163 중재에 적용될 실체법을 어떻게 정할 것인가 하는 점은 중재의 절차와 관련한 이슈이므로 중재의 절차를 관장하는 규범에 따라 판단되어야 한다. 즉, 중재절차에 관하여 당사자의 사적 자치가 가장 우선적으로 적용되듯이 중재에 적용될 실체법 역시 당사자가 자유롭게 합의하여 정할 수 있고 그와 같이 당사자가 합의하여 정한 법이 분쟁의 실체에 대한 준거법이 됨은 두 말할 필요도 없다. 사실 그 정당성의 기초를 당사자의 합의에 두고 있는 중재의 경우는 소송에 있어서 보다 실체적 준거법 선택에 관하여 당사자의 사적 자치가 허용되는 범위가 더 넓다. 예를 들어, 국제중재의 당사자는 분쟁과 아무런 관련이 없는 나라의 법을 준거법으로 합의하는 것은 물론,[847] 심지어 특정 국가의 법이 아닌 상인법(lex mercatoria)이나 법의 일반 원칙(general principle of law) 등과 같은 추상적 규범을 준거법으로 택하는 것에도 별다른 제약이 없을 뿐만 아니라, 아예 법을 떠난 형평과 선에 의한 판단을 받기로 합의할 수도 있다.

---

pointed by the arbitral tribunal and other relevant persons shall not disclose to any outsider any substantive or procedural matters relating to the case.

[846] M. Hwang, "Defining the Indefinable - Practical Problems of Confidentiality in Arbitration," Kaplan Lecture 2008, 17 November 2008, The Hong Kong Club, Hong Kong 참조.

[847] Derains and Schwarz, 238면 참조.

5.164 국제중재에 있어서 준거법 선택에 관한 당사자의 사적 자치의 원칙은 여러 중재규칙이나 각국의 중재법에도 대부분 반영이 되어 있다. 예컨대, 모범중재법은 "중재판정부는 당사자들이 지정한 법에 따라 판정을 내려야 한다"라고 하여 이 점을 분명히 하고 있다.[848] 다만 일부 국가의 경우 준거법 선택에 관한 당사자의 사적 자치의 원칙을 제한하는 경우도 있다. 예컨대, 중국 중재법 제7조는 "중재의 경우 분쟁의 해결은 사실에 근거하여 법에 따라 평등하고 합리적인 방법으로 해결한다"라고만 규정하고 있고, 중국의 계약법은 구체적으로 당사자들이 준거법을 선택할 수 있는 계약의 유형을 제한하고 있어서, 결국 중국을 중재지로 하는 중재사건의 경우에는 특정 계약 유형에 관한 분쟁의 경우에만 당사자들이 준거법을 선택할 수 있는 것으로 해석된다.[849]

나. 실체적 준거법에 대한 묵시적 합의

5.165 준거법의 선택에 관한 당사자 간의 합의는 묵시적으로도 이루어질 수 있음은 물론이다. 1980년 로마협약은 "당사자 간의 준거법에 관한 합의는 명시적이거나 계약 조건 또는 정황에 의해 합리적으로 확신할 수 있는 방법으로 이루어져야 한다"라고 하여 묵시적인 준거법 지정에 관한 합의를 인정하고 있고,[850] 이는 다른 국가의 경우에도 마찬가지이다.[851] 묵시적 합의와 관련하여 국제중재에서 특히 문제되는 것은 중재지에 관한 합의가 해당 중재지의 실체법을 준거법으로 선택하기로 하는 묵시적 합의를 포함하고 있는가 하는 점이다. 과거에는 이를 긍정하는 견해가 우세하였으나 최근에는 이에 반대하는 견해가 일반적이라 할 수 있다. 그러나 여전히 중재지에 대한 합의는 구체적인 사안에서 거래의 성질, 계약의 언어, 중재기관 등 다른 요소와 결합하여 실체관계에 적용될 준거법에 대한 묵시적 합의 여부를 판단하는 기준이 되기도 한다.[852]

---

[848] 모범중재법 제28조 제1항 참조.

[849] Greenberg 외, 101면 참조.

[850] 로마협약 제3조

1. A contract shall be governed by the law chosen by the parties. The choice must be expressed or demonstrated with reasonable certainty by the terms of the contract or the circumstances of the case.

[851] Born(ICA), 2730면 참조.

[852] Born(ICA), 2732면 내지 2733면 참조.

다. 반정(反定, renvoi)[853]

5.166 당사자들이 특정 국가의 법을 준거법으로 지정하였을 때에는 특별한 언급이 없는 한 이는 그 국가의 실질법을 언급하는 것이지 국제사법을 지칭한 것으로 보지 않는 것이 일반적이다. 예컨대, 모범중재법은 당사자가 달리 명시하지 아니하는 한 일정한 국가의 법 또는 법률체계의 지정이 있을 때에는 당해 국가의 실체법을 직접 지칭하는 것으로 해석하며, 그 국가의 저촉규범 규정을 지칭하는 것으로 해석하지 아니한다고 규정하고 있다.[854] 우리 중재법 제29조 제1항 역시 "중재판정부는 당사자들이 지정한 법에 따라 판정을 내려야 한다. 특정 국가의 법 또는 법체계가 지정된 경우에 달리 명시된 것이 없으면 그 국가의 국제사법이 아닌 분쟁의 실체에 적용될 법을 지정한 것으로 본다"라고 규정하고 있다. 다만, 불필요한 분쟁을 피하기 위하여는 중재조항에 이 점을 분명히 하는 것이 필요하다.

라. 중재규칙의 선택

5.167 당사자들은 직접 특정 국가의 법을 실체관계의 준거법으로 지정할 수도 있지만, 단지 준거법을 지정하는 방법만을 합의할 수도 있다. 특히 당사자들이 합의한 중재규칙이 특별히 준거법 선택의 방법을 정하고 있을 경우에는 이는 중재지법의 준거법 선택의 방법에 우선하여 적용되어야 한다. 다만, 당사자의 사적 자치는 중재지의 강행규정의 제한을 받는 경우가 있음은 앞서 본 바와 같은데, 국가에 따라서는 중재지법의 준거법 선택의 방법에 관한 규정을 강행규정으로 해석하고 있는 경우도 없지는 않으므로, 중재판정부로서는 해당 국가의 중재법의 취급 상황을 면밀히 살펴볼 필요가 있다.[855]

마. 중재판정부의 광범위한 재량

5.168 중재규칙이나 중재법이 중재절차에 관하여는 중재판정부에게 매우 광범위한 재량을 부여하고 있음은 앞서 본 바와 같다. 같은 맥락에서 대부분의 중재기관의 중재규칙이나 중재지의 중재법은 분쟁의 실체에 적용되는 준거법의 확정에 관하

853 반정이란 법정지의 국제사법 규정에 따라 지정된 준거법 소속국의 법선택 규칙을 적용하여 준거법을 정하는 것을 말한다. 반치(反致)라고도 한다.

854 모범중재법 제28조 제1항 참조.

855 Born(ICA), 2623면 내지 2624면 참조.

여 소송의 경우와는 다른 접근방식을 취한다. 즉, 중재에서는 우선 당사자가 계약서에서 준거법으로 지정한 법을 존중하되, 그러한 지정이 없는 경우에는 기본적으로 중재판정부에게 매우 광범위한 재량이 부여된다. 즉, 후술하는 바와 같이 대부분의 중재규칙은 중재판정부에게 실체적 준거법의 판단에 관하여 광범위한 재량을 부여하는 조항을 명시적으로 두고 있고, 설령 그러한 조항이 없는 경우에도 중재규칙이 중재판정부의 중재절차에 관한 재량을 허용하고 있는 범위 내에서 중재판정부는 실체적 준거법을 자유로이 정할 수 있다. 분쟁의 실체에 적용될 준거법의 선택에 관한 중재판정부의 결정에 대하여 법원이 개입하기 힘든 것도 바로 이러한 이유 때문이고 실제로 법원은 실체적 준거법에 관한 중재판정부의 선택을 재심사하지 않는다.[856]

바. 사적 자치의 제한

5.169 위와 같이 실체적 준거법에 관하여는 당사자나 당사자가 선택한 중재판정부가 광범위한 재량을 가지고 있으나, 실체적 준거법을 확정하는 것은 중재절차의 중요한 부분이므로 그 과정이 현저히 부당할 경우에는 집행국이 공공질서위반의 측면에서 개입할 여지는 있다. 특히 당사자들의 합의가 없음에도 불구하고 법이 아닌 형평과 선(ex aequo et bono)의 원칙에 따라 판단을 한 경우라든가 당사자가 선택한 준거법을 의도적으로 무시한 경우 등은 중재절차의 하자 또는 중재인의 권한유월 등을 이유로 하여 중재판정이 취소되거나 승인 및 집행이 거부될 수도 있다. 그리고 중재인에게 실체에 관한 준거법 선택상 재량이 부여되는 경우에도 그 재량은 무제한은 아니고 중재지국 또는 집행지국의 공공질서에 의한 제약을 받을 수도 있으므로 분쟁의 실체에 관한 준거법 확정에는 세심한 주의가 요망된다.

5.170 마지막으로 당사자들이 실체관계에 적용되는 강행법규를 피하기 위하여 준거법을 다른 국가의 법으로 정하는 경우가 문제될 수 있는데, 이를 굳이 무효로 보지 않더라도 어차피 당사자의 합의에도 불구하고 일정한 요건 하에서는 당사자가 합의한 국가의 법 이외에 다른 국가의 실체적 강행규정이 적용될 가능성은 열려 있다는 점을 주의하여야 한다.

---

[856] Transfield Philippines Inc v Pacific Hydro Ltd [2006] VSG 175, Supreme Court of Victoria, Australia, per Justice Hollingworth(이에 대한 보다 자세한 내용은 Greenberg 외, 106면 참조).

2. 당사자들이 지정한 실체법이 없는 경우

5.171 중재절차에 관한 규범의 체계상 당사자들 사이에 실체적 준거법에 관한 합의가 없을 때는 결국 중재규칙이나 중재지법의 규정을 살펴보아야 한다.[857] 그리고 앞서 본 바와 같이 국가에 따라 예외가 없지는 않지만 실체적 준거법에 관한 중재지법의 규정은 강행규정으로 보기 어려우므로, 중재규칙과 중재지법 가운데는 중재규칙이 당사자의 사적 자치에 의한 합의의 일부분으로서 중재지법에 우선하여 적용되게 된다.

가. 중재규칙

5.172 대개의 중재규칙은 중재판정부에게 실체적 준거법의 결정에 관한 매우 광범위한 재량을 부여하고 있다. 즉, 후술하는 바와 같이 많은 중재법이 저촉규범의 매개를 통하여 실체관계의 준거법을 정하는 방식을 취하는 것과 대조적으로 중재규칙들은 아예 중재판정부가 저촉규범의 매개 없이 직접(이른바 voie directe) 적절한 준거법을 찾을 수 있도록 하는 경우가 많다. 즉, ICC 중재규칙 등 많은 중재규칙들은 당사자들의 합의가 없는 경우 중재판정부는 적절하다고 결정한 법규를 적용해야 한다고 규정하고 있다. 이 경우 저촉규범을 매개로 하여 특정 국가의 법을 실체적 준거법으로 정하는 방식과 달리 특정한 국가의 법이 아닌 상인법과 같은 보다 보편적인 법원칙도 실체적 준거법으로서 적용이 가능하게 된다.[858]

나. 중 재 법

5.173 당사자들이 특별한 중재규칙을 정하지 않은 경우에는 각국의 중재법이 보충적으로 실체적 준거법 선택의 기준으로 작용할 것인데, 이에 관한 입법례는 매우 다양하다고 할 수 있다.

5.174 우선, 위의 중재기관의 중재규칙과 같이 중재판정부가 저촉규범의 매개 없이 직접 실체적 준거법을 선택할 수 있도록 매우 폭넓은 재량을 허용하는 경우인데,

[857] 당사자들이 분쟁의 실체에 적용될 법을 지정하지 않은 경우에는 중재판정부가 그 준거법을 결정하여야 한다는 견해도 있으나[김갑유(대표집필), 136면], 후술하는 바와 같이 중재법의 내용에 따라서는 중재판정부에게 재량이 부여되지 않는 상황도 발생할 수 있음을 주의하여야 한다.

[858] ICC 중재규칙 제21조 제1항; LCIA 중재규칙 제22조 제3항; ICDR 중재규칙 제31조 제1항; KCAB 국제중재규칙 제29조 제1항; ACICA 중재규칙 제34조 등 참조.

프랑스 민사소송법은 ICC 중재규칙과 같은 입장을 취한다.[859]

5.175 다음으로, 모범중재법은 "당사자들에 의한 준거법의 지정이 없는 경우에 중재판정부는 중재판정부가 적용 가능하다고 보는 저촉규범 규정에 따라 결정되는 법을 적용한다"라고 하여 중재판정부에게 상당한 재량을 허용하되 중재판정부가 적절하다고 판단하는 저촉규범을 선택한 후 그 매개를 통해 간접적으로(이른바 voie indirecte) 적절한 준거법을 지정하도록 하는 방식을 취하고 있다.[860] 1961년 유럽협약의 경우도 동일한데, 동 협약은 "당사자들에 의한 준거법의 지정이 없는 경우에는 중재인은 적용 가능하다고 판단하는 저촉규범 규정에 따라 적절한 법을 적용한다"라고 규정하고 있다.[861]

5.176 한편, 중재법에 따라서는 저촉규범의 내용을 아예 중재법에 명시한 예도 있는데, 우리 중재법 제29조 제2항은 "제1항의 지정이 없는 경우 중재판정부는 분쟁의 대상과 가장 밀접한 관련이 있는 국가의 법을 적용하여야 한다"라고 규정하고 있고, 일본 중재법 제36조 제2항도 당사자의 합의가 없는 경우 중재판정부는 중재절차에 회부된 민사 분쟁과 가장 밀접한 관련이 있는 국가의 법령으로서 사안에 직접 적용될 수 있는 것을 적용해야만 한다[862]고 규정하고 있으며, 독일 민사소송법 제1051조 제2항, 스위스 국제사법 제187조 제1항도 동일한 태도를 취하고 있다.

5.177 한편, 국가에 따라서는 아예 특정 국가의 저촉규범을 지정해주는 경우도 있다. 즉, 중국의 경우 당사자가 준거법을 지정하지 않은 경우에는 중재지의 저촉규범을 적용하도록 규정하고 있고,[863] 말레이시아 중재법은 모범중재법과는 달리 당사자가 준거법을 지정하지 않은 경우에 말레이시아의 국제사법을 적용하도록 규

859 프랑스 민사소송법 제1511조; 네덜란드 민사소송법 제1054조 제2항 등 참조.

860 모범중재법 제28조 제2항
Failing any designation by the parties, the arbitral tribunal shall apply the law determined by the conflict of laws rules which it considers applicable.

861 유럽협약 제7조 제1항 참조.

862 일본 중재법 제36조 제2항
전항의 합의가 없는 경우, 중재판정부는 중재절차에 부쳐진 민사상 분쟁에 가장 밀접한 관계가 있는 국가의 법률로서 사안에 직접 적용되어야 하는 것을 적용하여야 한다(前項の合意がないときは、仲裁廷は、仲裁手続に付された民事上の紛争に最も密接な関係がある国の法令であって事案に直接適用されるべきものを適用しなければならない).

863 Law of the PRC on the laws applicable to foreign-related civil relations, Article 10 참조.

정하고 있다.[864]

5.178 마지막으로, 중재지법 가운데는 아예 실체적 준거법을 특정해주는 예외적인 경우도 있다. 예컨대, 인도네시아 중재법 제56조 제2항은 당사자들이 다른 나라의 법을 준거법으로 선택하지 않은 경우에는 원칙적으로 자국의 국내법이 적용되도록 규정하고 있으며, 스리랑카 중재법 제24조 제3항 역시 당사자들 사이에 합의가 없는 한 원칙적으로 자국의 국내법이 실체적 준거법으로 적용되도록 규정하고 있다.[865]

5.179 한편, 위와 같이 아예 중재판정부가 적용하여야 할 실체적 준거법을 중재법에 특정해버리거나 그렇지는 않더라도 중재판정부가 적용하여야 할 저촉규범의 내용을 중재법에서 직접 구체적으로 지정하는 방법은 자칫 실체적 준거법 선택에 관한 중재판정부의 재량을 위축시킬 우려가 있어 바람직하지 않다고 하겠다.[866]

다. 중재판정부의 재량과 저촉규범의 적용

5.180 앞서본 바와 같이, 실무상 당사자들은 대체로 특정한 중재규칙에 합의를 하고 해당 중재규칙은 실체적 준거법에 관하여 중재판정부에게 광범위한 재량을 부여하고 있는 경우가 대부분이다. 또한, 당사자들이 특정한 중재규칙에 합의를 하지 않아 중재지법이 적용되는 경우에도 중재지법이 중재판정부에 대하여 실체적 준거법에 대한 재량권을 부여하는 경우에는 중재판정부가 재량에 따라 적절한 실체적 준거법을 선택하게 된다.

5.181 이 경우 중재판정부가 따라야 할 중재규칙 또는 중재법에서 일정한 저촉규범의 매개를 거쳐 실체적 준거법을 확정하는 것으로 규정하고 있다면 그에 따라 적절한 저촉규범을 찾아야 하겠지만, 그러한 규정이 없을 경우에는 반드시 적절한 저촉규범을 찾을 필요도 없이 중재판정부가 직접 적절한 실체적 준거법을 바로 선택할 수도 있을 것이다. 다만, 양자의 차이는 형식상의 차이일 뿐이고, 저촉규범

864 말레이시아 중재법 제30조 제4항 참조.

865 Greenberg 외, 104면 참조.

866 중재판정부가 실체적 준거법을 판단함에 있어서 적용하여야 할 저촉규범을 직접 지정해주는 방식이 중재판정부가 적절하다고 하는 저촉규범을 통해 준거법을 선택하는 방법(모범중재법 제28조 제2항)에 비하여 중재판정부의 권한을 보다 넓게 인정하는 방법이라는 견해도 있다[석광현, 172면; 김갑유(대표집필), 138면 등 참조].

의 매개 없이 바로 준거법을 지정하는 경우에도 결국 중재판정부는 적용가능한 적절한 준거법을 찾는 과정에서 의식적으로든 무의식적으로든 기존의 저촉규범상의 원칙들을 참고하게 되기 때문에 실무상으로는 그다지 큰 차이가 없다고 볼 수는 있다.

5.182 예컨대, 해당 중재규칙이 저촉규범을 따로 선택할 필요가 없이 바로 중재판정부가 실체적 준거법을 선택할 수 있도록 한 경우는 물론이거니와, 특별히 저촉규범을 선택할 필요도 없이 해당 분쟁과 가장 밀접한 관련이 있는 국가의 법을 준거법으로 택하도록 규정하는 경우[867]에도 실제로 어떤 법이 해당 분쟁과 가장 밀접한 관련이 있는지 결정하는 것은 쉬운 일이 아니며, 결국 적정한 저촉규범을 찾는 것이 부득이하게 되는 경우가 많다.[868]

5.183 이하에서는 실무상 중재판정부가 그 재량의 범위 내에서 실체적 준거법을 선택함에 있어서 취할 수 있는 다양한 접근 방법들에 대하여 좀 더 구체적으로 살펴보기로 하다.

3. 중재판정부에 의한 다양한 접근 방법

가. 중재지법 적용

5.184 과거에는 당사자들이 실체적 준거법에 대하여 합의하지 않은 경우 중재판정부가 중재지의 실체법을 실체관계의 준거법으로 적용하는 경우도 있었다. 그러나 이러한 견해는 최근에 이르러서는 더 이상 지지를 받지 못한다. 당사자들이 중재지를 선택하는 것은 대체로 그 중재지가 중립적이라는 이유 때문이므로 실제로 당사자들이 선택한 중재지는 해당 계약과는 아무런 관련이 없는 경우가 많다. 따라서 당사자들이 중재지의 실체법을 준거법으로 선택하였다는 추정은 매우 작위적인 추론이라고 할 수 있다. 더구나 이러한 접근법은 당사자가 아닌 중재기관 또는 중재판정부가 중재지를 정하는 경우에는 더욱 존립의 근거를 상실하게 된다.

---

867 로마협약이 분쟁과 가장 밀접한 관련이 있는 국가의 법을 기준으로 하는 방식을 택한 것으로 설명하는 견해도 있으나(Greenberg 외, 110면), 로마협약은 후술하는 바와 같이 분쟁보다는 계약과 가장 밀접한 관련이 있는 국가의 법, 보다 구체적으로는 계약의 특징적 이행을 하는 당사자의 본점 소재지국의 법을 기준으로 준거법을 정하는 방식을 취하고 있다.

868 Greenberg 외, 111면 참조.

나. 중재지의 국제사법 적용

5.185 중재지의 국제사법을 적용하여 실체적 준거법을 선택하는 방법은 역사적으로 볼 때 국제중재에서 가장 보편적으로 사용되어 온 방법이라고 할 수 있다.[869] 그러나 이러한 견해는 중재지가 소송에서의 법정지와는 엄연히 구분되는 개념이라는 점을 간과한 견해이다.

5.186 소송의 경우 '법정지의 선택은 법의 선택이다(qui indicem forum elegit jus)'라는 법언과 같이 당사자가 선택한 법정지의 법에 의하여 판단하면 된다. 즉, 외국적 요소가 없는 국내소송의 경우는 법정지의 실질법에 따르고, 외국적 요소가 있는 소송의 경우에는 법정지의 국제사법 등 저촉규범에 의거하여 준거법을 정하고 그에 따라 판단하면 된다. 그러나 중재의 경우는 소송과 달리 법정지법(lex fori)이라는 것이 기본적으로 존재하지 않는다. 물론 앞에서 본 바와 같이 중재지법이 중재절차의 전반을 관장하는 것은 사실이고, 또한, 실체의 준거법 결정에 간접적으로 영향을 미치는 것도 어느 정도 사실이지만, 그렇다고 해서 중재지법이 소송에서의 법정지법과 동일하게 작용하는 것은 결코 아니다. 특히, 소송의 경우와 달리 중재판정부는 외국적 요소가 있는 사건이라고 하여 반드시 중재지의 국제사법에 의하여 중재에 적용될 실체법을 선택하여야 할 필연적인 이유는 없다.[870] 더구나 중재지를 마치 소송의 법정지처럼 파악하여 중재지의 국제사법을 통해 실체적 준거법을 선택하는 입장은 중재의 탈국가화(delocalization)를 추구하는 현대의 국제중재의 큰 흐름에도 부합하지 않아 최근에 이르러서는 그다지 큰 지지를 받지 못하고 있다.[871]

다. 관련된 다양한 국제사법의 누적적(cumulative) 적용

5.187 위와 같이 중재지의 국제사법을 적용하는 것과는 달리 특정 분쟁과 관련이 있는 모든 국가의 국제사법을 각각 적용한 후 그 결과가 하나의 실체법으로 수렴할 경우 그 실체법을 적용하는 방법도 있는데, 최근의 실무에서는 이러한 방법을 적용하는 중재판정부가 적지 않다. 이러한 국제사법의 누적적 적용 방법을 시도하였

869 Redfern and Hunter, 234면 참조.

870 목영준, 112면 참조.

871 Born(IA), 245면 참조.

음에도 동일한 실체법으로 결론이 수렴되지 않을 때에는 적용 가능한 여러 준거법을 해당 사안에 가상적으로 적용해보아 동일한 결과가 나오는지 살펴보는 방법을 취하는 중재판정부도 있다.[872] 이러한 누적적 적용 방법은 준거법 내지 분쟁해결방안이 수렴되기만 한다면 좋은 방법이 될 수 있지만 사안에 따라 반드시 그러한 결과가 도출되지 않는 경우도 있다는 점에서 완전한 해결이 될 수는 없다는 한계가 있다.

라. 국제사법상의 일반 원칙의 적용

5.188 중재판정부에 따라서는 특정 국가의 국제사법 규정보다는 국제적으로 널리 인정되는 국제사법상의 기준에 따라 실체관계의 준거법을 정하는 경우도 있다. 그러나 이러한 접근 방법은 전 세계적으로 통일된 국제사법의 기준이 마련되지 않은 현시점에서 여전히 그 기준이 명확하지 않고 따라서 예측가능성이 떨어진다고 비판하는 견해도 있다. 실무에 있어서는, 예컨대, 로마규정[873] 등 국제사법에 관한 국제규정으로부터 일반적인 원칙을 도출하는 방법을 택하기도 한다. 즉, 로마규정은 그 경우 계약과 가장 밀접한 관련이 있는 국가의 법을 준거법으로 한다는 원칙을 제시하는 한편, 보다 구체적으로는 계약의 특징적 이행(characteristic performance)을 하는 당사자의 주사무소 등을 기준으로 하여 계약과 가장 밀접한 관련이 있는 국가를 판단하고 있다.[874] 그러나 이러한 방법론을 적용하더라도 구체적인 계약에 따라 특징적 이행이 무엇인지를 파악하는 것은 그다지 쉬운 작업이 아니고 결국 중재판정부의 주관적 판단이 개입될 수밖에 없는 한계가 있다.

마. 소 결 론

5.189 이상의 논의를 종합할 때, 우선 누적적 적용 방법에 의하여 하나의 실체적 준거법이 도출될 수 있다면 관련 당사자들을 모두 만족시키고 중재판정의 집행력을 제고한다는 점에서 가장 바람직한 접근방법이라 보인다. 다만 이 방법은 다소 복

---

872 Born(ICA), 2649면 내지 2650면 참조.

873 로마규정(Ⅰ)(Regulation (EC) No 593/2008 of the European Parliament and of the Council of 17 June 2008 on the law applicable to contractual obligations); 로마규정(Ⅱ)(Regulation (EC) No 864/2007 of the European Parliament and of the Council of 11 July 2007 on the law applicable to non-contractual obligations) 등 참조.

874 로마규정(I) 제4조 제2항 참조.

잡하고 결론적으로 하나의 준거법으로 수렴되지 않을 수 있다는 문제점이 있다. 그와 같이 누적적 적용 방법에 의하여 하나의 준거법이 도출되기 어려운 경우 사안과 관련이 있는 여러 국제사법으로부터 공통적인 원칙을 도출한 뒤 이러한 일반 원칙을 통해 실체적 준거법을 판단하는 것도 고려될 수 있을 것이다. 이러한 일반적 원칙이 도출되기 어려운 경우에는 결국 해당 사안과 가장 밀접하게 관련된 국가의 법을 다양한 각도에서 검토하여 실체적 준거법을 선택할 수밖에 없을 것이다.

5.190 이처럼 당사자가 계약에서 실체적 준거법을 명시하지 않은 경우 이를 둘러싸고 매우 복잡한 상황이 전개가 될 수 있고 실무상으로는 당사자들이 위와 같이 복잡하고 다양한 접근 방법을 통해 중재판정부를 설득하기 위하여 노력하는 과정에서 적지 않은 시간과 비용을 낭비하게 된다. 이러한 점을 고려하더라도 계약을 체결함에 있어서 가급적 실체적 준거법을 미리 지정하여 두는 것이 바람직하다.

4. 계약외 분쟁에 관한 준거법

5.191 실무상 중재합의의 대상이 되는 분쟁은 계약상의 권리나 의무에 관한 것뿐만 아니라 계약과 관련하여 발생하는 불법행위 등 계약외(non-contractual) 분쟁을 포함하는 경우도 있음은 앞서 본 바와 같다. 이 경우 설령 당사자가 계약의 준거법을 계약서에 기재하였다고 하더라도 그러한 계약의 준거법이 관련 불법행위 등 계약외 청구에도 적용되는 것인가 하는 점에 대하여는 논란이 있다. 나아가, 당사자들이 준거법을 특정하지 않은 경우 계약상 분쟁에 관한 준거법 선택의 방법이 계약외 분쟁에 관한 준거법에도 그대로 적용되는가 하는 점도 문제가 된다.

가. 계약외 분쟁 여부 판단의 준거법

5.192 계약상의 권리나 의무에 관한 분쟁에 대하여는 계약의 준거법이 적용됨은 의문이 없다. 그런데, 어떤 책임이 계약상의 책임인지 아니면 계약 외의 책임(예컨대, 불법행위에 따른 책임 또는 일정한 법률에 기한 법정 책임)인지 여부에 대하여는 각 나라마다 취급이 다른 경우가 많다. 물론 소송의 경우에는 법정지가 있어서 법정지법의 기준에 따라 이를 구분하면 될 것이지만, 중재의 경우는 법정지의 개념이 없기 때문에 이러한 구분을 어느 나라의 법에 따라 하여야 하는지 자체부터가 논

란이 될 수 있다.

5.193 이러한 문제에 대하여는 이론상 앞서 살펴본 계약의 준거법을 확정하는 각종의 다양한 방법이 적용될 수도 있겠으나, 일관성과 예측가능성의 확보라는 측면에서 볼 때 어떤 분쟁이 계약상 책임인지 계약외 책임인지 여부는 계약의 준거법에 따라 판단하는 것이 바람직하다고 본다.[875]

나. 계약외 분쟁에 대한 준거법의 합의

5.194 계약외 청구에 대하여는 당사자들이 그 분쟁의 준거법을 합의로 정할 수 있는가 하는 점부터가 견해가 갈린다. 즉, 계약외 분쟁이 발생한 이후는 물론 발생하기 이전이라도 사전에 준거법을 합의할 수가 있다는 견해가 있는가 하면,[876] 그러한 합의가 허용되지 않는다는 견해도 있다.[877] 한편 계약외 채무의 준거법에 관한 로마규정(Ⅱ) 제14조 제1항은 전자의 입장을 취하고 있음을 명시적으로 밝히고 있다. 그러므로 위 협약의 당사자들은 현존하는 또는 장래의 계약외 채무에 대한 준거법도 선택할 수 있다.

5.195 다만, 실제로 중재절차의 당사자들이 계약외 채무에 관한 준거법을 사전에 명시적으로 정해놓은 경우는 매우 드물 것이다. 따라서 계약적 채무에 관한 준거법을 중재합의를 할 당시에 정해놓았다면, 당사자들이 계약과 조금이라도 관련 있는 모든 청구에 동일한 법을 적용하려는 의도가 있었다고 추정을 함으로써 해당 준거법을 계약외 채무에까지 폭넓게 적용할 수도 있을 것이다.

다. 당사자들의 선택이 없는 경우의 준거법 확정 방법

5.196 당사자들이 계약의 준거법을 지정한 경우 그 관련 불법행위에 대하여는 일응 계약의 준거법에 대하여 아무런 합의가 없을 경우에 적용되는 각종 접근 방법을 활용해 볼 수 있겠지만, 어느 경우에도 획일적인 결론을 도출하기 어려운 맹점이 있다. 이와 관련하여서는 계약외 청구의 무게중심(center of gravity)이 어느 나라에 있는가에 따라 판단을 하여야 한다는 견해도 있고, 계약의 준거법상의 저촉규

---

[875] Greenberg 외, 115면 참조.

[876] W. Kuhn, "Express and Implied Choice of the Substantive Law in the Practice of International Arbitration," ICCA Congress Series Vol. 7 (1994), 387면 참조.

[877] Gaillard and Savage, para 1530 참조.

범을 기준으로 하되, 불법행위 등 계약외 청구에 관한 저촉규범을 합의한 조약의 하나인 로마규정(Ⅱ)의 내용 또한 일반적 저촉규범의 하나로 참고해야 한다는 주장이 있다.[878]

5.197 그러나 불법행위 등에 관한 준거법을 정한 로마규정(Ⅱ)은 유럽공동체에 속한 당사자들 사이에서는 큰 의미를 가질 수 있으나, 그 밖의 국가에 있어서는 이를 보편적인 기준으로 참고하기에 부적절한 부분이 있다. 예컨대, 로마규정(Ⅱ)은 불법행위의 준거법을 손해발생지법을 기준으로 함으로써 신청인에게 매우 유리한 입장을 취하고 있는 반면,[879] 국가에 따라서는, 예컨대, 우리나라 국제사법처럼 불법행위지법으로 정하고 있는 경우도 있으므로,[880] 획일적인 취급은 곤란하다고 본다.

5.198 사견으로는 로마규정(Ⅱ)의 경우 불법행위가 어떤 국가에 보다 더 밀접하게 관련이 있는 경우에는 그 국가의 법을 준거법으로 하는 규정을 두고 있고,[881] 이러한 원칙은 단순히 불법행위지법 또는 결과발생지법 등과 같은 기준보다는 더욱 보편성이 있다고 할 수 있는데, 이러한 원칙에 더하여 불법행위로 인한 분쟁은 원래 중재합의의 대상은 아니고 단지 계약상의 분쟁과 밀접한 관련이 있기 때문에 중재합의의 대상 분쟁으로 해석된다는 점까지 종합적으로 감안한다면, 특별한 사정이 없는 한 계약과 관련이 있어서 계약상의 분쟁과 같이 다루어지는 계약외의 분쟁에 대하여 계약상의 준거법과 또 다른 법을 준거법으로 적용하는 것은 바람직하지 않다고 본다.

---

878 Greenberg 외, 116면 내지 118면 참조.

879 로마규정(Ⅱ) 제4조

1. Unless otherwise provided for in this Regulation, the law applicable to a non-contractual obligation arising out of a tort/delict shall be the law of the country in which the damage occurs irrespective of the country in which the event giving rise to the damage occurred and irrespective of the country or countries in which the indirect consequences of that event occur.

880 국제사법 제32조 제1항은 "불법행위는 그 행위가 행하여진 곳의 법에 의한다"고 규정하고 있다.

881 로마규정(Ⅱ) 제4조 제3항 참조.

5. 상인법(lex mercatoria)

가. 개 념

5.199 분쟁의 실체에 관한 준거법은 반드시 특정 국가의 법이어야 하는지에 대하여는 많은 논란이 있다. 소송의 경우는 전통적인 국제사법의 원칙상 계약의 준거법은 반드시 특정 국가의 법이 되어야 한다. 따라서 특정 국가의 법이 아닌 법의 일반원칙(general principle of law)이나 사법통일국제연구소(UNIDROIT)의 국제상사계약원칙(Principles of International Commercial Contracts; PICC)[882] 또는 유럽계약법위원회(이른바 Lando 위원회)의 유럽계약법원칙(Principles of European Contract Law; PECL)[883] 등과 같은 상인법(lex mercatoria)은 계약의 준거법으로 될 수가 없다. 그러나 국제중재의 경우는 당사자의 합의에 또는 중재규칙이나 중재법 등에 따라 특정 국가의 법이 아닌 위와 같은 상인법도 계약의 준거법이 될 수 있고 실제로 그러한 규범을 준거법으로 한 중재판정이 점점 증가하고 있는 추세이다.

나. 당사자에 의한 선택

5.200 국제중재의 당사자들은 일반적으로 분쟁해결의 준거법으로 특정 국가의 법이 아닌 규범을 선택할 수 있다. 이러한 가능성은 모범중재법도 인정하고 있는데,[884] 모범중재법 제28조 제1항의 문언을 자세히 살펴보면 1문의 'rules of law'는 2문의 'the law or legal system of a given State'와는 구분되는 표현으로서 그 대상이 특정 국가의 규범에 국한되지 않는 것이다. 당사자가 상인법 또는 국제거래법의 일반원칙과 같은 법규범을 준거법으로 선택하는 중재합의 문구의 전형적인 예는 다음과 같다.

---

882 이에 관한 보다 자세한 논의는 안건형, "국제상사중재에서 UNIDROIT 원칙의 적용에 관한 연구," 성균관대학교 대학원 박사학위 논문 2011. 2 (2010) 참조.

883 CISG(The United Nations Convention on Contracts for the International Sale of Goods, 국제물품매매계약에 관한 국제연합협약)의 경우 체약국 당사자들에 대하여는 실체법과 동일하게 취급될 것이지만 조약의 적용범위에 속하지 않는 사건의 경우는 일종의 상인법(lex mercatoria)으로 작용할 수 있다.

884 모범중재법 제28조 제1항
The arbitral tribunal shall decide the dispute in accordance with such rules of law as are chosen by the parties as applicable to the substance of the dispute. Any designation of the law or legal system of a given State shall be construed, unless otherwise expressed, as directly referring to the substantive law of that State and not to its conflict of laws rules.

"Any questions relating to this contract which are not expressly or implicitly settled by the provisions contained in this contract shall be governed by the principles of law generally recognized in international trade as applicable to international distribution contracts, with the exclusion of national laws"[885]

5.201 다만, 이처럼 특정 국가의 법이 아닌 상인법 등을 준거법으로 합의하는 경우에 그 내용의 추상성으로 인하여 예측가능성이 부족해진다는 등의 단점이 있으므로 실무에서는 당사자들이 이러한 규범을 실체적 준거법으로 지정하는 경우가 매우 드물다.

다. 중재판정부에 의한 선택

5.202 위와 같이 당사자들이 명시적으로 지정하지 않은 경우에도 중재판정부 스스로가 위와 같이 상인법 등 법규범을 준거법으로 선택할 수 있는가에 대하여는 중재규칙이나 중재법을 살펴보아야 한다.

5.203 우선, ICC 중재규칙은 앞서 본 바와 같이 제21조 제1항에서 'the rules of law which [the arbitral tribunal] determines to be appropriate'라고 하여 중재판정부에게 반드시 특정 국가의 법을 준거법으로 지정할 의무를 부과하고 있지 않으며 KCAB 국제중재규칙 등 다른 많은 중재규칙의 경우도 마찬가지이다.[886] 다만 이와 같이 중재판정부에게 상인법 등 특정 국가의 법이 아닌 규범들을 준거법으로 선택할 수 있는 재량이 부여된 경우에도, 특정 국가의 법 또는 CISG와 같은 조약 등이 적용되는 경우 이를 보완하거나 공백을 메우는 보조적 수단으로서 최소한도로만 참고하는 것은 몰라도 중재판정부가 그와 같은 법규범을 준거법으로 명시적으로 선택하는 경우가 많지는 않다. 왜냐하면 그러한 규범은 아무래도 특정 국가의 법에 비하여 명확성이 떨어지고, 그러한 규범을 적용한 구체적인 판정 사례조차 충분히 축적되어 있지 않을 뿐만 아니라, 중재판정부로서는 자칫 판정에 대한 이의사유가 될 수도 있는 준거법을 적용하는 것을 꺼리는 경향이 있기 때문이다.

---

[885] Greenberg 외, 133면 참조.

[886] KCAB 국제중재규칙 제29조 제1항은 당사자의 합의가 없는 경우 중재판정부는 적절하다고 판단하는 실체법이나 법원칙을 적용한다고 규정하고 있다.

5.204 한편, 모범중재법은 중재판정부에게 그러한 선택권을 허용하지 않는 것으로 보인다. 즉, 모범중재법 제28조 제1항에서 당사자들은 'rules of law'를 선택할 수 있다고 광범위하게 그 대상을 열어놓은 것과 달리, 당사자가 선택하지 않은 경우에 있어서 동조 제2항은 일정한 국제사법 규정에 따라 결정되는 '법(the law)'을 적용해야 한다고 규정하고 있는데, 이는 대체로 중재판정부에게 특정 국가의 국내법을 선택할 수 있는 권한만을 부여하고 있다고 해석된다. 또한, 일부 국가의 경우 모범중재법의 문언보다도 좀 더 명확히 중재판정부가 준거법을 선택함에 있어서 특정 국가의 법만을 선택할 수 있도록 중재법에 규정하고 있는 경우가 있음은 앞서 살펴본 바와 같다. 예컨대, 독일을 비롯하여 일본이나 우리나라의 중재법은 분쟁과 가장 밀접한 관련이 있는 '국가의 법'이라고 해서 상인법 등 특정 국가의 법이 아닌 규범의 적용은 배제가 된다.

6. 거래관행

5.205 중재라는 것은 연혁적으로 볼 때 엄격한 법의 적용보다는 거래관행(trade usages)까지 충분히 고려하여 상업적으로 합리적인(commercially reasonable) 결론을 내리는 분쟁해결의 수단으로 인식되어 왔다. 이러한 거래관행의 적용은 국제적으로 통용되는 일반적인 원칙이기도 하다.[887] 실제로 대부분의 중재규칙 및 중재법은 중재판정부가 거래관행을 참조할 수 있다고 규정하거나 심지어 참조하여야 한다고 규정하고 있다. 예컨대, 모범중재법은 중재판정부가 분쟁을 판단함에 있어서 계약의 조건은 물론 거래관행을 고려하여야 하는 것으로 규정하고 있다.[888] 이러한 거래관행은 국제 상거래의 급속한 발전을 관련 법규정이 미처 따라가지 못하는 현재의 상황에서 엄격한 법률 적용에 따른 부당한 공백을 메우는 중요한 기능을 하며, 실무상 이러한 거래관행이 판정에 참조되는 경우는 많다.[889]

---

887 UNIDROIT 국제상사계약원칙 제1.9조 제2항
The parties are bound by a usage that is widely known to and regularly observed in international trade by parties in the particular trade concerned except where the application of such a usage would be unreasonable.

888 모범중재법 제28조 제4항
In all cases, the arbitral tribunal shall decide in accordance with the terms of the contract and shall take into account the usages of the trade applicable to the transaction.

889 ICC Case No.5721 (1990); ICC Case Nos.6515 and 6516 (1994); ICC Case No.9479 (1999); ICC Case No.1472 등 참조.

7. 형평과 선(善)

5.206 중재절차는 기본적으로 소송과 마찬가지의 사법적 절차로서 분쟁을 법규범에 따라 해결하는 절차이다. 따라서, 중재판정부가 우의적 중재인(amiable compositeur)으로서 분쟁에 대하여 구체적인 법규범을 적용함이 없이 공평의 원칙이나 양심, 즉, 형평과 선에 따라(ex aequo et bono) 판단을 하는 것은 오로지 당사자들이 명시적으로 합의한 경우에만 가능하다고 보는 것이 일반적이다.[890]

5.207 일부 국가의 중재법, 예컨대, 인도네시아 중재법,[891] 중국 중재법,[892] 에콰도르 중재법[893] 등과 같이 중재판정부에게 기본적으로 형평과 선에 의한 판정을 내릴 수 있도록 권한을 부여하는 경우도 없지는 않지만, 대부분의 중재규칙이나 중재법은 형평과 선에 의한 판정은 당사자들의 명시적인 수권이 없이는 불가능한 것으로 규정하고 있다.[894] 실무에서 당사자들이 중재판정부에게 형평과 선에 의한 판단을 하도록 명시적으로 권한을 부여하는 경우는 매우 드물다.

5.208 형평과 선에 의한(ex aequo et bono) 판정은 영미법상의 형평법(equity law) 원칙의 적용과 달리 어떠한 법체계로부터도 구애받지 않은 상태에서 구체적인 사안에 대해 중재인 자신이 공평하다고 생각하는 관념에 따라 합리적으로 판단하는 것을 의미한다. 다만 형평과 선에 의한 판단인 경우라도 중재인이 분쟁의 대상이 된 계약의 조건에 어떠한 영향도 받지 않고 무한정 자의적으로 결정할 수 있는 것은 아니다. 즉, 형평과 선에 의한 중재라 하더라도 중재인은 당사자들이 특별히 권한을 위임하지 않는 한 계약 내용을 마음대로 수정하거나 삭제할 수는 없

---

[890] 우리 대법원 또는 하급심 판례 가운데 비록 방론이기는 하나 중재판정에 요구되는 이유 기재의 정도를 설시하는 과정에서 중재판정의 경우 마치 실정법을 떠나 공평의 원칙을 근거로 하여 판단하는 것이 일반적으로 허용될 수 있는 것처럼 판시하는 경우가 있는바(대법원 2010. 6. 24. 선고 2007다73918 판결, 서울고등법원 2007. 9. 12. 선고 2006나107687 판결 등 참조), 이는 적절치 않은 표현이라고 하겠다.

[891] 인도네시아 중재법 제56조 제1항
The arbitrator or arbitration tribunal shall render its decision based upon the relevant provisions of law, or based upon justice and fairness.

[892] Jingzhou Tao, *Arbitration Law and Practice in China*, Kluwer (2008), 105면 내지 106면 참조.

[893] Redfern and Hunter, 229면 참조.

[894] ICC 중재규칙 제21조 제3항; KCAB 국제중재규칙 제29조 제3항; HKIAC 중재규칙 제35조 제2항; 모범중재법 제28조 제3항; 우리 중재법 제29조 제3항; 일본 중재법 제36조 제3항 등 참조.

다. 모범중재법은 형평과 선에 의한 판단을 포함한 모든 경우에 있어서 중재판정부는 계약의 조건(terms of the contract)에 따라 결정해야 하고 당해 거래에 적용 가능한 상관습을 고려해야 한다는 제약을 가하고 있다.[895] 또한, 형평과 선에 의한 판단의 경우라도 공공질서 또는 강행법규의 제한을 받는 것은 물론이다.

8. 강행법규에 의한 준거법 선택의 제한

5.209 당사자가 특정 국가의 법을 실체의 준거법으로 지정한 경우 당해 국가의 강행규정은 그 준거법의 일부로서 당연히 분쟁의 실체 판단에 영향을 미치게 된다. 그러나 그 밖의 국가의 강행규정들이 분쟁의 실체 판단에 과연 영향을 줄 수 있는 것인가에 대하여는 논란이 적지 않다.

5.210 우선 중재지의 절차적 강행규정의 경우 이는 이른바 lex arbitri로서 중재절차에 영향을 미치게 된다는 점은 이미 살펴본 바와 같다. 예컨대, 당사자들이 합의한 중재절차의 내용이라고 하더라도 중재지의 절차적 강행규정에 위반되는 범위에서는 효력이 인정되지 않고 중재지의 절차적 강행규정이 우선적으로 적용된다. 그런데, 문제는 중재지나 기타 제3국의 실체적 강행법규가 중재의 실체 관계에 영향을 주는가 하는 점이다.

5.211 외국적 요소가 있는 국제소송의 경우 당사자들이 특정 국가의 법을 실체의 준거법으로 지정하였다고 하더라도 법정지의 국제적 강행규정, 즉, 법정지의 법이 역외적으로(extraterritorially) 적용하는 강행규정에 위배되는 경우 그 범위 내에서는 법원이 당사자들에 의해 지정된 준거법을 무시할 수가 있다. 로마규정(Ⅰ) 제9조 제2항도 이 협약의 어떠한 조항도 법정지의 강행규정의 적용을 제한할 수 없다고 규정하여 법정지의 강행법규가 우선함을 명시하고 있다.[896] 우리 국제사법 제7조 역시 입법목적상 준거법에 관계없이 해당 법률관계에 적용되어야 하는 대한민국의 강행규정은 외국법이 준거법으로 지정되는 경우에도 적용한다고 규정하고 있다.

5.212 그러나 중재의 경우는 앞서 본 바와 같이 법정지법(lex fori)이라는 관념이 존재하

---

[895] 모범중재법 제28조 제4항 참조.

[896] 로마규정(Ⅰ) 제9조 제2항
Nothing in this Regulation shall restrict the application of the overriding mandatory provisions of the law of the forum.

지 아니하며 중재지의 법 역시 단지 중재의 절차를 관장할 뿐이므로 법정지의 실체적 강행규정은 원칙적으로 소송에서의 법정지법과 같이 중재의 실체관계에 작용할 여지는 없다고 보아야 할 것이다. 다만, 어떤 국가의 실체적 강행규정이 대상 분쟁에 특별한 관련성이 있는 경우에는 중재지 여부를 불문하고 이른바 특별연결이론(Sonderanknuphungslehre)에 의하여 당사자가 지정한 준거법에도 불구하고 적용이 될 수는 있을 것이라는 견해가 있는가 하면,[897] 그러한 관련성에 추가하여 국제적으로 승인되는 규율목적("shared values")에 봉사하는 경우에는 해당 국가의 국제적 강행법규 역시 적용되거나 고려되어야 한다는 견해도 있다.[898]

5.213 그러나 어느 경우이든 뉴욕협약에 의하여 보호받는 국제중재의 경우는 소송과 달리 특정 국가의 강행규정의 적용에는 매우 신중을 기할 필요가 있다. 물론, 어떤 거래나 분쟁과 전혀 관련이 없는 제3국의 강행규정이 단지 중재지의 법이라는 이유로 적용될 수는 없다고 본다.[899] 그러나 예컨대, 당사자들이 의도적으로 제3국의 준거법을 선택하였다고 하더라도 해당 거래와 진정한 관련성이 있는 국가의 반독점법 등과 같은 강행규정들은 피할 수가 없다고 보는 것이 취지에 맞을 것이다.[900] 특히 해당 강행규정이 중재지국 또는 중재판정의 집행이 예상되는 국가의 강행규정인 경우에는 해당국가의 공공질서 위반 등을 이유로 중재판정이 취소되거나 집행이 거부될 수 있으므로, 자신의 중재판정이 집행될 수 있도록 최

---

[897] N. Voser, 'Current Development: Mandatory Rules of Law as a Limitation on the Law Applicable in International Commercial Arbitration', (1996), American Review of International Arbitration Vol.7, 218면 참조.

[898] 석광현, 181면 각주 133 참조.

[899] 제3국의 강행규범이 적용될 수 있다는 원칙론을 선언한 판정례는 적지 않지만 실제로 그러한 강행규범이 적용된 예는 드물다. ICC Case No.6320 (1992) 사건의 경우 중재판정부는 미국의 부패방지법 관련 강행규정이 브라질 법을 준거법으로 삼은 계약에도 역외적으로 적용될 수 있다고 하였지만, 해당 사안에서 문제가 된 강행규정이 미국의 '중요하고 정당한 이해'를 반영해야 한다는 조건이 충족되지 않았음을 이유로 실제로 미국의 강행규정이 적용되지는 않았고, ICC Case No.6379 (1990) 사건의 경우에는 독점적인 배급계약과 관련한 벨기에의 강행규정의 적용가능성이 이슈가 되었는데, 중재판정부는 사안과의 관련성 부족을 이유로 벨기에의 유통법상의 강행규정을 적용할 수 없다고 보았다(Greenberg 외, 122면 참조).

[900] Mitsubishi Motors Corp. v. Soler Chrysler-Plymouth, Inc. 473 U.S. 614 (1985) 참조. 중재와 관련된 것은 아니지만, European Community Directive Relating to Self-Employed Commercial Agents에서 규정하고 있는 보상청구(indemnity)에 관한 권리는 당사자들이 비록 미국 캘리포니아주법을 준거법으로 합의하였다고 하더라도 EU에서 활동하는 대리상(agent)에 대하여는 강행적으로 적용된다는 유럽연합법원(ECJ)의 판례도 있다(Ingmar GB Ltd. v. Eaton Leonard Technologies, Inc., Case C-381/98, [2000] ECR I-9305 참조).

선의 노력을 기울여야 하는 중재판정부로서는 단지 당사자가 합의한 준거법이 아니라고 해서 이를 함부로 무시해서는 안 될 것이다.

5.214 또한, 중재판정부가 어떤 국가의 실체적 강행규정을 고려할 수 있는 경우라 하더라도 과연 당사자의 주장과 무관하게 독자적으로(ex officio) 고려할 수도 있는가 하는 점이 문제가 될 수 있는데, 이와 관련하여서는 Eco Swiss v. Benetton 사건이 유명하다.[901] 이는 계약에 따라 네덜란드법을 준거법으로 하여 네덜란드 중재원의 중재규칙에 의해 진행된 중재사건에서 불리한 판정을 받은 Benetton사가 상대방인 Eco Swiss를 상대로 당사자들의 합의내용이 EC경쟁법에 위배됨을 이유로 중재지인 네덜란드 법원에 중재판정 취소의 소를 제기한 사건이었다. 동 사건의 쟁점은 비록 중재절차에서 양 당사자가 EC경쟁법 위반에 대한 문제를 제기한 바가 없었더라도 중재판정부가 직권으로 해당 강행규정을 적용할 의무가 있었는지 여부에 관한 것이었는데, 네덜란드 법원이 유럽연합법원(European Court of Justice)에 해당 쟁점에 대한 의견을 구하자 유럽연합법원은 중재절차에서 특정 강행규정 적용 여부가 쟁점이 되지 않았다고 하더라도 해당 강행규정 위반을 이유로 중재판정이 취소될 수도 있다는 취지로 판시하였다.[902]

Ⅵ. 중재절차에 관한 법원의 역할

1. 머 리 말

5.215 중재는 소송과는 달리 당사자 자치에 기초하여 행해지는 사적인 절차이므로 절차의 진행 과정에서 당사자 자치의 범위를 벗어난 문제에 부딪힐 경우 법원의 도움이 필연적으로 요구된다. 단적인 예로, 중재판정부가 내린 결정이나 종국적 판정을 당사자가 자발적으로 이행하지 않는 경우 이를 강제하여 실효성을 획득하기 위하여서는 궁극적으로 공권력을 가지고 있는 법원의 도움이 필요할 수밖에 없다. 또한, 비단 중재판정의 승인 및 집행의 문제만 아니라 중재절차의 진행과정에서도, 예컨대, 당사자들이 중재인 선정에 합의하지 못하는 경우나 선정된 중재인에 대하여 기피신청을 하는 경우, 그리고 당사자가 아닌 제3자에 대하여 증거조사가 필요할 경우 등과 같이 사적 자치에 의한 절차진행이 한계에 부딪힐 때

901 Eco Swiss v. Benetton (1999) ECR 3055.

902 유사한 취지의 판례로는 Thales v. Euromissile, 18 November 2004, Paris Court of Appeal, Case No.2002/60932 참조.

는 법원의 조력이 필수적으로 요구된다. 이러한 중재절차의 전반적인 과정에서 있어서 중재지 법원의 도움이야말로 당사자의 사적 자치에 의한 중재절차가 가지는 한계점을 보완하여 중재절차를 보다 완전한 것으로 만드는 데에 있어서 필수적인 요소라고 하지 않을 수 없다.

5.216 한편, 법원은 이와 같이 중재에 대하여 후견적인 기능을 행사하는 대신에 일정한 감시자 또는 감독자의 역할도 담당한다. 예컨대, 중재지 법원은 중재절차의 진행 과정에서 중재판정부의 관할에 대한 이의가 일방 당사자에 의하여 제기될 경우나 중재판정에 대하여 중재판정 취소의 소가 제기된 경우에 그러한 절차를 통해 중재절차에 대한 심사 또는 감독을 하며, 중재판정에 대한 승인 및 집행의 요청이 있을 때에는 집행국 법원 역시 일정한 승인 및 집행의 요건을 갖추었는지를 심사함으로써 간접적으로 중재를 감독하게 된다.

5.217 중재에 관하여 극단적인 탈국가화(delocalization)를 주장하는 입장에서는 이러한 국가 법원의 중재에 대한 사법적 감독권 그 자체를 부정적으로 보기도 하지만, 오히려 비록 엄격한 요건 하에서나마 중재에 대하여 중재지 법원을 통한 사법적 심사가 이루어진다는 것은 중재절차의 염결성과 신뢰성을 확보하는 보루가 될 수도 있다. 다만, 국제중재의 경우 뉴욕협약의 pro-arbitration 정신에 입각하여 각국은 중재절차에 대한 법원의 후견적 기능은 극대화하면서도 가급적 간섭이나 통제를 최소화하려는 노력을 경쟁적으로 기울이고 있고, 모범중재법 역시 "이 법에 의하여 규율되는 사항에 대하여는 이 법이 정한 경우를 제외하고서는 법원이 관여할 수 없다"는 규정을 두고 있다.[903]

5.218 이하에서는 중재절차에 관한 법원의 역할 가운데 중재판정의 취소나 승인 및 집행을 둘러싼 쟁점 이외의 부분을 중심으로 살펴보고자 한다.[904]

---

903 모범중재법 제5조
In matters governed by this Law, no court shall intervene except where so provided in this Law.

904 중재판정의 승인 및 집행은 제6장, 중재판정의 취소는 제7장에서 보다 자세히 논한다.

2. 중재절차의 지원

가. 중재인의 선정 및 기피결정

5.219 모범중재법은 당사자들이 중재판정부의 구성 또는 구성방법에 대하여 아무런 합의를 하지 않은 경우 또는 합의한 사항을 이행하지 않는 경우 법원 등이 중재판정부의 구성을 위한 적절한 조치를 취하여야 한다고 규정하고 있다.[905] 그리고 구성된 중재판정부가 중재인에 대한 당사자의 기피신청을 기각한 경우 일정한 기간 내에 법원에 기피신청을 할 수 있고 법원의 결정에는 항고를 하지 못한다.[906] 또한, 중재인이 직무를 수행할 수 있는지 여부를 두고 다툼이 있는 경우 법원에 대하여 중재인 권한종료에 대한 결정을 요청할 수 있고 이에 관한 법원의 결정에 대하여는 역시 항고를 할 수 없다.[907]

5.220 법원이 중재인을 선정하는 방법은 각 국가마다 다양하지만, 중재인 선정에 요구되는 전문성, 신속성 등을 고려하여 우리 개정 중재법 제12조 제3항은 법원이 중

[905] 모범중재법 제11조 제3항
Failing such agreement,
(a) in an arbitration with three arbitrators, each party shall appoint one arbitrator, and the two arbitrators thus appointed shall appoint the third arbitrator; if a party fails to appoint the arbitrator within thirty days of receipt of a request to do so from the other party, or if the two arbitrators fail to agree on the third arbitrator within thirty days of their appointment, the appointment shall be made, upon request of a party, by the court or other authority specified in article 6;
(b) in an arbitration with a sole arbitrator, if the parties are unable to agree on the arbitrator, he shall be appointed, upon request of a party, by the court or other authority specified in article 6.

[906] 모범중재법 제13조 제3항
If a challenge under any procedure agreed upon by the parties or under the procedure of paragraph (2) of this article is not successful, the challenging party may request, within thirty days after having received notice of the decision rejecting the challenge, the court or other authority specified in article 6 to decide on the challenge, which decision shall be subject to no appeal; while such a request is pending, the arbitral tribunal, including the challenged arbitrator, may continue the arbitral proceedings and make an award.

[907] 모범중재법 제14조 제1항
If an arbitrator becomes de jure or de facto unable to perform his functions or for other reasons fails to act without undue delay, his mandate terminates if he withdraws from his office or if the parties agree on the termination. Otherwise, if a controversy remains concerning any of these grounds, any party may request the court or other authority specified in article 6 to decide on the termination of the mandate, which decision shall be subject to no appeal.

재인 선정권한을 가지면서도 사안에 따라 그 선정권한을 중재기관에 위임할 수 있는 법적 근거를 마련하고 있음은 앞서 본 바와 같다.[908] 또한, 중재인 선정과 관련하여 우리 대법원은 "중재법 제12조 제3항, 제4항의 규정에 의한 중재인 선정 신청이 있는 경우 법원은 당해 분쟁이 중재합의의 대상에 포함되는 분쟁으로서 중재인 선정에 필요한 절차적 요건을 갖추고 있다면 바로 중재인을 선정하여야 할 것이고 분쟁의 내용까지 심리하여 분쟁 당사자인 신청인이 주장하는 이행청구권이 없다는 이유로 중재인 선정을 기각할 수 없다"고 판시한 바 있다.[909]

5.221 한편, 우리 중재법 제12조 제3항 및 제4항에 따라 법원에 중재인의 선정을 신청한 경우 그 신청사건은 비송사건이므로 비송사건절차법이 적용되는바, 우리 중재법 제12조 제5항이 "제3항, 제4항의 규정에 의한 법원의 결정에 대하여는 불복할 수 없다"라고 규정하고 있는 것과 관련하여 우리 대법원은 그 규정은 당사자의 신청을 받아들여 법원이 중재인을 선정하는 결정을 한 경우에 신속한 중재절차 진행을 위해 항고를 허용하지 않는 취지일 뿐, 법원이 중재인 선정 신청을 기각하는 경우에는 비송사건절차법 제20조 제1항에 따라 항고하여 다툴 수 있다고 판시한 사례가 있다.[910]

나. 보전처분

5.222 2006년 개정 모범중재법은 중재판정부가 취할 수 있는 임시적 처분의 범위를 확대하였으며 이에 따라 여러 중재규칙이나 각국의 중재법 역시 중재판정부에게 임시적 처분에 관한 광범위한 재량을 부여하는 추세이다. 그리고 중재판정부가 내린 임시적 처분에 대하여는 중재판정과 마찬가지로 법원의 허가를 통해 집행을 할 수 있도록 하는 입법례도 늘고 있다. 그러나 중재판정부의 임시적 처분은 예컨대, 상대방을 배제한 채 일방적으로(ex parte) 진행하는 것이 원칙적으로 어렵고 그러한 ex parte 진행이 가능한 사전명령(preliminary order)의 경우에는 당사자가 불응할 경우 법원을 통해 집행하는 것이 곤란하다는 난점이 있음은 이미 살펴본 바와 같다.

---

908 보다 자세한 내용은 제4장 Ⅲ. 2. 다. 참조.

909 대법원 2009. 10. 14.자 2007마1395 결정 참조.

910 대법원 2009. 4. 15.자 2007그154 결정 참조.

5.223 더구나 중재판정부가 구성되기 이전에는 그러한 사전적 조치도 어려운데, 일부 중재규칙이 그러한 경우를 대비하여 긴급중재인(emergency arbitrator) 제도를 도입하고는 있으나 이 역시 법원을 통해 집행을 하기에는 여러 가지 법적 뒷받침이 미비하다는 점이 문제이다. 뿐만 아니라 중재판정부의 임시적 처분은 아무래도 제3자에 대하여는 강제력을 가지기가 어렵다는 점도 한계로 작용한다. 이러한 여러 가지 측면을 고려할 때 직접 법원을 상대로 제기하는 일반적인 보전처분은 여전히 중재당사자에게 매력적인 구제수단으로 남아 있다고 본다.

5.224 모범중재법은 법원에 대한 보전처분은 중재합의의 위반이나 포기가 아니며 중재합의가 있다고 해서 법원이 보전처분을 명할 수 없는 것은 결코 아니라는 점을 선언하고 있다.[911] 당사자는 보전처분의 관할이 인정되는 국가의 법원이라면, 중재판정부에 임시적 처분을 구하는 것과 별도로, 해당 법원에 보전처분을 신청할 수 있는 것이 원칙이다.[912] 다만, 아무리 보전처분이라고 하더라도 본안에 관한 일정한 판단을 수반한다는 측면에서 중재합의가 있는 경우 법원에 의한 가처분에는 신중을 기할 필요가 있다.[913] 특히, 일부 국가에서 허용되는 이른바 만족적 가처분과 같은 경우는 임시적 처분이라는 점에서는 보전처분의 일종이기는 하지만 사실상 본안에 대한 종국적 판단과 유사한 강력한 효력을 가진다는 점에서 실무상 논란이 없지 않다.

5.225 영국 중재법은 증거나 자산의 보전조치 등 중재절차를 지원하기 위해 법원이 할 수 있는 일정한 임시적 처분은 엄격한 요건 하에서만 행사될 수 있는 것으로 규정하고 있다.[914] 영국 대법원(House of Lords)[915]은 중재합의가 있는 계약과 관련

---

911 모범중재법 제9조
It is not incompatible with an arbitration agreement for a party to request, before or during arbitral proceedings, from a court an interim measure of protection and for a court to grant such measure.

912 소송의 경우 본안에 대한 관할을 가진 법원이 보전처분의 관할권도 가지는 것에 대응하여, 중재의 경우도 소송이 제기되었을 경우를 가정하여 본안 관할을 정하여야 한다는 견해가 있으나(석광현, 429면 각주 63 참조), 이러한 접근방식은 특히 국제중재 사건에 그대로 적용되기는 어렵다고 본다.

913 국제중재의 경우 각국의 법원은 해당 법원과 분쟁간의 실질적 관련성, 증거의 소재지, 보전처분의 집행의 용이성 등 다양한 고려를 통해 자국의 법원이 보전처분 발령 권한이 있는지를 신중하게 심사한다[Born(ICA), 2559면 내지 2560면 참조].

914 영국 중재법 제44조 참조.

915 2009. 10. 1.자로 영국 대법원이 종래 House of Lords에서 Supreme Court로 바뀌었다.

하여 일방 당사자가 상대방의 공사 중단을 금지하는 가처분을 구한 Channel Tunnel 사건에서 비록 가처분을 통해 구한 구제수단이 본안에서의 최종 구제수단과 중복된다고 하더라도 법원은 보전처분에 대한 권한이 있음을 선언하면서도, 다만 그러한 보전처분의 요건을 엄격하게 해석하여 보전처분 신청을 기각한 것은 유명하다.[916] 그리고 미국의 경우 비록 예외적인 사례이기는 하나 중재합의가 있는 경우 법원이 임시적 처분을 발령할 수 없다고 본 사례가 있으며,[917] 중재판정부에 의한 임시적 처분이 가능한 경우 법원에 의한 보전처분을 허용하지 않은 사례도 있다.[918]

5.226 한편, 법원의 보전처분이 가능한 시기와 관련하여, 우리 중재법 제10조가 “중재합의의 당사자는 중재절차의 개시 전 또는 진행 중에 법원에 보전처분을 신청할 수 있다”라고 명시하고 있어 중재판정이 내려진 이후에도 법원이 보전처분을 할 수 있는지가 문제될 수 있다고 하면서, 입법론상 우리 중재법 제10조를 모범중재법 제9조와 같이 개정하거나 ‘중재철차의 개시전 또는 진행 중에’라는 구절을 삭제하는 것이 바람직하다는 견해가 있다.[919] 그러나 우리 중재법 제10조는 기본적으로 모범중재법의 내용을 채택한 것으로서, 중재판정이 내려진 이후의 보전처분에 대하여 언급이 없는 것은 그러한 보전처분이 집행판결 절차와 관련한 법원의 당연한 권한에 해당하는 것이기 때문이라고 본다. 따라서 우리 중재법 제10조가 집행판결 이전에 중재판정에 따른 집행을 보전하기 위한 가압류나 가처분을 배제하기 위한 취지로 해석될 여지는 없다고 할 것이다.

5.227 마지막으로, 당사자들 사이에 중재합의를 하면서 법원에 보전처분을 할 수 없도록 합의하는 경우가 가끔씩 있고 중재규칙에 따라서는 법원에 대한 보전처분을 포기하는 조항을 두는 경우도 없지 않다. 물론 이러한 당사자들의 합의나 중재규칙의 내용이 유효한가 하는 점에 대하여는 논란이 전혀 없지는 않지만, 앞서 본

---

916 Channel Tunnel 사건이 중재지국 법원이 아닌 법원이 보전처분을 심사할 권한이 없다는 취지라는 견해가 있으나(목영준, 190면), 동 사건은 중재합의가 있는 사안에 대한 법원의 보전처분 발령 권한이 주된 쟁점이 된 사안으로서 어느 나라의 법원이 보전처분의 관할을 가지는지에 대한 판례라고 보기는 어렵다. 다만, 중재지가 외국인 경우에는 영국 법원이 영국 중재법 제44조에 의한 관할을 행사할 합리적인 이유가 필요할 것이다(Sutton 외, 430면 참조).

917 Born(IA), 220면 이하 참조.

918 Moses, 109면 참조.

919 김갑유(대표집필), 269면 참조.

바와 같이 법원에 의한 보전처분 이외에는 당사자에 대한 유효한 권리 구제가 이루어지기 어려운 특단의 경우를 제외하고서는 이를 무조건 무효라고 판단할 이유는 없다고 본다.[920]

다. 중재합의의 이행강제

5.228 중재합의의 일방 당사자가 중재합의에도 불구하고 분쟁을 법원으로 가져갈 수도 있는데, 이 경우 모범중재법은 제8조에서 제1항에서 "중재합의의 대상인 문제에 대해 소송이 제기된 법원은 분쟁의 실체에 대한 첫 서면의 제출 전에 당사자가 신청을 한다면, 중재합의가 부존재 또는 무효이거나, 효력을 상실하였거나 그 이행이 불가능한 경우가 아니라면, 당사자들을 중재에 회부하여야 한다"고 규정한다. 그리고 동조 제2항에서 "동조 제1항에서 말한 소송이 제기된 경우, 중재절차는 그럼에도 불구하고 개시되고 계속되고 법원에 소송이 계속 중인 동안 중재판정이 내려질 수 있다"고 규정한다.

5.229 당사자가 중재합의를 위반하여 소송을 제기한 경우 법원이 소송금지명령(anti-suit injunction)을 발령할 수 있는가 하는 점이 문제되는데, 영국의 경우 앞서 본 바와 같이 유럽연합 이외의 국가에 대하여는 여전히 법원이 이러한 금지명령을 발령하고 있는 것으로 보이나, 중재판정부와 달리 법원에 이러한 명령권을 부여하는 것에는 논란이 있음은 앞에서 본 바와 같다.[921]

라. 증거조사에 관한 협조

(1) 신청권자

5.230 중재판정부는 기본적으로 공권력을 직접 행사할 수 없으므로 중재절차에서 제3자의 수중에 있는 문서의 제출 또는 제3의 증인의 출석을 요구하거나 강제할 수 있는 방법이 없고, 따라서 이러한 문제를 해결하기 위해서는 법원에 협조를 구하는 수밖에 없다.[922] 이와 관련하여 모범중재법은 중재판정부 또는 중재판정부의

---

920 이에 관한 좀 더 자세한 논의는 제2장 Ⅲ. 1. 다. (2) 참조.

921 제3장 Ⅵ. 3. 나. 참조.

922 다만, 앞서 본 바와 같이 미국 연방 중재법 제7조는 중재판정부가 증인을 소환(summons)할 수 있고 중요한 문서를 소지하고 있는 경우 출석을 할 때 이를 지참하게 할 수도 있다(이에 관한 보다 자세한 논의는 Moses, 114면 참조).

승인을 얻은 당사자가 증거조사를 위한 조력을 관할법원에 요청할 수 있다고 규정한다.[923] 우리 중재법은 모범중재법과는 달리 중재판정부만 그와 같은 법원의 협조를 구할 수 있는 것으로 규정하고 있으므로, 법원의 협조를 원하는 당사자는 중재판정부에 그와 같은 취지의 신청을 하여야 한다.[924]

(2) 증거조사의 방법

5.231 법원은 자기의 관할권 내에서 자신의 증거조사 규칙에 따라 제3의 증인의 출석, 증거의 보존, 제3자의 수중에 있는 문서의 제출 등에 관한 협조 요청 사항을 수행할 수 있고, 그 구체적인 절차는 각국의 중재법 등 법률이 정할 사항이다. 증인신문 등 증거조사를 실제로 시행하는 기관이 법원인지 중재판정부인지에 관하여는 입법례가 나뉘는데, 대체로 영미법 국가의 경우는 대륙법 국가와 달리 법원은 증인을 소환하고 증인신문 등 실제 증거조사는 중재판정부가 하도록 하는 형태를 취하고 있다.

5.232 한편, 우리 개정 중재법은 중재판정부가 법원에 증거조사에 대한 협조를 요청하는 경우 법원은 증인이나 문서소지자 등에게 중재판정부 앞에 출석할 것을 명하거나 중재판정부에 필요한 문서를 제출할 것을 명할 수 있도록 하고 있다.[925] 또한, 우리 개정 중재법은 증거조사의 주체와 관련하여, 선서나 위증죄에 의한 증언의 진실성 담보라는 측면에서는 법원이 직접 증인신문 등 증거조사를 하는 것이 나을 수도 있다는 점에서 법원이 증거조사를 하되 중재판정부나 당사자가 재판장의 허가를 얻어 그 증거조사에 참여할 수 있도록 하는 절충적인 입장을 취하고 있다.[926]

(3) 증거조사의 범위

5.233 이러한 증거조사에 관한 협조 요청은 중재지 소재 법원에 대한 직접적인 협조 요청을 말하며 국제적 공조의 요청은 포함되지 않는 것으로 본다.[927] 중재지 소재

---

923 모범중재법 제27조 참조.

924 우리 중재법 제28조 제1항 참조.

925 우리 개정 중재법 제28조 제5항 참조.

926 우리 개정 중재법 제28조 제3항 참조.

927 Howard M. Holtzmann and Joseph E. Neuhaus, *A Guide to the UNCITRAL Model Law on International Commercial Arbitration: Legislative History and Commentary*, 738면 참조.

법원이 해외에 소재한 증거나 증인에 대한 조사도 가능한지에 대하여는 이견이 있고 모범중재법의 문언을 좁게 해석하면 부정적으로 해석될 가능성이 클 것이다. 그러나 독일[928]이나 스위스[929]의 경우와 같이 법규정상 제한된 문구가 없는 경우, 또는 영국과 같이 중재절차에서도 증인의 소환이나 문서의 제출 등 증거조사와 관련하여 소송과 동일한 절차를 통해서 법원의 조력을 받을 수 있다고 규정하고 있는 경우[930] 등에는 법원이 외국에 소재한 증거에 대하여 조약 등 기타 국내법상 가능한 채널을 통해 조사해줄 것을 요청하는 것이 가능하다는 견해도 있다.[931]

5.234 한편, 중재지가 제3국인 경우에도 법원이 조력을 할 수 있는지도 실무상 문제가 되는데, 영국 중재법은 중재지가 영국이 아닌 외국인 경우에도 중재절차에 대한 법원의 협력에 관한 조항이 적용된다고 규정하고 있다(동법 제2조 제3항). 미국 연방민사소송법 제1782조는 "지방법원이 그 지역에 거주하거나 있는 자에게 외국 또는 국제 판정부(tribunal)에서의 사용을 위해 증언을 하거나 문서를 제출하도록 명할 수 있다"고 규정하는데, 여기서 판정부가 중재판정부를 포함하는지 여부에 관하여는 논란이 있고 이를 긍정하는 듯한 판례도 있다.[932] 그러나 국제중재의 경우 당사자들이 그와 같은 절차를 남용할 수도 있으므로, 동 조항에 의한 증거조사는 당사자가 아닌 중재판정부의 요청이 있는 경우에만 국한되는 것으로 해석하여야 한다는 견해가 있다.[933]

3. 중재절차의 감독 또는 심사

가. 모범중재법 제16조에 의한 심사청구

5.235 모범중재법 제16조는 중재판정부의 중재관할에 대한 이의가 있을 경우 중재판정부는 이를 선결문제로 심사하여 판단을 할 수 있고, 중재판정부의 중재관할에 대한 판단에 대하여는 바로 법원에 심사를 요청할 수 있다고 규정한다.[934] 이러한

928 독일 민사소송법 제1050조 참조.
929 스위스 국제사법 제184조 제2항 참조.
930 영국 중재법 제43조 및 제44조 참조.
931 Moses, 114면 참조. 다만, 미국의 경우는 이 점이 분명치 않아 보인다(Moses, 118면).
932 In re Roz Trading, No 06-cv-02305-WSD, 469 FSupp 2d 1221 (ND Ga Dec 19, 2006).
933 Moses, 120면 참조.
934 모범중재법 제16조 제3항 참조. 모범중재법은 관할을 인정한 중재판정부의 판단에 대하여만 언

권한에 대한 법원의 결정에 대하여는 항고를 할 수 없다.

5.236 이와 관련하여 위의 심사청구의 절차가 중재판정취소소송이나 집행판결청구소송에 비하여 그 심리방식이나 불복의 허부 등의 면에서 당사자에 대한 절차보장이 불충분하며, 법원의 결정에 기판력이 없다는 점 등을 이유로 법원의 위와 같은 결정은 중재판정부는 물론 그 후의 불복절차를 심사하는 법원에 대하여도 기속력이 없다는 견해도 있다.[935] 그러나 이러한 심사청구 제도는 중재판정부의 관할에 관한 결정의 당부를 중재지 법원의 심사를 통해 조기 확정함으로써 중재관할이 없음에도 무익하게 중재절차가 계속 진행되어 당사자들의 법률관계가 불안하게 되는 것을 막으려는 것이 그 취지의 하나라고 볼 때, 그러한 결정에 대하여 민사소송법상의 기판력을 부여하는 문제와는 별개로 기속력을 인정하는 것이 바람직한 것으로 판단된다.

5.237 한편, 모범중재법 제16조 제3항은 중재판정부가 선결문제로 내린 자신의 관할에 관한 판단에 관련된 것이므로, 중재판정부가 중재절차와 관련하여 내리는 다양한 명령이나 결정 등에 대하여는 애당초 동 조항에 의거하여 법원에 심사를 요청할 수 없다는 점을 유념하여야 한다.[936] 이와 관련하여 중재판정부의 중재언어에 대한 결정과 관련하여 위 모범중재법 제16조의 내용과 사실상 동일한 우리 중재법 제17조에 따라 법원에 심사 청구가 가능하다는 취지의 하급심 판결례가 있으나 의문이다.[937] 중재절차에 관하여는 앞서 본 바와 같이 대체로 중재판정부에 광범

급하고 있으나, 각국의 중재법은 중재관할을 부인한 중재판정부의 판단에 대하여도 바로 법원에 심사를 요청할 수 있도록 하고 있음은 앞서 본 바와 같다[제3장 Ⅶ. 2. 다. (2) 참조].

935 이호원(각주 63), 82면 참조(반대설에 대하여는 동 논문의 각주 29 참조).

936 모범중재법 제16조는 그 제목(Competence of arbitral tribunal to rule on its jurisdiction)에서 보는 바와 같이 중재관할에 관한 것이다. 동조 제2항에서 중재판정부가 직무권한(scope of its authority)을 벗어난 경우에 대하여 규정하고 있으나, 이는 중재판정부가 당사자들이 중재의 대상으로 합의한 분쟁이 아닌 다른 쟁점을 다루는 경우 등에 관련된 것이다.

937 서울고등법원 2015. 1. 16. 선고 2014나29096 판결 참조. 동 사건에서 1심은 중재언어에 대한 중재판정부의 구체적인 결정이 없다는 이유로 우리 중재법 제17조 소정의 법원의 심사요건을 갖추지 못하였다고 판시하였는데(서울중앙지방법원 2014. 5. 16. 선고 2014가합4373 판결), 서울고등법원은 중재판정부의 권한 유월에 대한 이의는 반드시 권한을 남용하는 실제 결정이나 행위가 행해진 뒤에 이를 제기하여야 하는 것은 아니며 판정부의 권한 여부가 당사자들 사이에 문제가 될 때 즉시 이의를 제기할 수 있다고 판시함으로써 중재언어에 대한 중재판정부의 구체적인 결정이 없는 이상 법원의 심사요건을 갖추지 못하였다고 판시한 1심 판결과 그 견해를 달리 하면서도, 권한에 대한 법원의 심사에 대하여는 항고를 할 수 없다는 중재법 제17조 제8항에 따라 1심에 대한 항고는 허용되지 않는다는 결론을 내렸다.

위한 재량이 부여되고 있을 뿐만 아니라, 설령 중재절차가 당사자가 합의한 바나 중재법과 달리 결정되어 진행되더라도 당사자는 이를 추후에 판정 취소 또는 승인 및 집행 거부의 사유로 주장할 수 있을 뿐 이러한 쟁점에 대하여 중재판정부의 권한 유월을 주장하면서 우리 중재법 제17조(모범중재법 제16조 제3항)에 의거하여 일일이 법원에 심사를 요청하는 것은 해당 조항의 취지를 몰각한 것으로서 그 자체로 허용되지 않는다고 본다.

나. 방소항변 등

일방 당사자가 법원에 제기한 소송에 관하여 상대방이 중재합의가 있다는 이유로 방소항변을 제기한 경우에도 법원은 중재관할에 대하여 판단하게 된다. 이와 관련하여 중재판정부가 가지는 관할에 관한 자체 심사권과 법원의 심사권의 관계 및 범위에 대하여 각국의 법원이 다양한 입장을 보이고 있음은 앞서 본 바와 같다. 5.238

그러나 소송이 제기되고 동 소송에서 중재관할을 이유로 방소항변이 제기되든 아니면 그 밖에 일방 당사자가 적극적으로 법원에 중재관할 유무의 판단을 구하는 경우이든 불문하고,[938] 법원으로서는 중재판정부의 관할에 관하여 전면적인 심사에 나아가기보다는 일단 일응의(prima facie) 심사만을 하고, 그 결과 중재합의가 명백하게 무효가 아닌 이상 중재관할에 관하여 먼저 중재판정부의 판단을 기다리는 것이 바람직하다고 본다.[939] 5.239

아울러 일방 당사자가 유효한 중재합의가 없음에도 중재를 제기한 경우 타방 당사자가 법원에 대하여 중재절차의 진행을 금지하거나 그 절차의 위법 확인을 구하는 소송 또는 보전처분을 구할 수 있는가 하는 점에 대하여는, 이론적으로 그와 같은 가처분이 전혀 불가능한 것은 아니라고 할지라도, 국제중재사건, 특히 외국을 중재지로 하는 중재사건의 경우에는 극히 이례적인 상황이 아니라면 이러한 가처분은 받아들여지기 어렵다 할 것이다.[940] 5.240

---

938 참고로, 독일의 경우 중재판정부가 구성되기 전에는 중재가 허용되는지 여부에 대하여 당사자들이 법원의 판단을 구할 수 있도록 하고 있다(독일 민사소송법 제1032조 제2항 참조).

939 제3장 Ⅶ. 3. 가. 참조.

940 제3장 Ⅶ. 3. 나. 참조.

다. 임시적 처분 또는 중재판정에 대한 불복

5.241 중재판정 또는 중재판정부가 내린 임시조치에 대한 집행의 단계에서 해당 집행국 법원이 뉴욕협약이나 자국의 중재법에 따라 승인 및 집행의 요건에 해당하는지를 심사할 수 있음은 물론이며, 중재지국의 법원에 중재판정취소소송이 제기된 경우에는 중재지국 법원이 자국의 중재법에 따라 판정 취소 요건에 해당하는지 여부를 독자적으로 심사할 수도 있다. 그러나 국제중재의 경우에는 앞서 본 바와 같이 그러한 법원의 심사 과정에서 뉴욕협약의 pro-arbitration 정신이 충실히 반영되어 중재절차에 대한 법원의 간섭이나 관여는 최소한의 범위에서 그치는 것이 바람직함은 말할 필요가 없다.

4. 중재규칙에 대한 승인권

5.242 그 밖에 우리 중재법상 법원의 역할에 관한 규정 가운데 다소 특이한 규정으로는 법원의 중재규칙 심사권에 관한 규정이 있다. 즉, 우리 중재법은 정부가 국내외 상사분쟁을 공정·신속하게 해결하고 국제거래질서를 확립하기 위하여 지식경제부장관이 지정하는 상사중재를 하는 사단법인에 대하여 필요한 경비의 전부 또는 일부를 보조할 수 있도록 하는 한편, 그와 같이 경비를 보조받을 수 있는 상사중재기관으로 지정받은 사단법인[941]이 중재규칙을 제정하거나 변경할 때에는 대법원장의 승인을 받아야 하는 것으로 규정하고 있다.

5.243 이에 대하여는 자칫 대외적으로 대한상사중재원의 자율성과 독립성에 대한 불필요한 의혹을 살 수 있다는 점을 감안하여 동 조항을 폐지하는 쪽으로 중재법 개정안이 마련되었으나, 최종 법제사법위원회의 심사 과정에서 중재규칙에 대한 대법원의 승인권은 그대로 존치하는 것으로 변경되어 국회를 통과하였다. 이는 중재, 소송 및 집행이 밀접하게 연관이 되어 있어 중재규칙은 민사소송법, 민사집행법 등과의 법집행 전체의 정합성과 체계성 측면에서 논리적인 일관성이 필요하고 이에 대하여 어느 정도 법원의 조언과 협력을 받는 것이 필요하다는 점, 우리 대법원은 행정기관으로부터 독립된 기관으로서 대한상사중재원 중재규칙 개정과 관련하여 실무상 대한상사중재원의 자율성과 독립성을 최대한 존중하여 왔

[941] 국내에서는 그와 같은 지정을 받은 사단법인으로는 대한상사중재원이 유일하다.

다는 점 등이 정책적으로 고려된 결과라고 하겠다. 그러나 중재 선진국에는 이러한 입법례가 없을 뿐만 아니라 상사중재규칙을 신속하게 개정해야 할 필요가 있는 경우 개정을 위해 대법원장의 승인을 받도록 하는 것은 장애가 될 수 있다는 점 등을 고려한다면, 장기적인 관점에서는 그와 같은 규정은 폐지되는 것이 바람직하다고 본다.

제 6 장

중재판정의 승인 및 집행

Ⅰ. 머 리 말

6.01 중재판정부의 중재판정(award)을 통해 분쟁을 종국적으로 해결하기 위한 절차가 중재라고 볼 때, 당사자들 사이의 분쟁을 해결하는 중재판정부의 종국적인 판단이 담긴 중재판정은 중재의 내부적 절차의 최종 단계를 구성하게 된다. 한편, 중재판정은 법원의 판결과 달리 당사자들의 사적 자치에 따라 구성된 중재판정부가 내리는 것이므로, 최종적으로는 법원에 의한 승인(recognition)이라는 절차를 통해 판결과 같은 지위를 득하게 된다. 그리고 법원의 판결은 별도의 절차를 밟지 않아도 집행력이 부여되어 그에 불응하는 경우 곧바로 집행절차에 나아갈 수 있지만 중재판정의 경우 그 집행을 위하여서는 별도로 법원으로부터 중재판정에 대한 집행(enforcement)을 허가받는 절차가 필요하다. 이러한 중재판정의 승인 및 집행의 구체적인 절차는 중재 당사자들의 권리의 종국적 실현을 위해 매우 중요한 내용이 아닐 수 없다.

6.02 중재판정부는 중재절차의 진행 과정에서 제기되는 여러 가지 다양한 쟁점에 관하여 명령이나 결정, 또는 판단을 내리게 된다. 그런데, 중재판정부가 내리는 그와 같은 명령이나 결정 또는 판단 등은 모두 승인 및 집행의 대상이 되는 것은 아니다. 이와 관련하여 승인 및 집행의 대상이 되는 중재판정(award)과 그렇지 않은 다른 다양한 중재판정부의 결정이나 판단을 구분하는 기준은 무엇인가 하는 점을 둘러싸고도 실무상 다양한 논의가 존재한다.[942]

---

[942] 중재판정과 관련하여 뉴욕협약이나 모범중재법 등 각국의 중재법에 따른 승인 및 집행의 가능

6.03 이하에서는 우선 승인 및 집행의 대상이 되는 중재판정의 개념, 형식, 내용 및 효력 등(Ⅱ)에 대하여 먼저 논의하고, 나아가 중재판정의 승인 및 집행을 위한 제반 절차의 구체적인 내용(Ⅲ)에 관하여 살펴보기로 한다.

Ⅱ. 중재판정

1. 중재판정의 개념

6.04 중재판정부는 중재절차의 막바지에 내리는 최종중재판정 이외에도 중재절차의 진행 과정에서 다양한 절차명령(procedural order)을 내리기도 하고 필요에 따라 임시적 처분(interim measure)을 발령하기도 한다. 또한, 당사자들 사이에 준거법이나 중재관할 등 다양한 쟁점에 관한 다툼이 있을 경우 선결문제로서 별도의 결정을 내리기도 한다. 이와 같이 중재판정부가 중재절차에서 내리는 다양한 결정이나 처분들 가운데 어떤 것은 중재판정으로서 승인 및 집행의 대상이 되고 어떤 것은 아닌지를 구분하기는 결코 쉽지 않다.

6.05 실제로 중재판정의 개념에 관한 정의나 그 판단의 기준을 명시적으로 제시하고 있는 법률이나 중재규칙을 찾기는 쉽지 않다. 뉴욕협약의 경우만 보더라도, 그것이 외국중재판정의 승인 및 집행에 관한 내용임에도 불구하고, 중재판정이 무엇인지에 대하여 정의조항을 두고 있지 않고, 모범중재법 역시 그 입안과정에서 무엇을 중재판정으로 규율할 것인가 하는 점에 관하여 많은 논의가 있었으나 통일된 견해를 도출하지 못해 결국 중재판정에 대한 정의규정을 채택하지 않았다.[943] 마찬가지로 여러 중재기관들의 중재규칙의 경우도 대부분 중재판정에 대한 정의규정을 두고 있지는 않다.

6.06 이와 관련하여, 우선 중재판정인지 여부를 구분하는 기준은 그 이름이나 형식보다는 실질적인 내용이 되어야 한다는 점에는 별다른 이견이 있을 수 없다고 본다. 즉, 중재판정이라는 이름을 붙였더라도 실제로는 중재판정이 아닌 것이 있고, 중재판정이라는 이름을 가지고 있지 않다고 하더라도 실제로는 중재판정으로 인

성 여부를 떠나 그 자체의 정의 또는 개념을 살펴보는 것도 전혀 무익한 것은 아니겠지만, 이하에서는 승인 및 집행의 대상이 되는 중재판정이 무엇인가 하는 관점에서 논하기로 한다.

943 H. Holtzmann and J. Neuhaus, *A Guide to the UNCITRAL Model Law on International Commercial Arbitration: Legislative History and Commentary*, Kluwer (1989), 153면 내지 154면 참조.

정해야 하는 것이 있을 수 있다. 그렇다면 어떠한 특징적 요소를 통해 승인 및 집행의 대상이 되는 중재판정을 구분해낼 수 있을까?

가. 실체적 분쟁에 관한 판정

6.07 먼저, 중재판정은 실체적 청구 또는 분쟁에 대한 중재판정부의 판단이 담겨 있어야 한다고 보는 데는 큰 이견이 없는 것으로 보인다. 실제로 싱가포르 국제중재법은 중재판정은 '분쟁의 실체(substance of the dispute)에 관한 결정'이라고 규정하고 있다.[944] 이러한 측면에서 중재인이 중재절차와 관련하여 내리는 절차명령(procedural order) 등과 같은 다양한 명령이나 결정은 중재판정과는 엄연히 구분된다. 실무상 준거법이 계약상 정해져 있지 않을 때 중재판정부가 준거법을 선결적인 쟁점으로 판단할 경우 그에 관한 결정을 중재판정의 형식으로 내리기도 하지만, 이는 분쟁의 실체에 관한 것이라기보다는 절차에 관한 것이므로 독자적으로 승인 및 집행의 대상이 되는 중재판정으로 보는 것은 적절치 않다고 생각된다.

6.08 이와 관련하여 중재관할에 관한 중재판정부의 결정은 중재판정으로 보는 것이 바람직하다는 견해가 있으나,[945] 중재관할은 분쟁의 실체에 관한 중재판정부의 판단 권한의 절차적 근거가 되는 것으로서 중재관할이 없는 경우에는 분쟁의 실체에 관한 중재판정이 취소되거나 집행이 거부될 수 있을 뿐이라는 점에서, 절차 문제에 불과한 관할에 관한 판단을 굳이 따로 떼어내어서 중재판정으로 관념할 필연적인 이유는 없다고 본다. 물론 국가에 따라서는 중재판정부가 중재관할을 부인하는 경우[946]에도 이를 법원이 중재판정 취소의 예에 따라 심사하여 취소할 수 있도록 하기도 하지만,[947] 이러한 접근방법은 바람직하지 않다고 본다. 실제로, 모범중재법의 체제 하에서는 중재판정부가 선결문제로서 자신의 관할에 관하여 결정을 내리는 경우는 중재판정의 경우와 다른 방법과 절차를 통해 법원이 심사를 하도록 하고 있으므로, 중재관할에 관한 중재판정부의 결정은 중재판정과

[944] 싱가포르 국제중재법 제2조 제1항 참조.

[945] Born(IA), 288면 참조.

[946] 그러한 경우에는 실체적 판단을 담은 중재판정은 따로 없이 오로지 관할에 관한 결정만 담고 있을 것이다.

[947] 프랑스 민사소송법 제1492조 참조.

구분되는 것으로 관념하는 것이 오히려 모범중재법의 문언과 체계에 부합하는 것이 될 것이다.[948]

나. 종국적 판정

6.09 다음으로, 중재판정은 어떤 분쟁에 대한 중재판정부의 종국적인(final) 결정이 담겨 있어야 한다. 실제로 뉴욕협약이나 모범중재법은 중재판정이 종국적인 경우에만 승인 및 집행을 허용하고 있다.[949] 따라서, 잠정적인(interim) 성격의 판정은 비록 그것이 실체에 관한 것이라고 하더라도 뉴욕협약이나 모범중재법을 통한 승인 및 집행의 대상이 되는 중재판정으로 분류되기는 어렵다.

6.10 다만, 무엇이 종국적인 판단이냐 하는 것은 실체적 분쟁을 대상으로 중재판정부가 번복할 수 없는 최종의 판단을 내린 것인지에 따라 판단되어야 할 것이다. 따라서, 예컨대, 중재절차를 이분(bifurcation)하여 먼저 손해배상액 산정의 전제가 되는 책임(liability)에 대하여 중재판정부가 일부중재판정(partial award)을 내린 경우, 그러한 판정이 실체관계에 관한 선결적 쟁점에 관한 중재판정부의 번복될 수 없는 최종적인 판단을 담고 있다면 그 범위 내에서는 얼마든지 이를 중재판정으로 파악할 수 있을 것이다.

6.11 한편, 중재판정부가 내리는 임시적 처분(interim measure)의 경우 해당 구제수단에 관하여는 중재판정부의 종국적인 판단을 담고 있다고 보아 이를 중재판정으로 관념할 수 있다는 견해가 있다.[950] 실제로 미국의 경우 중재판정부의 임시적 처분을 종국적 판정으로 보아 그에 대하여 판정의 경우와 같이 승인 또는 집행할 수 있다는 입장을 취한 판례가 상당수 있다.[951] 그러나 중재판정부의 임시적 처분에 집행력이 부여되어야 한다는 목적론의 측면에서는 위와 같은 주장의 논지를 전혀 이해하지 못할 바는 아니나, 임시적 처분은 본질적으로 종국 판정 이전의 일정한 기간을 대상으로 하는 것이고 종국판정에 의하여 얼마든지 번복이 될 수 있

---

948 PT Asuransi Jasa Indonesia (Persero) v. Dexia Bank SA [2006] SGCA 41 (1 December 2006) 및 Lawrence Boo, Ruling on Arbiral Jurisdiction-Is that an Award?, (2007) 3 Asian International Arbitration Journal, 125면, 131면 내지 133면 참조.

949 뉴욕협약 제5조; 모범중재법 제36조 등 참조.

950 Born(IA), 218면 참조.

951 Born(IA), 218면 참조.

다는 점에서 그 승인 및 집행에 있어서 종국적인 중재판정의 집행과 같이 취급되기는 본질적으로 어려운 점이 있다고 본다. 실제로 모범중재법은 이러한 임시적 처분에 대하여 중재판정과는 그 요건 및 절차가 다른 별도의 승인 및 집행 절차를 부여하고 있음은 앞서 본 바와 같다.[952]

2. 중재판정의 종류

가. 최종중재판정(final award)

6.12 실무상 중재절차의 마지막에 판정부가 내리는 판정을 중재절차의 도중에 내리는 중재판정부의 부분판정(partial award)과 대비하여 최종판정(final award)이라고 부른다. 이러한 최종중재판정에 의하여 중재절차는 종료되며, 그 후에는 중재판정의 수정이 허용되는 일정한 예외적인 상황을 제외하고서는 중재인의 임무와 권한은 소멸하게 된다(이른바 "functus officio").[953]

나. 일부중재판정(partial award)

6.13 위의 최종중재판정과 대조적으로, 중재판정부가 중재절차의 진행 중간에 실체적 분쟁의 일부에 대하여 종국적인 판단을 하는 경우도 있는데, 이를 일부중재판정이라고 한다. 일부중재판정의 전형적인 예로는, 실무상 손해배상책임(liability)의 존부에 대한 심리와 손해액(damages)의 범위에 대한 심리를 분리(bifurcation)하여 중재절차 과정에서 손해배상책임에 관하여 먼저 중재판정을 내리는 경우를 들 수 있다.

6.14 한편, 분쟁해결에 선결적인 특정 쟁점에 관하여 내리는 판정에 대하여 이를 잠정판정(interim award)으로 분류하는 견해가 있으나,[954] 그러한 선결적인 쟁점이 사안의 실체에 관한 것이고 그러한 실체적 쟁점에 관하여 중재판정부의 번복할 수 없는 최종 판단을 담은 것이라면 이는 엄밀히 말하자면 잠정판정(interim award)이라기보다는 일부중재판정(partial award)의 일종으로 분류하는 것이 타당하다. 반대로 만약 선결적인 쟁점에 관하여 중재판정부의 종국적 판단을 담은 것이 아

---

[952] 모범중재법 제17조 H 참조.

[953] 모범중재법 제32조 제3항 등 참조.

[954] Born(ICA), 3020면; 김갑유(대표집필), 224면 등 참조.

니라면 그 이름을 중재판정(award)이라고 붙였더라도 이는 승인 및 집행의 대상이 되는 중재판정이 될 수 없음은 앞서 본 바와 같다.

6.15 또한, 잠정적 구제수단을 명하는 중재판정부의 임시적 처분(interim measure)을 이른바 잠정판정(interim award)이라고 하여 중재판정의 일부로 분류하기도 하지만,[955] 이는 분쟁에 대한 종국적 판정을 담은 중재판정이라고 보기 어렵고, 따라서 그 승인 및 집행의 요건이나 절차도 일반적인 중재판정과 동일하게 취급할 수는 없으며, 모범중재법 역시 중재판정부의 임시적 처분에 대한 승인 및 집행은 별도로 규정하고 있음은 앞서 본 바와 같다.

6.16 관할에 대한 심리와 본안에 대한 심리를 분리하여 관할에 대하여 먼저 판정을 내리는 경우도 일부중재판정(partial award)의 예로 소개하기도 하나,[956] 본안과 직접적인 관련이 없는 절차적 쟁점에 대한 중재판정부의 별개의 판단을 승인 및 집행 대상이 되는 중재판정으로 보는 것은 무리가 있으며,[957] 특히, 모범중재법 체제하에서는 중재판정부의 관할에 관한 중간 결정에 대하여 승인의 대상이 되는 중재판정과는 별개로 불복절차가 마련되어 있다는 점에서 더더욱 중재판정으로 관념하는 것은 바람직하지 않다는 점은 앞서 본 바와 같다.

다. 추가중재판정(additional award)

6.17 모범중재법을 포함한 각국의 중재법 또는 여러 중재기관의 중재규칙은 최종중재판정 이후 중재판정부가 실수로 판단을 누락한 쟁점에 대하여 일정한 요건과 절차 하에서 추가중재판정을 내릴 수 있도록 규정하고 있다.[958] 이러한 추가중재판정 역시 적법한 요건을 갖춘 이상 당연히 승인 및 집행이 허용되는 중재판정의 하나가 된다.

---

955 Born(ICA), 3020면; 김갑유(대표집필), 224면 내지 225면 등 참조.

956 김갑유(대표집필), 225면 참조.

957 준거법이나 중재지에 관한 결정 등도 모두 절차적 쟁점에 관한 것이므로 이에 관한 중재판정부의 판단을 승인 및 집행의 대상이 되는 중재판정으로 하는 것은 개념의 혼동을 초래할 수 있다고 본다.

958 모범중재법 제33조 제3항; LCIA 중재규칙 제27조 등 참조.

라. 화해중재판정(consent award)

6.18 실무상 중재의 당사자들이 중재절차 도중에 화해를 하는 경우 그 합의한 내용에 대하여 이행을 하지 않을 경우 법원을 통한 집행이 가능하도록 양 당사자들의 동의하에 그 합의내용에 관하여 중재판정을 내려줄 것을 요청하는 경우가 많다. 이러한 중재판정을 화해중재판정(consent award)이라고 하는데,[959] 중재판정의 형식적 요건 등에 흠결이 없다면 그 승인 및 집행에 있어서 다른 중재판정과 똑같이 취급된다.

마. 내국중재판정, 외국중재판정, 비내국중재판정

6.19 중재판정은 그 승인 및 집행에 관하여 뉴욕협약의 적용 대상이 되는지 여부와 관련하여 크게 외국중재판정(foreign award), 비내국중재판정(non-domestic award), 내국중재판정(domestic award) 등으로 구분할 수도 있다. 뉴욕협약은 집행국 이외의 국가에서 내려진 판정을 외국중재판정으로 정의하면서 그 경우 집행국을 중재지로 하는 중재판정의 경우와 달리 해당 국가의 중재법이 아닌 뉴욕협약에 따라 승인 및 집행이 이루어져야 하는 것으로 규정하고 있다. 다만, 뉴욕협약은 집행국의 법률이 내국판정으로 인정하지 않는 중재판정(이른바 비내국중재판정)에 대하여도 그 승인 및 집행에는 뉴욕협약이 적용되는 것으로 규정하고 있으나, 이에 대한 취급은 각국의 입법 및 해석에 따라 다름은 앞서 본 바와 같다.

3. 중재판정의 형식

6.20 뉴욕협약은 중재합의에 대하여는 서면성을 요구하고 있으나 중재판정의 형식과 관련하여서는 특별히 규정하고 있는 바가 없다. 그러나 뉴욕협약이 중재판정의 승인 및 집행의 요건으로서 중재판정의 원본(original award) 또는 사본(copy)의 제출을 규정하고 있는 것에서 알 수 있듯이,[960] 중재판정은 본질적으로 판결과 같이 일정한 서면의 형식을 갖추어야 함에는 별다른 이론이 없다.

6.21 모범중재법 등 대개의 중재법은 중재판정이 서면으로 작성되어야 하고, 중재판정

---

959 모범중재법 제30조; ICC 중재규칙 제32조; LCIA 중재규칙 제26조 제9항; ICSID 중재규칙 제43조 등 참조.

960 뉴욕협약 제4조 제1항 (a) 참조.

부의 서명, 중재판정의 일자, 중재지, 중재판정의 이유 등이 기재되어야 하는 것으로 정하고 있다.[961] 중재법상의 중재판정의 형식 요건은 대체로 강행규정으로 판단되지만,[962] 국가에 따라서는 중재판정의 형식 요건에 대하여 명시적으로 당사자의 사적 자치를 인정하는 경우도 있다.[963] 사견으로는 뉴욕협약상 묵시적으로 요구되는 서면성의 요건이나 중재판정취소소송의 관할이 되는 중재지 등의 경우를 제외한 중재판정의 다른 형식요건은 이를 반드시 강행규정으로 해석하기보다는 당사자의 사적 자치를 존중하는 것이 바람직한 것으로 보인다.

6.22 다만, 당사자들이 합의하는 중재규칙들은 대체로 중재판정의 형식적 요건에 대하여 규정을 두고 있고,[964] 당사자들이 특정한 중재규칙에 합의하지 않은 경우에는 중재지법이 임의규정으로 적용될 것이므로 그 경우 중재판정은 중재지법이 정한 형식요건을 갖추어야 함은 물론이다. 그리고 그러한 형식요건의 결여는 중재판정의 승인 및 집행에 장애가 될 것이므로 중재판정부의 세심한 주의가 요망된다.

가. 서명, 일자, 중재지 등

6.23 중재판정에는 중재판정부의 구성원 전원이 서명하는 것이 원칙이다. 그러나 3인 중재판정부의 경우 일부 구성원의 유고로 인하여 전원 서명이 이루어지지 못하는 경우도 발생한다. 특히, 중재판정부 구성원 가운데 판정 결과에 이의가 있는 중재인은 의도적으로 서명을 거부하기도 한다. 따라서 중재법에 따라서는 필요할 경우 다수결에 따라, 예컨대, 2명의 중재인의 서명에 의하여도 중재판정이 가능하도록 하는 경우가 많으며,[965] 심지어 의장중재인 한 명의 서명만 요구하는 경우도 있다.[966] 다만, 중재판정부 구성원 한 명이 서명을 거부할 경우 그 거부의 사유를 적도록 요구하는 경우도 있으므로[967] 해당 중재규칙이나 중재법을 면밀히 살펴볼 필요가 있다.

---

961 모범중재법 제31조 참조.

962 Born(IA), 289면 참조.

963 영국 중재법 제52조 제1항 참조.

964 중재규칙에 따라서는 중재판정에 기재될 사항에 대하여 매우 자세히 규정하고 있는 경우도 있으므로 주의가 요망된다.

965 모범중재법 제31조 제1항; 영국 중재법 제52조 제3항; 우리 중재법 제32조 제1항 등 참조.

966 스위스 국제사법 제189조; ICDR 중재규칙 제29조 제3항; LCIA 중재규칙 제26조 제6항 등 참조.

967 UNCITRAL 중재규칙 제34조 제4항 등 참조.

중재판정에는 작성일자와 중재지도 적어야 하는데, 작성일자는 중재판정부 구성원의 최종 서명이 이루어지는 일자를 적는 것이 일반적이다. 중재지의 경우 종래 서명이 이루어진 장소를 중재지로 보기도 하였으나, 이는 물리적 개념이 아니라 법적 개념으로서 당사자들이 중재지(seat)로 합의한 장소를 말함은 앞서 본 바와 같다. 6.24

나. 판정이유

중재판정에 당사자의 청구에 대한 중재판정부의 종국적 판단이 담겨 있어야 함은 당연하지만, 그러한 판정의 이유를 반드시 기재하여야 하는지는 중재규칙이나 중재지법에 따라 다를 수 있다. 판정이유의 기재 여부는 당사자가 달리 합의하지 않은 한 기본적으로 중재지법(lex arbitri)에 따라 판단될 문제이므로, 중재지법이 중재판정에 이유를 요구하지 않는 경우 설령 집행국의 법이 중재판정에 이유를 요구한다고 하더라도 그에 기하여 외국중재판정의 승인 및 집행을 거부하기는 어렵다고 본다.[968] 6.25

뉴욕협약은 이에 대하여 명문의 규정을 두고 있지는 않은데, 과거에는 중재판정에 반드시 이유를 기재하도록 요구하지 않는 국가도 적지 않았으나, 최근에 이르러서는 대부분의 중재법이 당사자가 달리 합의하지 않는 한 중재판정에 이유를 기재할 것을 요구하고 있고,[969] 중재규칙 또한 대부분의 경우 중재판정에 이유의 기재를 요구하고 있다.[970] 또한, 국가에 따라서는 당사자의 합의에도 불구하고 반드시 판정의 이유를 기재할 것을 요구하는 경우도 있으므로 주의를 요한다.[971] 다만, AAA 국내중재규칙은 중재판정에 이유를 기재할 것을 요구하지 않고 있고, 미국 법원도 당사자가 달리 합의하거나 중재규칙에 달리 정하지 않는 경우에는 중재판정에 이유가 없어도 집행이 가능한 것으로 판시하고 있다.[972] 6.26

문제는 중재판정에 이유의 기재가 요구되는 경우에 어느 정도 자세하게 이유를 6.27

---

968 Born(IA), 292면 참조.

969 모범중재법 제31조 제2항; 영국 중재법 제52조 제4항; 우리 중재법 제32조 제2항 등 참조.

970 ICC 중재규칙 제31조 제2항 등 참조.

971 벨기에 민사소송법(Judicial Code) 제1701조; 네덜란드 민사소송법 제1057조 제4항 (e); 러시아 연방 국제상사중재법 제31조 제2항 등 참조.

972 Born(IA), 292면 참조.

기재하여야 하는가 하는 점인데, 이와 관련하여서는 영국 항소법원의 다음과 같은 판시 내용이 그 핵심을 잘 요약한 것으로서 자주 인용된다.[973]

> 오로지 필요한 것은 중재인들이, 증거에 대한 판단에 기초하여, 발생한 사실과 발생하지 않은 사실을 설시하고, 또한, 발생한 사실에 비추어 왜 그러한 결론에 도달하였고 또 그러한 결론이 무엇인지를 간명하게 설명하는 것이다. 이것이 "이유가 기재된 중재판정"이 뜻하는 전부이다(All that is necessary is that the arbitrators should set out what, on their view of the evidence, did or did not happen and should explain succinctly why, in the light of what happened, they have reached their decision and what that decision is. This is all that is meant by "a reasoned award").

6.28 우리 중재법상 중재판정에 요구되는 이유의 기재 정도와 관련하여 대법원은 '중재판정에 이유를 기재하지 아니한 때'라 함은 중재판정서에 이유의 기재가 전혀 없거나 이유의 기재가 있더라도 불명료하여 중재판정이 어떠한 사실상 또는 법률상 판단에 기인하고 있는가를 판명할 수 없는 경우와 이유가 모순인 경우를 말한다고 하면서 중재판정에 붙여야 할 이유는 당해 사건의 전제로 되는 권리관계에 대하여 명확하고 상세한 판단을 나타낼 것까지는 요구되지 않고 중재인이 어떻게 하여 판단에 이른 것인지를 알 수 있을 정도의 기재가 있으면 충분하고, 그 판단이 명백하게 비상식적이고 모순인 경우가 아닌 한, 그 판단에 부당하거나 불완전한 점이 있다는 것은 이유를 기재하지 아니한 때에 해당하지 아니한다고 판시한 바 있다.[974]

6.29 그러나 중재판정의 이유가 모순인 경우에 이를 이유가 없는 것과 동일시하는 위와 같은 태도는 자칫 중재판정부의 실체적 판단에 대하여 법원이 재심사를 하는 결과를 초래할 수 있으므로 바람직하지 않다고 하겠다. 프랑스 법원은 과거에 중재판정의 이유가 모순되는 경우는 이유가 없는 것과 마찬가지라는 입장을 취한

---

[973] Bremer Handelsgesellschaft v. Westzucker [1981] 2 Lloyd's Rep. 130, 132 (English Court of Appeal) 참조.

[974] 대법원 2010. 6. 24. 선고 2007다73918 판결 참조. 다만, 동 판결은 "중재판정서에 이유의 설시가 있는 한 그 판단이 실정법을 떠나 공평을 그 근거로 삼는 것도 정당하다"고 판시하고 있는데, 형평과 선(ex aequo et bono)에 의한 판정은 당사자의 명시적인 수권이 없는 상태에서는 허용되지 않는다는 점에서 그와 같은 판시가 적절한지는 의문이 있다.

바 있으나,[975] the Rivers 사건에서 프랑스 파기원이 중재판정의 이유 모순을 지적하는 것은 실제로 중재판정부의 실체 판단을 비난하는 것으로 흐르기 때문에 허용될 수 없다는 입장을 취한 이후[976] 법원은 중재판정의 실질에 대한 심사는 피하는 경향이 있다.[977]

다. 중재판정문의 통지(notification) 및 기탁(deposit)

6.30 기관중재의 경우 실무상 대체로 중재판정부가 중재판정문을 당사자들 또는 그 대리인에게 송달하기에 앞서 중재기관에 중재판정문의 원본을 보낸다. 해당 중재기관은 관련 비용의 완납 등을 확인한 이후 당사자에게 중재판정문의 원본 또는 인증 사본을 송달한다. 한편, 대개의 중재기관들은 비용이 완납되지 않는 경우에는 중재판정의 전달을 보류할 수 있도록 근거 규정을 두고 있지만,[978] 비기관중재의 경우에도 중재판정부가 비용 정산 이전까지는 중재판정의 제공을 거절할 수 있는 권한을 가진다고 이해되고 있다.[979]

6.31 국가에 따라서는 중재판정문 원본을 관할 법원에 기탁하여 보관하는 것을 요구하기도 한다.[980] 이는 특히 ad hoc 중재의 경우 사인인 중재인에게 중재판정문을 장기간 보관하도록 요구하기보다는 공적 기관에 기탁하여 추후 당사자들이 중재합의의 존재에 관한 입증을 보다 용이하게 하려는 취지에서 만들어진 제도이다.[981] 따라서, 이러한 기탁이 이루어지지 않았다고 하더라도 중재판정의 효력이 문제될 이유는 없지만,[982] 중재판정부로서는 중재지법에 이러한 요구사항이 있는지 관심을 가질 필요는 있다.

---

975 Gaillard and Savage, 763면 참조.

976 Societe Rivers v. Fabre-Paris, Cass. Civ lre, May 11, 1999 참조.

977 Thomas H. Webster and Dr. Michael Bühler, *Handbook of ICC arbitration: Commentary, Precedents, Materials*, 530면 참조.

978 ICC 중재규칙 제34조 제1항 등 참조.

979 Greenberg 외, 392면 참조.

980 우리 개정 전 중재법 제32조 제4항 참조. 그러나 동 조항은 당사자의 신청이 있는 경우에 한하여 중재판정부가 중재판정 원본 등을 법원에 기탁할 수 있도록 개정되었다.

981 목영준, 199면 참조.

982 석광현, 452면 내지 453면 참조.

4. 구제수단(relief)

6.32 중재판정에는 당사자들이 요청하는 구제수단(requested relief)에 대한 중재판정부의 판단이 기재된다. 당사자들이 요청하는 구제수단은 우리 민사소송법에서 말하는 청구취지(請求趣旨)에 해당하고 그에 대한 중재판정부의 판단은 주문(主文)에 해당하는 것으로 볼 수 있다. 그러나 일반적으로 중재판정부는 당사자로부터 부여받은 분쟁해결에 관한 재량권으로 인하여 법원의 경우보다 더 다양하고 폭넓은 구제수단을 발령할 수 있다고 인정되고 있다.[983]

6.33 다만, 실무상 당사자나 중재판정부로서는 어떠한 구제수단이 적절한 것인가 하는 점과 관련하여 중재의 실체적인 측면에서 해당 계약의 실체적 준거법의 내용은 물론 중재의 절차적인 측면에서 관련 중재규칙이나 해당 중재지의 법 등을 자세히 검토하고, 집행이 예상되는 국가의 민사집행절차까지 사전에 세심하게 살펴보는 것이 바람직하다.

가. 금전배상(monetary damages)

6.34 중재에서 가장 일반적인 구제수단이 일정한 금전배상(monetary damages)을 명하는 것인데, 중재판정부가 이러한 형태의 구제수단을 발령할 수 있음은 별다른 의문이 없다. 한편, 특정 국가의 중재법에 따라서는 금전의 지급을 명하는 구제수단과 관련하여 그 지급의 수단이 되는 통화(currency)의 종류에 대하여 중재판정부에게 재량을 부여하기도 한다.[984]

6.35 다만, 금전의 지급을 명하는 구제수단과 관련하여 과연 중재판정부가 전보적 배상(compensatory damages)의 범위를 넘어서 징벌적 배상(punitive damages)을 명할 수 있는가 하는 점에 관하여 실무상 많은 논란이 있다. 특히, 계약의 실체적 준거법상 징벌적 배상이 허용되는 경우에도 여전히 중재판정부에 의한 징벌적 배상 명령을 자국의 공공질서에 위반되는 것으로 보아 중재판정 취소의 사유 또는 승인 및 집행의 거부사유로 삼는 국가가 적지 않으므로 중재판정부로서는 세심한 주의를 기울일 필요가 있다.[985] 따라서, 중재판정부로서는 징벌적 배상을 명하기

---

[983] Born(IA), 302면 참조.

[984] Born(IA), 303면 참조.

[985] 징벌적 손해배상과 공공질서의 관계에 대하여는 제7장 Ⅳ. 8. 나. (2) (ii) 참조.

에 앞서 당사자의 중재합의의 범위는 물론 중재지의 법률, 그리고 판정의 집행이 예상되는 국가의 법률에서 그러한 징벌적 배상 명령이 허용되는지 여부를 면밀히 검토하고, 징벌적 배상을 명하는 경우에도 판정주문에서 전보배상과 징벌배상을 엄격히 구분함으로써 나중에 만에 하나 징벌적 배상의 집행이 문제가 될 경우에도 그로 인해 중재판정의 다른 부분이 영향을 받지 않도록 하는 것이 바람직하다.

나. 금지명령(injunction) 및 특정행위이행(specific performance)

6.36 중재의 일방 당사자가 상대방 당사자에게 어떠한 행위의 금지(injunction)를 구하거나 특정행위이행(specific performance)을 청구하는 경우 어느 범위 내에서 중재판정부가 그와 같은 구제수단을 허용할 수 있는가 하는 점은 실무상 논란의 대상이다. 특히, 상대방 당사자에게 특정한 행위의 금지를 구하는 구제수단은 각국의 법제가 이를 보편적으로 허용하므로 실무상 큰 문제가 되지 않지만, 특정한 행위의 이행을 청구하는 것이 가능한지에 대하여는 각국마다 그 입장의 차이가 적지 않아 논란이 많다.[986]

6.37 우선, 중재판정부가 당사자에게 특정한 행위의 이행을 명할 권한이 있는지 여부에 대하여는 당사자들의 합의 내용이 최우선적으로 적용될 수 있을 것이다. 예컨대, 당사자들이 별도로 합의한 계약서나 중재규칙에 중재판정부에 그와 같은 권한을 명시적으로 부여한 경우에는 당연히 중재판정부에게 그와 같은 특정한 행위의 이행을 명할 권한이 인정될 것이다.[987] 반대로 중재규칙이나 그 밖의 당사자의 합의에 의하여 중재판정부의 특정행위이행에 관한 권한이 명시적으로 배제되어 있다면 중재판정부로서는 특정한 행위의 이행을 명할 수는 없다고 할 것이다.

6.38 위와 같은 명시적 합의가 없는 경우에는 중재지법(lex arbitri)을 참조할 수 있을 것인데, 국가에 따라서는 중재판정부에게 특정한 행위의 이행을 명할 권한을 부여하는 조항을 중재법에 두는 국가도 있다.[988] 그리고 모범중재법과 같이 특정행위이행에 관하여 명시적인 규정을 두고 있지 않는 경우에도 해당 국가에서 특정

---

986 영미법 계통의 경우는 대체로 금전의 지급을 명하는 것을 일차적(primary) 구제수단으로 보고 특단의 사정이 없는 한 특정 행위 이행을 구하는 구제수단을 허용하지 않지만, 대륙법 계통의 경우는 금전의 지급을 명하는 것을 오히려 1차적(primary) 구제수단으로 본다.

987 AAA 상사중재규칙 제47조 참조.

988 영국 중재법 제48조 제5항 (b); 아일랜드 중재법 제20조 등 참조.

행위이행이 허용되고 있는 범위 내에서는 중재판정부가 그와 같은 구제수단을 발령할 수 있을 것이다.

6.39 다만, 중재판정부에게 특정행위이행을 명할 권한이 있는 것으로 인정되는 경우라고 하더라도 실제로 그와 같은 권한을 중재판정부가 행사할 것인가 하는 것은 다른 측면의 문제이다. 중재판정부는 계약의 실체적 준거법에서 특정행위이행을 허용하는지, 예상되는 집행국에서 실제로 강제집행(execution)이 될 수 있는지 여부 등을 포함하여 다양한 측면에서 과연 개별 사안에서 특정행위이행이 분쟁의 당사자에게 유효한 구제수단이 될 수 있는지를 따져본 다음 실제로 특정행위이행을 명할 것인지 여부를 결정하게 된다.

6.40 한편, 금전의 지급을 명하는 경우와 달리, 금지명령이나 특정행위이행을 명할 경우 그것이 예상되는 집행국에서의 강제집행(execution) 가능성을 염두에 두고 그것이 실제로 집행될 수 있도록 문구 등에도 세심한 주의를 기울일 필요가 있다. 예컨대, 우리 하급심 판결 가운데, 중재판정부가 계약서의 특정 조항을 언급하면서 그 조항에 따른 의무를 이행하라는 명령을 판정주문을 통해 내린 사안에서, 위 계약서의 해당 조항이 집행기관이 집행하기에 충분할 정도로 특정되지 못하여 현실적으로 집행이 불가능하다는 이유로 집행판결 청구의 소의 이익을 부인한 사례가 있다.[989] 동 판결의 항소심은 중재판정 주문의 집행이 현실적으로 불가능하더라도 그와 별개로 집행판결은 중재판정 취소로부터 중재판정을 보호하는 의미도 가지므로 집행판결을 청구할 소의 이익은 인정된다고 하였지만, 그러한 중재판정에 집행판결이 부여된다고 하더라도 어차피 해당 중재판정 주문이 실제 집행에 충분할 정도로 특정되지 않은 이상 현실적으로 집행기관을 통해 집행하는 것은 불가능하다는 점은 위 항소심에서도 거듭 확인되었다.[990] 이처럼 당사자들이 구하는 구제수단(requested relief)을 특정할 때나 또는 중재판정부가 그러한 구제수단의 신청과 관련하여 중재판정 주문(order) 부분을 작성함에 있어서 반드시 그 강제집행(execution)까지 염두에 두고 문구를 세심하게 조율할 필요가 있다 할 것이다.

989 서울남부지방법원 2013. 1. 31. 선고 2012가합15979 판결 참조.

990 서울고등법원 2014. 1. 17. 선고 2013나13506 판결 참조.

다. 확인적 구제수단(declaratory relief)

6.41 중재판정부는 어떠한 사실 또는 권리 관계에 관하여 분쟁이 있을 경우 이를 확인하는 구제수단(declaratory relief)을 허여할 수 있다. 예컨대, 일방 당사자가 채무를 불이행하였다는 점이나 계약이 적법하게 해제되었다는 점 등을 확인해주는 판정주문은 실무상 흔히 볼 수 있다. 또한, 면책(indemnification) 의무의 존부가 다투어지는 경우 면책의무는 인정되지만 면책시켜 주어야 할 액수를 구체적으로 확정하기 어려워 바로 일정한 금전의 지급을 명하기 어려운 경우 일방 당사자에게 면책의무가 있다는 점에 대하여 확인만 해주는 형태의 구제수단을 발령할 수도 있다.[991]

6.42 특히, 앞서 본 바와 같이 중재의 대상이 되는 분쟁은 매우 폭넓은 것이어서 당사자들이 요청에 따라 중재판정부가 허여하는 확인적 구제수단의 범위는 반드시 소송의 경우와 동일하지는 않다. 예컨대, 우리나라를 포함한 일부 대륙법 국가의 소송에서는 당사자들이 확인의 소를 제기할 수 있는 요건이 비교적 엄격하여 법률관계나 그와 관련한 권리의 존부를 확인하는 것이 아닌 사실관계의 확인을 구하는 것은 확인의 이익이 없는 것으로 본다. 이로 인해, 예컨대, 소송의 경우 일방 당사자가 타방 당사자의 계약위반 사실의 확인을 구하는 신청취지는 허용되지 않는다. 그러나 중재의 경우는 일방 당사자의 계약위반 사실은 물론 그 밖의 다른 사실관계에 관하여도 당사자들이 이를 중재에 회부하기로 합의한 이상 중재판정부로서는 얼마든지 중재판정을 통하여 그에 대하여 확인적 구제수단을 허여할 수 있다.

라. 이자(interest)

6.43 금전의 지급을 명하는 구제수단의 경우 그 지급의 지연에 따른 이자의 지급도 함께 명하는 것이 일반적이다. 중재규칙의 경우 이자에 관한 중재판정부의 권한에 대하여 명시하는 예도 없지는 않지만,[992] 대부분의 경우 그러한 규정을 중재규칙에 두고 있지는 않다. 중재법의 경우에도 이자의 지급을 명할 수 있는 중재판정부의 권한에 대하여 명시하고 있는 경우도 있지만,[993] 모범중재법에는 중재판정

---

991 Sutton 외, 315면 참조.

992 LCIA 중재규칙 제26조 제4항; KCAB 국내중재규칙 제52조 제3항 등 참조.

993 호주 국제중재법 제25조 및 제26조; 싱가포르 국제중재법 제20조 제1항 등 참조. 우리 개정 중

정부가 이자의 지급을 명할 권한에 대하여 명시적인 규정을 두고 있지 않고, 모범중재법을 채택하지 않은 국가의 경우에도 중재법에 그와 같은 중재판정부의 권한을 명시한 예는 많지 않다.[994]

6.44 다만, 그러한 명시적인 규정이 없더라도 중재판정부에게 일반적으로 이자의 지급을 명할 권한이 부여되어 있다는 점에 대하여는 별 다른 이견이 없다.[995] 그리고 이자의 지급에 관하여 중재판정부에 그러한 권한이 부여되어 있다고 하더라도 실무상 중재판정부는 구체적인 사안에 따라 이자의 지급을 명하는 것이 적절한지, 그리고 적정 이율은 얼마인지에 관하여 계약상의 당사자들의 합의사항이나 계약상의 실체적 준거법, 중재지의 중재법 등을 필요에 따라 참조하는 것이 바람직하다. 또한, 실무상 중재판정부가 판정 후 이자에 대한 판단을 하지 않는 경우도 있는데, 그 경우 집행 단계에서 법원이 중재판정금에 대한 이자 부과를 할 수 있는가 하는 점을 두고 논란이 있을 수 있으므로[996] 가급적 금전채무의 경우 완제일까지 이자를 명시적으로 판단하는 것이 바람직하다고 본다. 한편, 계약의 실체적 준거법에 따라 이자의 지급을 명한 경우에도 중재지법이나 또는 집행이 예상되는 국가의 법이 이자의 부과를 금지하거나 달리 취급하는 경우가 있을 수도 있으므로 이러한 점에도 세심한 주의를 기울일 필요가 있다.

6.45 우리 대법원은 독일 등 다른 대륙법 국가의 경우와 같이 기본적으로 이자의 지급 문제는 계약의 실체적 준거법에 따라야 한다는 입장을 취하고 있으나,[997] 중재판정부가 소송의 경우에 적용되는 소송촉진 등에 관한 특례법 소정의 고율의 지연손해금을 중재판정에서 부과하였다고 해서 그것만으로 공공질서(public policy) 위반을 구성하는 것은 아니라고 판시함으로써 결과적으로 이자나 지연손해금에 관하여는 중재판정부에 광범위한 재량을 부여하고 있다.[998]

재법은 금전 그 밖에 대체물이나 유가증권의 일정한 수량의 지급을 명하는 중재판정을 할 경우 중재판정부는 모든 사정을 종합하여 적절하다고 인정되는 지연이자의 지급을 명할 수 있다는 규정을 추가하였다(동법 제34조의3 참조).

994 미국 연방 중재법, 프랑스 민사소송법, 스위스 국제사법 등도 이자에 관한 판정부의 권한을 명시적으로 규정하고 있지는 않다.

995 Born(IA), 305면 참조.

996 이에 관한 보다 자세한 논의는 본장 Ⅲ. 3. 다. 참조.

997 대법원 1990. 4. 10. 선고 89다카20252 판결 참조.

998 대법원 2001. 4. 10. 선고 99다13577 판결 참조.

마. 중재비용의 분담

(1) 중재판정부의 권한

6.46 중재판정부는 중재판정에서 또는 그와 별도의 비용에 관한 판정에서 중재비용의 분담에 대하여 결정하는데, 대부분의 중재규칙은 중재판정부에게 중재비용 분담에 관한 광범위한 재량을 허용하고 있다.[999] 중재법의 경우 이를 명시적으로 언급하고 있는 경우는 많지 않지만,[1000] 그럼에도 불구하고 당사자가 달리 합의하지 않는 한 중재판정부는 비용의 분담에 대하여 판정을 내릴 수 있다는 점에는 별다른 이견이 없다.[1001] 한편, 국가에 따라서는 중재판정부가 비용부담에 관하여 판정을 내리지 않을 경우 법원에 그와 같은 청구를 할 수 있도록 하는 예도 있다.[1002]

6.47 또한, 중재판정부가 자신의 중재관할을 부인하는 결정을 내리면서 관련 중재비용의 분담에 관하여 판정을 내릴 수 있는가 하는 점에 대하여는 논란이 없지 않지만 이를 긍정하는 것이 타당하다. 실제로 중재관할을 부인하는 결정을 내리는 중재판정부에게 비용분담에 관한 결정을 할 권한이 있음을 법률에 명시적으로 규정하는 국가들도 있음은 앞서 본 바와 같다.[1003]

6.48 중재비용 분담에 관한 당사자의 사적 자치는 넓게 인정되는 것이 일반적이지만, 국가에 따라서는 중재비용에 관한 당사자의 사적 자치를 중재법에 의하여 일정 범위 내에서 제한하고 있는 경우도 있다. 예컨대, 영국 중재법 제60조는 분쟁 발생 이전에 당사자들이 중재 결과와 상관없이 일방 당사자가 일정한 비용을 부담하기로 합의하는 것은 허용하지 않고 있다. 따라서 영국을 중재지로 하는 중재의 경우 중재판정부는 비록 당사자들이 분쟁 발생 이전에 미리 중재 결과에 상관없이 비용을 각자 부담하기로 한다고 합의해두었다고 하더라도 그러한 취지의 합

---

[999] ICC 중재규칙 제37조 제4항 등 참조.

[1000] 호주 국제중재법 제27조 제1항은 중재판정부의 비용분담에 관한 재량을 규정하고 있다. 우리 개정 중재법 역시 중재판정부의 중재비용 분담에 관한 결정 권한을 명시적으로 인정하고 있다(우리 중재법 제34조의2 참조).

[1001] Born(ICA), 3086면 참조. 다만, 베트남 상사 중재법 제22조 제4항은 중재에서 패한 당사자가 중재비용을 부담하여야 하는 것으로 규정하고 있고, 태국 중재법 제46조는 중재판정부가 중재대리인의 보수에 대하여 판정을 할 수 없다고 규정하고 있다.

[1002] 영국 중재법 제63조 제4항 참조.

[1003] 제3장 Ⅶ. 2. 다. (2) 참조.

의에 기속되지 않고 재량에 따라 비용분담을 명할 수 있을 것이다.[1004]

(2) 비용부담의 기준

6.49 중재비용의 분담과 관련하여 중재판정부에게 광범위한 재량이 부여된다고 하더라도 중재판정부는 비용의 분담을 결정함에 있어서 다양한 사정들을 고려하게 된다. 비용분담시 우선적으로 고려되는 것은 중재판정의 승패 등 결과이다. 영국 중재법은 특단의 사정이 없는 한 패자가 승자의 중재비용을 부담하는 이른바 costs follow event rule을 원칙적으로 적용하여야 한다고 선언하고 있다.[1005] 이는 소송비용은 각자 부담을 원칙으로 하는 이른바 American rule과 대조를 이루며 국제중재의 실무에서 상당히 보편적으로 인정되고 있는 기준이라고 할 수 있고 실제로 적지 않은 중재규칙이 중재의 결과에 따라 비용이 분담되는 것을 원칙으로 하는 규정을 두고 있다.[1006]

6.50 다만, 구체적인 사안에 따라서는 승자와 패자를 구분하기가 쉽지 않은 경우가 적지 않은데, 실무상 분쟁 전체를 거시적 시각에서 보아 중재판정부가 재량에 따라 판단하는 경우가 많다. 이 과정에서 중재판정부는 누구의 잘못으로 중재절차가 진행되는지, 해당 쟁점들에 대하여 다투는 것에 상당한 이유가 있는지, 청구금액이 과도하게 부풀려졌는지, 사안이 얼마나 복잡하고 어려운지 등을 고려한다. 사안에 따라서는 책임(liability) 부분과 손해배상액(damages) 부분을 구분하여야 하는 경우도 있는데, 특히 당사자들의 공방이 주로 책임에 관한 부분에 집중되고 손해배상액 산정에 대하여는 상대적으로 큰 시간이 투입되지 않는 경우에는 단순히 손해배상액 청구의 인용 비율에 따라 비용을 분담하는 것은 적절하지 않을 수도 있다.[1007]

1004 홍콩 중재법 역시 중재절차에서 발생한 비용을 당사자들이 각자의 비용을 부담하기로 하는 약정은 무효라고 규정하고 있다(홍콩 중재법 제74조 제8항 참조).

1005 영국 중재법 제61조 제2항 등 참조.

1006 LCIA 중재규칙 제28조 제4항; UNCITRAL 중재규칙 제42조 등 참조.

1007 Michael W. Buhler, "Costs of Arbitration: Some Further Considerations," Global Reflections on International Law, Commerce and Dispute Resolution, ICC Publishing (2005), 188면 참조. 기타 ICC 중재판정의 경우 신청인이 청구한 금액의 1/6만 인용되고 5/6에 해당하는 금액은 기각되었지만 중재사건에서의 주된 공방은 주로 책임(liability)에 관한 것이었으므로 인용 비율을 산술적으로 고려하지 않고 양 당사자가 비용을 반씩 부담할 것을 명한 사례도 있다[ICC Case No. 5587(1992), ICC Ct. Bull., Vol. 4 (1993), 35면 참조].

6.51 한편, 중재절차가 누구의 잘못으로 인해 진행된 것인지와 관련하여 중재판정부는 당사자의 화해제안(offer of settlement) 내용을 고려하기도 한다. 예컨대, 일방 당사자가 중재판정부에 대하여는 비공개로 하면서 상대방 당사자에게 일정한 금원을 자발적으로 지급하는 화해안을 제안하였음에도(이른바 sealed offer), 상대방 당사자가 이러한 제안을 거절하여 결국 중재가 진행되고, 그 후 최종중재판정에서 그 제안 금액보다 오히려 적은 금액이 인용된 경우에는, 중재비용 분담 결정에서 그와 같은 일방 당사자의 제안을 거절한 상대방 당사자에게 불이익을 주기도 한다.

6.52 그 밖에 중재비용 분담에서는 중재절차에서의 당사자나 대리인의 태도도 고려되는 경우가 많다. 즉, 중재판정부는 당사자들이 중재일정을 잘 준수하였는지, 문서제출명령을 제대로 이행하였는지, 불필요한 지연책을 사용하였는지 등을 포함하여 중재절차에서 당사자들이 얼마나 성실한 태도로 진행하였는지를 살펴 이를 중재비용에 관한 분담 판정에 감안할 수도 있다.[1008]

(3) 분담의 대상이 되는 비용

6.53 중재절차에서 발생하는 비용은 크게 중재인 수당이나 관리비용 등 중재기관을 통해 지출되는 비용과 그 밖에 중재당사자들이 직접 지출하는 변호사 비용이나 전문가 선임 비용 기타 심리설비 이용료, 번역, 통역, 속기 등에 소요되는 각종 경비 등으로 구분된다. ICC 중재사건에 관한 통계에 의하면 변호사 비용 등 당사자들이 직접 지출하는 비용이 전체 비용 중에서 약 82% 정도를 차지하며, 중재인 수당은 16%, 관리비용은 2% 정도를 차지한다고 한다.[1009] 그 밖에 실무상 당사자가 회사인 경우 중재사건과 관련하여 회사의 사내 변호사 또는 관리 담당자가 투입한 시간이나 기타 비용 등도 중재비용의 일부로 주장하는 사례가 늘고 있다.

6.54 중재판정부는 중재비용의 분담을 명함에 있어서 이러한 다양한 비용 가운데 상당하다고 판단되는 범위 내의 비용에 대하여 분담을 명한다. 중재비용 가운데 실무상 논란이 많은 부분이 변호사 보수인데, 당사자가 아직 지급하지 않았다고 해도 수임약정 등에 따라 지불해야 할 금액이라면 분담의 대상이 된다. 그리고 중

[1008] ICC 중재규칙 제37조 제5항은 중재판정부가 비용 부담에 관한 결정을 할 때 당사자가 얼마나 중재를 신속하고 경제적으로 수행하였는지를 고려할 수 있다고 규정하고 있다.

[1009] Report of ICC Commission on Arbitration, "Techniques for Controlling Time and Cost in Arbitration," ICC Publication (2007), 11면 참조.

재비용의 경우 궁극적으로 중재판정부가 상당하다고 인정되는 범위 내에서 재량껏 그 분담을 명하는 것이므로, 실무상 특별한 사정이 없는 한 해당 비용 항목에 대한 영수증 등을 일일이 확인하는 경우는 많지 않고 해당 항목별 지출 내역과 그 총액을 제출하면 족한 것으로 인정된다.

6.55 다만, 실무상 성공보수(success fee 또는 contingent fee)의 경우나 제3자 자금지원(third party funding)의 경우는 국가마다 그 취급이 다르므로 세심한 주의가 요망된다. 미국의 경우는 이러한 성공보수에 대하여 비교적 관대하지만, 다른 일부 영미법 국가에서는 소송과 관련하여 제3자가 먼저 그 소송비용을 부담한 다음 승소할 경우 승소금액에서 일정한 비율로 회수하는 자금지원 약정은 소송의 경제적 과실 공유(이른바 champerty) 금지의 원칙에 따라 허용되지 않는다. 한편, 중재 가운데서도 분쟁규모가 크고 많은 비용이 발생하는 투자조약중재의 경우에는 이러한 제3자 자금지원이 자주 활용되기도 하는데, 싱가포르나 홍콩 등에서는 제3자 자금지원을 허용하지 않는 위의 소송상의 원칙이 중재에도 여전히 적용되고 있고,[1010] 이는 중재판정부의 중재비용분담에서 고려가 될 수도 있는 사정이다.

(4) 비용분담 판정에 관한 법원의 심사

6.56 앞서 본 바와 같이 중재비용 분담에 관하여는 중재판정부에게 광범위한 재량이 허용되므로 그 범위 내에서는 원칙적으로 중재판정부의 비용분담에 관한 판단에 대하여는 법원의 재심사가 허용되지 않는다고 할 것이다. 싱가포르 법원은 승소비율에 맞지 않는 중재판정부의 비용분담결정에 대하여 공공질서 위반에 해당하지 않는다고 판시한 바 있다.[1011]

6.57 다만, 영국의 경우 법률적 쟁점(point of law)에 대한 오판은 법원에 항소가 가능한데, 특히 패자부담 추정의 원칙 등 중재법에 규정된 중재비용 분담에 관한 핵심적인 원칙(central principles)을 위반한 경우 중재판정 취소의 사유가 될 수도 있다.[1012] 또한, 필리핀 법원은 중재판정부가 비용에 관하여 패자 부담 원칙을 적용한 것과 관련하여 소송 당사자는 부당행위(misconduct) 또는 악의(bad faith)가 없

1010 Otech Pakistan Pvt v. Clough Engineering Ltd [2006] SGCA 46; Bevan Ashford v. Geoff Yeandle [1998] 3 All E.R. 238 (Q.B.); Unruh v. Seeberger [2007] 2 HKLRD 414 참조.

1011 VV and another v. VW [2008] 2 SLR 929; [2008] SGHC 11 참조.

1012 Newfiled Construction Ltd v. Tomlinson [2004] EWHC 3051 참조.

는 한 소송에 관한 권리 행사로 벌을 받을 수 없다는 것이 필리핀의 확립된 공공질서라는 이유로 비용에 관한 중재판정의 집행을 거부한 바 있다.[1013] 따라서, 중재판정부로서는 비용 분담에 관한 판정에 앞서 집행 예상국의 강행규정 등을 면밀히 검토할 필요가 있다고 할 것이다.

5. 중재판정문의 정정

가. 중재판정부의 권한 종료

중재판정부는 중재판정을 내림으로써 그 임무를 완수하는 것이므로 중재판정과 함께 중재판정부의 권한도 종료되는데, 이를 라틴어로 이른바 functus officio라고 표현한다. 즉, 중재판정부의 그 권한이 종료된 이상 중재의 대상이 되는 분쟁에 대하여 더 이상 심리나 판정을 할 수가 없으며, 아울러 중재판정부가 내린 중재판정은 최종적인 것이 되어 중재판정부 스스로도 더 이상 이를 수정하거나 변경할 수 없는 상태가 된다. 6.58

나. 중재판정의 정정, 해석, 추가판정

위의 functus officio의 원칙에는 예외가 있는데, 중재판정문에 포함된 오기나 사소한 실수의 정정(correction) 또는 판단누락이 있는 경우의 추가판정 등이 바로 그것이다.[1014] 거의 모든 중재규칙과 모범중재법 등 중재법이 이러한 예외에 대하여 규정하고 있다.[1015] 예컨대, 모범중재법은 중재판정문을 받은 때로부터 30일 이내에 당사자들의 신청에 따라, 또는 중재판정부 스스로 직권으로 (ⅰ) 중재판정의 숫자 계산상의 착오나 오기 등의 수정, (ⅱ) 중재판정의 특정 부분의 의미에 대한 해석, 또는 (ⅲ) 판단이 누락된 청구에 대한 추가판정 등을 할 수 있도록 하고 있다.[1016] 실제로, 국제중재의 실무상 중재판정의 정정이나 해석을 구하는 사 6.59

1013 Luzon Hydro v. Trans-Filed Philippines, Inc. (Court of Appeals), 29 November 2006, CA-GR SP No. 94318 참조. 다만, 동 판결이 있은 후 2009년에 필리핀이 도입한 Special Rules of Court on Alternative Dispute Resolution에 따르면 중재판정 관련 법원 절차에서 승소한 당사자가 변호사 비용을 회수할 수 있는 규정을 두고 있어서 입장의 변화가 예상된다는 견해도 있다[Colin Y.C. Ong and Michael Patrick O'Reilly(각주 413), 195면 참조].

1014 미국 중재법은 법원에 대하여 그와 유사한 권한을 부여한다는 점에서 특이하다(미국 연방 중재법 제11조 참조).

1015 ICC 중재규칙 제35조 제2항; KCAB 국내중재규칙 제54조; 우리 중재법 제34조 등 참조.

1016 모범중재법 제33조 참조.

례는 흔히 볼 수 있다.[1017]

6.60 다만, 이러한 중재판정 정정 절차는 명백한 기술상의 오류를 시정하기 위한 것일 뿐이지 이를 이용하여 중재판정부가 그 판단 내용을 임의로 변경할 수는 없다는 점을 주의하여야 한다. 실제로 각국의 법원은 중재판정부의 이러한 정정 등의 권한을 매우 엄격하게 해석하고 있고 실무상 주로 숫자의 명백한 오기 등을 바로잡는 경우가 대부분이다.

6.61 중재판정의 해석(interpretation)은 중재판정 정정의 경우와 달리 이를 허용하지 않는 국가들도 적지 않다.[1018] 뿐만 아니라 중재판정의 해석은 그 요건이 더욱 엄격한데, 모범중재법은 양 당사자가 합의한 경우에만 이를 인정하므로 당사자들이 합의한 중재규칙에 그러한 절차가 규정되어 있거나[1019] 그 밖에 달리 합의된 경우가 아니면 허용되지 않는다. 이러한 중재판정의 해석은 중재판정에 사용된 용어가 애매하거나 혼동을 주어 당사자들이 중재판정을 어떻게 집행하여야 할 것인지에 대하여 실질적인 의심(genuine doubt)이 있는 경우와 같이 매우 예외적인 경우에나 허용된다고 본다.[1020]

6.62 또한, 여러 중재규칙이나 중재법은 중재절차에서 주장되었으나 중재판정에서 판단이 유탈된 청구(claim)가 있는 경우 추가중재판정(additional award)을 내릴 수 있도록 하고 있다.[1021] 이러한 판단유탈은 중재인의 권한 유월의 또 다른 형태가 되어(이른바 infra petita) 중재판정 취소의 사유가 될 수 있으므로 이를 추가판정의 형식으로 시정할 기회를 허여하는 것이다. 이러한 중재규칙 또는 중재법상의 근거가 없을 경우에도 당연히 판단 유탈을 시정하기 위한 추가판정의 기회가 부여되는지에 관하여는 부정적으로 보는 법원도 있으나 많은 국가의 법원들은 긍정

1017 예컨대, 2009년의 경우 총 415건의 ICC 중재판정에 대하여 59회의 정정 또는 해석 신청이 있었다고 한다(Greenberg 외, 409면 참조).

1018 영국, 미국, 스위스 등. 다만, 미국의 경우 이러한 절차가 법에 규정되어 있지 않더라도 판례상 그러한 절차가 허용되기도 한다[Born(IA), 353면 각주 202 참조].

1019 ICC 중재규칙 제35조; UNCITRAL 중재규칙 제37조 등 참조.

1020 B. Daly, "Correction and Interpretation of Arbitral Awards under ICC Rules of Arbitration" (2002) 13 (1) ICC International Court of Arbitration Bulletin 61면 참조.

1021 LCIA 중재규칙 제27조 제3항 참조. 단, ICC 중재규칙 제35조 제4항은 중재판정부에 대하여 중재판정을 환송(remission)하는 절차에 대하여 규정하면서 중재판정부는 중재법원의 환송취지에 따라 달리 판정할 수 있도록 하고 있다.

적으로 본다.[1022] 특이한 점은, 모범중재법의 경우 추가중재판정은, 중재판정의 정정의 경우와 달리, 당사자들이 달리 합의할 경우에는 얼마든지 배제할 수 있도록 되어 있다는 점이다.

Ⅲ. 중재판정의 승인과 집행

1. 개 요

가. 승인과 집행의 차이

6.63 중재판정은 당사자의 사적 자치에 기초한 것이므로 그 내용에 대하여 당사자들이 이를 자발적으로 인정하고 따르는 경우에는 문제가 없겠지만, 그렇지 않은 경우에는 중재에서 이긴 당사자는 진 당사자를 상대로 법원에 중재판정의 승인 및 집행을 요구할 수밖에 없다. 그런데, 국가에 따라서는 중재판정의 승인과 집행을 특별히 구분하지 않고 같은 개념으로 사용하기도 하지만, 뉴욕협약 및 모범중재법에 기재된 바와 같이 양자의 개념은 구분하는 것이 바람직하다고 본다.[1023]

6.64 우선, 중재판정의 승인(recognition)은 중재판정이 당사자를 기속하는 유효한 것임을 인정하는 법원의 행위를 말한다. 즉, 당사자의 일방이 중재판정의 효력을 부인할 경우 법원은 그러한 효력 인정에 장애가 되는 사유, 즉, 승인 거부의 사유가 있는지 여부를 당사자의 주장 또는 직권에 의하여 심사하게 된다. 중재판정의 승인은 바로 그와 같이 중재판정에 승인을 거부할 만한 사유가 있는지를 심사하여 중재판정이 가지는 확정력, 구속력, 기판력(res judicata) 등 일정한 효력을 인정하는 법원의 행위를 일컫는 것이다.

6.65 다음으로, 중재판정의 집행(enforcement)은 중재판정에 승인거부사유가 없음을 확인하는 단순한 승인에서 한 걸음 더 나아가 중재판정에 집행력을 부여하여 강제집행(execution) 절차로 나아갈 수 있도록 허용하는 법원의 행위이다.[1024] 이처럼

1022 Born(ICA), 3150면 이하 참조.

1023 독일 민사소송법의 경우 승인결정에 관한 언급이 없이 집행결정에 관하여만 규정하고 있는데(독일 민사소송법 제1060조 및 제1061조 참조), 우리 중재법에서도 '승인'에 관한 규정은 배제되어야 한다는 입법론도 있으나(석광현, 88면 및 89면 참조), 승인은 집행과 구분되는 독자적인 의미를 가지는 것으로 보는 것이 타당하다.

1024 우리 대법원은 집행판결이 중재판정에 대하여 집행력을 부여하는 것으로 파악하고 있으며(대법원 2003. 4. 11. 선고 2001다20134 판결 참조), 집행판결의 확정을 통하여 중재판정의 집행력이

중재판정의 승인과 집행의 개념을 준별하고, 나아가 중재판정의 집행은 중재판정의 승인과 달리 강제집행(execution) 절차로 나아가는 것을 허용하는 절차로 이해할 때에는, 예컨대, 채무부존재확인의 청구를 인용한 중재판정이나 형성판결에 준하는 중재판정의 경우 승인의 대상이지 집행의 대상으로 보기는 어렵다.[1025]

6.66 이와 관련하여 우리 하급심 판결 가운데는 판정주문의 내용이 구체성을 결하여서 실제로 강제집행(execution)을 할 수가 없는 중재판정에 대하여 집행판결을 청구한 사안에서 집행판결은 구체적인 강제집행(execution)을 위한 것일 뿐만 아니라 중재판정 취소로부터 중재판정을 보호하는 의미도 가진다고 판시하면서 집행판결을 청구할 소의 이익을 인정한 사례가 있다.[1026] 이는 중재법에서 중재판정 승인에 관한 절차를 따로 두지 않고 오로지 중재판정 집행에 관하여만 규정하고 있는 독일의 판례를 그대로 답습한 것으로 보인다.[1027] 그러나 중재판정의 집행 이외에 승인에 대하여 규정하고 있는 우리 법제 하에서는 이런 경우 중재판정 승인 제도를 활용하면 충분하지, 굳이 강제집행이 불가능한 중재판정에 대하여 집행력을 부여하는 집행판결을 인정할 필요가 있는지는 의문이다.

6.67 한편, 법원이 중재판정의 집행(enforcement)을 허락할 때는 필연적으로 중재판정의 효력을 승인하는 것이 전제가 될 것이므로 그러한 집행 허락과 별도로 승인을 논할 실익은 없을 것이지만, 집행과 별개로 법원의 승인이 필요한 경우도 적지 않다. 예컨대, 중재판정 이후 불리한 판정을 받은 당사자가 동일한 분쟁에 관하여 소송을 제기할 경우 상대방이 중재판정에 의하여 기판력의 항변을 하거나, 신청인이 피신청인을 상대로 금전의 지급을 명하는 중재판정을 받은 후 피신청인이 중재의 대상이 된 채권과 별개의 다른 채권에 관하여 지급을 구하는 소송을 제기할 경우 신청인이 이미 받은 위의 중재판정에 따라 상계의 항변을 하는 경우

발생하는 것으로 판시하고 있다(대법원 2005. 12. 23. 선고 2004다8814 판결 참조).

1025 외국법원의 확정판결의 경우, 외국판결의 승인에 관한 우리 민사소송법 제217조는 이행판결은 물론 확인 및 형성 판결에도 적용되지만 집행판결에 관한 민사집행법 제26조는 강제집행을 할 수 있는 이행판결만을 대상으로 한 것으로 해석되고 있다(법원실무제요, 민사집행(I), 171면 참조). 다만, 확인판결과 형성판결에 대하여도 법률관계를 명확히 하는 실익이 있을 때에는 집행판결이 가능하다는 견해도 있다(최공웅, 국제소송, 404면 참조).

1026 서울고등법원 2014. 1. 17. 선고 2013나13506 판결 참조. 참고로 동 판결의 하급심인 서울남부지방법원 2013. 1. 31. 선고 2012가합15979 판결은 강제집행이 불가능한 판결에 대하여는 집행판결을 구할 권리보호의 이익이 없다고 판시하였다.

1027 BayOblG, Schieds VZ 2003, 142 (142 ff.); BGH Schieds VZ 2006, 278 (278 f.) 참조.

등에 있어서는 집행과 별개로 법원에 의한 중재판정의 효력 승인이 필요하게 된다. 이러한 측면에서 혹자는 중재판정의 승인은 방패, 집행은 창으로 각각 비유하기도 한다.[1028]

나. 승인 및 집행에 관한 규범의 질서

6.68 중재판정은 그 승인 및 집행에 관하여 뉴욕협약의 적용 대상이 되는지 여부와 관련하여 크게 외국중재판정(foreign award), 내국중재판정(domestic award) 등으로 구분할 수도 있음은 앞서 본 바와 같다.[1029] 즉, 뉴욕협약은 집행국의 관점에서 볼 때 자국 이외의 국가를 중재지로 하는 판정을 외국중재판정으로 정의하면서 그 경우 집행국을 중재지로 하는 중재판정, 즉, 내국판정의 경우와 달리, 해당 중재지국의 중재법이 아닌 뉴욕협약에 따라 승인 및 집행이 이루어져야 하는 것으로 규정하고 있다.[1030]

(1) 뉴욕협약이 적용되는 경우

6.69 뉴욕협약은 외국중재판정의 승인 및 집행을 보장하는 조약으로서 중재판정의 승인 및 집행 보장에 관한 기존의 제네바협약과 달리 이중 집행판결(double exequator), 즉, 중재판정의 집행을 위해 중재지국의 집행판결까지 요구하던 종래의 입장을 폐기하는 한편, 집행국의 법원이 중재판정의 승인 및 집행을 거부할 수 있는 요건을 매우 제한적으로 열거하면서 대부분의 승인 및 집행 거부사유에 대하여 그 입증책임을 주장하는 자에게 전환하고 있는데, 이러한 국제중재판정의 승인 및 집행에 매우 우호적인 뉴욕협약의 이른바 pro-enforcement의 정신은 중재가 오늘날 국제거래에서 발생하는 분쟁을 해결하는 유력한 수단으로 자리잡는 데에 중요한 초석이 되었음은 앞서 본 바와 같다.

6.70 뉴욕협약에 따르면 중재판정부가 사건의 실질에 관하여 내린 판단상의 오류는

1028 Redfern and Hunter, 628면 참조.

1029 뉴욕협약은 외국중재판정 이외에도 해당 집행국의 법률이 내국판정으로 인정하지 않는 중재판정을 이른바 비내국판정(non-domestic award)이라고 하여 그 승인 및 집행에는 뉴욕협약이 적용되는 것으로 규정하고 있으나, 이에 대한 취급은 각국의 입법 및 해석에 따라 다름이 있다. 다만, 어떠한 해석에 의하더라도 일정한 국제적 요소가 있는 국제중재에 대하여는 뉴욕협약의 정신을 최대한 반영하는 것이 바람직함은 앞서 본 바와 같다.

1030 다만, 인도 대법원은 뉴욕협약의 명시적인 문언에도 불구하고 중재지가 인도가 아니더라도 내국판정으로 볼 수 있다는 입장을 취하고 있다.

그것이 법률상의 쟁점에 관한 것이든 사실상의 쟁점에 관한 것이든 원칙적으로 법원에 의한 승인 및 집행 거부의 사유가 되지 않는다. 즉, 뉴욕협약은 외국중재판정의 승인 및 집행 거부의 사유를 주로 절차적인 하자에 국한하여 엄격하게 제한하고 있는데, 그 요지는 다음과 같다.[1031]

① **당사자의 무능력 또는 중재합의의 무효**(중재합의의 당사자가 해당 준거법에 따라 무능력자이거나 중재합의가 당사자들이 합의한 준거법 또는 중재지법에 따라 무효인 경우)
② **방어권의 침해**(중재인 선정이나 중재절차에 대한 적절한 통지를 받지 못하였거나, 당사자가 사건에 대하여 변론을 할 수 없었던 경우)
③ **중재판정부의 권한 유월**(중재판정이 중재합의의 범위를 벗어난 사항을 다룬 경우)
④ **중재판정부의 구성 또는 중재절차의 하자**(중재판정부의 구성 또는 중재절차가 양 당사자의 합의 내용 또는 중재지법에 위배되는 경우, 단, 중재지법의 강행규정과 상충되는 경우는 제외)
⑤ **구속력이 없거나 취소된 중재판정**(종국성이 없는 중재판정부의 판단이나 중재지국 법원에 의하여 취소된 경우)
⑥ **중재가능성 결여**(중재판정의 대상 분쟁이 집행국의 법에 따라 해결이 불가능한 경우)
⑦ **공공질서 위반**(중재판정이 효력을 인정하는 것이 집행국의 공공질서에 위반되는 경우)

6.71 위의 승인 및 집행 거부사유는 대부분 중재지의 중재법에 따른 중재판정 취소의 사유와 중복이 되므로 자세한 내용은 제7장 중재판정에 대한 불복 부분에서 살펴보기로 하되, 여기서는 중재판정 승인 및 집행 거부사유의 해석에 있어서 주의하여야 할 몇 가지 기본적인 사항만 간략히 살펴보기로 한다.

6.72 우선, 집행국의 법원은 뉴욕협약상의 중재판정 승인 및 집행 거부사유가 존재한다고 하더라도 반드시 승인 및 집행을 거부하여야 할 의무가 있는 것은 아니며 재량에 따라 여전히 승인 및 집행을 허용할 수 있다는 점이다.[1032] 물론 실무상

1031 뉴욕협약 제5조 참조.

1032 뉴욕협약 제5조는 일정한 승인 및 집행 거부사유에 해당하는 경우에 반드시 승인 및 집행이 거부되어야 한다는 표현 대신에 승인 및 집행이 거부될 수 있다는 표현을 사용하고 있다.

대개의 경우 집행국 법원은 중재판정의 승인 및 집행 거부사유가 있으면 중재판정의 승인 및 집행을 불허하는 경향이 있지만, 예컨대, 중재판정의 결론에 영향을 미칠 수 없는 사소한 절차상의 하자 등이 있는 경우에는 취소 여부에 대하여 법원의 판단재량을 행사할 여지는 얼마든지 있다고 할 것이다.

6.73 다음으로, 위의 승인 및 집행 거부사유 가운데 ① 당사자의 무능력 또는 중재합의의 무효, ② 방어권의 침해, ③ 중재판정부의 권한 유월, ④ 중재판정부의 구성 또는 중재절차의 하자 ⑤ 중재판정이 구속력이 없거나 취소된 경우 등에는 그러한 취소사유가 있다고 주장하는 당사자가 입증의 책임을 진다.[1033] 그러나 ⑥ 중재가능성 결여, ⑦ 공공질서 위반 등의 경우는 집행국의 법질서와 관련이 있기 때문에 당사자의 주장이나 입증에 구애받음이 없이 법원이 직권으로 그 취소사유를 판단할 수 있다.[1034] 다만, 이러한 법률상의 입증책임 분담 문제와는 별개로 중재판정 승인 및 집행 거부사유에 대하여는 중재판정의 승인 및 집행의 거부를 구하는 자가 사실상의 주장 및 입증의 부담을 가지는 점은 부인할 수 없으므로, 실무상으로는 어차피 이러한 사유들도 불리한 중재판정을 받은 당사자들이 적극 주장하고 소명해야 한다.

(2) 뉴욕협약이 적용되지 않는 경우

6.74 집행국을 중재지로 하는 중재판정의 경우 또는 집행국에서 내국중재판정으로 인정하는 중재판정의 경우 등에는 뉴욕협약이 적용되지 않고 해당 집행국의 중재법에 따라 중재판정의 승인 및 집행이 이루어지겠지만, 대체로 각국의 중재법은 뉴욕협약의 정신에 따라 중재판정의 승인 및 집행 거부사유를 매우 제한적으로 인정하고 있다.[1035] 특히, 뉴욕협약의 정신에 따라 국제연합무역법위원회(UNCITRAL)가 특별히 국제상사중재에 적용되는 중재법의 모델로서 채택한 모범중재법은 중재판정의 승인 및 집행의 요건이 뉴욕협약과 사실상 동일한바, 모범중재법을 자국의 중재법으로 채택한 경우는 중재판정의 승인과 집행이 뉴욕협약이 적용되는 경우와 본질적으로 차이가 없다.[1036]

1033 뉴욕협약 제5조 제1항 참조.

1034 뉴욕협약 제5조 제2항 참조.

1035 이에 대한 보다 자세한 논의는 제7장 참조.

1036 다만, 각국이 모범중재법을 자국의 중재법으로 채택하는 과정에서 그 내용을 일부 수정 채택하

6.75 한편, 집행국이 중재지가 아닌 경우에도 뉴욕협약에 가입하지 않은 국가를 중재지로 하는 경우에는[1037] 해당 집행국이 중재지인 경우와 달리 취급하는 경우도 많다. 우선, 뉴욕협약의 경우 각 체약국이 다른 체약국을 중재지로 하는 중재판정의 승인 및 집행에 관하여만 뉴욕협약을 적용할 수 있도록 유보(이른바 상호주의유보)를 선언할 수 있도록 하고 있는데, 이러한 상호주의유보를 선언한 경우에는 비체약국을 중재지로 하는 중재판정에 대하여 뉴욕협약의 적용이 배제된다.[1038] [1039]

6.76 다만, 모범중재법은 중재지가 어디든지 상관없이 동일한 요건과 절차에 따라 중재판정을 집행하도록 규정하고 있어서 상호주의원칙을 채택하지 않고 있는데, 일본 중재법 제45조 등 모범중재법을 그대로 채택한 국가는 뉴욕협약에 가입하지 않은 국가를 중재지로 하는 중재판정에 대하여도 뉴욕협약과 동등한 취급이 이루어지므로 상호주의유보를 사실상 철회한 것으로 볼 수 있으며, 독일의 경우도 1998년 민사소송법을 개정하면서 상호주의유보를 철회한 바 있다.[1040]

6.77 한편, 상호주의유보를 철회하지 않은 경우에 뉴욕협약의 적용을 받지 않는 외국중재판정의 승인 및 집행을 어떻게 취급할 것인가 하는 점은 각국마다 입장이 동일할 수는 없는데, 당사자들이 합의한 중재규칙 및 중재판정을 당사자들 사이의 계약으로 보고 그 계약의 이행을 구하는 별도의 소송을 제기하도록 하거나, 또는 외국판결에 준하여 승인 및 집행을 허용할 수도 있는데, 어느 경우이든지 상호주

는 경우도 있으므로 이 점 주의할 필요가 있다.

1037 뉴욕협약 적용 여부는 중재지 기준이지 당사자의 국적 기준이 아니다(서울민사지방법원 1884. 4. 12. 선고 83가합7051 판결 참조).

1038 뉴욕협약 제1조 제3항 참조. 따라서, 대만과 같이 뉴욕협약의 가입국이 아닌 국가에서 중재가 진행된 경우 상호주의 유보를 선언한 뉴욕협약의 체약국에서의 승인 및 집행에는 여러 가지 문제가 발생하게 된다. 특이한 점은 호주의 경우 상호주의 유보를 하지 않았으면서도, 정작 호주 국제중재법 제8조는 중재지가 비체약국인 경우뿐만 아니라 중재당사자가 비체약국에 속하는 경우에도 뉴욕협약이 적용되지 않는 것으로 규정하고 있다는 것이다.

1039 뉴욕협약은 상호주의유보 이외에 상사유보도 허용하고 있으나, 상사관계(commercial relationship)라는 관념은 혼인 기타 가사 관계(matrimonial and other domestic relations) 판정이나 정치적인(political) 판정 등과 같은 것을 배제하기 위한 목적의 개념이라는 점에서 매우 폭넓게 해석되고 있으며(Island Territory of Curacao v. Solitron Devices, Inc., court of Appeals, Second Circuit, U.S.A., 356F.Supp. 1 참조), 최근에는 상사유보가 뉴욕협약의 적용 범위와 관련하여서는 큰 의미를 가지지 못하는 것으로 이해되고 있다[Born(ICA), 304면 참조].

1040 한국에서도 입법론으로 상호주의 유보를 철회하는 것이 바람직하다는 견해가 있으나(석광현 "외국중재판정의 승인·집행제도의 개선방안," 한국국제사법학회), 이번 중재법 개정 과정에서 채택되지는 않았다.

의가 적용될 것이다. 우리나라의 경우는 후자에 유사한 입장을 취하여 뉴욕협약이 적용되지 않는 외국중재판정에 대하여는 민사소송법 제217조 제1항, 민사집행법 제27조가 준용된다.[1041]

(3) 유리한 권리(more favorable right)의 선택

6.78 뉴욕협약 제7조 제1항은 "이 협약의 규정은 … 관계 당사자가 중재판정의 원용이 요구된 국가의 법령이나 조약에서 인정된 방법과 한도 내에서 그 중재판정을 원용할 수 있는 권리를 박탈하지도 아니한다"라고 규정하고 있다. 이는 당사자가 중재판정의 승인 및 집행, 즉, 적용을 요구함에 있어서 뉴욕협약뿐만 아니라 그 해당 집행국의 중재법도 원용할 수 있다는 취지로 해석되고 있다.[1042]

6.79 특히, 집행국에 따라서는 자국의 중재법상의 중재판정 승인 및 집행의 요건과 절차를 뉴욕협약보다 더 집행에 유리하게 만들어 놓은 경우들이 있는데, 이러한 경우 특별히 뉴욕협약 제7조 제1항의 의미가 빛을 발한다. 즉, 뉴욕협약 제7조 제1항에 따라 각 체약국은 자국의 중재판정 승인 및 집행 제도를 뉴욕협약보다 더 승인 및 집행에 유리하도록 만들 수 있으며 그러한 경우 당사자들은 비록 외국중재판정이라고 하더라도 해당 국가의 중재법에 따른 승인 및 집행을 구할 수 있게 된다. 이러한 측면에서 뉴욕협약 제7조 제1항은 유리한 권리(more favorable right) 조항이라고도 한다.

6.80 예컨대, 모범중재법의 경우 이미 뉴욕협약과 비교하여 중재합의의 서면성 요건을 대폭 완화하거나 폐지하였음은 앞서 본 바와 같고, 프랑스의 경우 중재지 법원에서 취소된 중재판정이라도 자국 내에서 승인 및 집행이 될 수 있도록 하는 등 모범중재법에서 한 걸음 더 나아가 더욱 중재친화적인 승인 및 집행 시스템을 갖추고 있다. 이러한 경우 당사자는 뉴욕협약이 적용되는 경우에 있어서도 오히려 그보다 더 중재친화적인 해당 집행국의 중재법에 따른 중재판정의 승인 및 집행을 주장할 수 있게 된다.

[1041] 우리 중재법 제39조 제2항 참조.

[1042] Recommendation regarding the interpretation of article Ⅱ, paragraph 2, and article Ⅶ, paragraph 1, of the Convention on the Recognition and Enforcement of Foreign Arbitral Awards, done in New York, 10 June 1958, adopted by the UNCITRAL on 7 July 2006 at its thirty-ninth session 참조.

6.81 이러한 뉴욕협약 제7조 제1항의 해석과 관련하여 당사자는 뉴욕협약과 집행국의 중재법 중 택일적으로 선택하여야 하지 개별 조항별로 유리한 권리를 선택할 수는 없다는 견해도 있다.[1043] 이러한 견해에 따르면, 중재합의의 형식적 요건을 완화한 집행국의 중재법 조항에 따른 중재판정의 승인 및 집행을 원할 경우 다른 내용 또한 모두 집행국의 중재법 조항에 따라야 하고 뉴욕협약을 적용할 수 없게 된다. 그러나 국제중재의 pro-enforcement 정신에 비추어 볼 때 뉴욕협약 제7조 제1항을 이와 같이 좁게 해석할 이유는 없고 명백히 모순이 되거나 양립할 수 없는 권리가 아닌 이상 당사자는 유리한 권리를 주장할 수 있다고 보는 것이 타당하다.[1044]

다. 승인 및 집행의 요건

(1) 승인 및 집행 거부사유의 부존재

6.82 법원은 중재판정의 승인 또는 집행에 앞서 해당 중재판정에 소정의 승인 및 집행 거부사유가 있는지를 심사하게 되는데, 뉴욕협약이나 모범중재법은 물론 대개 국가의 중재법은 중재판정부가 사건의 실질에 관하여 내린 판단상의 오류는 그것이 법률상의 쟁점에 관한 것이든 사실상의 쟁점에 관한 것이든 원칙적으로 법원에 의한 승인 및 집행 거부의 사유로 삼지 않는다. 특히, 뉴욕협약이나 모범중재법은 중재판정의 승인 및 집행 거부의 사유를 주로 절차적인 하자에 국한하여 엄격하게 제한하고 있음은 앞서 본 바와 같다.[1045]

(2) 승인 및 집행에 요구되는 서류 등

6.83 뉴욕협약은 각 체약국이 외국중재판정에 대하여 해당 집행국의 절차규정(rules of procedure)에 따라 승인 및 집행을 허용하여야 한다고 규정하는 한편,[1046] 중재판정의 승인 및 집행에 요구되는 서류로 (i) 인증된 중재판정의 원본 또는 등본, (ii) 중재합의의 원본 또는 등본 등만 요구하고 있다.[1047] 해당 국가의 절차규정

1043 van den Berg, 86면 이하 등 참조.

1044 Herbert Kronke 외, *Recognition and Enforcement of Foreign Arbitral Awards: A Global Commentary on the New York Convention*, (2010) Kluwer Law International, 48면 이하도 동지.

1045 이에 대한 보다 자세한 논의는 제7장 중재판정에 대한 불복 참조.

1046 뉴욕협약 제3조 참조.

1047 뉴욕협약 제4조 제1항 참조. 우리 대법원은 뉴욕협약 제4조 제1항의 규정은 뉴욕협약에 따른 외국중재판정의 집행을 위한 적극적 요건으로서 위 중재판정의 승인 및 집행을 신청하는 당사자가 그 입증책임을 부담하는 것이라고 판시한 바 있다(대법원 1990. 4. 10. 선고 89다카20252 판

에 따라서는 승인 및 집행에 요구되는 서류들이 추가될 수도 있으므로 세심한 주의가 요구된다고 할 것이다. 참고로, 중국의 경우 중재판정부의 중재판정이 기초한 증거서류의 제출을 요구하기도 하고, 인도의 경우는 해당 중재판정이 외국중재판정이라는 점을 증명하는 자료를 추가로 요구한다고 한다.[1048]

6.84 그리고 뉴욕협약은 중재판정이나 중재합의가 집행국의 공용어로 작성되어 있지 않은 경우 해당 공용어에 의한 번역문을 제출하도록 하고 있는데,[1049] 모범중재법의 경우와 달리 인증 번역문이 아니라 '공적인 번역관이나 선서한 번역관 또는 외교관이나 영사에 의하여 증명된 번역문'을 요구하고 있어서 논란이 되나, 우리 대법원은 번역관이나 외교관이 직접 번역하거나 그 내용의 정확성까지 확인할 필요가 없이 번역문이라는 사실 확인만 있으면 그 요건을 충족하는 것으로 판시하였다.[1050]

6.85 뉴욕협약의 이러한 서류요건을 각 체약국이 완화하는 것은 얼마든지 가능한데, 일본 중재법의 경우에는 중재합의서의 제출을 요구하지 않으며,[1051] 독일 중재법 역시 마찬가지로 중재합의서 제출 요건을 폐지하였다.[1052] 2006년 개정 모범중재법도 중재판정 원본의 인증 요건과 아울러 중재합의서 제출 요건을 폐지하였는데,[1053] 이는 우리 개정 중재법에 그대로 반영되었다.[1054]

6.86 그 밖에, 중재판정의 승인 및 집행에 일정한 인지대가 요구되는 경우가 있는데,[1055] 법원에 납부하여야 할 접수비용(filing fee)이 클 경우에는 중재판정의 승인

결 참조).

[1048] Greenberg 외, 443면 내지 444면 참조.

[1049] 뉴욕협약 제4조 제2항 참조.

[1050] 대법원 1995. 2. 14. 선고 93다53054 판결 참조. 그 밖에 우리 대법원은 비록 요구되는 서류의 원본이나 등본을 제출하지 않았더라도 상대방이 다투지 않고 성립인정을 하였다면 뉴욕협약상의 적법한 원본이나 등본의 제출에 해당한다고 판시하는 한편, 번역문이 뉴욕협약 제4조 제2항에 정한 형식에 따르지 않았더라도 제출자의 비용부담으로 전문 번역인에게 번역을 의뢰하는 등의 방법에 의하여 이를 보완시킬 수 있는지 심리를 해야 하고, 단지 해당 형식에 따른 번역문이 제출되지 않았다는 이유만으로 집행판결청구를 배척할 수는 없다고 판시하였다(대법원 2004. 12. 10. 선고 2004다20180 판결 참조).

[1051] 일본 중재법 제46조 참조.

[1052] 독일 민사소송법 제1064조 참조.

[1053] 모범중재법 제35조 제2항 참조.

[1054] 우리 개정 중재법 제37조 제3항 참조.

[1055] 우리나라의 경우 집행판결에 요구되는 인지대는 일반 이행청구의 소의 1/2에 해당한다(민사소

및 집행에 또 다른 사실상의 장애가 될 수도 있다.

(3) 승인 및 집행을 구할 수 있는 기한

6.87 중재판정의 승인 및 집행을 구해야 하는 기한을 정하고 있는 경우에는 그 기한에 세심한 주의를 기울여야 하는데, 미국의 경우 뉴욕협약에 따른 중재판정의 경우 중재판정을 받은 후 3년 이내에, 내국중재의 경우 1년 이내에 법원의 확인명령을 받아야 하고 영국의 경우는 특별한 사정이 없는 한 6년 이내에 집행하여야 한다고 한다.[1056] 중국의 경우 외국중재판정의 집행에 있어서 그 집행신청기한은 중재판정문을 당사자에게 송달한 다음날로부터 2년이며,[1057] 네팔의 경우는 중재판정이 내려진 이후 90일 이내에 집행이 이루어져야 한다고 규정되어 있어 KCAB 중재판정의 집행이 거부된 사례도 보고되고 있다.[1058]

라. 관할법원

6.88 중재판정의 승인은 앞서 본 바와 같이 대체로 다른 소송절차에서 소극적으로 중재판정을 원용하는 경우이므로 독자적으로 관할을 논할 실익은 크지 않다. 그리고 중재판정에 대한 집행 가운데 내국중재판정의 경우에는 자국의 중재법 또는 민사소송법의 규정에 따른 토지관할 규정에 따라 진행될 것이므로 이 역시 실무상 큰 논란은 없다. 참고로, 우리나라의 경우 내국중재판정의 집행결정을 구하는 소송은 중재법에 관할에 관한 규정을 두어 (i) 당사자들이 중재합의에서 지정한 법원, (ii) 중재지를 관할하는 법원,[1059] (iii) 피고 소유의 재산소재지를 관할하는 법원, (iv) 피신청인의 주소 또는 영업소를 관할하는 법원 중 어느 곳이든지 신청인이 선택하여 소를 제기할 수 있도록 하고 있다.[1060]

6.89 다만, 외국중재판정의 집행과 관련하여서는, 앞서 본 바와 같이 뉴욕협약이 중재판정의 집행에 있어서 그 판정이 원용될 영토의 절차규칙(rules of procedure)에

송 등 인지규칙 제16조 참조).

1056 Redfern and Hunter, 632면 각주 36 참조.

1057 蘇曉凌(각주 47), 509면 참조.

1058 김지호, "외국에서의 강제집행 장애로 재 중재신청을 한 사례," 중재 2010년 봄호, 70면 내지 73면 참조.

1059 '중재지를 관할하는 법원'이라는 표현의 문제점에 관하여는 제2장 Ⅱ. 2. 가. 참조.

1060 우리 중재법 제7조 제4항 참조.

따르도록 되어 있어서,[1061] 특정 국가의 법원을 통하여 외국중재판정의 집행을 구할 경우 먼저 해당 국가의 절차 규칙에 따라 그 국가의 법원에 국제재판관할이 인정되어야 하고, 다음으로 해당 국가의 법원 가운데 구체적으로 어느 법원이 집행판결 청구의 소의 관할을 가지는지는 역시 해당 국가의 토지관할에 관한 규칙에 의하여 다시 판단되어야 한다.

6.90 즉, 외국중재판정에 대하여 집행판결을 구하는 소송의 경우는 국제사법 제2조에 따라 우선 우리나라 법원에 국제재판관할권이 인정되어야 할 것이다. 국제재판관할과 관련하여 우리 법원의 판결례가 명확하지는 않지만, 우리 민사소송법상의 토지관할 규정을 토대로 하여 사건이나 당사자의 대한민국과의 실질적 관련성을 검토하여 합리적으로 판단한다는 입장을 취하고 있다.[1062] 그리고 그와 같이 우리나라에 국제재판관할이 인정되는 경우 구체적으로 어느 지역의 법원에 집행결정을 구할 것인가는 우리 중재법 제7조 제4항의 토지관할 규정을 참고할 수 있을 것이다.[1063]

6.91 한편, 미국의 경우는 법원이 이른바 forum non conveniens[불편의법정(不便宜法廷)]의 법리에 따라 집행판결 청구를 각하하는 사례들이 없지 않은데, 이는 뉴욕협약의 정신에 반하는 것이라는 비판을 받고 있고, 이러한 점을 감안하여 실무상 미국에서 집행판결이 필요한 사안의 경우에는 forum non conveniens 항변을 포기하는 규정을 중재합의에 명문으로 규정하여 두는 방안도 권고되고 있다.[1064]

6.92 그 밖에 중재판정의 승인 또는 집행을 관할하는 법원의 심급도 중요한데, 예컨

1061 뉴욕협약 제3조 참조.

1062 우리 하급심 가운데는 외국중재판정에 대한 집행판결의 관할 인정에 관하여 국제사법 제2조를 적용하여 피고가 우리나라에서 응소하는 데에 큰 불편이 없고, 피고의 의무가 지참채무로서 원고의 사무소 소재지인 대한민국에서 이행되어야 한다는 점, 준거법이 대한민국 법인 점 등을 고려하여 우리나라 법원에 집행판결의 관할을 인정한 사례가 있다(서울중앙지방법원 2010. 7. 9. 선고 2009가합136849 판결 참조).

1063 우리 중재법 제7조 제4항이 중재지가 외국인 외국중재판정의 집행에 관한 중재법 제39조를 인용하고 있는데도 우리 중재법 제2조가 외국중재판정에 대하여도 적용할 조문 중에 제7조 제4항을 포함하지 않고 있어서 서로 간에 일관성이 없어 보인다. 외국중재판정의 승인 및 집행 판결 청구의 소의 관할은 일반 국제재판관할의 법리에 따라 해결해도 별 문제가 없다는 점에서 중재법 제7조 제4항에서 제39조를 제외하든지, 아니면 그럼에도 불구하고 제2조 단서의 적용 대상에 제7조 제4항을 포함시키든지 하여 최소한 조항 사이에 일관성을 유지하는 것이 바람직해 보인다.

1064 Moses, 216면 참조.

대, 독일의 경우 중재판정에 대한 집행결정은 고등법원(Oberlandesgericht)에 일원적으로 귀속시키고 있다.[1065]

2. 중재판정의 승인(recognition)

가. 승인과 승인결정

6.93 중재판정의 경우 일단 내려지면 그에 대하여 승인거부사유가 존재하지 않는 한 별도로 법원의 '승인결정'을 받지 않더라도 바로 효력이 발생한다.[1066] 그러나 중재판정의 승인에 있어서 법원의 '승인결정'이 별개의 형식으로 따로 요구되는 것은 아니더라도,[1067] 중재판정에 대한 법원의 승인(recognition)이라는 행위는 여전히 필요하다. 예컨대, 중재판정에 인정된 채권을 기초로 하여 상계항변을 하거나 회사정리절차에서 정리채권의 확정을 구하는 경우에, 법원은 승인거부사유가 있는지를 심사한 후 승인거부의 사유가 없다면 중재판정의 효력을 인정하고 판결을 통해 상계항변을 받아들이거나 정리채권 및 의결권을 확정하게 된다.[1068] 즉, 재판에서 당사자들 사이에 이미 내려진 중재판정의 효력이 다투어질 때, 법원은 해당 중재판정에 일정한 승인거부사유가 존재하는지 여부를 심사하게 되고, 심사결과 승인거부사유가 존재하지 않는 경우에는 중재판정의 효력을 인정하게 되는데, 이와 같이 중재판정의 효력을 확인하는 행위가 바로 승인(recognition)에 해당하는 것임은 앞서 본 바와 같다. 우리 개정 중재법 제37조 역시 "중재판정은 제38조 또는 제39조에 따른 승인거부사유가 없으면 승인된다"라고 규정하여 이 점을 분명히 하고 있다.

6.94 한편, 우리 중재법 하에서 중재판정을 받은 당사자가 사전에 '승인판결'을 별도로

1065 독일 민사소송법 제1062조 참조. 독일은 증거조사에 관해 협조하는 경우를 빼고 모든 중재절차에 관한 결정을 고등법원의 관할로 하고 있다.

1066 이와 관련하여 "중재판정은 법원으로부터 승인받음으로써 기판력을 가지게 된다"라고 표현하기도 하나(목영준, 270면 참조), 법원의 승인은 중재판정의 효력을 창설하는 것이라기보다는 확인하는 것으로 표현하는 것이 더 적절하므로 승인받음으로써 기판력을 가지게 된다는 표현은 부적절하다고 하겠다.

1067 우리 개정 전 중재법 제37조 제1항은 "중재판정의 승인 또는 집행은 법원의 승인 또는 집행판결에 의한다"라고 규정하고 있었는데, 이와 관련하여 중재판정이 승인되기 위해서는 반드시 법원의 승인판결이 필요한 것으로 풀이하면서 이를 비판하는 입장도 있었다(석광현, 327면 이하 참조).

1068 대법원 2009. 5. 28. 선고 2006다20290 판결 참조.

청구할 수 있는가 하는 점에 대하여는 과거 논란이 있었으나,[1069] 우리 개정 중재법 제37조는 “당사자의 신청이 있는 경우에는 법원은 중재판정을 승인하는 결정을 할 수 있다”라고 하여 이를 명시적으로 허용하고 있다.[1070] 그러나 앞서 본 바와 같이, 중재판정의 승인은 본질적으로 방어적인 성격을 가지고 있어서 어떤 재판에서 기존의 중재판정의 효력이 문제가 될 때 당사자로서는 해당 법원에 그 중재판정의 효력을 주장하면서 승인을 구하면 족하다. 예컨대, 당사자는 별도의 승인판결을 미리 받지 않았더라도, 재판 또는 중재에서 기존에 내려진 중재판정의 효력을 기초로 바로 상계의 항변을 하거나,[1071] 중재판정에 따른 판정채권을 기초로 회사정리절차에서 바로 정리채권의 확정을 구하면 된다. 따라서, 특별한 사정이 없는 한, 굳이 그와 같이 법원의 재판에서 중재판정의 효력이 문제되기 이전에 별도로 중재판정에 대하여 ‘승인결정’을 미리 받아 둘 실질적인 필요는 크지 않을 것이다.

나. 승인요건을 갖춘 중재판정의 효력

(1) 준 거 법

6.95 일반적으로 승인의 요건을 갖춘 중재판정에 대하여는 확정판결이 가지는 다양한 효력, 즉, 확정력, 기속력, 기판력, 차단효 등이 부여된다고 설명된다. 그러나 국가별로 확정판결의 효력, 특히 기판력이나 차단효의 내용에는 적지 않은 차이가 존재한다. 즉, 영미법 국가의 경우는 동일한 사실관계에서 발생하는 것이라면 실제로 소송에서 다투어진 청구(claim)는 물론 다투어질 수 있었던 청구까지도 기판력의 대상이 된다. 뿐만 아니라, 확정판결에서 다루어진 쟁점(issue)과 동일한 쟁

1069 실무상 이를 긍정하는 쪽이 다수였고, 우리 하급심 판결 가운데는 중재판정의 내용이 강제집행을 요하지 않은 경우(예를 들어, 중재신청이 기각된 경우 등)에는 중재판정의 집행과 별도로 중재판정의 승인을 구할 필요성도 있다고 판시한 사례도 있었다(수원지방법원 2008. 1. 11. 선고 2007가합7747 판결 참조).

1070 우리 개정 전 중재법 제37조 제1항은 “중재판정의 승인 또는 집행은 법원의 승인 또는 집행판결에 의한다”라고 규정하고 있었는데, 이와 관련하여 중재판정이 승인되기 위해서는 반드시 법원의 승인판결이 필요한 것으로 풀이하면서 이를 비판하는 입장도 있었음은 앞서 본 바와 같으나(각주 1067 참조), 우리 개정 중재법 제37조 제1항은 그 의미를 보다 분명하게 한다는 차원에서 “중재판정은 제38조 또는 제39조에 따른 승인거부사유가 없으면 승인된다. 다만, 당사자의 신청이 있는 경우에는 법원은 중재판정을 승인하는 결정을 할 수 있다”라고 규정하고 있다.

1071 중재판정에 기한 채권을 기초로 상계권을 행사함에 있어서 별도로 승인 및 집행판결을 받을 필요가 없다고 판시한 사례로는 수원지방법원 2008. 1. 11. 선고 2007가합7747 판결 참조.

점에 대하여도 이른바 쟁점효(collateral estoppel)의 원칙에 따라 차단효가 인정되어 다시 다툴 수가 없게 된다. 반면에, 대륙법 국가의 경우는 쟁점(issue)에 대한 차단효는 원칙적으로 인정되지 않음은 물론, 기판력이 미치는 청구(claim)의 해석도 상대적으로 엄격하게 이루어지는 경향이 있다. 위와 같은 사정으로 인해, 예컨대, 중재판정이 내려진 후 유사한 쟁점에 대하여 새로운 중재나 소송이 제기된 경우, 해당 중재판정부 또는 법원이 선행 중재판정의 기판력 등 효력을 어떤 기준에 따라 판단할 것인지를 둘러싸고 다양한 견해가 제시되고 있다.

6.96 우선, 중재판정의 효력에 대하여는 당해 중재판정이 내려진 중재지국의 법에 따라야 한다는 견해가 있다.[1072] 그러나 중재절차를 관장하는 법이 중재지법이지만 중재판정의 효력 문제는 중재의 내부적 절차가 종료된 이후의 그 승인 및 집행에 관한 문제로서 반드시 이를 중재지법에 의하여만 규율하여야 할 필연적인 이유는 찾기 어렵다. 더구나, 중재지는 대개의 경우 중립적이라는 점에 의하여 선택되는 것이므로 사건과의 관련성이 크지 않는 경우가 많다는 점을 감안할 때 더욱 중재지법에 따라 중재판정의 효력을 결정할 당위성을 인정하기가 쉽지 않다.

6.97 다음으로, 중재판정의 기판력 등 효력에 관하여는 각국의 취급이 서로 다르므로 불확실성을 제거하기 위하여 뉴욕협약의 정신에 기초하여 국제적인 기판력의 법리를 적용하여야 한다는 견해도 있다.[1073] 그러나 비록 뉴욕협약이 체약국에 대하여 외국중재판정을 구속력이 있는 것으로 승인하여야 할 의무를 부과하고 있지만,[1074] 구체적으로 중재판정에 어떠한 효력을 부여하여야 하는지에 대하여는 침묵하고 있다. 따라서 '국제적인 기판력의 법리'라는 개념을 뉴욕협약의 해석론을 통해 도출하기는 쉽지 않다.

6.98 실제로, 특히 선행 중재판정의 효력이 후행 중재사건의 중재판정부 앞에서 다투어지는 경우에 관하여는 국제법협회(ILA)가 통일적인 취급을 위하여 다수의 대륙

1072 외국중재판정의 경우 어느 나라의 법에 따른 기판력을 인정할 것인지와 관련하여 중재판정지국의 법에 따라야 한다는 견해와 판정지국의 법을 원칙으로 하되 승인국의 법에 의한 제한을 인정해야 한다는 견해 등을 생각해 볼 수 있다는 입장으로는 손용근, 중재판정의 효력에 관한 일반적 고찰, 법조 제577권(2004), 200면 참조.

1073 Born(ICA), 3742면 내지 3746면 참조.

1074 뉴욕협약 제3조 참조.

법계 국가들이 판결에 대하여 부여하는 기판력보다는 다소 넓은 효력을 중재판정에 대하여 부여하는 권고안을 마련하여 제시한 바가 있고,[1075] 국제중재의 실무상 많은 중재판정부가 특정 국가의 법률에 구애받지 않고 보다 자유롭게 중재판정의 효력을 인정하기도 하며, 심지어 프랑스 등 일부 국가의 법원 역시 그와 맥을 같이 하여 이른바 'obligation of concentration'과 같은 법리를 중재판정의 효력 범위 판단에 도입하기도 하지만,[1076] 여전히 많은 국가의 법원은 자국의 법정에서 선행 중재판정의 효력이 문제가 될 경우 판결에 부여되는 기판력의 관점에서 선행 중재판정의 효력을 바라보고 그 이상의 효력을 선행 중재판정에 부여하기를 주저하는 것이 엄연한 현실이다.[1077]

6.99 이상의 논의를 종합할 때, 아직 중재판정의 효력에 관하여 각국의 법원이 기준으로 삼을 만한 통일된 견해가 수립되지 않은 현재로서는, 중재판정을 당사자에게 구속력이 있는 최종 판정으로 승인하여야 한다는 뉴욕협약상의 기본적인 의무를 본질적으로 침해하지 않는 범위 내에서 중재판정의 승인국 또는 집행국으로서는 외국중재판정에 대하여 자국의 확정판결에 준하는 효력을 부여하면 충분하다고 볼 수밖에 없을 것이다.[1078]

6.100 우리 하급심 판결 가운데는 영국에서 내려진 중재판정이 중재판정에서 패한 당사자의 영업양수인에게도 효력을 미치는가 하는 점이 다투어진 사건에서 중재판정의 효력은 법정지인 대한민국의 절차법에 따라 판단하여야 한다고 하면서, 영업양수가 변론종결 후에 일어났다고 하더라도 그 영업양수인은 기판력이 미치는

1075 국제법협회(International Law Association)의 국제상사중재협의회(International Commercial Arbitration Committee)는 중재판정의 기판력에 관한 중재판정부의 통일적 취급을 권고하기 위하여 Recommendations on Lis Pendens and Res Judicata and Arbitration을 채택한 바 있다. 이에 관한 자세한 내용은 Denis Bensaude, The International Law Association's Recommendations on Res Judicata and Lis Pendens in International Commercial Arbitration, (2007) 24 Journal of International Arbitration, Issue 4, 415면 내지 422면 참조.

1076 obligation of concentration 이론에 따르면 선행 중재절차에서 due diligence를 다했더라면 제기할 수 있었던 쟁점에 대하여도 특단의 사정이 없는 한 기판력이 인정되는바, 위의 국제법 협회 권고사항 5번은 유사한 취지의 내용을 담고 있다.

1077 이에 대한 보다 자세한 논의는 Luca G. Radicati di Brozolo, Res Judicata and International Arbitral Awards (April 15, 2011), http://dx.doi.org/10.2139/ssrn.1842685 참조.

1078 주석중재법, 181면 각주 23 등 참조. 외국중재판정에 대하여 우리나라의 확정판결의 기판력 이상의 효력을 부여하는 것에 대하여 부정적인 입장을 피력하는 견해도 있고[이호원(각주 63), 99면 참조], 외국판결의 승인과 관련하여서 기판력의 본질은 승인국법에 따라야 한다는 견해도 있다[최공웅, 국제소송, 육법사(1994), 337면 참조].

변론종결 후의 승계인에 해당하지 않는다는 종래 우리 대법원 판결[1079]에 따라 중재판정의 기판력이 중재에서 패한 당사자의 상호를 계속 사용하는 영업양수인에 대하여 미치는 것은 아니라고 판단한 사례가 있는데,[1080] 이 판결은 대법원에서 최종 확정된 바 있다.[1081] 다만, 우리 하급심 판결 가운데는, 중재판정의 효력의 준거법을 중재지법으로 보는 전제에 서서, 영국을 중재지로 하여 내려진 중재판정의 판정금에 대하여 영국 중재법 제20조에 따라 판결채무의 이율에 의한 이자의 지급을 명한 사례도 있으나, 이는 유사한 다른 외국 판결의 예에 비추어 그 타당성에 의문이 있음은 후술하는 바와 같다.[1082]

6.101 한편, 우리 중재법은 독일 민사소송법 제1055조와 마찬가지로 중재판정은 법원의 확정판결과 동일한 효력을 가진다고 규정하고 있는데,[1083] 위의 중재판정에 부여되는 법적 효과의 준거법은 승인국법이라는 점에서 볼 때, 그 경우 확정판결은 자국의 확정판결을 말하는 것으로 보는 것이 타당하다. 우리 대법원은 중재지가 우리나라가 아니고 외국이어서 뉴욕협약이 적용되는 외국중재판정의 경우에도 당연히 중재판정에 확정판결과 동일한 효력이 있다고 설시하고 있는 경우도 있는데,[1084] 중재판정의 효력, 즉, 기판력 등에 관한 준거법 및 그 판단기준에 대하여 구체적인 분석이 없어서 아쉽다. 다만, 위 판결이 중재지를 불문하고 중재판정은 승인국의 확정판결과 동일하게 취급하여야 한다는 취지라고 본다면 이는 매우 중재친화적인 입장을 표명한 것으로 평가할 수 있을 것이다.[1085]

(2) 중재판정의 기판력 등

6.102 이처럼 중재판정의 효력의 구체적인 내용에 대하여는 국가마다 조금씩 취급이 다르지만, 대체로 중재판정의 경우 확정판결과 비슷한 기판력(res judicata)과 차단효(preclusive effect)를 인정하는 것이 일반적이다.[1086] 그러나 판결의 효력의 하나

1079 대법원 1979. 3. 13. 선고 78다2330 판결 참조.

1080 서울고등법원 2013. 9. 6. 선고 2012나63467 판결 참조.

1081 대법원 2014. 2. 13. 선고 2013다77041 판결 참조.

1082 서울지방법원 1997. 4. 10. 선고 96가합64616 판결 등 참조.

1083 우리 중재법 제35조 참조.

1084 대법원 2005. 12. 23. 선고 2004다8814 판결; 대법원 2009. 5. 28. 선고 2006다20209 판결 등 참조.

1085 일본의 경우는 외국중재판정이든 내국중재판정이든 불문하고 모두 승인요건을 갖춘 경우에는 확정판결과 동일한 효력이 있는 것으로 규정하고 있다(일본 중재법 제45조 제1항 참조).

1086 다만, 영미법 국가 가운데서 영국은 미국의 경우보다 중재판정의 기판력이 미치는 claim의 범위

인 기판력 또는 차단효의 구체적인 내용 자체가 국가마다 조금씩 다른바, 외국중재판정의 경우는 앞서 본 바와 같이 원칙적으로 승인국법에 따라 그 효력을 인정하는 것이 타당하지만, 일반적으로 아래와 같은 기속력, 자기구속력, 확정력 등은 뉴욕협약상 체약국의 본질적인 의무로서 인정되는 것이 마땅하다.

6.103 즉, 중재판정은 승인거부사유가 있지 않는 한 관련 당사자들을 기속함은 물론 명확한 오기나 숫자 계산상의 오류 등에 대하여 정정이 가능한 것 이외에는 중재판정부라도 임의로 그 내용을 변경을 하지 못하며(중재판정의 기속력 또는 자기구속력), 당사자들은 중재판정 취소 또는 승인 및 집행의 거부 등 법률에 따라 주어지는 불복의 방법 이외에는 달리 중재판정을 다툴 수가 없게 된다(중재판정의 확정력).

6.104 한편, 중재판정 그 자체의 효력과 관련된 문제는 아니지만, 우리나라의 경우 판결이나 기타 판결과 동일한 효력이 있는 것에 의해 인정된 권리의 경우는 원래의 권리와는 별개로 새로이 10년의 소멸시효가 인정되는바,[1087] 그 경우 중재판정을 판결 또는 그와 동일한 효력이 있는 것으로 보아 중재판정에 의해 인정된 권리에도 10년의 소멸시효가 인정되는가 하는 점이 문제된다. 중재판정에 확정판결과 동일한 효력을 부여하는 우리 중재법의 규정에 비추어 볼 때 중재판정에 의하여 인정된 권리라고 해서 굳이 판결에 의하여 인정된 권리와 달리 볼 이유는 없을 것이지만, 이는 어디까지나 중재판정에 의하여 인정된 원래의 실체적 권리의 준거법이 한국법인 경우에 한정된다고 할 것이다.

다. 승인요건을 갖추지 못한 중재판정의 효력

6.105 중재판정에 확정판결과 동일하거나 유사한 효력을 부여하는 것은 어디까지나 법원이 이를 유효한 중재판정으로 승인하는 것을 전제로 한다. 승인은 반드시 별도의 승인판결에 의하는 것은 아니지만 법원이 중재판정의 효력이 문제가 되는 사안에서 중재판정에 승인거부의 사유가 있는지 여부를 심사하여 최종적으로 확정판결과 같은 효력을 인정할지 여부를 심사하게 된다. 따라서 예컨대, 당사자들 사이에 유효한 중재합의가 없었음에도 중재판정이 내려진 경우 등 중재판정에 대하여 승인거부의 사유가 존재하는 경우 법원은 당사자의 주장, 입증에 따라 혹

를 좀 더 제한적으로 해석한다[Born(ICA), 3762면 내지 3764면 참조].

[1087] 우리 민법 제165조 제2항 참조.

은 직권으로 그 승인을 거부할 수 있고 그 경우 설령 중재판정이 형식적으로는 존재한다고 하더라도 그에 대하여 확정판결과 같은 효력이 부여될 수는 없다고 할 것이다.

6.106 이와 관련하여 우리 중재법이 중재판정은 확정판결과 동일한 효력을 가지는 것으로 규정하고 있다는 점을 기초로 하여 설령 중재판정의 취소사유가 있더라도 중재판정이 취소되지 않는 한 중재판정은 여전히 효력이 있으므로 당사자의 일방이 중재판정의 기초인 실체법상의 청구에 기하여 소를 제기하는 경우 기판력에 의하여 구속된다는 주장이 있다.[1088] 그리고 우리나라 하급심 판례 가운데는 외국중재판정과 관련하여 "중재판정은 양쪽 당사자 간에 법원의 확정판결과 동일한 효력을 가지고(중재법 제35조), 중재판정에 대한 불복은 법원에 중재판정취소의 소를 제기하는 방법으로만 할 수 있는바(중재법 제36조 제1항), 피고의 반소는 실질적으로 이 사건 중재판정에 불복하는 것으로 그 효력을 부인하기 위하여는 중재판정취소의 소를 제기해야 하고 채무부존재확인 소송을 제기하는 것은 기판력에 반하여 허용되지 않는다"라고 판시한 사례가 있고,[1089] 내국중재판정과 관련하여서도 유사한 취지의 판결례가 있다.[1090]

6.107 그러나 중재판정의 취소와 승인은 별개의 것이므로, 특별히 중재판정취소청구가 기각되거나 중재판정취소의 소 제기기간이 도과된 경우, 중재판정취소의 사유와 동일한 사유를 승인거부의 사유로 할 수 없도록 법률이 규정하고 있는 경우[1091]가 아니라면, 중재판정취소 여부와 무관하게 중재판정에 승인거부의 사유가 존재하는 한 상대방은 그러한 중재판정의 승인거부를 주장할 수 있고, 법원이 그러한 당사자의 주장에 따라 또는 직권으로 중재판정에 일정한 승인거부의 요건이 있다고 판단하는 한 그러한 중재판정에 대하여는 기판력 등 효력을 부여할 수는 없다고 할 것이다.[1092] 따라서, 예컨대, 중재판정부가 유효한 중재합의가 없음에도

1088 석광현, 238면 참조.

1089 서울중앙지방법원 2012. 9. 27. 선고 2011가합82815(본소), 111416(반소) 판결 참조.

1090 서울고등법원 2011. 11. 25. 선고 2011나47208 판결 참조.

1091 독일 민사소송법이 내국중재판정에 대하여 그와 같은 규정을 두고 있음은 후술하는 바와 같다(제7장 중재판정에 대한 불복 Ⅱ. 1. 가. 참조).

1092 일본의 경우 중재지가 일본국 내에 있는지 여부를 불문하고 중재판정은 확정판결과 동일한 효력을 가지는 것으로 규정하면서도, 중재판정 승인거부사유가 존재하는 경우에는 그러한 효력을 인정하지 아니하는 것으로 명시하고 있다(일본 중재법 제45조 참조).

불구하고 중재판정을 내린 경우에는 애당초 그러한 중재판정은 승인의 요건을 갖춘 것이 아니므로 그 중재판정에서 다루어진 쟁점이 후일 소송에서 다시 다투어지더라도 당사자가 승인거부를 주장하는 한 법원은 중재판정의 기판력에 의하여 구속되지 않고 그 쟁점에 대하여 판단을 할 수 있다고 보아야 할 것이다.[1093]

6.108 우리 개정 중재법은 위와 같이 승인요건을 갖추지 않은 중재판정의 효력에 관한 종래의 논란을 불식시키기 위하여, 중재판정은 양쪽 당사자 간에 법원의 확정판결과 동일한 효력을 가진다고 하면서도 "다만, 제38조에 따라 승인 또는 집행이 거절되는 경우에는 그러하지 아니하다"라는 단서를 추가하였고 이는 매우 적절한 조치로 생각된다.[1094]

3. 중재판정의 집행(enforcement)

가. 중재판정의 집행력

6.109 중재판정이 승인거부사유가 없어서 확정판결과 같은 효력을 가진다고 하더라도 당연히 집행력을 가지는 것은 아니며 별도로 법원으로부터 집행력을 부여받아야 집행에 나갈 수 있다. 즉, 중재판정의 일방 당사자가 자발적으로 중재판정을 이행하지 않을 경우에는 타방 당사자는 중재판정에 대하여 법원으로부터 집행력을 부여받아 집행을 강제할 수 있다.

6.110 국가에 따라서는 중재판정에서 가집행(provisional enforcement)이 가능하다고 명시하고 있는 경우에는 법원에 의한 정식의 집행력 부여에 앞서서 잠정적인 집행을 인정하는 나라도 있다.[1095] 그러나 그러한 경우에도 가집행 자체에 대한 법원의 허가는 어차피 요구되는 것처럼, 궁극적으로 중재판정에 강제력을 획득하기 위해서는 어떠한 형태이든 중재판정에 대한 법원의 집행력 부여가 필연적으로 요구된다고 할 수 있다.

1093 다만 승인거부가 중재합의 부존재 이외의 다른 승인거부사유의 존재를 이유로 한 것이라면 소송의 피고는 (중재판정의 기판력의 항변이 아닌) 유효한 중재합의가 존재함을 이유로 관할의 항변을 할 수 있고 그 경우 법원이 유효한 중재합의가 존재한다고 판단한 경우에는 (중재판정의 기판력으로 인해서가 아니라 중재합의의 존재를 이유로) 소송은 각하되어야 할 것이다.

1094 우리 개정 중재법 제35조 참조.

1095 프랑스 민사소송법 제1479조 참조. 그 밖에 중재판정을 받은 당사자로서는 그 집행을 보전하기 위하여 필요한 경우 법원으로부터 집행의 허락을 받기에 앞서 각국의 법률에 따라 허용되는 각종 보전처분을 이용하는 방안도 고려할 수 있다.

나. 집행력 부여의 방법

6.111 중재판정에 집행력을 부여하는 구체적인 절차는 각국마다 그 취급이 조금씩 다르므로 해당 국가의 집행력 부여절차에 대한 세심한 주의가 요망된다. 예컨대, 영국의 경우 중재판정을 판결의 형태로 변환한 후 그 판결에 기하여 집행을 할 수도 있지만,[1096] 중재판정 자체에 대한 법원의 집행허가명령(leave order)을 통해 집행을 할 수도 있다.[1097]

6.112 또한, 중재판정을 받은 당사자가 상대방의 참여 없이 이른바 ex parte 방식으로 법원의 집행 허가를 받을 수 있도록 하는 나라도 있는데, 특히 프랑스의 경우 법원은 일응의(prima facie) 판단을 통해 집행거부사유가 명백하지 않는 한 중재판정에 기한 집행을 일단 허가하며, 그러한 법원의 집행 허가 결정의 경우는 집행을 거부하는 경우와 달리 이유의 기재도 요구하지 않는다.[1098] 영국의 경우에도 상대방에게 통지하지 아니한 채 앞서 본 집행허가명령(order of leave)을 얻거나 중재판정을 판결로 변환할 수 있으므로 중재판정에 불복하는 당사자로서는 가급적 신속히 법원에 이의를 제기할 필요가 있다.[1099]

6.113 독일의 경우에는 중재판정에 대하여 집행력을 부여하는 법원의 결정에 따라 중재판정의 집행이 이루어지지만, 정식 소송절차에 요구되는 엄격한 변론절차가 없이 보다 간소한 심문절차를 통한 결정의 형식으로 중재판정에 집행력을 신속히 부여하는 제도를 채택하여 시행하고 있다.[1100] 일본의 경우 역시 중재판정에 대한 집행 청구에 대하여는 구두변론 또는 이에 준하는 심문기일을 반드시 거치도록 하고 있으나 집행을 허가하는 재판은 판결이 아닌 결정의 형식으로 할 수 있게 함으로써 절차의 신속을 꾀하고 있다.[1101]

6.114 우리나라의 경우 과거 정식 소송절차에 따라 집행판결의 형식으로 중재판정에 집행력을 부여하였으나 개정 중재법은 위의 독일이나 일본의 경우와 같이 집행

[1096] 영국 중재법 제66조 제2항 참조.
[1097] 영국 중재법 제66조 제1항 참조.
[1098] 프랑스 민사소송법 제1479조 참조.
[1099] Sutton 외, 452면 참조.
[1100] 독일 민사소송법 제1063조 제1항 참조.
[1101] 일본 중재법 제45조 제1항, 제46조 참조.

판결이 아닌 집행결정의 절차를 통해 중재판정에 집행력을 부여하도록 변경하였다.[1102] 더구나 이번에 개정된 내용에 따르면, 오히려 위의 독일이나 일본의 경우보다 한 걸음 더 나아가, 법원이 내린 집행결정에 대하여는 최종 확정이 되기 이전이라도 달리 항고법원의 집행정지의 결정이 없는 한 집행력이 부여되는바,[1103] 이에 대하여는 중재판정 채권자에게 일방적으로 유리한 태도라는 비판이 없지 않으나,[1104] 중재판정의 승인 및 집행을 판결 절차에서 결정 절차로 변경하는 제도의 취지에 충실한 중재친화적인 입법이라고 평가하는 것이 타당하다고 본다.[1105]

6.115 한편, 이처럼 중재판정에 대하여 집행력을 부여받는 데에 소요되는 시간은 물론 실제로 그에 기초하여 상대방의 재산에 대한 집행을 완료하는 데에 소요되는 시간 또한 국가별로 상당히 차이가 있는데, 이는 그 나라 법원이 얼마나 중재에 우호적인지를 가늠하는 중요한 기준의 하나가 된다. 우리나라의 경우 과거 중재판정에 관한 집행판결 청구의 소는 예외적인 경우를 제외하면 대체로 8개월 이내에서 1심 판결이 선고되는 등 다른 재판에 비하여 절차가 비교적 신속하였다고 하나,[1106] 이번 중재법 개정을 통해 중재판정이 더욱 신속하게 집행될 수 있는 토양이 마련되었다고 본다.[1107]

다. 중재판정금에 대한 이자의 부과

(1) 중재판정에서 이자를 정하지 않은 경우

6.116 중재판정부는 중재판정에서 지급을 명하는 금원에 대하여 중재판정 전후를 불문하고 다 갚는 날까지의 이자를 붙이는 경우가 대부분이다. 그런데, 가끔씩 중재

1102 우리 개정 중재법 제37조 제2항 참조.

1103 우리 개정 중재법 제37조 제7항 참조. 중재판정집행결정에 대한 즉시항고는 집행정지의 효력을 가지지 아니한다고 규정하였다.

1104 강태훈, 중재판정 집행재판 관련규정의 개정에 관한 검토, 저스티스 통권 제151호, 383면 참조.

1105 우리 개정 중재법 제37조 제7항 참조. 종래 우리 법원은 집행판결을 내리면서 가집행선고를 붙임으로써 판결 확정 이전에라도 즉시 신속한 집행을 할 수 있도록 하였는데, 집행결정 제도로 변경하면서 만약 민사소송의 일반적인 원칙에 따라 즉시항고에 집행정지의 효력을 인정할 경우 신속한 집행을 위해 판결절차를 결정절차로 바꾼 의미가 퇴색될 수 있었다.

1106 강태훈(각주 1104), 381면 참조.

1107 최근 회계법인 PwC와 Queen Mary 대학의 공동 조사 결과에 의하면 응답자의 57%가 중재판정의 집행을 1년 이내에, 14%는 6개월 이내에 각각 완료한 것으로 답하였으며, 5% 정도는 집행절차가 2년에서 4년 정도 소요된 것으로 확인되었다고 한다(Greenberg 외, 445면 참조).

판정이 판정 후 시점에 대하여는 이자를 붙이지 않거나 아예 이자에 대하여 판단을 하지 않는 경우도 있다. 이런 경우에 중재판정금에 대하여 집행 단계에서 이자를 부과할 수 있는가 하는 점이 논란이 된다.

6.117 이와 관련하여 프랑스 파기원은 유명한 BAII et al. v. IAIGC 사건에서, 중재판정부가 이자에 대한 판단을 하지 않았고 중재판정부가 다시 이 부분에 대한 심사를 할 수 있는 상황도 아니라면, 집행국이 중재판정금에 대하여 이자의 지급을 명할 수 있다고 판시한 바 있다.[1108] 그러나 이는 (i) 해당 중재판정의 효력의 준거법인 승인국법, 즉, 프랑스법이 중재판정에 확정판결과 동일한 효력을 부여하고, 나아가 (ii) 승인국인 프랑스의 법률상 이자나 지연손해금은 실체적 쟁점이 아닌 절차적 쟁점으로 파악되고 있다는 점, (iii) 프랑스법상 확정판결에 대하여 판결 후 일정한 이자를 부여하는 규정이 별도로 존재한다는 점 등에 기하여 내려진 판결로,[1109] 어느 나라에서나 동일한 결론이 도출되기는 어렵다.

6.118 실제로 위 프랑스 판례의 대상 사안의 당사자가 동일한 중재판정에 대하여 벨기에에서 집행을 하면서 동일한 내용으로 판정 후 이자를 청구하였으나, 벨기에의 경우 지연손해금이 절차적 쟁점이 아닌 실체적 쟁점으로서 그 준거법이 계약의 실체적 준거법이라고 해석되고 있고, 달리 판결금에 대하여 일정한 판결 후 이자를 부여하는 규정이 없다는 이유로, 중재판정금에 대한 이자 청구는 기각되었다. 주목할 점은 프랑스 법원 역시 이 쟁점은 승인국의 법률에 따라 그와 같이 달리 취급될 수 있다는 것을 인정하면서 벨기에와 같은 국가에서는 중재판정금에 대하여 별도로 이자를 부과할 수 없다는 점을 인정하였다는 점이다.[1110]

6.119 이와 관련하여, 우리 하급심 판결 가운데, 영국을 중재지로 하여 내려진 중재판정에서 이자에 대하여 판단을 하지 않았고 그 후 당사자가 동 중재판정에 대하여 국내에서 집행판결 청구의 소를 제기하면서 중재판정일 이후의 지연손해금을 추

[1108] Cass. Civ. 1st, June 30, 2004, Appeal No. 01-11718, Bull. Civ. No. 2004 I 189, 156면 참조.

[1109] 중재판정에서 지연손해금을 판정시까지만 한정하여 판정한 경우, 특별히 중재판정부가 판정시점 이후의 지연이자 청구에 대하여 실체법적인 이유를 들어 기각한 것이 아니라면, 집행국 법원이 판정 이후로부터 동일한 지연손해금을 다 갚는 날까지 추가로 부과할 수 있다는 견해도 있다[김갑유(대표집필), 306면 참조].

[1110] Christopher R. Seppälä, *Post-Hearing Issues In International Arbitration*, (2013) Juris, Chapter 3 Post-Award Interest, 77면 이하 참조.

가하여 청구한 사안에서, 중재판정으로 지급할 금액에 대하여는 판정에 다른 지시가 없는 한 판정일로부터 판결채무와 같은 이율의 이자가 발생하는 것으로 규정하고 있는 영국 중재법 제20조에 따라 판결채무의 이율에 의한 이자의 지급을 명한 사례가 있다.[1111] 그러나 동 판결이 위의 프랑스 파기원의 BAII et al. v. IAIGC 사건과 달리 중재판정의 판정 후 이자에 대한 준거법을 중재지법으로 판단한 것 자체도 의문일 뿐만 아니라, 집행국법인 우리나라의 법이 위의 벨기에의 경우와 같이 지연손해금을 실체적 쟁점으로 보면서 그 준거법을 계약의 실체적 준거법으로 보고 있고,[1112] 따라서 중재판정이나 법원의 판결에 대하여도 별도의 판결 후 이자에 관한 규정을 두고 있지도 않는 상황에서[1113] 그와 같이 집행판결 단계에서 중재판정금에 대하여 임의로 판정 후 이자지급을 명한 것은 납득하기 어렵다.[1114]

(2) 중재판정에서 이자에 대한 판단을 한 경우

6.120 위의 프랑스의 경우와 같이 판결금에 대하여 판결일로부터 이자를 부과하는 법률이 따로 있고 중재판정이 판결과 같이 집행되는 국가들의 경우에는 중재판정금에 대하여도 판결금에 준하는 이자가 부과될 수 있을 것이므로, 중재판정에서 설령 판정 후 이자를 정하고 있다고 하더라도 중재판정부가 정한 판정 후 이자는 해당 집행국의 판결금에 대한 법정 이자로 대체되어 집행될 수도 있는 것이 아닌가 하는 의문이 있을 수 있다.[1115] 그러나 앞서 본 바와 같이 중재판정의 집행은 법원이 중재판정에 집행력을 부여하는 절차에 불과하므로, 아무리 판정 후 이자라고 하더라도 중재판정에서 정한 내용을 집행 단계에서 수정하는 것은 집행 절

[1111] 서울지방법원 1997. 4. 10. 선고 96가합64616 판결 참조. 그 밖에 중재지인 미국 캘리포니아주 민사소송법에 기하여 중재판정일로부터 완제일까지 연 10%의 지연이자를 지급을 명한 사례도 있다(서울서부지방법원 2010. 7. 15. 선고 2008가합16806 판결 참조).

[1112] 우리 대법원은 지연손해금은 본래의 채권채무관계를 규율하는 준거법에 의하여 결정되어야 한다고 판시한 바 있다(대법원 2011. 1. 27. 선고 2009다10249 판결 외 다수 판례 참조).

[1113] 우리 중재법 개정 논의 과정에서 중재판정에 대한 판정 후 이자 부과의 근거를 마련하자는 제안도 있었으나 채택되지 아니하였다. 주로 이자나 지연손해금을 절차법적 쟁점으로 파악하는 국가의 경우 판결채무나 판정채무에 대한 이자 부과의 근거를 마련하고 있다(싱가포르 국제중재법 제20조 제3항 참조).

[1114] 서울지방법원 1997. 4. 10. 선고 96가합64616 판결 참조.

[1115] Redfern and Hunter, 469면 참조. 그러나 해당 저자가 그와 같은 입장을 지지하는 것으로 보이지는 않으며, 오히려 영국 중재법 제49조 제3항은 중재판정부에게 판정 후 이자에 대한 전적인 재량을 부여하고 있다고 소개하고 있다.

차의 본질상 허용되지 않는다고 본다.

6.121 우리 하급심 판결 가운데는 중재판정이 연 6푼의 지연손해금을 인정하였는데 당사자가 집행판결을 청구하면서 소송촉진 등에 관한 특례법 소정의 이율에 따른 지연손해금과의 차액 상당을 추가로 청구한 사안과 관련하여 "중재판정 집행판결의 소는 성질상 중재판정에 집행력을 부여하는 이른바 형성의 소라고 할 것이고, 중재판정에 의하여 확정된 실체법상의 권리에 기하여 이행을 청구하는 이행소송의 성질을 가지는 것이 아니므로, 위 소송이 금전채무의 이행을 구하는 소임을 전제로 한 원고의 이 부분 청구는 나머지 점에 대하여 더 살필 필요 없이 이유 없다"라고 하여 원고의 청구를 배척한 바 있다.[1116]

6.122 이러한 하급심의 판시 내용은 앞서 본 서울지방법원 96가합64616 판결이 집행판결청구 소송에서 지연손해금 청구를 별개의 이행청구로서 추가할 수 있는 것처럼 판시한 것과 일견 상반되는 것으로 보인다고 하면서, 집행판결청구의 소가 성질상 형성의 소이기는 하지만 금전채무의 이행을 명하는 중재판정에 대한 집행판결이라면 내용상 금전채무의 이행을 구하는 소에 해당한다고 볼 여지도 있을 것이므로 위의 소송촉진 등에 관한 특례법에 관한 하급심 판결에 선례로서의 가치를 부여하기는 어려울 것이라는 견해가 있다.[1117]

6.123 그러나 위 서울지방법원 96가합64616 판결은 그 당부를 떠나 중재판정부가 이자에 대하여 판단을 한 경우에도 집행 단계에서 지연손해금 청구를 별개의 이행청구로 추가할 수 있다는 취지의 내용이 아니며 중재판정부가 이자에 대하여 판단을 하지 않은 경우에 중재판정금을 하나의 원본으로 보고 그에 대하여 이자나 지연손해금을 부과할 수 있는가 하는 문제를 다룬 사례일 뿐이다. 집행법원이 중재판정에서 이미 정한 이자를 변경한다는 것은 중재판정의 기판력은 물론 중재판정에 집행력을 부여하는 집행판결의 본질에도 반하는 것으로서 허용될 수 없으며, 이는 설령 금전채무에 대한 실체적 준거법이 한국법이라고 하더라도 결론은 달라질 수가 없다고 본다. 요컨대, 중재판정에서 지연손해금을 정한 경우에 집행판결을 청구하면서 소송촉진 등에 관한 특례법 소정의 이율에 따른 지연손

1116 서울민사지방법원 1993. 12. 7. 선고 93가합6770, 27500 판결 참조.

1117 김갑유(대표집필), 307면 참조. 다만, 금전채무의 실체적 준거법이 우리나라인 경우에만 집행 단계에서 소송촉진 등에 관한 특례법 소정의 지연손해금이 적용될 수도 있다고 한다.

해금과의 차액 상당을 추가로 청구하는 것을 허용하지 아니한 위 하급심 판결은 위 서울지방법원 96가합64616 판결과 무관하게 매우 타당한 내용이라고 할 것이다.

6.124 위와 마찬가지의 이유로 중재절차에서 당사자에 의하여 이자 청구가 있었으나 중재판정부가 증거의 부족 등 실체적인 이유를 들어 이를 기각한 것이라면 추후에 집행단계에서 중재판정의 내용과 달리 이자의 청구를 하는 것은 더더욱 허용되지 않는다고 할 것이다. 실제로 하급심 판결 가운데는 중재판정부가 실체적 준거법인 버뮤다법상 이자가 허용되지 않는다고 보아 신청인의 이자 청구를 모두 기각하였음에도 집행 단계에서 중재판정금에 대하여 판정 후 이자의 지급을 청구한 사안에서, 지연손해금은 실체적 준거법에 따라 판단되어야 한다는 대법원 판례를 적시한 후 그 실체적 준거법인 버뮤다법상 이자나 지연손해금이 발생하지 않는다는 이유로 지연손해금 청구를 배척한 사례가 있다.[1118]

라. 중재판정의 집행과 법인격 부인

6.125 중재신청 단계에서 alter ego(분신)가 존재하였고, 따라서 그 alter ego를 상대로 중재신청이 이루어져 중재판정에서 법인격 부인이 인정되어 alter ego를 상대로 한 중재판정이 내려졌다면 중재에서 이긴 당사자가 alter ego를 상대로 바로 중재판정의 집행판결을 청구할 수 있음은 물론이다.[1119] 다만, 실무상 불리한 중재판정이 예상되는 당사자가 중재판정 직전 또는 이후에 중재의 당사자로 된 회사의 설립을 말소하고 다른 이름으로 회사를 설립하는 등 중재판정의 집행을 피하고 채무를 면탈하려는 경우도 있다. 이러한 경우 중재판정을 받은 당사자가 새로 설립한 회사를 상대로 중재판정의 집행을 구할 수 있는가 하는 점이 법인격 부인의 법리와 관련하여 논의된다.

1118 서울중앙지방법원 2012. 9. 27. 선고 2011가합82815 판결 참조.

1119 한편, 우리 하급심 판례 가운데는 법인격 부인의 대상이 되는 alter ego가 애당초 중재판정의 당사자 가운데 하나였음에도 그 alter ego를 상대로 중재판정에 대한 집행판결을 구하는 소와 중재판정금의 이행을 구하는 소가 동시에 진행된 사례가 있는데(집행판결 절차에서 하급심이 alter ego에 대한 뉴욕협약상의 서면에 의한 중재합의를 부인하였으나 그 후 대법원에 의하여 유효한 중재합의가 인정되어 파기되었음), 그러한 경우 그 양 소송은 소송물을 달리하므로 중복소송이 아니라고 판시한 사례가 있다(아래 각주 1124의 서울고등법원 2013. 11. 1. 선고 2012나104382 판결 참조).

6.126 이와 같이, 중재판정에 따른 채무의 면탈을 위해 사후적으로 alter ego를 설립한 경우 그 alter ego를 상대로 한 중재판정의 구체적인 승인 및 집행의 절차는 각 집행국의 절차에 따라 해결될 수밖에 없다고 본다. 그런데, 우리나라의 경우에는 법원의 판결 이후 패소자가 채무면탈을 위해 이름만 다를 뿐 실질적으로는 동일한 회사를 설립하여 운영하는 경우 판결의 기판력과 집행력이 강제집행면탈을 위해 설립된 다른 회사에까지 확장되지 않는다는 대법원 판결이 있으므로,[1120] 그 경우 새로 설립된 다른 회사(alter ego)에 대한 판결의 집행은 별도로 alter ego를 상대로 한 소송 제기를 통해서 이루어질 수밖에 없다. 따라서 확정판결과 동일한 효력을 가지는 중재판정의 경우에도 판정 이후 법인격 부인이 문제가 되는 경우에는 바로 alter ego를 상대로 집행판결 청구의 소를 제기하기보다는 alter ego를 상대로 중재판정에 기초한 별도의 이행청구의 소를 제기하는 방법을 사용할 수밖에 없다고 할 것이다. 다만, 그러한 경우에도 법원은 법인격 부인 인정 여부 이외에 사안의 실질을 재심사할 수는 없고, 법인격 부인이 인정될 경우에는 기존의 중재판정에 승인 거부의 요건이 존재하는 등 특단의 사정이 없는 한 중재판정상의 의무를 alter ego에게 강제하는 판결을 내려야 할 것이다.[1121]

6.127 이 점과 관련하여 법인격 부인의 법리가 적용될 경우 중재합의의 효력 역시 새로이 설립된 법인(alter ego)에도 미치므로 alter ego를 상대로 별도의 소송을 제기할 것이 아니라 중재를 제기하여야 하는 것은 아닌가 하는 의문이 제기될 수 있으나,[1122] 이미 중재판정이 내려진 이후에 중재판정에 대한 승인 또는 집행의 단계에서 법인격 부인이 문제되는 경우에 굳이 alter ego를 상대로 다시 중재를 제기하도록 하는 것은 타당하지 않다고 본다. 왜냐하면, 논리의 일관성으로만 보자면 법인격이 부인되어 alter ego에게 중재합의의 효력이 미친다고 본다면 마찬가지의 이유로 중재판정의 효력도 미친다고 보는 것이 타당할 것인데, 중재판정의 효력이 미치는 alter ego를 상대로 다시 중재를 제기하여야 한다는 것은 그 자체로 또 다른 논리상의 모순을 야기하기 때문이다.

1120 대법원 1995. 5. 12. 선고 93다44531 판결 참조.

1121 이러한 판결은 중재판정에 대한 승인 판결과 법인격 부인에 관한 판결이 결합된 형태가 될 것이다. 따라서 중재판정에 대한 승인 요건 구비 여부는 alter ego가 아닌 원래의 중재의 당사자를 기준으로 판단하여야 할 것이다.

1122 김갑유(대표집필), 300면 참조.

6.128 실제로, 우리 판례 가운데는 그와 같은 경우 당사자가 법인격 부인의 법리에 따라 새로이 설립한 회사를 상대로 중재판정에 따른 내용의 이행을 구하는 소송을 별도로 제기하자 이를 인용한 사례가 있었고,[1123] 최근에도 우리 하급심 판결 가운데는 미합중국 캘리포니아주법에 의하여 설립된 회사를 상대로 받은 중재판정에 기하여 법인격 부인의 법리에 따라 alter ego를 상대로 중재판정금의 지급을 구하는 별도의 이행청구 소송을 제기한 사안에서, 미합중국 캘리포니아주법에 따라 법인격 부인이 인정된다고 판단하고 그 청구를 인용한 사례가 있다.[1124]

1123 부산지방법원 2008. 11. 13. 선고 2007가단105286 판결 참조.

1124 서울고등법원 2013. 11. 1. 선고 2012나104382 판결 참조.

제 7 장

중재판정에 대한 불복

Ⅰ. 머 리 말

7.01 흔히 중재는 소송과 달리 단심제에 의한 신속한 분쟁해결을 특징으로 한다고 설명되고, 아울러 중재판정은 당사자들의 분쟁을 종국적으로 해결하는 것이라고 설명된다. 그렇지만, 이는 불리한 중재판정을 받은 당사자가 중재판정에 대하여 이의를 제기할 수 있는 길이 완전히 봉쇄된다는 것을 의미하는 것은 아니다. 중재에서 불리한 판정을 받은 당사자에게는 비록 그 요건이 매우 까다롭기는 하지만 여러 단계에서 다양한 방법으로 불복을 제기할 수 있는 기회가 주어진다.

7.02 우선, 중재에서 진 당사자는 중재지법(lex arbitri)이 정한 요건과 절차에 따라 중재지국의 법원에 적극적으로 중재판정 취소의 사유가 있음을 주장하면서 **중재판정의 취소**를 구하는 소송을 제기할 수 있다. 한편, 중재판정에 대하여 불복하는 방법으로는 이와 같이 중재판정의 취소를 구하는 것이 원칙이고 소송의 경우처럼 중재판정에 대하여 법원에 바로 항소(appeal)를 하는 것은 허용되지 않는 것이 일반적이다. 그러나 국가에 따라서는 중재판정에 대하여 법원에 항소를 허용하는 경우가 없지 않다. 예컨대, 영국의 경우 중재판정의 법률적 쟁점(question of law)에 대하여는 법원의 허가를 얻어 법원에 항소(appeal)를 제기할 수가 있다.[1125] 그리고, 일부 국가들의 경우에는 국내중재와 국제중재를 구분하여 국내중재에 대하여는 일정한 경우 법원에 항소를 제기할 수 있도록 허용하기도 한다.[1126]

1125 영국 중재법 제69조 제1항 참조.

1126 싱가포르 중재법 제49조 등 참조. 프랑스의 경우 구 민사소송법 제1482조에 따라 국내중재의

7.03 중재에서 불리한 판정을 받은 당사자는 이러한 중재지국 법원에 대한 중재판정 취소소송 등 적극적인 이의절차와 별도로 중재판정의 승인 및 집행 단계에서 **중재판정에 승인 및 집행 거부**의 사유가 있음을 주장함으로써 소극적으로 그 거부를 구할 수도 있음은 앞서 본 바와 같다. 즉, 중재에서 이긴 당사자는 상대방이 판정에 승복하지 않을 경우 최종적으로 상대방의 집행 재산이 소재한 국가의 법원 등에 중재판정에 대한 집행판결을 구하는 소송을 제기하는 등의 방법으로 중재판정의 승인 및 집행을 구할 것인데, 이러한 경우 중재에서 진 상대방으로서는 당해 중재판정에 뉴욕협약에 따라(외국중재판정의 경우) 또는 해당 집행국법에 따라(내국중재판정의 경우) 승인 및 집행 거부의 사유가 있음을 주장하면서 다툴 수가 있게 된다.

7.04 이하에서는 중재판정에 대한 불복 수단의 상호관계나 합의에 의한 불복 배제의 가능성 등 중재판정에 대한 불복절차 전반에 공통되는 실무상의 쟁점들(Ⅱ)을 먼저 살펴본 다음, 중재판정에 대한 불복절차(Ⅲ),[1127] 중재판정에 대한 불복사유(Ⅳ), 중재판정에 대한 불복이 인정되는 경우의 그 효과(Ⅴ) 등에 대하여 차례대로 살펴보고자 한다.

Ⅱ. 불복방법에 관한 일반론

1. 불복방법의 상호관계

가. 당사자의 선택권

7.05 중재판정에서 패한 당사자가 중재판정 취소의 소를 제기하는 공격적인 태도를 취할지, 아니면 기다렸다가 중재판정의 승인 및 집행 단계에서 소극적으로 승인 및 집행의 거부를 구할지는 기본적으로 중재판정에서 패한 당사자의 선택 문제라고 할 수 있다.[1128] 즉, 중재판정에서 패한 당사자로서는 중재지에서 중재판정

경우에 항소가 가능하였으나, 그 후 법개정에 의하여 당사자들이 달리 합의하지 않는 한 국내중재의 경우에도 항소가 불가능한 것으로 변경되었다(프랑스 민사소송법 제1489조 참조).

1127 중재판정의 승인 및 집행 거부의 절차는 제6장에서 살펴본 승인 및 집행 절차 내에서 거부사유의 주장 및 심사를 통해 이루어지므로 이를 참조하기 바란다.

1128 중재판정부가 중재관할항변에 대하여 선결문제로 관할권이 있음을 판단한 경우 당사자가 법원에 심사를 요청할 수 있는바(모범중재법 제16조 제3항), 이 경우에도 당사자로서는 그 선택에 따라 법원에 바로 심사를 요청하지 아니하고 나중에 중재판정 승인 및 집행 단계에서 승인 및 집행 거부사유로서 중재관할을 얼마든지 다툴 수 있다(PT First Media TBK v. Astro Nusantara

취소소송을 제기할지 아니면 상대방이 승인 및 집행을 구할 때 승인 및 집행의 거부를 구할지를 선택할 수 있으므로 중재판정취소소송을 제기하지 않았다고 하여도 집행 거부를 주장함에는 아무런 영향이 없다.[1129]

7.06 이처럼 중재판정의 취소 등 이의절차와 승인 및 집행에 대한 거부절차는 원칙적으로 각기 독립된 것이고 효과도 상이하다. 예컨대, 중재판정 취소는 중재판정의 효력을 원천적으로 소멸시키는 것이지만, 중재판정에 대한 승인 및 집행 거부의 경우 해당 집행국에서의 집행만을 차단시키는 것에 불과하다. 따라서, 실무상 불리한 중재판정을 받은 당사자는 상황에 따라 두 가지 이의절차를 동시에 진행하거나 그 중 어느 하나만 진행하기도 한다.[1130]

7.07 그러나 위의 두 가지 불복수단 가운데 어느 하나를 선택하여 불복하였으나 실패로 돌아간 경우에도 다른 불복수단을 여전히 제기할 수 있는가 하는 점은 별개의 문제이다. 우선, 국가에 따라서는 자국 내에서 승인 또는 집행판결이 확정된 후에는 중재판정 취소의 소를 제기할 수 없다고 하는 경우도 있다. 독일의 경우 중재판정이 집행이 가능한 것으로 독일법원에 의하여 확인된 이후에는 중재판정취소소송은 허용하지 아니하고, 우리 중재법도 동일한 입장이다.[1131]

7.08 다음으로, 중재지 법원에 중재판정취소소송을 제기하여 패소한 경우에는 동일한 사정을 이유로 중재판정의 승인 및 집행의 거부를 주장할 수 있는가 하는 점이 문제가 되는데, 싱가포르 법원은 부정적인 입장을 취한다.[1132] 즉, 중재판정에 대한 불복방법인 중재판정 취소의 소 제기 및 중재판정 승인 및 집행의 거부는 양

International BV and others and another appeal [2013] SGCA 57 참조). 다만, 영국이나 홍콩의 일부 판례, 미국, 이탈리아 등의 경우 중재지에서 중재판정취소소송을 제기하지 아니하고 나중에 동일한 사유를 중재판정 승인 및 집행 거부사유로 주장하는 것은 금반언의 원칙에 비추어 허용되지 않을 수 있다는 입장을 취하기도 한다[Andrew Tweeddale and Keren Tweeddale, *Arbitration of Commercial Disputes*, Oxford University Press (2005), 438면 참조].

[1129] 석광현, 297면 참조.

[1130] 외국이 중재지인 경우 집행 재산이 외국에 소재하지 않는 이상 중재에서 진 당사자로서는 굳이 적극적으로 외국에서 중재판정 취소의 소를 제기하기보다는 상대방이 집행판결을 구할 때 소극적으로 집행거부를 구하는 방안을 선택하기도 한다. 다만, 집행재산이 외국에도 존재하여 중재판정을 원천적으로 무효화시킬 필요가 있거나 기타 중재지에서의 중재판정 취소가 집행거부에 비추어 용이하다고 판단되는 경우에는 반대의 선택을 할 수 있음은 물론이다.

[1131] 독일 민사소송법 제1059조 제3항; 우리 중재법 제36조 제4항 등 참조.

[1132] Galsworthy Ltd of the Republic of Liberia v. Glory Wealth Shipping Pte Ltd [2011] 1 SLR 727 또는 Newspeed International Ltd v. Citus Trading Pte Ltd [2003] 3 SLR 1 등 참조.

자택일적인 관계에 있는 것으로 파악하여 이미 중재판정 취소의 소송에서 패소한 이상 동일한 사유로 중재판정의 승인 및 집행을 거부할 수 없다는 입장을 취하고 있는 것이다. 특히, 중재판정 취소의 사유와 중재판정 승인 및 집행 거부의 사유가 대체로 비슷한 상황에서 동일한 사유의 해석을 둘러싸고 국가마다 다른 견해를 취하는 것을 방지하고 적법한 관할이 있는 국가의 판단을 존중한다는 측면에서 상당히 중재친화적인 태도로 평가될 수 있다.

7.09 또한, 내국중재판정의 경우에 한하여 중재판정취소소송의 결과가 중재판정 승인 및 집행 소송에 일정한 영향을 미치는 것으로 입법하고 있는 나라도 있다. 예컨대, 독일 민사소송법은 내국중재판정의 경우 불리한 중재판정을 받은 당사자가 중재판정취소소송을 제기하였으나 그 청구가 확정적으로 기각된 경우 동일한 사유를 집행 거부사유로 고려할 수 없다고 규정하는 한편, 중재판정 취소의 소를 제기함이 없이 제소기간이 도과된 경우에도 최소한 당사자가 주장, 입증의 책임을 부담하는 중재판정 취소사유들의 경우는 나중에 집행거부의 사유로 고려될 수 없다는 취지를 명시하고 있다.[1133]

7.10 우리나라의 경우에도 내국중재판정의 경우 중재법상 중재판정 취소의 소의 제소기간이 정하여져 있는 이상 중재판정 취소의 소를 제기하지 않은 당사자는 집행판결절차에서 중재판정의 당연무효사유나 청구이의사유를 제외한 중재판정 취소사유를 주장할 수 없다고 해석하여야 한다는 견해가 있다.[1134] 나아가 중재판정에서 진 당사자가 제소기간 내에 취소의 소를 제기하지 않은 경우 중재판정의 승인을 구하는 소송에서 중재판정 취소의 사유를 주장할 수 없다는 견해도 있다. 즉, 내국중재판정은 이미 확정판결과 같은 효력이 있어서 설령 중재판정에 취소사유가 있더라도 중재판정이 취소되지 않는 한 중재판정은 여전히 효력이 있다는 전제 하에서, 승인판결 청구소송의 경우는 집행판결청구소송과 달리 중재판정취소소송의 제소기간이 도과된 이상 취소사유를 주장할 수 없다고 하는 견해가 있다.[1135]

1133 당사자가 주장, 입증하여야 하는 중재판정 취소의 사유로는 ① 당사자의 무능력 또는 중재합의의 무효, ② 방어권의 침해, ③ 중재판정부의 권한 유월, ④ 중재판정부의 구성 또는 중재절차의 하자 등이 있다(독일 민사소송법 제1060조 제2항 참조).

1134 김상수, 중재판정취소의 소의 적법성, 중재 299호(2001), 111면 참조.

1135 석광현, 238면 참조.

7.11 그러나 앞서 본 바와 같이 중재판정에 확정판결과 같은 효력이 부여되는 것은 어디까지나 승인거부사유가 없는 경우에 한하는 것이므로[1136] 중재판정 승인거부사유가 있는 경우에는[1137] 취소소송의 제소기간을 도과하였다고 하더라도 여전히 중재판정의 승인은 허용될 수 없다고 본다. 또한, 중재판정 취소 제도와 중재판정 승인 및 집행 거부 제도는 각각 독립된 목적과 청구원인을 가진 별개의 제도이므로 앞서 본 독일 등의 경우와 같이 특별히 법률에 집행거부사유의 제한에 관한 명문의 규정을 두지 않는 한[1138] 중재판정 취소의 소를 제기하지 않았거나 취소의 소를 제기하여 기각되었다고 하여 중재판정 승인 및 집행의 단계에서 중재판정 취소의 사유와 동일한 사유를 주장하는 것 자체가 법률상 금지된다고 해석하기는 어렵다고 할 것이다.[1139] 다만, 이미 자국의 법원이 중재판정 취소의 소를 기각한 경우 그 후의 승인 및 집행의 단계에서 자국의 다른 법원이 선행 판결에서 이미 판단이 된 취소사유와 동일한 사유를 근거로 승인이나 집행을 거부하는 것을 사실상 기대하기는 어려울 것이다.

나. 중재판정 집행 등 절차의 중단 또는 연기

7.12 뉴욕협약이나 모범중재법에 따르면 중재판정이 중재지 법원에 의하여 취소된 경우에는 그 자체로 승인 및 집행의 거부사유가 될 수 있다. 또한, 뉴욕협약상 승인 및 집행거부사유의 경우에는 달리 당사자 사이에 합의가 없는 한 그 판단의 준거법이 중재지법(lex arbitri)이 되므로, 중재지의 법원이 중재판정취소소송에서 동일한 사유에 관하여 내린 결정은 집행국의 법원의 판단에 큰 영향을 미칠 수밖에 없다. 따라서, 어느 모로 보나 중재지의 법원에서 진행되는 중재판정의 취소소송은 매우 중요한 의미를 가지게 된다. 이러한 맥락에서 뉴욕협약이나 모범중재법은 중재판정의 취소를 구하는 소송이 중재지의 법원에 제기된 경우 집행국의 법

1136 우리 개정 중재법 제37조 제1항; 일본 중재법 제45조 참조.

1137 모범중재법의 경우 중재판정 취소사유와 승인 및 집행 거부사유가 거의 동일하다.

1138 중재판정 취소의 사유와 중재판정 승인 및 거부의 사유가 사실상 동일한 경우 이미 동일한 사유를 중재판정 취소의 단계에서 독일 법원이 심사한 경우 다시 집행 단계에서 중복된 심사를 할 경우 자칫 같은 국가에서도 동일한 쟁점에 대하여 모순된 결과를 초래할 수도 있다는 점에서 위의 독일 민사소송법의 규정은 나름대로 이에 관한 입법적 결단을 내린 것으로 볼 수 있다. 그러나 이러한 명문의 규정이 없는 상태에서 그와 동일한 원리를 해석론으로 적용하기에는 한계가 있다고 본다.

1139 주석중재법, 218면 및 221면; 목영준, 262면 등도 동일한 입장을 취한 것으로 보인다.

원은 중재판정의 승인 및 집행을 연기(adjourn)할 수 있다고 규정하고 있다.[1140]

7.13 다만 실무상 중재판정취소소송과 승인 및 집행에 관한 소송이 동시에 진행되는 경우에 집행국의 법원이 중재지 법원의 판결을 기다리지 않고 독자적으로 판단에 나아가는 경우도 있는데, 특히 집행지 법원과 중재지 법원이 동일한 쟁점을 두고 각기 다른 판결을 내릴 경우 혼란이 초래될 수 있음은 최근의 유명한 Dallah 사건을 통해 확인할 수 있다.[1141] 이 사건은 중재지를 프랑스로 하여 ICC 중재규칙에 따라 진행된 중재에서 이긴 당사자가 영국 법원에 중재판정의 승인 및 집행을 구하자, 중재에서 진 상대방이 유효한 중재합의가 존재하지 않는다는 점을 이유로 하여 집행 거부를 구하는 한편, 같은 이유로 중재지 법원인 프랑스 법원에 중재판정취소소송을 제기한 사안이다. 동 사건에서 집행국인 영국의 법원은 중재지인 프랑스의 법원에 중재판정취소소송이 제기되어 진행 중임에도 불구하고, 중재판정에 승인 및 집행 거부사유가 존재하는지 여부, 즉, 중재지법인 프랑스법에 따른 유효한 중재합의가 존재하는지 여부에 대하여 독자적인 판단에 나아가, 결국 유효한 중재합의가 존재하지 않는다고 결론을 내리고 중재판정의 승인 및 집행을 거부하였다. 그러나 프랑스 법원은 그 후 진행된 중재판정취소소송에서 프랑스 법에 따라 유효한 중재합의가 존재한다고 판단하고 중재판정취소소송을 기각함으로써 결국 동일한 쟁점에 대하여 전혀 결론이 상반된 법원의 판결이 존재하게 되었다. 이 Dallah 사건은 집행국 법원이 중재지에서 진행되고 있는 중재판정취소소송의 결과를 기다리지 않고 독자적으로 중재지의 법을 심사할 경우의 위험성을 적나라하게 드러낸 사건으로서 다양한 각도에서 시사하는 점이 많은 사건이라고 하겠다.

7.14 한편, 국가에 따라서는 국제중재의 경우에는 중재판정취소소송이 제기되더라도 중재판정의 승인 및 집행 절차는 중단되지 않는다는 점을 명시한 사례도 있다. 예컨대, 프랑스 민사소송법은 중재판정 취소의 소 또는 집행명령에 대한 상소는 중재판정의 집행을 중단시키는 효력이 없는 것으로 하고 있는데,[1142] 이는 보다

1140 뉴욕협약 제6조; 모범중재법 제36조 제2항 참조.

1141 Dallah Real Estate & Tourism Holding Co. v. Ministry of Religious Affairs, Government of Pakistan, U.K. Supreme Court, November 3, 2010, [2010] 3 W.L.R. 1472.

1142 프랑스 민사소송법 제1526조 참조. 단 국내중재의 경우 불복절차가 진행되면 집행절차는 정지가 된다(프랑스 민사소송법 제1496조 참조).

중재친화적인 태도로 평가될 수 있다.

다. 취소된 중재판정의 승인 및 집행

7.15 집행거부 절차의 경우 특정 국가에서 중재판정의 집행이 거부되었다고 하더라도 다른 국가에서는 그 집행이 승인될 수도 있는 반면, 중재판정취소 절차의 경우 원칙적으로 중재지의 법원이 취소한 중재판정에 대하여는 다른 국가에서도 집행이 거부된다는 점에서 중재판정의 효력을 원천적으로 없애기 위해서는 집행거부보다는 중재판정 취소의 절차를 밟는 것이 바람직하다. 다만, 일부 국가들의 경우 중재판정이 중재지 법원에 의하여 취소되었다고 하더라도 경우에 따라서는 그 집행을 허용하기도 한다. 즉, 프랑스 등 중재의 탈국가화(delocalization)에 보다 적극적인 국가들의 경우 중재판정이 중재지의 법원에서 취소된 것은 아예 집행거부의 사유로 하지도 않고 있고, 따라서 중재판정 취소 여부와 별개로 승인 및 집행 여부에 대하여 독자적인 심사권을 발동하여 부당하게 중재판정이 취소되었다고 판단될 경우에는 중재판정의 승인 및 집행을 허용하는 경우도 있음은 앞서 본 바와 같다.[1143]

2. 중재판정에 대한 불복사유의 배제 또는 제한에 관한 합의

7.16 중재판정에 대하여 불복할 수 있는 사유는 매우 제한적인 것이 사실이지만 중재판정에 대한 불복을 제기하는 절차가 일반 소송처럼 진행될 경우 단심제에 의한 신속한 분쟁해결이라는 중재의 장점은 크게 퇴색될 우려가 있다. 혹자는 이러한 문제점을 지적하며 중재는 단심제가 아니라 사실상 4심제라고 비난하기도 한다.[1144]

7.17 과거 벨기에와 같은 국가는 자국 당사자가 관여되지 않은 중재의 경우 비록 중재지가 벨기에라고 하더라도 벨기에 법원은 중재판정취소소송 등 어떠한 관여도 할 수 없다는 다소 급진적인 태도를 취하였고 아시아의 경우에도 말레이시아와 같은 국가들은 비슷한 취지의 규정을 두었으나, 중재판정에 대한 불복, 그 가운데서 중재판정취소소송을 배제하는 이러한 극단적인 입법은 중재수요자들로부터 큰 호응을 얻지 못하였고 결국 나중에 그와 같은 법이 개정되기에 이르렀음은 앞

1143 제2장 Ⅲ. 2. 다. 참조.

1144 중재판정 취소 후 집행판결이 별개로 진행되는 경우는 더욱 절차가 지연될 수 있다.

서 본 바와 같다.[1145]

7.18 다만, 입법에 의하여 일괄적으로 중재판정에 대한 불복을 배제하는 것은 그렇다고 하더라도 당사자들이 합의에 의하여 중재판정에 대한 불복을 배제하거나 제한하는 경우에 그 효력을 인정할 것인가 하는 점은 전혀 다른 차원의 문제라고 볼 수 있다. 즉, 당사자들이 중재판정에 대한 불복을 배제하거나 제한하는 명시적인 합의를 별도로 하거나, 중재판정에 대한 어떠한 형태의 불복(recourse)도 포기한다는 취지의 규정을 두고 있는 ICC 중재규칙이나[1146] 중재판정에 대하여 항소(appeal)나 불복(recourse) 등을 포기한다는 취지의 규정을 담고 있는 LCIA 중재규칙,[1147] SIAC 중재규칙[1148] 등에 따를 것을 합의한 경우, 과연 그러한 합의가 중재판정에 대한 이의 제기의 사유를 배제하거나 제한하는 유효한 합의가 될 수 있는지 여부는 실무상 논란이 적지 않다.

가. 중재판정에 대한 항소의 배제

7.19 국가에 따라서는 중재판정의 법률적 쟁점(point of law)에 대하여 법원에 직접 항소(appeal)를 허용하는 경우가 있음은 앞서 본 바와 같은데,[1149] 그러한 항소에 관한 규정은 일반적으로 강행적인 규정은 아닌 것으로 해석된다.[1150] 따라서 당사자

1145 보다 자세한 내용은 제2장 Ⅲ. 2. 다. 참조.

1146 ICC 중재규칙 제34조 제6항

Every Award shall be binding on the parties. By submitting the dispute to arbitration under these Rules, the parties undertake to carry out any Award without delay and shall be deemed to have waived their right to any form of recourse insofar as such waiver can validly be made.

1147 LCIA 중재규칙 제26조 제8항

Every award (including reasons for such award) shall be final and binding on the parties. The parties undertake to carry out any award immediately and without any delay (subject only to Article 27); and the parties also waive irrevocably their right to any form of appeal, review or recourse to any state court or other legal authority, insofar as such waiver shall not be prohibited under any applicable law.

1148 SIAC 중재규칙 제32조 제11항

Subject to Rule 33 and Schedule 1, by agreeing to arbitration under these Rules, the parties agree that any award shall be final and binding on the parties from the date it is made, and undertake to carry out the Award immediately and without delay. The parties also irrevocably waive their rights to any form of appeal, review or recourse to any State court or other judicial authority with respoect to such Award insofar as such waiver may be validly made.

1149 영국 중재법 제69조 참조.

1150 Sutton 외, 506면 참조. 실제로, 영국 중재법 제69조는 Schedule 1의 강행규정 리스트에 포함되

가 얼마든지 명시적인 합의로 그와 같은 항소권을 포기하는 것은 허용되는데, 특히 영국 법원은 당사자가 위와 같은 중재판정에 대한 불복을 포기하는 취지의 규정을 두고 있는 ICC 중재규칙이나 LCIA 중재규칙, 또는 SIAC 중재규칙 등에 따를 것을 합의한 경우 당사자는 중재판정에 담긴 법률적 쟁점의 오류에 대한 항소권을 적법하게 포기하는 것으로 간주한다.

7.20 다만, 영국 법원은 SCC 중재규칙, 또는 UNCITRAL 중재규칙 등의 경우와 같이 중재판정이 단순히 최종적이고 구속력을 가진다는 정도로만 규정하고 있는 경우에는 해당 중재규칙의 조항을 중재판정에 대한 항소권을 포기하는 내용으로 해석하지는 않고 있음을 유념할 필요가 있다.[1151]

나. 중재판정취소소송의 배제

7.21 중재판정에 대한 항소의 경우와 달리 중재판정취소소송의 경우에는 당사자들이 중재판정취소소송을 합의에 의하여 배제할 수 있는가 하는 점에 대하여 더 큰 논란이 있다. 우선, 많은 국가들이 중재판정 취소사유가 강행적인 내용으로서 당사자들의 합의에 의하여 배제하거나 제한할 수 없는 것으로 해석하고 있다.[1152]

7.22 우리나라의 경우에는 중재판정취소소송에 관한 권리를 소송에서의 재심의 소권과 비교하여 중재판정이 내려진 이후가 아니라 사전에 중재판정취소소송을 배제하는 합의는 효력을 부정해야 한다는 견해가 있는가 하면,[1153] 재심에 관한 논의를 참조하지 않더라도 중재판정 취소의 소는 중재판정에 중대한 하자가 있는 경우에 이를 통제하는 것이므로 사전 포기를 정당화할 수 있는 경우는 상정하기 어렵다는 견해도 있다.[1154]

7.23 그러나 우선, 중재라는 제도는 기본적으로 당사자의 사적 자치에 기반을 둔 것이므로 소송의 경우에 준하여 이 문제를 접근하는 것은 바람직하지 않다고 본다. 물론 당사자들이 사적으로 달리 정할 수 없는 근본적인 적정절차(due process) 위

어 있지 않다.

[1151] Essex County Council v. Premier Recycling Ltd. [2006] EWHC 3594 참조.

[1152] 영국 중재법 제67조 내지 제68조 및 Schedule 1 참조.

[1153] 석광현, 231면; 김갑유(대표집필), 290면 등 참조.

[1154] 김갑유(대표집필), 290면 등 참조.

반의 경우나 그 밖에 중재지의 공공질서에 반한다고 볼 수밖에 없는 특별한 사유의 경우에는 사전에 그러한 취소소송의 사유를 배제하는 것은 허용되지 않는다고 해석할 수 있겠지만, 그렇지 않은 경우에까지 중재지의 법원이 당사자의 사적 자치에 개입할 명분은 그다지 크지 않다. 더구나, 중재의 경우는 중재판정의 취소 절차가 없어도 중재판정의 승인 및 집행의 단계에서 중재판정의 하자가 집행국의 법원에 의하여 심사가 된다는 점에서 보면, 그와 중복되기도 하는 심사 절차라고도 볼 수 있는 중재판정 취소 절차와 관련하여 당사자들이 일정한 취소사유를 배제하기로 합의하는 것을 반드시 무효로 할 필연적인 이유가 있을까 하는 의문이 드는 것도 사실이다.

7.24 더구나 중재의 탈국가화를 지지하는 시각에서 보면 절차의 정당성을 당사자의 합의에 두고 있는 중재절차의 경우 법원에 의한 간섭을 가급적 배제하려는 당사자들의 사적 자치의 효력을 중재지 법원이 부인하는 것은 근본적으로 바람직하지 않은 것으로 파악될 것이다. 이와 관련하여 벨기에, 스위스, 스웨덴 등은 비록 중재판정이 자국 내에서 내려진 경우라고 하더라도 순수하게 외국 당사자들 사이의 중재이면서 명시적으로 중재판정 취소 청구권을 포기한 경우 등 엄격한 요건을 충족하는 경우에는 중재판정에 대한 취소 청구권을 포기하는 당사자들의 합의의 유효성을 입법에 의하여 인정한다.[1155]

7.25 프랑스의 경우는 2011년에 중재법을 개정하여 중재판정취소소송을 배제하는 당사자들의 합의의 효력과 관련하여 위의 벨기에 등의 국가보다 훨씬 더 진보적인 입장을 표명한 바 있다. 즉, 2011년 개정 프랑스 민사소송법에 의하면 당사자 일방이 프랑스에 주소나 거소 또는 영업소를 두고 있는 경우에도 그러한 중재판정 취소소송 제기의 포기에 대한 당사자들의 합의가 유효한 것으로 규정하였다.[1156] 이는 중재판정에 대하여는 오로지 집행국의 법원이 그 승인 및 집행 거부사유를 심사하도록 하고 중재지 법원에 의한 간섭을 최소화한다는 중재의 탈국가화(delocalization)를 옹호하는 프랑스의 종래의 입장을 다른 각도에서 재확인한 것으로서 상당히 진보적인 태도라고 볼 수 있다.

1155 벨기에 사법법(Code Judiciaire) 제1717조 제4항; 스위스 국제사법 제192조; 스웨덴 중재법 제51조 등 참조.

1156 프랑스 민사소송법 제1522조 참조.

7.26 결국, 해석론을 통하여 중재판정취소소송을 배제하거나 취소사유를 제한하는 합의를 유효한 것으로 해석하는 것에는 아무래도 무리가 따르겠지만, 입법을 통하여 그러한 당사자들의 합의를 유효한 것으로 해석하는 것은 얼마든지 가능한 것이라고 할 것인데, 이와 같이 자국의 중재법을 더욱 중재친화적인(arbitration-friendly) 것으로 만들려는 프랑스 등 여러 국가들의 진보적인 입법에 대하여 국제중재의 수요자들이 어떻게 반응할지는 앞으로 관심을 가지고 그 추이를 지켜볼 필요가 있겠다.

7.27 한편, 당사자의 명시적인 합의에 의한 중재판정취소소송을 배제할 수 있도록 허용하는 경우에도, 단지 앞서 본 바와 같이 추상적으로 또는 포괄적으로 당사자들이 중재판정에 대한 어떠한 불복도 포기한다는 취지의 규정이 있는 중재규칙에 합의한 것만으로는 중재판정취소소송의 제기를 명시적으로 포기하기로 합의한 것으로 해석되지는 않는다는 점을 주의할 필요가 있다.[1157] 따라서, 중재판정취소소송을 배제하기를 원하는 당사자들로서는 중재지의 선택에 각별한 주의를 기울여야 할 것은 물론 그러한 의사를 보다 분명한 문언으로 중재조항에 기재하여 두는 것이 바람직하다.

다. 중재판정 집행거부사유의 배제

7.28 중재판정에 대한 중재판정취소소송을 배제하기로 하는 합의의 경우와 달리 중재판정의 승인 또는 집행 거부를 배제하거나 제한하는 합의의 경우에 대하여는 의외로 국제적으로도 논의가 많지 않고 판례도 찾아보기 어렵다. 이에 관하여는 물론 뉴욕협약이나 그 밖의 각국의 중재법이 정한 중재판정의 집행 거부의 사유 가운데 중재판정부의 중재관할권이 없는 경우, 적정절차(due process)를 위반한 경우, 중재판정부의 구성 방법 등이 위법한 경우 등 국제적 공공질서(international public policy)와 관련이 있다고 볼 수 있는 경우에는 사전에 당사자들이 그와 같은 집행거부를 배제하는 합의를 하였다고 하더라도 이는 집행국의 공공질서에 반하여 허용되지 않을 수도 있다. 그러나 예컨대, 중재판정이 제3국, 즉, 중재지 법원에서 취소되었다는 사정 등은 반드시 중재판정의 승인 및 집행 거부의 사유로 삼을 필연적인 이유도 없고 실제로 그러한 사유를 아예 중재판정의 승인 및

[1157] Stephen V. Berti & Anton K. Schnyder, *International Arbitration in Switzerland*, n. 37, 604면 참조.

집행 거부의 사유에서 배제하고 있는 국가도 있으므로 당사자들이 합의에 의하여 그러한 사유를 집행 거부의 사유에서 배제하는 것은 허용되어야 하며, 나아가 중재판정에 대한 어떠한 형태의 불복도 포기한다는 취지의 규정을 두고 있는 ICC 중재규칙 등과 같은 중재규칙에 합의한 경우 최소한 중재판정이 제3국, 즉, 중재지 법원에서 취소되었다는 사유는 중재판정 승인 및 집행 거부의 사유에서 배제되는 것으로 판단하는 것이 당사자의 중재합의의 내용을 존중하는 뉴욕협약 제2조의 정신에 부합하는 해석론이라는 주장도 있다.[1158]

7.29 또한, 당사자들이 집행거부의 사유를 배제하거나 제한하는 명시적인 합의를 한 경우[1159] 일률적으로 이를 유효한 것으로 볼 수는 없겠지만, 최소한 중재판정의 승인 및 집행 거부사유를 보다 엄격하게 해석하는 하나의 근거가 될 수는 있다고 본다. 더구나, 뉴욕협약에서 정한 집행거부의 사유가 존재하는 경우에도 집행국의 법원이 중재판정 승인 및 집행을 반드시 거부하여야 할 의무가 있는 것이 아니고 재량에 따라 중재판정의 승인 및 집행을 허락할 수도 있음은 앞서 본 바와 같은바, 이러한 재량 판단에 있어서도 당사자들이 명시적으로 중재합의에 대한 불복을 포기하기로 한 사정은 중요한 참작 사유가 될 수 있을 것이다.

3. 불복사유의 합의에 의한 확장 가능성

7.30 당사자들의 합의로 중재판정의 취소사유나 승인 및 집행 거부사유 등 불복사유를 확장하는 것이 가능한가 하는 점도 실무상 적지 않은 논란이 된다. 우선, 뉴욕협약의 중재판정 승인 및 집행 거부사유는 제한적인 사정이므로 당사자들이 이를 임의로 확장하는 것이 허용될 수 없음은 이론의 여지가 별로 없다. 다만, 중재판정 취소의 사유의 경우는 뉴욕협약의 명시적인 규율 대상이 아니므로 그 사유를 확장하는 당사자의 합의를 유효한 것으로 볼 것인가가 문제되는데, 이러한 합의를 허용하지 않은 국가들이 많다.

7.31 이와 관련하여 미국의 경우 연방 중재법(Federal Arbitration Act)상 열거되어 있는 중재판정 취소의 사유를 당사자들의 합의에 의해 확장시킬 수 있는가 여부에 대

1158 Jennifer Kirby(각주 160), 128면 참조.

1159 프랑스 민사소송법은 당사자들이 명시적으로 중재판정취소소송의 제기권한을 포기한 경우에도 중재판정 승인 및 집행 거부사유를 주장할 수는 있다고 규정하고 있다(프랑스 민사소송법 제1522조 참조).

하여 연방대법원이 2008년에 내린 Hall Street 사건에 관한 판결을 주목할 필요가 있다. 동 사건에서 미국 연방대법원은 중재판정의 취소를 부정부패나 사기, 월권행위 등 매우 제한적인 경우에만 허용하고 있는 미국 연방 중재법 제9조 내지 제11조의 취지에 비추어 볼 때 당사자들이 합의를 통하여 중재판정 취소의 사유를 임의로 확장할 수는 없다고 판시하였다.[1160] 위 Hall Street 사건은 미국의 국내중재에 관한 사건이지만 미국 연방대법원의 위와 같은 판시내용은 국제중재에도 적용될 수 있으며, 그 밖에 다른 국가들도 이러한 판결을 한 사례들이 많다.[1161]

7.32 이처럼 국제중재의 실무상 당사자들의 합의에 의한 중재판정의 취소사유 확장이 허용되지 않는 것이 주류적인 견해라고 할 것인데, 이러한 각국의 취급례는 중재절차에서의 당사자의 사적 자치의 원칙에 비추어 볼 때 반드시 정책적인 관점에서 정당화되기는 어렵다는 견해도 있다.[1162] 그러나 각국의 중재법이 중재판정의 취소사유를 엄격히 제한하는 것은 중재절차에 대한 국가 법원의 간섭을 제한함으로써 중재제도의 독자성을 어느 정도 확보한다는 정책적 고려가 있는 것이고 더구나 국제중재의 경우는 중재지 법원의 간섭을 더욱 최소화하려는 것이 최근의 국제적인 경향이라고 할 수 있다. 따라서 당사자들의 사적 자치는 존중되어야 마땅하지만 실질재심사의 원칙을 벗어나 중재판정부의 사실관계에 관한 판단상의 오류에 대한 심사권 등을 중재지의 법원에 부여하는 등 중재판정 취소의 사유를 확장하기로 합의하는 것은 중재제도의 본질을 흔들 수도 있다는 점에서 이에 대하여 일정한 제한을 가하는 각국 법원의 태도는 충분히 수긍할 수 있을 뿐만 아니라 매우 바람직한 태도라고 할 것이다.

1160 Hall Street Assoc., LLC v. Mattel, Inc., 128 S.Ct. 1396 (U.S. S.Ct 2008) 참조. 이 사건의 중재조항은 (i) 중재인의 사실관계의 판단결과가 실체적 증거에 의해 뒷받침되지 않았을 경우, 또는 (ii) 법에 대한 중재인의 결론에 오류가 있을 경우 등에는 법원에 이의를 제기할 수 있는 것으로 규정되어 있었다.

1161 일본 동경지방법원 역시 KK Descente v. Addidas Salomon Ag 사건에서 동일한 취지로 판시한 바 있다(동경지방법원 2004. 1. 26. 1847 판례시보 123).

1162 Born(IA), 345면 참조.

Ⅲ. 불복절차

1. 중재판정취소소송

가. 제소기한

7.33 모범중재법은 당사자가 중재판정의 취소를 구하는 경우 중재판정이 내려진 시점 또는 중재판정부가 중재판정의 수정 또는 해석 신청에 대해 결정을 내린 시점으로부터 3개월 이내에 법원에 이러한 신청을 하여야 한다고 규정하고 있고[1163] 우리 중재법도 중재판정취소의 소는 중재판정의 취소를 구하는 당사자가 중재판정의 정본을 받은 날부터 또는 제34조에 따른 정정·해석 또는 추가판정의 정본을 받은 날부터 3개월 이내에 제기하여야 한다고 규정하고 있다.[1164] 프랑스나 스위스의 경우에는 이러한 기한이 더욱 짧아, 판정의 취소소송신청은 중재판정의 통지 후 30일 이내에 이루어져야 하는 것으로 규정하고 있다.[1165] 영국의 경우에는 중재판정 취소의 소는 중재판정일 후 또는 신청인에게 항소 및 재심사의 중재절차 결과 통지 후 28일 이내에 제기하여야 한다.[1166] 다만, 이탈리아는 당사자가 중재판정을 통지받은 날 이후 90일 이내에 중재판정의 취소를 구할 수 있으며,[1167] 중국의 경우는 중재판정취소소송이 중재판정의 통지를 받은 후 6개월 이내에 제기되어야 하는 것으로 규정한다.[1168]

7.34 한편, 싱가포르의 경우 모범중재법을 채택한 결과 중재판정이 내려진 시점 또는 중재판정부가 중재판정의 수정 또는 해석 신청에 대해 결정을 내린 시점으로부터 3개월 이내에 법원에 중재판정취소신청을 할 수 있도록 되어 있지만, 법원은 당사자가 이러한 신청을 하면서 취소의 사유로 주장한 사실 또는 그와 실질적으로 동일한 사실에 기초하지 않은 다른 취소사유를 위의 3개월 이후에 추가로 주

1163 모범중재법 제34조 제3항 참조. 이처럼 중재판정에 대하여 수정 또는 해석 신청을 할 경우에는 중재판정부가 그에 대하여 결정을 내린 때부터 기간이 계산되므로 실무상 취소소송의 검토에 시간이 필요한 경우 중재판정에 대한 수정 또는 해석 신청 절차를 활용하기도 한다.

1164 우리 중재법 제36조 제3항 참조.

1165 프랑스 민사소송법 제1494조 및 스위스 연방대법원법(Swiss Federal Statute of the Swiss Federal Supreme Court, dated 17 Jun. 2005) 제100조 참조.

1166 영국 중재법 제70조 제3항 참조.

1167 이탈리아 민사소송법(Civil Procedure Code) 제828조 참조.

1168 중국 중재법 제59조 참조.

장하는 것은 허용하지 않고 있다.[1169]

7.35 우리 중재법의 경우 우리 법원이 내린 중재판정의 승인 또는 집행판결이 확정된 후에는 중재판정 취소의 소를 제기할 수 없다고 규정하고 있는데,[1170] 이는 구 중재법이 중재판정 승인 및 집행판결 이후에도 일정한 사유가 있으면 중재판정취소소송을 제기할 수 있도록 규정한 것과 대조를 이룬다. 다만 실무상으로는 국내에서 중재판정 승인 및 집행판결이 3개월 이내에 확정되는 경우가 드물기 때문에 큰 의미를 가지는 규정으로 보기는 어렵고, 문언에서 분명하듯이 외국 법원에 의한 중재판정 승인 및 집행판결이 확정되더라도 중재판정 취소의 소를 제기하는 데에는 지장이 없다고 할 것이다.

7.36 중재판정취소소송의 제기기한을 당사자들의 합의에 의하여 변경할 수 있는지에 관하여는 실무상 논란이 있다. 독일 민사소송법은 당사자들이 달리 합의하지 않은 경우 30일이라고 명시하고 있으나 이를 단축할 수 있는지에 관하여 논란이 있다고 하면서 당사자들이 합의에 의하여 위 기간을 연장할 수는 있으나, 반대로 위 기간을 단축할 수는 없다는 견해가 있다.[1171] 그러나 당사자의 사적 자치를 기초로 한 중재절차, 특히 뉴욕협약상 pro-arbitration의 정신에 기초한 국제중재의 경우 중재판정취소소송의 제기 기간의 조정, 변경에 관한 당사자들의 사적 자치를 금지할 특별한 이유를 찾기는 어렵다고 본다.

나. 관할권을 행사할 수 있는 국가

7.37 뉴욕협약은 중재판정의 승인 및 집행 거부의 사유와 관련하여 중재판정이 내려진 국가(the country in which the award was made) 또는 중재판정이 그 국가의 법에 따라 내려진 국가(the country under the law of which the award was made)의 권한 있는 기관(competent authority)에 의하여 취소된 경우 당해 중재판정의 승인 및 집행을 거절할 수 있다고 규정하고 있다.[1172] 이는 중재판정의 승인 및 집행

1169 Greenberg 외, 425면 각주 62 참조.

1170 우리 중재법 제36조 제4항 참조. 개정 중재법이 앞서 본 바와 같이 독일이나 일본의 입법례에 따라 중재판정의 집행에 대하여는 결정 절차를 채택하면서도, 독일이나 일본의 경우와 달리 중재판정 취소의 경우에는 종전과 같이 판결 절차를 유지하고 있는 점은 다소 특이하다.

1171 석광현, 236면 참조.

1172 뉴욕협약 제5조 제1항 (e) 참조.

거부사유와 관련한 내용이고 직접 중재판정취소소송의 관할권이 있는 국가를 규정하고 있는 내용은 아니지만, 이에 해당하지 않을 경우 중재판정 승인 및 집행에서 고려되지 않는다는 점에서 볼 때, 사실상 중재판정을 적법하게 취소할 수 있는 관할 법원을 (i) 중재판정이 내려진 국가의 법원, (ii) 중재판정의 법적 기초가 된 국가의 법원 등으로 제한하고 있는 규정으로 해석된다.

7.38 한편, 위의 뉴욕협약이 규정하는 '중재판정이 내려진 국가(the country in which the award was made)'는 중재판정의 서명 등 작성이 실제로 행하여진 국가 또는 중재심리 등이 실제로 열린 국가를 말하는 것이 아니라 중재지국을 의미함은 앞서 본 바와 같고 이에 대하여는 다른 견해가 별로 없다. 실제로 대부분의 국가의 중재법은 해당 중재판정취소소송에 관한 규정이 중재지가 자국 내에 있는 경우에만 적용되는 것으로 규정하고 있기도 하다.[1173]

7.39 다만, 위의 뉴욕협약에서 '중재판정의 법적 기초가 된 국가(the country under the law of which the award was made)'라고 규정한 것에 대하여는 논란이 없지 않은데, 이는 중재에 적용될 실체법이 아닌 중재에 적용된 절차법이 속한 국가를 의미한다고 해석된다.[1174] 물론 중재절차의 준거법은 대개의 경우 어차피 중재지법이 될 것이므로 위의 뉴욕협약의 해당 규정의 앞부분, 즉, '중재판정이 내려진 국가'와 별도로 논할 실익이 크지는 않다. 그러나 앞서 본 바와 같이 아주 가끔은 당사자들이 중재지 이외의 국가의 법을 중재절차의 준거법으로 합의하는 경우가 있으므로 이러한 경우에는 중재지국 이외에도 중재절차의 준거법이 속한 국가의 법원 역시 중재판정취소소송의 관할을 행사할 여지가 있게 된다.[1175] 다만, 대개 중재판정 취소 절차가 규정된 중재법은 중재지가 자국인 경우에만 적용되므로, 설령 자국(중재지국)의 법이 중재지를 외국으로 하는 중재절차에 적용되었다고 하더라도 중재지가 외국으로 지정된 이상 특단의 사정이 없는 한 자국의 중재법에 따른 중재판정취소소송의 관할을 행사하기가 어려울 것이다.

7.40 한편, 위와 같은 뉴욕협약의 규정에도 불구하고 중재지의 법원이 아닌 다른 국가

1173 우리 중재법 제2조 및 제36조; 영국 중재법 제2조 제1항 및 제67조 내지 제69조; 미국 연방 중재법 제10조 등 참조.

1174 Born(ICA), 2990면 참조. 우리 대법원 2003. 2. 26. 선고 2001다77840 판결도 같은 태도를 취하고 있다.

1175 제2장 Ⅲ. 1. 라. 참조.

의 법원에서 중재판정취소소송의 관할을 행사한 사례도 없지는 않다. 즉, 인도의 경우 영토주의에 입각하여 원칙적으로 중재지를 자국으로 하는 중재에 대하여 자국의 중재법을 적용하는 구조를 취하고 있으면서도 하급심 법원이 과거 런던을 중재지로 한 LCIA 중재판정에 대한 중재판정 취소의 소에 대하여 관할권을 행사한 적이 있고,[1176] 인도네시아 법원도 중재지가 스위스이고 당사자들이 스위스 이외의 다른 어떠한 나라의 중재법이나 관할에 합의한 바 없음에도 불구하고 중재판정취소소송을 인용한 바가 있다.[1177]

7.41 그러나 이러한 취소소송의 관할권 행사의 확대는 뉴욕협약의 기본 정신에 반하는 것으로서 다른 나라에서는 받아들여지기 어렵다고 할 것이다. 실제로 인도네시아 법원이 위의 스위스를 중재지로 하는 중재판정을 취소하는 한편 심지어 중재에서 이긴 당사자들이 중재판정을 외국에서 집행할 수 없도록 소송금지명령까지 발령하였으나, 미국 법원은 이러한 인도네시아 법원의 결정에도 불구하고 뉴욕협약에 따라 위의 중재판정을 승인 및 집행을 허용하였다.[1178]

다. 관할법원

7.42 국가에 따라서는 중재판정취소소송을 관할하는 법원을 특별히 구체적으로 명시하는 경우도 있는데, 예컨대, 싱가포르의 경우는 High Court를 중재판정취소소송의 관할법원으로 명시하고 있고, 우리 중재법은 당사자가 중재합의에서 특별히 지정하지 않은 경우에는 “중재지를 관할하는 법원”이 관할한다고 규정하고 있다.[1179]

7.43 그러나 앞서 본 바와 같이 우리 중재법이 중재판정취소소송의 관할법원을 정하면서 “중재지를 관할하는 법원”이라는 표현을 사용하는 것은 문제가 있다.[1180] 이

1176 Venture Global Engineering v Astyam Computer Services, (2008) 4 SCC 190 참조. 다만, 동 판결은 뉴욕협약은 물론 인도 중재법의 명문의 규정의 해석을 그르친 것이라는 국제중재계의 비판에 직면하여 인도 법무부는 중재법 개정을 고려하고 있다고 한다(S. Greenberg 외, 418면 각주 35 참조).

1177 Karaha Bodas Co LLC v. Perusahaan Pertambangan Minyak Dan Gas Bumi Negara (Pertamina) (2003) 4 HKC 488 참조.

1178 McIlwrath and Savage, 333면 참조.

1179 우리 중재법 제7조 제3항[이에 대하여는 제2장 Ⅱ. 2. 가. (1) 참조].

1180 이에 대한 보다 자세한 논의는 제2장 Ⅱ. 가. (1) 참조.

와 관련하여 중재지가 단순히 서울이라고 되어 있다면 그 중재판정의 취소소송은 서울중앙지방법원을 비롯한 서울의 5개 지방법원 모두에 관할이 인정된다고 해석할 수 있다는 견해도 있으나,[1181] 그러한 논리라면 대한민국을 중재지로 할 때에는 우리나라의 어떤 법원에다가도 중재판정취소소송을 제기할 수 있게 되는데, 이는 중재판정취소소송의 토지관할의 기준에 관한 해석 방법으로 과연 적절한지는 의문이다. 오히려 중재에 대한 통일적 취급 또는 판결의 신뢰성 제고라는 관점에서 볼 때, 중재판정취소소송의 관할은 국제거래나 중재 분야에 상대적으로 경험이 많은 전담 재판부가 있는 법원에 집중하는 것이 입법론으로는 더 바람직하다고 본다.[1182]

7.44 한편, 국가에 따라서는 중재판정취소소송의 관할을 상급법원에 전속시키고 있는 경우도 있다. 예컨대, 프랑스의 경우 항소법원(Court of Appeals)이 중재판정취소소송에 대하여 관할권을 행사하며,[1183] 항소법원의 결정에 대하여는 대법원에 해당하는 파기원(Cour de cassation)에 상고될 수 있다. 스위스의 경우는 아예 연방대법원(Federal Tribunal)이 중재판정취소소송을 관할하도록 하고 있다.[1184]

라. 중재판정을 취소한 판결에 대한 상소

7.45 법원의 중재판정 취소 판결에 대한 불복이 가능한지 여부 역시 원칙적으로 각국의 중재법의 소관이라고 할 수 있다. 모범중재법은 중재판정취소소송에서의 법원 판결에 대한 불복 가능성에 대하여는 구체적인 규정을 두고 있지는 않지만,[1185] 특단의 사정이 없는 한 중재판정을 취소하는 법원의 판결도 다른 판결에 준하여 상소가 가능할 것이다. 다만 이러한 상소절차는 앞서 본 바와 같이 중재절차의 신속성을 해치는 또 다른 사정이 될 수 있다.

1181 김갑유(대표집필), 288면 참조.

1182 참고로, 일본 중재법의 경우 '중재지를 관할하는 법원'을 사용하면서도 중재지가 매우 구체적으로 특정이 되어 '그 관할 법원이 한 개의 지방법원에 국한되는 경우에만 동 조항이 적용되는 것'으로 규정하는 세심함을 보이고 있다(일본 중재법 제5조 제1항 제2호 참조). 그러나 이 역시 위에서 본 중재지의 법적 개념에 비추어 볼 때 적절한 태도로 보기는 어렵다.

1183 프랑스 민사소송법 제1519조 참조.

1184 스위스 국제사법 제191조 참조.

1185 다만, 모범중재법은 중재판정부가 선결 문제로서 중재관할이 있다고 판단한 경우 당사자는 이에 대하여 법원의 심사를 청구할 수 있다고 하면서, 그러한 청구에 대하여 내린 법원의 결정에 대하여는 항소를 할 수 없다고 규정하고 있다(모범중재법 제16조 제3항).

국가에 따라서는 중재판정취소소송에서의 법원 판결에 대하여 상소를 제기하는 것에 일정한 제한을 가하는 경우도 있는데, 싱가포르의 경우 중재판정취소소송의 관할법원(High Court)의 판결에 대하여는 해당 법원의 허가가 없이는 항소법원(Court of Appeal)에 상소할 수 없고 그러한 허가를 거부한 결정에 대하여도 달리 불복의 방법이 없다는 점도 특색이 있다.[1186] 또한, 앞서 본 바와 같이 중재판정취소의 관할법원을 항소심 법원 또는 해당 국가의 최고 상급 법원으로 정한 프랑스나 스위스 등의 경우에는 그 범위 내에서 당해 법원의 판결에 대한 불복절차가 간소화되는 효과가 있다고 할 것이다. 7.46

마. 하자의 치유를 위한 중재판정취소소송의 정지

모범중재법은 중재판정취소소송이 제기된 경우 당사자는 중재판정부가 중재판정취소사유를 제거하는 데에 필요한 조치를 취할 기회를 허여하기 위하여 일정한 기간을 정해 법원이 중재판정취소소송의 절차를 정지할 것을 신청할 수 있다고 규정하고 있다. 그 경우 법원이 당사자의 신청이 이유 있다고 판단할 경우 취소소송의 절차를 일정한 기간 정지할 수 있다고 규정하고 있다.[1187] 7.47

2. 중재판정 승인 및 집행 거부

중재판정의 승인 및 집행 거부는 상대방이 법원에 중재판정에 대한 승인 및 집행을 구하는 요청을 해올 경우 해당 절차에서 상대방의 승인 또는 집행 허가 요구에 대한 항변으로 승인 및 집행 거부사유의 존재를 주장, 입증하는 방식으로 절차가 진행된다. 또한, 국가에 따라서는 상대방에게 통지를 하지 않고 중재판정에 대하여 승인 및 집행을 허가하는 경우도 있음은 앞서 본 바와 같은데, 중재판정에 불복하는 당사자는 그러한 법원의 허가 결정에 대하여 법률이 정한 소정의 기한 내에 항소 또는 상고를 통하여 다투어야 할 것이다.[1188] 그 밖에 중재판정의 승인 및 집행 절차에 관련된 쟁점은 제6장에서 이미 살펴본 바와 같다. 7.48

1186 싱가포르 국제중재법 제10조 참조.

1187 모범중재법 제34조 제4항 참조. 다만 우리나라를 포함한 많은 국가들은 모범중재법의 동 규정을 채택하고 있지는 않다.

1188 프랑스의 경우 법원의 집행 허가 결정에 대한 항소는 1개월 이내에 항소법원에 제기되어야 한다(프랑스 민사소송법 제1523조).

Ⅳ. 중재판정에 대한 불복사유

1. 개 관

가. 모범중재법을 채택한 경우

7.49 중재판정에 대한 불복사유는 뉴욕협약과 각국의 중재법에 따라 판단된다. 뉴욕협약은 외국중재판정의 승인 및 집행 거부의 사유에 대하여 규정하는 한편, 중재판정이 적법한 관할권을 가지는 법원(예컨대, 중재지 법원)에 의하여 취소된 경우에는 그 승인 및 집행을 거부할 수 있는 것으로 규정하고 있지만, 중재판정 취소의 사유에 대하여는 각국의 중재법에 맡기고 특별한 제한을 두고 있지 않다. 따라서 중재판정에 대한 불복사유의 경우, 우선 외국중재판정의 경우는 그 승인 및 집행 거부사유는 뉴욕협약에 따라, 그 취소사유는 중재지국의 중재법에 따라 판단이 이루어지며, 내국중재판정의 경우는 그 승인 및 집행 거부사유나 취소사유가 모두 자국의 중재법에 의해 규율되게 된다.

7.50 그런데, 뉴욕협약상의 외국중재판정 승인 및 집행 거부사유는 모범중재법의 중재판정 승인 및 집행 거부사유와 동일하므로, 모범중재법을 채택한 국가의 경우에는 중재판정의 승인 및 집행 거부사유는 차이가 없게 된다. 또한, 모범중재법의 중재판정취소사유는 뉴욕협약상의 중재판정 승인 및 집행 거부사유와 사실상 동일하므로 모범중재법을 채택한 국가의 경우 중재판정 승인 및 집행 거부사유와 중재판정취소사유 또한 동일하다.[1189] 따라서, 모범중재법을 채택한 국가의 경우 중재판정에 대한 불복사유는 대략 아래와 같이 요약된다.[1190]

① **당사자의 무능력 또는 중재합의의 무효**(중재합의의 당사자가 해당 준거법에 따라 무능력자이거나 중재합의가 당사자들이 합의한 준거법 또는 중재지법에 따

1189 다만, 중재판정 승인 및 집행 거부의 사유의 경우에는 중재판정이 중재지국 법원에 의하여 취소된 경우가 추가되는 것이 다르며, 또한, 중재가능성 결여 또는 공공질서 위반 등의 경우에는 중재판정 취소의 사유인 경우는 중재지국의 법이, 중재판정 승인 및 집행 거부사유인 경우는 집행국의 법이 각각 그 기준이 되는 것이 다를 뿐이다.

1190 홍콩의 경우 모범중재법을 채택하면서도 국내중재에 관하여는 추가로 "기타 법원이 정당한 승인 및 집행 거부의 사유로 판단하는 사유(any other reason the court considers it just to do so)"를 중재판정의 승인 및 집행 거절의 사유로 기재하고 있는 것이 매우 특이하다(홍콩 중재법 제86조 제2항 참조).

라 무효인 경우)

② **방어권의 침해**(중재인 선정이나 중재절차에 대한 적절한 통지를 받지 못하였거나, 당사자가 사건에 대하여 변론을 할 수 없었던 경우)

③ **중재판정부의 권한 유월**(중재판정이 중재합의의 범위를 벗어난 사항을 다룬 경우)

④ **중재판정부의 구성 또는 중재절차의 하자**(중재판정부의 구성 또는 중재절차가 양 당사자의 합의 내용 또는 중재지 법에 위배되는 경우. 단, 중재지법의 강행규정과 상충되는 경우는 제외)

⑤ **중재가능성 결여**(중재판정의 대상 분쟁이 중재지국 또는 집행국의 법에 따라 중재로 해결할 수 없는 성격의 분쟁인 경우)

⑥ **공공질서 위반**(중재판정의 효력을 인정하는 것이 중재지국 또는 집행국의 공공질서에 위반되는 경우)

7.51 이상과 같이 뉴욕협약이나 모범중재법의 경우 중재판정에 대한 불복사유는 절차적인 위법 사항을 중심으로 매우 제한적으로 규정하고 있으며, 공공질서 위반과 같은 매우 특수한 경우를 제외하고서는 중재판정부의 실체적 판단 내용의 당부는 중재판정에 대한 불복의 사유가 될 수 없음을 알 수 있다.

나. 모범중재법을 채택하지 않은 경우

7.52 모범중재법을 채택하지 않은 국가의 경우, 외국중재판정의 승인 및 집행 거부사유의 경우는 뉴욕협약에 따르겠지만, 나머지 내국중재판정의 승인 및 집행 거부사유 또는 중재판정의 취소사유 등은 자국의 중재법에 따르게 되고, 그 경우 중재판정에 대한 불복사유는 국가마다 조금씩 다르다.

7.53 우선, 중재지가 자국 내에 있는지 여부를 불문하고 국제중재의 경우는 국내중재와 엄격히 구분하여 뉴욕협약이나 모범중재법보다도 더욱 제한적으로 불복사유를 인정함으로써 법원에 의한 통제와 심사의 범위를 최소화하는 경우가 있다. 예컨대, 프랑스의 경우에는 뉴욕협약이 적용되는 외국중재판정의 경우를 포함하여 모든 국제중재판정에 대하여 뉴욕협약상 인정되는 승인 및 집행 거부사유보다 훨씬 엄격한 기준을 적용하고 있으며, 심지어 중재판정이 중재지 법원에 의하여 취소되었다는 점 등은 아예 중재판정 승인 및 집행 거부의 사유 자체에서 배제되어 있다.[1191]

1191 프랑스 민사소송법은 국제중재의 경우 중재판정부가 중재관할에 대하여 잘못 판단한 경우, 중재

7.54 반면에, 영국이나 미국 등과 같이 자국을 중재지로 하는 중재판정의 경우 그 실체적 판단에 대하여도 항소 또는 기타의 방법으로 심사하여 일정한 경우 중재판정을 취소할 수 있도록 하는 경우도 있는데, 모범중재법이 정하는 취소사유에 추가하여 인정되는 취소사유로서 주목할 만한 것들은 다음과 같다.

(1) 법률적 쟁점에 대한 판단 오류

7.55 영국 중재법 제69조는 당사자가 중재판정의 법률적 쟁점(point of law)에 대하여는 법원의 허가를 득하여 법원에 항소를 제기할 수 있도록 허용하고 있다. 물론, 영국의 판례상 오직 영국의 법률에 관한 쟁점만 위의 항소의 대상이고 다른 국가의 법률 해석상의 쟁점은 항소의 대상이 아닌 것으로 보고 있고,[1192] 실무상 이러한 항소가 받아들여지는 경우가 흔하지는 않지만, 영국을 중재지로 하면서 영국법을 실체관계의 준거법으로 정하는 경우에는 세심한 주의를 기울일 필요가 있다. 즉, 이러한 경우 영국 법원에 의한 법률적 쟁점의 재심사를 피하고자 하는 당사자들은 앞서 본 바와 같이 ICC 중재규칙 또는 LCIA 중재규칙처럼 중재판정에 대한 포괄적 불복 금지 조항을 두고 있는 중재규칙을 선택하거나[1193] 아예 중재조항에 영국 중재법 제69조에 의한 불복을 배제하는 취지를 명확히 기재하는 것이 바람직하다고 할 것이다.

(2) 법의 명백한 무시

7.56 미국의 경우 연방 중재법상 중재판정 취소의 사유는 매우 제한적으로 규정되어 있으며 심지어 공공질서 위반과 같은 내용조차도 중재판정 취소의 사유도 규정되어

판정부가 부적법하게 구성된 경우, 중재판정부가 위임된 사항을 준수하지 않고 판정을 내린 경우, 적법절차 원칙에 위반한 경우, 판정이 국제적 공공질서에 위반된 경우 등에만 국제중재판정을 취소하거나 승인 및 집행을 거부할 수 있는 것으로 규정하고 있다(프랑스 민사소송법 제1520조, 제1524조 등 참조). 이와 같이 중재판정의 승인 및 집행에 대한 거부사유를 뉴욕협약의 경우보다 더 엄격하게 규정하여 중재판정에 대한 불복을 더욱 어렵게 하는 것은 얼마든지 가능하며, 실제로 뉴욕협약 제7조는 뉴욕협약의 경우보다 더 중재친화적인 각국의 입법이 있을 경우 당사자들이 이를 중재판정의 승인 및 집행에 원용할 수 있도록 규정하고 있음은 앞서 본 바와 같다.

1192 Reliance Industries Ltd. v. Enron Oil & Gas India Ltd. and Another [2002], 1 Lloyd's Rep. 645, All ER (Comm) (QBD) 참조.

1193 영국 법원은 이러한 포괄적 불복 금지 조항을 두는 중재규칙에 합의한 경우 영국 중재법 제69조의 항소권을 포기하는 것으로 합의한 것으로 해석한다(제7장 Ⅱ. 2. 가. 참조).

있지 않다.[1194] 그러나 판례상으로는 공공질서 위반의 점 역시 중재판정 취소의 사유로 인정되어 왔으며, 심지어 중재판정부에 의한 법의 명백한 무시(manifest disregard of law) 역시 또 다른 중재판정 취소의 사유로 판단되기도 하였다.[1195]

7.57 그 가운데서도 특히 법의 명백한 무시는 중재판정부가 명확한 준거법의 내용을 의도적으로 무시하는 예외적인 경우에 적용되는 것이기는 하지만, 실체관계에 관하여 법원의 심사를 허용한다는 점에서 국제적으로 많은 논란이 되었다. 이에 미국 대법원은 미국 연방 중재법의 취소사유는 제한적인 것이라고 판시함으로써 종래 법원의 판례에 의한 새로운 중재판정 취소사유의 추가에 제동을 건 바 있으나,[1196] 일부 하급심 판결들은 그 후로도 법의 명백한 무시를 중재판정 취소의 사유로 인정하기도 하여[1197] 여전히 논란이 존재한다.

(3) 기타 계약의 명백한 무시 등

7.58 스위스 연방대법원(Federal Tribunal)은 중재판정부가 당사자에게 구속력이 있는 계약 내용의 적용을 의도적으로 배제하거나 반대로 당사자에게 구속력이 없는 계약 내용을 적용하는 경우 등을 공공질서 위반으로 보아 중재판정 취소의 사유로 삼고 있으며,[1198] 그 밖에 국가에 따라서는 중재판정의 내용들이 그 자체로 상충되는 경우나[1199] 이유의 기재가 없는 경우,[1200] 중재판정부가 당사자 사이에 합의한 중재판정 기한 등 요건을 준수하지 않는 경우[1201] 등을 중재판정 취소의 사유로 규정하고 있는 경우도 있다.

(4) 중재관할을 부당하게 부인하는 중재판정부의 결정

7.59 중재판정부가 당사자들 사이에 유효한 중재(관할)합의가 존재함을 인정하고 그에 따라 본안에 관한 판정을 내린 경우 유효한 중재합의가 없다는 점을 사유로 중재

[1194] 미국 연방 중재법 제10조 참조.
[1195] Wilko v. Swan, 346 U.S. 427 (1953) 참조.
[1196] Hall Street Assoc., LLC v. Mattel, Inc., 128 S.Ct. 1396 (U.S. S.Ct 2008) 참조.
[1197] Jock v. Sterling Jewelers, Docket No. 10-3247 (2d Cir. July 1. 2011) 참조.
[1198] 스위스 연방 법원 2005. 4. 8. 판결 (DFT 4P.98/2005) 참조.
[1199] 벨기에 사법법(Bergian Judicial Code) 제1704조 제2항 (j) 참조.
[1200] 네덜란드 민사소송법 제1065조 (d) (1) 참조.
[1201] Born(IA), 330면 참조.

판정취소소송을 제기할 수 있음은 다툼의 여지가 없다. 그러나 반대로 중재판정부가 유효한 중재합의의 존재를 부인하여 스스로의 관할을 부인하는 결정을 내린 경우 이에 대하여 불복하여 중재지 법원에 중재판정취소소송을 제기할 수 있는가는 실무상 논란이 많다.

7.60 앞서 본 바와 같이, 국가에 따라서는 중재관할이 없다는 이유로 중재신청을 각하하는 중재판정부의 판정은 애당초 중재판정으로 분류될 수 없다는 이유로,[1202] 또는 부당하게 중재관할을 부인한 것은 중재판정 취소의 사유에 해당하지 않는다는 이유로[1203] 중재판정취소소송을 제기할 수 없다는 입장을 취하기도 하지만, 근자에 들어 많은 국가들이 관할을 부인하는 중재판정부의 판단에 대하여 불복할 수 있는 길을 열어 놓고 있다. 다만 불복의 방법과 관련하여서는, 중재판정부가 선결 문제로서 유효한 중재합의가 있다는 중간 결정을 내리는 경우 30일 이내에 법원에 이의를 제기할 수 있도록 하고 있는 모범중재법 제16조 제3항의 예에 따라 불복을 허용하는 국가가 있는가 하면, 그렇지 않고 중재관할을 부인하는 중재판정부의 판단을 독립된 중재판정으로 보아 일반 중재판정 취소의 예에 따라 불복을 허용하는 국가도 있으나, 전자의 방법이 더 바람직한 방법임은 앞서 본 바와 같다.

다. 불복사유의 입증책임과 법원의 재량

(1) 입증책임

7.61 뉴욕협약이나 모범중재법의 중재판정 승인 및 집행 거부의 사유 또는 중재판정 취소의 사유 가운데 당사자의 무능력 또는 중재합의의 무효, 방어권의 침해, 중재판정부의 권한 유월, 중재판정부의 구성 또는 중재절차의 하자, 중재판정의 취소 등과 같은 사유는 그러한 사유가 있다고 주장하는 당사자가 입증의 책임을 진다.[1204] 다만 주의할 점은 뉴욕협약은 중재판정의 승인 및 집행을 위하여 당사자는 신청서에 중재합의의 원본 또는 정당하게 증명된 등본을 제출하도록 하고 있

[1202] 우리 대법원도 종래 관할이 없음을 이유로 본안에 대하여 판단을 내리지 않고 중재신청을 각하한 판정은 중재판정 취소의 소의 대상 자체가 아닌 것으로 보았다(대법원 2004. 10. 14. 선고 2003다7049 판결).

[1203] Born(IA), 323면 각주 46 참조.

[1204] 뉴욕협약 제5조 제1항; 모범중재법 제34조 제2항, 제36조 제1항 등 참조.

다는 점이다.[1205] 따라서, 서면에 의한 중재합의를 법원에 제출할 책임은 중재판정의 승인 및 집행을 신청하는 당사자에게 일차적으로 있다고 할 것이고, 이에 불복하는 당사자는 중재합의가 무효라는 점을 주장·입증하여야 한다. 다만, 2006년 모범중재법은 중재합의 제출 의무에 관한 규정을 삭제하였는바,[1206] 집행국이 이러한 모범중재법의 규정을 채택한 경우 당사자는 앞서 본 뉴욕협약 제7조에 따라 집행국의 중재법을 원용함으로써 중재합의 제출 의무를 면할 수도 있다고 할 것이다.

7.62 한편, 우리 대법원은, 중재조항이 있는 계약을 제3자에 포괄적으로 양도함으로써 양도인이 본 계약의 당사자로서의 지위를 상실하였고 중재약정이 실효되었다는 피신청인의 항변에 대하여 중재판정부가 그와 같은 양도는 양도행위와 가장 관련이 많은 사우디법에 따르면 유효하지 않다는 이유로 피신청인의 관할항변을 배척하고 신청인의 청구를 인정하자 피신청인이 중재약정의 실효를 주장하면서 중재판정의 집행 거부를 구한 사건에서, 양도의 유효 여부에 관한 "준거법의 결정 및 사우디법하에서의 이 사건 사실관계에 대한 법적 평가가 명확하지 아니한 이 사건에서 있어서 … 중재판정부의 판정 내용은 존중되어야 하고 집행국의 법원이 그 본안에 관하여 다시 심사할 수 없다"고 판시한 바 있다. 이처럼 해당 준거법 판단 및 그 준거법 하에서의 중재당사자로서의 지위 상실 여부가 명확하지 아니한 사안의 경우 법원이 중재판정의 승인 및 집행을 함부로 거부할 수 없다고 판시한 것은 뉴욕협약상 중재합의의 무효 등과 같은 사유는 그러한 사유가 있다고 주장하는 당사자가 입증의 책임을 부담한다는 원칙에 비추어 볼 때 지극히 타당한 결론이라고 본다.[1207]

7.63 이상과 같이, 당사자의 무능력 또는 중재합의의 무효, 방어권의 침해, 중재판정부의 권한 유월, 중재판정부의 구성 또는 중재절차의 하자, 중재판정의 취소 등과 같은 불복사유는 그러한 사유를 주장하는 당사자가 입증의 책임을 부담하지만, 중재가능성 결여, 공공질서 위반 등의 경우는 중재지 또는 집행국의 법질서와 관련이 있기 때문에 당사자의 주장이나 입증에 구애받음이 없이 해당 법원이 직권

[1205] 뉴욕협약 제4조 제1항 참조.

[1206] 모범중재법 제35조 제2항 참조.

[1207] 제3장 Ⅳ. 2. 가. 참조.

으로 그 사유를 판단할 수 있다.[1208] 다만, 이러한 법률상의 입증책임 분담 문제와 별개로 중재판정 승인 및 집행 거부사유에 대하여는 중재판정의 승인 및 집행의 거부를 구하는 자가 사실상의 주장 및 입증의 부담을 가지는 점은 부인할 수 없으므로 실무상으로는 어차피 이러한 사유들도 불리한 중재판정을 받은 당사자들이 적극 주장하고 소명하는 활동을 하게 된다.

(2) 법원의 재량

7.64 뉴욕협약이나 모범중재법은 중재판정 승인 및 집행 거부사유 또는 중재판정 취소사유와 관련하여 “An arbitral award may be set aside by the court …” 또는 “Recognition and enforcement of the award may be refused …”라고 규정함으로써 중재판정에 위와 같은 불복의 사유가 존재하는 경우에도 법원이 반드시 중재판정을 취소하거나 승인 및 집행을 거부하여야 하는 것이 아니며 법원이 재량권 행사를 통해 중재판정을 유효한 것으로 인정할 수도 있음을 명시하고 있다.[1209] 물론 이러한 조항에도 불구하고 대개의 경우 법원은 중재판정 취소사유가 있으면 바로 중재판정을 취소하는 경향이 있지만, 예컨대, 중재판정의 결론에 영향을 미칠 수 없는 사소한 절차상의 하자 등이 있는 경우나 그 밖에 적절하다고 판단하는 경우에는 취소나 승인 및 집행 거부 여부에 대하여 법원이 판단재량을 행사하여 중재판정에 대한 불복을 얼마든지 허용하지 아니할 수도 있다.

라. 불복사유에 대한 이의권의 상실

(1) 절차상의 하자

7.65 중재판정에 대한 불복사유의 대부분은 실체적 판단에 관한 것이 아니라 중재의 절차적 하자에 관련된 것임은 앞서 본 바와 같다. 그런데, 이러한 절차적 하자에 대하여는 당사자가 적시에 이의를 제기하지 않는 경우 나중에 중재판정이 내려진 이후에 불복절차에서 그러한 사유를 주장할 수 없게 되는 경우가 있다는 점을 유의하여야 한다.

1208 뉴욕협약 제5조 제2항; 모범중재법 제34조 제2항 (b) 등 참조.

1209 모범중재법 제34조 제2항, 제36조 제1항; 뉴욕협약 제5조 제1항 등 참조.

7.66 즉, ICC 중재규칙,[1210] LCIA 중재규칙,[1211] UNCITRAL 중재규칙,[1212] SIAC 중재규칙,[1213] HKIAC 중재규칙,[1214] CIETAC 중재규칙,[1215] KCAB 중재규칙[1216] 등 대부분의 중재규칙에서는 당사자가 절차 위반 사항에 대하여 즉시 이의를 제기하지 않은 경우에는 그러한 사유에 대한 이의신청권을 포기한 것으로 간주하는 규정을 두고 있다. 모범중재법 역시 그 임의규정이나 당사자들의 합의 사항의 위반이 있다는 것을 알고도 지체 없이 또는 정해진 기간 내에 이의를 제기하지 않고 절차를 진행한 경우에는 이의신청권을 포기한 것으로 간주하고 있다.[1217]

7.67 이러한 규정들은 일종의 금반언의 원칙이 반영된 것으로서, 당사자가 절차 위반 사실을 알고서도 중재절차에서 제기하지 않았다가 나중에 불리한 판정이 내려지면 그때 가서 불복의 사유로 제기하는 것은 신의칙에 반한다는 취지에서 마련된 규정들이다. 이처럼, 이의신청권 포기가 금반언의 원칙에 기인하는 이상, 당사자가 명백히 그 위반사실을 알았다고 볼 수 있는 경우에만 이의신청권 포기를 인정하고, 만약 당사자가 그러한 사실을 몰랐다면 설령 알지 못한 것에 과실이 있다고 하더라도 이의신청권의 포기는 인정할 수 없다고 보는 것이 타당하다.[1218]

1210 ICC 중재규칙 제39조
A party which proceeds with the arbitration without raising its objection to a failure to comply with any provision of these Rules, or of any other rules applicable to the proceedings, any direction given by the Arbitral Tribunal, or any requirement under the arbitration agreement relating to the constitution of the Arbitral Tribunal, or to the conduct of the proceedings, shall be deemed to have waived its right to object.

1211 LCIA 중재규칙 제32조 제1항
A party who knows that any provision of the Arbitration Agreement (including these Rules) has not been complied with and yet proceeds with the arbitration without promptly stating its objection to such non-compliance, shall be treated as having irrevocably waived its right to object.

1212 UNCITRAL 중재규칙 제32조 참조.

1213 SIAC 중재규칙 제41조 제1항 참조.

1214 HKIAC 중재규칙 제31조 참조.

1215 CIETAC 중재규칙 제10조 참조.

1216 KCAB 국제중재규칙 제55조 참조.

1217 모범중재법 제4조 참조. 한편, 중국에서는 위와 같은 이의권의 포기는 중재판정에 대한 불복의 기회를 박탈하는 것으로서 그 적법성이 문제가 될 수 있다고 한다(Greenberg 외, 311면 참조).

1218 한편, HKIAC 중재규칙 제31조 등은 모범중재법 조항의 문언과 달리 절차 위반의 점을 당사자가 알았던 경우뿐만 아니라 알았다고 볼 수 있는 경우에도 이의신청권 포기 조항이 적용되는 것으로 규정하고 있으나, 이는 당사자가 위반 사실을 알았는지 여부는 정황에 의하여 합리적으로 추지할 수 있다는 취지로 보인다. 다만, KCAB 국내중재규칙 제46조나 CIETAC 중재규칙 제10조는 당사자가 알 수 있었던 사정에 대하여도 이의신청권 포기가 인정된다고 규정하고 있으

7.68 우리 대법원은 중재합의에서 정한 중재인 선정 절차에 의하지 않고 중재판정부가 구성되었더라도 당사자가 아무런 이의 제기 없이 심문기일에 출석하여 본안에 관하여 다투는 등 중재절차가 진행되었다면 당사자 사이에 묵시적으로 새로운 중재인 구성에 관한 합의가 있다고 보아야 한다고 판시한 바 있다.[1219] 또한, 하급심 판결 가운데는 중재인 선정 통지를 받고 기피신청을 하거나 기타의 방법으로 이의 제기를 하지 않은 경우 나중에 중재인 선정 절차를 다툴 수가 없다고 본 사례도 있는가 하면,[1220] 중재절차와 관련하여 중재사건의 심리과정에서 이의를 제기하지 아니한 이상 이에 대한 이의신청권을 포기하고 책문권을 상실하였다고 판시한 사례도 있으며,[1221] 그 밖에 ICC 중재규칙에 따른 중재에 합의한 사안에서 당사자 일방이 ICC가 아닌 다른 기관에 중재신청을 하여 중재절차가 개시되고 ICC가 아닌 다른 기관에 의하여 중재인이 선정되었음에도 불구하고 상대방 당사자가 중재절차에 참여하여 별다른 이의를 제기하지 아니하고 중재절차를 계속 진행하여 중재판정을 받은 이상 그 절차에 따라 분쟁을 해결하는 것에 묵시적으로 동의하였거나 절차에 대한 이의권을 포기하였다고 봄이 타당하다고 판시한 사례도 있다.[1222]

7.69 한편, 중재의 절차 가운데 당사자가 그 하자에 대한 이의권을 포기할 수 없는 강행적 성격을 가지는 것도 있다. 그러한 강행적인 성격의 절차 규정은 비록 관련 당사자가 적시에 그 위반에 대한 이의를 제기하지 않았다고 하더라도 나중에 중재판정에 대한 불복사유로 삼을 수가 있다. 예컨대, 중재판정부의 이해상충에 관한 사유들은 그 사유를 알고서도 적시에 이의를 제기하지 않을 경우 그에 대한 이의권을 포기한 것으로 간주될 수 있지만, 앞서 본 바와 같이 당사자들에 의하여 포기할 수 없는 특수한 사유, 예컨대, IBA 이해상충지침상의 적색목록에 해당

나, 이는 지나친 규정이라고 할 것이다.

1219 대법원 2001. 11. 27. 선고 2000다29264 판결 참조(이 판례는 당사자에 의한 중재인 직접 선정 조항이 있음에도 대한상사중재원이 사무국에 의한 선정절차를 취하여 중재인들을 선정한 사안에 관한 것으로서 당사자가 그 하자를 모를 수가 없는 상황임에도 이의를 제기하지 않고 적극 중재에 임한 이상 새로운 중재인 구성에 관한 합의가 있다고 본 사례이다).

1220 서울민사지방법원 1984. 4. 12. 선고 83가합7051 판결 참조.

1221 서울지방법원 남부지원 1995. 9. 28. 선고 95가합1218 판결 참조.

1222 서울중앙지방법원 2016. 6. 10. 선고 2015가합516149 판결 참조(동 사건의 경우 피고는 '중재인이 마치 해당 중재절차가 ICC 중재규칙에 따른 것처럼 고지하였고, 자신은 중재절차에서 변호사를 선임하지 않았기 때문에 중재절차상 하자가 있는지 몰랐다'는 취지로 주장하였는데, 법원은 피고가 절차상 하자를 알지 못하였음을 인정할 만한 증거가 없다는 취지로 이를 배척하였다).

하는 경우 등은 적시에 이의를 제기하지 않았다고 하더라도 중재판정에 대한 불복의 사유가 된다. 우리 대법원 역시 중재인의 기피사유가 민사소송법(제41조)의 법관의 제척사유와 같이 중대한 사유인 때에는 당사자들이 이를 알고서도 기피신청을 하지 않은 경우이더라도 중재판정에 대한 불복의 사유로 주장할 수 있다고 판시한 바 있다.[1223]

(2) 중재관할권의 부존재 등

7.70 위의 중재규칙이나 모범중재법 등의 이의권 포기에 관한 규정들은 기본적으로 위법한 중재절차에 관한 것으로서, 중재관할에 대하여는 원칙적으로 적용되지 아니한다고 본다. 물론 모범중재법은 중재판정부가 관할권을 가지고 있지 않다는 항변은 늦어도 본안에 관한 반박서면(statement of defence)을 제출할 때까지 제기되어야 한다고 규정하고 있기는 하지만,[1224] 그 기한을 놓쳤다는 이유만으로 중재관할에 관한 항변권을 영구히 포기한 것으로 간주되기는 어렵다고 본다.[1225]

7.71 다만, 그렇다고 하여 당사자들 사이에 중재합의에 대하여 아무런 다툼이 없이 중재가 진행되어 중재판정이 난 이후에 불리한 판정을 받은 당사자가 뒤늦게 중재합의의 유효성을 문제삼는 것이 무조건 허용되는 것은 아니고, 일정한 경우에는 금반언의 원칙에 의해 금지될 수도 있다. 중재관할에 관한 항변권은 애당초 포기

1223 대법원 2005. 4. 29. 선고 2004다47901 판결 참조. 다만, 동 사안의 경우는 기피사유가 그 정도로 중대하지 않았으므로 당사자가 기피신청을 해태한 이상 중재판정 취소의 소나 승인거부사유로 주장할 수 없다고 판단되었다.

1224 모범중재법 제16조 제2항. 우리 국내 중재의 실무에 있어서는 중재판정부 구성 이후에 이와 같이 statement of defence를 제출하는 절차가 따로 없이 민사 소송에 준하여 답변서에 본안에 관한 자세한 답변을 담는 경우도 있으나, 이러한 경우 피신청인이 중재판정부의 판정 권한에 대한 이의를 반드시 답변서를 제출할 때까지 하여야 하는가 하는 점이 문제가 될 수 있다. 우리 중재법 제17조 제2항은 "중재판정부의 권한에 관한 이의는 본안에 관한 답변서를 제출할 때까지 하여야 한다. 이 경우 당사자는 자신이 중재인을 선정하였거나 선정절차에 참여하였더라도 이의를 제기할 수 있다"라고 하고 있는바, 이는 모범중재법의 내용을 그대로 따른 것으로서 모범중재법의 원래 취지에 충실하게 해석한다면 최소한 중재판정부가 구성된 이후 중재판정부를 상대로 본안에 관하여 답변을 할 때까지만 이의를 제기하면 족한 것으로 보는 것이 타당할 것이다. 다만, KCAB 국제중재규칙은 "중재판정부의 관할권에 대한 이의신청은 이 규칙 제9조에 따라 신청서에 대한 답변서를 제출할 때까지, 반대신청의 경우에는 반대신청에 대한 답변서를 제출할 때까지 제기하여야 한다"라고 규정하여 모범중재법과 다른 입장을 취하고 있음은 앞서 본 바와 같다(KCAB 국제중재규칙 제25조 제3항 참조).

1225 실제로 그러한 관할항변 기간은 중재판정부의 재량에 따라 연장될 수도 있다.

될 수 없다고 판단하는 사례들이 없지 않지만 이는 분명 잘못된 것이다.[1226]

7.72 한편, 금반언의 원칙은 국가별로 그 내용이 동일하지는 않으나,[1227] 프랑스 법원의 경우 직접 중재신청을 하고 중재절차에 아무런 유보 없이 9년 이상 참가한 당사자가 중재합의가 없거나 중재합의가 무효라는 취지의 주장을 하는 것을 금반언의 원칙에 따라 받아들이지 아니한 경우가 있다.[1228] 홍콩 법원도 당사자가 중재판정부의 관할에 대하여 중재절차에서 다투지 않다가 집행 단계에서 다투는 것은 허용되지 않는다고 판시한 사례가 있다.[1229] 일본의 경우 중재절차에서 중재합의에 대하여 이의를 제기하지 않은 경우 집행 단계에서 뉴욕협약상의 승인 및 집행 거부사유로서의 중재합의 무효를 주장할 수 없다고 한 하급심 판례도 있다.[1230] 또한, 금반언의 원칙이 직접 적용된 것은 아니지만 중재합의가 흠결이 있더라도 타방 당사자가 이의를 제기하지 않았다면 중재판정에 대한 사법적 구제를 구할 권리를 포기한 것이라고 판시한 바도 있다.[1231]

7.73 또한, 금반언의 원칙과 직접 관련이 있는 것은 아니지만, 중재합의의 효력이 문제가 되는 경우에도 당사자가 이의를 제기하지 않으면 치유되는 경우도 있다. 예컨대, 우리나라나 중국은 이른바 선택적 중재조항을 무효로 판단하고 있지만, 우리 대법원은 선택적 중재조항에 기한 중재라고 하더라도 상대방이 이의를 하지 않은 경우에는 유효한 중재합의로 간주될 수 있다고 보고 있고, 중국 최고인민법원은 선택적 중재조항은 무효이지만 상대방 당사자가 중재절차에서 첫 번째 실체적 심리 이전까지 반대를 제기하여야 한다고 판시하였음은 앞서 본 바와 같다.[1232]

1226 Born(IA), 392면 참조.

1227 중재판정에 대한 불복절차에서 금반언의 법리가 주장될 때 어느 나라의 법에 의해 금반언의 법리를 적용할 것인가 하는 점에 대하여는 법정지의 법이 기준이 되어야 한다는 견해도 없지 않으나, 이러한 금반언의 법리는 어느 특정 국가의 법을 떠나 뉴욕협약에 내재하는 것으로 보는 견해가 더 타당하다고 본다(석광현, 367면; van den Berg, 184면 이하 등 참조).

1228 금반언(estoppel)의 개념을 국제상사중재에서 구체적으로 언급한 대표적인 사건으로 알려진 Cour de cassation, First Civil Chamber, 6 July 2005, Golshani v Gouvernement de la République Islamique d'Iran 사건 참조.

1229 Greenberg 외, 457면 참조.

1230 Greenberg 외, 452면 내지 453면 각주 198 등 참조.

1231 Redfern and Hunter, 594면 참조.

1232 M Lin, "Supreme People's Court Rules on PRC Arbitration Issues," (2007) 24(6) Journal of International Arbitration 597, at p. 601, referring to Article 7 of Fa Shi [2006] No. 7 참조.

7.74 다만, 뉴욕협약이나 모범중재법의 경우(특히, 옵션 Ⅰ을 선택한 경우) 중재합의의 형식 요건으로서 일정한 서면성 요건이 요구되고 있으므로, 위의 금반언의 원칙에 대한 논의에도 불구하고, 중재합의가 그와 같이 뉴욕협약이나 관련 중재법에서 요구하는 일정한 서면성의 요건을 갖추고 있는지는 별개로 문제가 될 수 있다는 점을 유념할 필요가 있다.[1233] 예컨대, 우리 대법원은 베트남에서 진행된 중재절차에서 당사자들이 중재합의에 대하여 다투지 않아 중재절차가 진행되고 결국 중재판정이 내려졌음에도 불구하고 뉴욕협약상의 서면에 의한 유효한 중재합의가 존재하지 않는다는 이유로 중재판정의 승인 및 집행을 거부한 바 있다.[1234] 이 판결에 대하여는 금반언의 법리를 적용하지 않은 것에 대하여 비판하는 견해가 있으나,[1235] 위 대법원 판결의 대상 사건의 경우 뉴욕협약에서 정한 서면성 요건을 갖춘 중재합의가 있었는지 여부만 쟁점이었고, 당사자들이 뉴욕협약 제7조에 따라 우리 중재법상 완화된 서면성 요건의 적용을 주장하거나,[1236] 실제로 동 사건의 경우 그러한 완화된 서면성 요건을 충족하는지에 대하여 주장 및 입증을 시도하지 않은 것으로 보일 뿐만 아니라, 심지어 당사자들이 금반언의 법리를 주장조차도 하지 않은 것으로 보이므로, 대법원이 이에 대하여 판단을 하지 않은 것을 나무랄 수는 없다고 보인다.

7.75 마지막으로, 중재판정부에 대하여 관할항변을 하였다는 사실 자체는 중재판정부에 대하여 관할에 대한 최종 권한이 있음을 인정하는 것으로 해석될 수는 없다. 중재절차에 참여하여 반대청구까지 한 경우에 있어서 설령 당사자가 중재관할에 대한 이의권을 유보하였다고 하더라도 중재관할에 대한 이의권을 포기한 것

1233 모범중재법 제7조 제2항(우리 중재법 제8조 제3항 제3호)은 피신청인이 중재합의에 대하여 이의를 하지 않았다고 하여 무조건 하자가 치유되는 것으로 규정하는 것이 아니라, 당사자가 청구서면(statement of claim)에서 중재합의의 존재를 주장하였음에도 상대방이 이에 대하여 이의를 제기하지 않은 경우에 한하여 서면에 의한 중재합의가 있는 것으로 보고 있음을 주의하여야 한다. 다만, 독일의 경우 모범중재법을 채택하였으면서도 당사자가 중재절차에서 분쟁의 실체에 관하여 답변함으로써 그러한 중재합의의 형식요건에 관한 하자가 치유된다는 규정을 별도로 두고 있으므로(독일 민사소송법 제1031조 제6항), 중재합의에 대하여 이의를 하지 않고 분쟁의 실체에 관하여 답변을 한 당사자는 나중에 중재합의의 서면성 요건에 관한 이의를 할 수 없게 된다.

1234 대법원 2004. 12. 10. 선고 2004다20180 판결 참조.

1235 석광현, 368면 참조.

1236 개정 전 우리 중재법 제8조 제3항은 당사자들이 서면을 교환하면서 일방 당사자가 어떤 서면에서 중재합의를 주장하였음에도 타방 당사자가 그에 대하여 이의를 제기하지 않는 경우에는 묵시적 중재합의가 서면에 의하여 인정된다고 규정하고 있었다.

으로 해석한 경우도 있다고 하나,[1237] 이는 보편적으로 인정되기 어려운 논리라고 본다.

마. 국제중재판정과 국내중재판정의 구별

7.76 많은 국가들이 중재판정에 대한 불복사유와 관련하여 국내중재와 국제중재를 구분하여 전자에 대하여 좀 더 간섭적인 입장을 취하고 있음은 앞서 본 바와 같다. 그러나 국가에 따라서는 국제상사중재를 염두에 두고 입안된 모범중재법을 국내중재에도 구별 없이 채택하여 적용하는 경우도 없지는 않는데,[1238] 이러한 경우 불복사유의 해석에 신중을 기하여야 한다.

7.77 특히 국제중재판정에 대하여 단지 중재지를 자국으로 하는 내국중재판정이라는 이유만으로 불복사유를 심사함에 있어서 뉴욕협약의 pro-arbitration 정신을 반영하지 않는 경우가 있어서는 안 될 것이다. 예컨대, 중재판정에 대한 불복사유의 하나인 공공질서 위반의 경우, 국내중재의 경우에는 국내적 공공질서가 적용되지만, 국제적 요소가 있는 중재판정의 경우에는 중재지가 국내에 있는지 여부를 막론하고 국내적 공공질서와 구분되는 국제적 공공질서의 개념을 적용하는 것이 바람직하다.[1239]

2. 당사자의 무능력

7.78 중재는 해당 분쟁에 대한 법원의 관할을 배제하기로 하는 당사자들의 중재합의에 기초를 두고 있는 제도이다. 따라서, 중재합의의 당사자들이 그러한 중재합의를 할 행위능력이 결여되어 있는 경우에는 중재판정은 그 정당성을 잃게 된다. 따라서, 그러한 경우 중재판정이 취소의 대상이 되거나 승인 또는 집행이 거부될

1237 Born(IA), 392면 참조.

1238 제1장 Ⅱ. 3. 나. (1) 참조.

1239 각국 법원의 실무상 자국 내에서 이루어진 국제중재판정에 대한 판정 취소사유로서의 공공질서와 외국에서 내려진 중재판정의 승인 및 집행 거부사유로서의 공공질서를 달리 취급하는지 확인하기는 어렵지만[국제법협회(International Law Association) 산하에 있는 국제상사중재위원회(International Commercial Arbitration Committee)의 중간보고서(Interim Report) 16면 참조], 중재지가 재판지 영토 내에 위치하는지 해외인지 하는 문제는 중재판정이 국제적 공공질서에 부합하는지에 대한 법원의 판단에 있어 고려해야 할 사항은 아니며[국제법협회 보고서 권고사항 1 (f) 참조], 오히려 중재지 여부를 불문하고 실질적으로 외국적 요소가 있는 중재판정이라면 그 취소 또는 승인 및 집행 거부사유로서의 공공질서 위반의 해석과 관련하여 중재지가 외국인 중재판정과 마찬가지로 '국제적 공공질서'의 개념을 적용하여야 한다(동 보고서 8항).

수 있음은 당연한 귀결이라고 할 수 있다.

7.79 이와 관련하여, 뉴욕협약은 중재합의의 당사자가 무능력자인 경우에는 중재판정의 승인 및 집행이 거부될 수 있다고 규정하고 있고,[1240] 모범중재법 역시 동일한 내용을 중재판정의 승인 및 집행 거부사유는 물론 중재판정취소사유로 규정하고 있음은 앞서 본 바와 같다.[1241] 다만, 국제중재의 실무상 당사자의 무능력이 불복사유로 제기되는 경우는 매우 드문데, 중재합의의 당사자의 능력을 판단하는 준거법 및 판단의 실체적 기준에 대한 다양한 논의는 제3장 중재합의 부분에서 자세히 논의한 바 있으므로 참조하기 바란다.[1242]

3. 중재합의의 무효

7.80 중재합의의 당사자들 사이에 해당 분쟁을 중재로 해결하기로 하는 유효한 합의가 존재한다는 것은 중재절차의 정당성의 가장 근본적인 기초이다. 따라서, 중재판정이 기초한 중재합의가 무효인 경우 역시 중재판정이 취소의 대상이 되거나 승인 또는 집행이 거부될 수 있음은 당연한 귀결이라고 할 수 있다. 뉴욕협약 역시 중재합의의 당사자가 무능력자이거나 중재합의가 무효인 경우에는 중재판정의 승인 및 집행이 거부될 수 있다고 규정하고 있고,[1243] 모범중재법 역시 동일한 내용을 중재판정의 승인 및 집행 거부사유는 물론 중재판정취소사유로 규정하고 있음은 앞서 본 바와 같다.[1244] 또한, 뉴욕협약이나 모범중재법은 중재합의가 무효인 경우만 들고 있으나, 중재합의가 애당초 존재하지 않는 경우가 이에 포함됨은 별로 의문의 여지가 없다.

7.81 중재합의의 실체적 및 형식적 유효성을 판단하는 준거법 및 판단의 기준에 대한 다양한 논의는 제3장 중재합의 부분에서 자세히 논의한 바 있으므로,[1245] 이하에서는 중재합의의 유효성 판단과 관련하여 절차적인 측면에서 특별히 주의할 점 몇 가지만 살펴보기로 한다.

1240 뉴욕협약 제5조 제1항 (a) 참조.

1241 모범중재법 제36조 제1항 (a) (ⅰ) 및 제34조 제2항 (a) (ⅰ) 등 참조.

1242 중재합의의 당사자능력에 관한 보다 자세한 논의는 제3장 Ⅳ. 3. 참조.

1243 뉴욕협약 제5조 제1항 (a) 참조.

1244 모범중재법 제36조 제1항 (a) (ⅰ) 및 제34조 제2항 (a) (ⅰ) 등 참조.

1245 중재합의의 유효성에 관하여는 제3장 Ⅱ. 및 Ⅲ. 참조.

7.82 중재판정부의 실체에 관한 판단에 대하여는 법원에 의한 재심사가 금지되는 것이 원칙이지만, 유효한 중재합의가 있었는지 여부, 즉, 중재판정부의 중재관할에 관한 판단에 대하여는 중재지국 법원이나 집행국 법원이 **전면 재심사**(de novo review)를 하게 됨은 앞서 본 바와 같다. 즉, 중재판정이 내려지기 이전 단계에서는 이른바 중재판정부의 권한심사권한의 원칙에 따라 중재관할에 관한 법원의 심사는 일정한 부분 제약되는 것으로 보는 법제가 적지 않지만,[1246] 일단 중재판정이 내려진 이후 중재판정 취소의 단계 또는 중재판정의 승인 및 집행 단계에서는 중재지국 법원 또는 집행국 법원은 중재판정부의 판단에 구애받음이 없이 중재관할에 관하여 독자적인 심사권을 행사하게 된다.

7.83 다만, 미국의 경우는 당사자들이 중재판정부의 '권한심사권한의 원칙'을 천명하는 중재규칙을 선택한 경우 등에는 당사자들 사이에 중재관할에 관한 중재판정부의 판단을 종국적인 것으로 하기로 하는 명확한("clear and unmistakable") 합의가 있는 것으로 보고, 그러한 경우 법원에 의한 중재관할권 여부의 심사는 마치 실체관계에 대한 것과 마찬가지로 극히 제한적으로 이루어져야 한다는 입장을 취하기도 하지만, 이러한 입장은 국제적으로 보편성을 얻고 있지는 못하고 실제로 미국에서도 이러한 판례의 입장에 대하여 반대하는 견해도 만만치 않음은 앞서 본 바와 같다.[1247]

7.84 한편, 중재조항이 담긴 본 계약을 제3자에 포괄적으로 양도함으로써 양도인이 본 계약의 당사자로서의 지위를 상실하였고 따라서 중재약정은 실효되었다는 이유로 중재판정의 집행 거부를 구한 사건에서, 우리 대법원이 중재약정의 실효 여부 판단은 본안에 관한 판단과 불가분적으로 결부되어 있으므로 본안에 대한 판단에 준하여 그 자체가 중재인(중재판정부)의 판단에 따를 사항이라고 한 다음 양도의 유효 여부에 관한 "준거법의 결정 및 사우디법하에서의 이 사건 사실관계에 대한 법적 평가가 명확하지 아니한 이 사건에서 있어서 … 중재판정부의 판정 내용은 존중되어야 하고 집행국의 법원이 그 본안에 관하여 다시 심사할 수 없다"고 판시한 바 있다.[1248] 이러한 판시 내용은 유효한 중재합의의 존재에 관한

1246 제3장 Ⅶ. 2. 다. 참조.

1247 제3장 Ⅶ. 2. 다. 참조.

1248 대법원 1995. 2. 14. 선고 93다53054 판결 참조.

집행국 법원의 독자적(de novo) 심사권을 방기한 것이라는 비판이 있으나,[1249] 이는 뉴욕협약에 따른 중재판정의 승인 및 집행 거부사유의 존재, 즉, 해당 준거법 판단 및 그 준거법 하에서의 중재당사자로서의 지위를 상실하였다는 점에 대하여는 승인 및 집행을 거부하는 자가 입증책임을 부담한다는 점에서 수긍할 만한 판시내용이라는 점은 앞서 본 바와 같다. 더구나 위와 같이 중재합의의 효력이 본안의 실체적 쟁점과 매우 밀접한 관련이 있는 경우 중재합의의 효력에 대한 심사가 중재판정부가 내린 본안에 관한 실체적 판단에 대한 심사로 연결될 수 있다는 점 등에 비추어 볼 때 입증이 명확하지 않은 상황에서 중재판정부의 판단을 최대한 존중할 수밖에 없다고 본 우리 대법원의 판단은 중재친화적인 우리 법원의 태도를 잘 보여주는 사례일 뿐 독자적 심사권을 방기한 사례로 보기는 어렵다고 본다.

4. 피신청인의 방어권 침해

7.85 뉴욕협약이나 모범중재법은 당사자가 중재인 선정이나 중재절차에 대한 적절한 통지를 받지 못하였거나, 당사자가 사건에 대하여 변론을 할 수 없었던 경우를 불복사유로 규정하고 있는데, 이는 이른바 중재절차가 적정절차(due process)의 원칙에 위배되는 경우를 지칭하는 것으로 이해된다.

7.86 우선, 중재절차에 대한 적절한 통지를 받지 못한 것인지는 방어권 침해의 차원에서 판단이 되어야 하고 법원의 소송절차에서 요구되는 엄격한 송달절차는 중재에서는 적용되지 않는다.[1250] 따라서 중재신청서 등 서류는 그 방식을 불문하고 당사자에게 사실상 전달되면 족하다고 할 것이다.[1251]

7.87 앞서 본 바와 같이 모범중재법의 중재철차에 관한 규정 가운데 양 당사자에 대한 동등한 대우,[1252] 충분한 변론 기회의 보장[1253] 등은 그 어떠한 경우에도 배제될 수 없는 매우 근본적인 권리의 성격을 가진다. 다만, 당사자가 사건에 대하여 변론을 할 수 없었던 경우가 구체적으로 어떤 경우인지는 구체적으로 기

[1249] 김갑유, "외국중재판정의 집행과 중재약정의 실효," 상사판례연구 Ⅶ(2007), 566면 내지 569면 참조.

[1250] 모범중재법 제24조 제2항, 제3항 참조.

[1251] 서울중앙지방법원 2008. 10. 15. 선고 2008나20361 판결 참조.

[1252] 모범중재법 제18조 참조.

[1253] 모범중재법 제24조 제2항, 제3항 참조.

재되어 있지는 않지만, 각자가 자신의 주장을 개진할 수 있는 합리적인 기회를 부여하면 충분하다 할 것이다. 또한, 적절한 통지를 받고도 스스로 중재절차에 참여하지 않은 경우에는 방어권 침해가 있다고 할 수 없다.[1254] 그 밖에 방어권 침해에 관한 보다 자세한 논의는 제5장 중재절차의 해당 부분을 참조하기 바란다.[1255]

7.88 한편, 우리 대법원은 이 불복사유는 "방어권의 침해의 정도가 현저하게 용인할 수 없는 경우"에만 한정되는 것으로 보면서, 당사자의 방어권은 "절차적 정의실현과 직결되어 공공 질서의 일부를 이루는 것이므로 이는 집행국 법령의 기준에 의하여 판단하여야 한다"고 판시한 바 있다.[1256] 또한, 홍콩 법원의 판결 가운데는 당사자가 변론을 할 수 없었다고 하더라도 그로 인해 중재판정이 달라졌을 것이라고 보이지 않는 경우에는 중재판정에 대한 불복을 허용하지 않은 사례가 있는데, 이는 뉴욕협약이 각 집행국 법원에 승인 및 집행 거부사유의 판단에 재량을 부여하고 있는 것에 비추어 수긍할 수 있는 태도라고 할 수 있다.[1257]

5. 중재인의 권한유월

7.89 중재인의 권한유월은, 애당초 당사자 사이에 유효한 중재합의가 존재하지 않은 경우와는 달리 유효한 중재합의의 존재를 전제로 하되, 그 중재합의의 대상 분쟁이 아닌 내용에 대하여 중재판정부가 판단에 나아간 경우를 말한다.[1258] 또한, 이는 당사자가 중재판정부에 대하여 판정을 위탁하지 않은 부분에 대하여 판단하거나(이른바 ultra petita),[1259] 그와 반대로 당사자의 청구에 대하여 중재판정부가

1254 서울민사지방법원 1992. 5. 1. 선고 91가합45511 판결 참조.

1255 제5장 Ⅱ. 2. 나. 참조.

1256 대법원 1990. 4. 10. 선고 89다카20252 판결 참조.

1257 Greenberg 외, 455면 참조. 방어권이 침해된 경우 원칙적으로 불복사유가 되지만 그로 인해 결과가 달라지지 않았을 것이 명백한 경우에는 승인거부사유라고 볼 것은 아니라는 입장도 있다(석광현, 283면 참조).

1258 보다 자세한 논의는 제3장 Ⅱ. 3. 참조.

1259 우리 하급심 가운데는 당사자가 청구금액을 감축하였음에도 중재판정부가 이를 간과하고 그 감축된 금액 이상의 지급을 명한 사안에서 해당 중재판정을 취소한 바 있으며(서울민사지방법원 1993. 12. 7. 선고 93가합6770, 25700 판결), 당사자인 회사 이외에 회사의 임직원 등에게 금지명령을 한 것에 대하여 당사자가 중재위탁의 범위를 넘어선 것이라고 주장한 것에 대하여, 중재신청서에서 당사자가 그와 같이 임직원 등에 대한 명령도 함께 구하였고 중재판정부가 그에 따라 중재판정을 한 것이므로 신청인의 중재위탁의 범위에 속하는 것이라고 판시한 사례도 있다(서울중앙지방법원 2006. 1. 16. 선고 2006가합36924 판결 참조).

아예 판단을 누락한 경우(이른바 infra petita),[1260] 기타 형평과 선에 따라 판정을 할 권한을 명시적으로 수권한 바 없음에도 그에 따라 중재판정을 내린 경우 등도 포함한다. 독일의 경우 중재인이 준거법을 의식적으로 무시한 경우 중재인의 권한 유월이 된다고 하는 견해가 유력하나,[1261] 이는 공공질서 위반에 해당될 여지가 있음은 별론 중재인의 권한 유월로 파악하는 것에는 의문이다.

7.90 중재인의 권한유월의 문제는 대체로 사실상의 판단 문제인 경우가 많을 것이므로 준거법은 별로 문제가 되지 않을 것이지만,[1262] 원칙적으로는 중재합의의 실체적 유효성의 준거법에 따라 판단되어야 할 쟁점임은 앞서 본 바와 같다. 그 밖에 중재합의의 대상범위에 대한 보다 자세한 논의는 제3장을 참고하기 바란다.[1263]

7.91 한편, 중재판정부가 중재합의의 대상 분쟁의 범위에 속하지 아니하는 사항에 대하여 판정을 내려 권한유월이 문제가 되는 경우에도, 뉴욕협약이나 모범중재법은 중재합의의 범위에 속하는 분쟁과 그렇지 않은 분쟁을 분리할 수 있을 때에는 중재합의의 범위에 속하는 분쟁에 대한 중재판정은 여전히 유효한 것으로 판단되어야 한다고 규정하고 있다.[1264]

6. 중재판정부의 구성 또는 중재절차의 하자

7.92 뉴욕협약이나 모범중재법은 중재판정부의 구성방법이나 중재절차가 당사자의 합의한 바대로 되지 않았거나 (그러한 합의가 없을 경우) 중재지법(lex arbitri)에 위배되었을 경우를 중재판정에 대한 불복사유로 규정하고 있다.[1265] 이러한 불복사유

[1260] 이는 중재판정에서 당사자의 주장에 대한 이유 기재의 누락(또는 판단유탈)의 개념과는 구분된다. 이유의 기재를 누락한 것은 중재지법에 이유의 기재를 요구하고 있는 경우에 중재절차 위반이 논의될 수 있을 뿐 중재인의 권한 유월은 아니다.

[1261] 석광현, 289면 각주 201 참조.

[1262] van den Berg, 312면 및 석광현, 286면 참조.

[1263] 제3장 뉴욕협약 제5조 제1항 (c) 및 모범중재법 제36조 제1항 (a) (iii) 참조.

[1264] 뉴욕협약 제5조 제1항 (c) 및 모범중재법 제36조 (1) (a) (iii) 참조. 우리 하급심 판결 가운데는 뉴욕협약 제5조 제1항, 제2항 모두에 대하여 부분 집행이 가능하지만, 뉴욕협약 제5조 제1항 (c)의 경우는 더 제한적으로 해석하여 한 개의 집행주문 중에서도 나누어 집행을 허가할 수 있도록 하였다고 보는 것이 상당하다고 판시한 사례도 있다(서울고등법원 2001. 2. 27. 선고 2000나23725 판결 참조).

[1265] 뉴욕협약 제5조 제1항 (d) 및 모범중재법 제36조 제1항 (a) (iv) 참조. 다만, 스위스 연방대법원은 중재절차가 당사자의 합의에 반한다는 점은 중재판정 취소의 사유가 아니라고 판시하는 한편, 중재판정부가 당사자가 합의한 준거법을 무시한 채 판결을 내린 경우에도 그러한 절차 위반이 결론에 영향을 주지 않은 경우에는 공공질서 위반도 되지 않는다고 판시하였다[Born(IA),

는 실무상 매우 흔하게 접하는 것이지만, 앞서 본 바와 같이 이러한 하자에 대하여는 이를 알고서도 즉시 이의를 제기하지 않을 경우 이의권을 상실하는 경우가 많고, 또한, 법원은 설령 절차상의 하자가 인정되더라도 그 하자의 중대성이나 기타 다양한 고려에 따라 재량을 행사하여 그러한 불복사유를 인정하지 않을 수도 있다. 중재판정부의 구성방법이나 중재절차에 대하여는 각각 제4장, 제5장, 제6장(중재판정 부분 등)을 참고하기 바란다.[1266]

7.93 한편, 중재절차에 관하여 중재지법(lex arbitri)이 당사자들의 사적 자치의 한계를 설정하는 기준으로 작용하기도 한다. 예컨대, 당사자들이 합의한 중재규칙이 중재지의 절차적 강행규정에 위배되는 경우에는 그 효력을 인정받을 수 없다. 이와 관련하여 중재절차에 관한 당사자의 사적 자치를 중재지의 강행규정보다 위에 두어, 설령 당사자가 합의한 중재절차가 중재지의 강행규정에 반하더라도 당사자의 합의가 우선한다는 주장도 있으나,[1267] 이는 모범중재법의 기본 체계에는 부합하지 않음은 앞서 본 바와 같다.[1268]

7.94 중재판정부의 독립성 결여 또는 편견이나 부당한 행위 등을 중재절차상의 하자와 별개로 논의하는 경우도 있으나,[1269] 대부분의 중재규칙이나 중재법이 이에 대한 절차규칙을 두고 있으므로, 그러한 경우에는 중재판정부의 공정성에 관한 쟁점 역시 중재절차 위반의 범주에서 불복사유로 논하면 충분하다고 본다. 한편, 중재판정부와 관련된 절차적 문제점과 관련하여, 당사자들이 합의한 중재규칙에서 중재인의 기피신청에 대한 중재기관의 판단을 최종적인 것으로 보고 불복할 수 없다고 규정하는 경우에[1270] 당사자들이 나중에 그러한 기피사유를 중재판정

328면 및 329면 각주 85 참조]. 또한, 중재절차가 중재지법에 위반되었는지 여부는 아예 중재판정 취소의 사유로 삼지 않는 국가도 있다(예컨대, 프랑스, 미국, 스위스 등).

1266 우리 중재법은 당사자들이 달리 합의하지 않는 한 중재판정에 이유를 기재할 것을 요구하고 있고, 우리 대법원은 중재판정의 이유가 명백하게 비상식적이거나 모순인 경우에도 이유가 없는 것과 동일하게 보고 있음은 앞서 본 바와 같다(제6장 Ⅱ. 나. 5. 참조). 따라서, 실무상 중재판정의 이유에 불만이 있는 당사자는 이러한 판례에 근거하여 중재절차의 위법을 주장하는 경우가 적지 않지만 실제로 이러한 주장이 받아들여지는 경우는 거의 없다(대법원 2012. 10. 11. 선고 2012다56788 판결; 서울고등법원 2012. 5. 8. 선고 2011나96309 판결 등 참조).

1267 Born(IA), 401면 참조.

1268 이에 대하여는 제2장 Ⅲ. 1. 다. (2) 참조.

1269 Born(IA), 403면 이하 참조.

1270 ICC 중재규칙 제34조 제6항 등 참조.

에 대한 불복사유로 삼을 수 있는가 하는 점이 문제된다. 중재판정 이후 당사자들이 몰랐던 새로운 증거가 발견된 것이 아닌 이상 불복사유로 삼을 수 없다고 보는 것이 일반적이지만, 중재인의 공정성에 관한 중재법의 규정을 강행규범으로 보아 중재규칙의 내용에도 불구하고 심사를 하는 법원이 적지 않다.[1271]

7.95 우리 대법원 판결 가운데는 심문기일에서 당사자들이 중재인 3인 중 1인이 불참한 채로 심문기일을 진행하고 심문종결을 하는 데에 동의를 하였더라도 그것이 나머지 중재인만으로 중재판정을 하는 것까지도 동의한 것으로 볼 수 없다는 이유로 3인의 중재인 가운데 2인만 관여하여 한 중재판정은 취소를 면할 수 없다고 판시한 사례가 있으며,[1272] 하급심 판결 가운데는 3인의 중재인에 의하여 진행되어야 하는 중재절차에서 2인의 중재인이 중재절차를 진행하다가 중재판정 이틀 전에서야 3인의 중재인이 선정된 것이 뉴욕협약 제5조 제1항 (d)의 불복사유에 해당하는지 여부가 쟁점이 된 사안에서 런던해사중재인협회(LMAA) 규정에 따라 원래의 2인의 중재인 사이에 의견대립이 없었고, 3인의 중재인 선정 이전에 실체에 관한 심리가 이루어지지 않았다는 이유로 불복사유에 해당하지 않는다고 판시한 사례가 있다.[1273]

7. 중재가능성의 결여

7.96 뉴욕협약 및 모범중재법은 분쟁의 대상이 되는 사안이 중재에 의하여 해결할 수 없는 경우를 중재판정에 대한 불복사유로 규정하고 있다. 이는 중재의 실무에서 중재가능성(arbitrability)이라고 불리는 쟁점과 관련된 것으로서, 중재지국의 법원은 자국의 법에 비추어 중재가능성이 없는 사안에 대하여 내려진 중재판정은 취소할 수 있으며,[1274] 집행국의 법원 역시 자국의 법에 비추어 중재가능성이 없는 사안에 대한 중재판정의 승인 및 집행을 거부할 수 있다.[1275]

7.97 중재에 의하여 해결할 수 없는 분쟁이 무엇인지는 각국마다 그 취급이 다른데,

1271 Born(IA), 407면 참조. 중재인의 공정성은 일정한 경우 절차적 국제 공공질서의 일부를 이룰 수 있는데, 그 경우에는 중재법에 근거하지 않더라도 중재판정에 대한 불복사유가 된다(아래 8. 공공질서 위반 부분 참조).

1272 대법원 1992. 4. 14. 선고 91다17146 판결 참조.

1273 서울중앙지방법원 2008. 3. 7. 선고 2006가합97721 판결 참조.

1274 모범중재법 제34조 제2항 (b) (i) 참조.

1275 뉴욕협약 제5조 제2항 (a) 및 모범중재법 제36조 제1항 (b) (i) 참조.

대개의 국가들이 형사상의 문제, 가족법상의 문제 등은 중재가능성이 없다고 보고 있으나, 지적재산권에 관한 문제나 도산에 관한 문제 등에 대하여는 서로 다른 입장을 취하기도 한다.[1276] 그러나 어느 경우이든지 국제적으로 보편성을 인정받기 어려운 기준으로 특정 분쟁의 중재 가능성을 제한하는 것은 다른 국가나 중재판정부에 의하여 채택되기는 어려울 것이다. 중재가능성에 관한 보다 자세한 논의는 제3장의 해당 부분을 참고하기 바란다.[1277]

8. 공공질서(public policy) 위반

가. 머 리 말

7.98 중재판정이 중재지국의 공공질서에 반하는 경우에는 중재판정이 취소될 수 있고[1278] 중재판정의 승인 및 집행이 승인국 또는 집행국의 공공질서에 반하는 경우에는 중재판정의 승인 및 집행이 거부될 수 있다.[1279] 앞서 본 바와 같이 중재판정에 대한 불복은 중재합의가 무효이거나 중재절차상의 심각한 하자가 있는 경우 또는 대상 분쟁의 성격이 중재로 해결되기 어려운 경우 등 아주 예외적인 경우에 한하여 허용됨은 앞서 본 바와 같다. 그런데, 중재판정에 대한 불복사유 가운데 공공질서 위반의 경우는 그 내용의 본질상 분쟁의 실체에 관한 심사가 필연적으로 수반된다.

7.99 우선, 분쟁의 실체에 관한 중재판정의 내용의 당부에 대하여는 법원의 재심사가 허용되지 않는 것이 원칙이다. 우리 대법원 역시 "집행거부사유의 유무를 판단하기 위하여 필요한 범위 내에서는 본안에서 판단된 사항에 관하여 심리할 수 있으나 이러한 경우라고 할지라도 그 명목으로 실질적으로 중재인의 사실인정과 법률적용 등 실체적 판단의 옳고 그름을 전면적으로 재심사한 후 집행을 거부하는 것은 허용되지 않는다"라고 분명히 판시한 바 있다.[1280] 이러한 점에서 볼 때, 중

1276 우리 중재법은 독일의 경우와 같이 재산권에 관한 청구 또는 비재산권상의 청구 가운데서 화해가능성이 있는 분쟁이면 중재가 가능한 것으로 규정하고 있음은 앞서 본 바와 같다(우리 중재법 제3조 제1호, 독일 민사소송법 제1030조 제1항 및 제2항 참조).

1277 제3장 Ⅴ. 참조.

1278 모범중재법 제34조 제2항 (b) (ⅱ) 참조.

1279 뉴욕협약 제5조 제2항 (b) 참조. 다만, ICSID 협약에 따른 투자조약중재의 경우에는 공공질서에 관한 규정이 없으며, 프랑스 파기원은 그 체약국은 공공질서 위반을 이유로 집행을 거절할 수 없다고 판시한 바 있다.

1280 대법원 2009. 5. 28. 선고 2006다20209 판결 참조.

재지국 또는 집행국이 중재판정에 대하여 자국의 공공질서를 위반했다는 이유로 중재판정의 취소나 승인 및 집행을 거부하는 것 역시 극히 이례적인 상황에서만 인정되는 것으로 제한적으로 해석되어야 함에는 이론의 여지가 없다.[1281]

7.100 다만, 뉴욕협약이나 모범중재법은 공공질서가 구체적으로 무엇을 의미하는지에 대하여는 침묵하고 있으므로 이에 대하여는 국제적으로 논란이 적지 않다. 이에 중재판정에 대한 불복사유가 되는 공공질서의 의미에 관한 통일적 해석 및 적용을 위한 노력의 일환으로 국제법협회(International Law Association) 산하 국제상사중재위원회(Committee on International Commercial Arbitration)는 'Report on Public Policy as a Bar to Enforcement of International Arbitral Awards'(이하 '국제법협회 보고서')를 채택한 바 있다.[1282] 이 보고서는 비록 제목이 중재판정의 집행거부사유에 관한 것으로 되어 있지만, 국제중재판정에 관한 한[1283] 중재판정의 승인거부사유는 물론 중재판정의 취소사유의 해석에도 각국에서 공히 참조가 될 수 있는 지침(권고안)을 담고 있다고 할 수 있으므로,[1284] 이하에는 이 국제법협회 보고서를 중심으로 중재판정에 대한 불복사유로서의 공공질서의 개념 및 그 구체적인 내용 중심으로 우리나라를 포함한 각국의 판례 등 실무를 소개하기로 한다.

나. 국제적 공공질서의 개념

(1) 국내적 공공질서와 국제적 공공질서

7.101 국제중재판정에 대한 승인 및 집행 거부 또는 취소의 사유에서 말하는 공공질서는 단순한 국내의 법적 질서를 규율하는 데에 적용되는 **국내적 공공질서**와는 다르다는 측면에서 이를 **국제적 공공질서**(international public policy)로 부르는 견해가 근자에 이르러 국제적으로 유력한데,[1285] 실제로 이를 입법에 반영한 사례도

1281 국제법협회 보고서 권고사항 1 (a) 참조.

1282 이 보고서는 동 위원회의 중간보고서(Interim Report)와 함께 참고하는 것이 유용한데, 이 두 가지 보고서는 www.ila-hq.or에서 pdf 파일로 입수가 가능하다.

1283 국제법협회 보고서는 중재지 여부를 불문하고 실질적으로 외국적 요소가 있는 중재판정에 적용되며(보고서 8항), 그러한 외국적 요소가 없는 순전한 내국중재를 염두에 둔 내용은 아니다.

1284 각국 법원의 실무상 자국 내에서 이루어진 국제중재판정에 대한 판정 취소사유로서의 공공질서와 외국에서 내려진 중재판정의 승인 및 집행 거부사유로서의 공공질서를 달리 취급하는지 확인하기는 어렵다[국제법협회 산하 국제상사중재위원회의 위 중간보고서(Interim Report), 16면 참조].

1285 국제법협회 보고서 권고사항 1 (b) 참조.

있다.[1286] 이와 같이 국제중재판정에 대한 불복사유로서의 '공공질서 위반'은 순수한 국내적 공공질서의 개념과는 구분되는 보다 제한적인 개념의 '국제적 공공질서'이지만, '국제적 공공질서'의 구체적인 내용은 일의적으로 정의하기는 어렵다.

7.102 우리 대법원은 뉴욕협약에서 말하는 공공질서 위반과 관련하여 이는 "집행국의 기본적인 도덕적 신념과 사회질서를 보호하려는 데 그 취지가 있으므로 그 판단에 있어서는 국내적인 사정뿐만 아니라 국제적 거래질서의 안정이라는 측면도 함께 고려하여 제한적으로 해석해야 한다"고 판시하거나,[1287] "외국중재판정의 승인이나 집행이 집행국의 기본적인 도덕적 신념과 사회질서를 해하는 것을 방지하기 위하여 이를 보호하려는 데 그 취지가 있는 것이므로, 국내적인 사정뿐만 아니라 국제적 거래질서의 안정이라는 측면도 함께 고려하여 이를 제한적으로 해석하여야 하고, 외국중재판정에 적용된 외국법이 우리나라의 실정법상 강행법규에 위반된다고 하여 바로 승인거부의 사유가 되는 것은 아니고 해당 중재판정을 인정할 경우 그 구체적 결과가 우리나라의 선량한 풍속 기타 사회질서에 반할 때에 한하여 승인 및 집행을 거부할 수 있다"고 판시하기도 하였고,[1288] 특히 후자의 판례는 단순히 중재판정부가 적용한 법이 국내법상의 강행규정과 배치된다고 해서 공공질서 위반이 되지 않는다는 점을 선언하였다는 점에서 국내적 공공질서와 구분되는 국제적 공공질서의 개념에 입각한 대표적인 판결로 평가되기도 한다.[1289] 그러나 아직 명시적으로 국제적 공공질서의 개념을 판결에 도입한 대법원 판례는 찾기 어렵다.

7.103 다만, '국제적 공공질서'의 개념을 보다 명시적으로 채택하고 있는 하급심 판결로 서울중앙지방법원의 판결이 있는데, 동 판결은 "중재판정의 승인 및 집행의 거부사유로서의 '선량한 풍속 기타 사회질서에 반하는 경우'의 의미에 관하여 살피건대 ① 중재는 당사자 사이의 합의로 당사자 사이의 분쟁을 법원의 재판에 의하지 아니하고 중재인의 판정에 의하여 해결하는 절차로서 대표적인 대체적 분쟁해결수단(ADR)이며, 구속성이 있어 특히 국제적 상거래로부터 발생하는 분쟁을 해결

1286 프랑스, 포르투갈, 레바논, 알제리 등.

1287 대법원 1990. 4. 10. 선고 89다카20252 판결 참조.

1288 대법원 1995. 2. 14. 선고 93다53054 판결 참조. Born(IA), 410면은 동 판례를 공공질서 위반에 관하여 제한적인 해석을 시도한 대표적인 판결례로 인용하고 있다.

1289 석광현, 316면 등 참조.

함에 있어서는 소송을 대신하는 실효적인 수단일 수 있다는 점, ② 중재계약 당시부터 당사자 사이의 합의에 의하여 국제상사중재제도를 이용하기로 하는 경우에는, 대부분 지위의 대등함이 전제되어 있다고 볼 수 있다는 점, ③ 만일 모든 국가의 법원이 자국 또는 자국민의 이익만을 보호하기 위하여 '공공질서'라는 이름 아래 국제중재절차에 관여하거나 중재판정의 집행을 거부하려 한다면 국제거래는 매우 불안정하게 될 것이고 중재제도의 효용성이 상실될 우려가 있는 점, ④ 앞서 본 바와 같이, 집행력이 보장되는 외국중재판정의 범위와 승인·집행요건을 명확히 하고 체약국 상호간의 보다 광범위한 승인·집행을 보장하고자 하는 위 뉴욕협약의 채택경위 및 목적 등을 고려해보면, 위 '선량한 풍속 기타 사회질서'는 민법 제103조가 정한 국내법적 공공질서와는 구별되는 개념으로서 '국제성을 고려하더라도 양보할 수 없는 국내법질서의 기본원칙, 국내법질서를 지지하는 기본이념, 또는 법제도의 기본적 고려, 가치관 등(국제적 공공질서)'을 의미한다고 볼 것이고, 따라서 이러한 '국제적 공공질서'에 반하는 경우가 바로 위 뉴욕협약상 '집행국의 공공질서에 반하는 경우'에 해당한다"라고 판시한 바 있다.[1290]

(2) 국제적 공공질서와 초국가적 공공질서

7.104 이상과 같이 국제중재의 경우 공공질서 위반의 여부를 판단함에 있어서 국내적인 사정뿐만 아니라 국제적인 고려를 해야 한다는 점에 있어서 '국제적 공공질서'라는 개념이 사용되기는 하지만, 이는 결코 다수 국가의 법에 의하여 공통적으로 또는 보편적으로 인정되는 공공질서를 의미하는 개념은 아니라는 점을 기억해야 한다. 즉, 국제적 공공질서라는 개념은 원래 외국법의 적용을 배제하는 근거와 관련하여 국제사법에서 발전되어 온 개념으로서 기본적으로는 중재지(중재판정 취소의 경우) 또는 집행국(중재판정의 승인 및 집행의 경우)의 관념에 따라 인정되는 공공질서이지 여러 국가에 공통되는 내용의 **초국가적 공공질서**(transnational public policy)를 의미하는 것은 결코 아니다.[1291] 그리고 각국은 자국의 관할권 내에서 무엇이 공공질서에 해당하는지 스스로 결정할 권리가 있다.[1292]

1290 서울중앙지방법원 2010. 7. 9. 선고 2009가합136849 판결 참조.

1291 국제법협회 보고서 권고사항 11항 참조.

1292 국제법협회 보고서 권고사항 24항 참조. 유명한 Westacre InvestmentInc v. Jugoimport-SPDR Holding Co. Ltd. 사건에서 영국 법원은 당사자들이 중재지를 스위스로, 준거법을 스위스법으로 정하였고, 스위스법상 관급계약의 낙찰 과정에서 로비를 하는 것이 위법한 것이 아닌 이상, 설

(3) 외국중재판정 및 외국판결의 승인거부사유로서의 공공질서 위반

7.105 외국판결의 승인 및 집행에 관하여도 외국중재판정의 경우와 마찬가지로 외국판결의 효력을 인정하는 것이 공공질서에 반할 경우에는 승인 및 집행을 불허하고 있다.[1293] 아울러 외국판결의 승인거부사유로서의 공공질서 위반에 대한 판단기준 역시 외국중재판정의 경우와 마찬가지로 국내적 공공질서가 아닌 국제적 공공질서를 기준으로 하는 것으로 보는 견해가 있고,[1294] 우리 하급심 판결 가운데는 뉴욕 협약에 따른 공공질서의 개념은 외국판결의 집행 청구에 관한 민사소송법 제203조(현행 민사소송법 제217조) 소정의 공공질서의 개념보다 더 엄격하게 해석되어야 한다고 판시한 사례가 있다.[1295] 그러나 동 판결에 대한 상고심에서 대법원이 원심인 서울고등법원의 판시 내용을 원용하면서 유독 위의 외국중재판정의 승인 및 집행에 적용되는 공공질서의 개념과 외국판결의 승인 및 집행에 적용되는 공공질서의 개념이 차이가 있다고 하는 판시 부분만은 원용하고 있지 않아서 아직 이에 대한 우리 대법원의 태도를 정확히 파악하기는 어렵다고 본다.[1296]

(4) 공공질서 위반 판단의 가분성

7.106 중재판정부의 권한 유월과 관련하여서는 중재판정에 그러한 권한을 유월한 부분과 그렇지 않은 부분이 있고 그것이 가분적인 경우에는 뉴욕협약이나 모범중재법은 중재판정 전체에 대한 불복을 허용하지 않고 중재에 위탁하지 않은 사항에 대하여 판정을 한 부분에 대하여만 불복을 허용함은 앞서 본 바와 같다.[1297] 비록 공공질서 위반에 대하여는 그와 유사한 규정이 없지만, 전체 중재판정 가운데 국제적 공공질서에 반하는 부분과 그렇지 않은 부분이 있고 그것이 분리가 가능한 경우에도 위의 권한 유월의 경우와 마찬가지로 중재판정 전체에 대한 불복은 허용되지 않고 오직 중재판정 가운데 국제적 공공질서에 반하는 부분만 불복이 허

령 다른 나라의 공공질서에 위반할 여지가 있다고 하더라도 영국에서 공공질서 위반을 이유로 그 집행을 거부할 수 없다고 판단하였다(Greenberg 외, 466면 이하 참조).

1293 우리 민사소송법 제217조 제1항 제3호.

1294 석광현, 국제민사소송법: 국제사법(절차편), 박영사(2012), 374면 각주 90 참조.

1295 서울고등법원 2001. 2. 27. 선고 2000나23725 판결 참조.

1296 대법원 2003. 4. 11. 선고 2001다20134 판결 참조.

1297 뉴욕협약 제5조 제1항 (c) 및 모범중재법 제36조 제1항 (a) (iii) 참조.

용된다고 본다.[1298]

7.107 이와 관련하여 우리 하급심 판례 가운데는 집행의 명료성을 위하여 원금과 지연 손해금의 지급을 함께 명하는 주문의 1개 항 중 일부에 대한 집행판결을 할 수 없다는 취지로 판시한 내용이 있는데,[1299] 이는 바람직한 사례라고 보기 어려우며, 실제로 부분 집행은 우리 재판의 일반 실무상 허용되고 있다.

다. 국제적 공공질서의 구체적 내용

7.108 국제적 공공질서는 크게 (ⅰ) 근본원칙, (ⅱ) 경찰법규(lois de police), (ⅲ) 국제적 의무 등의 세 가지 범주로 나눌 수 있다. 이하에서는 이러한 국제적 공공질서의 세 가지 범주에 따라 그 구체적인 내용을 살펴보기로 한다.

(1) 근본원칙(fundamental principles)

(ⅰ) 근본원칙과 내국관련성 등

7.109 우선, 근본원칙의 경우 신의성실의 원칙과 권리남용의 금지, 계약준수의 원칙, 무보상 수용의 금지, 차별적 대우의 금지, 선량한 풍속을 해하는 활동의 금지(약탈, 테러, 대량학살, 노예, 밀수,[1300] 마약밀매, 어린이에 대한 성적 학대 금지 등)와 같은 **실체적 근본원칙**과[1301] 중재판정부의 공정성 요건 및 그 선정 절차의 공정성, 사기 또는 부정부패 행위에 의해 유도된 또는 영향을 받은 판정, 적절하고 충분한 통지를 받을 권리나 자신의 사건을 입증할 정당한 기회에 관한 권리, 당사자 간에 동등한 대우를 받을 권리, 공평한 변론의 권리 등 이른바 자연적 정의[1302] 규정의 위반, 집행국에서 기판력을 갖는 법원의 결정 또는 중재판정에 상반되는 판정의 집행 등(단,

---

1298 국제법협회 보고서 권고사항 1 (h) 참조.

1299 각주 1295의 판결 참조. 부분 집행이 허용된 사례는 각주 1314의 판결 참조.

1300 영국 법원은 유명한 Soleimany v. Soleimany 사건에서 이란의 법률을 위반하여 카펫을 밀수입하는 계약의 효력을 인정한 중재판정을 영국의 공공질서에 위반되는 것으로 판단하여 집행을 거부한 바 있지만, 동 사건은 영국에 거주하는 당사자들 사이에서 중재지를 영국으로 진행된 내국 중재사건으로서, 국제중재사건에 관하여 영국법원이 공공질서 위반을 이유로 한 중재판정 취소의 사례는 찾아보기는 어렵다.

1301 국제법협회 보고서 권고사항 28항 참조.

1302 이른바 자연적 정의(natural justice)라는 개념을 넓게 운용할 경우 자칫 이를 빌미로 실체에 대하여 재심사가 가능하게 되므로 주의가 요망된다. 참고로, 자연적 정의의 개념이 부당하게 확장된 사례로는 뉴질랜드 법원의 Downer-hill Joint Venture v. Government Fiji 사건을 들 수 있다(Greenberg 외, 464면 이하 참조).

법률이나 사실에 대한 명백한 무시(manifest disregard of the law or fact)[1303]는 포함되지 않음)과 같은 **절차적 근본원칙**을 들 수 있다.[1304] 우리 대법원 역시 외국판결의 승인 거부 요건으로서의 공공질서 위반은 외국판결의 내용 자체뿐만 아니라 성립 절차에 있어서 공공질서에 어긋나는 경우도 포함한다고 판시한 바 있다.[1305]

7.110 어떠한 원칙이 중재판정에 대한 불복의 근거가 될 수 있을 정도로 충분히 근본적인가 하는 점을 판단함에 있어서 법원은 당사자 및 관련 사건이 자국과 얼마나 관련성이 있는지를 고려하되(이른바 '내국관련성'), 자국과의 관련성이 적다면 그만큼 법원은 좀 더 방임적인 입장을 취할 수 있으며,[1306] 그 밖에 그러한 근본원칙에 대하여 국제사회의 합의가 존재하는지 여부도 참고하여야 한다.[1307] 그리고 국제적 공공질서의 일부로 널리 알려진 근본원칙의 경우 그 위반에 대하여 알고서도 중재절차에서 중재판정부에 제기하지 않은 당사자는 나중에 이를 불복사유로 할 수는 없다.[1308]

7.111 이러한 근본원칙 위반과 관련하여 유럽사법재판소는 비록 외국 법원의 판결의 승인 및 집행에 관한 사례이기는 하지만 "공서양속 조항의 적용은 다른 국가의 판결에 대한 승인 또는 집행이 그 집행을 요구받은 국가의 법질서에 반하여 용인될 수 없을 정도로 근본적인 원칙을 침해하는 경우에만 가능하다. … 그러한 침해는 집행을 요구받은 국가의 법적 질서에 중대한 요소로 간주되는 법규의 위반 또는 해당 법적 질서 내에서의 근본적인 권리에 대한 침해가 명백히 존재하는 경우가 해당된다"라고 판시한 바 있다.[1309]

1303 목영준, 318면 참조(다만, 중재판정이 무시한 법규가 우리나라의 강행법규 위반인 때에는 사안에 따라 공공질서 위반이 될 수 있을 것이다). 한편, 중재판정이 노골적으로 계약의 내용을 무시한 경우에는 논란이 있으나 중재판정부의 권한 유월이 될 수 있다고 보는 견해도 있다(석광현, 289면, 324면 등 참조).

1304 국제법협회 보고서 권고사항 29항 참조.

1305 대법원 2004. 10. 28. 선고 2002다74213 판결 참조.

1306 국제법협회 보고서 권고사항 40항 참조. 단, 국제법협회 보고서의 내용을 보면 이러한 내국관련성 고려는 근본원칙 위반의 경우에 주로 논의되며 후술하는 경찰법규 또는 공공질서 규정 위반의 경우에는 그러한 고려를 따로 하지 않는데, 이는 해당 사안에 특정 국가의 경찰법규가 적용되는 경우에는 이미 그 자체로 강한 내국관련성이 인정되기 때문에 별도로 내국관련성을 고려할 특별한 의미는 없다는 점이 반영된 것으로 볼 수 있다.

1307 국제법협회 보고서 권고사항 41항 참조.

1308 국제법협회 보고서 권고사항 45항 및 46항 참조.

1309 국제법협회 보고서 권고사항 14항 참조.

7.112 우리 하급심 판결 가운데는, 중재판정이 전쟁 등 불가항력적인 사유에 기한 채무불이행에 대하여 면책을 인정하지 않은 것은 우리나라 법체계의 기본이념에 반하여 공공질서 위반을 구성한다는 당사자의 주장과 관련하여, “외국중재판정의 승인 및 집행에 관한 국가 간의 장해를 배제하여 이를 용이하게 하고자 하는 뉴욕협약의 정신에 비추어 볼 때 동 협약 제5조 제2항 (b)가 규정하고 있는 ‘판정의 승인이나 집행이 그 국가의 공공의 질서에 반하는 경우’라 함은 승인국의 정치, 경제의 기본질서에 위반되거나 공평의 견지에서 도저히 묵과할 수 없는 모순이 있는 경우 등으로 제한적으로 해석하여야 하고 그 판단에 있어서도 국내적인 관점뿐만 아니라, 국제적인 관점에서도 고려하여야 하며, 특히 국제간의 상거래에서 발생하는 분쟁을 중재제도에 의하여 신속하고도 합리적으로 해결하고자 하는 국제무역계의 현실과 상사중재제도의 취지 등을 감안할 때 국제상사중재판정에 대하여 내국의 공공질서에 위반됨을 이유로 승인 및 집행을 거부함은 어디까지나 예외적인 것으로 그쳐야 한다고 할 것인바, 돌이켜 피고의 위 주장 내용을 보면 이는 결국 일본 해운집회소의 중재인들이 이 사건 항해용선계약상의 약정내용 또는 체선료 지급에 있어서 불가항력적인 사유에 의한 면책원리에 대한 해석을 잘못함으로써 부당한 중재판정을 하였다는 취지에 지나지 아니하므로 가사 일본 해운집회소가 피고의 위와 같은 면책주장을 배척한 것이 우리나라의 상법규정이나 일반적인 법원리에 어긋난다고 하더라도 이러한 사유만으로는 위 중재판정의 승인 및 집행이 우리나라의 공공질서에 위반된다고 보기 어려우므로 피고의 위 주장은 이유 없다고 할 것이다”라고 판시한 사례가 있다.[1310]

7.113 우리 대법원은 비록 중재판정에 관한 것은 아니지만 외국판결의 승인 거부 요건으로서의 공공질서 위반과 관련하여 “확정재판 등을 승인한 결과가 대한민국의 선량한 풍속이나 그 밖의 사회질서에 어긋나는지 여부는 그 승인 여부를 판단하는 시점에서 그 확정재판 등의 승인이 우리나라의 국내법 질서가 보호하려는 기본적인 도덕적 신념과 사회질서에 미치는 영향을 그 확정재판 등이 다룬 사안과 우리나라와의 관련성의 정도에 비추어 판단하여야 한다”라고 판시한 바 있다.[1311] 특히, 동 사안은 일제 강점기의 강제징용에 따른 내국인의 일본 회사에 대한 손

1310 서울민사지방법원 1984. 4. 12. 선고 83가합7051 판결 참조.
1311 대법원 2012. 5. 24. 선고 2009다68620 판결 참조.

해배상 청구권에 대하여 시효소멸을 이유로 청구를 기각한 일본 판결의 승인 여부와 관련된 것인데, 우리 대법원은 (i) 사안의 내국관련성이 크고, (ii) 위 일본 판결을 승인할 경우 일제강점기의 강제동원 자체를 불법으로 보는 우리 헌법의 핵심적 가치와 정면으로 충돌하며, 소멸시효에 따른 청구권 배제 주장은 신의성실의 원칙에 반하는 권리남용이라는 이유로 일본 판결의 승인을 거부하였다. 그 내용의 당부를 떠나 공공질서 위반의 해석과 관련하여 실체적 근본원칙 위배 여부를 사안의 내국 관련성과 연계하여 따져보는 이러한 판례의 논리 전개 방식은 위 국제적 공공질서에 관한 국제법위원회의 권고사항의 내용과 그 맥을 같이 하는 것이라고 평가할 수 있다.

(ii) 징벌적 배상 및 기타 과도한 손해배상의 경우

7.114 징벌적 손해배상을 명한 중재판정의 경우 실체적 공공질서 위반을 이유로 하여 불복할 수 있는가 하는 점에 대하여는 앞서 본 바와 같이 국가에 따라 취급이 상이하지만,[1312] 우리나라의 경우 하급심 가운데 외국판결의 승인 및 집행과 관련하여 약정보상금의 2배 상당의 징벌적 손해배상금 및 이에 대한 지연이자의 지급을 명하는 부분의 집행을 불허하는 판결을 내린 사례도 있다.[1313]

7.115 다만, 우리 하급심 판결 가운데서는 외국판결의 승인 거부 요건으로서의 공공질서 위반과 관련하여, 외국판결이 명한 손해배상이 우리 손해배상법의 기준에 비추어 인정될 만한 상당한 금액을 현저히 초과하는 경우 헌법상 법치국가원리로부터 파생되어 민사법 질서에 편입되어 있는 비례의 원칙에 반하는 것으로 보아 그와 같이 현저히 초과한다고 판단되는 부분에 대하여는 공공질서 위반을 이유로 승인을 거부하고 감액한 사례가 있었다.[1314] 또한, 그와 유사한 논리로 외국판결의 경제적 손해 계산은 전액 인정하면서도 비경제적인 손해를 지나치게 과도한 것으로 보아 일부 감액하거나,[1315] 손해액 산정과 관련하여 판매에 따른 이익을 계산함에 있어서 경비를 전혀 고려하지 않은 사안에서 그 산정된 손해액의

1312 미국법상 징벌적 손해배상을 명한 중재판정에 대하여는 미국의 경우 유명한 Matrobuono v Shearson Lehman Hutton 사건에서 중재합의에 근거가 있다면 가능하다고 판시한 반면[514 U.S. 52 (1995)], 독일에서는 허용 여부에 대하여 견해가 갈린다.

1313 수원지방법원 평택지원 2009. 4. 24. 선고 2007가합1076 판결 참조.

1314 서울동부지방법원 1995. 2. 10. 선고 93가합19069 판결 참조.

1315 부산고등법원 2009. 7. 23. 선고 2009나3067 판결 참조.

50%만을 인정하기도 하였다.[1316]

7.116 이처럼 과도한 손해배상을 명한 외국판결에 대하여 공공질서 위반을 이유로 승인 및 집행을 제한하는 하급심 판결들이 일부 존재하는 가운데, 최근 개정된 우리 민사소송법에서는 "법원은 손해배상에 관한 확정재판 등이 대한민국의 법률 또는 대한민국이 체결한 국제조약의 기본질서에 현저히 반하는 결과를 초래할 경우에는 해당 확정재판 등의 전부 또는 일부를 승인할 수 없다"라는 규정을 도입하였다.[1317]

7.117 그러나 우리 대법원은 한국 당사자가 미국에서 특허침해 제품 판매로 인하여 손해배상을 명하는 판결을 받은 것과 관련하여 당해 미국 판결의 집행거부사유로서의 공공질서 위반 여부 및 위 민사소송법의 규정의 의미 등의 쟁점이 된 사안에서, 위의 민사소송법의 규정은 징벌적 손해배상과 같이 손해전보의 범위를 초과하는 배상액의 지급을 명한 외국법원의 확정판결의 승인을 적정범위로 제한하기 위하여 마련된 규정이므로 외국법원의 확정재판 등이 당사자가 실제로 입은 손해를 전보하는 손해배상을 명하는 경우에는 위 민사소송법의 규정을 근거로 그 승인을 제한할 수 없다고 판시하면서, 당해 사안에서 불법행위지와 결과발생지가 모두 미국이고 특허권의 유무효도 미국 특허법에 따라 판단되어야 하므로 우리나라와 관련성이 크다고 볼 수 없으므로 설령 이 사건 미국판결을 승인할 경우 피고가 파산위기에 처할 수 있다고 하더라도 이러한 사정만으로는 미국판결의 승인을 제한할 수 없다고 판단하였다.[1318]

7.118 이러한 대법원 판결에 따를 때 종래 외국 법원이 전보배상을 명하는 손해배상 판결을 한 경우에도 우리 손해배상법 체계에 비추어 과도한지를 심사하여 감액 승인을 하던 일부 하급심 판례가 더 이상 정당성을 유지하기 어려울 것으로 보이며, 이러한 논지는 국제중재판정의 불복사유로서의 공공질서 위반을 해석하는 데에도 큰 참조가 될 것으로 보인다.

1316 서울남부지방법원 2000. 10. 20. 선고 99가합14496 판결 참조.

1317 민사소송법 제217조의2 제1항(2014. 5. 20. 신설) 참조.

1318 대법원 2015. 10. 15. 선고 2015다1284 판결 참조.

(iii) 사기나 부패 등에 의하여 편취된 중재판정

7.119 중재판정이 사기, 부패 기타 부정한 방법으로 얻어진 경우에도 공공질서 위반을 구성할 수가 있다. 예컨대, 당사자가 증인 또는 중재인을 매수하여 중재판정을 취득하거나 조작된 증거를 제출하여 그에 기초하여 중재판정을 받은 경우 등에는 중재판정에 대한 불복의 사유를 구성할 수 있다.

7.120 이와 관련하여, 영국 중재법은 사기에 의하여 중재판정을 얻어낸 경우 또는 중재판정이나 그 중재판정을 얻어낸 방법이 공공질서에 반하는 경우를 심각한 중재절차 위반으로 규정하고 있다.[1319] 그러나 중재판정이 사기에 의하여 편취된 것으로 평가되려면, (i) 당사자에 의한 증거의 조작이나 은폐 등이 있었다는 점이 증거에 의해 입증되어야 하고, 아울러 (ii) 그런 기망행위를 입증하는 증거가 중재절차에서 제출할 수 없었던 것이며,[1320] (iii) 기망행위가 판정 결과에 실제로 영향을 줄 수 있는 중요한 내용이어야 한다는 점이 요구된다.[1321]

7.121 미국의 경우에는 연방 중재법이 부패, 사기, 또는 부정한 수단에 의하여 얻어진 중재판정은 취소할 수 있다고 규정하고 있다.[1322] 특히, 미국은 사기와 관련하여서는 (i) 명확하고 설득력 있는 증거(clear and convincing evidence)에 의해 사기가 입증되고, (ii) 상대방이 정당한 주의를 기울였더라도 중재 과정 또는 그 이전에 사기를 발견할 수 없었을 뿐만 아니라, (iii) 사기가 중재의 중요한 쟁점과 관련이 있는 경우에만 중재판정을 취소할 수 있는 것으로 해석되고 있다.[1323]

7.122 우리 대법원 역시 뉴욕협약에 따른 외국중재판정 집행 거부사유로서의 공공질서 위반에는 중재판정이 사기적인 방법에 의하여 편취된 경우가 포함될 수 있다는 입장이지만, 공공질서 위반이 되기 위해서는 (i) 중재절차에서 처벌받을 만한 사기 행위가 있었다는 점이 명확한 증명력을 가진 객관적인 증거에 의하여 명백

1319 영국 중재법 제68조 제2항 (g) 참조.

1320 Westacre Investments Inc. v. Jugoimport-SDPR Holding Co. Ltd. [1999] 2 Lloyd's Rep. 65, at paras. 76-77 참조.

1321 Elektrim v. Vivendi Univeral and Others [2007] EWHC 11; DDT trucks of North America Ltd. v. DDT Hoidings Ltd. [2007] EWHC 1542 등 참조.

1322 미국 연방 중재법 제10조 (a) (1) 참조.

1323 Lafarge Conseils Et Etudes SA v. Kaiser Cement & Gypsum Corp 791 F 2d 1334, 1339 (9th Cir. 1986) 참조.

히 인정되고, (ii) 당사자 일방이 과실 없이 상대방 당사자의 사기적인 행위를 알지 못하여 중재절차에서 이에 대하여 공격방어를 할 수 없었으며, (iii) 신청당사자의 사기 행위가 중재판정의 쟁점과 중요한 관련이 있다는 점이 모두 충족되는 경우이어야 한다고 판시한 바 있다.[1324] 이러한 우리 대법원의 입장은 미국 판례를 그대로 따른 것으로 보이는데, 위의 (ii)의 요건, 즉, '당사자 일방이 과실 없이 상대방 당사자의 사기적인 행위를 알지 못하여 중재절차에서 이에 대하여 공격방어를 할 수 없었을 것'이라는 요건에 대하여는 주의가 요망된다.

7.123 당사자가 중재절차에서 사기를 알았다고 볼 수 있는 경우에는 이를 중재절차에서 신속히 제기하여야 하고 그렇지 않을 경우 뒤늦게 판정의 결과를 보고나서야 사기를 주장하는 것은 허용될 수 없을 것이다. 그러나 예컨대, 중재절차에서 사기행위에 관하여 의혹이 있어 이를 주장을 하였으나 증거가 부족하여 중재판정부에 의해 배척된 후 나중에 사기에 대한 증거가 발견된 경우에는 달리 보아야 할 것이다. 이와 관련하여 위 (ii)의 요건을 마치 확정판결에서 변론종결 이전에 발생한 사유를 가지고 더 이상 판결의 효력을 다투지 못하도록 하는 것과 비슷하게 이해하는 견해도 있는데,[1325] 이런 입장에 따르면 이미 사기가 중재절차에서 주장되어 당사자들이 이에 관한 공방을 벌인 이상 나중에 새로운 증거가 발견되었다고 하더라도 중재판정에 대한 불복사유로 삼을 수 없다는 결론에 이르게 될 수도 있다.[1326]

7.124 그러나 새로운 증거에 의하여 사기행위가 명확히 입증되고 그것이 중재판정의 결론에 영향을 줄 수 있는 중요한 내용이라는 점까지 규명된 경우에는, 단지 중재절차에서 사기가 주장되고 그에 관한 공방이 있었다는 이유만으로 이를 추후에 다툴 수 없다고 보는 것은 너무 지나친 결과가 될 것이다.[1327] 실제로 영국의

1324 대법원 2009. 5. 28. 선고 2006다20290 판결 참조.

1325 오영준, 대법원판례해설 제79호(2009년 상반기), 596면 참조.

1326 이와 관련하여 외국의 중재절차에서 사기를 이미 알고 있어 이를 주장하였으나 중재인이 이를 배척한 경우에는 실질재심사 금지의 원칙에 비추어 승인단계에서 사기의 주장을 하는 것은 허용되지 않는다는 입장도 있다(석광현, "사기에 의하여 획득한 외국중재판정의 승인과 공서위반 여부," 판례연구[제24집(2) 2010년], 153면 이하 참조).

1327 물론, 사기를 이유로 한 중재판정의 불복을 너무 쉽게 인정하면 자칫 중재판정에 대한 실질재심사의 우려가 있으므로 엄격한 기준이 적용될 필요는 있다고 할 것이다. 앞서 본 대법원 2006다20290 판결의 대상사안의 경우, 원고와 피고 사이에 국문계약서와 영문계약서가 작성되었는데 피고는 영문계약서가 내부보고용으로 작성된 것에 불과하고 기속력이 있는 계약서는 한글계약서라고 주장하였으나, 중재인은 영문계약서가 진정한 계약서라는 원고의 대표이사의 증언 등을 듣고 영문계약서를 유효한 것으로 보아 원고에게 유리한 판정을 내렸는바, 그 후 관련 형사 사

경우에는 중재판정 이후 발견된 새로운 증거에 의하여 당사자의 사기행위가 입증되고 중재판정이 그에 영향을 받았다고 판단되면 해당 중재판정을 취소할 수 있다고 해석되는 것으로 보인다.[1328]

(iv) 청구이의사유의 경우

7.125 중재판정이 일단 내려진 이후에는 중재판정의 기판력이 발생하는 기준시점[1329] 이전의 항변사유를 이유로 중재판정의 승인 및 집행을 거부할 수는 없음은 기판력의 일반적인 법리에 비추어 당연하다. 다만 중재판정이 성립된 이후 변제 등에 의한 채무의 소멸과 같은 우리 민사집행법상 청구이의의 사유가 발생한 경우에는 그 집행을 저지할 수 있는가 하는 점이 문제가 된다.

7.126 이와 관련하여 우리 대법원은 비록 청구이의의 사유는 모두 집행판결을 거부할 사유가 되는 것은 아니지만 그러한 사유로 인하여 중재판정의 집행이 공공질서에 위반하는 결과를 가져올 때 집행판결 절차에서 중재판정의 집행을 거부할 수 있다고 하고 있다. 즉, 우리 대법원은, 예컨대, 중재판정이 내려진 이후 변제로 인해 채무가 소멸하였음에도 중재판정에 대한 집행판결을 구하는 경우에, 집행판결 확정 이후 별도의 청구이의의 소를 통해 강제집행을 다투도록 하는 것은 소송경제에 부합하지 않는다고 하면서, 변제로 소멸한 부분에 대한 집행판결 청구는 공공질서에 위반되는 결과를 가져온다고 보아 이를 불허하고 있다.[1330]

7.127 그러나 민사집행법상 청구이의의 사유가 있는 경우에 집행판결을 거부하는 근거

건에서 한글계약서가 진정한 계약서라는 것을 이유로 원고의 대표이사의 어음 보충행위에 대하여 유죄의 형사판결이 있게 되자, 피고가 중재판정이 사기에 의하여 편취된 것이라고 주장하였는데, 원고가 중재절차에서 형사적으로 처벌받을 만한 사기행위(예컨대, 소송사기에 이를 정도의 행위)를 했다는 것이 새로운 증거에 의하여 명백하게 밝혀진 것으로 보기 어렵다는 점에서 애당초 사기에 의하여 편취된 중재판정이 되기 위한 기본 전제요건들이 충족되지 않는 사안으로 보인다. 해당 사안에서 만약에 중재판정 이후에 소송사기에 해당할 정도의 사기행위가 있었다는 점이 다른 객관적인 증거에 의하여 명백히 규명되었더라면, 설령 당사자들이 중재절차에서 사기에 대한 공방의 기회를 부여받았다고 하더라도 결론이 달라질 수도 있었을 것이다.

1328 Sutton 외, 497면 참조.

1329 우리나라 구 중재법 하에서 중재판정의 기판력의 기준시점은 중재판정의 서명일이 아니라 심리종결일이라는 이유로 심리종결일 이후 중재판정 서명일 이전에 일부 금원을 변제한 경우 그 변제된 부분에 한하여 집행을 불허한 판례가 있다(서울민사지방법원 1993. 12. 7. 선고 93가합6770, 27500 판결 참조).

1330 대법원 2003. 4. 11. 선고 2001다20134 판결; 대법원 2010. 4. 29. 선고 2010다3148 판결 등 참조.

를 굳이 뉴욕협약상의 승인 및 집행 거부사유인 '공공질서 위반'에서 찾는 것은 바람직하지 않다고 본다. 즉, 청구이의의 절차는 기존에 내려진 중재판정을 승인하는 전제 하에서 다만 그 중재절차의 심리종결일 이후에 발생하여 그 판정에서 다루어질 수 없었던 별개의 사유를 이유로 강제집행(execution)을 제한하는 것에 불과하므로 엄밀히 말하면 승인 및 집행을 거부하는 것이라고 볼 수 없기 때문이다.

7.128 사실 뉴욕협약 제3조는 체약국인 집행국은 중재판정을 기속력 있는 것으로 승인하되 해당 집행국의 절차규정에 따라(in accordance with the rules of procedure) 중재판정을 집행하여야 한다고 하여, 외국중재판정의 구체적인 집행 과정에서는 우리 민사집행법상의 청구이의 등과 같은 절차가 적용될 수 있음을 염두에 두고 있다.[1331] 즉, 어차피 청구이의의 사유가 존재하여 강제집행(execution)이 불가능한 부분이 있다면, 굳이 이에 대하여 일단 집행판결을 허여하고 나중에 청구이의 절차에서 강제집행을 불허하는 것보다는, 소송경제의 측면에서 아예 집행판결 청구의 소의 단계에서 그 사유를 심리하여 강제집행이 가능한 부분에 한하여 집행판결을 부여하는 것은 결코 뉴욕협약에서 금지하는 바가 아니라고 할 것이다. 따라서, 외국중재판정을 그대로 승인하면서도 단지 청구이의의 사유가 있기 때문에 그 범위 내에서 소송경제 등의 차원에서 집행판결을 부여하지 않는 경우에, 굳이 우리 대법원의 판례와 같이 이를 공공질서 위반으로 구성하여 마치 중재판정이 그 승인 요건 자체를 결여하여 집행을 거부하는 것처럼 취급할 필요가 있는지는 의문이다.

7.129 한편, 위의 우리 대법원 판례의 입장에 반대하면서 민사집행법상 청구이의의 사유는 공공질서 위반 여부와는 무관하게 독립적으로 모두 원고의 집행판결 청구를 기각할 근거가 되어야 한다는 입장을 취하는 견해도 있다.[1332] 그러나 우리 민사집행법상 청구이의의 사유는 그 내용에 따라서는 집행판결 단계에서 집행거부의 사유로 주장될 수 없는 것도 있다는 점을 유의할 필요가 있다. 예컨대, 중재에

1331 중재판정의 승인 및 집행의 요건은 뉴욕협약에 따르지만, 승인 요건을 갖춘 중재판정에 기한 강제집행의 구체적인 방법과 절차는 집행국의 절차법에 따르게 되는데, 그러한 절차법의 예로는 집행판결 청구의 기한이나 중재판정금에 대한 이자에 관한 집행국의 규정 등을 들 수 있다 [Albert Jan van den Berg, *The New York Arbitration Convention of 1958, Towards a Uniform Judicial Interpretation* 12 (1881), 234면 참조].

1332 석광현, 404면 참조.

있어서는 별개의 적극 채권에 기한 상계가 비록 심리종결일 이후에 이루어졌다고 하더라도, 해당 적극 채권이 중재합의의 대상이고 또한, 그 채권의 존부나 범위에 대하여 당사자들 사이에 다툼이 있는 경우에는, 상계의 효력 여부는 청구이의 절차가 아닌 중재를 통해 판단되어야 할 것이므로, 집행판결 절차에서 이를 판단하는 데에는 난점이 따른다.

7.130 실제로 우리나라 판례 가운데는 중재심리의 종결 후 집행판결의 단계에서 중재합의의 대상이 되는 채권을 적극 채권으로 하여 상계를 하였다는 이유로 한 집행판결의 거부를 주장하는 것을 허용하지 않은 사례가 있다.[1333] 중재합의의 대상이 되는 채권을 적극채권으로 한 상계 주장의 경우 해당 적극 채권의 존부나 범위에 관하여 중재 당사자들 사이에 다툼이 있는 경우 이는 소송이 아닌 중재로 해결하여야 하는 것이 원칙일 것이므로, 특단의 사정이 없는 한, 집행판결의 과정에서 청구이의사유의 하나로 법원이 심리할 수는 없다는 점에서 이러한 대법원의 태도는 기본적으로 수긍할 수 있다고 본다.[1334]

7.131 다만, 국가에 따라서는 중재판정의 집행 단계에서 반대채권에 의한 상계를 상당히 폭넓게 인정하는 경우도 많다. 예컨대, 독일의 경우 상계의 기초가 되는 사실관계가 중재절차 이후에 발생한 경우 또는 그것이 중재합의의 대상이 아닌 경우 등에는 모두 독일 민사소송법 제767조 제2항의 집행에 대한 이의사유로 인정하

1333 대법원 2004. 12. 9. 선고 2003다62019 판결 참조. 특히 대법원 2010. 4. 29. 선고 2010다3148 판결은 중재절차에서 중재합의의 대상이 되는 별개의 채권을 내세워 상계를 주장하였으나 배척된 후 다시 집행판결 단계에서 상계를 주장한 경우 집행거부사유에 해당하지 않는다고 판시하였는데, 이와 관련하여 그 판시내용만으로 보면 중재판정 이후에 비로소 상계주장을 한 경우에는 집행거부의 사유에 해당할 수 있는 것처럼 해석된다는 견해도 있다[김갑유(대표집필), 313면].

1334 하급심 판결 가운데는 "상계로 인하여 중재판정의 성립 이후 채무가 소멸함으로써 집행법상 청구이의의 사유가 발생하였다고 인정하기 위하여는 우선 원고가 공급한 프레폼의 하자로 인한 피고의 손해배상청구권의 존재가 전제되어야 하는데, 피고가 원고에 대하여 프레폼의 하자로 인한 손해배상청권을 가지는지 여부에 대하여 당사자 사이에 다툼이 있는 이상 이는 이 사건 계약에서 정한 중재조항에 의하여 일본 상사중재협회의 규칙과 절차에 따라 일본 도쿄에서 중재에 의하여 해결되어야만 할 것이므로, 집행판결을 구하는 이 사건 소송에서 이에 관한 심리·판단을 하여야 한다는 위 주장은 이 사건 중재합의에 어긋나는 것이므로 받아들이기 어렵다"라고 판시한 사례도 있다(서울고등법원 2005. 9. 9. 선고 2004나90037 판결 참조). 다만 하급심 판결 가운데 법률에 따라 취득한 구상금 채권 및 별개의 계약에 따라 취득한 손해배상 채권 등에 기한 상계에 의해 중재판정에 기한 채권이 소멸되었다는 이유로 집행 허가를 거부한 사례가 발견되나(서울고등법원 2008. 11. 6. 선고 2006나3624 판결 참조), 해당 구상금 채권이나 손해배상 채권이 중재합의의 대상이 되는지 여부 및 그와 관련한 상대방의 중재관할항변이 있었는지 여부 등은 분명하지 않다.

고 있고, 오스트리아 대법원은 중재판정부가 상계항변의 고려를 거부한 경우에는 나중에 중재판정 집행 단계에서 다시 상계를 주장할 수 있다고 판시한 바 있으며, 미국의 항소심 법원은 피신청인에 의한 상계의 기초가 되는 적극채권에 대하여 중재절차가 진행되는 동안 중재판정의 집행 절차를 중단하는 것은 뉴욕협약에 위배되는 것이 아니라고 판정하기도 하였다.[1335]

7.132 그 밖에, 청구이의사유와 관계된 것은 아니지만, 우리 하급심 판결 가운데는 '주식을 인도받음과 동시에 매매대금을 지급하라'는 중재판정에 대하여 집행판결을 청구하자 상대방이 매매대금의 지급과 동시이행 관계에 있는 주식 인도를 아직 받지 못하였다는 이유로 집행판결에 불복한 사안에서, 중재판정상 동시이행관계에 있는 반대급부의 이행 또는 이행 제공은 나중에 집행판결에 따라 강제집행을 하는 절차에서 집행개시의 요건이 되므로 집행판결 단계에서 집행거부의 사유로 주장할 수는 없다고 판시한 사례도 있다.[1336]

(2) 경찰법규(lois de police) 또는 공공질서규정(public policy rules)

(i) 강행규정과 공공질서규정의 관계 등

7.133 일반적으로 강행규정 위반이 있는 경우 그 자체로 중재판정에 대한 불복사유가 되지는 않지만 그러한 강행규정에 대한 위반이 동시에 경찰법규에 위배되는 경우에는 불복의 사유가 된다.[1337] 법원은 중재판정이 자국의 법체제의 일부를 구성하는 그러한 경찰법규에 의해 금지되는 어떤 해결책을 유효한 것으로 만드는 내용인 경우에는 (i) 당해 사안에 대하여 그 규정이 적용되는 것이 입법자의 의도이고, (ii) 중재판정의 승인 및 집행이 위의 규정에 의하여 보호되는 정치적, 사회적, 경제적 이해관계의 본질을 명백히 훼손하는 경우에는 그 중재판정의 승인 및 집행을 거부할 수 있다.[1338] 다만, 중재판정이 내려진 이후에 그 중재판정에 의해 실행되는 해결책을 금지하는 경찰법규 또는 공공질서 규정이 새로 입법되었다면 입법자가 소급 적용을 의도한 것이 분명하지 않은 이상 법원은 그 중재판

[1335] Maxi Scherer, Set-Off in International Arbitration, *Austrian Yearbook on International Arbitration 2015*, 472면 내지 473면 참조.

[1336] 서울서부지방법원 2012. 9. 28. 선고 2012가합3654 판결 참조.

[1337] 국제법협회 보고서 권고사항 48항 참조.

[1338] 국제법협회 보고서 권고사항 3 (b) 48항 참조.

정의 집행을 거부할 수는 없다.[1339]

7.134 물론 이러한 불복사유의 인정은 해당 규정의 입법 연혁과 정책 등을 면밀히 검토한 후 신중하게 이루어져야 하지만, 일반적으로 경찰법규 또는 공공질서 규정의 예로 거론되는 독점금지법, 통화규제, 가격담합 법규, 환경보호법, 수출입 규제, 봉쇄 또는 보이코트, 세법, 약자 보호를 위한 법(소비자보호법 등)은[1340] 대체로 위에서 말한 경제적 목적을 가지고 있는 것들이다.[1341] 유럽연합의 경우에는 유럽공동체법으로 입법된 내용들은 대체로 국제적 공공질서의 일부로 간주되고 있으며 이에 반하는 중재판정은 집행이 허용되지 않는다.[1342]

7.135 우리 대법원은 준거법이 네덜란드 안틸레스법인 중재사건에서 중재판정부가 소멸시효기간을 30년으로 하고 있는 네덜란드 안틸레스법을 적용하여 내린 판정을 국내에서 집행하려고 하자 상대방이 동 중재판정의 내용은 소멸시효기간을 5년으로 하는 우리나라 상법의 강행규정을 위반한 것이므로 공공질서에 반한다고 주장한 사건과 관련하여 "외국중재판정의 승인이나 집행이 집행국의 기본적인 도덕적 신념과 사회질서를 해하는 것을 방지하기 위하여 이를 보호하려는 데 그 취지가 있는 것이므로, 국내적인 사정뿐만 아니라 국제적 거래질서의 안정이라는 측면도 함께 고려하여 이를 제한적으로 해석하여야 하고, 외국중재판정에 적용된 외국법이 우리나라의 실정법상 강행법규에 위반된다고 하여 바로 승인거부의 사유가 되는 것은 아니고 해당 중재판정을 인정할 경우 그 구체적 결과가 우리나라의 선량한 풍속 기타 사회질서에 반할 때에 한하여 승인 및 집행을 거부할 수 있다"고 판시하였다.[1343] 특히, 외국중재판정의 경우 우리의 강행규정에 위배된다고 하더라도 그것만으로 바로 공공질서 위반을 구성하는 것은 아니라는 점을 천명한 것은 위의 국제법협회 보고서의 권고사항을 충실히 이행한 내용으로 평가할 수 있다.

7.136 한편, 우리 대법원 판결에서 말하는 '중재판정을 인정할 경우 그 구체적 결과가

[1339] 국제법협회 보고서 권고사항 40항 참조.
[1340] 국제법협회 보고서 권고사항 30항 참조.
[1341] 국제법협회 보고서 권고사항 50항 참조.
[1342] 국제법협회 보고서 권고사항 51항 참조.
[1343] 대법원 1995. 2. 14. 선고 93다53054 판결 참조.

우리나라의 선량한 풍속 기타 사회질서에 반할 때'의 해석과 관련하여, 우리 하급심 판결 가운데는, "이는 중재인에 의하여 이루어진 평가나 중재판정의 논거가 대한민국의 선량한 풍속 기타 사회질서에 위배되는가 여부를 말하는 것이 아니라, 중재판정이 명하는 결과가 대한민국의 선량한 풍속 기타 사회질서에 위배되는가 여부에 중점을 두어야 할 것이다"라고 한 후 판정주문이 금전의 지급을 명하는 것인 이상 그 집행이 공공질서에 위반될 여지는 없는 것처럼 판시한 사례가 있는가 하면,[1344] "중재판정이 명하는 결과가 대한민국의 선량한 풍속 기타 사회질서에 위배되는 때"라는 의미는 "중재판정에 의하여 신청인 또는 피신청인에게 부과되는 의무의 내용 자체가 강행법규 또는 공서양속에 직접 위반되어 허용될 수 없는 경우"를 말한다는 취지의 판시 사례도 있다.[1345] 그러나 중재판정의 승인이나 집행의 구체적인 결과가 공공질서에 위반되는지를 판단하기 위해서는 앞서 본 국제법협회의 권고사항처럼 '중재판정의 내용이 경찰법규나 공공질서규정에 의해 금지되는 어떤 해결책을 유효한 것으로 만드는 경우인지'를 따져보아야 하는 것이지 주문의 내용만을 형식적으로 보고 판단할 내용은 아니라는 점을 유념하여야 한다.

7.137 앞서 본 바와 같은 우리 대법원의 판례나 국제법협회의 권고사항의 내용에 비추어 볼 때, 강행규정의 위반 그 자체는 중재판정에 대한 불복사유가 되기는 어렵지만 그 규정이 단순한 강행규정이 아닌 해당 국가의 경찰법규인 경우에는 (i) 그 법규가 사안에 적용이 되고 나아가 (ii) 중재판정의 집행으로 인해 위의 경찰법규에 의하여 보호되는 정치적, 사회적, 경제적 이해관계의 본질이 명백히 훼손되는 경우에는 공공질서 위반을 구성할 수 있다. 이와 관련하여 우리 하급심 판결 가운데는, 중재판정에서 적법한 것으로 판단한 일련의 법률행위가 우리 자산유동화에 관한 법률의 강행적 규정에 위반되어 무효이고 그러한 중재판정의 승인 및 집행을 허용할 경우 우리 공공질서에 위반되는 결과를 초래하므로 그 집행을 허용할 수 없다고 한 사례가 있다.[1346]

7.138 위 사건에서 서울중앙지방법원은 "자산유동화에 관한 법률 제22조에 의하면 유

[1344] 서울고등법원 2007. 9. 12. 선고 2006나107687 판결 참조.
[1345] 서울중앙지방법원 2011. 5. 20. 선고 2010가합97445 판결 참조.
[1346] 서울중앙지방법원 2012. 9. 27. 선고 2011가합82815(본소) 111416(반소) 판결 참조.

동화전문회사의 업무를 자산유동화 계획에 따른 일정한 행위들로 제한하고 있는 바, 그 취지는 유동화전문회사로 하여금 공시된 자산유동화계획에 따라 유동화전문회사의 설립 취지에 부합하는 합리적이고 정상적인 자산유동화 관련 업무 외의 업무는 수행하지 못하도록 함으로써 유동화자산을 계획에 따라 운영할 것을 기대하고 유동화증권에 투자한 투자자들에게 예측할 수 없는 위험이 발생하는 것을 방지할 필요가 있기 때문"이라고 하면서 이를 위반하여 투자자에게 불측의 손해와 위험을 발생시킨 행위는 자산유동화에 관한 법률 제22조를 위반하여 무효라고 판시하는 한편, "이를 허용하는 것은 자산유동화계획의 엄격한 준수를 요구하는 자산유동화에 관한 법률의 취지를 잠탈하게 할 가능성이 크다"는 점 등을 근거로 하여 해당 "중재판정을 승인할 경우 그 구체적인 결과가 대한민국의 선량한 풍속 기타 사회질서에 반하여 사회적으로 용인할 수 없을 정도에 이르렀다"고 판단하여 그 집행을 불허하였다.

7.139 위 판결은 중재판정이 자국의 법체제의 일부를 구성하는 그러한 경찰법규에 의해 금지되는 어떤 해결책을 유효한 것으로 만드는 내용인 경우에는 (i) 당해 사안에 대하여 그 규정이 적용되는 것이 입법자의 의도이고, (ii) 중재판정의 승인 및 집행이 위의 규정에 의하여 보호되는 정치적, 사회적, 경제적 이해관계의 본질을 명백히 훼손하는 경우에는 그 중재판정의 승인 및 집행을 거부할 수 있다는 위 국제법협회의 권고사항의 내용과 비슷한 관점에서 공공질서 위반 분석을 시도한 사례로 보인다.[1347]

(ii) 실질재심사의 제한적 허용

7.140 이러한 공공질서 규정 위반이 중재판정에 대한 불복사유로 다투어질 경우 법원은 필요한 범위 내에서 사실관계에 대한 재조사도 할 수 있다.[1348] 우리 대법원은 우리 중재법에 따른 중재판정 집행 청구의 소와 관련하여, 해당 중재판정이 우리나라의 공정거래법에서 금지된 행위를 할 것을 내용으로 하는 것이어서 공서양속에 반한다는 주장에 대하여, 우리나라의 약관규제법 위반 사실을 부인하면서, 따라서 중재판정이 법률상 금지된 행위를 할 것을 내용으로 하고 있는 경우가 아

1347 동 사건은 항소되어 현재 서울고등법원에 계류 중이다.

1348 국제법협회 보고서 권고사항 52항 참조.

니라고 판시한 바 있다.[1349] 다만 이 판례가 우리 약관규제법이 적용되는 사안에서 중재판정이 우리 약관규제법을 무시한 경우에 공공질서 위반을 구성한다는 취지인지는 분명하지가 않다.

7.141 또한, 우리 대법원은 내국중재판정이 금전채무의 이행을 명하면서 소송촉진 등에 관한 특례법에 따라 판결 등에만 적용되는 고율의 지연손해금을 적용한 것이 구 중재법 제13조 제1항 제3호 소정의 '중재판정이 법률상 금지된 행위를 할 것을 내용으로 한 때'에 해당한다는 이유로 중재판정의 취소를 구한 사안에서 강행법규를 위반하거나 공공질서에 위반된 내용은 아니라고 판시한 바 있다.[1350]

7.142 한편, 우리 하급심 판결 가운데는, 주주간 계약의 위반에 따른 약정상의 책임을 인정한 중재판정에 대하여 주주간 계약의 내용이 우리나라 회사법상의 강행규정에 위반하여 공공질서 위반을 구성한다는 당사자의 주장에 대하여, "이 사건 중재판정이 피고들에게 주식양도를 명한 것은 주주간 계약 위반에 따른 약정책임을 인정한 것이므로, 이는 계약법의 기본적인 법원칙 중 하나인 계약준수원칙에 따른 것이고, 의결권 행사나 주주총회 결의의 효력과 같은 회사법적 효력에 관하여 판단한 것이 아니므로, 이러한 판단이 주식회사의 조직 및 운영에 관한 강행법규에 위배되는 것이 아니어서 그 집행이 국제적 공서양속에 위배되지 않는다"고 판단한 사례도 있다.[1351]

(3) 국제적 의무

7.143 중재판정의 승인 또는 집행이 집행국의 다른 국가에 대한 의무에 대한 명백한 침해를 구성하는 경우에는 해당 중재판정의 승인 및 집행은 거부될 수 있다.[1352] 이러한 국제적 의무의 예로는 국제연합 제재결의 등을 들 수 있다.[1353]

1349 대법원 1997. 2. 25. 선고 96다24385 판결 참조.

1350 대법원 2001. 4. 10. 선고 99다13577, 13584 판결 참조. 미국의 경우 프랑스법에 따라 이자의 지급을 명함에 있어서 판정 후 2개월마다 5%씩 이자율을 인상하는 내용의 중재판정의 집행과 관련하여 15.5%의 이율을 초과하는 범위의 집행은 공공질서에 반한다는 이유로 집행을 거부한 연방지방법원의 판결도 있으나, 미국 법원의 주류적 견해로 보기는 어렵다(석광현, 319면 참조).

1351 서울중앙지방법원 2010. 7. 9. 선고 2009가합136849 판결 참조.

1352 국제법협회 보고서 권고사항 54항 참조.

1353 국제법협회 보고서 권고사항 55항 참조.

9. 주권면제(sovereign immunity)와 집행거부

7.144 국가에 따라 그 내용에 조금씩 차이가 있지만, 일반적으로 국가는 다른 국가의 재판권에는 복종하지 않는 것이 원칙이고(이른바 '주권면제의 원칙'), 우리나라의 경우에도 국가의 사법적 행위를 제외한 주권적 행위에 대하여는 주권면제의 원칙을 적용하고 있다.[1354] 그러나 앞서 본 바와 같이 국가가 중재조항에 합의하는 경우 대체로 주권면제의 적용을 포기한 것으로 간주되는데, 이는 국가와 계약을 체결할 때 통상 중재합의를 하는 이유가 되기도 한다.[1355] 그러나 중재판정의 집행단계에서 국가가 여전히 주권면제의 원칙을 원용할 수 있는데, 이러한 경우를 대비하여 국가와의 계약을 함에 있어서는 미리 명시적으로 주권면제에 대한 포기를 받아두는 것이 안전하다.[1356]

V. 중재판정 취소 또는 승인 및 집행 거부의 효과

1. 중재판정 취소의 경우

가. 전부취소와 일부취소

7.145 중재판정에 대한 취소는 전부취소뿐만 아니라 일부취소도 가능하다. 법원에 의해 중재판정의 일부가 유지되고 일부가 무효화된다면, 결과적으로 기존 중재판정이 수정된 것과 마찬가지의 결과가 된다. 부분적 취소는 판정의 결함이 일부에만 한정되어, 다른 부분과 분리 가능할 경우에만 가능한데,[1357] 이 경우 판정의 나머지 부분은 유효한 판정으로 간주된다. 중재판정의 비용판정 부분만 취소할 수 있는가 하는 점에 대하여는 독일의 경우 소송비용에 관하여는 독립하여 상소할 수 없

1354 대법원 1998. 12. 17. 선고 97다39216 판결 참조.

1355 석광현, 325면 참조.

1356 ICC 중재규칙은 당사자에게 중재판정을 지체 없이 이행할 의무를 부과하고 있는데(ICC 중재규칙 제34조 제6항 참조), 프랑스 법원은 이러한 형태의 조항이 있는 중재규칙에 국가가 합의한 경우 주권면제에 대한 포기로 해석한다(Mcilwrath and Savage, 359면 참조). 기타 중재조항에 들어갈 주권면제 포기에 관한 구체적인 문구에 대하여는 제3장 Ⅷ. 7. 바. 참조.

1357 일부취소판정으로 널리 알려진 사례로는, Metalcald v. Mexico 사건이 대표적인바, 동 사건에서 멕시코는 북아메리카 자유무역협정 (NAFTA) 기구의 중재판정을 캐나다의 British Columbia 주의 대법원에 집행 요청하였다. 해당법원은 NAFTA 중재판정부의 투명성 개념에 대한 판단이 NAFTA의 제11장 중재신청 조항의 범위를 벗어난다고 판단하였는바, 법원은 이 부분에 대한 판정을 취소하였고, 나머지는 유지한다고 판시하였다.

다는 민사소송법의 규정에 따라 이를 부정하였으나,[1358] 수긍하기 어렵다.

나. 취소의 효과

7.146 중재판정이 중재지의 법원에 의하여 취소되면 해당 중재판정은 중재지국 내에서는 더 이상 존재하지 않는 것으로 되어 집행이 불가능하게 된다. 그러나 중재지의 법원에 의하여 취소된 중재판정이 다른 나라에서 집행될 수 있는지 여부에 대하여는 각국마다 취급이 동일하지는 않다. 적법한 관할법원에 의하여 중재판정이 취소된 경우라면 그러한 중재판정은 다른 국가에서도 승인 및 집행이 거부되는 것이 일반적이라고 할 수 있으나, 국가에 따라서는 부당하게 취소된 중재판정의 승인 및 집행을 허용하기도 하며, 특히 프랑스의 경우는 중재판정이 취소되었다는 사정은 중재판정의 승인 및 집행 거부사유에서 배제되었음은 앞서 본 바와 같다.

7.147 우리 하급심 판결 가운데는 중재계약에 기하여 중재절차가 진행되어 중재판정이 내려지면 중재계약은 그 목적을 달성하여 실효되고 중재판정이 취소된 이후에도 중재계약이 다시 부활하는 것은 아니라고 판시한 사례가 있으나,[1359] 중재판정이 취소될 경우 당사자들이 다시 중재절차를 진행할 수 있는지 여부는 중재판정의 취소사유에 따라 달리 판단되어야 한다. 예컨대, 중재합의의 효력과 무관한 다른 절차적 사유로 중재판정이 취소된 경우 당사자는 중재합의에 기하여 새로운 중재절차를 개시하여야 할 것이다. 반면에 유효한 중재합의의 부존재를 이유로 중재판정이 취소된 경우 등에는 달리 합의하지 않는 한 소송을 통해 분쟁을 해결할 수밖에 없을 것이다. 다만, 중재가능성 결여 또는 공공질서 위반 등으로 중재판정이 취소된 경우에도 중재합의가 효력을 상실하고 따라서 당사자들은 소송으로 분쟁을 해결할 수밖에 없다는 견해도 있다.[1360]

[1358] 석광현, 235면 참조.

[1359] 부산고등법원 1995. 7. 21. 선고 95나368 판결 참조.

[1360] 목영준, 265면 참조.

2. 승인 및 집행 거부의 경우

가. 승인 및 집행 거부의 효과

7.148 중재판정을 받은 당사자는 집행 자산이 소재하는 곳이라면 어느 국가에서든지 집행을 시도할 수 있다. 경우에 따라서는 동시에 두 곳에서 집행절차를 밟을 수도 있음은 물론이다. 실무상 국제중재판정을 집행하고자 하는 당사자는 집행 자산이 여러 국가에 존재할 경우 가장 중재에 우호적인 국가를 찾아 집행 절차를 시작하기도 한다.

7.149 그러나 특정 집행국에서 해당 중재판정의 승인 및 집행이 확정적으로 거부된 경우에는 해당 집행국 내에서는 중재판정은 집행할 수 없게 된다. 다만 그러한 효과는 해당 집행국에 국한되므로 다른 국가에서 동일한 중재판정을 집행하는 것이 법률상 차단되지 않는다. 따라서, 당사자는 어느 한 국가에서 중재판정의 승인 및 집행이 거부되었다고 하더라도 이론상 얼마든지 다른 국가에서 다시 중재판정의 집행을 시도할 수 있다.

나. 부당한 승인 및 집행 거부에 대한 국가책임

7.150 특정 집행국 법원이 중재판정의 승인 및 집행을 부당하게 거부하고 달리 다른 곳에 집행자산이 존재하지 않을 경우에는 판정채권자가 고려해볼 수 있는 구제수단의 하나는 투자조약중재(investment treaty arbitration)이다. 즉, 해당 집행국과 판정채권자가 속한 국가 사이에 투자조약이 체결되어 있고 그 투자조약상 중재합의가 있는 등 일정한 경우에는 해당 집행국의 부당한 중재판정 승인 및 집행 거부가 투자조약 위반을 구성할 수도 있으므로 판정채권자로서는 투자조약중재를 통한 피해 회수를 시도할 수도 있으며, 실제로 그러한 시도가 성공한 사례도 있다.[1361]

3. 소멸시효의 중단 등

7.151 중재판정이 불복절차에 따라 취소되거나 무효로 확인될 경우 중재판정 채권자로

[1361] Saipem S.p.A. v. People's Republic of Bangladesh (ICSID Case No. ARB/05/07) (30 June 2009); Western NIS Enterprise Fund v. Ukraine (ICSID Case No. ARB/04/02) 등 참조.

서는 그 취소 또는 무효의 사유에 따라 다시 중재를 신청하거나 아니면 소송을 제기하게 된다. 이러한 경우 청구권의 시효 완성이 종종 실무상 문제가 되는데, 시효 문제에 대한 취급이 각국마다 달라서 세심한 주의가 요망된다.

가. 중재절차의 개시와 시효중단

7.152 시효문제를 절차법적 쟁점의 하나로 보고 있는 영국의 경우 소송절차에 적용되는 시효기간은 중재절차에도 적용되는 것으로 중재법 규정을 두고 있고, 그러한 중재법의 규정에 의하여 중재의 제기에는 소송의 제기와 같은 시효중단의 효과가 부여된다.[1362] 반면에, 대륙법 국가들의 경우 대체로 소멸시효는 실체법적인 쟁점으로 파악하고 있는데,[1363] 독일처럼 민법에 중재절차의 개시를 시효중단의 사유로 규정하고 있는 경우가 많지만,[1364] 우리나라의 경우에는 민법에 중재절차의 개시를 시효중단의 사유로 규정하고 있지 않아서 문제이다.

7.153 이와 관련하여 우리 민법 제168조가 재판상의 청구를 소멸시효의 중단사유로 보고 있고 중재판정은 확정판결과 동일한 효력을 가지므로, 중재의 경우에도 재판상의 청구에 관한 규정을 유추 적용하여 중재절차의 개시에 시효중단의 효력을 부여할 수 있다고 해석하거나,[1365] 중재법에 의한 중재의 신청에 대하여도 화해절차에 시효중단의 효력을 부여하는 민법 제173조를 유추 적용하여 시효중단의 효력을 인정해야 한다는 입장이 있다.[1366] 그러나 실체법에 중재절차 개시를 시효중단 사유로 하는 명시적인 규정이 없는 상황에서 유추 해석을 적용하는 데에는 한계가 있으며, 실제로 중재절차의 개시는 민법상의 최고의 효력만을 가질 수밖에 없으므로 시효중단을 위해서는 6개월 이내에 보전처분을 할 수밖에 없다는 견해가 유력하다.[1367] 이에 따라, 우리 민법에도 독일과 같이 중재절차의 개시를 재

1362 영국 중재법 제13조 제1항, 제2항 참조.

1363 계약의 실체적 준거법을 이러한 국가의 법으로 지정한 경우에는 해당 국가의 실체법상의 규정에 따라 시효 문제가 판단될 것이다.

1364 독일 민법 제204조 제1항 제11호 참조.

1365 목영준, 170면 참조. 우리 대법원 2000. 2. 11. 선고 99다50064 판결이 중재신청에 대하여 본안소송을 제기한 것과 동일한 시효중단의 효력이 있다는 취지라는 주장도 있으나(목영준, 170면 참조), 동 판례는 제소명령을 받은 당사자가 중재를 제기한 경우에는 제소기간 도과를 인정하지 아니한다는 취지이지 중재신청에 대하여 재판상 청구와 동일한 시효중단의 효과를 부여하는 판결이라고 보기는 어렵다.

1366 윤진수, 민법주해(Ⅲ), 517면 참조.

1367 안경희/채승우, "시효의 중단·정지"(2009년도 법무부 연구용역 과제보고서), 23면 각주 74 참조.

판상 청구와 아울러 시효중단의 사유로 명시하는 개정 논의가 현재 이루어지고 있다.[1368]

나. 중재판정의 취소 또는 무효와 시효중단의 효과

7.154 중재절차의 개시에 시효중단의 효력을 인정하더라도, 중재판정에 대한 불복절차에서 결국 중재합의의 효력이 인정되지 않아 애당초 중재관할이 없는 것으로 확인된 경우에도 그러한 부적법한 중재신청에 소멸시효의 중단 효과를 인정할 것인가 하는 점은 또 다른 각도에서 살펴볼 문제이다.

7.155 이 경우 영국 중재법에 따르면, 중재의 제기에는 시효중단의 효과가 부여되지만, 추후에 법원의 판결을 통해 해당 중재판정이 취소되거나 무효로 확정된 경우에는 달리 볼 수 있도록 규정하고 있다. 즉, 그 경우 법원은 재량에 따라 중재신청일로부터 그러한 취소 또는 무효 판정을 받은 때까지의 기간 전부 또는 일부를 시효기간에서 제외할 수도 있다.[1369] 우리 민법이 준거법이 되는 권리에 대하여 위와 같은 상황이 발생할 경우 우리 민법 제170조를 유추적용하여 시효중단의 효과가 일단 소멸하지만 6개월 내에 다시 적법한 재판상의 청구 등으로 시효를 중단시킨 경우 원래의 시효중단의 효과가 부활한다고 해석하는 것이 타당하다는 견해가 있지만,[1370] 입법론으로는 몰라도 해석론으로서는 다소 무리가 있는 것으로 보이므로, 신속히 입법의 정비가 필요하다고 본다.[1371]

1368 안경희/채승우(각주 1367), 285면 이하 참조.

1369 영국 중재법 제13조 제1항, 제2항 참조.

1370 김갑유(대표집필), 292면 참조. 실무상 중재합의의 효력이 불분명하여 시효 도과가 염려되는 경우에는 중재를 진행하면서도 시효중단의 목적으로 소를 제기해두는 것이 안전한 방법이 될 것이라는 견해도 있지만[김갑유(대표집필), 296면 참조], 소를 제기할 경우에는 중재합의의 포기가 인정될 수 있으므로 각별한 주의가 요망된다[중재합의의 포기에 관한 자세한 논의는 제3장 Ⅱ. 2. 라. (2) 참조].

1371 현재, 시효에 있어서 중재의 신청을 재판상 청구와 동일하게 취급하는 방향으로 민법 개정안이 논의되고 있다(안경희/채승우(각주 1367), 285면 이하 참조).

제 8 장

투자조약중재

I. 머 리 말

8.01 경제발전을 위하여 해외로부터의 투자를 유치하려는 국가(host state)는 투자유치의 활성화를 위하여 다른 나라와 투자조약(bilateral investment treaty; BIT)을 맺는다.[1372] 특히 1990년대에 접어들어 냉전의 종식과 함께 이러한 BIT의 체결이 전 세계적으로 급격히 증가하였는데, 특히 최근 들어 아시아 경제권의 활성화와 함께 아시아에 속한 많은 나라들이 다양한 국가와 BIT를 체결하고 있다. 그런데 BIT에서는 대체로 체약국은 각자 투자자(investor)를 어떻게 취급할 것인지에 대하여 약속하고 그러한 약속이 지켜지지 않았을 경우에는 체약국 소속 투자자에 대하여 투자유치국을 상대로 소정의 절차에 따라 중재를 제기할 수 있는 권한을 부여하는 분쟁해결조항을 두는 경우가 많다.

8.02 또한, 세계경제의 국제화와 함께 각국의 경제교류가 날로 증대되면서 여러 국가들은 다양한 자유무역협정(free trade agreement; FTA)을 체결하고 있다. 그리고 FTA의 경우에는 BIT와는 달리 다자간 조약(multilateral treaty)의 형태를 가진 경우도 있는데, 그 대표적인 경우로는 NAFTA(North American Free Trade Agreement)를 들 수 있다. 이러한 FTA는 앞서 본 BIT와는 달리 단순히 투자유치의 활성화만을 위하여 체결되는 것은 아니지만, 그 내용 가운데 투자행위와 관련된 부분에는 BIT와 유사한 투자자보호조항 및 분쟁해결조항이 들어가는 경우가 많다.

[1372] 2016년도 기준으로 세계적으로 약 2,900개의 BIT가 체결되어 있는 것으로 알려져 있다.

8.03 그리고 ACIA(ASEAN Comprehensive Investment Agreement),[1373] ECT(Energy Charter Treaty) 등과 같은 다자간 조약들도 투자분쟁의 해결방법에 관한 규정을 두고 있다. 예컨대, ECT는 동유럽 지역의 에너지 자원 개발과 관련한 협력 개발 사업을 위하여 만들어진 조약인데, 동 조약 제26조는 체약국의 의무 위반에 대하여 투자자는 분쟁을 중재에 회부할 수 있도록 하고 있다.

8.04 만약 위와 같이 BIT 등 관련 조약들에 중재조항이 없다면, 투자자들은 체약국의 조약 위반 등 부당한 행위로 인해 피해를 입는 경우 해당 국가의 법원에 구제수단을 요청해야 한다. 그런데, 해당 국가의 법원에 국가를 상대로 하여 소송을 제기하는 것은 여간 부담스러운 것이 아닐 뿐만 아니라 사법부가 정부로부터 독립되지 않은 국가의 경우는 더더욱 유효한 구제수단이 되기 어렵다. 따라서, 투자자로서는 기껏해야 자국의 외교적 경로를 통해 투자를 유치한 상대국에 어필하는 전통적인 방법으로 문제의 해결을 시도할 수밖에 없게 된다.

8.05 그러나 해외 투자자가 속한 국가와 그 투자 유치국이 체결한 조약에 위와 같은 중재조항이 있는 경우에는, 피해를 입은 투자자로서는 투자를 유치한 국가를 상대로 해당 조약상의 중재조항에 따라 바로 중립적인 분쟁해결수단인 중재를 제기하여 권리를 구제받을 수 있게 되는 것이다.[1374] 외국인 투자자가 해외 투자와 관련하여 손해나 손실을 입은 경우에 투자를 유치한 국가를 상대로 제기하는 중재를 투자조약중재(investment treaty arbitration)라고 부르는 것은 바로 그러한 중재가 주로 이와 같은 투자조약에 기반을 두고 있기 때문이다.[1375]

8.06 이하에서는 투자조약중재의 종류와 그 특징(Ⅱ), 앞서 본 일반 국제상사중재의 절

1373 ASEAN(Association of South East Asian Nations)은 1967년에 설립된 동남아시아 국가들의 경제협력체로서, 1987년에 체결된 아세안 투자보장협정(ASEAN Investment Guarantee Agreement) 및 1998년에 체결된 아세안투자지역(ASEAN Investment Area) 기본협정을 통해 외국인 투자유치 및 투자자유화에 관한 협력체제를 마련하였다. 이후 2009년에 체결된 아세안 포괄적 투자협정(ASEAN Comprehensive Investment Agreement; ACIA)은 앞의 두 협정을 포괄하고 대체하는 것인데, 투자 분쟁을 후술하는 ICSID 중재로 해결할 수 있다고 규정하고 있다.

1374 후술하는 ICSID 협약은 당사자들이 국가를 상대방으로 하여 직접 중재를 제기하는 것을 가능하게 할 뿐만 아니라, 이때 국가들이 외교적 보호권을 행사하는 것 또한 명시적으로 배제하고 있다(ICSID 협약 제27조 제1항 참조).

1375 투자자가 국제투자조약(International Investment Agreement; IIA)에 기초하여 투자 유치국을 상대로 분쟁을 해결하는 것을 다른 말로는 투자자-국가 분쟁해결(Investor-State Dispute Settlement; ISDS)이라고도 한다.

차와 차별화되는 ICSID 중재절차의 내용(Ⅲ), 투자조약중재의 실체적 쟁점(Ⅳ), 투자조약중재제도의 미래에 대한 전망(Ⅴ) 등에 대하여 차례대로 살펴보고자 한다.

Ⅱ. 투자조약중재의 특징

1. 투자조약중재와 ICSID 협약

가. ICSID 중재

8.07 국제상사중재의 경우 뉴욕협약이 그 성공적인 운영의 기틀이 되었다면, 투자조약중재의 경우에는 흔히 워싱턴협약이라고도 불리는 ICSID 협약이 그 발전의 초석이 되었다. 1966년에 발효된 ICSID 협약에는 현재 전 세계의 수많은 국가들이 가입하고 있으며,[1376] 뉴욕협약과 달리 동 협약은 투자자와 투자유치국 사이의 분쟁을 해결하는 중재의 구체적인 절차규칙을 규정하고 있음은 물론 중재판정의 취소에 관한 내부적 절차와 그 승인 및 집행의 절차까지 직접 자세히 규정하고 있다.

8.08 그리고, ICSID 협약에 따라 세계은행(World Bank) 산하에 투자자와 투자유치국 사이의 중재절차를 관장하는 기관으로 ICSID가 설립되었는데, ICSID는 ICSID 협약 및 ICSID 중재규칙[1377]에 따라 투자조약중재의 구체적인 절차를 진행한다. 그리고 ICSID 협약과 중재규칙에 따라 진행되는 중재절차에는 국가 법원의 간섭이 철저히 배제되며, 그와 같이 내려진 중재판정은, 마치 일반 국제상사중재가 뉴욕협약에 의하여 집행이 보장되는 것과 유사하게, ICSID 협약에 의해 그 체약국 내에서 집행이 보장된다.

8.09 한편, ICSID는 투자유치국이나 투자자의 본국이 ICSID 협약 체약국이 아닌 경우를 위하여 추가절차규칙(Additional Facility Rules)을 마련하여 시행하고 있다. 그러나 이러한 추가절차규칙에 따른 중재에 대하여는 ICSID 협약에서 규정하는 국가법원의 관여 배제 등과 같은 절차적 혜택은 물론 그 집행에 관한 혜택이 적용되

[1376] 세계은행(World Bank) 자료에 의하면, 2016. 5. 22. 현재 총 161개 국가들이 ICSID 협약의 당사국이거나 서명국이다(153개국이 비준서를 기탁하고 체약국의 지위를 취득하였으며, 8개국은 서명만 한 상태임). 우리나라의 경우 기탁일인 1967. 2. 21.로부터 30일이 경과한 1967. 3. 23.자로 체약국의 지위를 획득하였다.

[1377] ICSID 협약에 따라 ICSID 행정재정규정(Administrative and Financial Regulations), ICSID 제기규칙(Rules of Procedure for the Institution of Conciliation and Arbitration Proceedings), ICSID 중재규칙(Rules of Procedure for Arbitration Proceedings) 등이 채택되어 실시되고 있다.

지 않는다.

나. 투자조약중재의 다양한 형태

8.10 전통적으로 많은 투자조약들이 분쟁해결의 방법으로 ICSID 협약에 따른 중재를 선택하므로 ICSID 중재는 투자조약중재의 대명사처럼 알려져 있다. 그러나 투자조약중재는 ICSID 중재 이외에도 다양한 형태가 있다.

8.11 즉, 투자조약의 내용이나 당사자들의 합의에 따라서는 분쟁해결의 방법으로 ICSID 중재가 아닌 ICC 등 다른 일반적인 중재기관의 중재규칙에 의한 중재절차가 채택되기도 할 뿐만 아니라,[1378] 경우에 따라서는 아예 UNCITRAL 중재규칙에 따라 중재기관의 개입이 없이 진행되는 ad hoc 중재를 분쟁해결의 방법으로 조약에 규정하기도 하는데,[1379] 이러한 경우에는 중재의 절차가 통상적인 상사중재와 별로 다를 것이 없게 된다. 그리고, 아주 예외적인 경우이기는 하지만, 아무런 투자조약이 없는 상태에서도 국가와 개인 당사자가 별도의 합의에 의하여 분쟁해결방법으로 ICSID 중재를 선택하는 경우도 있다.[1380]

2. 투자조약중재와 상사중재의 차이점

가. 당 사 자

8.12 투자조약중재는 국가를 상대방으로 하는 중재라는 측면에서 일반 상사중재와 차이가 있다. 다만, 조약과 무관한 일반 상사중재의 경우에도 국가가 중재의 당사

1378 SIAC는 2016년에 상사중재를 위한 SIAC 중재규칙과 별도로 투자중재규칙(Investment Arbitration Rules)을 마련하였는데, 동 중재규칙은 피신청인이 중재신청서를 받은 후 28일 이내에 답변(response)을 하도록 하고, 당사자 선정 중재인의 선정 기한 역시 28일로 하는 외에 중재판정부에 대한 기피신청 기한, 심리종결 선언 기한 등도 매우 단축시키는 등 종래 ICSID 중재절차와 관련하여 논란이 된 절차 진행의 비효율성을 개선하기 위한 노력을 기울이는 한편, 투명성을 강조하는 투자조약중재의 최근 경향과 달리 비밀유지의무 조항을 둠으로써 차별화를 시도하고 있다.

1379 UNCTAD가 조사한 바에 의하면 2014년도까지 진행된 총 608건의 투자조약중재 가운데 386건은 ICSID 협약 또는 ICSID 추가절차규칙에 따른 중재였으며, 164건은 UNCITRAL 중재규칙에 의한 중재였고, 그 밖에 30건은 SCC 중재였다고 한다[UNCTAD, “Investor-State Dispute Settlement: Review of Developments in 2014,” IIA Issues Note No. 2 (May 2015), 4면 이하 참조].

1380 Noble Energy, Inc. and MachalaPower Cia Ltda v. The Republic of Ecuador and Consejo Nacional de Electricidad, ICSID Case No. ARB/05/12, Decision on Jurisdiction, March 5, 2008 참조.

자가 되는 경우가 전혀 없지는 않다는 점에서 당사자의 문제 그 자체가 본질적인 차이라고 할 수는 없다.

나. 중재합의의 성립

8.13 투자조약중재도 중재의 일종이므로 당사자들 사이의 중재에 관한 합의가 당연히 필요하다. 그러나 중재합의가 성립하게 되는 과정이 상사중재의 경우와 다른 점이 있다. 즉, 상사중재의 경우는 계약관계(privity)가 있는 두 당사자 사이의 중재에 관한 합의를 기초로 절차가 진행된다. 그러나 투자조약중재 가운데는 투자자와 국가 사이에 직접적인 중재합의가 있는 경우도 전혀 없지는 않지만, 투자조약중재의 경우에는 대체로는 그러한 직접적인 중재합의가 없음에도 투자조약이나 법률을 매개로 하여 중재합의가 인정된다는 점이 상사중재와는 다르다.

8.14 즉, 앞서 본 바와 같이, 투자조약중재의 경우 해당 조약의 체약국은 투자조약의 중재조항을 통해 체약국의 투자자를 상대로 중재에 대한 일종의 공개 청약(이른바 'standing offer')을 하고, 다른 체약국에 속하는 투자자가 투자를 유치한 체약국을 상대로 중재를 신청하면 그것이 중재에 대한 승낙으로 간주되어 결국 양 당사자 사이에 중재합의가 성립된다. 또한, 별도의 투자조약이 없어도 해당 국가의 법률에 외국 투자자의 권리를 규정하면서 관련 분쟁의 해결수단으로 중재를 규정하고 있는 경우도 있는데,[1381] 이러한 경우에도 투자자가 국가를 상대로 중재를 제기함으로써 유효한 중재합의가 성립함은 마찬가지이다.

다. 절차적 투명성

8.15 상사중재의 경우는 기본적으로 중재절차의 프라이버시(privacy)는 당연히 보장되며, 또한, 중재규칙이나 중재법에 따라 조금씩 차이는 있지만 대체로 중재절차와 관련된 각종 정보의 기밀성(confidentiality)도 보호가 됨은 앞서 본 바와 같다.[1382] 그러나 투자조약중재의 경우는 국가를 상대로 한 절차로서 국가의 정책이나 공법적 규율 등 공법적 요소도 중재절차에서 다루어지는 등 여러 가지 사정으로 인

1381 알바니아, 코트디부아르 등 일부 국가의 경우. 다만, 엘살바도르나 이집트 등은 종래 비슷한 규정이 있었으나 법을 개정하여 ICSID 중재에 대한 사전합의 조항을 삭제하였고, 이러한 추세는 다른 국가들로 확대될 수도 있을 것으로 예상된다(박노형/오현석/이재우, 44면 이하 참조).

1382 제5장 Ⅳ. 6. 참조.

해 중재의 프라이버시나 기밀성에 일정한 제약이 불가피하다.

8.16 최근 국제사회는 상사중재의 경우와 달리 투자조약중재의 경우는 비공개 원칙을 버리고 오히려 중재절차에 투명성 원칙을 도입하려고 노력을 기울이고 있다. 대표적인 예가 UNCITRAL의 투명성규칙인데, 동 규칙은 대부분의 중재절차 및 문서를 공개 대상으로 하면서 영업상의 비밀정보나 기타 법률상 보호를 받는 일정한 정보에 대하여 예외사유를 규정하는 한편, 분쟁 당사자가 아닌 제3자의 의견제출에 관하여도 규정하고 있다. 아울러, 최근 체결되는 여러 BIT나 FTA에도 절차적 투명성에 관한 다양한 규정들이 포함되고 있는 추세이다.[1383]

8.17 ICSID의 경우도 UNCITRAL 투명성규칙 정도는 아니더라도 상당 부분의 정보 공개를 그 중재규칙에서 규정하고 있고,[1384] 과거 ICSID 중재의 실무를 보더라도 공식적 또는 비공식적 경로로 일정한 범위 내에서 관련 정보들이 공개되어 왔다. 더구나 최근에 발표된 바에 의하면 ICSID도 조만간 UNCITRAL 투명성규칙에 상응하거나 그보다 더 높은 수준의 투명성 원칙을 도입할 예정이라고 한다. 우리나라의 경우도 최근 진행되고 있는 다양한 투자조약중재의 절차와 관련하여 시민단체 등으로부터 다양한 정보공개요청을 받고 있는데, 앞서 본 국제적 추세에 발맞추어 향후 조약에서는 UNCITRAL 투명성규칙을 신속히 도입하는 것이 바람직하다고 본다.

라. 실체적 준거법의 내용

8.18 상사중재의 경우는 주로 사경제 주체 사이의 계약위반을 둘러싼 분쟁이지만 투자조약중재의 대상 분쟁은 국가의 조약위반 여부에 관한 것이다. 이로 인해 중재

1383 2016년에 마련된 SIAC의 투자중재규칙(Investment Arbitration Rules)은 기존의 SIAC 중재규칙과 같은 비밀보호의무 조항을 두고 있음은 앞서 본 바와 같지만(동 규칙 제36조 참조), UNCITRAL 투명성 규칙에서 정하는 제3자 의견 제출에 관한 규정과 유사한 규정은 두고 있다(동 규칙 제28조 제1항 참조).

1384 ICSID 협약이나 중재규칙은 비밀유지에 대한 일반적인 의무를 부과하고 있지 않다. 다만, 당사자의 동의 없이는 중재판정문을 공개할 수 없다는 규정이 있으나(ICSID 협약 제48조 제5항), 실무상 당사자들을 적극적으로 설득하여 이를 공개하고 있으며, 또한, 당사자의 동의가 없는 경우에도 중재판정부의 법률적인 판단의 이유를 초록으로 ICSID 발간문에 포함시켜야 하는 것으로 하고 있다(ICSID 중재규칙 제48조 제4항). 또한, 중재판정부는 일정한 범위 내에서 제3자의 의견 진술을 허용할 수 있고(ICSID 중재규칙 제37조 제2항), 당사자가 반대하지 않는 한 제3자의 심리기일 참석도 허용할 수 있다(ICSID 중재규칙 제32조 제2항).

절차의 진행과정에서 상사중재의 경우와는 달리 국가의 정책이나 공법적 규율 등이 문제가 되는 경우가 많다.[1385] 따라서 당사자들은 특정 국가의 법에 국한되지 않고 다양한 국제법의 원칙을 원용하여 주장을 펼치게 된다. 더구나, 해당 투자조약에서 중재의 대상이 되는 분쟁에 대한 다양한 제약을 두는 경우가 많은데, 상사중재의 경우와 달리 그러한 투자조약중재의 관할에 관한 요건 역시 국제법적인 측면에서의 다양한 논점을 내포하고 있음은 후술하는 바와 같다.[1386]

8.19 아울러 상사중재의 경우는 다른 사건에서의 중재판정이 참조되거나 원용되는 경우가 매우 제한적이고, 설령 원용이 되더라도 이는 하나의 참고자료로서의 의미만 가질 뿐이다. 그러나 투자조약중재의 경우는 앞서 본 바와 같은 일정한 공개절차를 통해 공개된 종전 사건의 판정사례가 선례로서 자주 원용되고, 명문의 규정은 없지만 실무상 이러한 판정사례는 해당 사건의 중재판정부에 의하여 상당히 비중 있게 고려되기도 한다.

마. ICSID 중재절차의 탈국가화

8.20 무엇보다도 투자조약중재가 상사중재와 그 본질에 있어서 상이함이 극명하게 드러나는 것은 앞서 본 여러 형태의 투자조약중재 가운데서 특히 ICSID 중재의 경우라고 할 수 있다. 즉, 일반적인 국제상사중재의 경우 뉴욕협약이라고 하는 중재판정의 승인 및 집행을 다루는 조약을 토대로 발전하여 왔음은 앞서 본 바와 같은데, 특히 뉴욕협약은 그 자체로 통일된 중재규칙을 제공하지 않고 중재의 구체적인 절차는 개별 중재기관의 다양한 중재규칙과 여러 중재지국의 lex arbitri에 맡기는 구조를 취하고 있다.

8.21 반면에, ICSID 중재가 기반으로 하고 있는 ICSID 협약은 뉴욕협약과 달리 투자조약중재를 위한 하나의 통일된 중재규칙을 제공하고 있고, 따라서 중재절차가 특정 국가의 lex arbitri의 통제로부터 완전히 벗어나 거의 탈국가화(delocalization)되어 있다는 특징이 있다.[1387] 여러 투자조약에서 유독 ICSID중재가 분쟁해결의 방법으로 선택되는 것은, ICSID 중재규칙이 (상사중재를 전제로 한 여러 중재

[1385] 투자조약중재의 실체적 쟁점에 관한 보다 자세한 내용은 Ⅳ. 참조.

[1386] 투자조약중재의 관할에 관한 보다 자세한 내용은 Ⅲ. 1. 참조.

[1387] ICSID 중재의 경우 심리는 ICSID 본부나 기타 장소에서 이루어지지만 엄밀한 의미에 있어서의 중재지의 관념이 요구되지 않는다(단, ICSID 추가절차규칙에 의한 중재는 예외임).

기관의 중재규칙이나 UNCITRAL 중재규칙 등과는 달리) 투자조약중재에 특화된 중재절차를 제공하는 것은 물론,[1388] 중재절차가 거의 탈국가화가 되어 있어서 특정 국가의 법원에 의한 중재판정 취소 등 통제로부터 자유롭다는 점에서 그 이유를 찾을 수 있을 것이다.

8.22 투자조약중재를 일반 국제상사중재와 동일선상에 놓고 논의할 수 없고 본 책에서도 별도의 장으로 따로 설명하는 이유도 바로 이상과 같이 양자가 절차를 관장하는 규범의 체계의 측면에서 기본적인 구조와 틀을 달리하고 있기 때문이다.[1389]

Ⅲ. ICSID 중재절차

1. ICSID 중재관할

가. 개 요

8.23 ICSID 협약에 의하면 ICSID 중재를 진행하기 위해서는 (ⅰ) 투자와 직접적으로 관련되어 제기된 법적 분쟁일 것(물적 관할), (ⅱ) 신청인이 ICSID 가입국의 국적 보유자이고 피신청인은 다른 ICSID 가입국일 것(인적 관할), (ⅲ) 당사자들이 분쟁을 ICSID의 절차를 통해 해결할 것에 동의하였을 것(중재합의) 등을 요구하고 있다.[1390] 이러한 관할 요건은 사건 접수 초기에 ICSID에 의하여 먼저 심사되는데 관할이 없다는 점이 명백한 경우에는 사건 등록이 거절되고[1391] 그에 대하여는 마땅한 이의방법이 없다. 또한, ICSID 중재규칙에 따르면 특정 분쟁이 ICSID 관할 대상이 아니거나 특정 청구가 명백히 법적 이익을 결여한 경우에는 예비적 이

[1388] ICSID 협약에 따르면, 강행규정이 아닌 절차에 관한 협약 규정을 당사자들이 합의해서 적용을 배제하거나 변경시킬 수 있으나(ICSID 협약 제44조 참조), 행정재정규정과 제기규칙은 당사자들이 변경할 수 없다. 따라서 당사자들의 자율성이 제한적이라는 측면에서도 ICSID 중재는 일반상사중재와는 다소 차이가 있다고 하겠다.

[1389] ICSID 협약에 따른 중재판정의 집행에는 뉴욕협약이 적용되지 않고 ICSID 협약만이 적용된다(본장 Ⅲ. 5. 참조).

[1390] ICSID 협약 제25조 참조. 동 협약상의 국적 요건은 당사자들의 합의를 통해서도 확장하거나 축소할 수 없다고 판단한 사례로는 TSA Spectrum de Argentina S.A. v. Argentine Republic, ICSID Case No. ARB/05/5, Award, December 19, 2008 참조.

[1391] 다른 상사중재의 규칙들과 달리 ICSID 협약에 따른 중재는 ICSID 사무총장이 일정한 심사를 통해 중재신청서를 등록한 일자에 중재절차가 개시되는 것으로 규정하고 있다(ICSID 제기규칙 제6조 제2항 참조). 이는 ICSID 중재의 남용을 막기 위한 조치인데, 통상 중재신청서는 접수 후 3주 내에 등록이 되지만, 등록에 2년이 넘게 걸린 사례도 있다(Phoenix Action, Ltd. v. The Czech Republic, ICSID Case No. ARB/06/5, Award, April 15, 2009 참조).

의(preliminary objection)를 제기할 수 있는데,[1392] 이는 남소 방지를 위한 또 다른 장치이다. 이러한 절차를 통하여 국가는 향후 정식 관할항변의 제기에 앞서 관할에 관한 명백한 하자를 먼저 주장할 수도 있다.[1393]

8.24 또한, 투자조약에 ICSID 중재를 합의한 경우에는 위와 같은 일반적인 ICSID 협약에서 정한 관할 요건 이외에도 해당 투자조약에서 정한 다른 요건들도 충족해야 한다(이른바 'double keyhole approach' 또는 'double barrel test'). 즉, 대체로 많은 BIT의 투자분쟁 관련 조항에는 위의 ICSID 협약에서 정한 관할 요건과 유사한 내용들이 들어가지만,[1394] 경우에 따라서는 그 밖에 다양한 중재 제기의 전제 요건을 규정하기도 하고,[1395] 또 특정한 분쟁은 투자조약중재의 대상에서 제외하는 경우도 있으므로 세심한 주의가 필요하다.

8.25 한편, 이러한 ICSID 중재의 관할요건, 특히 위의 인적 관할 및 물적 관할을 둘러싼 쟁점들은 아래에서 보는 바와 같이 국제법적인 기준의 적용에 따른 다소 복잡한 해석상의 문제가 존재하는 관계로 인해 실무상 투자조약중재의 절차는 초기부터 여러 차례에 걸친 중재관할의 문제에 대한 매우 장황하고 복잡한 공방으로 인해 지연되고, 결국 그로 인해 투자조약중재의 법률비용이 일반적인 상사중재의 경우보다 더 증가하는 요인이 되기도 한다.

1392 ICSID 중재규칙 제41조 참조.

1393 ICSID 중재규칙 제41조 제5항의 예비적 이의 절차에서 중재신청이 기각된 사례로는 Global Trading Resource Corp. and Globex International, Inc. v. Ukraine, ICSID Case No. ARB/09/11, Award, December 1, 2010 참조.

1394 따라서, ICSID 중재가 아닌 다른 중재규칙(예컨대, UNCITRAL 중재규칙)에 따른 투자조약중재의 경우에는 비록 ICSID 협약의 관할요건이 직접 적용되지는 않지만 투자 또는 투자자 등의 개념 해석은 비슷하게 해석되고 있고 달리 관할이 더 넓게 인정된다고 보기는 어렵다(Romak S.A. v. The Republic of Uzbekistan, PCA Case No. AA280, Award, November 26, 2009, para 194 이하 참조).

1395 예컨대, 우리나라가 가입한 많은 BIT에서는 투자자가 분쟁을 투자조약중재로 회부하기 이전에 일정한 냉각기간(cooling off period)을 가질 것을 요구하는데, 이러한 경우 투자자가 중재절차에 나아가기에 앞서 그와 같은 절차를 반드시 밟아야 하는지에 대하여는 각 사건마다 판정사례가 나뉜다(박노형/오현석/이재우, 310면 이하 참조). 한편, 투자협정상 "협의 또는 협상을 통하여 우호적으로 해결할 것"을 규정한 BIT 조항과 관련하여 이를 중재신청 전에 반드시 준수해야 할 필수적 요건으로 본 판정례로는 Murphy Exploration and Production Company International v. Republic of Ecuador, ICSID Case No. ARB/08/4, Award on Jurisdiction, December 15, 2010이 있다(박노형/오현석/이재우, 72면 이하 참조).

나. 투자(investment)

8.26 일반 국제중재와 달리 ICSID 중재는 중재의 대상이 특별히 제한된다. 즉, 앞서 본 바와 같이, ICSID 협약 제25조 제1항은 오직 "투자(investment)로부터 직접 발생하는 법적 분쟁"만이 ICSID 중재의 대상이 되는 것임을 분명히 하고 있다. 실무상 해당 분쟁이 법적 분쟁인지 여부가 문제가 되는 경우는 거의 없으나, '투자'의 개념을 둘러싸고는 다양한 논의가 있다.

8.27 이와 관련하여, ICSID 협약의 초안 당시 투자의 개념을 어떻게 정의할 것인가가 논의되었으나, 이는 기본적으로 당사자 사이의 중재합의를 담은 개별 투자계약이 어떻게 정하느냐에 달려 있는 문제라고 인식하고 별도로 투자의 개념을 특정하지 않았다.[1396] 이에 대하여는 Salini 사건에서 판시한 (ⅰ) 자본의 투입, (ⅱ) 어느 정도의 기간, (ⅲ) 위험 부담, (ⅳ) 투자유치국의 경제적 발전에 대한 기여 등 4가지의 기준(이른바 'Salini test')이 실무상 많이 원용되고 있다.[1397] 다만, 이에 대하여는 한편에서는 너무 엄격한 요건이라는 비판이 있는가 하면, 다른 한편으로는 선의의 투자(bona fide investment)와 투자유치국의 국내법상 합법성이라는 추가적 요건도 필요하다는 입장도 있어서 판정부에 따라 달리 판단될 여지가 적지 않다.[1398]

8.28 다만, 많은 BIT에서 투자의 개념을 'all asset' 또는 'every kind of investment' 등으로 매우 폭넓게 규정하고 있는 경향이 있는데, 이러한 경우 특정 국가의 사회간접자본시설의 시공이나 투자유치국 소재 기업의 주식인수[1399] 등은 물론 그 밖의 간접적인 투자나 기타 국가경제의 발전에 실질적 도움을 주는 대출행위[1400]

[1396] Christoph H. Schreuer, The ICSID Convention: A Commentary, Cambridge University Press (2009), 82면 이하 참조.

[1397] Salini Costruttori S.p.A. and Italstrade S.p.A. v. Kingdom of Morocco, ICSID Case No. ARB/00/4, Decision on Jurisdiction, July 23, 2001 참조.

[1398] Reed 외, 68면 이하 참조(투자의 적법성에 요건에 관한 최근의 구체적인 사례들은 박노형/오현석/이재우, 102면 이하 참조).

[1399] American Manufacturing & Trading, Inc. v. Republic of Zaire, ICSID Case No. ARB/93/1, Award, February 21, 1997 참조. 이러한 기준에 따르면 우리나라 회사의 주식을 가진 외국 소액주주도 우리나라를 상대로 투자조약중재를 제기할 수 있게 된다.

[1400] Ceskoslovenska Obchodni Banka, A.S. v. The Slovak Republic, ICSID Case No. ARB/97/4, Award, December 29, 2004 참조.

등과 같은 거래행위도 투자의 개념에 포함될 수 있다.

8.29 그러나 투자의 개념이 무한정 확장될 수는 없는데, 예컨대, ICSID는 분쟁이 단순한 상사매매에 관한 분쟁으로서 투자관련성을 인정할 수 없다는 이유로 아예 사건 등록을 거부한 사례도 있다. 또한, Mihaly International Corporation v. Republic of Sri Lanka 사건의 중재판정부는 공공사업 발주를 위한 입찰에 소요된 비용은 당해 BIT가 보호하는 투자의 개념에 포섭할 수 없다고 보았으며,[1401] Joy Mining v. Egypt 사건의 중재판정부는 판매계약상의 우발채무를 담보하는 은행지불보증은 투자가 아니라고 판단한 바도 있다.[1402]

8.30 또한, 최근에는 투자조약에서 불법적인 투자에 대한 보호를 배제하기 위하여 투자의 적법성을 요건으로 명시하는 사례가 늘고 있다. 그러나 그러한 조항이 없는 경우에도 불법적인 투자에 대하여는 투자조약에 따른 보호를 인정하지 않은 사례들이 많이 있었는데, 대표적인 사례로는 Plama Consortium Limited v. Bulgaria 사건이나 Inceysa Vallisoletana S.L. v. Republic of El Salvador 사건을 들 수 있다.[1403]

8.31 그 밖에, 투자조약이 보호되는 투자의 시점을 특정하는 경우에는 그 시점을 벗어난 투자로부터 발생하는 분쟁은 ICSID 중재의 관할로부터 벗어나게 된다. 다만 최근의 BIT는 BIT 효력발생 이전에 이루어진 투자라고 하더라도 그 투자가 BIT 체결 당시까지 존재하는 경우에는 보호를 하는 경우도 많다.[1404]

다. 투자자(investor)

8.32 투자조약중재를 제기할 수 있는 투자자는 분쟁 당사자가 아닌 다른 체약국의 국적을 보유하여야 하고, 만약 특정 조약의 중재조항을 원용하는 경우에는 해당 조

[1401] Mihaly International Corporation v. Democratic Socialist Republic of Sri Lanka, ICSID Case No. ARB/00/2, Award, March 15, 2002 참조.

[1402] Joy Mining Machinery Limited v. Arab Republic of Egypt, ICSID Case No. ARB/03/11, Award on Jurisdiction, August 6, 2004 참조.

[1403] Plama Consortium Limited v. Republic of Bulgaria, ICSID Case No. ARB/03/24, Decision on Jurisdiction, February 8, 2005; Inceysa Vallisoletana S.L. v. Republic of El Salvador, ICSID Case No. ARB/03/26, Award, August 2, 2006 참조(박노형/오현석/이재우, 102면 이하 참조).

[1404] Redfern and Hunter, 470면 참조. 그 밖에 투자조약의 적용범위 및 소급효와 관련한 보다 자세한 논의는 박노형/오현석/이재우, 77면 이하 참조.

약의 가입국에 속하여야 한다.[1405] 자연인의 경우에는 복수국적이 문제가 되는데, 그 경우에도 국적으로 보유하고 있는 국가를 상대로는 중재를 제기할 수 없다.[1406]

8.33 법인의 경우 ICSID 협약은 국적만을 기준으로 삼고 있는데, 국적 판단의 기준으로는 설립지, 영업소재지, 실질적 통제 등의 요소들이 논의된다. 그러나 BIT에서 설립지에 따라 국적이 결정된다고 규정하고 있는 경우 등에는 중재판정부가 주주의 국적을 잘 고려하지 않는 경향이 있다.[1407] 이에 대하여는 외국에 법인을 설립한 후 이를 통하여 자국에 다시 투자한 경우 외국인 투자자로서 ICSID 중재를 제기할 수 있다는 비판이 있지만,[1408] 조세 등 혜택을 목적으로 해외에 법인을 설립하는 것이 문제될 수는 없다는 것이 주류적인 견해이다. 다만, 손해의 발생 이후 오로지 투자조약중재를 위한 목적으로 외국에 회사를 설립한 경우에는 관할이 부인된 경우도 있다.[1409] 그리고, 외국인투자자가 소유하거나 지배하는 투자유치국의 기업도 BIT 등에서 합의를 하면 투자조약중재를 제기할 수 있다.[1410]

8.34 한편, 이른바 자신에게 유리한 투자협정을 찾아다니는 treaty shopping을 막기 위해서 2003년 독일-중국 BIT와 같이 투자조약상 실질적 영업소를 기준으로 하여 국적을 정하는 사례도 있다. 그리고, 일부 조약에서는 마찬가지의 이유로 투자자를 체약국이 아닌 제3국 국민이 소유하거나 지배하는 경우 협정의 적용을 배제시키는 이른바 혜택부인(denial of benefits) 조항을 두는 경우도 있다.[1411]

1405 ICSID 협약 제25조 제1항 참조.

1406 ICSID 협약 제25조 제2항; 신희택, "국제분쟁해결의 맥락에서 본 국제투자중재," 서울대학교 법학 제55권 제2호, 207면 참조.

1407 Tokios Tokelés v. Ukraine, ICSID Case No. ARB/02/18, Award, July 26, 2007 참조.

1408 신희택(각주 1406), 208면 참조. 동 논문에서 저자는 다국적 기업들이 여러 국가에 중간 단계의 법인을 설립한 후 이들을 통하여 최종 투자유치국에 투자를 하는 형태로 투자를 하고 있기 때문에 ICSID 협약과 같이 국적만을 기준으로 한다면 이들이 가장 유리한 투자협정을 선택하여 중재를 제기할 수 있다는 점을 문제로 지적하고 있다.

1409 Phoenix Action, Ltd v. Czech Republic, ICSID Case No. ARB/06/5, Award, April 15, 2009 참조.

1410 ICSID 협약 제25조 제2항 (b) 참조.

1411 최근 대한민국을 상대로 개시된 론스타 사건에서 문제된 대한민국과 벨지움·룩셈부르크 경제동맹 간의 투자증진과 상호보호에 관한 협정(한-벨 BIT)에는 혜택부인조항이 존재하지 않아서, 신청인 회사들이 벨기에에서 실질적 영업활동을 하지 않는데도 불구하고 한-벨 BIT에 근거하여 중재를 제기하였다. 이처럼 편의에 따라 투자조약을 선택하는 일종의 'treaty shopping'을 방지하려면 투자조약에 혜택부인조항을 포함시키는 것을 고려해 볼 필요가 있을 것이다[강병근, "투자자-국가 분쟁해결과 혜택부인의 관계," 국제경제법연구 제14권 제1호(2016. 3), 34면 이하 참조].

8.35 또한, 최근 현지법인 설립을 통한 외국인 투자가 많은 상황을 감안하여 ICSID 협약과 여러 투자조약에서는 외국인 투자자가 현지법인의 이름으로 직접 중재를 제기하거나 또는 현지법인을 대신하여 중재를 제기할 수 있도록 규정하고 있다. 다만, 그 경우 단순히 현지법인의 주식을 소유하는 것만으로는 부족하고 '효과적인 지배'[1412] 또는 '실질적인 지배 및 통제 관계'[1413] 등이 인정되어야 한다.

8.36 그 밖에 투자조약중재의 실무상 국가기관이나 국영기업 등의 행위를 투자유치국의 행위로 귀속시킬 수 있는지가 논란이 되는 경우가 많은데, 투자조약에서 체약당사자국을 정부 독점기업 및 국영기업과 구분하고 있는지 여부를 고려하여 판단한 사례가 있는가 하면,[1414] 국제위법행위에 대한 국가책임에 관한 국제연합 국제법위원회 초안(ILC Draft Articles on Responsibility of States for Internationally Wrongful Acts)의 규정에 따라 국가귀속을 판단한 사례들도 많다.[1415]

8.37 참고로, ICSID 협약에 따른 중재의 경우 원칙적으로 그 체약국이 당사자가 되지만, 동 체약국이 지정한 그 하부조직이나 기관이 체약국의 승인을 받아 중재에 동의를 한 경우에는 그 하부조직이나 기관 역시 ICSID 중재의 당사자가 될 수 있다.[1416]

라. 다른 구제수단과의 관계

8.38 국제법상 외교적 보호권을 행사하려면 해당 투자유치국의 국내 절차에 따른 구제수단을 다하여야 하는 원칙이 있지만 ICSID 중재의 경우 그러한 구제수단을 밟지 않고도 중재를 제기할 수 있다.[1417] 물론 체약국은 ICSID 중재에 대한 동의

1412 TSA Spectrum de Argentina S.A. v. Argentine Republic, ICSID Case No. ARB/05/5, Award, December 19, 2008(박노형/오현석/이재우, 133면 이하 참조).

1413 Plama Consortium Limited v. Republic of Bulgaria, ICSID Case No. ARB/03/24, Decision on Jurisdiction, February 8, 2005(박노형/오현석/이재우, 134면 이하 참조).

1414 United Parcel Service of America Inc. v. Government of Canada, UNCITRAL, Award on the Merits, May 24, 2007(박노형/오현석/이재우, 140면 이하 참조).

1415 Gustav F Hamester GmbH & Co KG v. Republic of Ghana, ICSID Case No. ARB/07/24, Award, January 18, 2010; Jan de Nul N.V. and Dredging International N.V. v. Arab Republic of Egypt, ICSID Case No. ARB/04/13, Award, November 6, 2008 등 참조.

1416 ICSID 협약 제25조 제1항 및 제3항 참조.

1417 ICSID 협약 제26조 참조. 오히려 투자유치국과 투자자가 ICSID 중재에 합의하면 투자자의 본국은 투자유치국이 중재판정을 이행하지 않는 경우 이외에는 외교적 보호권을 행사하거나 기타 국제적인 청구를 할 수 없다(ICSID 협약 제27조).

조건으로 투자유치국 내 행정적 또는 사법적 구제수단을 모두 거칠 것을 요구할 수 있지만 실제로 최근의 투자조약에서 그와 같은 규정을 두는 경우는 많지 않다. 다만, 우리나라가 체결한 투자조약의 경우는 국제중재를 제기하기 전에 일정 기간 국내 구제절차를 밟을 것을 요구하는 조항이 발견되는데,[1418] 이는 투자자들에게는 상당한 부담이 될 수 있다.

8.39 한편, BIT에 따라서는 투자자가 국내 소송 등 구제절차와 투자조약중재 가운데 선택을 하도록 요구하는 경우도 있다. 즉, 투자자가 두 가지 구제수단 가운데 어느 하나를 택하면 다른 구제수단을 이용할 수 없도록 하는 규정으로서 이러한 규정을 실무상 'fork in the road' 조항이라고 한다.[1419] 이러한 조항은 청구원인이 동일하거나 청구의 근본적 기초가 같은 경우에 적용된다.

2. 중재판정부

8.40 ICSID 중재에 있어서 중재판정부의 구성방법은 다른 국제중재의 경우와 크게 다르지 않다. 당사자가 달리 합의하지 않는 한 3인 중재를 원칙으로 하며, ICC 중재규칙상의 3인 중재의 경우와 같이 각 당사자가 한 명씩 중재인을 선정하고 중재기관인 ICSID가 의장중재인을 선정한다. 다만, 양 당사자가 합의하여 의장중재인을 선정하거나 양측에 의하여 선정된 중재인이 합의로 의장중재인을 선정하기로 당사자가 합의하는 것은 얼마든지 가능하다.[1420]

8.41 한편, ICSID가 중재인을 선정해야 할 경우에는 ICSID 운영이사회(Administrative Council)의 의장이 지명권을 행사하는데, 당사자들이 중재인을 선정할 경우와 달리 반드시 ICSID의 중재인단(panel of arbitrators)에서 선정을 하여야 한다.[1421] 이와 관련하여 운영이사회의 의장은 세계은행 총재라는 점으로 인해 개발도상국의 입장에서는 투자자에게 유리한 중재인이 선정될 가능성이 더 크다는 우려가 제기되기도 한다.

1418 대한민국정부와 아르헨티나공화국정부 간의 투자의 증진 및 보호에 관한 협정(한국-아르헨티나 BIT) 제8조; 대한민국정부와 중화인민공화국정부 간의 투자의 증진과 상호보호에 관한 협정(한국-중국 BIT) 제9조 등 참조.

1419 이에 대한 보다 자세한 논의는 Dolzer and Schreuer, 267면 이하 참조.

1420 ICSID 중재규칙 제37조 참조.

1421 중재인명단은 ICSID 협약 체약국들이 각각 4명씩 추천하는 중재인과, ICSID의 운영이사회(Administrative Council)의 의장이 지명하는 10명의 중재인으로 구성된다.

8.42 중재인의 기피와 관련하여서는, ICSID 협약은 자격요건이 명백히 결여된 경우나 독립성이 결여된 경우 등을 사유로 하여 기피신청이 가능하고,[1422] 그러한 기피신청은 기피신청의 대상이 되지 아니한 다른 중재인들이 하도록 하되 그들이 결론을 내리지 못한 경우 등에는 ICSID 운영이사회(Administrative Council)의 의장이 판단을 하게 된다.[1423]

8.43 그리고 당사자들이 달리 합의하지 않는 한 중재판정부를 구성하는 중재인의 과반수는 중립국 출신이어야 하고, 심지어 당사자들이 선정하는 중재인의 경우에도 결코 당사자와 같은 국적을 가질 수는 없다.[1424] 한편, 당사자들은 주로 투자조약중재의 경험이 많은 중재인들 가운데서 중재인을 선정하는데, 투자조약중재의 경우 판정문이 기본적으로 공개가 되기 때문에 실무상 중재인들이 과거 유사 사건에서 어떠한 입장을 취하였는지, 예컨대, 투자자에게 유리한 입장을 취하였는지, 아니면 국가에 유리한 입장을 취하였는지를 면밀히 조사하여 가급적 자신의 입장에 우호적인 중재인을 선택하기 위하여 많은 노력과 시간을 투입한다.[1425]

3. 중재의 내부적 절차

8.44 중재판정부가 구성된 이후의 투자조약중재의 절차 진행은 앞서 본 일반 국제상사중재의 경우와 크게 다르지 않다. 이하 ICSID 중재절차의 특이점을 몇 가지만 살펴본다.

[1422] ICSID 중재규칙 제57조 참조. 중재인의 기피 요건과 관련하여 독립성뿐만 아니라 공정성도 강조하는 일반 상사중재의 경우에 비하여 ICSID 중재의 경우에는 독립성에 보다 무게를 두고 있다는 점에서 조금 차이를 보인다. 실제로 UNCITRAL 중재규칙에 따른 투자조약중재 사건과 ICSID 협약에 따른 투자조약중재 사건이 병합되었던 Suez, Sociedad General de Aguas de Barcelona S.A. and InterAguas Servicios Integrales del Agua S.A. v. The Argentine Republic, ICSID Case No. ARB/03/17 사건에서는 그 각각의 중재인의 기피사유를 다르게 적용한 바 있다.

[1423] ICSID 협약 제58조 참조. 중재판정부의 다른 구성원들이 기피문제를 판단하게 되는 경우 자신들에 대한 기피신청 가능성을 염려하여 상대적으로 기피결정에 소극적일 수 있다는 우려가 있으며, 판단기한도 특별히 명시하지 않고 있어서 절차지연의 요인이 될 여지도 있다.

[1424] ICSID 협약 제39조; ICSID 중재규칙 제1조 제3항 참조.

[1425] ICSID 판정은 후술하는 바와 같이 법적으로는 선례로서 구속력은 없지만 실무상 판정내용이 공개된 관계로 방대한 판정사례 가운데서 유리한 사례를 찾기 위하여 노력하는 과정에서 엄청난 시간과 노력이 투입되고 이는 ICSID 중재에 소요되는 법률비용이 통상의 국제중재의 경우를 훨씬 초과하는 원인이 되기도 한다.

가. 특정 국가의 법으로부터 자유로운 절차

8.45 앞서 본 바와 같이 ICSID 중재는 오로지 ICSID 협약 및 중재규칙에 따라 진행될 뿐 일반 국제상사중재의 경우와 같이 중재지의 법원이나 lex arbitri가 중재절차에 영향을 주지 않는다. ICSID 중재의 경우 상사중재에서 말하는 엄격한 의미에서의 중재지(seat of arbitration)의 개념이 존재하지 않는다. 물론 당사자의 합의가 없으면 ICSID 중재의 중재지는 ICSID 본부가 있는 미국 워싱턴 D.C.가 되지만, 이는 심리(hearing)가 진행되는 물리적 장소 이상의 법적 의미는 없다.[1426] 특정 국가의 법원이 개입하는 국면은 오로지 아래에서 살펴보는 바와 같이 투자조약 등에서 당사자들이 법원을 통한 잠정처분의 가능성을 합의한 경우 등과 같은 극히 예외적인 경우가 전부이다.

나. 임시적 처분

8.46 ICSID 협약은 중재판정부가 권리보전을 위한 임시적 처분을 당사자에게 권고할 수 있다고 규정하고 있으나,[1427] 이를 위해서는 양 당사자에게 반드시 의견개진의 기회를 주어야 한다.[1428] ICSID 협약의 문언상 중재판정부가 임시적 처분을 "권고"할 수 있다고 되어 있지만, 이러한 권고에는 법적 구속력이 인정된다는 중재판정이 내려진 바가 있으며, 이후 다른 중재판정부도 이에 따르는 추세이다.[1429]

8.47 앞서 본 바와 같이 ICSID 중재절차에 대하여는 법원의 개입이 원칙적으로 배제되지만 임시적 처분에 관한 한 당사자들이 권리보전을 위한 조치를 법원에 요구할 수 있도록 합의한 경우에는 법원이 보전처분을 내릴 수 있다.[1430] 그러나 실무상 그러한 합의를 하는 경우가 많지 않을 뿐만 아니라, 설령 그러한 합의가 있다고 하더라도 국가가 당사자라는 점으로 인해 자발적인 이행이 없으면 이를 실제로 강제하기가 쉽지 않아서, 투자조약중재의 경우 법원에 의한 보전처분은 실효

[1426] ICSID 협약 제62조; ICSID 중재규칙 제13조 제3항 등 참조.

[1427] ICSID 협약 제47조 참조.

[1428] ICSID 중재규칙 제39조 제4항 참조.

[1429] Victor Pey Casado and President Allende Foundation v. Republic of Chile, ICSID Case No. ARB/98/2, Decision on Provisional Measures, September 25, 2001[신희택(각주 1406), 222면 참조].

[1430] ICSID 중재규칙 제39조 제6항 참조.

적인 수단이 되기가 어려운 점이 있다.

다. 반대청구

8.48 투자조약중재는 투자자가 국가를 상대로 진행하는 것이 일반적이지만, 관련 투자조약의 내용에서 투자유치국도 중재를 제기할 수 있도록 규정한 경우에는 국가도 투자자를 상대로 중재를 제기할 수 있음은 물론이다.[1431] 또한, 투자조약에서 중재의 대상을 '투자에 관한 모든 분쟁' 등과 같이 포괄적으로 기재한 경우에는 투자자의 행위로 피해를 본 경우 국가도 반대청구가 가능하다고 할 것이다.

라. 사건의 병합

8.49 투자조약중재의 경우 동일 또는 유사한 성격의 분쟁에 대하여 국적이 다른 여러 투자자가 중재사건을 중첩적으로 제기하는 경우가 있다. 이러한 경우 상사중재의 경우와 마찬가지의 이유, 즉, 분쟁의 일의적인 해결의 측면에서 중재사건의 병합의 필요성이 요구되지만, ICSID 협약은 병합에 대하여 특별히 규정을 두고 있지 않다.

8.50 그런데 병합의 필요성이 인정되는 경우, 예컨대, 국가의 어떤 부당한 조치로 인하여 피해를 입은 투자자가 유사한 투자조약중재를 제기하는 경우, 실무상 ICSID 사무국에서 동일한 사안에 대하여 서로 모순 저촉되는 판정이 나오지 않도록 당사자들에게 동일한 중재판정부로부터 판단을 받을 것을 권유하기도 하는데, 당사자들이 이에 동의하여 동일한 중재판정부가 여러 사건을 동시에 진행시킨 사례도 있다. 이처럼 당사자들의 합의가 있을 경우에는 심지어 적용되는 중재규칙이 다른 경우에도 동일한 중재판정부가 다수의 유사한 쟁점의 사건을 동시에 진행시키는 것도 가능하다.[1432]

8.51 투자조약에 따라서는 당사자들의 합의가 없이도 중재절차를 병합할 수 있도록 한 사례도 있는데, 대표적인 예가 NAFTA이다.[1433] NAFTA의 경우 가입국이나 투

[1431] Desert Line Projects LLC v. The Republic of Yemen, ICSID Case No. ARB/05/17, Award, February 6, 2008; Antoine Goetz & Others and S.A. Affinage des Metaux v. Republic of Burundi, ICSID Case No. ARB/01/2, Award, June 21, 2012(박노형/오현석/이재우, 241면 이하 참조).

[1432] Suez, Sociedad General de Aguas de Barcelona S.A. and InterAguas Servicios Integrales del Agua S.A. v. The Argentine Republic, ICSID Case No. ARB/03/17 참조.

[1433] Reed 외, 110면 참조.

자자 일방은 ICSID 사무총장에게 UNCITRAL 중재규칙에 따라 구성되는 판정부로 하여금 병합에 관하여 결정을 내릴 수 있도록 하고 있고,[1434] 실제로 동 규정에 따라 병합이 인정된 사례도 있다.[1435] 한국-미국 FTA의 경우 모든 당사자 간 합의가 있으면 병합이 가능하지만, 합의가 이루어지지 않는 경우에도 일정한 경우 병합 판정부 구성의 여지는 있다.[1436]

마. 중재언어

8.52 중재언어의 경우 ICSID 협약은 다른 중재규칙과 본질적으로 차이가 없으나, 당사자들이 ICSID 공식언어(영어, 프랑스어, 스페인어) 이외에 언어를 합의에 의하여 선택할 경우 중재판정부가 ICSID 사무총장과 협의하여 최종 승인을 하게 된다.[1437] 또한, ICSID 중재는 국가를 일방 당사자로 하는 중재라는 점으로 인해 당사자가 언어에 합의하지 못할 경우 ICSID의 공식언어 가운데서 각 하나씩 다른 언어를 선정하여 사용할 수 있으나, 그 경우 중재판정부는 번역과 통역을 요청할 수 있고 중재판정은 두 가지 언어로 모두 이루어져야 한다.[1438] 따라서 이러한 경우 중재인이나 대리인 선정에 있어서 언어 구사능력이 중요한 고려 요인이 될 수 있으며, 통역이나 번역에 따른 비용부담의 가중 요인이 되기도 한다.

바. 문제제출요구

8.53 상사중재의 경우 증거조사 방법 가운데 특히 당사자들의 문서제출에 관하여 대륙법 국가의 실무와 보통법 국가의 실무 사이의 일종의 타협안으로 IBA 증거조사규칙이 마련되어 실시되고 있음은 앞서 본 바와 같다. 그런데 ICSID 중재의 경우 당사자들 사이의 계약에 기초한 상사중재의 경우보다 실무상 더 광범위한 범위의 문서제출이 요구되는 경향이 있고 이 역시 중재절차에 관한 법률비용을 증가시키는 데에 중요한 원인이 된다.

[1434] NAFTA 제11장 제1126조 참조.

[1435] 이른바 "Softwood Lumber Cases"라 불리는 일련의 사건들이 NAFTA 제11장 제1126조에 근거하여 판정부에 의하여 병합된 바 있다(Canfor Corp. v. United States of America; Terminal Forest Products Ltd. v. United States of America; Tembec Inc. et al. v. United States of America, UNCITRAL).

[1436] 대한민국과 미합중국 간의 자유무역협정(한국-미국 FTA) 제11.25조 참조.

[1437] ICSID 중재규칙 제22조 제1항 참조.

[1438] ICSID 중재규칙 제22조 제2항 참조.

사. 중재판정의 재심(revision)

8.54 ICSID 협약은 중재판정이 내려진 이후에도 중재판정 당시에 알려지지 않았던 새로운 사실이 발견된 경우 중재판정부가 그 실체적 내용을 다시 판단할 수 있도록 하고 있다.[1439] 이는 중재절차의 단순한 오류 정정이나 해석의 범위를 벗어난 것으로서 다른 중재규칙에서는 찾아보기 어려운 ICSID 중재절차의 특유한 제도라고 할 수 있다. 이 경우 기존 중재판정부가 이러한 재심을 처리하는 것이 불가능할 경우 새로운 중재판정부가 구성될 수 있으며, 당사자는 재심신청과 함께 중재판정의 집행을 구할 수도 있는데, 실제로 중재판정에 대한 재심신청과 관련하여 잠정적인 집행정지조치가 내려진 사례도 있다.[1440]

4. 중재판정에 대한 취소

8.55 일반 상사중재의 경우 중재판정의 취소권은 중재지의 법원이 전속적으로 가지고 있으나, 중재지의 개념이 없는 ICSID 협약에 따른 중재의 경우는 중재지 법원을 상대로 한 불복이 불가능하며, 다만 협약 내부에서 중재판정에 대한 취소절차를 따로 두고 있다. 즉, 당사자는 (ⅰ) 중재판정부 구성의 하자, (ⅱ) 중재판정부의 명백한 권한 유월, (ⅲ) 중재인의 부패(corruption), (ⅳ) 근본적인 절차규칙에 대한 심각한 위반, (ⅴ) 중재판정의 이유에 대한 충분한 설시 누락 등의 하자가 있는 경우 그 취소를 ICSID 사무총장에게 구할 수 있고, 이에 대하여는 3명으로 구성된 취소위원회(ad hoc committee)가 판단을 내린다.[1441]

8.56 ICSID 협약상 중재판정의 취소사유는 뉴욕협약의 경우와 같이 대체로 절차에 관한 것이지만 판정 이유에 대한 설시 누락 부분 등은 뉴욕협약에서는 명시적인 언급이 없는 부분이다. 또한, 중재판정 취소에 관한 판정사례가 충분히 누적되어 있지 않아서 이 부분은 다른 중재규칙에 따른 절차에 비하여 법적 안정성을 해할 우려가 있다는 우려도 있는데, 최근에는 중재판정에 대한 취소신청의 사례가 증가하고 있는 경향이라고 한다.[1442]

1439 ICSID 협약 제51조 참조.

1440 Dolzer and Schreuer, 569면 참조.

1441 ICSID 협약 제52조 제1항, 제3항 참조.

1442 통계에 따르면 2001년부터 2016년 현재까지 총 67건의 취소신청이 있었고 그 중 취소결정이 내

8.57 당사자가 중재판정의 취소를 구하면서 집행정지도 아울러 구하는 경우 취소위원회가 그에 대하여 최종 결정을 내릴 때까지 잠정적으로 집행은 정지되며, 취소위원회는 필요하다고 판단할 경우 취소 신청에 관한 최종 결정이 있을 때까지 중재판정의 집행을 정지시킬 수도 있다. 그리고 중재판정이 전부 또는 일부 취소되면 해당 부분에 대하여 당사자는 다시 ICSID 협약에 따른 중재를 제기할 수밖에 없다.

5. 중재판정의 집행

8.58 ICSID 중재판정은 당사자에게 구속력을 가지며 금전채무의 지급을 명하는 판정에 대하여는 해당 국가의 확정판결과 동일하게 집행되어야 한다.[1443] 일반 상사중재나 그 밖의 중재규칙에 의한 중재의 경우 뉴욕협약에 따른 승인 및 집행 절차에 따라야 하지만, ICSID의 경우는 이러한 절차를 거칠 필요도 없이 바로 체약국의 지정한 법원 또는 기타 기관에 사무총장이 인증한 판정문 사본을 제출함으로써 직접 집행을 할 수 있다는 장점이 있다.[1444]

8.59 다만, 강제집행(execution)의 구체적인 절차는 집행지법에서 정한 법령에 따라야 하며, ICSID 협약 자체가 외국 정부의 재산에 대한 주권면제의 적용은 포기되지 않음을 명시적으로 기재하고 있으므로, 각국의 주권면제(sovereign immunity) 원칙에 따른 집행거부는 여전히 가능하다.[1445] 이러한 측면에서 ICSID 중재판정의 강제집행에는 여러 가지 난점이 없지는 않지만, 그래도 여전히 상사중재의 경우보다는 자발적 이행의 가능성이 높은 등 상대적으로 집행이 용이하다고 평가된다.

8.60 한편, ICSID 중재판정의 집행에도 뉴욕협약이 적용된다는 견해가 있으나,[1446] 뉴

려진 사건은 14건, 기각된 사건은 32건에 이른다고 한다[ICSID, "The ICSID Caseload-Statistics" (Issue 2016-1), 17면 참조]. 중재판정이 취소된 사례는 드물지만, 유명한 Enron Corporation and Ponderosa Assets, L.P. v. Argentine Republic, ICSID Case No. ARB/01/3 사건과 Sempra Energy International v. The Argentine Republic, ICSID Case No. ARB/02/16 사건의 경우 중재판정의 취소로 인하여 아르헨티나 정부가 2억 달러 상당의 손해배상책임을 면하기도 하였다.

1443 ICSID 협약 제54조 제1항 참조.

1444 ICSID의 체약국은 중재판정의 승인 및 집행을 담당할 법원 또는 기관을 지정하여 통보하여야 하는데(ICSID 협약 제54조 제2항 참조), 우리나라는 서울, 춘천, 대전, 대구, 부산, 광주, 전주 및 제주 지방법원을 관할 법원으로 지정한 바 있다.

1445 ICSID 협약 제55조. 국가에 따라 차이가 있으나 대부분의 국가의 경우 강제집행(execution) 절차에서 주권 면제 항변을 허용하고 있으므로 국가 재산에 대한 강제집행에는 큰 제약이 따른다.

1446 석광현, 337면; 서철원, "외국중재판정의 승인과 집행에 관한 1985년 뉴욕협약 - 한국법원에서의 적용사례를 중심으로," 서울국제법연구 제3권 1호(1996. 6), 119면 이하 참조.

욕협약은 특정 국가의 lex arbitri에 기반한 중재판정을 전제로 하고 있는 반면 ICSID 협약은 lex arbitri의 통제로부터 자유로운 탈지역적, 자족적 성격을 가진다는 측면에서, ICSID 중재판정의 집행에는 뉴욕협약이 아닌 ICSID 협약만이 적용된다고 보아야 할 것이다.[1447]

Ⅳ. 투자조약중재의 실체적 쟁점

1. 준 거 법

8.61 투자조약중재의 경우 준거법은 다른 상사중재의 경우와 마찬가지로 원칙적으로 당사자들이 합의한 바에 따른다. 실제로 많은 투자조약이 준거법에 관하여 규정을 두고 있다. 다만 당사자들 사이에 준거법에 관한 합의가 없을 경우 기본적으로는 당해 중재절차가 기초를 두고 있는 조약이 준거법이 될 것이지만, ICSID 협약은 그러한 경우 국제사법을 포함한 분쟁 당사자국의 법률 및 적용 가능한 국제법에 따라 중재판정을 내려야 한다고 규정하고 있다.[1448]

8.62 다만, ICSID 협약에 따른 중재의 경우 분쟁 당사자국의 법률과 국제법 사이에 어느 것이 우선 적용되는지가 분명하지 않아 논란이 있으나,[1449] 양자가 상충될 경우에는 국제법이 더 우선적으로 적용될 여지가 크다.[1450] 다만, 어떤 경우에도 중재판정부는 준거법이 없거나 불명확하다는 이유로 사건에 대하여 판단불가결정(non liquet)을 내릴 수는 없다.[1451]

2. 투자조약상 투자자의 권리

8.63 대개의 투자조약은 투자자의 보호에 관하여 매우 유사한 규정을 두고 있지만, 기본적으로 투자조약중재를 통해 주장될 수 있는 당사자의 권리는 투자조약의 구체적인 내용에 따라 다르다. 따라서, 보호되는 권리의 내용 및 범위에 관하여는 개별 사안에 따라 투자조약의 구체적인 내용을 면밀히 분석해볼 필요가 있다. 이

[1447] Albert Jan van den Berg, "Recent Enforcement Problems under the New York and ICSID Conventions, Arbitration International," Vol. 5, No. 1 (1989), 3면 이하 참조.

[1448] ICSID 협약 제42조 제1항 참조.

[1449] Dolzer and Schreuer, 288면 이하 참조.

[1450] LG&E Energy Corp., LG&E Capital Corp., and LG&E International, Inc. v. Argentine Republic, ICSID Case No. ARB/02/1, Decision on Liablility, October 3, 2006 참조.

[1451] ICSID 협약 제42조 제2항 참조.

하에서는 투자조약중재에서 주로 논의되는 투자자 보호기준들에 대하여 간략히 살펴보고자 한다.

가. 공정하고 공평한 대우

8.64 투자자에 대하여 공정하고 공평한 대우(fair and equitable treatment; FET)를 할 의무는 많은 투자조약에서 투자유치국의 의무로 규정하고 있고, 그 의미가 상당히 포괄적이다 보니 일종의 'catch-all duty'로 분류되기도 하는데, 그만큼 그 의미가 매우 추상적이어서 통일된 해석이 쉽지 않아 사안에 따라 달리 판단될 여지가 매우 크다. 다만, 지금까지 축적된 다양한 중재판정례에 의하면 (i) 투자자의 정당한 기대가 침해된 경우, (ii) 사법적 정의가 거부되었던 경우(denial of justice), (iii) 자의적이거나 차별적인 조치가 있었던 경우, (iv) 정부정책이나 행위에 투명성이 결여된 경우 등에 있어서 FET 의무 위반이 인정된다.

(1) 투자자의 정당한 기대

8.65 투자자의 정당한 기대(legitimate expectations)와 관련해서는 FET에 대한 지나친 확대해석을 방지하는 차원에서 투자유치국의 표시행위(representation)를 요구하는 사례들이 있는가 하면,[1452] 투자자의 합리적인 기대가 인정되더라도 공익에 관한 투자유치국의 정당한 규제권한과의 비교형량이 여전히 필요하다고 본 사례도 있다.[1453]

(2) 사법거부

8.66 사법거부(denial of justice)는 실체적인 측면과 절차적인 측면을 아우르는 개념으로서,[1454] 부당한 법원의 판결이 FET 위반으로 판단된 경우도 있고,[1455] 일반 중재판정을 부당하게 무효로 선언하는 법원의 판결이나[1456] 중재판정의 집행을 부

1452 Metalpar S.A. and Buen Aire S.A. v. The Argentine Republic, ICSID Case No. ARB/03/5, Award on the Merits, June 6, 2008 참조.

1453 Saluka Investments B.V. v. The Czech Republic, UNCITRAL, Partial Award, March 17, 2006 참조.

1454 박노형/오현석/이재우, 174면 이하 참조.

1455 McIlwrath and Savage, 382면 참조.

1456 Saipem S.p.A. v. The People's Republic of Bangladesh, ICSID Case No. ARB/05/07, Award, June 30, 2009 참조.

당하게 거부한 법원의 판결 역시 같은 맥락에서 투자조약중재의 대상이 되기도 한다.[1457]

(3) 자의적 또는 차별적 조치

8.67 자의적 또는 차별적 조치(arbitrary or discriminatory treatment)는 이를 FET와 독립된 별도의 의미를 부여하는 투자조약들도 있지만,[1458] 투자조약에 별도의 규정이 없다고 하더라도 자의적이거나 차별적인 조치는 그 자체로 FET 위반의 근거가 될 수도 있다.[1459] 차별적인 조치는 국제법적인 관점에서 판단이 되어야 하므로 차별적 취급을 포함한 투자유치국의 법률이 국제법적 의무를 피하는 근거가 될 수는 없다.[1460]

(4) 투 명 성

8.68 투명성(transparency)에 관한 의무 역시 FET의 일부로 논의되는데, Occidental v. Ecuador 사건에서 판정부는 에콰도르의 불투명한 세법이 BIT의 FET 규정 위반이라고 판단하였다.[1461] 또한, 멕시코 정부의 긍정적인 의견을 믿고 건설에 투자하였으나 해당 부지가 환경보전지구로 지정되면서 건물철거 명령이 내려진 Metalclad v. Mexico 사건이나 투자자의 동의 없이 정부 관리가 자금을 이전하였던 Maffezini v. Spain 사건 등에서도 이러한 투자유치국의 의무는 거듭 확인된 바 있다.[1462]

나. 최혜국 대우

8.69 최혜국(most favored nation; MFN) 대우의 원칙은 일방 체약국이 다른 체약국의 투자자에 대하여 제3국의 투자자보다 불리하지 않게 대우할 의무이다. 이 역시 대

1457 McIlwrath and Savage, 382면 참조.

1458 Greenberg 외, 496면 참조.

1459 Eureko B.V. v. Republic of Poland, Partial Award, August 19, 2005 참조.

1460 Greenberg 외, 497면 참조.

1461 Occidental Petroleum Corporation and Occidental Exploration and Production Company v. The Republic of Ecuador, ICSID Case No. ARB/06/11, Award, October 5, 2012(McIlwrath and Savage, 377면 참조).

1462 Metalclad Corporation v. The United Mexican States, ICSID Case No. ARB(AF)/97/1, Award, August 30, 2000; Emilio Agustín Maffezini v. The Kingdom of Spain, ICSID Case No. ARB/97/7, Award, November 13, 2000(박노형/오현석/이재우, 186면 이하 참조).

부분의 투자조약에서 발견되는 매우 전형적인 투자유치국의 의무 가운데 하나라고 할 수 있다. 최혜국 대우의 원칙에 관한 중요한 실무상의 논의 중 하나는, 투자자가 MFN 조항을 통하여 제3국과의 투자조약에 규정된 더 유리하고 포괄적인 실체적 또는 절차적 보호규정을 원용할 수 있는지 여부이다.

8.70 MFN 조항을 통한 다른 투자조약의 실체적 보호규정의 원용과 관련하여 최근의 중재판정 사례를 보면 대체로 그 가능성을 긍정하는 쪽이 더 많은 듯한데, 대표적인 사례로는 MDT Equity v. Chile 사건이나 White Industries v. India 사건 등을 들 수 있다.[1463]

8.71 다만, MFN 조항을 통한 다른 투자조약에서의 더 유리한 절차적 보호규정까지 원용할 수 있는지에 대하여는 판정사례가 나뉜다. 즉, Impreglio S.p.A v. Argentine Republic 사건이나 Siemens v. Argentina 사건과 같이 이를 긍정한 사례도 있는가 하면,[1464] Vladimir Berschader v. The Russian Federation 사건이나 Telenor Mobile Communication A.S. v. Hungary 사건과 같이 이를 부정한 사례도 있다.[1465]

다. 내국민 대우

8.72 내국민 대우(national treatment)는 체약국이 외국 투자자를 자국의 투자자보다 더 불리하게 대우하지 않는다는 원칙으로서 WTO와 같은 국제통상법에서 비롯된 것이다. 많은 투자조약이 이러한 의무를 투자 유치국에 부과하고 있는데, 특히 "비슷한 상황에서(in like circumstances)" 국내 투자자에 비해 덜 유리한 대우를 하지 않도록 규정하기도 한다.

1463 MTD Equity Sdn. Bhd. and MTD Chile S.A. v. Republic of Chile, ICSID Case No. ARB/01/7, Award, May 25, 2004; White Industries Australia Limited v. The Republic of India, UNCITRAL, Final Award, November 30, 2011(박노형/오현석/이재우, 159면 이하 참조).

1464 Impregilo S.p.A. v. Argentine Republic, ICSID Case No. ARB/07/17, Award, June 21, 2011; Siemens A.G. v. The Argentine Republic, ICSID Case No. ARB/02/8, Award, January 17, 2007(박노형/오현석/이재우, 163면 이하 참조).

1465 Vladimir Berschader and Moïse Berschader v. The Russian Federation, SCC Case No. 080/2004, Award, April 21, 2006; Telenor Mobile Communications A.S. v. The Republic of Hungary, ICSID Case No. ARB/04/15, Award, September 13, 2006(박노형/오현석/이재우, 166면 이하 참조).

8.73 내국민 대우와 관련하여 사례를 보면 대체로 중재판정부는 (i) 비슷한 상황에 있는 국내투자자 집단을 확정한 후, (ii) 이러한 국내투자자 집단과 외국인 투자자의 경우를 비교하여 외국인 투자자가 사실상 차별을 받았는지를 확인한 다음, 만약 차별이 인정될 경우에는 (iii) 그러한 차별이 해당 국가의 합리적인 정책목표에 비추어서 정당화될 수 있는지 여부를 분석하여 조약 위반을 판단한다. 다만, 실제로 비슷한 상황에 있는 국내투자자 집단을 확정하는 기준의 적용에 있어서 중재판정부마다 어떤 경우는 더 포괄적으로, 또 다른 경우는 더 제한적으로 해석하는 등 기준이 명확하지는 않다.[1466]

라. 충분한 보호와 안전

8.74 충분한 보호와 안전(full protection and security; FPS)은 투자자 또는 그 재산에 대한 물리적 폭력으로부터 투자자를 보호해야 하는 의무와 관련되는 것으로서, 이는 국제관습법의 일부로 오래 전부터 인정되어 왔다. 이러한 의무는 발생한 손해에 대한 무과실책임(strict liability)이라기보다는 그러한 폭력으로부터 투자자를 보호하기 위해 필요한 조치를 다하지 않았다는 선관의무(due diligence)의 측면에서 인정되는 것이다.

8.75 FPS 관련 의무가 단순히 투자에 대한 물리적 안전을 보장하는 것에 한정되는지 아니면 투자의 이익을 누리는 투자자의 무형의 권리의 안정을 보장하는 데에까지 나아가는 것인지에 대하여는 판정사례가 나뉜다.[1467] 또한, 이러한 의무를 상하수도 서비스 제공 등 투자환경에 대한 안전성도 포함된 문제로 해석한 판정사례도 있다.[1468]

마. 수 용

8.76 투자유치국은 일정한 요건 하에서 외국인 투자자의 자산을 몰수하거나 소유권을 박탈하는 것과 같은 수용(expropriation) 행위를 할 수 있으나, 그러한 수용으로 인하여 투자자가 입은 손해는 반드시 보상해야 한다. 대개의 BIT는 수용의 요건

[1466] Greenberg 외, 497면 참조.

[1467] McIlwrath and Savage, 379면 참조.

[1468] Azurix Corp. v. The Argentine Republic, ICSID Case No. ARB/01/12, Award, July 14, 2006 참조.

으로 (i) 공공의 목적, (ii) 비차별성, (iii) 적법절차의 준수, (iv) 신속, 적절하고 효과적인 보상 등을 규정하고 있다.[1469]

8.77 실무상 중요한 문제가 되는 것은 재산에 대한 몰수와 같은 직접수용보다는 소유권은 유지시키면서도 각종 규제로 인하여 사실상 수용에 준하는 결과를 초래하는 이른바 간접수용(indirect expropriation)인데, 많은 투자조약에서 이러한 간접적인 수용도 금지됨을 명시한다.[1470] 간접수용 판단의 기준은 아직 명확히 확립되어 있지는 않지만, 실무상 대체로 (i) 재산권 침해의 정도와 지속성, (ii) 투자자의 정당한 기대 침해, (iii) 조치의 목적과 수단 간의 합리적인 비례성 등이 기준으로 논의가 된다.[1471]

8.78 또한, 투자조약의 부속서(Annex) 등에서 간접수용 판단의 기준으로 (i) 정부행위의 경제적 효과(단, 일방 체약국의 행위가 투자의 경제적 가치에 부정적 효과를 미쳤다는 사실만으로는 부족함), (ii) 정부의 행위가 투자에 대한 정당한 기대를 침해한 정도, (iii) 정부행위의 성격 등을 제시하는 사례도 있는데, 그 가운데 특히 문제되는 (ii)의 정당한 기대와 관련된 요건은 투자자의 주관적 기대보다는 투자유치국의 기속력 있는 확약(binding commitment)이 있었는지 여부에 따라 판단된다.[1472]

바. 포괄적 보호조항

8.79 투자조약에 따라서는 체약국이 투자자에게 투자와 관련하여 약속한 모든 의무를 준수한다는 취지의 조항을 추가하는 경우가 많은데, 이는 실무상 이른바 포괄적 보호조항(umbrella clause)이라고 불린다. 투자조약에 이러한 포괄적 보호조항이 있는 경우 체약국이 투자자와 체결한 개별 계약의 불이행은 단순한 계약위반 사항에 그치지 않고 조약 위반을 구성하여 위에서 살펴본 각종 투자조약에 관한 국제법상의 권리를 향유할 수 있게 된다.

1469 Greenberg 외, 494면 참조.

1470 최근에는 예외조항에서 공중보건, 안전, 환경 등과 같은 공공복지를 증진할 목적의 선의의 규제조치 등 일정한 형태의 정부 규제에 대하여는 간접수용을 인정하지 않는 규정을 두는 경우가 많다(박노형/오현석/이재우, 191면 참조).

1471 박노형/오현석/이재우, 192면 이하 참조.

1472 박노형/오현석/이재우, 191면 이하 참조.

다만, 이러한 포괄적 보호조항의 경우 개별 투자조약에 따라 그 내용이 조금씩 다르며 그 해석의 범위나 내용 역시 판정 사례에 따라 차이를 보인다. 즉, 무분별한 투자조약중재의 제기를 막기 위한 차원에서 모든 계약상 분쟁이 그러한 조항으로 인해 투자조약중재의 대상으로 변경되는 것이 아니라 "명백하거나 중대한 위반이 있는 경우"에 한하여 투자조약중재의 대상 분쟁이 된다는 다소 엄격한 입장을 취한 판정 사례가 있는가 하면,[1473] 그러한 제한이 없이 폭넓은 적용을 허용한 사례도 있다.[1474] 8.80

3. 구제수단

가. 금전보상

투자조약중재에서 가장 보편적인 구제수단은 금전배상이다. 원상회복(restitution)은 구제수단으로 고려될 수 있으나, 집행의 어려움으로 인해 실무상 잘 사용되지는 않는다. 최근에는 조약에 그러한 원상회복이 구제수단으로서 가능하다고 규정하는 경우도 없지는 않으나, 그 경우에도 투자유치국은 원상회복에 갈음하여 금전배상도 할 수 있도록 하기도 한다. 8.81

금전배상에 관한 논의는 일반 상사중재의 경우와 크게 다른 것이 없지만, 수용의 경우 배상액 산정방식에 대하여는 논란이 있다. 그 경우 배상에 대하여는 이른바 "Hull Rule"이라고 불리는 기준, 즉, "즉각적인(prompt), 적절한(adequate), 유효한(effective)" 보상이 이루어져야 한다고 투자조약에서 규정하는 경우가 많은데, 이는 통상 투자의 공정한 시장가치에 대한 보상을 의미하는 것으로 이해된다.[1475] 최근 투자조약에서는 배상액 산정에 관하여는 수용된 투자의 공정한 시장가치를 기준으로 한다는 명시적인 규정을 두는 경우도 적지 않지만, 그러한 기준도 아주 8.82

[1473] SGS Société Générale de Surveillance S.A. v. Islamic Republic of Pakistan, ICSID Case No. ARB/01/13, Decision of the Tribunal on Objections to Jurisdiction, August 6, 2003; Joy Mining Machinery Limited v. Arab Republic of Egypt, ICSID Case No. ARB/03/11, Award on Jurisdiction, August 6, 2004 등(박노형/오현석/이재우, 209면 이하 참조).

[1474] SGS Société Générale de Surveillance S.A. v. Republic of the Philippines, ICSID Case No. ARB/02/6, Decision of the Tribunal on Objections to Jurisdiction, January 29, 2004; Sempra Energy International v. The Argentine Republic, ICSID Case No. ARB/02/16, Decision on Objections to Jurisdiction, May 11, 2005; Eureko B.V. v. Republic of Poland, Partial Award, August 19, 2005 등(박노형/오현석/이재우, 210면 이하 참조).

[1475] Greenberg 외, 500면 참조.

구체적인 것은 아니어서 사안에 따라 중재판정부의 재량 행사의 여지가 크다.[1476] 수용 이외의 경우에 있어서는 투자유치국의 조약 위반에 따른 투자자의 피해를 보상하되, 해당 투자자를 재정적으로 조약 위반에 해당하는 위법 행위 이전의 상태로 회복시키는 것이 그 기준이 된다. 물리적 폭력 행사가 있었던 경우에는 정신적 피해에 대한 배상을 명한 경우도 있다.[1477]

나. 이 자

8.83 투자조약중재의 경우 중재판정부가 복리이자 적용을 할 수 있는지에 관하여는 과거 이를 부정적으로 보는 견해도 있었으나 최근에는 복리이자 적용을 하고 있다. 이에 관한 선도적인 사례는 Santa Elena v. Costa Rica 사건을 들 수 있다.[1478]

다. 중재비용

8.84 투자조약중재의 경우 중재비용에 관한 명확한 기준은 설정되어 있지 않고 상사중재의 경우와 같이 개별 사안에 따라 중재판정부가 재량으로 정한다.[1479] 과거 일방 당사자가 전부 패소한 사건의 경우에도 중재비용은 각자 부담으로 하는 판정이 없지 않았으나, 최근에는 일반 상사중재의 예와 같이 중재에서 진 당사자가 이긴 당사자의 중재비용을 부담하도록 하는 사례나 패소 비율에 따른 부담을 명하는 사례가 더 많아지고 있다.

V. 투자조약중재의 미래

8.85 투자조약중재에 대하여는 다양한 비판이 존재한다. 특히, 투자조약중재의 대상이 되는 분쟁은 많은 부분 국가의 공공 정책에 관련되는 등 공적인 성격이 다분한데 사적인 중재인 몇 사람이 국제적으로 뚜렷하게 확립된 기준도 없이 국가의 행위의

[1476] Metalclad Corporation v. The United Mexican States, ICSID Case No. ARB(AF)/97/1 사건의 경우 수용된 부지에 공장이 완공되어 운영된 바 없어서 장래 수익에 대한 예측이 불가능하자, 중재판정부는 투자자의 실제 투자액을 근거로 배상액을 산정하였다(박노형/오현석/이재우, 261면 이하 참조).

[1477] Desert Line Projects LLC v. The Republic of Yemen, ICSID Case No. ARB/05/17, Award, February 6, 2008 참조.

[1478] Compañia del Desarrollo de Santa Elena S.A. v. Republic of Costa Rica, ICSID Case No. ARB/96/1, Award, February 17, 2000(Greenberg 외, 501면 참조).

[1479] ICSID 중재 또한 중재비용의 분담은 중재판정부의 재량으로 규정하고 있다(ICSID 협약 제61조 제2항 참조).

정당성에 대하여 임의로 재단하는 것은 어불성설이라고 하거나, 투자조약중재를 전문으로 하는 소수의 중재전문가들 등 이해관계가 있는 집단들이 한 뜻으로 향후 더 많은 사건을 창출하려는 목적의식 하에 투자조약중재를 국가보다는 투자자에 우호적인 방향으로 몰아가는 경향이 있다고 불평하기도 하며,[1480] 심지어 투자조약중재는 선진국이 개도국을 압박하기 위한 하나의 수단에 불과하다는 식의 정치적 주장도 존재한다.[1481] 실제로 그와 비슷한 이유로 근자에 이르러서는 볼리비아나 에콰도르, 그리고 베네수엘라 등 국가들이 ICSID 협약에서 탈퇴하기도 하였다.

8.86 그러나 투자조약중재를 향하여 제기되는 다양한 비판에도 불구하고 투자조약중재는 여전히 전 세계적으로 더욱 활발히 활용되고 있는 가운데, 근자에 이르러서는 투자조약 관련 분쟁의 문제점을 다른 각도에서 해결하려는 시도도 눈에 띈다. 대표적인 예가 프랑스가 유럽위원회(European Commission)에 제출한 범대서양 무역 투자동반자협정(Transatlantic Trade and Investment Partnership; TTIP)을 위한 프로젝트에 포함된 투자자-국가 분쟁해결(ISDS) 관련 제안서이다. 동 제안서는 현행 투자조약 분쟁이 가지는 국가의 일반적 규제 권한의 제한, 서로 간에 모순되는 중재판정들, 투명성의 결여, 중재인들의 이해상충 등 다양한 문제점을 지적하면서, EU 소속국을 상대로 한 투자조약중재의 처리를 위한 유럽상설재판소를 설립하여 엄선한 소수의 중립적인 판사들을 통해 투자조약 분쟁을 해결하도록 하는 방안을 담고 있다. 특히 동 제안서는 중재인들의 강화된 윤리규정, 제3자로부터의 중재신청자금 조달에 관한 투명한 규칙, 중재 신청을 남용하는 투자자에 대한 징벌적 배상, 국가의 반대청구 허용, 유리한 조약을 쇼핑하는 투자자에 대한 관할거부 등 종래 투자조약중재의 문제점에 대한 해결방안도 제시하고 있고 유럽상설재판소에 대한 항소제도도 도입하고 있다.

8.87 이에 대하여는 EU 소속국을 상대로 한 분쟁만을 일방적으로 다르게 취급하는 것에서 오는 문제점, ICSID 체제 등 기존의 시스템과의 부조화에 대한 우려, 중재판정을 취소할 수 있는 유럽 상설 재판소의 권한의 정당성 문제, 항소의 허용에 따른 비용이나 시간의 증가 등 다양한 각도에서 비판이 없지 않지만,[1482] 지난 수

[1480] 제1장 Ⅲ. 참조.

[1481] 강병근(각주 1411), 28면 참조.

[1482] Athina Fouchard Papaefstratiou, "TTIP: The French Proposal For A Permanent European Court for Investment Arbitration," Kluwer Arbitration Blog (July 2015) 참조.

십 년간 투자조약중재를 운영하는 과정에서 노정된 제도의 문제점에 대한 솔직한 인식과 그 해결을 위한 나름대로의 대안을 담고 있다는 점에서 주목할 만하다. 위의 프랑스의 제안이 앞으로 어떠한 방향으로 발전해나갈지 단언할 수 없지만, 투자조약중재의 지속적인 발전과 성공은 그 공정성과 효율성을 더욱 높이려는 치열한 자정의 노력이 지속될 때 가능할 것이라는 점은 분명하다.

부 록

부록 1. 외국중재판정의 승인 및 집행에 관한 UN협약

부록 2. 국제상사중재에 관한 국제상거래법위원회 모범중재법

부록 3. 중 재 법

부록 4. 국제상업회의소 중재규칙

부록 5. 대한상사중재원 국제중재규칙

부록 6. 국제중재에서의 증거조사에 관한 국제변호사협회 규칙

부록 1

UNITED NATIONS CONVENTION ON THE RECOGNITION AND ENFORCEMENT OF FOREIGN ARBITRAL AWARDS

("The 1958 New York Convention")

In force as from 7 June 1959

Article I

1. This Convention shall apply to the recognition and enforcement of arbitral awards made in the territory of a State other than the State where the recognition and enforcement of such awards are sought, and arising out of differences between persons, whether physical or legal. It shall also apply to arbitral awards not considered as domestic awards in the State where their recognition and enforcement are sought.
2. The term "arbitral awards" shall include not only awards made by arbitrators appointed for each case but also those made by permanent arbitral bodies to which the parties have submitted.
3. When signing, ratifying or acceding to this Convention, or notifying extension under article X hereof, any State may on the basis of reciprocity declare that it will apply the Convention to the recognition and enforcement of awards made only in the territory of another Contracting State. It may also declare that it will apply the Convention only to differences arising out of legal relationships, whether contractual or not, which are considered as commercial under the national law of the State making such declaration.

Article II

1. Each Contracting State shall recognize an agreement in writing under which the parties undertake to submit to arbitration all or any differences which have arisen or which may arise between them in respect of a defined legal relationship,

외국중재판정의 승인 및 집행에 관한 UN협약
("1958 뉴욕 협약")

1959. 6. 7. 발효

제1조

1. 이 협약은 중재판정의 승인 및 집행의 요구를 받은 국가 이외의 국가의 영토 내에서 내려진 판정으로서, 자연인 또는 법인간의 분쟁으로부터 발생하는 중재판정의 승인 및 집행에 적용한다. 이 협약은 또 한 그 승인 및 집행의 요구를 받은 국가에서 내국판정이라고 인정되지 아니하는 중재판정에도 적용한다.

2. "중재판정"이라 함은 개개의 사건을 위하여 선정된 중재인이 내린 판정뿐만 아니라 당사자들이 부탁한 상설 중재기관이 내린 판정도 포함한다.

3. 어떠한 국가든지 이 협약에 서명, 비준 또는 가입할 때, 또는 이 제10조에 의하여 확대적용을 통고할 때에 상호주의의 기초에서 다른 체약국의 영토 내에서 내려진 판정의 승인 및 집행에 한하여 이 협약을 적용한다고 선언할 수 있다. 또한 어떠한 국가든지 계약적 성질의 것이거나 아니거나를 불문하고 이러 한 선언을 행하는 국가의 국내법상 상사상의 것이라고 인정되는 법률관계로부터 발생하는 분쟁에 한하여 이 협약을 적용할 것이라고 선언할 수 있다.

제2조

1. 각 체약국은 계약적 성질의 것이거나 아니거나를 불문하고 중재에 의하여 해결이 가능한 사항에 관한 일정한 법률관계에 관련하여 당사자 간에 발생하였거나 또는 발생할 수 있는 전부 또는 일부의 분쟁을 중재에 부탁하기로 약정한 당사자 간의 서면에 의한

whether contractual or not, concerning a subject matter capable of settlement by arbitration.

2. The term "agreement in writing" shall include an arbitral clause in a contract or an arbitration agreement, signed by the parties or contained in an exchange of letters or telegrams.
3. The court of a Contracting State, when seized of an action in a matter in respect of which the parties have made an agreement within the meaning of this article, shall, at the request of one of the parties, refer the parties to arbitration, unless it finds that the said agreement is null and void, inoperative or incapable of being performed.

Article III

Each Contracting State shall recognize arbitral awards as binding and enforce them in accordance with the rules of procedure of the territory where the award is relied upon, under the conditions laid down in the following articles. There shall not be imposed substantially more onerous conditions or higher fees or charges on the recognition or enforcement of arbitral awards to which this Convention applies than are imposed on the recognition or enforcement of domestic arbitral awards.

Article IV

1. To obtain the recognition and enforcement mentioned in the preceding article, the party applying for recognition and enforcement shall, at the time of the application, supply:
   (a) The duly authenticated original award or a duly certified copy thereof;
   (b) The original agreement referred to in article II or a duly certified copy thereof.
2. If the said award or agreement is not made in an official language of the country in which the award is relied upon, the party applying for recognition and enforcement of the award shall produce a translation of these documents into such language. The translation shall be certified by an official or sworn translator or by a diplomatic or consular agent.

Article V

1. Recognition and enforcement of the award may be refused, at the request of the party against whom it is invoked, only if that party furnishes to the competent authority where the recognition and enforcement is sought, proof that:

합의를 승인하여야 한다.

2. "서면에 의한 합의"라 함은 계약서 중 중재조항 또는 당사자 간에 서명되었거나, 교환된 서신이나 전보에 포함되어 있는 중재합의를 포함한다.

3. 당사자들이 본조에서 의미하는 합의를 한 사항에 관한 소송이 제기되었을 때에는, 체약국의 법원은, 전기 합의를 무효, 실효 또는 이행불능이라고 인정하는 경우를 제외하고, 일방 당사자의 청구에 따라서 중재에 부탁할 것을 당사자에게 명하여야 한다.

제3조

각 체약국은 중재판정을 다음 조항에 규정한 조건하에서 구속력 있는 것으로 승인하고 그 판정이 원용될 영토의 절차 규칙에 따라서 그것을 집행하여야 한다.
이 협약이 적용되는 중재판정의 승인 또는 집행에 있어서는 내국중재 판정의 승인 또는 집행에 있어서 부과하는 것보다 실질적으로 엄격한 조건이나 고액의 수수료 또는 과징금을 부과하여서는 아니 된다.

제4조

1. 전조에서 언급된 승인과 집행을 얻기 위하여 승인과 집행을 신청하는 당사자는 신청서에 다음의 서류를 제출하여야 한다.

   (a) 정당하게 인증된 중재판정원본 또는 정당하게 증명된 그 등본.

   (b) 제2조에 규정된 합의의 원본 또는 정당하게 증명된 그 등본.

2. 전기 판정이나 합의가 원용될 국가의 공용어로 작성되어 있지 아니한 경우에는, 판정의 승인과 집행을 신청하는 당사자는 그 문서의 공용어 번역문을 제출하여야 한다. 번역문은 공증인 또는 선서한 번역관, 외교관 또는 영사관에 의하여 증명되어야 한다.

제5조

1. 판정의 승인과 집행은 판정이 불리하게 원용되는 당사자의 청구에 의하여, 그 당사자가 판정의 승인 및 집행의 요구를 받은 국가의 권한 있는 기관에게 다음의 증거를 제출하는 경우에 한하여 거부될 수 있다.

(a) The parties to the agreement referred to in article II were, under the law applicable to them, under some incapacity, or the said agreement is not valid under the law to which the parties have subjected it or, failing any indication thereon, under the law of the country where the award was made; or
(b) The party against whom the award is invoked was not given proper notice of the appointment of the arbitrator or of the arbitration proceedings or was otherwise unable to present his case; or
(c) The award deals with a difference not contemplated by or not falling within the terms of the submission to arbitration, or it contains decisions on matters beyond the scope of the submission to arbitration, provided that, if the decisions on matters submitted to arbitration can be separated from those not so submitted, that part of the award which contains decisions on matters submitted to arbitration may be recognized and enforced; or
(d) The composition of the arbitral authority or the arbitral procedure was not in accordance with the agreement of the parties, or, failing such agreement, was not in accordance with the law of the country where the arbitration took place; or
(e) The award has not yet become binding on the parties, or has been set aside or suspended by a competent authority of the country in which, or under the law of which, that award was made.

2. Recognition and enforcement of an arbitral award may also be refused if the competent authority in the country where recognition and enforcement is sought finds that:
(a) The subject matter of the difference is not capable of settlement by arbitration under the law of that country; or
(b) The recognition or enforcement of the award would be contrary to the public policy of that country.

Article VI

If an application for the setting aside or suspension of the award has been made to a competent authority referred to in article V(1)(e), the authority before which the award is sought to be relied upon may, if it considers it proper, adjourn the decision on the enforcement of the award and may also, on the application of the party claiming enforcement of the award, order the other party to give suitable security.

(a) 제2조에 규정된 합의의 당사자가 그들에게 적용될 법률에 의하여 무능력자 이었던가 또는 당사자들이 준거법으로서 지정한 법령에 의하여 또는 지정이 없는 경우에는 판정을 내린 국가의 법령에 의하여 전기 합의가 무효인 경우 또는,

(b) 판정이 불리하게 원용되는 당사자가 중재인의 선정이나 중재절차에 관하여 적절한 통고를 받지 아니 하였거나 또는 기타 이유에 의하여 응할 수 없었을 경우 또는,

(c) 판정이 중재부탁조항에 규정되어 있지 아니하거나 또는 그 조항의 범위에 속하지 아니하는 분쟁에 관한 것이거나 또는 그 판정이 중재부탁의 범위를 벗어나는 사항에 관한 규정을 포함하는 경우. 다만, 중재에 부탁한 사항에 관한 결정이 부탁하지 아니한 사항과 분리될 수 있는 경우에는 중재부탁사항에 관한 결정을 포함하는 판정의 부분은 승인되고 집행될 수 있다.

(d) 중재판정부의 구성이나 중재절차가 당사자 간의 합의와 합치하지 아니하거나, 또는 이러한 합의가 없는 경우에는 중재를 행하는 국가의 법령에 합치하지 아니하는 경우, 또는

(e) 판정이 당사자에 대한 구속력을 아직 발생하지 아니하였거나 또는 판정이 내려진 국가의 권한 있는 기관이나 또는 그 국가의 법령에 의거하여 취소 또는 정지된 경우

2. 중재판정의 승인 및 집행이 요구된 국가의 권한 있는 기관이 다음의 사항을 인정하는 경우에도 중재 판정의 승인과 집행은 거부할 수 있다.

(a) 분쟁의 대상인 사항이 그 국가의 법률하에서는 중재에 의한 해결을 할 수 없는 경우, 또는

(b) 판정의 승인이나 집행이 그 국가의 공공의 질서에 반하는 경우

제6조

판정의 취소 또는 정지를 요구하는 신청이 제5조 1항의 (마)에 규정된 권한 있는 기관에 제기되었을 경우에는, 판정의 원용이 요구된 기관은, 그것이 적절하다고 인정될 때에는 판정의 집행에 관한 판결을 연기할 수 있고, 또한 판정의 집행을 요구한 당사자의 신청에 의하여 타당사자에 대하여 적당한 보장을 제공할 것을 명할 수 있다.

Article Ⅶ

1. The provisions of the present Convention shall not affect the validity of multilateral or bilateral agreements concerning the recognition and enforcement of arbitral awards entered into by the Contracting States nor deprive any interested party of any right he may have to avail himself of an arbitral award in the manner and to the extent allowed by the law or the treaties of the country where such award is sought to be relied upon.
2. The Geneva Protocol on Arbitration Clauses of 1923 and the Geneva Convention on the Execution of Foreign Arbitral Awards of 1927 shall cease to have effect between Contracting States on their becoming bound and to the extent that they become bound, by this Convention.

Article Ⅷ

1. This Convention shall be open until 31 December 1958 for signature on behalf of any Member of the United Nations and also on behalf of any other State which is or hereafter becomes a member of any specialized agency of the United Nations, or which is or hereafter becomes a party to the Statute of the International Court of Justice, or any other State to which an invitation has been addressed by the General Assembly of the United Nations.
2. This Convention shall be ratified and the instrument of ratification shall be deposited with the Secretary-General of the United Nations.

Article Ⅸ

1. This Convention shall be open for accession to all States referred to in article VIII.
2. Accession shall be effected by the deposit of an instrument of accession with the Secretary-General of the United Nations.

Article Ⅹ

1. Any State may, at the time of signature, ratification or accession, declare that this Convention shall extend to all or any of the territories for the international relations of which it is responsible. Such a declaration shall take effect when the Convention enters into force for the State concerned.
2. At any time thereafter any such extension shall be made by notification addressed to the Secretary-General of the United Nations and shall take effect as from the

제7조

1. 이 협약의 규정은 체약국에 의하여 체결된 중재판정의 승인 및 집행에 관한 다자 또는 양자 협정의 효력에 영향을 미치지 아니하며, 또한 어떠한 관계 당사자가 중재판정의 원용이 요구된 국가의 법령이나 조약에서 인정된 방법과 한도 내에서 그 판정을 원용할 수 있는 권리를 박탈하지도 아니한다.

2. 1923년 중재조항에 관한 제네바 의정서 및 1927년 외국중재판정의 집행에 관한 제네바 협약은 체약국 간에 있어 이 협약에 의한 구속을 받게 되는 때부터 그 구속을 받는 한도 내에서 효력을 종료한다.

제8조

1. 이 협약은 국제연합회원국, 현재 또는 장래의 국제연합 전문기구의 회원국, 현재 또는 장래의 국제사법재판소규정의 당사국, 또는 국제연합총회로부터 초청장을 받은 기타 국가의 서명을 위하여 1958년 12월31일까지 개방된다.

2. 이 협약은 비준되어야 하며 비준서는 국제연합사무국총장에게 기탁되어야 한다.

제9조

1. 이 협약은 제 8조에 규정된 모든 국가의 가입을 위하여 개방된다.

2. 가입은 국제연합사무총장에게 가입서를 기탁함으로써 발효한다.

제10조

1. 어떠한 국가든지 서명, 비준 또는 가입시에 국제관계에 있어서 책임을 지는 전부 또는 일부의 영토에 이 협약을 확대 적용할 것을 선언할 수 있다. 이러한 선언은 이 협약이 관계국가에 대하여 효력을 발생할 때 발효한다.

2. 이러한 확대적용은 그 이후 어느 때든지 국제연합사무총장 앞으로 통고함으로써 행할 수 있으며, 그 효력은 국제연합사무총장이 통고를 접수한 날로부터 90일 후 또는 관계

ninetieth day after the day of receipt by the Secretary-General of the United Nations of this notification, or as from the date of entry into force of the Convention for the State concerned, whichever is the later.

3. With respect to those territories to which this Convention is not extended at the time of signature, ratification or accession, each State concerned shall consider the possibility of taking the necessary steps in order to extend the application of this Convention to such territories, subject, where necessary for constitutional reasons, to the consent of the Governments of such territories.

Article XI

In the case of a federal or non-unitary State, the following provisions shall apply:

(a) With respect to those articles of this Convention that come within the legislative jurisdiction of the federal authority, the obligations of the federal Government shall to this extent be the same as those of Contracting States which are not federal States;

(b) With respect to those articles of this Convention that come within the legislative jurisdiction of constituent states or provinces which are not, under the constitutional system of the federation, bound to take legislative action, the federal Government shall bring such articles with a favourable recommendation to the notice of the appropriate authorities of constituent states or provinces at the earliest possible moment;

(c) A federal State Party to this Convention shall, at the request of any other Contracting State transmitted through the Secretary-General of the United Nations, supply a statement of the law and practice of the federation and its constituent units in regard to any particular provision of this Convention, showing the extent to which effect has been given to that provision by legislative or other action.

Article XII

1. This Convention shall come into force on the ninetieth day following the date of deposit of the third instrument of ratification or accession.
2. For each State ratifying or acceding to this Convention after the deposit of the third instrument of ratification or accession, this Convention shall enter into force on the ninetieth day after deposit by such State of its instrument of ratification or accession.

국가에 대하여 이 협약이 효력을 발생하는 날 중의 늦은 편의 일자에 발생한다.

3. 서명, 비준 또는 가입시에 이 협약이 확대 적용되지 아니한 영토에 관하여는, 각 관계 국가는 헌법상의 이유에 의하여 필요한 경우에는 이러한 영토의 정부의 동의를 얻을 것을 조건으로 하고, 이 협약을 이러한 영토에 확대 적용하기 위하여 조치를 취할 수 있는 가능성을 고려하여야 한다.

제11조

연방국가 또는 비단일국가의 경우에는 다음의 규정이 적용된다.

(a) 이 협약은 조항 중 연방정부의 입법 관할권 내에 속하는 것에 관하여는, 연방정부의 의무는 그 한도 내에서 연방국가 아닌 다른 체약국의 의무와 동일하여야 한다.

(b) 이 협약의 중재조항중 주 또는 지방의 입법권의 범위 내에 있고 또한 연방의 헌법 체제하에서 입법조치를 취할 의무가 없는 것에 관여하는, 연방정부는 주 또는 지방의 관계기관에 대하여 가급적 조속히 호의적 권고를 첨부하여 이러한 조항에 대한 주의를 환기 시켜야 한다.

(c) 이 협약의 당사국인 연방국가는, 국제연합 사무총장을 통하여 전달된 기타 체약국의 요청이 있을 때에는, 이 협약의 어떠한 특정 규정에 관한 연방과 그 구성단위의 법령 및 관례와 아울러 입법 또는 기타 조치에 의하여 그 규정이 실시되고 있는 범위를 표시하는 설명서를 제공하여야 한다.

제12조

1. 이 협약은 세 번째의 비준서 또는 가입서의 기탁일자로부터 90일 이후에 발효한다.

2. 세 번째의 비준서 또는 가입서의 기탁일자 후에 이 협약을 비준하거나 또는 이 협약에 가입하는 국가에 대하여는 그 국가의 비준서 또는 가입서의 기탁일로부터 90일 후에 효력을 발생한다.

Article XIII

1. Any Contracting State may denounce this Convention by a written notification to the Secretary-General of the United Nations. Denunciation shall take effect one year after the date of receipt of the notification by the Secretary-General.
2. Any State which has made a declaration or notification under article X may, at any time thereafter, by notification to the Secretary-General of the United Nations, declare that this Convention shall cease to extend to the territory concerned one year after the date of the receipt of the notification by the Secretary-General.
3. This Convention shall continue to be applicable to arbitral awards in respect of which recognition and enforcement proceedings have been instituted before the denunciation takes effect.

Article XIV

A Contracting State shall not be entitled to avail itself of the present Convention against other Contracting States except to the extent that it is itself bound to apply the Convention.

Article XV

The Secretary-General of the United Nations shall notify the States contemplated in article VIII of the following:

(a) Signatures and ratifications in accordance with article VIII;
(b) Accessions in accordance with article IX;
(c) Declarations and notifications under articles I, X and XI;
(d) The date upon which this Convention enters into force in accordance with article XII;
(e) Denunciations and notifications in accordance with article XIII.

Article XVI

1. This Convention, of which the Chinese, English, French, Russian and Spanish texts shall be equally authentic, shall be deposited in the archives of the United Nations.
2. The Secretary-General of the United Nations shall transmit a certified copy of this Convention to the States contemplated in article VIII.

제13조

1. 어떠한 체약국이든지 국제연합 사무총장 앞으로의 서면통고로서 이 협약을 폐기할 수 있다. 폐기는 사무총장이 통고를 접수한 일자로부터 1년 후에 발효한다.

2. 제10조에 의하여 선언 또는 통고를 한 국가는, 그 후 어느 때든지 사무총장이 통고를 접수한 일자로부터 1년 후에 관계영토에 대한 확대 적용이 종결된다는 것을 선언할 수 있다.

3. 폐기가 발효하기 전에 시작된 판정의 승인이나 집행절차에 관여하는 이 협약이 계속하여 적용된다.

제14조

체약국은, 타 체약국에 대하여 이 협약을 적용하여야 할 의무가 있는 범위를 제외하고는, 이 협약을 원용할 권리를 가지지 못한다.

제15조

국제연합사무총장은 제8조에 규정된 국가에 대하여 다음의 사항에 관하여 통고하여야 한다.

(a) 제8조에 의한 서명 또는 비준
(b) 제9조에 의한 가입
(c) 제1조, 제10조 및 제11조에 의한 선언 및 통고
(d) 제12조에 의하여 이 협약이 효력을 발생한 일자
(e) 제13조에 의한 폐기 및 통고

제16조

1. 중국어, 영어, 러시아어 및 스페인어로 된 이 협약은 동등한 효력을 가지며 국제연합 기록 보관소에 기탁 보존되어야 한다.
2. 국제연합 사무총장은 이 협약의 인증 등본을 제8조에 규정된 국가에 송부하여야 한다.

부록 2

UNCITRAL MODEL LAW ON INTERNATIONAL COMMERCIAL ARBITRATION

As adopted by the United Nations Commission on International Trade Law on 21 June 1985, and amended on 7 July 2006

Chapter Ⅰ General Provisions

Article 1. Scope of application[1]

(1) This Law applies to international commercial[2] arbitration, subject to any agreement in force between this State and any other State or States.

(2) The provisions of this Law, except articles 8, 9, 17 H, 17 I, 17 J, 35 and 36, apply only if the place of arbitration is in the territory of this State.
(Article 1(s) has been amended by the Commission at its thirty-ninth session, in 2006)

(3) An arbitration is international if:
(a) the parties to an arbitration agreement have, at the time of the conclusion of that agreement, their places of business in different States; or
(b) one of the following places is situated outside the State in whichh the parties have their places of business:
(i) the place of arbitration if determined in, or pursuant to, the arbitration agreement;

---

1 Article headings are for reference purposes only and are not to be used for purposes of interpretation.

2 The term "commercial" should be given a wide interpretation so as to cover matters arising from all relationships of a commercial nature, whether contractual or not. Relationships of a commercial nature include, but are not limited to, the following transactions: any trade transaction for the supply or exchange of goods or services; distribution agreement; commercial representation or agency; factoring; leasing; construction of works; consulting; engineering; licensing; investment; financing; banking; insurance; exploitation agreement or concession; joint venture and other forms of industrial or business co-operation; carriage of goods or passengers by air, sea, rail or road.

국제상사중재에 관한 국제상거래법위원회 모범중재법

1985. 6. 21. 제정
2006. 7. 7. 개정

제1장 총 칙

제1조 적용 범위[1]

① 이 법은 당국과 타국간에 체결된 모든 합의에 순응할 것을 조건으로 하고 국제상사[2]중재에 이를 적용한다.

② 이 법의 규정은 제8조, 제9조, 제17조의H, 제17조의I. 제17조의J, 제35조 및 제36조를 제외하고, 중재지가 해당국의 영역 내에 있는 경우에 한하여 적용한다. <개정 2006. 7. 7>

③ 국제중재는 다음에 해당하는 경우이다.

1. 중재합의의 당사자가 중재합의를 체결할 당시 상이한 국가 내에 영업소를 두고 있는 경우
2. 다음 장소 중 어느 한 장소가 당사자의 영업소 소재지 국외에 있는 경우
   (ⅰ) 중재합의에서 결정되어 있거나 또는 그에 따라 결정되는 중재지

1 조항 표제는 참조를 위한 것일 뿐이며, 해석 시 고려 대상이 아니다.

2 "상사"라는 용어는 계약 또는 기타 관계를 불문하고 상업적 성격의 모든 관계에서 발생하는 사안을 다루기 위하여 광범위하게 해석된다. 상업적 성격의 관계는 상품이나 서비스의 공급 또는 교환을 위한 모든 거래, 유통판매계약, 상업적 대리나 에이전시, 팩토링, 리스, 건설, 자문, 기술, 라이센싱, 투자, 금융, 은행, 보험, 개발계약 또는 양허, 합작사업 및 기타 형태의 산업적 또는 사업적 협력, 항공, 해상 철도 또는 도로를 이용한 물품이나 승객의 운송 등의 거래를 포함하나 이에 국한되지 않는다.

(ii) any place where a substantial part of the obligations of the commercial relationship is to be performed or the place with which the subject-matter of the dispute is most closely connected; or

(c) the parties have expressly agreed that the subject matter of the arbitration agreement relates to more than one country.

(4) For the purposes of paragraph (3) of this article:

(a) if a party has more than one place of business, the place of business is that which has the closest relationship to the arbitration agreement;

(b) if a party does not have a place of business, reference is to be made to his habitual residence.

(5) This Law shall not affect any other law of this State by virtue of which certain disputes may not be submitted to arbitration or may be submitted to arbitration only according to provisions other than those of this Law.

Article 2. Definitions and rules of interpretation

For the purposes of this Law:

(a) "arbitration" means any arbitration whether or not administered by a permanent arbitral institution;

(b) "arbitral tribunal" means a sole arbitrator or a panel of arbitrators;

(c) "court" means a body or organ of the judicial system of a State;

(d) where a provision of this Law, except article 28, leaves the parties free to determine a certain issue, such freedom includes the right of the parties to authorize a third party, including an institution, to make that determination;

(e) where a provision of this Law refers to the fact that the parties have agreed or that they may agree or in any other way refers to an agreement of the parties, such agreement includes any arbitration rules referred to in that agreement;

(f) where a provision of this Law, other than in articles 25(a) and 32(2) (a), refers to a claim, it also applies to a counter-claim, and where it refers to a defence, it also applies to a defence to such counter-claim.

Article 2 A. International origin and general principles

(As adopted by the Commission at its thirty-ninth session, in 2006)

(1) In the interpretation of this Law, regard is to be had to its international origin and to the need to promote uniformity in its application and the observance of good faith.

(ii) 상거래상 의무의 실질적인 부분이 이행되어야 할 장소 또는 분쟁의 본안사항과 가장 밀접하게 연결되어 있는 장소
3. 중재합의의 본안사항이 2개국 이상과 관련되어 있다고 당사자들이 명시적으로 합의한 경우

④ 제3항의 적용상
1. 일방당사자가 2개 이상의 영업소를 두고 있는 경우에는 중재합의와 가장 밀접한 관계가 있는 영업소를 지칭하고
2. 일방당사자가 영업소를 두고 있지 아니하는 경우에는 상거소를 참조하는 것으로 한다.

⑤ 해당국가의 법령에 의하면 특정 분쟁이 중재에 회부될 수 없거나 이 법 이외의 규정에 따라서만 중재에 회부되어야 하는 경우에 이 법은 해당 국가의 타 법령에 영향을 미치지 아니한다.

제2조 정의와 해석의 원칙

이 법의 적용상
1. "중재"라 함은 상설중재기관에 의하여 관리되거나 아니되거나를 불문하고 모든 중재를 말한다.
2. "중재판정부"라 함은 단독 중재인 또는 수인의 중재인단을 말한다.
3. "법원"이라 함은 한 국가의 사법기관을 말한다.
4. 제28조를 제외한 이 법의 규정이 당사자로 하여금 일정한 쟁점을 자유롭게 결정하도록 허용하고 있는 경우에는, 어떤 기관을 포함한 제3자에게 당해 결정을 내릴 권한을 부여하는 당사자의 권리가 포함된다.
5. 이 법의 규정에서 당사자가 합의하였거나 합의할 수 있다고 정하거나 또는 기타 방법으로 당사자의 합의에 관하여 언급한 경우에 그러한 합의는 그 합의 속에 언급된 모든 중재규칙을 포함한다.
6. 제25조 제1호 및 제32조 제2항 제1호를 제외하고 청구에 관한 이 법의 규정은 반대청구에도 적용된다. 방어에 관한 규정은 그러한 반대청구의 항변에도 적용된다.

제2조의A 국제성 및 일반원칙 〈개정 2006. 7. 7.〉

① 이 법을 해석할 때에는 이 법의 국제적 성격, 그리고 법적용의 통일성과 신의칙 준수를 증진할 필요성을 함께 고려하여야 한다.

(2) Questions concerning matters governed by this Law which are not expressly settled in it are to be settled in conformity with the general principles on which this Law is based.

Article 3. Receipt of written communications

(1) Unless otherwise agreed by the parties:
   (a) any written communication is deemed to have been received if it is delivered to the addressee personally or if it is delivered at his place of business, habitual residence or mailing address; if none of these can be found after making a reasonable inquiry, a written communication is deemed to have been received if it is sent to the addressee's last-known place of business, habitual residence or mailing address by registered letter or any other means which provides a record of the attempt to deliver it;
   (b) the communication is deemed to have been received on the day it is so delivered.
(2) The provisions of this article do not apply to communications in court proceedings.

Article 4. Waiver of right to object

A party who knows that any provision of this Law from which the parties may derogate or any requirement under the arbitration agreement has not been complied with and yet proceeds with the arbitration without stating his objection to such non-compliance without undue delay or, if a time-limit is provided therefor, within such period of time, shall be deemed to have waived his right to object.

Article 5. Extent of court intervention

In matters governed by this Law, no court shall intervene except where so provided in this Law.

Article 6. Court or other authority for certain functions of arbitration assistance and supervision

The functions referred to in articles 11(3), 11(4), 13(3), 14, 16(3) and 34(2) shall be performed by ... [Each State enacting this model law specifies the court, courts or, where referred to therein, other authority competent to perform these functions.]

② 이 법이 규율하는 사안으로써 이 법의 규정으로 명확히 해결할 수 없는 문제는 이 법이 기초하는 일반원칙에 따라 해결하여야 한다.

제3조 서면통지의 수령

① 당사자 간에 달리 합의가 없는 한

1. 모든 서면통지는 수신인에게 직접 교부되거나 수신인의 영업소, 상거소 또는 우편주소지에 전달된 경우에는 수령된 것으로 본다. 또한 그러한 주소들이 합리적인 조회의 결과로써도 발견될 수 없는 경우에는 등기우편 또는 전달하려고 한 기록을 제공할 수 있는 그 밖의 다른 수단에 의하여 수신인의 최후 영업소, 상거소, 또는 우편주소지에 발송된 경우에는 서면통지가 수령된 것으로 본다.
2. 서면통지는 1호의 방법으로 전달된 일자에 수령된 것으로 본다.

② 제1항의 규정은 소송절차상의 송달에는 적용되지 아니한다.

제4조 이의신청권의 포기

당사자들이 그 효력을 배제할 수 있는 이 법의 규정이나 중재합의에서의 요구사항들이 준수되지 아니한 사실을 알았으면서도 당사자가 지체없이 또는 기한이 정해져 있는 경우에는 그 기한 내에 그러한 불이행에 대해 이의를 제기하지 아니하고 중재절차를 속행한 경우에는 자신의 이의신청권을 포기한 것으로 본다.

제5조 법원의 관여

이 법이 적용되는 사항에 대해서 법원은 이 법이 규정한 경우를 제외하고는 관여하여서는 아니된다.

제6조 중재 지원 및 감독 기능을 수행하는 법원 또는 기타 기관

제11조 제3항, 제11조 제4항, 제13조 제3항, 제14조, 제16조 제3항 및 제34조 제2항에 규정된 기능은 ... [이 모범중재법을 입법하는 각 국가는 법원 또는 이 기능을 수행할 수 있는 기타 기관을 명시하여야 함] ... 에 의하여 수행된다.

Chapter II Arbitration Agreement

Option I

Article 7. Definition and form of arbitration agreement

(As adopted by the Commission at its thirty-ninth session, in 2006)

(1) "Arbitration agreement" is an agreement by the parties to submit to arbitration all or certain disputes which have arisen or which may arise between them in respect of a defined legal relationship, whether contractual or not. An arbitration agreement may be in the form of an arbitration clause in a contract or in the form of a separate agreement.

(2) The arbitration agreement shall be in writing.

(3) An arbitration agreement is in writing if its content is recorded in any form, whether or not the arbitration agreement or contract has been concluded orally, by conduct, or by other means.

(4) The requirement that an arbitration agreement be in writing is met by an electronic communication if the information contained therein is accessible so as to be useable for subsequent reference; "electronic communication" means any communication that the parties make by means of data messages; "data message" means information generated, sent, received or stored by electronic, magnetic, optical or similar means, including, but not Part One. UNCITRAL Model Law on International Commercial Arbitration 5 limited to, electronic data interchange (EDI), electronic mail, telegram, telex or telecopy.

(5) Furthermore, an arbitration agreement is in writing if it is contained in an exchange of statements of claim and defence in which the existence of an agreement is alleged by one party and not denied by the other.

(6) The reference in a contract to any document containing an arbitration clause constitutes an arbitration agreement in writing, provided that the reference is such as to make that clause part of the contract.

Option II

Article 7. Definition of arbitration agreement

(As adopted by the Commission at its thirty-ninth session, in 2006)

"Arbitration agreement" is an agreement by the parties to submit to arbitration all or certain disputes which have arisen or which may arise between them in respect of a defined legal relationship, whether contractual or not.

제2장 중재합의

제Ⅰ안

제7조 중재합의의 정의와 방식 〈개정 2006. 7. 7.〉

① "중재합의"란 계약상 분쟁인지의 여부에 관계없이 일정한 법률관계에 관하여 당사자 간에 이미 발생하였거나 장래 발생할 수 있는 분쟁의 전부 또는 일부를 중재에 회부하기로 하는 당사자 간의 합의를 말한다. 중재합의는 계약에 포함된 중재조항 또는 독립된 합의 형식으로 할 수 있다.

② 중재합의는 서면으로 하여야 한다.

③ 중재합의 또는 계약이 구두, 일정한 행위 또는 그 밖의 방법에 의하여 체결되었는지 여부와 상관없이, 중재합의의 내용이 어떠한 형식으로든 기록이 된 경우에는 서면 중재합의에 해당한다.

④ 전자적 통신에 포함된 정보가 차후에 조회할 수 있는 형태로 이용 가능한 경우에는 중재합의의 서면 요건을 충족한다. "전자적 통신"이란 당사자들이 데이터 메시지 방법으로 행하는 모든 통신을 가리키며, "데이터 메시지"란 전자문서교환, 전자우편, 전보, 전신 또는 팩스를 포함한 전자적, 자기적, 광학적 또는 이와 유사한 수단으로 생성되거나 송달, 수령, 또는 보관된 정보를 말한다.

⑤ 또한 중재합의가 중재신청서와 답변서의 교환과정에서 포함되어 있고, 어느 한쪽 당사자가 중재합의의 존재를 주장하고 상대방이 이에 대해 다투지 않는 경우에는 서면 중재합의에 해당한다.

⑥ 계약이 중재조항을 포함한 문서를 인용하고 있는 경우에는 서면 중재합의가 있는 것으로 본다. 다만, 중재조항을 그 계약의 일부로 하고 있는 경우에 한한다.

제Ⅱ안

제7조 중재합의의 정의 〈개정 2006. 7. 7.〉

"중재합의"란 계약상 분쟁인지의 여부에 관계없이 일정한 법률관계에 관하여 당사자 간에 이미 발생하였거나 장래 발생할 수 있는 분쟁의 전부 또는 일부를 중재에 회부하기로 하는 당사자 간의 합의를 말한다.

Article 8. Arbitration agreement and substantive claim before court

(1) A court before which an action is brought in a matter which is the subject of an arbitration agreement shall, if a party so requests not later than when submitting his first statement on the substance of the dispute, refer the parties to arbitration unless it finds that the agreement is null and void, inoperative or incapable of being performed.
(2) Where an action referred to in paragraph (1) of this article has been brought, arbitral proceedings may nevertheless be commenced or continued, and an award may be made, while the issue is pending before the court.

Article 9. Arbitration agreement and interim measures by court

It is not incompatible with an arbitration agreement for a party to request, before or during arbitral proceedings, from a court an interim measure of protection and for a court to grant such measure.

Chapter III Composition of Arbitral Tribunal

Article 10. Number of arbitrators

(1) The parties are free to determine the number of arbitrators.
(2) Failing such determination, the number of arbitrators shall be three.

Article 11. Appointment of arbitrators

(1) No person shall be precluded by reason of his nationality from acting as an arbitrator, unless otherwise agreed by the parties.
(2) The parties are free to agree on a procedure of appointing the arbitrator or arbitrators, subject to the provisions of paragraphs (4) and (5) of this article.
(3) Failing such agreement,
    (a) in an arbitration with three arbitrators, each party shall appoint one arbitrator, and the two arbitrators thus appointed shall appoint the third arbitrator; if a party fails to appoint the arbitrator within thirty days of receipt of a request to do so from the other party, or if the two arbitrators fail to agree on the third arbitrator within thirty days of their appointment, the appointment shall be made, upon request of a party, by the court or other authority specified in article 6;

제8조 중재합의와 법원에 제소

① 중재합의의 대상이 된 사건이 법원에 제소되었을 경우로서, 일방당사자가 그 분쟁의 본안에 관한 제1차 진술서를 제출하기 이전에 이에 관한 항변을 제기하면, 법원은 그 중재합의가 무효이거나, 실효하였거나, 또는 이행불능의 상태에 있는 것으로 판단되지 아니하는 한 당사자들을 중재에 회부하여야 한다.

② 제1항에서 언급한 소송이 제기된 경우에도 중재절차는 개시되거나 속행될 수 있으며 사건이 법원에 계속 중인 경우에도 중재판정이 행해질 수 있다.

제9조 중재합의와 법원의 보전처분

일방당사자가 중재절차 전이나 진행 중에 법원에 보전처분을 신청하거나 법원이 이러한 조치를 허여하는 것은 중재합의에 반하지 아니한다.

제3장 중재판정부의 구성

제10조 중재인의 수

① 당사자는 중재인의 수를 자유로이 정할 수 있다.
② 그러한 결정이 없는 경우에는 중재인의 수는 3인으로 한다.

제11조 중재인의 선정

① 당사자가 달리 합의하지 않는 한 누구라도 자신의 국적을 이유로 중재인으로서 활동하는데 배제되지 아니한다.
② 본조 제4항과 제5항의 제한하에 당사자는 중재인의 선정절차를 자유로이 합의할 수 있다.
③ 그러한 합의가 없는 경우에
  1. 3인 중재에서 각 당사자는 1인의 중재인을 선정하고 이에 따라 선정된 2인의 중재인이 제3의 중재인을 선정한다. 일방당사자가 상대방으로 부터 중재인 선정을 요구받은 후 30일 이내에 중재인을 선정하지 않거나 2인의 중재인이 그 선정된 후 30일 이내에 제3의 중재인을 선정하지 못하였을 경우에는 일방당사자의 요청에 따라 제6조에 규정된 법원이나 기타 기관이 중재인을 선정한다.

(b) in an arbitration with a sole arbitrator, if the parties are unable to agree on the arbitrator, he shall be appointed, upon request of a party, by the court or other authority specified in article 6.

(4) Where, under an appointment procedure agreed upon by the parties,

(a) a party fails to act as required under such procedure, or

(b) the parties, or two arbitrators, are unable to reach an agreement expected of them under such procedure, or

(c) a third party, including an institution, fails to perform any function entrusted to it under such procedure, any party may request the court or other authority specified in article 6 to take the necessary measure, unless the agreement on the appointment procedure provides other means for securing the appointment.

(5) A decision on a matter entrusted by paragraph (3) or (4) of this article to the court or other authority specified in article 6 shall be subject to no Part One. UNCITRAL Model Law on International Commercial Arbitration 7 appeal. The court or other authority, in appointing an arbitrator, shall have due regard to any qualifications required of the arbitrator by the agreement of the parties and to such considerations as are likely to secure the appointment of an independent and impartial arbitrator and, in the case of a sole or third arbitrator, shall take into account as well the advisability of appointing an arbitrator of a nationality other than those of the parties.

Article 12. Grounds for challenge

(1) When a person is approached in connection with his possible appointment as an arbitrator, he shall disclose any circumstances likely to give rise to justifiable doubts as to his impartiality or independence. An arbitrator, from the time of his appointment and throughout the arbitral proceedings, shall without delay disclose any such circumstances to the parties unless they have already been informed of them by him.

(2) An arbitrator may be challenged only if circumstances exist that give rise to justifiable doubts as to his impartiality or independence, or if he does not possess qualifications agreed to by the parties. A party may challenge an arbitrator appointed by him, or in whose appointment he has participated, only for reasons of which he becomes aware after the appointment has been made.

2. 단독중재의 경우에 당사자가 중재인 선정을 합의하지 못한 때에는 일방당사자의 요청이 있으면 제6조에 규정된 법원이나 기타 기관이 중재인을 선정한다.

④ 당사자가 합의한 중재인 선정절차에 따라
1. 일방당사자가 그 절차에서 요구하는 대로 이행하지 아니하거나,

2. 양당사자나 2인의 중재인이 그 절차에서 기대되는 합의에 이를 수 없거나,

3. 일정 기관을 포함한 제3자가 그 절차에서 위임된 기능을 수행할 수 없는 때에 당사자는 선정절차 합의내용 속에 그 선정을 보전하는 그 밖의 다른 조치가 없는 한 제6조에 규정된 법원이나 기타 기관에 필요한 처분을 취할 것을 요청할 수 있다.

⑤ 본조 제3항과 제4항에 따라 제6조에 규정된 법원이나 기타 기관에 위임된 사항에 관한 결정에 대하여는 항고할 수 없다. 중재인을 선정할 때 법원이나 기타 기관은 당사자들의 합의에서 요구하는 중재인의 자격을 고려하여야 하며 또한 독립적이며 공정한 중재인의 선정을 보장하는데 적절한지도 고려하여야 한다. 단독중재인이나 제3의 중재인의 경우에는 당사자들의 국적 이외의 국적을 가진 중재인을 선정하는 것이 바람직한 지도 고려하여야 한다.

제12조 중재인기피의 사유

① 중재인으로 직무수행의 요청을 받은 자는 그 자신의 공정성이나 독립성에 관하여 정당한 의심을 야기할 수 있는 모든 사정을 고지하여야 한다. 중재인은 중재인으로 선정된 때로부터 그리고 중재절차의 종료시까지 그러한 사정을 당사자에게 지체 없이 고지하여야 한다. 다만, 중재인이 그러한 사정을 이미 통지한 당사자에게 대하여는 그러하지 아니하다.

② 중재인은 그 자신의 공정성이나 독립성에 관하여 정당한 의심을 야기하는 사정이 존재하거나 또는 당사자가 합의한 자격을 갖추지 못한 때에 한해 기피될 수 있다. 당사자는 자신이 선정하였거나 그 선정절차에 참여한 중재인에 대하여 선정 후에 비로소 알게 된 사유에 의해서만 기피할 수 있다.

Article 13. Challenge procedure

(1) The parties are free to agree on a procedure for challenging an arbitrator, subject to the provisions of paragraph (3) of this article.
(2) Failing such agreement, a party who intends to challenge an arbitrator shall, within fifteen days after becoming aware of the constitution of the arbitral tribunal or after becoming aware of any circumstance referred to in article 12(2), send a written statement of the reasons for the challenge to the arbitral tribunal. Unless the challenged arbitrator withdraws from his office or the other party agrees to the challenge, the arbitral tribunal shall decide on the challenge.
(3) If a challenge under any procedure agreed upon by the parties or under the procedure of paragraph (2) of this article is not successful, the challenging party may request, within thirty days after having received notice of the decision rejecting the challenge, the court or other authority specified in article 6 to decide on the challenge, which decision shall be subject to no appeal; while such a request is pending, the arbitral tribunal, including the challenged arbitrator, may continue the arbitral proceedings and make an award.

Article 14. Failure or impossibility to act

(1) If an arbitrator becomes de jure or de facto unable to perform his functions or for other reasons fails to act without undue delay, his mandate terminates if he withdraws from his office or if the parties agree on the termination. Otherwise, if a controversy remains concerning any of these grounds, any party may request the court or other authority specified in article 6 to decide on the termination of the mandate, which decision shall be subject to no appeal.
(2) If, under this article or article 13(2), an arbitrator withdraws from his office or a party agrees to the termination of the mandate of an arbitrator, this does not imply acceptance of the validity of any ground referred to in this article or article 12(2).

Article 15. Appointment of substitute arbitrator

Where the mandate of an arbitrator terminates under article 13 or 14 or because of his withdrawal from office for any other reason or because of the revocation of his mandate by agreement of the parties or in any other case of termination of his mandate, a substitute arbitrator shall be appointed according to the rules that were applicable to the appointment of the arbitrator being replaced.

第13조 중재인의 기피절차

① 본조 제3항의 제한 하에 당사자들은 중재인 기피절차를 자유로이 합의할 수 있다.

② 제1항의 합의가 없는 경우에 중재인을 기피하고자 하는 당사자는 중재판정부가 구성된 후 또는 12조 제2항의 사정을 알게 된 후 15일 이내에 중재인기피사유를 진술한 서면을 중재판정부에 송부하여야 한다. 기피당한 중재인이 그 직무로부터 사퇴하지 아니하거나, 상대방당사자가 그 기피신청에 동의하지 아니하는 한 중재판정부는 그 기피신청에 관하여 결정하여야 한다.

③ 당사자가 합의한 절차나 본조 제2항의 절차에 따라 기피신청이 받아들여지지 아니하면, 기피신청한 당사자는 그 기피거절 결정의 통지를 받은 후 30일 이내에 제6조에서 정한 법원이나 기타 기관에 기피에 대한 결정을 신청할 수 있다. 그 결정에 대하여는 항고할 수 없으며 그러한 신청이 계속 중인 경우에도 기피신청의 대상이 된 중재인을 포함한 중재판정부는 중재절차를 속행하여 판정을 내릴 수 있다.

第14조 중재인의 불이행 또는 이행불능

① 중재인이 법률상 또는 사실상 자신의 직무를 이행할 수 없거나, 다른 사유로 인하여 적정기간에 직무를 수행하지 아니하는 경우에 그가 자진하여 사임하거나 당사자의 합의로써 중재인의 직무권한은 종료된다. 이러한 사유에 관하여 다툼이 있는 경우에 각 당사자는 제6조에 기재된 법원이나 기타 기관에 대하여 중재인의 권한종료에 관하여 결정할 것을 요청할 수 있으며 그 결정에 대하여는 항고할 수 없다.

② 본조나 제13조 제2항에 따라 중재인이 자진하여 사임하거나 당사자가 중재인의 권한종료에 합의하였다 하더라도 이러한 사실이 본조나 제12조 제2항에서 언급하고 있는 기피사유의 유효성을 인정하는 것을 의미하지는 아니한다.

第15조 보궐중재인의 선정

제13조나 제14조에 따라 또는 기타 사유로 인하여 중재인이 자진하여 사임하거나 또는 당사자의 합의로 중재인의 권한이 취소되었거나 기타 사유로 인하여 중재인의 권한이 종료되는 경우에 보궐중재인은 대체되는 중재인의 선정에 적용되었던 규칙에 따라 선정되어야 한다.

Chapter Ⅳ Jurisdiction of Arbitral Tribunal

Article 16. Competence of arbitral tribunal to rule on its jurisdiction

(1) The arbitral tribunal may rule on its own jurisdiction, including any objections with respect to the existence or validity of the arbitration agreement. For that purpose, an arbitration clause which forms part of a contract shall be treated as an agreement independent of the other terms of the contract. A decision by the arbitral tribunal that the contract is null and void shall not entail ipso jure the invalidity of the arbitration clause.

(2) A plea that the arbitral tribunal does not have jurisdiction shall be raised not later than the submission of the statement of defence. A party is not precluded from raising such a plea by the fact that he has appointed, or participated in the appointment of, an arbitrator. A plea that the arbitral tribunal is exceeding the scope of its authority shall be raised as soon as the matter alleged to be beyond the scope of its authority is raised during the arbitral proceedings. The arbitral tribunal may, in either case, admit a later plea if it considers the delay justified.

(3) The arbitral tribunal may rule on a plea referred to in paragraph (2) of this article either as a preliminary question or in an award on the merits. If the arbitral tribunal rules as a preliminary question that it has jurisdiction, any party may request, within thirty days after having received notice of that ruling, the court specified in article 6 to decide the matter, which decision shall be subject to no appeal; while such a request is pending, the arbitral tribunal may continue the arbitral proceedings and make an award.

Chapter Ⅳ A. Interim Measures and Preliminary Orders

(As adopted by the Commission at its thirty-ninth session, in 2006)

Section 1. Interim measures

Article 17. Power of arbitral tribunal to order interim measures

(1) Unless otherwise agreed by the parties, the arbitral tribunal may, at the request of a party, grant interim measures.

(2) An interim measure is any temporary measure, whether in the form of an award or in another form, by which, at any time prior to the issuance of the award by which the dispute is finally decided, the arbitral tribunal orders a party to:

(a) Maintain or restore the status quo pending determination of the dispute;

제 4 장 중재판정부의 관할

제16조 자신의 관할에 관한 중재판정부의 결정권한

① 중재판정부는 중재합의의 존부 또는 유효성에 관한 이의를 포함하여 자신의 관할을 결정할 권한을 가진다. 그러한 규정의 적용상 계약의 일부를 이루는 중재조항은 그 계약의 다른 조항과는 독립된 합의로 취급하여야 한다. 중재판정부에 의한 계약무효의 결정은 법률상 당연히 중재조항의 부존재 내지 무효를 의미하는 것은 아니다.

② 중재판정부가 관할권을 가지고 있지 않다는 항변은 늦어도 반박서면을 제출할 때까지 제기되어야 한다. 당사자의 이러한 항변은 자신이 중재인을 선정하였거나 또는 중재인의 선정에 참여하였다는 사실 때문에 배제되지 아니한다. 중재판정부가 그 직무권한의 범위를 벗어났다는 항변은 그러한 권한유월이 주장되는 사항이 중재절차 진행 중에 제출된 즉시 제기되어야 한다. 중재판정부는 시기에 늦게 제출된 항변에 대해서도 그 지연이 정당하다고 인정하는 경우에는 이를 허용할 수 있다.

③ 중재판정부는 본조 제2항의 항변에 관하여 선결문제로서 또는 본안에 관한 중재판정에서 결정할 수 있다. 중재판정부가 선결문제로서 자신의 관할권이 있음을 결정하는 경우에 당사자는 당해 결정의 통지를 받은 후 30일 이내에 제6조에 명시된 법원에 대하여 당해 사항을 결정해 줄 것을 신청할 수 있으며 그 결정에 대하여는 항고할 수 없다. 이러한 신청이 계속 중인 경우에도 중재판정부는 중재절차를 속행하여 중재판정을 내릴 수 있다.

제 4A 장 임시적 처분 및 예비적 명령 〈개정 2006. 7. 7.〉

제 1 절 임시적 처분

제17조 중재판정부의 임시적 처분 명령 권한

① 당사자 간에 다른 합의가 없는 경우에, 중재판정부는 어느 한쪽 당사자의 신청에 따라 임시적 처분을 내릴 수 있다.

② 임시적 처분이란 중재판정부가 중재판정의 형식 또는 기타의 방식으로 중재판정이 내려지기 전 어느 한쪽 당사자에게 다음 각 호의 내용을 이행하도록 명하는 잠정적 조치를 말한다.
1. 분쟁이 종결되기 전까지 현상의 유지 또는 복원

(b) Take action that would prevent, or refrain from taking action that is likely to cause, current or imminent harm or prejudice to the arbitral process itself;
(c) Provide a means of preserving assets out of which a subsequent award may be satisfied; or
(d) Preserve evidence that may be relevant and material to the resolution of the dispute.

Article 17 A. Conditions for granting interim measures

(1) The party requesting an interim measure under article 17(2)(a), (b) and (c) shall satisfy the arbitral tribunal that:
(a) Harm not adequately reparable by an award of damage is likely to result if the measure is not ordered and such harm substantially outweighs the harm that is likely to result to the party against whom the measure is deirected if the measure is granted; and result
(b) There is a reasonable possibility that the requesting party will succeed on the merits of the claim. The determination on this possibility shall not affect the discretion of the arbitral tribunal in making any subsequent determination.
(2) With regard to a request for an interim measure under article 17(2)(d), the requirements in paragraphs (1)(a) and (b) of this article shall apply only to the extent the arbitral tribunal considers appropriate.

Section 2. Preliminary orders

Article 17 B. Applications for preliminary orders and conditions for granting preliminary orders

(1) Unless otherwise agreed by the parties, a party may, without notice to any other party, make a request for an interim measure together with an application for a preliminary order directing a party not to frustrate the purpose of the interim measure requested.
(2) The arbitral tribunal may grant a preliminary order provided it considers that prior disclosure of the request for the interim measure to the party against whom it is directed risks frustrating the purpose of the measure.
(3) The conditions defined under article 17A apply to any preliminary order, provided that the harm to be assessed under article 17A(1)(a), is the harm likely to result from the order being granted or not.

2. 중재절차를 훼손하는 행위를 방지하거나 금지토록 하는 조치

3. 중재판정의 이행에 필요한 자산을 보전할 수 있는 수단의 제공

4. 분쟁의 해결과 밀접한 관련이 있는 증거의 보전

제17조의A 임시적 처분의 허용조건

① 제17조의 제2항 1, 2, 3호에 따른 임시적 처분을 신청하는 당사자는 중재판정부에 다음의 각호를 입증하여야 한다.
1. 임시적 처분이 거부될 경우 손해배상을 명하는 중재판정부만으로는 회복할 수 없는 손해가 발생할 가능성이 있고 그러한 손해는 임시적 처분이 내려짐으로써 상대방당사자가 입을 손해보다 크다는 점
2. 임시적 처분을 신청하는 당사자가 본안에서 승소할 가능성이 높다는 점. 다만, 그러한 가능성에 대한 판단은, 중재판정부가 추후 다른 판단을 할 수 있는 재량에 영향을 미치지 아니한다.

② 제17조 제2항 4호에 따른 임시적 처분의 신청과 관련하여, 동조 제1항 1, 2호상의 요건은 중재판정부가 적절하다고 판단하는 범위 내에서만 적용된다.

제 2 절 예비적 명령

제17조의B 예비적 명령의 신청 및 허용 조건

① 당사자 간에 다른 합의가 없는 경우에, 어느 한쪽 당사자는 상대방 당사자에 대한 통지 없이 임시적 처분의 신청과 함께, 당사자가 그러한 임시적 처분의 목적을 훼손시키지 못하도록 예비적 명령을 신청할 수 있다.

② 임시적 처분 신청의 사실을 처분의 상대방 당사자에게 사전에 공개하면 그 목적이 훼손될 것이라 판단하는 경우 중재판정부는 예비적 명령을 내릴 수 있다.

③ 제17조의A 제1항 1호상의 손해가 예비적 명령의 허용 여부에 따라 발생하는 손해인 경우, 제17조의A에 규정된 조건은 모든 예비적 명령에 적용된다.

Article 17 C. Specific regime for preliminary orders

(1) Immediately after the arbitral tribunal has made a determination in respect of an application for a preliminary order, the arbitral tribunal shall give notice to all parties of the request for the interim measure, the application for the preliminary order, the preliminary order, if any, and all other communications, including by indicating the content of any oral communication, between any party and the arbitral tribunal in relation thereto.
(2) At the same time, the arbitral tribunal shall give an opportunity to any party against whom a preliminary order is directed to present its case at the earliest practicable time.
(3) The arbitral tribunal shall decide promptly on any objection to the preliminary order.
(4) A preliminary order shall expire after twenty days from the date on which it was issued by the arbitral tribunal. However, the arbitral tribunal may issue an interim measure adopting or modifying the preliminary order, after the party against whom the preliminary order is directed has been given notice and an opportunity to present its case.
(5) A preliminary order shall be binding on the parties but shall not be subject to enforcement by a court. Such a preliminary order does not constitute an award.

Section 3. Provisions applicable to interim measures and preliminary orders

Article 17 D. Modification, suspension, termination

The arbitral tribunal may modify, suspend or terminate an interim measure or a preliminary order it has granted, upon application of any party or, in exceptional circumstances and upon prior notice to the parties, on the arbitral tribunal's own initiative.

Article 17 E. Provision of security

(1) The arbitral tribunal may require the party requesting an interim measure to provide appropriate security in connection with the measure.
(2) The arbitral tribunal shall require the party applying for a preliminary order to provide security in connection with the order unless the arbitral tribunal considers it inappropriate or unnecessary to do so.

제17조의C 예비적 명령에 관한 특별규정

① 중재판정부는 예비적 명령 신청에 관한 결정을 내린 후 즉시, 모든 당사자에게 임시적 처분 또는 예비적 명령의 신청 사실, 예비적 명령을 허용하는 경우 그 내용 그리고 이와 관련하여 당사자와 중재판정부 간에 있었던 구두 대화 내용을 포함한 모든 통신 내용을 고지하여야 한다.

② 동시에 중재판정부는 예비적 명령의 상대방 당사자에게 가능한 조속한 시일 내에 자신의 입장을 진술할 기회를 부여하여야 한다.

③ 중재판정부는 예비적 명령에 대한 이의에 관하여 즉시 결정하여야 한다.

④ 예비적 명령은 중재판정부가 명령을 내린 날로부터 20일이 경과하면 효력이 상실된다. 그러나 중재판정부는 예비적 명령의 상대방 당사자가 통지를 수령하고 자신의 입장을 진술할 기회를 부여받은 뒤에는 예비적 명령을 인용하거나 또는 수정하는 임시적 처분을 내릴 수 있다.

⑤ 예비적 명령은 당사자들을 구속하나, 법원에 의한 집행의 대상이 되지 아니한다. 이러한 예비적 명령은 중재판정에 해당하지 아니한다.

제 3 절 임시적 처분 및 예비적 명령에 적용할 규정

제17조의D 수정, 중지, 종료

중재판정부는 일방당사자의 신청에 따라 또는 예외적인 경우 당사자들에게 사전 고지한 후 이미 내린 임시적 처분 또는 예비적 명령을 직권으로 수정, 중지 또는 종료할 수 있다.

제17조의E 담보의 제공

① 중재판정부는 임시적 처분을 신청하는 당사자에게 적절한 담보를 제공하도록 요구할 수 있다.

② 중재판정부는 예비적 명령의 신청인에게 당해 명령과 관련하여 담보를 제공하도록 요구할 수 있다. 다만, 중재판정부가 적절하지 않다거나 필요하지 않다고 판단하는 경우에는 그러하지 아니하다.

Article 17 F. Disclosure

(1) The arbitral tribunal may require any party promptly to disclose any material change in the circumstances on the basis of which the measure was requested or granted.
(2) The party applying for a preliminary order shall disclose to the arbitral tribunal all circumstances that are likely to be relevant to the arbitral tribunal's determination whether to grant or maintain the order, and such obligation shall continue until the party against whom the order has been requested has had an opportunity to present its case. Thereafter, paragraph (1) of this article shall apply.

Article 17 G. Costs and damages

The party requesting an interim measure or applying for a preliminary order shall be liable for any costs and damages caused by the measure or the order to any party if the arbitral tribunal later determines that, in the circumstances, the measure or the order should not have been granted. The arbitral tribunal may award such costs and damages at any point during the proceedings.

Section 4. Recognition and enforcement of interim measures

Article 17 H. Recognition and enforcement

(1) An interim measure issued by an arbitral tribunal shall be recognized as binding and, unless otherwise provided by the arbitral tribunal, enforced upon application to the competent court, irrespective of the country in which it was issued, subject to the provisions of article 17 I.
(2) The party who is seeking or has obtained recognition or enforcement of an interim measure shall promptly inform the court of any termination, suspension or modification of that interim measure.
(3) The court of the State where recognition or enforcement is sought may, if it considers it proper, order the requesting party to provide appropriate security if the arbitral tribunal has not already made a determination with respect to security or where such a decision is necessary to protect the rights of third parties.

제17조의F 공 개

① 중재판정부는 당사자에게 임시적 처분의 신청 및 허용의 기초가 된 사정에 중대한 변경이 발생한 경우, 즉시 이를 공개하도록 요구할 수 있다.

② 예비적 명령의 신청인은 중재판정부가 이를 허용 또는 유지할지 여부를 판단하는데 관련되는 모든 사정을 중재판정부에게 공개하여야 하며 이러한 공개 의무는 예비적 명령의 상대방 당사자가 자신의 입장을 진술할 기회를 부여받을 때까지 지속된다. 그 이후에는 본조 제1항이 적용된다.

제17조의G 비용 및 손해배상

중재판정부가 추후에 해당 임시적 처분과 예비적 명령을 같은 상황이라면 내려지지 않았어야 할 것이라고 판단하는 경우에는 임시적 처분 또는 예비적 명령을 신청한 당사자는 다른 당사자들이 그러한 임시적 처분 또는 예비적 명령으로 인하여 입은 제반 비용과 손해를 배상하여야 한다. 중재판정부는 그러한 비용 및 손해에 대하여 중재절차의 어느 단계에서든 판정을 내릴 수 있다.

제4절 임시적 처분의 승인 및 집행

제17조의H 승인 및 집행

① 중재판정부가 내린 임시적 처분은 구속력 있는 것으로 승인되어야 하며 중재판정부가 달리 정하지 않은 경우, 제17조의I 의 규정에 벗어나지 않는 한 그 처분이 어떤 국가에서 내려졌느냐에 관계없이 관할법원에 신청하면 집행하여야 한다.

② 임시적 처분의 승인 또는 집행을 구하거나 이를 허락 받은 당사자는 그 처분의 종료, 정지 또는 수정 사항을 즉시 관할법원에 고지하여야 한다.

③ 임시적 처분의 승인 및 집행을 요청받은 국가의 관할법원은 적절하다고 판단하는 경우, 중재판정부가 담보의 제공과 관련한 결정을 내리지 않았거나 또는 제3자의 권리보호를 위해 필요한 경우에는 신청 당사자에게 적절한 담보를 제공하도록 명할 수 있다.

Article 17 I. Grounds for refusing recognition or enforcement[3]

(1) Recognition or enforcement of an interim measure may be refused only:
   (a) At the request of the party against whom it is invoked if the court is satisfied that:
      (i) Such refusal is warranted on the grounds set forth in article 36(1)(a)(i), (ii), (iii) or (iv); or
      (ii) The arbitral tribunal's decision with respect to the provision of security in connection with the interim measure issued by the arbitral tribunal has not been complied with; or
      (iii) The interim measure has been terminated or suspended by the arbitral tribunal or, where so empowered, by the court of the State in which the arbitration takes place or under the law of which that interim measure was granted; or
   (b) If the court finds that:
      (i) The interim measure is incompatible with the powers conferred upon the court unless the court decides to reformulate the interim measure to the extent necessary to adapt it to its own powers and procedures for the purposes of enforcing that interim measure and without modifying its substance; or
      (ii) Any of the grounds set forth in article 36(1)(b)(i) or (ii), apply to the recognition and enforcement of the interim measure.
(2) Any determination made by the court on any ground in paragraph (1) of this article shall be effective only for the purposes of the application to recognize and enforce the interim measure. The court where recognition or enforcement is sought shall not, in making that determination, undertake a review of the substance of the interim measure.

Section 5. Court-ordered interim measures

Article 17 J. Court-ordered interim measures

A court shall have the same power of issuing an interim measure in relation to arbitration proceedings, irrespective of whether their place is in court shall exercise such power in accordance with its own procedures in consideration of the specific features of international arbitration.

---

[3] The conditions set forth in article 17 I are intended to limit the number of circumstances in which the court may refuse to enforce an interim measure. It would not be contrary to the level of harmonization sought to be achieved by these model provisions if a State were to adopt fewer circumstances in which enforcement may be refused.

제17조의I 승인 및 집행의 거부 사유[3]

① 임시적 처분의 승인 또는 집행은 다음의 사유에 한하여 거부될 수 있다.

1. 임시적 처분의 상대방 당사자의 신청에 따라 법원이 다음 각목을 인정하는 경우

(1) 동법 제36조 제1항 1호 (i) 내지 (iv)목의 거절사유가 인정되는 경우

(2) 중재판정부가 임시적 처분과 관련하여 담보제공을 결정하였으나 이행되지 않은 경우

(3) 임시적 처분이 중재판정부에 의하여 종료 또는 중지되었거나, 중재지 법원 또는 임시적 처분의 근거가 된 법률에 의하여 종료 또는 중지된 경우

2. 법원이 다음 사실을 인정하는 경우

(1) 법원이 임시적 처분의 실질적 내용을 수정하지는 않더라도, 당해 법원에 부여된 권한 또는 임시적처분의 집행에 관한 절차에 맞게 임시적 처분의 형식을 조정하지 않는 한, 그 처분이 법원의 권한을 벗어난다는 점 또는,

(2) 동법 제36조 제1항 2호 (i)목 또는 (ii)목의 사유가 임시적 처분의 승인 및 집행에 적용된다는 점

② 본조 제1항의 사유에 근거하여 법원이 내린 결정은, 임시적 처분의 승인 및 집행 신청의 목적 내에서만 유효하다. 임시적 처분의 승인 및 집행의 신청을 받은 법원은 그 임시적 처분의 내용에 관한 실질심사를 할 수 없다.

제 5 절 법원의 임시적 처분

제17조의J 법원이 내리는 임시적 처분

법원은 중재지가 해당국 내에 있는지 여부와 관계없이, 중재절차와 관련하여 소송절차에서와 같은 임시적 처분발령 권한이 있다. 법원은 국제중재의 특수성을 고려하여 내부규칙에 따라 그러한 권한을 행사하여야 한다.

---

[3] 제17조의 I에 명시된 조건은 법원이 임시적 처분의 집행을 거부할 수 있는 경우의 수를 제한하기 위한 것이다. 국가가 집행 거부 사유를 더 제한적으로 도입하고자 할 경우 이는 동 모범조항이 이루고자 하는 조화의 수준에 반하지 아니할 것이다.

Chapter V Conduct of Arbitral Proceedings

Article 18. Equal treatment of parties

The parties shall be treated with equality and each party shall be given a full opportunity of presenting his case.

Article 19. Determination of rules of procedure

(1) Subject to the provisions of this Law, the parties are free to agree on the procedure to be followed by the arbitral tribunal in conducting the proceedings.
(2) Failing such agreement, the arbitral tribunal may, subject to the provisions of this Law, conduct the arbitration in such manner as it considers appropriate. The power conferred upon the arbitral tribunal includes the power to determine the admissibility, relevance, materiality and weight of any evidence.

Article 20. Place of arbitration

(1) The parties are free to agree on the place of arbitration. Failing such agreement, the place of arbitration shall be determined by the arbitral tribunal having regard to the circumstances of the case, including the convenience of the parties.
(2) Notwithstanding the provisions of paragraph (1) of this article, the arbitral tribunal may, unless otherwise agreed by the parties, meet at any place it considers appropriate for consultation among its members, for hearing witnesses, experts or the parties, or for inspection of goods, other property or documents.

Article 21. Commencement of arbitral proceedings

Unless otherwise agreed by the parties, the arbitral proceedings in respect of a particular dispute commence on the date on which a request for that dispute to be referred to arbitration is received by the respondent.

Article 22. Language

(1) The parties are free to agree on the language or languages to be used in the arbitral proceedings. Failing such agreement, the arbitral tribunal shall determine the language or languages to be used in the proceedings. This agreement or determination, unless otherwise specified therein, shall apply to any written statement by

제5장 중재절차의 진행

제18조 당사자의 동등한 대우

양당사자는 동등한 대우를 받아야 하며 각 당사자는 자신의 사안을 진술할 수 있는 충분한 기회를 가져야 한다.

제19조 중재절차규칙의 결정

① 이 법의 규정에 따라 당사자는 중재판정부가 중재절차를 진행할 때 지켜야할 절차규칙에 관하여 자유로이 합의할 수 있다.

② 제1항의 합의가 없는 경우에 중재판정부는 이 법의 규정에 따라 스스로 적절하다고 여기는 방식으로 중재를 진행할 수 있다. 중재판정부의 권한에는 증거의 채택 여부, 관련성, 중요성 및 그 경중을 결정할 권한이 포함된다.

제20조 중재지

① 당사자는 중재지에 관하여 자유로이 합의할 수 있다. 그러한 합의가 없는 경우는 중재지는 중재판정부가 당사자의 편의 등을 포함한 당해사건의 사정을 고려하여 결정한다.

② 본조 제1항의 규정에도 불구하고 당사자의 별도 합의가 없는 한 중재판정부는 그 구성원간의 협의를 위해서나 증인, 감정인 또는 당사자의 심문을 위하여 또는 물품, 기타 재산 또는 문서의 조사를 위하여 중재판정부가 적당하다고 여기는 장소에서 회합 할 수 있다.

제21조 중재절차의 개시

당사자 간에 달리 합의하지 않는 한 특정한 분쟁에 관한 중재절차의 진행은 당해 분쟁을 중재에 부탁할 것을 요구한 서면이 피신청인에 의하여 수령된 일자에 개시된다.

제22조 언 어

① 당사자는 중재절차의 진행에 사용되는 일개 또는 수개 언어에 관하여 자유로이 합의할 수 있다. 그러한 합의가 없는 경우에는 중재판정부는 중재절차에 사용되는 한 개 또는 수 개 언어를 결정하여야 한다. 그러한 합의 또는 결정은 그 속에 별도의 의사가 명시되어 있지 않는 한 당사자의 서면진술, 중재판정부의 심문 및 판정, 결정 또는 기타 통

a party, any hearing and any award, decision or other communication by the arbitral tribunal.

(2) The arbitral tribunal may order that any documentary evidence shall be accompanied by a translation into the language or languages agreed upon by the parties or determined by the arbitral tribunal.

Article 23. Statements of claim and defence

(1) Within the period of time agreed by the parties or determined by the arbitral tribunal, the claimant shall state the facts supporting his claim, the points at issue and the relief or remedy sought, and the respondent shall state his defence in respect of these particulars, unless the parties have otherwise agreed as to the required elements of such statements. The parties may submit with their statements all documents they consider to be relevant or may add a reference to the documents or other evidence they will submit.

(2) Unless otherwise agreed by the parties, either party may amend or supplement his claim or defence during the course of the arbitral proceedings, unless the arbitral tribunal considers it inappropriate to allow such amendment having regard to the delay in making it.

Article 24. Hearings and written proceedings

(1) Subject to any contrary agreement by the parties, the arbitral tribunal shall decide whether to hold oral hearings for the presentation of evidence or for oral argument, or whether the proceedings shall be conducted on the basis of documents and other materials. However, unless the parties have agreed that no hearings shall be held, the arbitral tribunal shall hold such hearings at an appropriate stage of the proceedings, if so requested by a party.

(2) The parties shall be given sufficient advance notice of any hearing and of any meeting of the arbitral tribunal for the purposes of inspection of goods, other property or documents.

(3) All statements, documents or other information supplied to the arbitral tribunal by one party shall be communicated to the other party. Also any expert report or evidentiary document on which the arbitral tribunal may rely in making its decision shall be communicated to the parties.

지에도 적용된다.

② 중재판정부는 어떤 서증에 대하여서도 당사자에 의하여 합의하거나 중재판정부가 결정한 한 개 또는 수 개 언어로 번역한 문서를 첨부하도록 명할 수 있다.

제23조 청구서면과 반박서면

① 당사자가 합의하였거나 또는 중재판정부가 결정한 기간 내에 신청인은 청구의 원인사실, 쟁점사항과 신청취지를 진술하여야 하고, 피신청인은 그러한 세부사항에 대한 답변내용을 진술하여야 한다. 그러나 당사자가 그러한 진술의 필요한 사항을 달리 합의하는 경우에는 그러하지 아니하다. 당사자는 직접 관계가 있다고 보는 모든 서류를 상기 진술서에 첨부하여 제출할 수 있으며 자신이 제출하고자 하는 기타 증거에 참고자료로 추가할 수도 있다.

② 당사자 간에 달리 합의하지 않는 한 어느 일방 당사자가 중재절차 진행 중에 자신의 청구내용이나 반박서면을 수정하거나 보충할 수 있다. 다만 중재판정부가 이를 인정함으로써 야기되는 지연을 고려하여 그러한 수정을 허용하는 것이 부적절하다고 여기는 경우에는 그러하지 아니하다.

제24조 구술심리 및 서면절차

① 당사자 간에 반대의 합의를 하지 않는 한, 중재판정부는 증거의 제출이나 구술변론을 위하여 구술심문을 할 것인지 아니면 서면 및 기타 자료에 근거하여 중재절차를 진행시킬 것인지를 결정하여야 한다. 그러나 당사자 간에 구술심문을 개최하지 아니한다는 별단의 합의가 없는 한, 중재판정부는 당사자 일방의 요청이 있으면 중재절차 진행 중의 적절한 단계에서 그러한 구술심문을 개최하여야 한다.

② 모든 심문에 관한 통지 및 물품, 또는 기타 재산 및 문서의 조사를 위한 중재판정부의 회합의 통지는 충분한 시간적 여유를 두고 사전에 당사자들에게 발송되어야 한다.

③ 당사자의 일방에 의하여 중재판정부에 제출된 모든 진술서, 문서, 또는 기타 정보는 타방 당사자에게도 통지되어야 한다. 중재판정부가 그 결정상 원용하게 될지도 모르는 감정인의 모든 보고서 또는 서증도 당사자들에게 통지되어야 한다.

Article 25. Default of a party

Unless otherwise agreed by the parties, if, without showing sufficient cause,

(a) the claimant fails to communicate his statement of claim in accordance with article 23(1), the arbitral tribunal shall terminate the proceedings;

(b) the respondent fails to communicate his statement of defence in accordance with article 23(1), the arbitral tribunal shall continue the proceedings without treating such failure in itself as an admission of the claimant's allegations;

(c) any party fails to appear at a hearing or to produce documentary evidence, the arbitral tribunal may continue the proceedings and make the award on the evidence before it.

Article 26. Expert appointed by arbitral tribunal

(1) Unless otherwise agreed by the parties, the arbitral tribunal

(a) may appoint one or more experts to report to it on specific issues to be determined by the arbitral tribunal;

(b) may require a party to give the expert any relevant information or to produce, or to provide access to, any relevant documents, goods or other property for his inspection.

(2) Unless otherwise agreed by the parties, if a party so requests or if the arbitral tribunal considers it necessary, the expert shall, after delivery of his written or oral report, participate in a hearing where the parties have the opportunity to put questions to him and to present expert witnesses in order to testify on the points at issue.

Article 27. Court assistance in taking evidence

The arbitral tribunal or a party with the approval of the arbitral tribunal may request from a competent court of this State assistance in taking evidence. The court may execute the request within its competence and according to its rules on taking evidence.

Chapter VI Making of Award and Termination Proceedings

Article 28. Rules applicable to substance of dispute

(1) The arbitral tribunal shall decide the dispute in accordance with such rules of law as are chosen by the parties as applicable to the substance of the dispute. Any

第25조 일방당사자의 해태

당사자가 달리 합의하지 않는 한 충분한 이유를 제시하지 아니하고
1. 신청인이 제23조 제1항에 따른 청구서면을 제출하지 않는 경우에는 중재판정부는 중재절차를 종료하여야 한다.
2. 피신청인이 제23조 제1항에 의하여 방어에 대한 진술서를 제출하지 아니하는 경우에는 중재판정부는 그러한 해태의 사실자체가 피신청인이 신청인의 주장을 그대로 인정하는 것으로 취급함이 없이 중재절차를 속행하여야 한다.
3. 당사자의 어느 일방이 심문에 출석하지 아니하거나, 서증을 제출하지 아니하는 경우에는 중재판정부는 중재절차를 속행하고 중재판정부에 제출된 증거에 근거하여 중재판정을 내릴 수 있다.

第26조 중재판정부가 지정한 감정인

① 당사자가 달리 합의하지 않는 한 중재판정부는,
1. 중재판정부에 의하여 결정될 특정한 쟁점에 관하여 보고할 1인 이상의 감정인을 지정할 수 있다.
2. 일방당사자로 하여금 감정인에게 관계 정보를 주거나 감정인의 조사를 위해 관련 문서의 제출, 물품 또는 기타의 재산을 조사하거나 또는 감정인이 이용할 수 있도록 명할 수 있다.

② 당사자가 달리 합의하지 않는 한 당사자 일방의 요청이 있거나 중재판정부가 필요하다고 여기는 경우에는 그 감정인은 자신의 서면 또는 구두보고를 제출한 후에도 문제된 쟁점에 관하여 당사자들이 그 감정인에게 질문할 기회 및 타 감정인들이 그 전문가적 증언을 할 기회를 갖는 심문에 참가하여야 한다.

第27조 증거조사에서 법원의 협조

중재판정부나 중재판정부의 승인을 받은 당사자는 해당국가의 관할법원에 대해 증거조사에서 협조를 요청할 수 있다. 법원은 그 권한 범위 내에서 증거조사의 규칙에 따라 그러한 요청에 응할 수 있다.

제 6 장 중재판정문의 작성과 중재절차의 종료

第28조 분쟁의 실체에 적용할 법규

① 중재판정부는 당사자들이 분쟁의 본안에 적용하려고 선택한 법규에 따라 판정을 하여야 한다. 달리 명시하지 아니하는 한 일정한 국가의 법 또는 법률체계의 지정이 있을

designation of the law or legal system of a given State shall be construed, unless otherwise expressed, as directly referring to the substantive law of that State and not to its conflict of laws rules.

(2) Failing any designation by the parties, the arbitral tribunal shall apply the law determined by the conflict of laws rules which it considers applicable.

(3) The arbitral tribunal shall decide *ex aequo et bono* or as *amiable compositeur* only if the parties have expressly authorized it to do so.

(4) In all cases, the arbitral tribunal shall decide in accordance with the terms of the contract and shall take into account the usages of the trade applicable to the transaction.

Article 29. Decision-making by panel of arbitrators

In arbitral proceedings with more than one arbitrator, any decision of the arbitral tribunal shall be made, unless otherwise agreed by the parties, by a majority of all its members. However, questions of procedure may be decided by a presiding arbitrator, if so authorized by the parties or all members of the arbitral tribunal.

Article 30. Settlement

(1) If, during arbitral proceedings, the parties settle the dispute, the arbitral tribunal shall terminate the proceedings and, if requested by the parties and not objected to by the arbitral tribunal, record the settlement in the form of an arbitral award on agreed terms.

(2) An award on agreed terms shall be made in accordance with the provisions of article 31 and shall state that it is an award. Such an award has the same status and effect as any other award on the merits of the case.

Article 31. Form and contents of award

(1) The award shall be made in writing and shall be signed by the arbitrator or arbitrators. In arbitral proceedings with more than one arbitrator, the signatures of the majority of all members of the arbitral tribunal shall suffice, provided that the reason for any omitted signature is stated.

(2) The award shall state the reasons upon which it is based, unless the parties have agreed that no reasons are to be given or the award is an award on agreed terms under article 30.

(3) The award shall state its date and the place of arbitration as determined in

때는 당해 국가의 실체법을 직접 지칭하는 것으로 해석하며, 그 국가의 국제사법원칙을 지칭하는 것으로 해석하지 아니한다.

② 당사자들에 의한 준거법의 지정이 없는 경우에는 중재판정부는 중재판정부가 적용가능하다고 보는 국제사법 규정에 따라 결정되는 법을 적용한다.

③ 중재판정부는 당사자가 명시적으로 권한을 부여하는 경우에 한하여 형평과 선에 의하여 또는 우의적 중재인으로서 판정을 내려야 한다.

④ 전 각항의 모든 경우에 있어서 중재판정부는 계약조건에 따라 결정하여야 하며, 당해 거래에 적용가능한 상관습을 고려하여야 한다.

제29조 중재판정부의 결정방법

당사자들이 달리 합의하지 않는 한, 2인 이상의 중재인에 의한 중재절차진행에 있어서는 중재판정부의 모든 결정은 전 구성원중의 과반수 결의에 의한다. 그러나 중재절차의 문제는 당사자나 중재판정부 구성원 전원의 수권이 있으면 의장중재인이 결정할 수 있다.

제30조 화 해

① 중재절차 진행 중에 당사자들 자신이 분쟁을 해결하는 경우에는 중재판정부는 그 절차를 종료하여야 하며, 당사자들의 요구가 있고 중재판정부가 이의를 제기하지 않는 한 중재판정부는 그 화해를 당사자가 합의한 내용의 중재판정문의 형식으로 기록하여야 한다.

② 당사자가 합의한 내용의 중재판정문은 제31조의 규정에 따라 작성되어야 하고 이를 중재판정으로 한다고 기재되어야 한다. 그러한 중재판정문은 당해 사건의 본안에 관한 다른 모든 중재판정과 동일한 지위와 효력을 가진다.

제31조 중재판정의 형식 및 내용

① 중재판정문은 서면으로 작성되어야 하며 중재인 또는 중재인들이 이에 서명하여야 한다. 2인 이상의 중재에 있어서는 중재판정부 구성원 중의 과반수의 서명으로 충분하다. 다만 이 경우에는 서명이 생략된 이유가 기재됨을 요한다.

② 중재판정문에는 그 판정의 근거가 되는 이유를 기재하여야 한다. 다만, 당사자 간에 이유의 불기재에 관하여 합의하였거나 또는 그 중재판정문이 제30조에 의하여 합의된 내용의 판정인 경우에는 그러하지 아니하다.

③ 중재판정문에는 작성일자와 제20조 제1항에 따라 정해진 중재지를 기재하여야 한다.

accordance with article 20(1). The award shall be deemed to have been made at that place.

(4) After the award is made, a copy signed by the arbitrators in accordance with paragraph (1) of this article shall be delivered to each party.

Article 32. Termination of proceedings

(1) The arbitral proceedings are terminated by the final award or by an order of the arbitral tribunal in accordance with paragraph (2) of this article.

(2) The arbitral tribunal shall issue an order for the termination of the arbitral proceedings when:

(a) the claimant withdraws his claim, unless the respondent objects thereto and the arbitral tribunal recognizes a legitimate interest on his part in obtaining a final settlement of the dispute;

(b) the parties agree on the termination of the proceedings;

(c) the arbitral tribunal finds that the continuation of the proceedings has for any other reason become unnecessary or impossible.

(3) The mandate of the arbitral tribunal terminates with the termination of the arbitral proceedings, subject to the provisions of articles 33 and 34(4).

Article 33. Correction and interpretation of award; additional award

(1) Within thirty days of receipt of the award, unless another period of time has been agreed upon by the parties:

(a) a party, with notice to the other party, may request the arbitral tribunal to correct in the award any errors in computation, any clerical or typographical errors or any errors of similar nature;

(b) if so agreed by the parties, a party, with notice to the other party, may request the arbitral tribunal to give an interpretation of a specific point or part of the award.

If the arbitral tribunal considers the request to be justified, it shall make the correction or give the interpretation within thirty days of receipt of the request. The interpretation shall form part of the award.

(2) The arbitral tribunal may correct any error of the type referred to in paragraph (1)(a) of this article on its own initiative within thirty days of the date of the award.

(3) Unless otherwise agreed by the parties, a party, with notice to the other party, may request, within thirty days of receipt of the award, the arbitral tribunal to

중재판정문은 당해 장소에서 작성된 것으로 한다.

④ 중재판정문이 작성된 후 본조 제1항에 따라 중재인들이 서명한 등본은 각 당사자에게 송부되어야 한다.

제32조 중재절차의 종료

① 중재절차는 최종판정에 의하거나 본조 제2항에 따른 중재판정부의 명령에 의하여 종료된다.

② 중재판정부는 다음의 경우에 중재절차의 종료를 명하여야 한다:
1. 신청인이 그 신청을 철회하는 경우. 다만, 피신청인이 이에 대하여 이의를 제기하고 중재판정부가 분쟁의 최종적 해결을 구하는 데에 대하여 피신청인에게 적법한 이익이 있다고 인정하는 때에는 그러하지 아니하다.
2. 당사자가 중재절차의 종료를 합의하는 경우
3. 중재판정부가 그밖의 사유로 중재절차를 속행하는 것이 불필요하거나 불가능하다고 인정하는 경우

③ 제33조와 제34조 제4항의 규정에 따를 것을 조건으로 하고 중재판정부의 판정임무는 중재절차의 종료와 동시에 종결된다.

제33조 중재판정문의 정정 및 해석과 추가판정

① 당사자들이 달리 정하지 않는 한 중재판정문을 수령한 날로부터 30일 이내에,

1. 일방당사자는 상대방에게 통지함과 동시에 그 판정문의 계산상 오류, 오기나 오식 또는 이와 유사한 오류를 정정해 줄 것을 중재판정부에 요청할 수 있다.
2. 당사자 간에 합의가 있는 경우에 일방당사자는 상대방 당사자에게 통지함과 동시에 중재판정의 특정 사항이나 판정의 일부에 대한 해석을 중재판정부에 요청할 수 있다. 중재판정부는 그 요청이 이유가 있다고 보는 경우에는 이를 수령한 날로부터 30일 이내에 정정 또는 해석하여야 한다. 그 해석은 중재판정의 일부를 형성하는 것으로 한다.

② 중재판정부는 판정일자로 부터 30일 이내에 본조 제1항 (가)호에 규정된 유형의 오류도 정정할 수 있다.

③ 당사자들이 달리 합의하지 않는 한, 일방당사자는 상대방에게 통지함과 동시에 중재판정문을 수령한 날로부터 30일 이내에 중재절차 중에 제출되었으나 중재판정에서 유탈

make an additional award as to claims presented in the arbitral proceedings but omitted from the award. If the arbitral tribunal considers the request to be justified, it shall make the additional award within sixty days.

(4) The arbitral tribunal may extend, if necessary, the period of time within which it shall make a correction, interpretation or an additional award under paragraph (1) or (3) of this article.

(5) The provisions of article 31 shall apply to a correction or interpretation of the award or to an additional award.

Chapter Ⅶ Recourse Against Award

Article 34. Application for setting aside as exclusive recourse against arbitral award

(1) Recourse to a court against an arbitral award may be made only by an application for setting aside in accordance with paragraphs (2) and (3) of this article.

(2) An arbitral award may be set aside by the court specified in article 6 only if:

(a) the party making the application furnishes proof that:

(i) a party to the arbitration agreement referred to in article 7 was under some incapacity; or the said agreement is not valid under the law to which the parties have subjected it or, failing any indication thereon, under the law of this State; or

(ii) the party making the application was not given proper notice of the appointment of an arbitrator or of the arbitral proceedings or was otherwise unable to present his case; or

(iii) the award deals with a dispute not contemplated by or not falling within the terms of the submission to arbitration, or contains decisions on matters beyond the scope of the submission to arbitration, provided that, if the decisions on matters submitted to arbitration can be separated from those not so submitted, only that part of the award which contains decisions on matters not submitted to arbitration may be set aside; or

(iv) the composition of the arbitral tribunal or the arbitral procedure was not in accordance with the agreement of the parties, unless such agreement was in conflict with a provision of this Law from which the parties cannot derogate, or, failing such agreement, was not in accordance with this Law; or

(b) the court finds that:

(i) the subject-matter of the dispute is not capable of settlement by arbi-

된 청구부분에 관한 추가판정을 중재판정부에 요청할 수 있다. 중재판정부는 그 요청이 정당하다고 보는 경우에 60일 이내에 추가판정을 내려야 한다.

④ 중재판정부는 필요한 경우 본조 제1항 또는 제3항에 따라 정정, 해석 또는 추가판정의 기간을 연장할 수 있다.

⑤ 제31조의 규정은 중재판정문의 정정이나 해석 또는 추가판정의 경우에 이를 적용한다.

제7장 중재판정에 대한 불복

제34조 중재판정에 대한 유일한 불복방법으로서 취소신청

① 중재판정에 대하여 법원에 제기하는 불복은 본조 제2항과 제3항에 따라 취소신청을 함으로써 가능하다.

② 중재판정은 다음에 해당하는 경우에 한하여 제6조에 명시된 관할법원에 의해 취소될 수 있다.

1. 취소신청을 한 당사자가 다음의 사실에 대한 증거를 제출하는 경우
   (i) 제7조에 규정된 중재합의의 당사자가 무능력자인 사실 또는 그 중재합의가 당사자들이 준거법으로서 지정한 법에 의하여 무효이거나 그러한 지정이 없는 경우에는 중재판정이 내려진 국가의 법률에 의하여 무효인 사실
   (ii) 취소신청을 한 당사자가 중재인의 선정 또는 중재절차에 관하여 적절한 통지를 받지 못하였거나 기타 사유로 인하여 방어할 수 가 없었다는 사실
   (iii) 중재판정이 중재부탁의 내용에 예정되어 있지 아니하거나 그 범위에 속하지 아니하는 분쟁을 다루었거나 또는 중재부탁합의의 범위를 유월한 사항에 관한 결정을 포함하고 있다는 사실. 다만, 중재에 부탁된 사항에 관한 결정이 부탁되지 아니한 사항에 관한 결정으로부터 분리될 수 있는 경우에는 중재에 부탁되지 아니한 사항에 관한 결정을 포함하는 중재판정 부분에 한하여 취소될 수 있다는 사실
   (iv) 중재판정부의 구성이나 중재절차가 당사자 간의 합의에 따르지 아니하였다는 사실 또는 그러한 합의가 없는 경우에 이 법에 따르지 아니하였다는 사실. 다만, 그 합의는 당사자에 의해 배제될 수 없는 성격을 가진 본 법의 규정에 저촉되어서는 아니된다는 사실, 또는

2. 법원이 다음의 사실을 알았을 경우,
   (i) 분쟁의 본안이 해당국의 법령상 중재로 해결할 수 없다는 사실, 또는

tration under the law of this State; or

(ii) the award is in conflict with the public policy of this State.

(3) An application for setting aside may not be made after three months have elapsed from the date on which the party making that application had received the award or, if a request had been made under article 33, from the date on which that request had been disposed of by the arbitral tribunal.

(4) The court, when asked to set aside an award, may, where appropriate and so requested by a party, suspend the setting aside proceedings for a period of time determined by it in order to give the arbitral tribunal an opportunity to resume the arbitral proceedings or to take such other action as in the arbitral tribunal's opinion will eliminate the grounds for setting aside.

Chapter VIII Recognition and Enforcement of Awards

Article 35. Recognition and enforcement

(1) An arbitral award, irrespective of the country in which it was made, shall be recognized as binding and, upon application in writing to the Part One. UNCITRAL Model Law on International Commercial Arbitration 21 competent court, shall be enforced subject to the provisions of this article and of article 36.

(2) The party relying on an award or applying for its enforcement shall supply the original award or a copy thereof. If the award is not made in an official language of this State, the court may request the party to supply a translation thereof into such language.[4]

(Article 35(2) has been amended by the Commission at its thirty-ninth session, in 2006)

Article 36. Grounds for refusing recognition or enforcement

(1) Recognition or enforcement of an arbitral award, irrespective of the country in which it was made, may be refused only:

(a) at the request of the party against whom it is invoked, if that party furnishes to the competent court where recognition or enforcement is sought proof that:

(i) a party to the arbitration agreement referred to in article 7 was under some incapacity; or the said agreement is not valid under the law to which the parties have subjected it or, failing any indication thereon,

[4] The conditions set forth in this paragraph are intended to set maximum standards. It would, thus, not be contrary to the harmonization to be achieved by the model law if a State retained even less onerous conditions.

(ii) 중재판정이 해당국의 공서양속에 저촉되는 사실

③ 중재판정취소의 신청인이 중재판정문을 수령한 날로부터 3개월이 경과하였거나 또는 제33조에 의하여 신청을 하였을 경우에는 당해 신청이 중재판정부에 의해 처리된 날로부터 3개월이 경과한 후에는 제기할 수 없다.

④ 중재판정취소신청이 있을 경우에 법원은 당사자의 신청이 있고 또한 그것이 적절한 때에는 중재판정부로 하여금 중재절차를 재개하게 하거나 중재판정부가 취소사유를 제거하는데 필요한 기타의 조치를 취할 기회를 허여하기 위하여 일정한 기간을 정하여 정지할 수 있다.

제 8 장 중재판정의 승인과 집행

제35조 승인과 집행

① 중재판정은 그 판정이 어느 국가에서 내려졌는지 불문하고 구속력있는 것으로 승인되어야 하며 관할법원에 서면으로 신청하면 본조 및 제36조의 규정에 따라 집행되어야 한다.

② 중재판정을 원용하거나 그 집행을 신청하는 중재판정문의 원본 또는 정당하게 증명된 등본을 제출하여야 한다. 중재판정문이 해당국의 공용어로 작성되어 있지 아니한 경우에 당사자는 정당하게 증명된 해당국의 공용어 번역본을 제출하여야 한다.[4] <개정 2006. 7. 7.>

제36조 승인 또는 집행의 거부사유

① 중재판정의 승인과 집행은 판정이 내려진 국가에 관계없이 다음의 경우에 한하여 거부할 수 있다.

1. 중재판정이 불리하게 원용되는 당사자의 신청이 있을 때 그 당사자가 다음의 사실에 대하여 승인 또는 집행을 신청한 관할법원에 증거를 제출하는 경우

   (i) 제7조에 규정된 중재합의의 당사자가 무능력자인 사실 또는 그 중재합의가 당사자들이 준거법으로서 지정한 법에 의하여 무효이거 나 그러한 지정이 없는 경우에는 중재판정이 내려진 국가의 법에 의하여 무효인 사실

[4] 본 항에 명시된 조건은 최대 기준을 정하기 위함이다. 그러므로 국가가 부담이 되는 조건을 더 적게 도입하는 경우 본 모범중재법을 통하여 이루고자 하는 조화의 수준에 반하지 아니한다.

under the law of the country where the award was made; or

(ii) the party against whom the award is invoked was not given proper notice of the appointment of an arbitrator or of the arbitral proceedings or was otherwise unable to present his case; or

(iii) the award deals with a dispute not contemplated by or not falling within the terms of the submission to arbitration, or it contains decisions on matters beyond the scope of the submission to arbitration, provided that, if the decisions on matters submitted to arbitration can be separated from those not so submitted, that part of the award which contains decisions on matters submitted to arbitration may be recognized and enforced; or

(iv) the composition of the arbitral tribunal or the arbitral procedure was not in accordance with the agreement of the parties or, failing such agreement, was not in accordance with the law of the country where the arbitration took place; or

(v) the award has not yet become binding on the parties or has been set aside or suspended by a court of the country in which, or under the law of which, that award was made; or

(b) if the court finds that:

(i) the subject-matter of the dispute is not capable of settlement by arbitration under the law of this State; or

(ii) the recognition or enforcement of the award would be contrary to the public policy of this State.

(2) If an application for setting aside or suspension of an award has been made to a court referred to in paragraph (1)(a)(v) of this article, the court where recognition or enforcement is sought may, if it considers it proper, adjourn its decision and may also, on the application of the party claiming recognition or enforcement of the award, order the other party to provide appropriate security.

(ii) 중재판정이 불리하게 원용되는 당사자가 중재인의 선정 또는 중재절차에 관하여 적절한 통지를 받지 못하였거나 기타 사유로 인하여 방어할 수 없었다는 사실

(iii) 중재판정이 중재부탁의 내용에 예정되어 있지 아니하거나 그 범위에 속하지 아니하는 분쟁을 다루었거나 또는 중재부탁합의의 범위를 유월한 사항에 관한 결정을 포함하고 있다는 사실. 다만, 중재에 부탁된 사항에 관한 결정이 부탁되지 아니한 사항에 관한 결정으로부터 분리될 수 있는 경우에는 중재에 부탁되지 아니한 사항에 관한 결정을 포함하는 중재판정 부분에 한하여 취소될 수 있다는 사실

(iv) 중재판정부의 구성이나 중재절차가 당사자 간의 합의에 따르지 아니 하였다는 사실 또는 그러한 합의가 없는 경우에 이 법에 따르지 아니하였다는 사실. 다만, 그 합의는 당사자에 의해 배제될 수 없는 성격을 가진 본 법의 규정에 저촉되어서는 아니된다는 사실, 또는

(v) 중재판정이 당사자에 대한 구속력을 아직 발생하지 않았거나 중재판정이 이루어진 국가의 법원에 의하여 또는 중재판정의 기초가 된 국가의 법률이 속하는 법원에 의하여 취소 또는 정지된 사실, 또는

2. 법원이 다음의 사실을 알았을 경우,

(i) 분쟁의 본안이 해당국의 법령상 중재로 해결할 수 없다는 사실 또는

(ii) 중재판정이 해당국의 공서양속에 저촉되는 사실

② 중재판정의 취소 또는 정지신청이 본조 제1항 (가)호 (5)에서 정한 법원에 제출되었을 경우에 승인 또는 집행의 청구를 받은 법원은 정당하다고 판단하는 경우에 그 결정을 연기할 수 있으며 중재판정의 승인 또는 집행을 구하는 당사자의 신청이 있으면 상대방에게 상당한 담보를 제공할 것을 명할 수 있다.

부록 3

중 재 법

2016. 5. 29. 일부개정 법14176호 (2016. 11. 30. 시행)
2010. 3. 31. 개정 법102007호 (2010. 3. 31. 시행)
2002. 1. 26. 개정 법6626호 (2002. 7. 1. 시행)
2001. 4. 7. 개정 법6465호 (2001. 7. 1. 시행)
1999. 12. 31. 전면개정 법6083호 (1999. 12. 31. 시행)

제1장 총칙
[개정 2010.3.31.]

제1조 (목적)

이 법은 중재(仲裁)에 의하여 사법(私法)상의 분쟁을 적정·공평·신속하게 해결함을 목적으로 한다. [전문개정 2010.3.31.]

제2조 (적용 범위)

① 이 법은 제21조에 따른 중재지(仲裁地)가 대한민국인 경우에 적용한다. 다만, 제9조와 제10조는 중재지가 아직 정해지지 아니하였거나 대한민국이 아닌 경우에도 적용하며, 제37조와 제39조는 중재지가 대한민국이 아닌 경우에도 적용한다.
② 이 법은 중재절차를 인정하지 아니하거나 이 법의 중재절차와는 다른 절차에 따라 중재에 부칠 수 있도록 정한 법률과 대한민국에서 발효(發效) 중인 조약에 대하여는 영향을 미치지 아니한다. [전문개정 2010.3.31.]

제3조 (정의)

이 법에서 사용하는 용어의 뜻은 다음과 같다. [개정 2016.5.29.] [시행일 2016.11.30.]
1. "중재"란 당사자 간의 합의로 재산권상의 분쟁 및 당사자가 화해에 의하여 해결할 수 있는 비재산권상의 분쟁을 법원의 재판에 의하지 아니하고 중재인(仲裁人)의 판정에 의하여 해결하는 절차를 말한다.

2. "중재합의"란 계약상의 분쟁인지 여부에 관계없이 일정한 법률관계에 관하여 당사자 간에 이미 발생하였거나 앞으로 발생할 수 있는 분쟁의 전부 또는 일부를 중재에 의하여 해결하도록 하는 당사자 간의 합의를 말한다.
3. "중재판정부"(仲裁判定部)란 중재절차를 진행하고 중재판정을 내리는 단독중재인 또는 여러 명의 중재인으로 구성되는 중재인단을 말한다. [전문개정 2010.3.31.]

제4조 (서면의 통지)

① 당사자 간에 다른 합의가 없는 경우에 서면(書面)의 통지는 수신인 본인에게 서면을 직접 교부하는 방법으로 한다.
② 제1항에 따른 직접 교부의 방법으로 통지할 수 없는 경우에는 서면이 수신인의 주소, 영업소 또는 우편연락장소에 정당하게 전달된 때에 수신인에게 통지된 것으로 본다.
③ 제2항을 적용할 때에 적절한 조회를 하였음에도 수신인의 주소, 영업소 또는 우편연락장소를 알 수 없는 경우에는 최후로 알려진 수신인의 주소, 영업소 또는 우편연락장소로 등기우편이나 그 밖에 발송을 증명할 수 있는 우편방법에 의하여 서면이 발송된 때에 수신인에게 통지된 것으로 본다.
④ 제1항부터 제3항까지의 규정은 법원이 하는 송달에는 적용하지 아니한다. [전문개정 2010.3.31.]

제5조 (이의신청권의 상실)

당사자가 이 법의 임의규정 또는 중재절차에 관한 당사자 간의 합의를 위반한 사실을 알고도 지체 없이 이의를 제기하지 아니하거나, 정하여진 이의제기 기간 내에 이의를 제기하지 아니하고 중재절차가 진행된 경우에는 그 이의신청권을 상실한다. [전문개정 2010.3.31.]

제6조 (법원의 관여)

법원은 이 법에서 정한 경우를 제외하고는 이 법에 관한 사항에 관여할 수 없다. [전문개정 2010.3.31.]

제7조 (관할법원)

① 다음 각 호의 사항에 대하여는 중재합의에서 지정한 지방법원 또는 지원(이하 이 조에서 "법원"이라 한다)이, 그 지정이 없는 경우에는 중재지를 관할하는 법원이 관할하며, 중재지가 아직 정하여지지 아니한 경우에는 피신청인의 주소 또는 영업소를 관할하는 법원이, 주소 또는 영업소를 알 수 없는 경우에는 거소(居所)를 관할하는 법원이, 거소도 알 수 없는 경우에는 최후로 알려진 주소 또는 영업소를 관할하는 법원이 관할한다.

1. 제12조제3항 및 같은 조 제4항에 따른 중재인의 선정
2. 제14조제3항에 따른 중재인의 기피신청에 대한 법원의 기피결정
3. 제15조제2항에 따른 중재인의 권한종료신청에 대한 법원의 권한종료결정
4. 제17조제6항에 따른 중재판정부의 권한심사신청에 대한 법원의 권한심사
5. 제27조제3항에 따른 감정인(鑑定人)에 대한 기피신청에 대한 법원의 기피결정

② 제28조에 따른 증거조사는 증거조사가 실시되는 지역을 관할하는 법원이 관할한다.

③ 다음 각 호의 사항에 대하여는 중재합의에서 지정한 법원이 관할하고, 그 지정이 없는 경우에는 중재지를 관할하는 법원이 관할한다.
1. 제32조제4항에 따른 중재판정 원본(原本)의 보관
2. 제36조제1항에 따른 중재판정 취소의 소(訴)

④ 제37조부터 제39조까지의 규정에 따른 중재판정의 승인과 집행 청구의 소는 다음 각 호의 어느 하나에 해당하는 법원이 관할한다.
1. 중재합의에서 지정한 법원
2. 중재지를 관할하는 법원
3. 피고 소유의 재산이 있는 곳을 관할하는 법원
4. 피고의 주소 또는 영업소, 주소 또는 영업소를 알 수 없는 경우에는 거소, 거소도 알 수 없는 경우에는 최후로 알려진 주소 또는 영업소를 관할하는 법원 [전문개정 2010.3.31.]

제 7 조 (관할법원)

① 다음 각 호의 사항에 대하여는 중재합의에서 지정한 지방법원 또는 지원(이하 "법원"이라 한다)이, 그 지정이 없는 경우에는 중재지를 관할하는 법원이 관할하며, 중재지가 아직 정하여지지 아니한 경우에는 피신청인의 주소 또는 영업소를 관할하는 법원이, 주소 또는 영업소를 알 수 없는 경우에는 거소(居所)를 관할하는 법원이, 거소도 알 수 없는 경우에는 최후로 알려진 주소 또는 영업소를 관할하는 법원이 관할한다. [개정 2016.5.29.] [시행일 2016.11.30.]
1. 제12조제3항 및 제4항에 따른 중재인의 선정 및 중재기관의 지정
2. 제14조제3항에 따른 중재인의 기피신청에 대한 법원의 기피결정
3. 제15조제2항에 따른 중재인의 권한종료신청에 대한 법원의 권한종료결정
4. 제17조제6항에 따른 중재판정부의 권한심사신청에 대한 법원의 권한심사

4의2. 제18조의7에 따른 임시적 처분의 승인 또는 집행 신청에 대한 법원의 결정 및 담보제공 명령

5. 제27조제3항에 따른 감정인(鑑定人)에 대한 기피신청에 대한 법원의 기피결정

② 제28조에 따른 증거조사는 증거조사가 실시되는 지역을 관할하는 법원이 관할한다.

③ 다음 각 호의 사항에 대하여는 중재합의에서 지정한 법원이 관할하고, 그 지정이 없는 경우에는 중재지를 관할하는 법원이 관할한다.
1. 제32조제4항에 따른 중재판정 원본(原本)의 보관

2. 제36조제1항에 따른 중재판정 취소의 소(訴)

④ 제37조부터 제39조까지의 규정에 따른 중재판정의 승인과 집행 청구의 소는 다음 각 호의 어느 하나에 해당하는 법원이 관할한다.
1. 중재합의에서 지정한 법원
2. 중재지를 관할하는 법원
3. 피고 소유의 재산이 있는 곳을 관할하는 법원
4. 피고의 주소 또는 영업소, 주소 또는 영업소를 알 수 없는 경우에는 거소, 거소도 알 수 없는 경우에는 최후로 알려진 주소 또는 영업소를 관할하는 법원 [전문개정 2010.3.31.]

제2장 중재합의

[개정 2010.3.31.]

제8조 (중재합의의 방식)

① 중재합의는 독립된 합의 또는 계약에 중재조항을 포함하는 형식으로 할 수 있다.
② 중재합의는 서면으로 하여야 한다.
③ 다음 각 호의 어느 하나에 해당하는 경우는 서면에 의한 중재합의로 본다. [개정 2016.5.29.] [시행일 2016.11.30.]
1. 구두나 행위, 그 밖의 어떠한 수단에 의하여 이루어진 것인지 여부와 관계없이 중재합의의 내용이 기록된 경우
2. 전보(電報), 전신(電信), 팩스, 전자우편 또는 그 밖의 통신수단에 의하여 교환된 전자적 의사표시에 중재합의가 포함된 경우. 다만, 그 중재합의의 내용을 확인할 수 없는 경우는 제외한다.
3. 어느 한쪽 당사자가 당사자 간에 교환된 신청서 또는 답변서의 내용에 중재합의가 있는 것을 주장하고 상대방 당사자가 이에 대하여 다투지 아니하는 경우

④ 계약이 중재조항을 포함한 문서를 인용하고 있는 경우에는 중재합의가 있는 것으로 본다. 다만, 중재조항을 그 계약의 일부로 하고 있는 경우로 한정한다. [개정 2016.5.29.] [시행일 2016.11.30.] [전문개정 2010.3.31.]

제9조 (중재합의와 법원에의 제소)

① 중재합의의 대상인 분쟁에 관하여 소가 제기된 경우에 피고가 중재합의가 있다는 항변(抗辯)을 하였을 때에는 법원은 그 소를 각하(却下)하여야 한다. 다만, 중재합의가 없거나 무효이거나 효력을 상실하였거나 그 이행이 불가능한 경우에는 그러하지 아니하다.
② 피고는 제1항의 항변을 본안(本案)에 관한 최초의 변론을 할 때까지 하여야 한다.

③ 제1항의 소가 법원에 계속(繫屬) 중인 경우에도 중재판정부는 중재절차를 개시 또는 진행하거나 중재판정을 내릴 수 있다. [전문개정 2010.3.31.]

제10조 (중재합의와 법원의 보전처분)

중재합의의 당사자는 중재절차의 개시 전 또는 진행 중에 법원에 보전처분(保全處分)을 신청할 수 있다. [전문개정 2010.3.31.]

제 3 장 중재판정부

[개정 2010.3.31.]

제11조 (중재인의 수)

① 중재인의 수는 당사자 간의 합의로 정한다.
② 제1항의 합의가 없으면 중재인의 수는 3명으로 한다. [전문개정 2010.3.31.]

제12조 (중재인의 선정)

① 당사자 간에 다른 합의가 없으면 중재인은 국적에 관계없이 선정될 수 있다.
② 중재인의 선정절차는 당사자 간의 합의로 정한다.
③ 제2항의 합의가 없으면 다음 각 호의 구분에 따라 중재인을 선정한다.
[개정 2016.5.29.] [시행일 2016.11.30.]
1. 단독중재인에 의한 중재의 경우: 어느 한쪽 당사자가 상대방 당사자로부터 중재인의 선정을 요구받은 후 30일 이내에 당사자들이 중재인의 선정에 관하여 합의하지 못한 경우에는 어느 한쪽 당사자의 신청을 받아 법원 또는 그 법원이 지정한 중재기관이 중재인을 선정한다.
2. 3명의 중재인에 의한 중재의 경우: 각 당사자가 1명씩 중재인을 선정하고, 이에 따라 선정된 2명의 중재인들이 합의하여 나머지 1명의 중재인을 선정한다. 이 경우 어느 한쪽 당사자가 상대방 당사자로부터 중재인의 선정을 요구받은 후 30일 이내에 중재인을 선정하지 아니하거나 선정된 2명의 중재인들이 선정된 후 30일 이내에 나머지 1명의 중재인을 선정하지 못한 경우에는 어느 한쪽 당사자의 신청을 받아 법원 또는 그 법원이 지정한 중재기관이 그 중재인을 선정한다.

④ 제2항의 합의가 있더라도 다음 각 호의 어느 하나에 해당할 때에는 당사자의 신청을 받아 법원 또는 그 법원이 지정한 중재기관이 중재인을 선정한다. [개정 2016.5.29.] [시행일 2016.11.30.]
1. 어느 한쪽 당사자가 합의된 절차에 따라 중재인을 선정하지 아니하였을 때
2. 양쪽 당사자 또는 중재인들이 합의된 절차에 따라 중재인을 선정하지 못하였을 때

3. 중재인의 선정을 위임받은 기관 또는 그 밖의 제3자가 중재인을 선정할 수 없을 때
⑤ 제3항 및 제4항에 따른 법원 또는 그 법원이 지정한 중재기관의 결정에 대하여는 불복할 수 없다. [개정 2016.5.29.] [시행일 2016.11.30.] [전문개정 2010.3.31.]

第13조 (중재인에 대한 기피사유)

① 중재인이 되어 달라고 요청받은 사람 또는 중재인으로 선정된 사람은 자신의 공정성이나 독립성에 관하여 의심을 살 만한 사유가 있을 때에는 지체 없이 이를 당사자들에게 고지(告知)하여야 한다.
② 중재인은 제1항의 사유가 있거나 당사자들이 합의한 중재인의 자격을 갖추지 못한 사유가 있는 경우에만 기피될 수 있다. 다만, 당사자는 자신이 선정하였거나 선정절차에 참여하여 선정한 중재인에 대하여는 선정 후에 알게 된 사유가 있는 경우에만 기피신청을 할 수 있다. [전문개정 2010.3.31.]

第14조 (중재인에 대한 기피절차)

① 중재인에 대한 기피절차는 당사자 간의 합의로 정한다.
② 제1항의 합의가 없는 경우에 중재인을 기피하려는 당사자는 중재판정부가 구성된 날 또는 제13조제2항의 사유를 안 날부터 15일 이내에 중재판정부에 서면으로 기피신청을 하여야 한다. 이 경우 기피신청을 받은 중재인이 사임(辭任)하지 아니하거나 상대방 당사자가 기피신청에 동의하지 아니하면 중재판정부는 그 기피신청에 대한 결정을 하여야 한다.
③ 제1항 및 제2항에 따른 기피신청이 받아들여지지 아니한 경우 기피신청을 한 당사자는 그 결과를 통지받은 날부터 30일 이내에 법원에 해당 중재인에 대한 기피신청을 할 수 있다. 이 경우 기피신청이 법원에 계속 중일 때에도 중재판정부는 중재절차를 진행하거나 중재판정을 내릴 수 있다.
④ 제3항에 따른 기피신청에 대한 법원의 기피결정에 대하여는 항고할 수 없다. [전문개정 2010.3.31.]

第15조 (중재인의 직무 불이행으로 인한 권한종료)

① 중재인이 법률상 또는 사실상의 사유로 직무를 수행할 수 없거나 정당한 사유 없이 직무 수행을 지체하는 경우에는 그 중재인의 사임 또는 당사자 간의 합의에 의하여 중재인의 권한은 종료된다.
② 제1항에 따른 중재인의 권한종료 여부에 관하여 다툼이 있는 경우 당사자는 법원에 이에 대한 결정을 신청할 수 있다.
③ 제2항에 따른 권한종료신청에 대한 법원의 권한종료결정에 대하여는 항고할 수 없다. [전문개정 2010.3.31.]

제16조 (보궐중재인의 선정)

중재인의 권한이 종료되어 중재인을 다시 선정하는 경우 그 선정절차는 대체되는 중재인의 선정에 적용된 절차에 따른다. [전문개정 2010.3.31.]

제17조 (중재판정부의 판정 권한에 관한 결정)

① 중재판정부는 자신의 권한 및 이와 관련된 중재합의의 존재 여부 또는 유효성에 대한 이의에 대하여 결정할 수 있다. 이 경우 중재합의가 중재조항의 형식으로 되어 있을 때에는 계약 중 다른 조항의 효력은 중재조항의 효력에 영향을 미치지 아니한다.
② 중재판정부의 권한에 관한 이의는 본안에 관한 답변서를 제출할 때까지 제기하여야 한다. 이 경우 당사자는 자신이 중재인을 선정하였거나 선정절차에 참여하였더라도 이의를 제기할 수 있다.
③ 중재판정부가 중재절차의 진행 중에 그 권한의 범위를 벗어난 경우 이에 대한 이의는 그 사유가 중재절차에서 다루어지는 즉시 제기하여야 한다.
④ 중재판정부는 제2항 및 제3항에 따른 이의가 같은 항에 규정된 시기보다 늦게 제기되었더라도 그 지연에 정당한 이유가 있다고 인정하는 경우에는 이를 받아들일 수 있다.
⑤ 중재판정부는 제2항 및 제3항에 따른 이의에 대하여 선결문제(先決問題)로서 결정하거나 본안에 관한 중재판정에서 함께 판단할 수 있다.
⑥ 중재판정부가 제5항에 따라 선결문제로서 그 권한의 유무를 결정한 경우에 그 결정에 불복하는 당사자는 그 결정을 통지받은 날부터 30일 이내에 법원에 중재판정부의 권한에 대한 심사를 신청할 수 있다. [개정 2016.5.29.] [시행일 2016.11.30.]
⑦ 중재판정부는 제6항에 따른 신청으로 재판이 계속 중인 경우에도 중재절차를 진행하거나 중재판정을 내릴 수 있다.
⑧ 제6항에 따른 권한심사신청에 대한 법원의 권한심사에 대하여는 항고할 수 없다.
⑨ 제6항에 따른 신청을 받은 법원이 중재판정부에 판정 권한이 있다는 결정을 하게 되면 중재판정부는 중재절차를 계속해서 진행하여야 하고, 중재인이 중재절차의 진행을 할 수 없거나 원하지 아니하면 중재인의 권한은 종료되고 제16조에 따라 중재인을 다시 선정하여야 한다. [신설 2016.5.29.] [시행일 2016.11.30.] [전문개정 2010.3.31.]

제 3 장의2 임시적 처분

[신설 2016.5.29.] [시행일 2016.11.30.]

제18조 (임시적 처분)

① 당사자 간에 다른 합의가 없는 경우에 중재판정부는 어느 한쪽 당사자의 신청에 따라 필요하다고 인정하는 임시적 처분을 내릴 수 있다. [개정 2016.5.29.] [시행일 2016.11.30.]

② 제1항의 임시적 처분은 중재판정부가 중재판정이 내려지기 전에 어느 한쪽 당사자에게 다음 각 호의 내용을 이행하도록 명하는 잠정적 처분으로 한다. [개정 2016.5.29.] [시행일 2016.11.30.]
1. 본안에 대한 중재판정이 있을 때까지 현상의 유지 또는 복원
2. 중재절차 자체에 대한 현존하거나 급박한 위험이나 영향을 방지하는 조치 또는 그러한 위험이나 영향을 줄 수 있는 조치의 금지
3. 중재판정의 집행 대상이 되는 자산에 대한 보전 방법의 제공
4. 분쟁의 해결에 관련성과 중요성이 있는 증거의 보전 [전문개정 2010.3.31.]

제18조의2 (임시적 처분의 요건)

① 제18조제2항제1호부터 제3호까지의 임시적 처분은 이를 신청하는 당사자가 다음 각 호의 요건을 모두 소명하는 경우에만 내릴 수 있다.
1. 신청인이 임시적 처분을 받지 못하는 경우 신청인에게 중재판정에 포함된 손해배상으로 적절히 보상되지 아니하는 손해가 발생할 가능성이 있고, 그러한 손해가 임시적 처분으로 인하여 상대방에게 발생할 것으로 예상되는 손해를 상당히 초과할 것
2. 본안에 대하여 합리적으로 인용가능성이 있을 것. 다만, 중재판정부는 본안 심리를 할 때 임시적 처분 결정 시의 인용가능성에 대한 판단에 구속되지 아니한다.
② 제18조제2항제4호의 임시적 처분의 신청에 대해서는 중재판정부가 적절하다고 판단하는 범위에서 제1항의 요건을 적용할 수 있다. [본조신설 2016.5.29.] [시행일 2016.11.30.]

제18조의3 (임시적 처분의 변경 · 정지 또는 취소)

중재판정부는 일방 당사자의 신청에 의하여 또는 특별한 사정이 있는 경우에는 당사자에게 미리 통지하고 직권으로 이미 내린 임시적 처분을 변경·정지하거나 취소할 수 있다. 이 경우 중재판정부는 그 변경·정지 또는 취소 전에 당사자를 심문(審問)하여야 한다. [본조신설 2016.5.29.] [시행일 2016.11.30.]

제18조의4 (담보의 제공)

중재판정부는 임시적 처분을 신청하는 당사자에게 상당한 담보의 제공을 명할 수 있다. [본조신설 2016.5.29.] [시행일 2016.11.30.]

제18조의5 (고지의무)

중재판정부는 당사자에게 임시적 처분 또는 그 신청의 기초가 되는 사정에 중요한 변경이 있을 경우 즉시 이를 알릴 것을 요구할 수 있다. [본조신설 2016.5.29.] [시행일 2016.

11.30.]

제18조의6 (비용 및 손해배상)

① 중재판정부가 임시적 처분을 내린 후 해당 임시적 처분이 부당하다고 인정할 경우에는 임시적 처분을 신청한 당사자는 임시적 처분으로 인한 비용이나 손해를 상대방 당사자에게 지급하거나 배상할 책임을 진다.
② 중재판정부는 중재절차 중 언제든지 제1항에 따른 비용의 지급이나 손해의 배상을 중재판정의 형식으로 명할 수 있다. [본조신설 2016.5.29.] [시행일 2016.11.30.]

제18조의7 (임시적 처분의 승인 및 집행)

① 중재판정부가 내린 임시적 처분의 승인을 받으려는 당사자는 법원에 그 승인의 결정을 구하는 신청을 할 수 있으며, 임시적 처분에 기초한 강제집행을 하려고 하는 당사자는 법원에 이를 집행할 수 있다는 결정을 구하는 신청을 할 수 있다.
② 임시적 처분의 승인 또는 집행을 신청한 당사자 및 그 상대방 당사자는 그 처분의 변경·정지 또는 취소가 있는 경우 법원에 이를 알려야 한다.
③ 중재판정부가 임시적 처분과 관련하여 담보제공 명령을 하지 아니한 경우나 제3자의 권리를 침해할 우려가 있는 경우, 임시적 처분의 승인이나 집행을 신청받은 법원은 필요하다고 인정할 때에는 승인과 집행을 신청한 당사자에게 적절한 담보를 제공할 것을 명할 수 있다.
④ 임시적 처분의 집행에 관하여는 「민사집행법」중 보전처분에 관한 규정을 준용한다. [본조신설 2016.5.29.] [시행일 2016.11.30.]

제18조의8 (승인 및 집행의 거부사유)

① 임시적 처분의 승인 또는 집행은 다음 각 호의 어느 하나에 해당하는 경우에만 거부될 수 있다.
   1. 임시적 처분의 상대방 당사자의 이의에 따라 법원이 다음 각 목의 어느 하나에 해당한다고 인정하는 경우
      가. 임시적 처분의 상대방 당사자가 다음의 어느 하나에 해당하는 사실을 소명한 경우
         1) 제36조 제2항 제1호 가목 또는 라목에 해당하는 사실
         2) 임시적 처분의 상대방 당사자가 중재인의 선정 또는 중재절차에 관하여 적절한 통지를 받지 못하였거나 그 밖의 사유로 변론을 할 수 없었던 사실
         3) 임시적 처분이 중재합의 대상이 아닌 분쟁을 다룬 사실 또는 임시적 처분이 중재합의 범위를 벗어난 사항을 다룬 사실. 다만, 임시적 처분이 중재합의의 대상에 관한 부분과 대상이 아닌 부분으로 분리될 수 있는 경우에는 대상이

아닌 임시적 처분 부분만이 거부될 수 있다.
나. 임시적 처분에 대하여 법원 또는 중재판정부가 명한 담보가 제공되지 아니한 경우
다. 임시적 처분이 중재판정부에 의하여 취소 또는 정지된 경우
2. 법원이 직권으로 다음 각 목의 어느 하나에 해당한다고 인정하는 경우
가. 법원에 임시적 처분을 집행할 권한이 없는 경우. 다만, 법원이 임시적 처분의 집행을 위하여 임시적 처분의 실체를 변경하지 아니하고 필요한 범위에서 임시적 처분을 변경하는 결정을 한 경우에는 그러하지 아니하다.
나. 제36조 제2항 제2호 가목 또는 나목의 사유가 있는 경우
② 제18조의7에 따라 임시적 처분의 승인이나 집행을 신청받은 법원은 그 결정을 할 때 임시적 처분의 실체에 대하여 심리해서는 아니 된다.
③ 제1항의 사유에 기초한 법원의 판단은 임시적 처분의 승인과 집행의 결정에 대해서만 효력이 있다. [본조신설 2016.5.29.] [시행일 2016.11.30.]

제 4 장 중재절차

[개정 2010.3.31.]

제19조 (당사자에 대한 동등한 대우)

양쪽 당사자는 중재절차에서 동등한 대우를 받아야 하고, 자신의 사안(事案)에 대하여 변론할 수 있는 충분한 기회를 가져야 한다. [전문개정 2010.3.31.]

제20조 (중재절차)

① 이 법의 강행규정(强行規定)에 반하는 경우를 제외하고는 당사자들은 중재절차에 관하여 합의할 수 있다.
② 제1항의 합의가 없는 경우에는 중재판정부가 이 법에 따라 적절한 방식으로 중재절차를 진행할 수 있다. 이 경우 중재판정부는 증거능력, 증거의 관련성 및 증명력에 관하여 판단할 권한을 가진다. [전문개정 2010.3.31.]

제21조 (중재지)

① 중재지는 당사자 간의 합의로 정한다.
② 제1항의 합의가 없는 경우 중재판정부는 당사자의 편의와 해당 사건에 관한 모든 사정을 고려하여 중재지를 정한다.
③ 중재판정부는 제1항 및 제2항에 따른 중재지 외의 적절한 장소에서 중재인들 간의 협의, 증인·감정인 및 당사자 본인에 대한 신문(訊問), 물건·장소의 검증 또는 문서의

열람을 할 수 있다. 다만, 당사자가 이와 달리 합의한 경우에는 그러하지 아니하다. [개정 2016.5.29.] [시행일 2016.11.30.] [전문개정 2010.3.31.]

제22조 (중재절차의 개시)

① 당사자 간에 다른 합의가 없는 경우 중재절차는 피신청인이 중재요청서를 받은 날부터 시작된다.
② 제1항의 중재요청서에는 당사자, 분쟁의 대상 및 중재합의의 내용을 적어야 한다. [전문개정 2010.3.31.]

제23조 (언어)

① 중재절차에서 사용될 언어는 당사자 간의 합의로 정하고, 합의가 없는 경우에는 중재판정부가 지정하며, 중재판정부의 지정이 없는 경우에는 한국어로 한다.
② 제1항의 언어는 달리 정한 것이 없으면 당사자의 준비서면, 구술심리(口述審理), 중재판정부의 중재판정 및 결정, 그 밖의 의사표현에 사용된다.
③ 중재판정부는 필요하다고 인정하면 서증(書證)과 함께 제1항의 언어로 작성된 번역문을 제출할 것을 당사자에게 명할 수 있다. [전문개정 2010.3.31.]

제24조 (신청서와 답변서)

① 신청인은 당사자들이 합의하였거나 중재판정부가 정한 기간 내에 신청 취지와 신청 원인이 된 사실을 적은 신청서를 중재판정부에 제출하고, 피신청인은 이에 대하여 답변하여야 한다.
② 당사자는 신청서 또는 답변서에 중요하다고 인정하는 서류를 첨부하거나 앞으로 사용할 증거방법을 표시할 수 있다.
③ 당사자 간에 다른 합의가 없는 경우 당사자는 중재절차의 진행 중에 자신의 신청이나 공격·방어방법을 변경하거나 보완할 수 있다. 다만, 중재판정부가 변경 또는 보완에 의하여 절차가 현저히 지연될 우려가 있다고 인정하는 경우에는 그러하지 아니하다. [전문개정 2010.3.31.]

제25조 (심리)

① 당사자 간에 다른 합의가 없는 경우 중재판정부는 구술심리를 할 것인지 또는 서면으로만 심리를 할 것인지를 결정한다. 다만, 당사자들이 구술심리를 하지 아니하기로 합의한 경우를 제외하고는 중재판정부는 어느 한쪽 당사자의 신청에 따라 적절한 단계에서 구술심리를 하여야 한다.
② 중재판정부는 구술심리나 그 밖의 증거조사를 하기 전에 충분한 시간을 두고 구술심리

기일 또는 증거조사기일을 당사자에게 통지하여야 한다.

③ 어느 한쪽 당사자가 중재판정부에 제출하는 준비서면, 서류, 그 밖의 자료는 지체 없이 상대방 당사자에게 제공되어야 한다. [개정 2016.5.29.] [시행일 2016.11.30.]

④ 중재판정부가 판정에서 기초로 삼으려는 감정서(鑑定書) 또는 서증은 양쪽 당사자에게 제공되어야 한다. [개정 2016.5.29.] [시행일 2016.11.30.] [전문개정 2010.3.31.]

제26조 (어느 한쪽 당사자의 해태)

① 신청인이 제24조제1항에 따라 신청서를 제출하지 아니하는 경우 중재판정부는 중재절차를 종료하여야 한다.

② 피신청인이 제24조제1항의 답변서를 제출하지 아니하는 경우 중재판정부는 신청인의 주장에 대한 자백으로 간주하지 아니하고 중재절차를 계속 진행하여야 한다.

③ 어느 한쪽 당사자가 구술심리에 출석하지 아니하거나 정하여진 기간 내에 서증을 제출하지 아니하는 경우 중재판정부는 중재절차를 계속 진행하여 제출된 증거를 기초로 중재판정을 내릴 수 있다.

④ 당사자 간에 다른 합의가 있거나 중재판정부가 상당한 이유가 있다고 인정하는 경우에는 제1항부터 제3항까지의 규정을 적용하지 아니한다. [전문개정 2010.3.31.]

제27조 (감정인)

① 당사자 간에 다른 합의가 없는 경우 중재판정부는 특정 쟁점에 대한 감정을 위하여 감정인을 지정할 수 있다. 이 경우 중재판정부는 당사자로 하여금 감정인에게 필요한 정보를 제공하고 감정인의 조사를 위하여 관련 문서와 물건 등을 제출하게 하거나 그에 대한 접근을 허용하도록 할 수 있다.

② 당사자 간에 다른 합의가 없는 경우 중재판정부는 직권으로 또는 당사자의 신청을 받아 감정인을 구술심리기일에 출석시켜 당사자의 질문에 답변하도록 할 수 있다.

③ 중재판정부가 지정한 감정인에 대한 기피에 관하여는 제13조 및 제14조를 준용한다. [전문개정 2010.3.31.]

제28조 (증거조사에 관한 법원의 협조)

① 중재판정부는 직권으로 또는 당사자의 신청을 받아 법원에 증거조사를 촉탁(囑託)하거나 증거조사에 대한 협조를 요청할 수 있다. [개정 2016.5.29.] [시행일 2016.11.30.]

② 중재판정부가 법원에 증거조사를 촉탁하는 경우 중재판정부는 조서(調書)에 적을 사항과 그 밖에 증거조사가 필요한 사항을 서면으로 지정할 수 있다. [개정 2016.5.29.] [시행일 2016.11.30.]

③ 제2항에 따라 법원이 증거조사를 하는 경우 중재인이나 당사자는 재판장의 허가를 얻어 그 증거조사에 참여할 수 있다. [개정 2016.5.29.] [시행일 2016.11.30.]

④ 제2항의 경우 법원은 증거조사를 마친 후 증인신문조서 등본, 검증조서 등본 등 증거조사에 관한 기록을 지체 없이 중재판정부에 보내야 한다. [개정 2016.5.29.] [시행일 2016.11.30.]
⑤ 중재판정부가 법원에 증거조사에 대한 협조를 요청하는 경우 법원은 증인이나 문서소지자 등에게 중재판정부 앞에 출석할 것을 명하거나 중재판정부에 필요한 문서를 제출할 것을 명할 수 있다. [신설 2016.5.29.] [시행일 2016.11.30.]
⑥ 중재판정부는 증거조사에 필요한 비용을 법원에 내야 한다. [신설 2016.5.29.] [시행일 2016.11.30.] [전문개정 2010.3.31.]

제5장 중재판정

[개정 2010.3.31.]

제29조 (분쟁의 실체에 적용될 법)

① 중재판정부는 당사자들이 지정한 법에 따라 판정을 내려야 한다. 특정 국가의 법 또는 법 체계가 지정된 경우에 달리 명시된 것이 없으면 그 국가의 국제사법이 아닌 분쟁의 실체(實體)에 적용될 법을 지정한 것으로 본다.
② 제1항의 지정이 없는 경우 중재판정부는 분쟁의 대상과 가장 밀접한 관련이 있는 국가의 법을 적용하여야 한다.
③ 중재판정부는 당사자들이 명시적으로 권한을 부여하는 경우에만 형평과 선(善)에 따라 판정을 내릴 수 있다.
④ 중재판정부는 계약에서 정한 바에 따라 판단하고 해당 거래에 적용될 수 있는 상관습(商慣習)을 고려하여야 한다. [전문개정 2010.3.31.]

제30조 (중재판정부의 의사결정)

당사자 간에 다른 합의가 없는 경우 3명 이상의 중재인으로 구성된 중재판정부의 의사결정은 과반수의 결의에 따른다. 다만, 중재절차는 당사자 간의 합의가 있거나 중재인 전원이 권한을 부여하는 경우에는 절차를 주관하는 중재인이 단독으로 결정할 수 있다. [전문개정 2010.3.31.]

제31조 (화해)

① 중재절차의 진행 중에 당사자들이 화해한 경우 중재판정부는 그 절차를 종료한다. 이 경우 중재판정부는 당사자들의 요구에 따라 그 화해 내용을 중재판정의 형식으로 적을 수 있다.
② 제1항에 따라 화해 내용을 중재판정의 형식으로 적을 때에는 제32조에 따라 작성되어

야 하며, 중재판정임이 명시되어야 한다.

③ 화해 중재판정은 해당 사건의 본안에 관한 중재판정과 동일한 효력을 가진다. [전문개정 2010.3.31.]

제32조 (중재판정의 형식과 내용)

① 중재판정은 서면으로 작성하여야 하며, 중재인 전원이 서명하여야 한다. 다만, 3명 이상의 중재인으로 구성된 중재판정부의 경우에 과반수에 미달하는 일부 중재인에게 서명할 수 없는 사유가 있을 때에는 다른 중재인이 그 사유를 적고 서명하여야 한다.

② 중재판정에는 그 판정의 근거가 되는 이유를 적어야 한다. 다만, 당사자 간에 합의가 있거나 제31조에 따른 화해 중재판정인 경우에는 그러하지 아니하다.

③ 중재판정에는 작성날짜와 중재지를 적어야 한다. 이 경우 중재판정은 그 중재판정서에 적힌 날짜와 장소에서 내려진 것으로 본다.

④ 제1항부터 제3항까지의 규정에 따라 작성·서명된 중재판정의 정본(正本)은 제4조제1항부터 제3항까지의 규정에 따라 각 당사자에게 송부한다. 다만, 당사자의 신청이 있는 경우에는 중재판정부는 중재판정의 원본을 그 송부 사실을 증명하는 서면과 함께 관할법원에 송부하여 보관할 수 있다. [개정 2016.5.29.] [시행일 2016.11.30.] [전문개정 2010.3.31.]

제33조 (중재절차의 종료)

① 중재절차는 종국판정(終局判定) 또는 제2항에 따른 중재판정부의 결정에 따라 종료된다.

② 중재판정부는 다음 각 호의 어느 하나에 해당하는 경우에는 중재절차의 종료결정을 하여야 한다.

1. 신청인이 중재신청을 철회하는 경우. 다만, 피신청인이 이에 동의하지 아니하고 중재판정부가 피신청인에게 분쟁의 최종적 해결을 구할 정당한 이익이 있다고 인정하는 경우는 제외한다.
2. 당사자들이 중재절차를 종료하기로 합의하는 경우
3. 중재판정부가 중재절차를 계속 진행하는 것이 불필요하거나 불가능하다고 인정하는 경우

③ 중재판정부의 권한은 제34조의 경우를 제외하고는 중재절차의 종료와 함께 종결된다. [전문개정 2010.3.31.]

제34조 (중재판정의 정정 · 해석 및 추가 판정)

① 당사자들이 달리 기간을 정한 경우를 제외하고는 각 당사자는 중재판정의 정본을 받은 날부터 30일 이내에 다음 각 호의 어느 하나에 규정된 정정, 해석 또는 추가 판정을

중재판정부에 신청할 수 있다.
1. 중재판정의 오산(誤算)·오기(誤記), 그 밖에 이와 유사한 오류의 정정
2. 당사자 간의 합의가 있는 경우에 중재판정의 일부 또는 특정 쟁점에 대한 해석
3. 중재절차에서 주장되었으나 중재판정에 포함되지 아니한 청구에 관한 추가 판정. 다만, 당사자 간에 다른 합의가 있는 경우는 제외한다.

② 제1항의 신청을 하는 경우 신청인은 상대방 당사자에게 그 취지를 통지하여야 한다.
③ 중재판정부는 제1항 제1호 및 제2호의 신청에 대하여는 신청을 받은 날부터 30일 이내에, 같은 항 제3호의 신청에 대하여는 신청을 받은 날부터 60일 이내에 이를 판단하여야 한다. 이 경우 제1항 제2호의 해석은 중재판정의 일부를 구성한다.
④ 중재판정부는 판정일부터 30일 이내에 직권으로 제1항 제1호의 정정을 할 수 있다.
⑤ 중재판정부는 필요하다고 인정할 때에는 제3항의 기간을 연장할 수 있다.
⑥ 중재판정의 정정, 해석 또는 추가 판정의 형식에 관하여는 제32조를 준용한다. [전문개정 2010.3.31.]

제34조의2 (중재비용의 분담) 당사자 간에 다른 합의가 없는 경우 중재판정부는 중재사건에 관한 모든 사정을 고려하여 중재절차에 관하여 지출한 비용의 분담에 관하여 정할 수 있다. [본조신설 2016.5.29.] [시행일 2016.11.30.]

제34조의3 (지연이자) 당사자 간에 다른 합의가 없는 경우 중재판정부는 중재판정을 내릴 때 중재사건에 관한 모든 사정을 고려하여 적절하다고 인정하는 지연이자의 지급을 명할 수 있다. [본조신설 2016.5.29.] [시행일 2016.11.30.]

제6장 중재판정의 효력 및 불복
[개정 2010.3.31.]

제35조 (중재판정의 효력)

중재판정은 양쪽 당사자 간에 법원의 확정판결과 동일한 효력을 가진다. 다만, 제38조에 따라 승인 또는 집행이 거절되는 경우에는 그러하지 아니하다. [개정 2016.5.29.] [시행일 2016.11.30.] [전문개정 2010.3.31.]

제36조 (중재판정 취소의 소)

① 중재판정에 대한 불복은 법원에 중재판정 취소의 소를 제기하는 방법으로만 할 수 있다.
② 법원은 다음 각 호의 어느 하나에 해당하는 경우에만 중재판정을 취소할 수 있다. [개정 2016.5.29.] [시행일 2016.11.30.]

1. 중재판정의 취소를 구하는 당사자가 다음 각 목의 어느 하나에 해당하는 사실을 증명하는 경우
   가. 중재합의의 당사자가 해당 준거법(準據法)에 따라 중재합의 당시 무능력자였던 사실 또는 중재합의가 당사자들이 지정한 법에 따라 무효이거나 그러한 지정이 없는 경우에는 대한민국의 법에 따라 무효인 사실
   나. 중재판정의 취소를 구하는 당사자가 중재인의 선정 또는 중재절차에 관하여 적절한 통지를 받지 못하였거나 그 밖의 사유로 변론을 할 수 없었던 사실
   다. 중재판정이 중재합의의 대상이 아닌 분쟁을 다룬 사실 또는 중재판정이 중재합의의 범위를 벗어난 사항을 다룬 사실. 다만, 중재판정이 중재합의의 대상에 관한 부분과 대상이 아닌 부분으로 분리될 수 있는 경우에는 대상이 아닌 중재판정 부분만을 취소할 수 있다.
   라. 중재판정부의 구성 또는 중재절차가 이 법의 강행규정에 반하지 아니하는 당사자 간의 합의에 따르지 아니하였거나 그러한 합의가 없는 경우에는 이 법에 따르지 아니하였다는 사실
2. 법원이 직권으로 다음 각 목의 어느 하나에 해당하는 사유가 있다고 인정하는 경우
   가. 중재판정의 대상이 된 분쟁이 대한민국의 법에 따라 중재로 해결될 수 없는 경우
   나. 중재판정의 승인 또는 집행이 대한민국의 선량한 풍속이나 그 밖의 사회질서에 위배되는 경우

③ 중재판정 취소의 소는 중재판정의 취소를 구하는 당사자가 중재판정의 정본을 받은 날부터 또는 제34조에 따른 정정·해석 또는 추가 판정의 정본을 받은 날부터 3개월 이내에 제기하여야 한다.

④ 해당 중재판정에 관하여 대한민국의 법원에서 내려진 승인 또는 집행 결정이 확정된 후에는 중재판정 취소의 소를 제기할 수 없다. [개정 2016.5.29.] [시행일 2016.11.30.]
[전문개정 2010.3.31.]

제7장 중재판정의 승인과 집행

[개정 2010.3.31.]

제37조 (중재판정의 승인과 집행)

① 중재판정은 제38조 또는 제39조에 따른 승인 거부사유가 없으면 승인된다. 다만, 당사자의 신청이 있는 경우에는 법원은 중재판정을 승인하는 결정을 할 수 있다. [개정 2016.5.29.] [시행일 2016.11.30.]

② 중재판정에 기초한 집행은 당사자의 신청에 따라 법원에서 집행결정으로 이를 허가하여야 할 수 있다. [신설 2016.5.29.] [시행일 2016.11.30.]

③ 중재판정의 승인 또는 집행을 신청하는 당사자는 중재판정의 정본이나 사본을 제출하

여야 한다. 다만, 중재판정이 외국어로 작성되어 있는 경우에는 한국어 번역문을 첨부하여야 한다. [개정 2016.5.29.] [시행일 2016.11.30.]

1. 삭제 [2016.5.29.] [시행일 2016.11.30.]
2. 삭제 [2016.5.29.] [시행일 2016.11.30.]

④ 제1항 단서 또는 제2항의 신청이 있는 때에는 법원은 변론기일 또는 당사자 쌍방이 참여할 수 있는 심문기일을 정하고 당사자에게 이를 통지하여야 한다. [신설 2016.5.29.] [시행일 2016.11.30.]

⑤ 제1항 단서 또는 제2항에 따른 결정은 이유를 적어야 한다. 다만, 변론을 거치지 아니한 경우에는 이유의 요지만을 적을 수 있다. [신설 2016.5.29.] [시행일 2016.11.30.]

⑥ 제1항 단서 또는 제2항에 따른 결정에 대해서는 즉시항고를 할 수 있다. [신설 2016.5.29.] [시행일 2016.11.30.]

⑦ 제6항의 즉시항고는 집행정지의 효력을 가지지 아니한다. 다만, 항고법원(재판기록이 원심법원에 남아 있을 때에는 원심법원을 말한다)은 즉시항고에 대한 결정이 있을 때까지 담보를 제공하게 하거나 담보를 제공하게 하지 아니하고 원심재판의 집행을 정지하거나 집행절차의 전부 또는 일부를 정지하도록 명할 수 있으며, 담보를 제공하게 하고 그 집행을 계속하도록 명할 수 있다. [신설 2016.5.29.] [시행일 2016.11.30.]

⑧ 제7항 단서에 따른 결정에 대해서는 불복할 수 없다. [신설 2016.5.29.] [시행일 2016.11.30.] [전문개정 2010.3.31.]

제38조 (국내 중재판정)

대한민국에서 내려진 중재판정은 다음 각 호의 어느 하나에 해당하는 사유가 없으면 승인되거나 집행되어야 한다. [개정 2016.5.29.] [시행일 2016.11.30.]

1. 중재판정의 당사자가 다음 각 목의 어느 하나에 해당하는 사실을 증명한 경우
   가. 제36조 제2항 제1호 각 목의 어느 하나에 해당하는 사실
   나. 다음의 어느 하나에 해당하는 사실
      1) 중재판정의 구속력이 당사자에 대하여 아직 발생하지 아니하였다는 사실
      2) 중재판정이 법원에 의하여 취소되었다는 사실
2. 제36조 제2항 제2호에 해당하는 경우 [전문개정 2010.3.31.]

제39조 (외국 중재판정)

① 「외국 중재판정의 승인 및 집행에 관한 협약」을 적용받는 외국 중재판정의 승인 또는 집행은 같은 협약에 따라 한다.

② 「외국 중재판정의 승인 및 집행에 관한 협약」을 적용받지 아니하는 외국 중재판정의 승인 또는 집행에 관하여는 「민사소송법」 제217조, 「민사집행법」 제26조제1항 및 제27조를 준용한다. [전문개정 2010.3.31.]

제8장 보칙
[개정 2010.3.31.]

제40조 (상사중재기관에 대한 보조)

정부는 이 법에 따라 국내외 상사분쟁(商事紛爭)을 공정·신속하게 해결하고 국제거래질서를 확립하기 위하여 산업통상자원부장관이 지정하는 상사중재(商事仲裁)를 하는 사단법인에 대하여 필요한 경비의 전부 또는 일부를 보조할 수 있다. [개정 2013.3.23. 제11690호(정부조직법)] [전문개정 2010.3.31.]

제41조 (중재규칙의 제정 및 승인)

제40조에 따라 상사중재기관으로 지정받은 사단법인이 중재규칙을 제정하거나 변경할 때에는 대법원장의 승인을 받아야 한다. [전문개정 2010.3.31.]

부록 4

Rules of Arbitration of the International Chamber of Commerce

In force as from 1 January 2012

Introductory Provisions

Article 1 International Court of Arbitration

1. The International Court of Arbitration (the "Court") of the International Chamber of Commerce (the "ICC") is the independent arbitration body of the ICC. The statutes of the Court are set forth in Appendix I.
2. The Court does not itself resolve disputes. It administers the resolution of disputes by arbitral tribunals, in accordance with the Rules of Arbitration of the ICC (the "Rules"). The Court is the only body authorized to administer arbitrations under the Rules, including the scrutiny and approval of awards rendered in accordance with the Rules. It draws up its own internal rules, which are set forth in Appendix II (the "Internal Rules").
3. The President of the Court (the "President") or, in the President's absence or otherwise at the President's request, one of its Vice-Presidents shall have the power to take urgent decisions on behalf of the Court, provided that any such decision is reported to the Court at its next session.
4. As provided for in the Internal Rules, the Court may delegate to one or more committees composed of its members the power to take certain decisions, provided that any such decision is reported to the Court at its next session.
5. The Court is assisted in its work by the Secretariat of the Court (the "Secretariat") under the direction of its Secretary General (the "Secretary General").

Article 2 Definitions

In the Rules:

(i) "arbitral tribunal" includes one or more arbitrators;

국제상업회의소 중재규칙[1]

2012. 1. 1. 발효

도입규정

제1조 국제중재법원

1. 국제상업회의소("ICC")의 국제중재법원("중재법원")은 ICC의 독립된 중재기구이며, 그 정관은 부칙 I에 규정되어 있다

2. 중재법원은 직접 분쟁을 해결하지는 않는다. 중재법원은 ICC 중재규칙("중재규칙")에 따라 중재판정부에 의한 분쟁 해결을 관리한다. 중재법원은 중재규칙에 따라 내려진 중재판정의 검토 및 승인 등을 포함하여 중재규칙에 따라 중재를 관리할 권한을 가지는 유일한 기구이다. 중재법원은 자체적으로 내부규칙("내부규칙")을 제정하며 이 내부교칙은 부칙 II에 규정되어 있다.

3. 중재법원의 의장("의장") 또는, 의장의 부재시나 의장의 요청이 있는 경우에는 중재법원 부의장 중 1인이 중재법원을 대표하여 긴급한 결정을 내릴 권한을 가지며, 그러한 모든 결정은 중재법원의 다음 회의에서 보고되어야 한다.

4. 중재법원은 중재법원의 위원들로 구성된 하나 또는 복수의 위원회에 특정한 결정 권한을 내부규칙에 따라 위임할 수 있으며, 그러한 모든 결정은 중재법원의 다음 회의에서 보고되어야 한다.

5. 중재법원은 사무총장("사무총장")의 지시에 따라 중재법원 사무국("사무국")의 업무 지원을 받는다.

제2조 정 의

본 중재규칙에서 사용하는 용어의 뜻은 다음과 같다.

(i) "중재판정부"는 1인 또는 복수의 중재인을 포함한다.

[1] 본 번역은 김갑유(대표집필) 부록 8에 기재된 번역본을 참고로 일부 수정한 내용임을 밝혀둔다.

(ii) "claimant" includes one or more claimants, "respondent" includes one or more respondents, and "additional party" includes one or more additional parties;
(iii) "party" or "parties" include claimants, respondents or additional parties;
(iv) "claim" or "claims" include any claim by any party against any other party;
(v) "award" includes, inter alia, an interim, partial or final award.

Article 3 Written Notifications or Communications; Time Limits

1. All pleadings and other written communications submitted by any party, as well as all documents annexed thereto, shall be supplied in a number of copies sufficient to provide one copy for each party, plus one for each arbitrator, and one for the Secretariat. A copy of any notification or communication from the arbitral tribunal to the parties shall be sent to the Secretariat.
2. All notifications or communications from the Secretariat and the arbitral tribunal shall be made to the last address of the party or its representative for whom the same are intended, as notified either by the party in question or by the other party. Such notification or communication may be made by delivery against receipt, registered post, courier, email, or any other means of telecommunication that provides a record of the sending thereof.
3. A notification or communication shall be deemed to have been made on the day it was received by the party itself or by its representative, or would have been received if made in accordance with Article 3(2).
4. Periods of time specified in or fixed under the Rules shall start to run on the day following the date a notification or communication is deemed to have been made in accordance with Article 3(3). When the day next following such date is an official holiday, or a non-business day in the country where the notification or communication is deemed to have been made, the period of time shall commence on the first following business day. Official holidays and non-business days are included in the calculation of the period of time. If the last day of the relevant period of time granted is an official holiday or a non-business day in the country where the notification or communication is deemed to have been made, the period of time shall expire at the end of the first following business day.

Commencing the Arbitration

Article 4 Request for Arbitration

1. A party wishing to have recourse to arbitration under the Rules shall submit its Request for Arbitration (the "Request") to the Secretariat at any of the offices speci-

(ii) "신청인"은 1인 또는 복수의 신청인을, "피신청인"은 1인 또는 복수의 피신청인을 각 포함하며, "추가당사자"는 1인 또는 복수의 추가당사자를 포함한다.
(iii) "당사자"는 신청인, 피신청인 또는 추가당사자를 포함한다.
(iv) "신청"은 어느 당사자의 다른 당사자에 대한 모든 신청을 포함한다.
(v) "판정"은 잠정, 부분 또는 종국판정을 포함한다.

제 3 조 서면 통지 또는 교신, 기한

1. 당사자가 제출하는 모든 주장과 기타 서면에 의한 교신 및 그 첨부서류는 각 당사자에게 1부씩, 각 중재인에게 1부씩, 그리고 사무국에 1부를 제공하기에 충분한 수만큼 제출되어야 한다. 중재판정부가 당사자에게 하는 모든 통지 또는 교신은 사무국으로도 1부 제출되어야 한다.

2. 사무국과 중재판정부가 하는 모든 통지 또는 교신은 통지 또는 교신을 받을 당사자 또는 그 대리인의 최후 주소로 하여야 하며, 최후 주소는 해당 당사자나 그 상대방이 통지한 바에 따른다. 이러한 통지 및 교신은 수령증을 받는 배달, 등기우편, 특급운송, 전자우편, 또는 기타 발송 사실이 기록되는 다른 통신수단으로 할 수 있다.

3. 통지 또는 교신은 당사자 또는 그 대리인이 이를 수령한 날이나 제3조 제2항에 따라 이를 수령할 수 있었던 날에 이루어진 것으로 본다.

4. 중재규칙에 명시되었거나 확정되어 있는 기간은 제3조 제3항의 규정에 따라 통지나 교신이 이루어진 것으로 보는 날의 다음날부터 진행한다. 위 다음날이 통지나 교신이 이루어진 것으로 보는 국가에서 공휴일 또는 휴무일인 경우에는, 그 기간은 이후에 도래하는 최초의 영업일부터 진행한다. 기간 중의 공휴일과 휴무일은 기간 계산에 산입된다. 주어진 기간의 만료일이 통지나 교신이 이루어진 것으로 보는 국가에서 공휴일 또는 휴무일인 경우에는, 그 기간은 이후에 도래하는 최초의 영업일이 끝나면서 만료된다.

중재의 개시

제 4 조 중재신청

1. 중재규칙에 의하여 중재를 진행하고자 하는 자는 내부규칙에 기재된 사무소를 통하여 사무국에 중재신청서("신청서")를 제출하여야 한다. 사무국은 신청인 및 피신청인에게 신청서의 접수 사실 및 접수일자를 통지하여야 한다.

fied in the Internal Rules. The Secretariat shall notify the claimant and respondent of the receipt of the Request and the date of such receipt.

2. The date on which the Request is received by the Secretariat shall, for all purposes, be deemed to be the date of the commencement of the arbitration.
3. The Request shall contain the following information:
   a) the name in full, description, address and other contact details of each of the parties;
   b) the name in full, address and other contact details of any person(s) representing the claimant in the arbitration;
   c) a description of the nature and circumstances of the dispute giving rise to the claims and of the basis upon which the claims are made;
   d) a statement of the relief sought, together with the amounts of any quantified claims and, to the extent possible, an estimate of the monetary value of any other claims;
   e) any relevant agreements and, in particular, the arbitration agreement(s);
   f) where claims are made under more than one arbitration agreement, an indication of the arbitration agreement under which each claim is made;
   g) all relevant particulars and any observations or proposals concerning the number of arbitrators and their choice in accordance with the provisions of Articles 12 and 13, and any nomination of an arbitrator required thereby; and
   h) all relevant particulars and any observations or proposals as to the place of the arbitration, the applicable rules of law and the language of the arbitration.

   The claimant may submit such other documents or information with the Request as it considers appropriate or as may contribute to the efficient resolution of the dispute.
4. Together with the Request, the claimant shall:
   a) submit the number of copies thereof required by Article 3(1); and
   b) make payment of the filing fee required by Appendix Ⅲ ("Arbitration Costs and Fees") in force on the date the Request is submitted.

   In the event that the claimant fails to comply with either of these requirements, the Secretariat may fix a time limit within which the claimant must comply, failing which the file shall be closed without prejudice to the claimant's right to submit the same claims at a later date in another Request.
5. The Secretariat shall transmit a copy of the Request and the documents annexed thereto to the respondent for its Answer to the Request once the Secretariat has sufficient copies of the Request and the required filing fee.

2. 신청서가 사무국에 접수된 일자를 모든 사항에서 중재개시일로 본다.

3. 신청서는 다음의 사항들을 포함하여야 한다.
   a) 각 당사자의 완전한 명칭, 각 당사자에 대한 설명, 주소 및 기타 연락처

   b) 중재에서 신청인을 대리하는 자의 완전한 명칭, 주소 및 기타 연락처

   c) 신청의 원인이 된 분쟁의 성격과 상황 및 신청의 근거에 관한 설명

   d) 신청취지와 금전 신청의 경우에는 신청금액, 기타 신청의 경우에는 가능한 한도까지 표시한 그 금전상 가치 추정액

   e) 관련된 합의들, 특히 중재합의

   f) 2개 이상의 중재합의에 따라 신청이 제기되는 경우, 각 신청의 바탕이 되는 중재합의의 표시

   g) 제12조 및 제13조의 규정에 따른 중재인의 수와 중재인의 선정에 관련한 모든 세부사항 및 의견 또는 제안, 그리고 위 규정에서 요구하는 중재인의 지명

   h) 중재지, 준거법, 중재언어 등에 대한 모든 세부사항 및 의견 또는 제안
   신청인은 분쟁의 효율적인 해결에 도움이 되거나 적절하다고 판단하는 기타 문서 또는 정보를 신청서와 함께 제출할 수 있다.

4. 신청인은 신청서와 함께 아래 사항들을 이행하여야 한다.
   a) 제3조 제1항에서 요구하는 수의 신청서 사본 제출

   b) 신청서가 제출된 날 시행중인 부칙 III("중재비용 및 요금")에 규정된 신청요금 납부
   신청인이 두 요건 중 하나라도 준수하지 못하는 경우 사무국은 그 준수를 위한 기한을 정할 수 있으며, 그 기한 내에도 준수하지 못하는 경우에는 위 신청을 종결할 수 있다. 이 경우 신청인은 추후 별도의 신청서로 동일한 신청을 다시 제출할 수 있다.

5. 충분한 수의 신청서 사본이 제출되고 필요한 예납이 이루어진 경우 사무국은 피신청인이 신청서에 대한 답변을 할 수 있도록 신청서 및 그 첨부서류 1부씩을 각 피신청인에게 송부하여야 한다.

Article 5 Answer to the Request; Counterclaims

1. Within 30 days from the receipt of the Request from the Secretariat, the respondent shall submit an Answer (the "Answer") which shall contain the following information:
   a) its name in full, description, address and other contact details;
   b) the name in full, address and other contact details of any person(s) representing the respondent in the arbitration;
   c) its comments as to the nature and circumstances of the dispute giving rise to the claims and the basis upon which the claims are made;
   d) its response to the relief sought;
   e) any observations or proposals concerning the number of arbitrators and their choice in light of the claimant's proposals and in accordance with the provisions of Article 12 and 13, and any nomination of an arbitrator required thereby; and
   f) any observations or proposals as to the place of arbitration, the applicable rules of law and the language of the arbitration.

   The respondent may submit such other documents or information with the Answer as it considers appropriate or as may contribute to the efficient resolution of the dispute.
2. The Secretariat may grant the Respondent an extension of the time for filing the Answer, provided the application for such an extension contains the Respondent's observations or proposals concerning the number of arbitrators and their choice and, where required by Articles 12 and 13, the nomination of an arbitrator. If the Respondent fails to do so, the Court shall proceed in accordance with the Rules.
3. The Answer shall be supplied to the Secretariat in the number of copies specified by Article 3(1).
4. The Secretariat shall communicate the Answer and the documents annexed thereto to all other parties.
5. Any counterclaims made by the Respondent shall submitted with its Answer and shall provide:
   a) a description of the nature and circumstances of the dispute giving rise to the counterclaims and of the basis upon which the counterclaims are made;
   b) a statement of the relief sought together with the amounts of any quantified counterclaims and, to the extent possible, an estimate of the monetary value of any other counterclaims;
   c) any relevant agreements and, in particular the arbitration agreement(s); and
   d) where counterclaims are made under more than one arbitration agreement, an indication of the arbitration agreement under which each counterclaim is made.

제5조 신청에 대한 답변; 반대신청

1. 피신청인은 사무국으로부터 신청서를 수령한 날로부터 30일 이내에 다음의 사항이 기재된 답변서를 제출해야 한다.
   a) 피신청인의 완전한 명칭, 피신청인에 대한 설명, 주소 및 기타 연락처

   b) 중재에서 피신청인을 대리하는 자의 완전한 명칭, 주소 및 기타 연락처

   c) 신청의 원인이 된 분쟁의 성격과 상황 및 신청의 근거에 대한 피신청인의 주장

   d) 신청취지에 대한 답변

   e) 제12조 및 제13조의 규정 및 신청인의 제안을 고려한 중재인의 수와 중재인의 선정에 관한 의견 또는 제안 및 위 규정에서 요구하는 중재인의 지명

   f) 중재지, 준거법, 중재언어 등에 대한 의견 또는 제안

   피신청인은 분쟁의 효율적인 해결에 도움이 되거나 적절하다고 판단하는 기타 문서 또는 정보를 답변서와 함께 제출할 수 있다.

2. 피신청인이, 중재인의 수 및 중재인 선정에 관한 의견이나 제안과 제12조 및 제13조에 따른 중재인의 지명을 포함하고 있는 기한연장신청서를 제출한 경우에 한하여 사무국은 피신청인에게 답변서 제출기간을 연장하여 줄 수 있다. 피신청인이 이를 준수하지 아니할 경우, 중재법원은 중재규칙에 따라 절차를 진행하여야 한다.

3. 답변서는 제3조 제1항에 규정된 수의 사본이 사무국에 제출되어야 한다.

4. 사무국은 답변서 및 첨부서류들을 다른 당사자들 모두에게 송부하여야 한다.

5. 피신청인의 반대신청은 다음 각 호의 사항을 기재하여 답변서와 함께 제출되어야 한다.
   a) 반대신청의 원인이 된 분쟁의 성질과 상황 및 반대신청의 근거에 관한 설명

   b) 반대신청취지와 금전신청의 경우에는 반대신청금액, 기타 반대신청의 경우에는 가능한 한도까지 표시한 금전상 가치 추정액

   c) 관련된 합의들, 특히 중재합의

   d) 2개 이상의 중재합의에 따라 반대신청이 제기되는 경우, 각 반대신청의 바탕이 되는 중재합의의 표시

The respondent may submit such other documents or information with the counterclaims as it considers appropriate or as may contribute to the efficient resolution of the dispute.

6. The Claimant shall submit a reply to any counterclaim within 30 days from the date of receipt of the counterclaims communicated by the Secretariat. Prior to the transmission of the file to the arbitral tribunal, the Secretariat may grant the Claimant an extension of time for submitting the reply.

Article 6 Effect of the Arbitration Agreement

1. Where the parties have agreed to submit to arbitration under the Rules, they shall be deemed to have submitted *ipso facto* to the Rules in effect on the date of commencement of the arbitration proceedings, unless they have agreed to submit to the Rules in effect on the date of their arbitration agreement.
2. By agreeing to the arbitration under the Rules, the parties have accepted that the arbitration shall be administered by the Court.
3. If any party against which a claim has been made does not submit an Answer, or raises one or more pleas concerning the existence, validity or scope of the arbitration agreement or concerning whether all of the claims made in the arbitration may be determined together in a single arbitration, the arbitration shall proceed and any question of jurisdiction or of whether the claims may be determined together in that arbitration shall be decided directly by the arbitral tribunal, unless the Secretary General refers the matter to the Court for its decision pursuant to Article 6(4).
4. In all cases referred to the Court under Article 6(3), the Court shall decide whether and to what extent the arbitration shall proceed. The arbitration shall proceed if and to the extent that the Court is *prima facie* satisfied that an arbitration agreement under the Rules may exist. In particular:
   (i) where there are more than two parties to the arbitration, the arbitration shall proceed between those of the parties, including any additional parties joined pursuant to Article 7, with respect to which the Court is *prima facie* satisfied that an arbitration agreement under the Rules that binds them all may exist; and
   (ii) where claims pursuant to Article 9 are made under more than one arbitration agreement, the arbitration shall proceed as to those claims with respect to which the Court is *prima facie* satisfied (a) that the arbitration agreements under which those claims are made may be compatible, and (b) that all parties to the arbitration may have agreed that those claims can be determined together in a single arbitration.

피신청인은 분쟁의 효율적인 해결에 도움이 되거나 적절하다고 판단하는 기타 문서 또는 정보를 반대신청서와 함께 제출할 수 있다.

6. 신청인은 사무국으로부터 반대신청서를 수령한 날로부터 30일 이내에 반대신청에 대한 답변서를 제출하여야 한다. 사무국은 기록을 중재판정부에 송부하기 전이라면 신청인에게 답변서 제출기간을 연장하여 줄 수 있다.

제6조 중재합의의 효력

1. 당사자가 본 중재규칙에 따라 중재를 진행하기로 합의한 경우 중재합의일 현재 시행 중인 중재규칙을 따르기로 당사자들이 합의한 것이 아닌 이상, 중재개시일 현재 시행 중인 중재규칙을 따르기로 합의한 것으로 본다.

2. 당사자들은 본 중재규칙에 따른 중재에 합의함으로써 중재법원이 중재를 관리하는 것에 동의하였다.

3. 신청을 받은 당사자가 답변서를 제출하지 않거나, 중재합의의 존재, 유효성 또는 범위에 관하여 또는 중재에서 제기된 모든 신청이 하나의 중재절차에서 결정되어야 하는 것 여부에 관하여 1개 또는 그 이상의 항변을 제기한 경우, 사무총장이 제6조 제4항에 따라 동 사안을 중재법원이 판단하도록 중재법원에 회부하지 않는 한, 중재절차는 진행되어야 하며, 관할권 문제나 신청들이 해당 중재에서 모두 결정되어야 하는 것인지 여부 등은 중재판정부가 직접 결정하여야 한다.

4. 제6조 제3항에 따라 중재법원에 회부된 모든 사건에서, 중재법원은 중재진행 여부와 진행범위에 대하여 결정하여야 한다. 중재법원이 본 중재규칙에 따른 중재합의가 일응 존재한다고 인정하는 경우, 그 범위에서 중재는 진행되어야 한다. 특히,
   (i) 중재 당사자가 2인을 초과할 경우 이는 그 당사자들 모두를 구속하는 중재규칙에 의한 중재합의가 일응 존재한다고 중재법원이 인정하는 경우이며, 중재는 제7조에 따라 참가한 추가당사자들을 포함하여 그 당사자들 간에 진행되어야 하며,
   (ii) 제9조에 의한 신청이 2개를 초과하여 중재합의에 따라 제기되는 경우, (a) 그 신청의 바탕이 되는 중재합의가 양립할 수 있고, (b) 그 신청이 단일 중재로 결정될 수 있다는 것에 모든 중재 당사자들이 동의하였다고 중재법원이 일응 인정하는 경우 중재는 그 신청에 대하여 진행되어야 한다.

The Court's decision pursuant to Article 6(4) is without prejudice to the admissibility or merit of any party's plea or pleas.

5. In all matters decided by the Court under Article 6(4), any decision as to the jurisdiction of the arbitral tribunal, except as to parties or claims with respect to which the Court decides that the arbitration cannot proceed, shall then be taken by the arbitral tribunal itself.
6. Where the parties are notified of the Court's decision pursuant to Article 6(4) that the arbitration cannot proceed in respect of some or all of them, any party retains the right to ask any court having jurisdiction whether or not, and in respect of which of them, there is a binding arbitration agreement.
7. Where the Court has decided pursuant to Article 6(4) that the arbitration cannot proceed in respect of any of the claims, such decision shall not prevent a party from reintroducing the same claim at a later date in other proceedings.
8. If any of the parties refuses or fails to take part in the arbitration or any stage thereof, the arbitration shall proceed notwithstanding such refusal or failure.
9. Unless otherwise agreed, the Arbitral Tribunal shall not cease to have jurisdiction by reason of any claim that the contract is null and void or allegation that it is non-existent, provided that the Arbitral Tribunal upholds the validity of the arbitration agreement. The Arbitral Tribunal shall continue to have jurisdiction to determine the respective rights of the parties and to adjudicate their claims and pleas even though the contract itself may be non-existent or null and void.

Multiple Parties, Multiple contracts and Consolidation

Article 7: Joinder of Additional Parties

1. A party wishing to join an additional party to the arbitration shall submit its request for arbitration against the additional party (the "Request for Joinder") to the Secretariat. The date on which the Request for Joinder is received by the Secretariat shall, for all purposes, be deemed to be the date of the commencement of arbitration against the additional party. Any such joinder shall be subject to the provisions of Articles 6(3)-6(7) and 9. No additional party may be joined after the confirmation or appointment of any arbitrator, unless all parties, including the additional party, otherwise agree. The Secretariat may fix a time limit for the submission of a Request for Joinder.
2. The Request for Joinder shall contain the following information:
   a) the case reference of the existing arbitration;
   b) the name in full, description, address and other contact details of each of the parties, including the additional party; and

제6조 제4항에 따른 중재법원의 결정은 본안에 관한 주장의 인용가능성에 대하여는 아무런 영향을 미치지 아니한다.

5. 제6조 제4항에 의하여 중재법원이 결정하는 모든 사안에서 중재판정부의 관할에 대한 판단은 중재법원이 중재가 진행될 수 없다고 결정한 당사자 또는 신청을 제외하고는 중재판정부에 의하여 직접 결정되어야 한다.

6. 중재법원이 제6조 제4항에 따라 당사자 일부 또는 모두에 대하여 중재가 진행될 수 없다고 내린 결정을 당사자들이 통보받은 경우, 어느 당사자든 관할 법원에 특정 당사자에 대하여 구속력 있는 중재합의가 존재하는지 여부에 대한 판단을 구할 수 있다.

7. 중재법원이 제6조 제4항에 따라 어느 신청에 대하여 중재가 진행될 수 없음을 결정한 경우, 그 결정에도 불구하고 당사자는 다른 절차에서 추후에 동일한 신청을 다시 제기할 수 있다.

8. 당사자 어느 일방이 중재 또는 중재절차 일부 단계에 참여하는 것을 거부하거나 또는 참여하지 아니한 경우, 그러한 거부나 불참에도 불구하고 중재는 진행된다.

9. 중재판정부가 중재합의의 유효성을 인정하는 경우, 당사자들이 달리 합의하지 않는 이상, 계약이 부존재 또는 무효라는 주장으로 인하여 중재판정부가 관할을 상실하지 아니한다. 계약 자체가 부존재하거나 무효라 하더라도, 중재판정부는 당사자 각각의 권리를 결정하고 당사자의 신청과 항변에 관하여 판정할 관할을 계속 가진다.

다수당사자, 다수의 계약 및 병합

제7조 추가당사자의 참가

1. 다른 당사자를 중재에 참가시키고자 하는 당사자는 사무국에 참가신청서(“참가신청서”)를 제출하여야 한다. 사무국에 참가신청서가 접수된 날이 추가당사자에 대한 중재개시일로 간주된다. 제6조 제3항 내지 제7항 및 제9조는 위 참가에 대해서도 적용된다. 추가될 당사자를 포함한 모든 당사자들이 달리 합의하지 않는 한, 어느 중재인이라도 확인 또는 선정된 후에는 더 이상 추가당사자를 참가시킬 수 없다. 사무국은 참가신청서 제출기한을 정할 수 있다.

2. 참가신청서에는 다음의 사항들이 기재되어야 한다.
   a) 기존 중재사건의 사건번호
   b) 추가당사자를 포함한 각 당사자의 완전한 명칭, 설명, 주소 및 기타 연락처

c) the information specified in Article 4(3) subparagraphs c), d), e) and f).
The party filing the Request for Joinder may submit therewith such other documents or information as it considers appropriate or as may contribute to the efficient resolution of the dispute.

3. The provisions of Articles 4(4) and 4(5) shall apply, mutatis mutandis, to the Request for Joinder.
4. The additional party shall submit an Answer in accordance, mutatis mutandis, with the provisions of Articles 5(1)-5(4). The additional party may make claims against any other party in accordance with the provisions of Article 8.

Article 8 Claims between multiple parties

1. In an arbitration with multiple parties, claims may be made by any party against any other party, subject to the provisions of Articles 6(3)-6(7) and 9 and provided that no new claims may be made after the Terms of Reference are signed or approved by the Court without the authorization of the arbitral tribunal pursuant to Article 23(4).
2. Any party making a claim pursuant to Article 8(1) shall provide the information specified in Article 4(3) subparagraphs c), d), e) and f).
3. Before the Secretariat transmits the file to the arbitral tribunal in accordance with Article 16, the following provisions shall apply, mutatis mutandis, to any claim made: Article 4(4) subparagraph a); Article 4(5); Article 5(1) except for subparagraphs a), b), e) and f); Article 5(2); Article 5(3) and Article 5(4). Thereafter, the arbitral tribunal shall determine the procedure for making a claim.

Article 9 Multiple Contracts

Subject to the provisions of Articles 6(3)-6(7) and 23(4), claims arising out of or in connection with more than one contract may be made in a single arbitration, irrespective of whether such claims are made under one or more than one arbitration agreement under the Rules.

Article 10 Consolidation of Arbitrations

The Court may, at the request of a party, consolidate two or more arbitrations pend ing under the Rules into a single arbitration, where:

a) the parties have agreed to consolidation; or
b) all of the claims in the arbitrations are made under the same arbitration agreement; or

c) 제4조 제3항 c), d), e), f)호에 규정된 사항
참가신청서를 제출하는 당사자는 적절하다고 판단하거나 분쟁의 효율적인 해결에 도움이 될 수 있는 기타 문서 또는 정보를 참가신청서와 함께 제출할 수 있다.

3. 제4조 제4항 및 제5항의 규정은 참가신청서에 준용된다.

4. 추가당사자는 제5조 제1항 내지 제4항을 준용하여 답변서를 제출하여야 한다. 추가당사자는 제8조의 규정에 따라 어느 당사자에게든 신청을 제기할 수 있다.

제8조 다수당사자들 간의 신청

1. 다수당사자 중재의 경우 어느 일방 당사자든 제6조 제3항 내지 제7항 및 제9조의 규정에 따라 상대방 당사자에게 신청을 제기할 수 있으며, 중재위탁요지서가 서명되거나 중재법원의 승인을 받은 후에는 제23조 제4항의 규정에 의한 중재판정부의 허가 없이는 새로운 신청을 할 수 없다.

2. 제8조 제1항에 따라 신청을 하는 당사자는 제4조 제3항 c), d), e), f)호에 규정된 정보를 제공하여야 한다.

3. 제16조에 따라 사무국이 해당 기록을 중재판정부에 송부하기 전에는 다음 규정들이 해당 신청에 준용된다. 제4조 제4항 a)호, 제4조 제5항, a), b), e), f)호를 제외한 제5조 제1항, 제5조 제 2항 내지 제4항. 그 이후에는 중재판정부가 신청 제기를 위한 절차를 결정한다.

제9조 다수의 계약

2개 이상의 계약으로부터 발행하거나 2개 이상의 계약과 관련한 신청은 제6조 제3항 내지 제7항 및 제23조 제4항의 규정에 따라 중재규칙상 1개 또는 다수의 중재합의에 의하여 제기되었는지 여부와 상관없이 하나의 중재절차에서 제기할 수 있다.

제10조 중재절차의 병합

중재법원은 당사자의 신청이 있을 경우, 아래 내용에 따라 본 중재규칙에 의하여 진행 중인 2개 이상의 중재절차를 병합할 수 있다.
a) 당사자들이 병합에 동의한 경우
b) 중재의 모든 신청이 동일한 중재합의에 따르는 경우 또는

c) where the claims in the arbitrations are made under more than one arbitration agreement, the arbitrations are between the same parties, the disputes in the arbitrations arise in connection with the same legal relationship, and the Court finds the arbitration agreements to be compatible.

In deciding whether to consolidate, the Court may take into account any circumstances it considers to be relevant, including whether one or more arbitrators have been confirmed or appointed in more than one of the arbitrations and, if so, whether the same or different persons have been confirmed or appointed.

When arbitrations are consolidated, they shall be consolidated into the arbitration that commenced first, unless otherwise agreed by all parties.

The Arbitral Tribunal

Article 11 General Provisions

1. Every arbitrator must be and remain impartial and independent of the parties involved in the arbitration.
2. Before appointment or confirmation, a prospective arbitrator shall sign a statement of acceptance, availability, impartiality and independence. The prospective arbitrator shall disclose in writing to the Secretariat any facts or circumstances which might be of such a nature as to call into question the arbitrator's independence in the eyes of the parties, as well as any circumstances that could give rise to reasonable doubts as to the arbitrator's impartiality. The Secretariat shall provide such information to the parties in writing and fix a time limit for any comments from them.
3. An arbitrator shall immediately disclose in writing to the Secretariat and to the parties any facts or circumstances of a similar nature to those referred to in Article 11(2) concerning the arbitrator's impartiality or independence which may arise during the arbitration.
4. The decisions of the Court as to the appointment, confirmation, challenge or replacement of an arbitrator shall be final, and the reasons for such decisions shall not be communicated.
5. By accepting to serve, arbitrators undertake to carry out their responsibilities in accordance with the Rules.
6. Insofar as the parties have not provided otherwise, the arbitral tribunal shall be constituted in accordance with the provisions of Articles 12 and 13.

c) 중재의 신청이 2개 이상의 중재합의에 따른 경우에도, 중재의 당사자가 동일하고, 분쟁이 동일한 법률관계와 관련하여 발생하였으며, 중재법원이 중재합의가 양립할 수 있다고 판단하는 경우

병합여부를 결정할 때, 중재법원은 1개 이상의 중재절차에서 1인 이상의 중재인이 2개 이상의 중재절차에서 확인 또는 선정되었는지 여부 및 그 경우 동일인 또는 다른 중재인이 확인 또는 선정되었는지 여부 등 관련 있다고 판단하는 모든 상황들을 고려하여야 한다. 중재절차가 병합되는 경우, 당사자들이 달리 합의하지 않는 한 먼저 개시된 중재절차로 병합된다.

중재판정부

제11조 총 칙

1. 모든 중재인은 공정하여야 하고 그 중재에 관련된 당사자로부터 독립적이어야 한다.

2. 중재인으로 선정될 후보자는 중재인 선정이나 확인 이전에 수락, 직무수행가능여부, 공정성 및 독립성 진술서에 서명하여야 한다. 중재인으로 선정될 후보자는 중재인의 공정성에 대하여 합리적인 의심을 야기할 만한 상황뿐만 아니라, 당사자의 시각에서 볼 때 중재인의 독립성에 관하여 의혹을 야기할 수 있는 성질의 모든 사실 또는 상황이 있을 경우, 이를 서면으로 사무국에 고지하여야 한다. 사무국은 그러한 내용을 관련 당사자에게 서면으로 제공하여야 하며 당사자가 의견을 제출하기 위한 기한을 지정하여야 한다.

3. 중재인은 중재 진행 중 발생할 수 있는 것으로서 중재인의 공정성 및 독립성에 관하여 제11조 제2항에 언급된 것과 유사한 성질의 사실 또는 상황이 있을 경우, 이를 사무국과 당자에게 서면으로 고지하여야 한다.

4. 중재인의 선정, 확인, 기피 또는 교체에 대한 중재법원의 결정은 종국적인 것이고, 그러한 결정의 이유는 고지되지 아니한다.

5. 중재인들은 그 직무를 수락함으로써 본 중재규칙에 따라 그 임무를 수행할 의무를 진다.

6. 당사자들이 별도로 규정하지 않는 한, 중재판정부는 제12조 및 제13조의 규정에 따라 구성된다.

Article 12 Constitution of the Arbitral Tribunal

Number of Arbitrators

1. The disputes shall be decided by a sole arbitrator or by three arbitrators.
2. Where the parties have not agreed upon the number of arbitrators, the Court shall appoint a sole arbitrator, save where it appears to the Court that the dispute is such as to warrant the appointment of three arbitrators. In such case, the claimant shall nominate an arbitrator within a period of 15 days from the receipt of the notification of the decision of the Court, and the respondent shall nominate an arbitrator within a period of 15 days from the receipt of the notification of the nomination made by the claimant. If a party fails to nominate an arbitrator, the appointment shall be made by the Court.

Sole Arbitrator

3. Where the parties have agreed that the dispute shall be resolved by a sole arbitrator, they may, by agreement, nominate the sole arbitrator for confirmation. If the parties fail to nominate a sole arbitrator within 30 days from the date when the claimant's Request for Arbitration has been received by the other party, or within such additional time as may be allowed by the Secretariat, the sole arbitrator shall be appointed by the Court.

Three Arbitrators

4. Where the parties have agreed that the dispute shall be resolved by three arbitrators, each party shall nominate in the Request and the Answer, respectively, one arbitrator for confirmation. If a party fails to nominate an arbitrator, the appointment shall be made by the Court.
5. Where the dispute is to be referred to three arbitrators, the third arbitrator, who will act as president of the arbitral tribunal, shall be appointed by the Court, unless the parties have agreed upon another procedure for such appointment, in which case the nomination will be subject to confirmation pursuant to Article 13. Should such procedure not result in a nomination within 30 days from the confirmation or appointment of the co-arbitrators or any other time limit agreed by the parties or fixed by the Court, the third arbitrator shall be appointed by the Court.
6. Where there are multiple claimants or multiple respondents, and where the dispute is to be referred to three arbitrators, the multiple claimants, jointly, and the multi ple respondents, jointly, shall nominate an arbitrator for confirmation pursuant to Article 13.
7. Where an additional party has been joined, and where the dispute is to be referred to three arbitrators, the additional party may, jointly with the claimant(s) or with

제12조 중재판정부의 구성

중재인의 수

1. 분쟁은 단독중재인 또는 3인 중재판정부에 의하여 해결되어야 한다.

2. 당사자들이 중재인의 수에 합의하지 못한 경우에는, 중재법원은 분쟁이 3인 중재판정부를 선정하는 것이 타당하다고 판단되는 경우를 제외하고는 단독중재인을 선정하여야 한다. 중재법원이 3인 중재판정부를 선정하기로 한 경우, 신청인은 중재법원의 결정 통지를 수령한 날로부터 15일의 기간 내에 중재인을 지명하여야 하며 피신청인은 신청인의 지명 통지를 수령한 날로부터 15일의 기간 내에 중재인을 지명하여야 한다. 어느 당사자가 중재인을 지명하지 못한 경우, 중재법원이 중재인을 선정한다.

단독중재인

3. 당사자들이 단독중재인에 의하여 분쟁을 해결하기로 합의한 경우에는, 당사자들은 합의에 따라 단독중재인을 지명하여 확인을 받을 수 있다. 그러나 당사자들이 신청인의 신청서를 수령한 날로부터 30일 이내에 또는 사무국이 허용한 추가 기간 내에 단독중재인을 지명하지 못한 경우에는, 중재법원이 단독중재인을 선정한다.

3인의 중재인

4. 당사자들이 3인 중재판정부에 의하여 분쟁을 해결하기로 합의한 경우에는 각 당사자는 신청서 및 답변서를 통하여 각각 1인씩의 중재인을 지명하여 확인을 받아야 한다. 어느 당사자가 중재인을 지명하지 아니한 경우에는 중재법원이 선정한다.

5. 분쟁이 3인 중재판정부에게 회부되는 경우, 의장으로 활동할 제3의 중재인은 당사자들이 선정절차에 대하여 별도로 합의하지 않는 한 중재법원이 선정한다. 당사자가 합의한 선정절차에 따라 제3의 중재인을 지명한 경우 제13조에 따른 중재법원의 확인을 받아야 한다. 만일 2인의 중재인에 대한 확인 또는 선정일로부터 30일 내 또는 당사자가 합의하였거나 중재법원이 정한 기간 내에 그러한 절차에 의한 지명이 이루어지지 못할 경우 중재법원이 제3의 중재인을 선정한다.

6. 분쟁이 3인 중재판정부에게 회부되는 경우, 다수의 신청인 또는 다수의 피신청인이 있는 때에는 다수의 신청인들은 공동으로, 그리고 다수의 피신청인들도 공동으로 중재인을 지명하여 제13조에 따라 확인을 받아야 한다.

7. 분쟁이 3인 중재판정부에게 회부되는 경우, 추가당사자가 중재에 참가하는 때에는 추가당사자는 신청인(들) 또는 피신청인(들)과 공동으로 중재인을 지명하여 제13조에 따

the respondent(s), nominate an arbitrator for confirmation pursuant to Article 13.

8. In the absence of a joint nomination pursuant to Articles 12(6) or 12(7) and where all parties are unable to agree to a method for the constitution of the arbitral tribunal, the Court may appoint each member of the arbitral tribunal and shall designate one of them to act as president. In such case, the Court shall be at liberty to choose any person it regards as suitable to act as arbitrator, applying Article 13 when it considers this appropriate.

Article 13 Appointment and Confirmation of the Arbitrators

1. In confirming or appointing arbitrators, the Court shall consider the prospective arbitrator's nationality, residence and other relationships with the countries of which the parties or the other arbitrators are nationals and the prospective arbitrator's availability and ability to conduct the arbitration in accordance with the Rules. The same shall apply where the Secretary General confirms arbitrators pursuant to Article 13(2).
2. The Secretary General may confirm as co-arbitrators, sole arbitrators and presidents of arbitral tribunals persons nominated by the parties or pursuant to their particular agreements, provided that the statement they have submitted contains no qualification regarding impartiality or independence or that a qualified statement regarding impartiality or independence has not given rise to objections. Such confirmation shall be reported to the Court at its next session. If the Secretary General considers that a co-arbitrator, sole arbitrator or president of an arbitral tribunal should not be confirmed, the matter shall be submitted to the Court.
3. Where the Court is to appoint an arbitrator, it shall make the appointment upon proposal of a National Committee or Group of the ICC that it considers to be appropriate. If the Court does not accept the proposal made, or if the National Committee or Group fails to make the proposal requested within the time limit fixed by the Court, the Court may repeat its request, request a proposal from another National Committee or Group that it considers to be appropriate, or appoint directly any person whom it regards as suitable.
4. The Court may also appoint directly to act as arbitrator any person whom it regards as suitable where:
   a) one or more of the parties is a state or claims to be a state entity; or
   b) the Court considers that it would be appropriate to appoint an arbitrator from a country or territory where there is no National Committee or Group; or
   c) the President certifies to the Court that circumstances exist which, in the President's opinion, make a direct appointment necessary and appropriate.
5. The sole arbitrator or the president of the arbitral tribunal shall be of a nationality other than those of the parties. However, in suitable circumstances and provided

라 확인을 받아야 한다.

8. 제12조 제6항 또는 제7항에 따라 중재인을 공동으로 지명하지 못하고 모든 당사자들이 중재판정부의 구성방식에 합의할 수 없는 경우, 중재법원은 중재판정부의 각 구성원을 선정할 수 있고, 선정된 구성원들 중 1인을 의장중재인으로 지정하여야 한다. 이러한 경우, 중재법원은 중재인으로 적합하다고 판단하는 자 누구든지 자유롭게 선정할 수 있으며 적절하다고 판단된다면 제13조를 적용하여 선정할 수 있다.

제13조 중재인 선정 및 확인

1. 중재인을 확인하거나 선정함에 있어 중재법원은 중재인 후보자의 국적, 거주지, 당사자나 다른 중재인의 국적이 있는 국가와의 기타 관계 및 중재규칙에 의하여 중재를 수행할 수 있는지 여부와 중재를 수행할 능력 등을 고려하여야 한다. 사무총장이 제13조 제2항에 따라 중재인을 확인하는 경우에도 같다.

2. 중재인이 제출한 진술서에 공정성 또는 독립성에 위배되는 사항이 포함되어 있지 않거나, 공정성 또는 독립성에 대한 조건부 진술서에 대하여 당사자들이 이의를 제기하지 않는 경우, 사무총장은 당사자들에 의하여 또는 당사자 간 특정 합의에 의하여 지명된 자들을 2인 중재인, 단독중재인, 의장중재인으로 확인하여야 한다. 이와 같은 확인은 다음 중재법원 회의에 보고되어야 한다. 사무총장이 2인 중재인, 단독중재인, 의장중재인으로 확인할 수 없다고 판단한 경우, 이 문제는 중재법원으로 회부된다.

3. 중재법원이 중재인을 선정하게 되는 경우, 중재법원은 적절하다고 인정하는 ICC 국가위원회 또는 국가그룹의 추천에 따라 선정하여야 한다. 중재법원이 그 추천을 받아들이지 아니하거나, 위 국가위원회 또는 국가그룹이 중재법원이 지정한 기한 내에 추천을 하지 않는 경우에는, 중재법원은 동일한 추천 요청을 반복하거나, 또는 적절하다고 인정하는 다른 국가위원회 또는 국가그룹으로부터 추천을 받거나, 적합하다고 판단하는 자를 직접 선정할 수 있다.

4. 중재법원은 다음과 같은 경우에 적합하다고 판단하는 자를 중재인으로 직접 선정할 수도 있다.
   a) 1인 이상의 당사자가 국가이거나 국가임을 주장하는 경우, 또는
   b) 중재법원이 국가위원회 또는 국가그룹이 없는 국가 또는 영역에서 중재인을 선정하는 것이 적절하다고 판단하는 경우, 또는
   c) 중재법원 의장이 자신의 의견상 중재인을 직접 선정하는 것이 필요하고 적절한 상황이 있음을 중재법원에 확인시키는 경우

5. 단독중재인 또는 의장중재인은 당사자와는 다른 국적을 가져야 한다. 그러나 적절한 사정이 있는 경우, 중재법원이 지정한 기간 내에 어느 당사자도 반대의 의사를 표시하지

that none of the parties objects within the time limit fixed by the Court, the sole arbitrator or the president of the arbitral tribunal may be chosen from a country of which any of the parties is a national.

Article 14 Challenge of Arbitrators

1. A challenge of an arbitrator, whether for an alleged lack of impartiality or independence, or otherwise, shall be made by the submission to the Secretariat of a written statement specifying the facts and circumstances on which the challenge is based.
2. For a challenge to be admissible, it must be submitted by a party either within 30 days from receipt by that party of the notification of the appointment or confirmation of the arbitrator, or within 30 days from the date when the party making the challenge was informed of the facts and circumstances on which the challenge is based if such date is subsequent to the receipt of such notification.
3. The Court shall decide on the admissibility and, at the same time, if necessary, on the merits of a challenge after the Secretariat has afforded an opportunity for the arbitrator concerned, the other party or parties and any other members of the arbitral tribunal to comment in writing within a suitable period of time. Such comments shall be communicated to the parties and to the arbitrators.

Article 15 Replacement of Arbitrators

1. An arbitrator shall be replaced upon death, upon acceptance by the Court of the arbitrator's resignation, upon acceptance by the Court of a challenge, or upon acceptance by the Court of a request of all the parties.
2. An arbitrator shall also be replaced on the Court's own initiative when it decides that the arbitrator is prevented de jure or de facto from fulfilling the arbitrator's functions, or that the arbitrator is not fulfilling those functions in accordance with the Rules or within the prescribed time limits.
3. When, on the basis of information that has come to its attention, the Court considers applying Article 15(2), it shall decide on the matter after the arbitrator concerned, the parties and any other members of the arbitral tribunal have had an opportunity to comment in writing within a suitable period of time. Such comments shall be communicated to the parties and to the arbitrators.
4. When an arbitrator is to be replaced, the Court has discretion to decide whether or not to follow the original nominating process. Once reconstituted, and after having invited the parties to comment, the arbitral tribunal shall determine if and to what

아니하면 중재법원은 당사자와 같은 국적을 가진 단독중재인 또는 의장중재인을 선정할 수 있다.

제14조 중재인 기피

1. 중재인에 대한 기피신청은 그 공정성 또는 독립성의 결여 또는 기타의 이유를 막론하고 기피의 근거가 되는 사실과 상황을 명시한 서면 진술서를 사무국에 제출함으로써 한다.

2. 기피신청이 적법하기 위해서는, 기피신청을 하려는 당사자가 중재인의 선정 또는 확인 통지를 받은 때로부터 30일 이내에, 기피의 근거가 되는 사실과 상황을 알게 된 날이 위 통지를 받은 후인 경우에는 그 날로부터 30일 이내에 기피신청서를 제출하여야 한다.

3. 중재법원은 기피의 적법 여부와, 그와 동시에 필요한 경우 그 인용 여부에 대한 판단을 내리되, 그 전에 사무국은 기피 대상이 된 당해 중재인, 상대방 당사자(들) 및 중재판정부의 다른 모든 구성원에 대하여 상당한 기간 내에 서면으로 의견을 제출할 기회를 부여하여야 한다. 위와 같은 의견은 당사자와 중재인들에게 전달되어야 한다.

제15조 중재인 교체

1. 중재인은 사망, 중재법원의 사임 의사 수리, 중재법원의 기피신청 인용, 당사자 전원의 요청에 대한 중재법원의 수락 등의 사유로 교체될 수 있다.

2. 중재법원은 중재인이 자신의 직무를 법률상 또는 사실상 수행하지 못하거나 중재규칙에 따라 또는 지정된 기간 내에 직무를 수행하지 않고 있다고 판단한 경우, 직권으로 중재인을 교체할 수 있다.

3. 중재법원은 자신이 취득한 정보에 기초하여 제15조 제2항의 적용을 고려함에 있어, 교체 대상인 당해 중재인, 당사자 및 중재판정부의 다른 모든 구성원에 대하여 상당한 기간 내에 서면으로 의견을 제출할 기회를 부여한 후에 이 문제에 관한 결정을 하여야 한다. 위와 같은 의견은 당사자 및 중재인들에게 전달되어야 한다.

4. 중재인을 교체할 때, 중재법원은 최초의 지명절차를 따를지 여부를 재량으로 결정한다. 중재판정부가 재구성되면 중재판정부는 관련 당사자의 의견을 수렴한 후, 재구성된 중재판정부 앞에서 이전의 절차를 다시 반복할지 여부 및 그 범위를 결정하여야 한다.

extent prior proceedings shall be repeated before the reconstituted arbitral tribunal.

5. Subsequent to the closing of the proceedings, instead of replacing an arbitrator who has died or been removed by the Court pursuant to Articles 15(1) or 15(2), the Court may decide, when it considers it appropriate, that the remaining arbitrators shall continue the arbitration. In making such determination, the Court shall take into account the views of the remaining arbitrators and of the parties and such other matters that it considers appropriate in the circumstances.

The Arbitral Proceedings

Article 16 Transmission of the File to the Arbitral Tribunal

The Secretariat shall transmit the file to the arbitral tribunal as soon as it has been constituted, provided the advance on costs requested by the Secretariat at this stage has been paid.

Article 17 Proof of Authority

At any time after the commencement of the arbitration, the arbitral tribunal or the Secretariat may require proof of the authority of any party representatives.

Article 18 Place of the Arbitration

1. The place of the arbitration shall be fixed by the Court, unless agreed upon by the parties.
2. The arbitral tribunal may, after consultation with the parties, conduct hearings and meetings at any location it considers appropriate, unless otherwise agreed by the parties.
3. The arbitral tribunal may deliberate at any location it considers appropriate.

Article 19 Rules Governing the Proceedings

The proceedings before the arbitral tribunal shall be governed by the Rules and, where the Rules are silent, by any rules which the parties or, failing them, the arbitral tribunal may settle on, whether or not reference is thereby made to the rules of procedure of a national law to be applied to the arbitration.

5. 중재법원은 절차가 종료된 후에는, 사망하거나 또는 제15조 제1항 또는 제15조 제2항에 따라 중재법원이 해임한 중재인을 교체하는 대신, 적절하다고 인정하는 경우 남은 중재인들이 중재를 계속하도록 결정할 수 있다. 그러한 결정을 내림에 있어 중재법원은 남은 중재인과 당사자의 견해, 그리고 그 상황에서 적절하다고 인정하는 요소들을 고려하여야 한다.

중재절차

제16조 중재기록의 송부

사무국이 요청한 중재비용의 예납이 이루어지면, 사무국은 중재판정부가 구성되는 즉시 기록을 중재판정부에 송부하여야 한다.

제17조 권한의 입증

중재개시 후 언제라도, 중재판정부 또는 사무국은 당사자 대리인들의 권한에 대한 입증을 요구할 수 있다.

제18조 중재지

1. 당사자 사이에 합의가 없는 경우 중재지는 중재법원이 정한다.

2. 당사자 사이에 달리 합의하지 않는 한, 중재판정부는 당사자와 협의한 후 적절하다고 인정하는 장소에서 심리와 회의를 할 수 있다.

3. 중재판정부는 적절하다고 인정하는 장소에서 합의를 할 수 있다.

제19조 절차에 관한 규칙

중재판정부의 진행절차는 본 중재규칙에 따르며, 중재규칙에 규정되지 않은 사항은, 당사자가 정하는 규칙, 당사자가 정하지 아니한 경우에는 중재판정부가 정하는 규칙에 따른다. 그러한 규칙이 중재에 적용될 특정 국가의 절차법을 참조하는지 여부는 불문한다.

Article 20 Language of the Arbitration

In the absence of an agreement by the parties, the arbitral tribunal shall determine the language or languages of the arbitration, due regard being given to all relevant circumstances, including the language of the contract.

Article 21 Applicable Rules of Law

1. The parties shall be free to agree upon the rules of law to be applied by the arbitral tribunal to the merits of the dispute. In the absence of any such agreement, the arbitral tribunal shall apply the rules of law which it determines to be appropriate.
2. The arbitral tribunal shall take account of the provisions of the contract, if any, between the parties and of any relevant trade usages.
3. The arbitral tribunal shall assume the powers of an amiable compositeur or decide ex aequo et bono only if the parties have agreed to give it such powers.

Article 22 Conduct of the Arbitration

1. The arbitral tribunal and the parties shall make every effort to conduct the arbitration in an expeditious and cost-effective manner, having regard to the complexity and value of the dispute.
2. In order to ensure effective case management, the arbitral tribunal, after consulting the parties, may adopt such procedural measures as it considers appropriate, provided that they are not contrary to any agreement of the parties.
3. Upon the request of any party, the arbitral tribunal may make orders concerning the confidentiality of the arbitration proceedings or of any other matters in connection with the arbitration and may take measures for protecting trade secrets and confidential information.
4. In all cases, the arbitral tribunal shall act fairly and impartially and ensure that each party has a reasonable opportunity to present its case.
5. The parties undertake to comply with any order made by the arbitral tribunal.

Article 23 Terms of Reference

1. As soon as it has received the file from the Secretariat, the arbitral tribunal shall draw up, on the basis of documents or in the presence of the parties
and in the light of their most recent submissions, a document defining its Terms of

제20조 중재언어

당사자 사이에 합의가 없는 경우, 중재판정부는 계약서의 언어 등을 포함한 관련된 모든 상황을 고려하여 중재언어를 결정하여야 한다.

제21조 준거법

1. 당사자는 분쟁의 본안에 대하여 중재판정부가 적용하여야 할 법에 관하여 자유롭게 합의할 수 있다. 이와 같은 합의가 없는 경우 중재판정부는 적절하다고 판단되는 법을 적용해야 한다.

2. 중재판정부는 당사자들 간에 체결된 계약 조항 및 이와 관련된 거래관행을 고려하여야 한다.

3. 중재판정부는 당사자들이 그러한 권한을 부여하는 데 동의한 경우에 한하여 우의적 중재인으로서 권한을 가지거나 또는 형평과 선에 기하여 결정할 권한을 가진다.

제22조 중재의 진행

1. 중재판정부 및 당사자들은 분쟁의 복잡성 및 분쟁금액을 고려하여 신속하고 경제적인 방식으로 중재절차를 진행하기 위하여 최선의 노력을 하여야 한다.

2. 중재판정부는 효과적인 사건 관리를 위하여 당사자들과 협의한 후 적절하다고 판단하는 절차적 방안을 채택할 수 있다. 단, 당사자들의 합의에 반하여서는 아니 된다.

3. 일방 당사자의 요청이 있는 경우, 중재판정부는 중재절차 또는 중재와 관련된 기타 사항의 기밀유지에 대하여 명령을 내릴 수 있고, 영업비밀 및 비밀정보를 보호하기 위한 조치를 취할 수 있다.

4. 중재판정부는 어떠한 경우에도 공정하고 공평하게 행동하여야 하며, 각 당사자에게 진술을 할 적당한 기회를 부여하여야 한다.

5. 당사자들은 중재판정부가 내린 명령을 준수할 의무가 있다.

제23조 중재위탁요지서

1. 중재판정부는 사무국으로부터 기록을 수령하는 즉시 기록을 근거로 하거나 또는 당사자의 입회하에서 당사자가 최근에 제출한 서면을 고려하여 위탁사항을 확정하는 서류를 작성하여야 한다. 이 서류는 다음의 사항을 포함하여야 한다.

Reference. This document shall include the following particulars:

a) the names in full, description, address and other contact details of each of the parties and of any person(s) representing a party in the arbitration;
b) the addresses to which notifications and communications arising in the course of the arbitration may be made;
c) a summary of the parties' respective claims and of the relief sought by each party, together with the amounts of any quantified claims and, to the extent possible, an estimate of the monetary value of any other claims;
d) unless the arbitral tribunal considers it inappropriate, a list of issues to be determined;
e) the names in full, address and other contact details of each of the arbitrators;
f) the place of the arbitration; and
g) particulars of the applicable procedural rules and, if such is the case, reference to the power conferred upon the arbitral tribunal to act as amiable compositeur or to decide ex aequo et bono.

2. The Terms of Reference shall be signed by the parties and the arbitral tribunal. Within two months of the date on which the file has been transmitted to it, the arbitral tribunal shall transmit to the Court the Terms of Reference signed by it and by the parties. The Court may extend this time limit pursuant to a reasoned request from the arbitral tribunal or on its own initiative if it decides it is necessary to do so.
3. If any of the parties refuses to take part in the drawing up of the Terms of Reference or to sign the same, they shall be submitted to the Court for approval. When the Terms of Reference have been signed in accordance with Article 23(2) or approved by the Court, the arbitration shall proceed.
4. After the Terms of Reference have been signed or approved by the Court, no party shall make new claims which fall outside the limits of the Terms of Reference unless it has been authorized to do so by the arbitral tribunal, which shall consider the nature of such new claims, the stage of the arbitration and other relevant circumstances.

Article 24 Case Management Conference and Procedural Timetable

1. When drawing up the Terms of Reference or as soon as possible thereafter, the arbitral tribunal shall convene a case management conference to consult the parties on procedural measures that may be adopted pursuant to Article 22(2). Such measures may include one or more of the case management techniques described in Appendix IV.

a) 당사자들 및 중재에서 당사자를 대리하는 자의 완전한 명칭과 그에 대한 설명, 주소 및 연락처
b) 중재의 진행 중에 발생하는 통지와 교신을 받을 주소
c) 금전신청의 경우에는 신청금액, 기타 신청의 경우에는 가능한 정도까지 표시한 그 금전상 가치 추정액, 그리고 각 당사자의 신청 및 답변취지의 요지
d) 중재판정부가 부적절하다고 인정하지 않는 범위 내에서 결정해야 할 쟁점의 목록
e) 중재인의 완전한 성명, 주소 및 연락처
f) 중재지
g) 적용할 절차 규칙의 세부 사항 및 중재판정부에 우의적 중재인으로서 권한 또는 형평과 선에 기하여 결정할 권한이 부여되었다면 그 권한의 언급

2. 중재위탁요지서는 당사자와 중재판정부가 서명하여야 한다. 중재판정부는 기록이 송부된 날로부터 2개월 내에 중재판정부 및 당사자가 서명한 중재위탁요지서를 중재법원에 송부하여야 한다. 중재법원은 중재판정부가 이유를 기재하여 요청할 경우 또는 필요하다고 직권으로 결정한 경우 이 기한을 연장할 수 있다.

3. 어느 당사자가 중재위탁요지서를 작성하는데 불참하거나 또는 그 서명을 거부하는 경우, 중재위탁요지서는 중재법원에 제출되어 승인을 받아야 한다. 중재위탁요지서가 제23조 제2항에 따라 서명되거나 중재법원의 승인을 받으면 중재는 속행되어야 한다.

4. 중재위탁요지서가 서명되거나 중재법원의 승인을 받은 후에는, 당사자 누구도 중재판정부의 허가 없이 중재위탁요지서의 범위를 벗어나는 새로운 신청을 할 수 없다. 위 허가 여부를 결정함에 있어, 중재판정부는 새로운 신청의 성질, 중재의 단계, 기타 관련 상황 등을 고려하여야 한다.

제24조 사건 관리 회의 및 절차 일정표

1. 중재위탁요지서를 작성할 당시 또는 그 후 가능한 한 빨리, 중재판정부는 제22조 제2항에 따라 채택하게 될 절차적 방안에 대하여 당사자들과 협의하기 위하여 사건 관리 회의를 개최하여야 한다. 동 절차적 방안에는 부칙 IV에 명시된 1개 또는 그 이상의 사건 관리 기법이 포함될 수 있다.

2. During or following such conference, the arbitral tribunal shall establish the procedural timetable that it intends to follow for the conduct of the arbitration. The procedural timetable and any modifications thereto shall be communicated to the Court and the parties.
3. To ensure continued effective case management, the arbitral tribunal, after consulting the parties by means of a further case management conference or otherwise, may adopt further procedural measures or modify the procedural timetable.
4. Case management conferences may be conducted through a meeting in person, by video conference, telephone or similar means of communication. In the absence of an agreement of the parties, the arbitral tribunal shall determine the means by which the conference will be conducted. The arbitral tribunal may request the parties to submit case management proposals in advance of a case management conference and may request the attendance at any case management conference of the parties in person or through an internal representative.

Article 25 Establishing the Facts of the Case

1. The arbitral tribunal shall proceed within as short a time as possible to establish the facts of the case by all appropriate means.
2. After studying the written submissions of the parties and all documents relied upon, the arbitral tribunal shall hear the parties together in person if any of them so requests or, failing such a request, it may of its own motion decide to hear them.
3. The arbitral tribunal may decide to hear witnesses, experts appointed by the parties or any other person, in the presence of the parties, or in their absence provided they have been duly summoned.
4. The arbitral tribunal, after having consulted the parties, may appoint one or more experts, define their terms of reference and receive their reports. At the request of a party, the parties shall be given the opportunity to question at a hearing any such expert.
5. At any time during the proceedings, the arbitral tribunal may summon any party to provide additional evidence.
6. The arbitral tribunal may decide the case solely on the documents submitted by the parties unless any of the parties requests a hearing.

Article 26 Hearings

1. When a hearing is to be held, the arbitral tribunal, giving reasonable notice, shall

2. 동 사건 관리 회의 중 또는 그 후에 중재판정부는 중재절차의 진행을 위하여 준수하게 될 절차 일정표를 확정하여야 한다. 절차 일정표 및 그에 대한 수정은 중재법원과 당사자들에게 통지하여야 한다.

3. 지속적이고 효과적인 사건 관리를 위하여 중재판정부는 사건 관리 회의를 추가로 개최하는 등의 방법으로 당사자들과 협의한 후 절차적 방안을 추가로 채택하거나 절차 일정표를 수정할 수 있다.

4. 사건 관리 회의는 직접 참석하거나, 화상회의, 전화 또는 유사한 통신수단을 통하여 진행될 수 있다. 당사자 사이에 합의가 없는 경우, 중재판정부는 사건 관리 회의 개최 방식을 정할 수 있다. 중재판정부는 사건 관리 회의에 앞서 당사자들에게 사건 관리에 대한 제안 의견을 제출하도록 요청할 수 있으며, 당사자들이 직접 또는 내부 대표자를 통하여 사건 관리 회의에 참석하도록 할 수 있다.

第25条 사실관계의 확정

1. 중재판정부는 모든 적절한 수단을 이용하여 가능한 한 짧은 시간 내에 사건의 사실관계를 확정하여야 한다.

2. 당사자가 제출한 서면 기타 모든 근거 서류를 검토한 후, 중재판정부는 당사자 일방의 요구가 있을 경우 당사자들을 직접 심문하여야 한다. 그와 같은 요구가 없을 때에도 중재판정부는 직권으로 당사자들을 심문할 것을 결정할 수 있다.

3. 중재판정부는 당사자가 참석한 가운데 증인, 당사자가 지명한 전문가, 그밖에 다른 사람을 심문할 수 있다. 당사자가 정식으로 소환되었다면, 당사자가 참석하지 않았더라도 위 심문을 할 수 있다.

4. 중재판정부는 당사자들과 협의한 후 1인 이상의 전문가를 선정하고, 위탁사항을 정하여 보고를 받을 수 있다. 당사자의 요청이 있을 경우, 당사자들은 심문에서 위 전문가들에게 질문할 기회를 부여받는다.

5. 절차 진행 중 언제라도 중재판정부는 당사자를 소환하여 추가 증거를 제출하도록 할 수 있다.

6. 중재판정부는 당사자가 심리기일을 요구하지 않을 경우 당사자가 제출한 서류에만 의하여 사건의 판정을 내릴 수 있다.

第26条 심리기일

1. 심리기일이 열리게 될 경우, 중재판정부는 당사자들에게 적당한 통지를 하여 중재판정

summon the parties to appear before it on the day and at the place fixed by it.
2. If any of the parties, although duly summoned, fails to appear without valid excuse, the arbitral tribunal shall have the power to proceed with the hearing.
3. The arbitral tribunal shall be in full charge of the hearings, at which all the parties shall be entitled to be present. Save with the approval of the arbitral tribunal and the parties, persons not involved in the proceedings shall not be admitted.
4. The parties may appear in person or through duly authorized representatives. In addition, they may be assisted by advisers.

Article 27 Closing of the Proceedings and Date for Submission of Draft Awards

As soon as possible after the last hearing concerning matters to be decided in an award or the filing of the last authorized submissions concerning such matters, whichever is later, the arbitral tribunal shall:

a) declare the proceedings closed with respect to the matters to be decided in the award; and
b) inform the Secretariat and the parties of the date by which it expects to submit its draft award to the Court for approval pursuant to Article 33.

After the proceedings are closed, no further submission or argument may be made, or evidence produced, with respect to the matters to be decided in the award, unless requested or authorized by the arbitral tribunal.

Article 28 Conservatory and Interim Measures

1. Unless the parties have otherwise agreed, as soon as the file has been transmitted to it, the arbitral tribunal may, at the request of a party, order any interim or conservatory measure it deems appropriate. The arbitral tribunal may make the granting of any such measure subject to appropriate security being furnished by the requesting party. Any such measure shall take the form of an order, giving reasons, or of an award, as the arbitral tribunal considers appropriate.
2. Before the file is transmitted to the arbitral tribunal, and in appropriate circumstances even thereafter, the parties may apply to any competent judicial authority for interim or conservatory measures. The application of a party to a judicial authority for such measures or for the implementation of any such measures ordered by an arbitral tribunal shall not be deemed to be an infringement or a waiver of the arbitration agreement and shall not affect the relevant powers reserved to the arbitral tribunal. Any such application and any measures taken by the judicial authority must be notified without delay to the Secretariat. The Secretariat shall

부가 정한 일시와 장소에 출석하도록 하여야 한다.

2. 당사자 일방이 정식으로 소환되었음에도 정당한 이유 없이 출석하지 아니한 경우, 중재판정부는 그 당사자 없이 심리기일을 진행할 권한을 가진다.

3. 중재판정부는 심리기일을 전적으로 주관하며, 모든 당사자는 심리기일에 참석할 자격이 있다. 해당 중재와 관련 없는 사람은 중재판정부와 당사자의 승인 없이는 심리기일에 참석할 수 없다.

4. 당사자는 본인이 직접 또는 적법하게 권한을 부여 받은 대표자를 통하여 출석할 수 있다. 또한 당사자는 자문을 받을 수 있다.

제27조 절차의 종결 및 중재판정문 초안 제출일

중재판정부는 중재판정문에서 결정될 사안에 대한 최종 심리 후 또는 동 사안에 대하여 중재판정부가 허용한 최종 서면을 제출한 후 가능한 한 빠른 시일 내에,
a) 중재판정문에서 결정될 사안에 관하여 절차의 종결을 선언하고,
b) 사무국과 당사자들에게 제33조에 의한 승인을 받기 위하여 중재법원에 중재판정문 초안을 제출할 예정 일자를 통지하여야 한다.
절차 종결 후에는 중재판정부가 요청하거나 허가한 경우를 제외하고, 중재판정문에서 결정될 사안에 대하여 추가 서면이나, 주장, 증거를 제출할 수 없다.

제28조 보전 및 임시적 처분

1. 당사자가 달리 합의하지 않는 한, 기록이 송부되는 즉시 중재판정부는 당사자 일방의 요청에 의하여 중재판정부가 적절하다고 인정하는 임시적 또는 보전처분을 명할 수 있다. 중재판정부는 이와 같은 처분을 요청하는 당사자가 적절한 담보를 제공하는 것을 조건으로 그러한 처분을 명할 수 있다. 그러한 처분은 중재판정부가 적절하다고 판단하는 바에 따라 이유를 붙인 명령 또는 판정의 형태를 취하여야 한다.

2. 기록이 중재판정부로 송부되기 전 또는 그 이후라도 적절한 상황이 있을 경우, 당사자는 권한 있는 사법당국에 임시적 또는 보전처분을 요청할 수 있다. 당사자가 사법당국에 대하여 그러한 처분을 신청하거나 중재판정부가 명한 처분의 이행을 신청하는 행위는 중재합의의 침해나 포기로 간주되어서는 아니 되며, 중재판정부의 관련 권한에 영향을 미치지 않는다.
   그러한 신청 및 사법당국이 취한 모든 처분은 지체 없이 사무국에 통지되어야 한다. 사무국은 이를 중재판정부에 통보하여야 한다.

inform the arbitral tribunal thereof.

Article 29 Emergency Arbitrator

1. A party that needs urgent interim or conservatory measures that cannot await the constitution of an arbitral tribunal ("Emergency Measures") may make an application for such measures pursuant to the Emergency Arbitrator Rules in Appendix V. Any such application shall be accepted only if it is received by the Secretariat prior to the transmission of the file to the arbitral tribunal pursuant to Article 16 and irrespective of whether the party making the application has already submitted its Request for Arbitration.
2. The emergency arbitrator's decision shall take the form of an order. The parties undertake to comply with any order made by the emergency arbitrator.
3. The emergency arbitrator's order shall not bind the arbitral tribunal with respect to any question, issue or dispute determined in the order. The arbitral tribunal may modify, terminate or annul the order or any modification thereto made by the emergency arbitrator.
4. The arbitral tribunal shall decide upon any party's requests or claims related to the emergency arbitrator proceedings, including the reallocation of the costs of such proceedings and any claims arising out of or in connection with the compliance or noncompliance with the order.
5. Articles 29(1)-29(4) and the Emergency Arbitrator Rules set forth in Appendix V (collectively the "Emergency Arbitrator Provisions") shall apply only to parties that are either signatories of the arbitration agreement under the Rules that is relied upon for the application or successors to such signatories.
6. The Emergency Arbitrator Provisions shall not apply if:
   a) the arbitration agreement under the Rules was concluded before the date on which the Rules came into force;
   b) the parties have agreed to opt out of the Emergency Arbitrator Provisions; or
   c) the parties have agreed to another pre-arbitral procedure that provides for the granting of conservatory, interim or similar measures.
7. The Emergency Arbitrator Provisions are not intended to prevent any party from seeking urgent interim or conservatory measures from a competent judicial authority at any time prior to making an application for such measures, and in appropriate circumstances even thereafter, pursuant to the Rules. Any application for such measures from a competent judicial authority shall not be deemed to be an infringement or a waiver of the arbitration agreement. Any such application and any measures taken by the judicial authority must be notified without delay to the

제29조 긴급중재인

1. 중재판정부의 구성을 기다릴 수 없이 긴급한 임시적 또는 보전처분("긴급처분")이 필요한 당사자는 부칙 V의 긴급중재인 규칙에 따라 긴급처분 신청을 할 수 있다. 그러한 긴급처분 신청은 제16조에 따라 기록을 중재판정부에 송부하기 전에 사무국에 도달한 것만 접수되며, 신청당사자가 중재신청서를 제출하였는지 여부는 불문한다.

2. 긴급중재인의 결정은 명령의 방식으로 이루어진다. 당사자들은 긴급중재인이 내린 명령을 준수하여야 한다.

3. 긴급중재인의 명령은 그 명령에서 결정된 질문, 쟁점 또는 분쟁에 관하여 중재판정부를 구속하지 아니한다. 중재판정부는 긴급중재인이 내린 명령 또는 그 명령에 대한 수정을 변경, 정지 또는 취소할 수 있다.

4. 중재판정부는 긴급중재인 절차 비용에 대한 재분배, 명령에 대한 준수나 위반과 관련하여 발생하는 신청 등 긴급중재인 절차와 연관된 당사자의 요청 또는 신청에 대하여 결정을 내려야 한다.

5. 제29조 제1항 내지 제4항 및 부칙 V에 기재된 긴급중재인 규칙(통칭하여 "긴급중재인 규정")은 긴급중재인 신청의 근거인 본 중재규칙상의 중재합의에 서명한 당사자 또는 그 승계인에 대해서만 적용된다.

6. 긴급중재인 규정은 아래의 경우 적용되지 않는다.
   a) 중재규칙에 따른 중재합의가 본 중재규칙의 시행일 전에 체결된 경우
   b) 당사자들이 긴급중재인 규정의 적용을 배제하기로 합의한 경우
   c) 당사자들이 보전 및 임시적 또는 유사한 처분을 허용하는 다른 중재 전 절차에 합의한 경우

7. 긴급중재인 규정에도 불구하고, 당사자는 본 중재규칙에 의거하여 긴급중재인 신청 전 언제라도 또는 그 후라도 적절한 상황에서 관할 사법당국에 긴급한 임시적 또는 보전처분을 구할 수 있다. 관할 사법당국에 대한 그러한 처분 신청은 중재합의에 대한 침해 또는 그 포기로 간주되지 않는다. 그러한 신청 및 사법당국이 내린 처분은 지체 없이 사무국에게 통지되어야 한다.

Secretariat.

Awards

Article 30 Time Limit for the Final Award

1. The time limit within which the arbitral tribunal must render its final award is six months. Such time limit shall start to run from the date of the last signature by the arbitral tribunal or by the parties of the Terms of Reference or, in the case of application of Article 23(3), the date of the notification to the arbitral tribunal by the Secretariat of the approval of the Terms of Reference by the Court. The Court may fix a different time limit based upon the procedural timetable established pursuant to Article 24(2).
2. The Court may extend the time limit pursuant to a reasoned request from the arbitral tribunal or on its own initiative if it decides it is necessary to do so.

Article 31 Making of the Award

1 When the arbitral tribunal is composed of more than one arbitrator, an award is made by a majority decision. If there is no majority, the award shall be made by the president of the arbitral tribunal alone.
2. The award shall state the reasons upon which it is based.
3. The award shall be deemed to be made at the place of the arbitration and on the date stated therein.

Article 32 Award by Consent

If the parties reach a settlement after the file has been transmitted to the arbitral tribunal in accordance with Article 16, the settlement shall be recorded in the form of an award made by consent of the parties, if so requested by the parties and if the arbitral tribunal agrees to do so.

Article 33 Scrutiny of the Award by the Court

Before signing any award, the arbitral tribunal shall submit it in draft form to the Court. The Court may lay down modifications as to the form of the award and, without affecting the arbitral tribunal's liberty of decision, may also draw its attention to points of substance. No award shall be rendered by the arbitral tribunal until it has been approved by the Court as to its form.

판 정

第30조 종국판정의 기한

1. 중재판정부가 종국판정을 내려야 할 기한은 6개월이다. 그 기한은 중재판정부나 당사자가 최종적으로 중재위탁요지서에 서명한 날로부터 또는 제23조 제3항을 적용하는 경우 중재법원이 중재위탁요지서를 승인하였다는 사실을 사무국이 중재판정부에 통지한 날로부터 기산한다. 중재법원은 제24조 제2항에 따라 정한 절차 일정표를 근거로 기한을 달리 정할 수 있다.

2. 중재법원은 중재판정부가 이유를 붙여 요청하거나 또는 필요하다고 인정하는 경우에는 직권으로 기한을 연장할 수 있다.

第31조 판 정

1. 중재판정부가 2인 이상의 중재인으로 구성된 경우 판정은 다수결에 의하여 이루어진다. 다수가 존재하지 않는 경우에는 의장중재인이 단독으로 판정한다.

2. 판정에는 그와 같은 판정을 내린 이유가 기재되어야 한다.

3. 판정은 중재지에서 기재된 일자에 내려진 것으로 간주된다.

第32조 화해중재판정

제16조에 따라 기록이 중재판정부에 송부된 후에 당사자가 화해에 이르는 경우, 관련 당사자가 요청하고 중재판정부가 동의하면 그러한 화해는 화해중재판정의 형식으로 기록된다.

第33조 중재법원의 판정 검토

중재판정부는 판정문에 서명하기 전에 판정문의 초안을 중재법원에 제출하여야 한다. 중재법원은 판정문의 형식을 수정할 수 있으며, 또 중재판정부의 결정의 자유에 영향을 주지 않고 실체적 쟁점에 관한 주의를 환기시킬 수 있다. 중재판정부는 그 형식에 관하여 중재법원의 승인을 얻기 전까지는 판정을 내릴 수 없다.

Article 34 Notification, Deposit and Enforceability of the Award

1. Once an award has been made, the Secretariat shall notify to the parties the text signed by the arbitral tribunal, provided always that the costs of the arbitration have been fully paid to the ICC by the parties or by one of them.
2. Additional copies certified true by the Secretary General shall be made available on request and at any time to the parties, but to no one else.
3. By virtue of the notification made in accordance with Article 34(1), the parties waive any other form of notification or deposit on the part of the arbitral tribunal.
4. An original of each award made in accordance with the Rules shall be deposited with the Secretariat.
5. The arbitral tribunal and the Secretariat shall assist the parties in complying with whatever further formalities may be necessary.
6. Every award shall be binding on the parties. By submitting the dispute to arbitration under the Rules, the parties undertake to carry out any award without delay and shall be deemed to have waived their right to any form of recourse insofar as such waiver can validly be made.

Article 35 Correction and Interpretation of the Award; Remission of Awards

1. On its own initiative, the arbitral tribunal may correct a clerical, computational or typographical error, or any errors of similar nature contained in an award, provided such correction is submitted for approval to the Court within 30 days of the date of such award.
2. Any application of a party for the correction of an error of the kind referred to in Article 35(1), or for the interpretation of an award, must be made to the Secretariat within 30 days of the receipt of the award by such party, in a number of copies as stated in Article 3(1). After transmittal of the application to the arbitral tribunal, the latter shall grant the other party a short time limit, normally not exceeding 30 days, from the receipt of the application by that party, to submit any comments thereon. The arbitral tribunal shall submit its decision on the application in draft form to the Court not later than 30 days following the expiration of the time limit for the receipt of any comments from the other party or within such other period as the Court may decide.
3. A decision to correct or to interpret the award shall take the form of an addendum and shall constitute part of the award. The provisions of Articles 31, 33 and 34 shall apply mutatis mutandis.
4. Where a court remits an award to the arbitral tribunal, the provisions of Articles 31,

第34조 판정의 통지, 기탁 및 집행

1. 중재판정이 내려지면 사무국은 중재판정부가 서명한 판정문을 당사자에게 통지하여야 한다. 다만 이는 당사자 쌍방 또는 그 일방이 ICC에 중재비용을 완납한 경우에 한한다.

2. 요청이 있을 때는 언제든지 사무총장에 의하여 인증된 판정문의 추가본이 당사자들에게 제공되어야 한다. 그러나 당사자 아닌 자에게는 제공되지 아니한다.

3. 제34조 제1항에 따른 통지로써 당사자는 중재판정부로부터 다른 형식의 통지 또는 기탁을 받을 권리를 포기한다.

4. 본 중재규칙에 따라 작성된 각 판정문 원본은 사무국에 기탁된다.

5. 중재판정부와 사무국은 당사자가 추가로 필요한 절차를 이행하는 데 협조하여야 한다.

6. 모든 판정은 당사자들을 구속한다. 당사자들은 본 중재규칙에 따라 분쟁을 중재에 회부함으로써 어떠한 판정이라도 지체 없이 이행할 의무를 부담할 뿐 아니라, 그러한 권리의 포기가 유효하게 이루어질 수 있는 한, 어떠한 형태의 불복에 관한 권리도 모두 포기한 것으로 간주된다.

第35조 판정의 정정 및 해석, 판정의 환송

1. 중재판정부는 직권으로 오기, 오산, 오타 또는 기타 판정문에 있는 유사한 오류를 정정할 수 있다. 다만 이러한 정정은 판정일로부터 30일 이내에 승인을 위하여 중재법원에 제출되어야 한다.

2. 제35조 제1항에 언급된 종류의 오류의 정정 또는 판정의 해석에 대한 당사자의 신청서는 그 당사자가 판정문을 수령한 날로부터 30일 이내에 제3조 제1항에 규정된 수만큼 사무국에 제출되어야 한다. 중재판정부로 신청서가 송부된 후, 중재판정부는 다른 당사자가 위 신청서를 수령한 날로부터 통상 30일을 초과하지 않는 짧은 기간을 두고 그 당사자에게 신청서에 대한 의견을 제출하게 하여야 한다. 중재판정부는 상대방의 의견 제출기간의 만료 후 30일 이내 또는 중재법원이 결정하는 기간 내에 신청서에 대한 결정 초안을 중재법원에 제출하여야 한다.

3. 판정문의 정정 또는 해석에 대한 결정은 판정문에 대한 부록 형식으로 하며 판정의 일부를 구성한다. 이 경우 제31조, 제33조, 제34조가 준용된다.

4. 중재법원이 중재판정부에 판정문을 환송하는 경우, 환송의 취지에 따라 내려진 부록 또

33, 34 and this Article 35 shall apply mutatis mutandis to any addendum or award made pursuant to the terms of such remission. The Court may take any steps as may be necessary to enable the arbitral tribunal to comply with the terms of such remission and may fix an advance to cover any additional fees and expenses of the arbitral tribunal and any additional ICC administrative expenses.

Costs

Article 36 Advance to Cover the Costs of the Arbitration

1. After receipt of the Request, the Secretary General may request the claimant to pay a provisional advance in an amount intended to cover the costs of the arbitration until the Terms of Reference have been drawn up. Any provisional advance paid will be considered as a partial payment by the claimant of any advance on costs fixed by the Court pursuant to this Article 36.
2. As soon as practicable, the Court shall fix the advance on costs in an amount likely to cover the fees and expenses of the arbitrators and the ICC administrative expenses for the claims which have been referred to it by the parties, unless any claims are made under Article 7 or 8 in which case Article 36(4) shall apply. The advance on costs fixed by the Court pursuant to this Article 36(2) shall be payable in equal shares by the claimant and the respondent.
3. Where counterclaims are submitted by the respondent under Article 5 or otherwise, the Court may fix separate advances on costs for the claims and the counterclaims. When the Court has fixed separate advances on costs, each of the parties shall pay the advance on costs corresponding to its claims.
4. Where claims are made under Article 7 or 8, the Court shall fix one or more advances on costs that shall be payable by the parties as decided by the Court. Where the Court has previously fixed any advance on costs pursuant to this Article 36, any such advance shall be replaced by the advance(s) fixed pursuant to this Article 36(4), and the amount of any advance previously paid by any party will be considered as a partial payment by such party of its share of the advance(s) on costs as fixed by the Court pursuant to this Article 36(4).
5. The amount of any advance on costs fixed by the Court pursuant to this Article 36 may be subject to readjustment at any time during the arbitration. In all cases, any party shall be free to pay any other party's share of any advance on costs should such other party fail to pay its share.
6. When a request for an advance on costs has not been complied with, and after consultation with the arbitral tribunal, the Secretary General may direct the arbitral tribunal to suspend its work and set a time limit, which must be not less than 15

는 판정에는 제31조, 제33조, 제34조의 규정이 준용된다. 중재법원은 중재판정부가 위환송취지를 준수하기 위하여 필요한 모든 조치를 취할 수 있고, 중재판정부의 추가 비용 및 추가 ICC 관리비용을 충당할 수 있는 예납금액을 정할 수 있다.

비 용

제36조 중재비용의 예납

1. 신청서를 접수한 이후 사무총장은 신청인에게 중재위탁요지서가 작성될 때까지는 소요되는 중재비용에 충당하기 위한 잠정 예납금을 납부하도록 요청할 수 있다. 지급된 잠정 예납금은 제35조에 따라 중재법원이 정하는 예납금을 신청인이 일부 지급한 것으로 간주된다.

2. 중재법원은 가능한 한 빨리 중재인의 보수와 경비, 당사자가 중재법원에 제기한 신청에 대한 ICC 관리비용 등 충당할 수 있는 예납금액을 정하여야 한다. 다만, 제7조 또는 제8조에 의하여 중재신청이 제기되어 제36조 제4항이 적용되는 경우는 제외한다. 중재법원이 제36조 제2항에 따라 정한 예납금은 신청인과 피신청인이 균등하게 부담하여야 한다.

3. 피신청인이 제5조 등에 따라 반대신청을 한 경우, 중재법원은 신청과 반대신청에 대하여 각각 별도의 예납금액을 정할 수 있다. 중재법원이 별도의 예납금액을 정한 경우, 각 당사자는 각자의 신청에 해당하는 예납금을 납부하여야 한다.

4. 중재신청이 제7조 또는 제8조에 의하여 제기된 경우, 중재법원은 당사자들이 납부하여야 할 1개 또는 그 이상의 예납금을 정해야 한다. 중재법원이 제36조에 따라 이미 예납금을 정한 경우, 동 예납금은 제36조 제4항에 따라 정해진 예납금으로 대체되고, 이미 지급된 예납금은 중재법원이 제 36조 제4항에 따라 정한 예납금 일부를 납부한 것으로 간주된다.

5. 중재법원이 제36조에 따라 정한 예납금액은 중재 기간 동안 언제라도 조정될 수 있다. 일방 당사자는 어떠한 경우라도 상대방이 자신의 부담부분을 납부하지 아니한다면 상대방 당사자의 부담부분 예납금을 자유롭게 납부할 수 있다.

6. 당사자가 예납 요청에 응하지 아니할 경우, 사무총장은 중재판정부와 상의한 후 중재판정부에 중재절차를 정지하도록 지시하고 15일 이상 납부기한을 정하여 그 기간이 도과하면 관련 신청이 철회된 것으로 간주되도록 할 수 있다. 당사자가 위 조치에 이의하고

days, on the expiry of which the relevant claims shall be considered as withdrawn. Should the party in question wish to object to this measure, it must make a request within the aforementioned period for the matter to be decided by the Court. Such party shall not be prevented, on the ground of such withdrawal, from reintroducing the same claims at a later date in another proceeding.

7. If one of the parties claims a right to a set-off with regard to any claim, such set-off shall be taken into account in determining the advance to cover the costs of the arbitration in the same way as a separate claim insofar as it may require the arbitral tribunal to consider additional matters.

Article 37 Decision as to the Costs of the Arbitration

1. The costs of the arbitration shall include the fees and expenses of the arbitrators and the ICC administrative expenses fixed by the Court, in accordance with the scale in force at the time of the commencement of the arbitration, as well as the fees and expenses of any experts appointed by the arbitral tribunal and the reasonable legal and other costs incurred by the parties for the arbitration.
2. The Court may fix the fees of the arbitrators at a figure higher or lower than that which would result from the application of the relevant scale should this be deemed necessary due to the exceptional circumstances of the case.
3. At any time during the arbitral proceedings, the arbitral tribunal may make decisions on costs, other than those to be fixed by the Court, and order payment.
4. The final award shall fix the costs of the arbitration and decide which of the parties shall bear them or in what proportion they shall be borne by the parties.
5. In making decisions as to costs, the arbitral tribunal may take into account such circumstances as it considers relevant, including the extent to which each party has conducted the arbitration in an expeditious and cost-effective manner.
6. In the event of the withdrawal of all claims or the termination of the arbitration before the rendering of a final award, the Court shall fix the fees and expenses of the arbitrators and the ICC administrative expenses. If the parties have not agreed upon the allocation of the costs of the arbitration or other relevant issues with respect to costs, such matters shall be decided by the arbitral tribunal. If the arbitral tribunal has not been constituted at the time of such withdrawal or termination, any party may request the Court to proceed with the constitution of the arbitral tribunal in accordance with the Rules so that the arbitral tribunal may make decisions as to costs.

자 할 경우, 그 당사자는 위 기간 내에 중재법원에 이 문제에 대한 판단을 요청하여야 한다. 그 당사자는 위 철회를 이유로 사후에 다른 절차를 통하여 동일한 신청을 다시 제기하는 데 제한을 받지 아니한다.

7. 어느 당사자가 신청에 대한 상계권을 주장하는 경우, 그러한 상계로 인해 중재판정부가 추가적인 문제를 판단하도록 요구된다면, 그러한 상계는 중재비용의 예납액을 결정함에 있어서는 별도의 신청과 같이 고려된다.

제37조 중재비용에 대한 결정

1. 중재비용은 중재가 개시되는 시점에 시행 중인 요율표에 따른 중재인의 보수와 경비 그리고 중재법원이 결정한 ICC 관리비용, 중재판정부가 선정한 전문가의 보수와 경비, 중재 당사자에 의하여 발생한 상당한 범위 내의 법률비용 및 기타 비용을 포함한다.

2. 중재법원은 해당 사건의 예외적인 상황으로 인하여 필요하다고 인정하는 경우에는 중재인의 보수를 관련 요율보다 높거나 낮게 정할 수 있다.

3. 중재판정부는 중재 진행 중 어느 시점에서든 중재법원이 결정하는 비용 이외의 비용에 대하여 결정하고 그 납부를 명할 수 있다.

4. 종국판정은 중재비용을 정하고, 어느 당사자가 이를 부담할 것인지 또는 당사자들이 어떤 비율로 이를 각 부담할 것인지를 결정하여야 한다.

5. 중재판정부는 비용에 대한 결정을 내릴 때, 각 당사자가 어느 정도 신속하고 경제적으로 중재에 참여하였는지 등 관련 있다고 판단하는 여러 상황을 고려해야 한다.

6. 종국판정이 내려지기 전에 모든 신청이 철회되거나 중재가 종료된 경우, 중재법원은 중재인 보수 및 비용 그리고 ICC 관리비용을 확정해야 한다. 당사자들이 중재 비용의 분담 또는 비용과 관련된 다른 사안에 대하여 합의하지 못한 경우, 중재판정부가 이를 결정한다. 위 철회 또는 종료 시에 중재판정부가 구성되지 않은 경우, 당사자는 중재법원으로 하여금 본 중재규칙에 따라 중재판정부를 구성하도록 요청하여 비용에 대하여 결정하게 할 수 있다.

Miscellaneous

Article 38 Modified Time Limits

1. The parties may agree to shorten the various time limits set out in the Rules. Any such agreement entered into subsequent to the constitution of an arbitral tribunal shall become effective only upon the approval of the arbitral tribunal.
2. The Court, on its own initiative, may extend any time limit which has been modified pursuant to Article 38(1) if it decides that it is necessary to do so in order that the arbitral tribunal and the Court may fulfil their responsibilities in accordance with the Rules.

Article 39 Waiver

A party which proceeds with the arbitration without raising its objection to a failure to comply with any provision of the Rules, or of any other rules applicable to the proceedings, any direction given by the arbitral tribunal, or any requirement under the arbitration agreement relating to the constitution of the arbitral tribunal or the conduct of the proceedings, shall be deemed to have waived its right to object.

Article 40 Limitation of Liability

The arbitrators, any person appointed by the arbitral tribunal, the emergency arbitrator, the Court and its members, the ICC and its employees, and the ICC National Committees and Groups and their employees and representatives shall not be liable to any person for any act or omission in connection with the arbitration, except to the extent such limitation of liability is prohibited by applicable law.

Article 41 General Rule

In all matters not expressly provided for in the Rules, the Court and the arbitral tribunal shall act in the spirit of the Rules and shall make every effort to make sure that the award is enforceable at law.

보 칙

제38조 기한의 변경

1. 당사자들은 본 중재규칙에서 규정된 여러 가지 기간을 단축하는 데 합의할 수 있다. 중재판정부가 구성된 후 이루어진 그러한 합의는 중재판정부의 승인이 있어야만 효력이 있다.

2. 중재법원은 중재판정부와 법원이 본 중재규칙에 따른 의무를 이행하기 위해 필요하다고 결정하는 경우 제38조 제1항에 의하여 변경된 어떠한 기간이라도 직권으로 연장할 수 있다.

제39조 포 기

중재에 적용되는 본 중재규칙 또는 그 밖의 다른 규칙의 규정, 중재판정부의 지시, 중재판정부의 구성이나 절차 진행과 관련한 중재합의 상의 요건 등이 지켜지지 않는 데 대하여 당사자가 이의를 제기하지 않고 중재절차를 계속 진행하면 이의할 권리를 포기한 것으로 간주된다.

제40조 면 책

중재인; 중재판정부가 임명한 자, 긴급중재인, 중재법원과 그 위원, ICC와 그 직원, ICC 국가위원회 및 국가그룹과 그 직원 및 대표자들은 준거법에 의하여 책임 제한이 금지되는 범위를 제외하고, 중재와 관련된 어떠한 작위 또는 부작위에 대하여 어느 누구에게도 책임을 지지 아니 한다.

제41조 일반규칙

본 중재규칙에 명시적으로 규정되어 있지 않은 모든 사안에 관하여 중재법원과 중재판정부는 본 중재규칙의 정신에 따라 행동하여야 하고 판정이 법에 따라 집행될 수 있도록 모든 노력을 다하여야 한다.

Appendix Ⅰ. Statutes of the International Court of Arbitration

Article 1 Function

1. The function of the International Court of Arbitration of the International Chamber of Commerce (the "Court") is to ensure the application of the Rules of Arbitration of the International Chamber of Commerce, and it has all the necessary powers for that purpose.
2. As an autonomous body, it carries out these functions in complete independence from the ICC and its organs.
3. Its members are independent from the ICC National Committees and Groups.

Article 2 Composition of the Court

The Court shall consist of a President[1], Vice-Presidents[2], and members and alternate members (collectively designated as members). In its work it is assisted by its Secretariat (Secretariat of the Court).

Article 3 Appointment

1. The President is elected by the ICC World Council upon the recommendation of the Executive Board of the ICC.
2. The ICC World Council appoints the Vice-Presidents of the Court from among the members of the Court or otherwise.
3. Its members are appointed by the ICC World Council on the proposal of National Committees or Groups, one member for each National Committee or Group.
4. On the proposal of the President of the Court, the World Council may appoint alternate members.
5. The term of office of all members, including, for the purposes of this paragraph, the President and Vice-Presidents, is three years. If a member is no longer in a position to exercise the member's functions, a successor is appointed by the World Council for the remainder of the term. Upon the recommendation of the Executive Board, the duration of the term of office of any member may be extended beyond

---

[1] Referred to as "Chairman of the International Court of Arbitration" in the Constitution of the International Chamber of Commerce.

[2] Referred to as "Vice-Chairman of the International Court of Arbitration" in the Constitution of the International Chamber of Commerce.

부칙 I 국제중재법원 정관

제1조 역 할

1. 국제상업회의소 국제중재법원(“중재법원”)의 역할은 ICC 중재규칙의 적용을 보장하는 것이며, 중재법원은 그 목적을 달성하기 위하여 필요한 모든 권한을 가진다.

2. 중재법원은 자치권을 가지는 기구로서 ICC 및 그 기관들로부터 완전히 독립하여 그 역할을 수행한다.

3. 중재법원 위원들은 ICC 국가위원회 및 국가그룹으로부터 독립적이다.

제2조 중재법원의 구성

중재법원은 의장,[1] 부의장[2] 및 위원과 대체위원(통칭하여 “위원들”)으로 구성된다. 중재법원은 업무를 수행함에 있어서 사무국(중재법원 사무국)의 도움을 받는다.

제3조 선 임

1. 의장은 ICC 집행위원회(Executive Board)의 추천을 받아 ICC 이사회(World Council)에 의해 선출된다.

2. 부의장은 ICC 이사회가 중재법원의 위원들 중에서나 또는 달리 선임한다.

3. ICC 이사회는 국가위원회 또는 국가그룹의 제안에 따라 각 위원회 또는 그룹 당 1인의 중재법원 위원을 선임한다.

4. 중재법원 의장의 제안이 있을 경우, 이사회는 대체위원을 선임할 수 있다.

5. 중재법원 의장, 부의장 등 모든 중재법원 위원의 임기는 3년이다. 어느 위원이 자신의 역할을 더 이상 수행할 수 없는 경우, 동 위원의 잔여 임기를 위한 후임자는 이사회가 선임한다. 집행위원회의 추천에 따라, ICC 이사회 결정으로 위원의 임기는 3년 이상으로 연장될 수 있다.

---

[1] 국제상업회의소 헌장 상의 “국제중재법원 의장” 참조.

[2] 국제상업회의소 헌장 상의 “국제중재법원 부의장” 참조.

three years if the World Council so decides.

Article 4 Plenary Session of the Court

The Plenary Sessions of the Court are presided over by the President or, in the President's absence, by one of the Vice-Presidents designated by the President. The deliberations shall be valid when at least six members are present. Decisions are taken by a majority vote, the President or Vice-President, as the case may be, having a casting vote in the event of a tie.

Article 5 Committees

The Court may set up one or more Committees and establish the functions and organization of such Committees.

Article 6 Confidentiality

The work of the Court is of a confidential nature which must be respected by everyone who participates in that work in whatever capacity. The Court lays down the rules regarding the persons who can attend the meetings of the Court and its Committees and who are entitled to have access to materials related to the work of the Court and its Secretariat.

Article 7 Modification of the Rules of Arbitration

Any proposal of the Court for a modification of the Rules is laid before the Commission on Arbitration and ADR before submission to the Executive Board of the ICC for approval, provided, however, that the Court, in order to take account of developments in information technology, may propose to modify or supplement the provisions of Article 3 of the Rules or any related provisions in the Rules without laying any such proposal before the Commission.

제4조 중재법원의 총회

의장 또는 의장 부재시에는 의장이 지정하는 부의장이 중재법원의 총회를 주재한다. 심의는 최소 6인의 위원이 출석한 경우 유효하다. 결정은 다수결에 의하되, 가부동수일 때는 경우에 따라 의장 또는 부의장이 결정권을 행사한다.

제5조 위원회

중재법원은 하나 이상의 위원회를 설립하고 동 위원회의 역할과 조직을 확립할 수 있다.

제6조 비밀유지

중재법원의 업무는 비밀이며 어떠한 자격에서든 동 업무에 참여하는 모든 사람은 이를 비밀로 유지하여야 한다. 중재법원은 중재법원 및 그 위원회 회의에 참석할 수 있는 사람과 중재법원 및 그 사무국의 업무와 관련된 자료에 대한 접근권을 가지는 사람에 대한 규정을 정한다.

제7조 중재규칙의 변경

중재규칙 변경을 위한 중재법원의 제안은 그 승인을 받기 위하여 ICC 집행위원회에 제출되기 전에 중재위원회(Commission on Arbitration)에 제출된다. 단, 중재법원은 정보기술의 발전을 고려하여, 중재규칙 제3조의 규정 또는 관련 규정의 개정 또는 보충 제안을 중재위원회에 제출하지 않고 제안할 수 있다.

Appendix II. Internal Rules of the International Court of Arbitration

Article 1 Confidential Character of the Work of the International Court of Arbitration

1. For the purposes of this Appendix, members of the Court include the President and Vice-Presidents of the Court.
2. The sessions of the Court, whether plenary or those of a Committee of the Court, are open only to its members and to the Secretariat.
3. However, in exceptional circumstances, the President of the Court may invite other persons to attend. Such persons must respect the confidential nature of the work of the Court.
4. The documents submitted to the Court, or drawn up by it or the Secretariat in the course of the Court's proceedings, are communicated only to the members of the Court and to the Secretariat and to persons authorized by the President to attend Court sessions.
5. The President or the Secretary General of the Court may authorize researchers undertaking work of an academic nature to acquaint themselves with awards and other documents of general interest, with the exception of memoranda, notes, statements and documents remitted by the parties within the framework of arbitration proceedings.
6. Such authorization shall not be given unless the beneficiary has undertaken to respect the confidential character of the documents made available and to refrain from publishing anything based upon information contained therein without having previously submitted the text for approval to the Secretary General of the Court.
7. The Secretariat will in each case submitted to arbitration under the Rules retain in the archives of the Court all awards, Terms of Reference and decisions of the Court, as well as copies of the pertinent correspondence of the Secretariat.
8. Any documents, communications or correspondence submitted by the parties or the arbitrators may be destroyed unless a party or an arbitrator requests in writing within a period fixed by the Secretariat the return of such documents, communications or correspondence. All related costs and expenses for the return of those documents shall be paid by such party or arbitrator.

부칙 II 국제중재법원 내부규칙

제1조 국제중재법원 업무의 비밀성

1. 본 부칙의 목적상, 중재법원의 위원이라 함은 의장 및 부의장들을 포함한다.

2. 중재법원의 회의는 총회인지 위원회 회의인지를 불문하고 그 위원들과 사무국에만 공개된다.

3. 단, 예외적인 경우, 중재법원의 의장은 다른 사람이 회의에 참석하도록 할 수 있는데, 그와 같이 회의에 참석하게 된 사람은 중재법원 업무의 비밀을 준수하여야 한다.

4. 중재법원 절차가 진행되는 과정에서 중재법원에 제출되거나 중재법원 또는 사무국에 의하여 작성되는 문서는 중재법원의 위원들, 사무국 및 의장이 중재법원 회의의 참석을 허가한 자에게만 전달된다.

5. 의장이나 사무총장은 학문적 성격의 업무를 수행하는 연구원들에게 중재절차의 기본틀 내에서 당사자들이 제출한 의견서, 기록, 진술서 및 문서를 제외한 중재판정 및 기타 일반적 사항을 다루는 문서를 볼 권한을 부여할 수 있다.

6. 위 권한은 그 권한을 부여받는 사람이 제공받은 문서의 비밀을 유지하고 사무총장에게 사전에 서면으로 승인을 요청하지 않고는 그 문서에 포함된 어떠한 내용에 대해서도 공표하지 않겠다고 확약할 경우에만 부여할 수 있다.

7. 사무국은 중재규칙에 의하여 중재에 회부되는 각 사건의 모든 판정, 중재위탁요지서, 중재법원의 결정 및 사무국의 관련 서신들의 사본을 법원의 문서 보관소에 보관한다.

8. 당사자들 또는 중재인이 제출한 문서, 교신 또는 서신은 사무국이 정한 기간 이내에 어느 당사자 또는 중재인이 서면으로 동 문서, 교신 또는 서신의 반환을 요청하지 않는 한 파기될 수 있다. 이들 문서의 반환에 소요되는 모든 비용은 반환을 요청한 당사자 또는 중재인이 부담한다.

Article 2 Participation of Members of the International Court of Arbitration in ICC Arbitration

1. The President and the members of the Secretariat of the Court may not act as arbitrators or as counsel in cases submitted to ICC arbitration.
2. The Court shall not appoint Vice-Presidents or members of the Court as arbitrators. They may, however, be proposed for such duties by one or more of the parties, or pursuant to any other procedure agreed upon by the parties, subject to confirmation.
3. When the President, a Vice-President or a member of the Court or of the Secretariat is involved in any capacity whatsoever in proceedings pending before the Court, such person must inform the Secretary General of the Court upon becoming aware of such involvement.
4. Such person must be absent from the Court session whenever the matter is considered by the Court and shall not participate in the discussions or in the decisions of the Court.
5. Such person will not receive any material documentation or information pertaining to such proceedings.

Article 3 Relations Between the Members of the Court and the ICC National Committees and Groups

1. By virtue of their capacity, the members of the Court are independent of the ICC National Committees and Groups which proposed them for appointment by the ICC World Council.
2. Furthermore, they must regard as confidential, vis-a-vis the said National Committees and Groups, any information concerning individual cases with which they have become acquainted in their capacity as members of the Court, except when they have been requested by the President of the Court, by a Vice-President of the Court authorized by the President of the Court, or by the Court's Secretary General to communicate specific information to their respective National Committees or Groups.

Article 4 Committee of the Court

1. In accordance with the provisions of Article 1(4) of the Rules and Article 5 of its statutes (Appendix I), the Court hereby establishes a Committee of the Court.
2. The members of the Committee consist of a president and at least two other members. The President of the Court acts as the president of the Committee. In the

제 2 조 중재법원 위원의 ICC 중재의 참여

1. 의장과 중재법원 사무국 위원들은 ICC 중재에 회부되는 사건에서 중재인이나 자문 역할을 수행할 수 없다.

2. 중재법원은 부의장이나 중재법원 위원들을 중재인으로 임명하지 않는다. 단, 위 사람들은 1인 이상의 당사자들에 의하여 또는 당사자들이 합의한 기타 절차에 의하여 중재인이 될 수 있으며, 이 경우 확인절차를 거쳐야 한다.

3. 의장, 부의장 또는 중재법원이나 사무국의 위원은 어떠한 자격으로든 중재법원에 계류중인 절차에 관여하게 되는 경우, 그 사람은 그러한 관여 사실을 알게 되는 즉시 중재법원의 사무총장에게 이를 알려야 한다.

4. 그 사람은 중재법원이 해당 사건을 심의하는 중에는 법원의 회의에 참석해서는 안 되며 해당 절차와 관련된 중재법원의 논의나 결정에 참여하여서는 안 된다.

5. 그 사람은 그 절차에 관한 중요한 서류나 기타 정보를 일절 수령하지 않는다.

제 3 조 중재법원 위원과 ICC 국가위원회 또는 국가그룹 간의 관계

1. 중재법원의 위원들은 그 자격에 있어 그들을 ICC 이사회에 지명할 것을 제안한 ICC 국가위원회 또는 국가그룹으로부터 독립적이다.

2. 나아가, 위 위원들은 자신이 중재법원의 위원으로서 알게 된 개별 사건에 관한 정보를 ICC 국가위원회 또는 국가그룹에 대하여 비밀로 유지하여야 한다. 단, 중재법원의 의장, 의장이 권한을 부여한 부의장, 또는 사무총장이 특정 정보를 그 위원들 각자의 국가위원회 또는 국가그룹에게 알리도록 요청한 경우는 제외한다.

제 4 조 중재법원의 위원회 (Committee)

1. 중재규칙 제1조 제4항 및 부칙 I의 제5조의 규정에 따라, 중재법원은 본 규칙에 의하여 중재법원의 위원회를 설립한다.

2. 위원회의 위원은 의장과 최소 2인의 다른 위원들로 구성된다. 중재법원의 의장은 위원회의 회장 역할을 수행한다. 의장의 부재시 또는 의장의 요청시에는 중재법원의 부의

President's absence or otherwise at the President's request, a Vice-President of the Court or, in exceptional circumstances, another member of the Court may act as president of the Committee.

3. The other two members of the Committee are appointed by the Court from among the Vice-Presidents or the other members of the Court. At each Plenary Session the Court appoints the members who are to attend the meetings of the Committee to be held before the next Plenary Session.
4. The Committee meets when convened by its president. Two members constitute a quorum.
5. (a) The Court shall determine the decisions that may be taken by the Committee.
   (b) The decisions of the Committee are taken unanimously.
   (c) When the Committee cannot reach a decision or deems it preferable to abstain, it transfers the case to the next Plenary Session, making any suggestions it deems appropriate.
   (d) The Committee's decisions are brought to the notice of the Court at its next Plenary Session.

Article 5 Court Secretariat

1. In the Secretary General's absence or otherwise at the Secretary General's request, the Deputy Secretary General and/or the General Counsel shall have the authority to refer matters to the Court, confirm arbitrators, certify true copies of awards and request the payment of a provisional advance, respectively provided for in Articles 6(3), 13(2), 34(2) and 36(1) of the Rules.
2. The Secretariat may, with the approval of the Court, issue notes and other documents for the information of the parties and the arbitrators, or as necessary for the proper conduct of the arbitral proceedings.
3. Offices of the Secretariat may be established outside the headquarters of the ICC. The Secretariat shall keep a list of offices designated by the Secretary General. Requests for Arbitration may be submitted to the Secretariat at any of its offices, and the Secretariat's functions under the Rules may be carried out from any of its offices, as instructed by the Secretary General, Deputy Secretary General or General Counsel.

Article 6 Scrutiny of Arbitral Awards

When the Court scrutinizes draft awards in accordance with Article 33 of the Rules, it considers, to the extent practicable, the requirements of mandatory law at the place of the arbitration.

장 또는 예외적 상황에서는 중재법원의 다른 위원이 위원회 회장의 역할을 수행할 수 있다.

3. 위원회의 나머지 2인의 위원은 중재법원에 의하여 중재법원의 부의장 또는 중재법원의 다른 위원들 중에서 선임된다. 중재법원의 각 총회에서는 다음 총회 전에 개최되는 위원회에 참석할 위원을 선임한다.

4. 위원회 회의는 그 회장이 소집하는 경우 개최되며 정족수는 2인의 위원으로 성립된다.

5. (a) 중재법원은 위원회가 결정할 사항을 정한다.
   (b) 위원회의 결정은 만장일치로 한다.
   (c) 위원회가 결정을 내리지 못하거나 결정을 내리지 않는 것이 더 바람직하다고 판단하는 경우, 위원회는 적절하다고 판단하는 제안과 함께 해당 사건을 다음 총회로 전달한다.
   (d) 위원회의 결정은 중재법원의 다음 총회에서 논의된다.

제5조 중재법원 사무국

1. 사무총장의 부재시 또는 사무총장이 요청하는 경우, 부사무총장 또는 총괄고문은 각각 중재규칙 제6조 제3항에 따라 중재법원에 사건을 회부할 수 있는 권한, 제13조 제2항에 따라 중재인을 확정할 수 있는 권한, 제34조 제2항에 따라 판정문을 인증할 권한 및 제36조 제1항에 따라 예납금의 지급을 요청할 수 있는 권한을 가진다.

2. 사무국은 중재법원의 승인을 얻어 당사자들과 중재인에게 알리거나 중재절차를 적절히 수행하기 위하여 필요한 기록 및 기타 문서를 발행할 수 있다.

3. 사무국의 사무소는 ICC 본부 외 지역에도 설립 가능하다. 사무국은 사무총장이 지정한 사무소 목록을 작성 보관하여야 한다. 중재신청서는 사무국의 어느 사무소에든 제출 가능하며, 본 규칙에 따른 사무국의 역할은 사무총장, 부사무총장 또는 총괄고문이 지시하는 대로 모든 사무소에서 수행할 수 있다.

제6조 중재판정의 검토

중재법원이 본 중재규칙 제33조에 따라 판정문의 초안을 검토하는 경우, 중재판정은 가능한 한 중재지의 강행법규의 요건을 고려한다.

Appendix Ⅲ. Arbitration Costs and Fees

Article 1 Advance on Costs

1. Each request to commence an arbitration pursuant to the Rules must be accompanied by a filing fee of US$ 3,000. Such payment is non-refundable and shall be credited to the claimant's portion of the advance on costs.
2. The provisional advance fixed by the Secretary General according to Article 36(1) of the Rules shall normally not exceed the amount obtained by adding together the ICC administrative expenses, the minimum of the fees (as set out in the scale hereinafter) based upon the amount of the claim and the expected reimbursable expenses of the arbitral tribunal incurred with respect to the drafting of the Terms of Reference. If such amount is not quantified, the provisional advance shall be fixed at the discretion of the Secretary General. Payment by the claimant shall be credited to its share of the advance on costs fixed by the Court.
3. In general, after the Terms of Reference have been signed or approved by the Court and the procedural timetable has been established, the arbitral tribunal shall, in accordance with Article 36(6) of the Rules, proceed only with respect to those claims or counterclaims in regard to which the whole of the advance on costs has been paid.
4. The advance on costs fixed by the Court according to Articles 36(2) or 36(4) of the Rules comprises the fees of the arbitrator or arbitrators (hereinafter referred to as "arbitrator"), any arbitration-related expenses of the arbitrator and the ICC administrative expenses.
5. Each party shall pay its share of the total advance on costs in cash. However, if a party's share of the advance on costs is greater than US$ 500,000 (the "Threshold Amount"), such party may post a bank guarantee for any amount above the Threshold Amount. The Court may modify the Threshold Amount at any time at its discretion.
6. The Court may authorize the payment of advances on costs, or any party's share thereof, in instalments, subject to such conditions as the Court thinks fit, including the payment of additional ICC administrative expenses.
7. A party that has already paid in full its share of the advance on costs fixed by the Court may, in accordance with Article 36(5) of the Rules, pay the unpaid portion of the advance owed by the defaulting party by posting a bank guarantee.
8. When the Court has fixed separate advances on costs pursuant to Article 36(3) of

부칙 Ⅲ 중재 비용 및 보수

제1조 예 납

1. 중재규칙에 따른 중재신청을 하기 위해서는 신청비용으로 미화 3,000달러를 예납하여야 한다. 이와 같이 납입된 예납금은 환불되지 아니하며, 전체 예납금 중 신청인의 몫으로 취급된다.

2. 중재규칙 제36조 1항에 따라 사무총장이 정하는 잠정 예납금은 통상 ICC 관리비용, 신청액을 기준으로 한 최소 보수(아래 요율표에 따름) 및 중재위탁요지서의 초안 작성과 관련하여 발생하는 중재판정부의 예상 상환가능 비용을 모두 더한 금액을 초과하지 않는다. 위 금액이 정해지지 않을 경우, 중재법원 사무총장은 재량으로 잠정 예납금을 결정할 수 있다. 신청인이 납부한 예납금은 중재법원이 결정한 예납금 중 신청인의 부담부분에 충당된다.

3. 일반적으로 중재위탁요지서가 서명되거나 중재법원이 이를 승인하고 절차 일정표가 결정된 후 중재판정부는 중재규칙 제36조 제6항에 따라 모든 예납금의 납부가 이루어진 신청 또는 반대신청에 대해서만 절차를 진행할 수 있다.

4. 중재규칙 제36조 제2항 또는 제36조 제4항에 따라 중재법원이 정한 예납금은 중재인 또는 중재인들("중재인")의 보수, 중재인이 지출한 중재관련 경비, ICC 관리비용 등으로 구성된다.

5. 각 당사자는 전체 예납금에서 자신의 몫을 현금으로 납부하여야 한다. 그러나 그 몫이 미화 500,000달러("기준금액")을 초과하는 경우, 그 당사자는 기준금액을 초과하는 금액에 대한 은행의 지급보증을 받음으로써 예납금의 지급에 갈음할 수 있다. 중재법원은 재량으로 기준금액을 변경할 수 있다.

6. 중재법원은 ICC 관리비용 추가 납부 등 중재법원이 적절하다고 판단하는 조건에 따라 예납금 또는 어느 당사자의 몫을 분할 납부하도록 허용할 수 있다.

7. 중재법원이 정한 예납금 중 자기 부담부분을 완납한 당사자는 중재규칙 제36조 제5항에 따라 예납금을 지불하지 않은 당사자의 미납 예납금을 대신 납부할 수 있고, 이를 은행보증으로써 할 수 있다.

8. 중재규칙 제36조 제3항에 따라 중재법원이 신청과 반대신청을 분리하여 예납금을 정한

the Rules, the Secretariat shall invite each party to pay the amount of the advance corresponding to its respective claim(s).

9. When, as a result of the fixing of separate advances on costs, the separate advance fixed for the claim of either party exceeds one half of such global advance as was previously fixed (in respect of the same claims and counterclaims that are the subject of separate advances), a bank guarantee may be posted to cover any such excess amount. In the event that the amount of the separate advance is subsequently increased, at least one half of the increase shall be paid in cash.
10. The Secretariat shall establish the terms governing all bank guarantees which the parties may post pursuant to the above provisions.
11. As provided in Article 36(5) of the Rules, the advance on costs may be subject to readjustment at any time during the arbitration, in particular to take into account fluctuations in the amount in dispute, changes in the amount of the estimated expenses of the arbitrator, or the evolving difficulty or complexity of arbitration proceedings.
12. Before any expertise ordered by the arbitral tribunal can be commenced, the parties, or one of them, shall pay an advance on costs fixed by the arbitral tribunal sufficient to cover the expected fees and expenses of the expert as determined by the arbitral tribunal. The arbitral tribunal shall be responsible for ensuring the payment by the parties of such fees and expenses.
13. The amounts paid as advances on costs do not yield interest for the parties or the arbitrator.

Article 2 Costs and Fees

1. Subject to Article 37(2) of the Rules, the Court shall fix the fees of the arbitrator in accordance with the scale hereinafter set out or, where the amount in dispute is not stated, at its discretion.
2. In setting the arbitrator's fees, the Court shall take into consideration the diligence and efficiency of the arbitrator, the time spent, the rapidity of the proceedings, the complexity of the dispute and the timeliness of the submission of the draft award, so as to arrive at a figure within the limits specified or, in exceptional circumstances (Article 37(2) of the Rules), at a figure higher or lower than those limits.
3. When a case is submitted to more than one arbitrator, the Court, at its discretion, shall have the right to increase the total fees up to a maximum which shall normally not exceed three times the fees of one arbitrator.
4. The arbitrator's fees and expenses shall be fixed exclusively by the Court as required by the Rules. Separate fee arrangements between the parties and the arbi-

경우, 사무국은 각 당사자에게 각자의 신청에 상응하는 예납금을 납부하도록 요청하여야 한다.

9. 예납금을 분리 결정한 결과 각 당사자의 신청에 대한 분리 예납금이 (분리 예납금의 대상인 신청 및 반대신청과 관련하여) 이미 결정된 예납금 총액의 1/2을 초과하는 경우, 그 당사자는 은행의 지급보증을 받음으로써 초과 금액의 지불에 갈음할 수 있다. 단, 그 후 분리 예납금의 금액이 증가되는 경우, 증가된 금액의 최소 1/2은 현금으로 납부하여야 한다.

10. 사무국은 당사자들이 위 조항들에 따라 설정하는 모든 은행 지급보증을 규율하는 규정을 제정하여야 한다.

11. 중재규칙 제36조 제5항에 규정된 바와 같이 예납금은 중재가 진행되는 도중 언제라도 재조정될 수 있다. 특히 재조정은 분쟁금액의 변동, 예상했던 중재인 비용의 변화, 중재절차의 진행 과정상 나타나는 어려움 또는 중재절차의 복잡성 등을 고려하여 행한다.

12. 중재판정부의 지시에 의한 전문가 작업이 개시되기 전에, 당사자들 또는 당사자 1인은 전문가의 보수 및 비용을 충당하기에 충분하다고 중재판정부가 결정한 금액을 예납해야 한다. 중재판정부는 위 보수와 비용에 대한 당사자들의 지급을 보장할 책임을 진다.

13. 예납금으로 납부된 금액은 당사자들 또는 중재인을 위한 이자가 발생하지 않는다.

제2조 요금 및 보수

1. 중재법원은 중재규칙 제37조 2항에 의하여 아래 규정된 요율표에 따라 분쟁금액이 명시되지 않은 경우에는 그 재량에 따라 중재인의 보수를 정한다.

2. 중재인 보수를 정함에 있어 중재법원은 명시된 범위 내의 금액을 산출하기 위하여, 예외적인 경우에는(중재규칙 제37조 제2항) 그 범위보다 높거나 낮은 금액을 산출하기 위하여 중재인의 노력과 효율성, 소요기간, 절차의 신속성, 분쟁의 복잡성 및 판정문 초안 제출의 적시성을 고려하여야 한다.

3. 사건이 2인 이상의 중재인에게 회부된 경우 중재법원은 그 재량에 따라 통상 중재인 1인의 보수의 3배에 해당하는 금액을 초과하지 않는 범위 내에서 전체 보수를 인상할 수 있는 권리를 가진다.

4. 중재인의 보수와 비용은 중재규칙이 정한 바에 따라 중재법원이 독점적으로 정한다. 당사자들과 중재인 간 보수에 관한 별도의 합의는 중재규칙에 위반된다.

trator are contrary to the Rules.

5. The Court shall fix the ICC administrative expenses of each arbitration in accordance with the scale hereinafter set out or, where the amount in dispute is not stated, at its discretion. Where the parties have agreed upon additional services, or in exceptional circumstances, the Court may fix the ICC administrative expenses at a lower or higher figure than that which would result from the application of such scale, provided that such expenses shall normally not exceed the maximum amount of the scale.
6. At any time during the arbitration, the Court may fix as payable a portion of the ICC administrative expenses corresponding to services that have already been performed by the Court and the Secretariat.
7. The Court may require the payment of administrative expenses in addition to those provided in the scale of administrative expenses as a condition for holding an arbitration in abeyance at the request of the parties or of one them with the acquiescence of the other.
8. If an arbitration terminates before the rendering of a final award, the Court shall fix the fees and expenses of the arbitrators and the ICC administrative expenses at its discretion, taking into account the stage attained by the arbitral proceedings and any other relevant circumstances.
9. Any amount paid by the parties as an advance on costs exceeding the costs of the arbitration fixed by the Court shall be reimbursed to the parties having regard to the amounts paid.
10. In the case of an application under Article 35(2) of the Rules or of a remission pursuant to Article 35(4) of the Rules, the Court may fix an advance to cover additional fees and expenses of the arbitral tribunal and additional ICC administrative expenses and may make the transmission of such application to the arbitral tribunal subject to the prior cash payment in full to the ICC of such advance. The Court shall fix at its discretion the costs of the procedure following an application or a remission, which shall include any possible fees of the arbitrator and ICC administrative expenses, when approving the decision of the arbitral tribunal.
11. The Secretariat may require the payment of administrative expenses in addition to those provided in the scale of administrative expenses for any expenses arising in relation to a request pursuant to Article 34(5) of the Rules.
12. When an arbitration is preceded by proceedings under the ICC Mediation Rules, one half of the ICC administrative expenses paid for such proceedings shall be credited to the ICC administrative expenses of the arbitration.
13. Amounts paid to the arbitrator do not include any possible value added tax (VAT) or other taxes or charges and imposts applicable to the arbitrator's fees. Parties

5. 중재법원은 아래 기재된 요율표에 따라 각 중재의 ICC 관리비용을 정하며, 분쟁금액이 명시되어 있지 않은 경우에는 그 재량에 따라 정한다. 예외적인 경우 중재법원은 요율표보다 낮거나 높은 금액의 ICC 관리비용을 정할 수 있는데 이러한 경우에도 그 비용은 통상 요율표의 최대 금액을 초과해서는 안 된다.

6. 중재법원은 중재가 진행되는 동안 언제라도 중재법원 및 사무국이 이미 수행한 업무에 상응하는 ICC 관리비용 일부를 납부되어야 할 금액으로 정할 수 있다.

7. 중재법원은 당사자들이 신청할 경우 또는 당사자 일방이 요청하고 상대방의 묵인이 있을 경우, 중재를 정지하는 조건으로 관리비용 요율표에 규정된 비용에 더하여 추가로 관리비용의 납부를 요구할 수 있다.

8. 만약 중재가 종국판정 이전에 종료될 경우, 중재법원은 중재절차의 단계와 기타 관련 상황을 고려하여 그 재량에 따라 중재인의 보수 및 비용 그리고 ICC 관리비용을 정할 수 있다.

9. 당사자들이 예납한 금액이 중재법원이 정한 중재비용을 초과하는 경우 그 초과 금액은 당사자들에게 반환되어야 한다.

10. 중재규칙 제35조 제2항이 적용되는 경우 또는 중재규칙 제35조 제4항에 따라 판정문이 환송되는 경우, 중재법원은 중재판정부의 추가 보수와 비용 및 추가적인 ICC 관리비용에 충당할 예납금을 정할 수 있으며, 이 예납금을 ICC에 현금으로 사전 완납하는 것을 중재판정부에 대한 신청서 전달의 조건으로 할 수 있다. 중재법원은 중재판정부의 결정을 승인할 때 신청 또는 환송 후 절차와 관련하여 발생된 비용을 그 재량에 따라 결정해야 하는데, 이 비용에는 가능한 중재인의 보수 및 ICC 관리비용이 포함된다.

11. 사무국은 중재규칙 제34조 제5항에 의한 신청과 관련하여 발생한 비용에 대하여 관리비용 요율표에 기재된 금액에 추가하여 관리비용의 지급을 요구할 수 있다.

12. 중재에 앞서 ICC ADR 규칙에 따른 우호적 해결을 시도한 경우, 동 ADR 절차를 위해 지급된 ICC 관리비용의 절반은 중재의 ICC 관리비용으로 충당된다.

13. 중재인에게 지급된 금액에는 중재인 보수에 적용되는 부가세, 기타 조세, 신청금, 부과금 퉁이 포함되지 않는다. 당사자들은 동 조세나 신청금을 납부할 의무를 진다. 단,

have a duty to pay any such taxes or charges; however, the recovery of any such charges or taxes is a matter solely between the arbitrator and the parties.

14. Any ICC administrative expenses may be subject to value added tax (VAT) or charges of a similar nature at the prevailing rate.

Article 3 ICC as Appointing Authority

Any request received for an authority of the ICC to act as appointing authority will be treated in accordance with the Rules of ICC as Appointing Authority in UNCITRAL or Other Ad Hoc Arbitration Proceedings and shall be accompanied by a non-refundable filing fee of US$ 3,000. No request shall be processed unless accompanied by the said filing fee. For additional services, the ICC may at its discretion fix ICC administrative expenses, which shall be commensurate with the services provided and shall normally not exceed the maximum amount of US$ 10,000.

Article 4 Scales of Administrative Expenses and Arbitrator's Fees

1. The Scales of Administrative Expenses and Arbitrator's Fees set forth below shall be effective as of 1 January 2012 in respect of all arbitrations commenced on or after such date, irrespective of the version of the Rules applying to such arbitrations.
2. To calculate the ICC administrative expenses and the arbitrator's fees, the amounts calculated for each successive tranche of the amount in dispute must be added together, except that where the amount in dispute is over US$ 500 million, a flat amount of US$ 113,215 shall constitute the entirety of the ICC administrative expenses.
3. All amounts fixed by the Court or pursuant to any of the appendices to the Rules are payable in US$ except where prohibited by law, in which case the ICC may apply a different scale and fee arrangement in another currency.

이러한 조세나 신청금의 반환은 전적으로 중재인과 관련 당사자 간의 문제이다.

14. 모든 ICC 관리비용은 해당 적용요율 기준으로 부가세 또는 유사한 성격의 부과금의 부과 대상이다.

제 3 조 임명당국으로서의 ICC

ICC에 대하여 임명당국으로서의 역할을 수행할 것을 요구하는 신청은 「UNCITRAL이나 기타 비기관중재 절차에서 임명당국으로서 ICC 규칙」 (Rules of ICC as Appointing Authority in UNCITRAL or Other Ad Hoc Arbitration Proceedings)에 따라 처리되며, 위 신청을 처리하기 위하여는 미화 3,000달러의 접수비가 납부되어야 하고 이는 환불되지 않는다. 위 접수비가 지급되지 않는 한 요청에 기한 절차는 진행되지 않는다. 추가 업무를 위해 ICC는 자신의 재량으로 ICC 관리비용을 정할 수 있는데, 동 관리비용은 제공 업무에 부합하여야 하며 통상 최대 미화 10,000달러를 초과하지 않아야 한다.

제 4 조 관리비용과 중재인 보수 요율표

1. 아래 명시한 관리비용 및 중재인 보수 요율표는 2012. 1. 1. 현재 또는 그 이후 개시되는 모든 중재와 관련하여 동 중재에 적용되는 중재규칙의 판본에 관계없이 효력을 가진다.

2. ICC 관리비용과 중재인 보수를 산출할 때는 분쟁금액의 연속 구간별로 산출된 금액을 합산하여야 한다. 단, 분쟁금액이 미화 5억 달러를 초과한 경우, 미화 113,215달러의 고정 금액이 ICC 관리비용 총액이 된다.

3. 중재법원이 정하였거나 중재규칙의 부칙에 의하여 정한 모든 금액은 법으로 금지되는 경우를 제외하고 미국 달러화로 지급되어야 한다. 단, 법으로 미국 달러화 지급이 금지되는 경우, ICC는 다른 통화로 별도의 요율표와 보수약정을 적용할 수 있다.

A. Administrative Expenses

Amount in dispute (in US Dollars)				Administrative expenses*
up to			50,000	3,000
from	50,001	to	100,000	4.73%
from	100,001	to	200,000	2.53%
from	200,001	to	500,000	2.09%
from	500,001	to	1,000,000	1.51%
from	1,000,001	to	2,000,000	0.95%
from	2,000,001	to	5,000,000	0.46%
from	5,000,001	to	10,000,000	0.25%
from	10,000,001	to	30,000,000	0.10%
from	30,000,001	to	50,000,000	0.09%
from	50,000,001	to	80,000,000	0.01%
from	80,000,001	to	500,000,000	0.0035%
over	500,000,000			$113,215

* For illustrative purposes only, the table on the following page indicates the resulting administrative expenses in US$ when the proper calculations have been made.

B. Arbitrator's Fees

Amount in dispute (in US Dollars)				Fees(**)	
				minimum	maximum
	up to		50,000	$3,000	18.0200%
from	50,001	to	100,000	2.6500%	13.5680%
from	100,001	to	200,000	1.4310%	7.6850%
from	200,001	to	500,000	1.3670%	6.8370%
from	500,001	to	1,000,000	0.9540%	4.0280%
from	1,000,001	to	2,000,000	0.6890%	3.6040%
from	2,000,001	to	5,000,000	0.3750%	1.3910%
from	5,000,001	to	10,000,000	0.1280%	0.9100%
from	10,000,001	to	30,000,000	0.0640%	0.2410%
from	30,000,001	to	50,000,000	0.0590%	0.2280%
from	50,000,001	to	80,000,000	0.0330%	0.1570%
from	80,000,001	to	100,000,000	0.0210%	0.1150%
from	100,000,001	to	500,000,000	0.0110%	0.0580%
over	500,000,000		0.0100%		0.0400%

** For illustrative purposes only, the table on the following page indicates the resulting range of fees in US$ when the proper calculations have been made.

A. 관리 비용

분쟁금액 (US Dollars)				관리비용*
up to			50,000	3,000
from	50,001	to	100,000	4.73%
from	100,001	to	200,000	2.53%
from	200,001	to	500,000	2.09%
from	500,001	to	1,000,000	1.51%
from	1,000,001	to	2,000,000	0.95%
from	2,000,001	to	5,000,000	0.46%
from	5,000,001	to	10,000,000	0.25%
from	10,000,001	to	30,000,000	0.10%
from	30,000,001	to	50,000,000	0.09%
from	50,000,001	to	80,000,000	0.01%
from	80,000,001	to	500,000,000	0.0035%
over	500,000,000			$113,215

* 이해를 돕기 위하여 관리비용 계산표의 예시를 다음면에 기재함

B. 중재인 보수

분쟁금액 (US Dollars)				보수(**)	
				minimum	maximum
	up to		50,000	$3,000	18.0200%
from	50,001	to	100,000	2.6500%	13.5680%
from	100,001	to	200,000	1.4310%	7.6850%
from	200,001	to	500,000	1.3670%	6.8370%
from	500,001	to	1,000,000	0.9540%	4.0280%
from	1,000,001	to	2,000,000	0.6890%	3.6040%
from	2,000,001	to	5,000,000	0.3750%	1.3910%
from	5,000,001	to	10,000,000	0.1280%	0.9100%
from	10,000,001	to	30,000,000	0.0640%	0.2410%
from	30,000,001	to	50,000,000	0.0590%	0.2280%
from	50,000,001	to	80,000,000	0.0330%	0.1570%
from	80,000,001	to	100,000,000	0.0210%	0.1150%
from	100,000,001	to	500,000,000	0.0110%	0.0580%
over	500,000,000		0.0100%		0.0400%

** 이해를 돕기 위하여 보수 계산표의 예시를 다음면에 기재함

Amount in dispute (in US Dollars)				A. Administrative expenses (in US Dollars)
up to			50,000	3,000
from	50,001	to	100,000	3,000+4.73% of amt. over 50,000
from	100,001	to	200,000	5,365+2.53% of amt. over 100,000
from	200,001	to	500,000	7,8952+2.09% of amt. over 200,000
from	500,001	to	1,000,000	14,615+1.51% of amt. over 500,000
from	1,000,001	to	2,000,000	21,715+0.95% of amt. over 1,000,000
from	2,000,001	to	5,000,000	31,215+0.46% of amt. over 2,000,000
from	5,000,001	to	10,000,000	45,015+0.25% of amt. over 5,000,000
from	10,000,001	to	30,000,000	57,515+0.10% of amt. over 10,000,000
from	30,000,001	to	50,000,000	77,515+0.09% of amt. over 30,000,000
from	50,000,001	to	80,000,000	95,515+0.01% of amt. over 50,000,000
from	80,000,001	to	100,000,000	98,515+0.0035% of amt. over 80,000,000
from	100,000,001	to	500,000,000	99,215+0.0035% of amt. over 100,000,000
over	500,000,000		0.0100%	113,215

Amount in dispute (in US Dollars)				B. Arbitrator's Fees (in US Dollars)	
				minimum	maximum
up to	50,000			3,000	18.0200% of amount in dispute
from	50,001	to	100,000	3,000+2.6500% of amt. over 50,000	9,010+13.5680% of amt. over 50,000
from	100,001	to	200,000	4,325+1.4310% of amt. over 100,000	15,794+7.6850% of amt. over 100,000
from	200,001	to	500,000	5,726+1.3670% of amt. over 200,000	23,497+6.8370% of amt. over 200,000
from	500,001	to	1,000,000	9,857+0.9540% of amt. over 500,000	43,990+4.0280% of amt. over 500,000
from	1,000,001	to	2,000,000	14,627+0.6890% of amt. over 1,000,000	64,130+3.6040% of amt. over 1,000,000
from	2,000,001	to	5,000,000	21,517+0.3750% of amt. over 2,000,000	100,170+1.3910% of amt. over
from	5,000,001	to	10,000,000	32,767+0.1280% of amt. over 5,000,000	141,900+0.9100% of amt. over 5,000,000
from	10,000,001	to	30,000,000	39,167+0.0640% of amt. over 10,000,000	187,400+0.2410% of amt. over 10,000,000
from	30,000,001	to	50,000,000	51,967+0.0590% of amt. over 30,000,000	235,600+0.2280% of amt. over 30,000,000
from	50,000,001	to	80,000,000	63,767+0.0330% of amt. over 50,000,000	281,200+0.1570% of amt. over 50,000,000
from	80,000,001	to	100,000,000	73,667+0.0210% of amt. over 80,000,000	328,300+0.1150% of amt. over 80,000,000
from	100,000,001	to	500,000,000	77,867+0.0110% of amt. over 100,000,000	351,300+0.0580% of amt. over 100,000,000
over	500,000,000		113,215	121,867+0.0100% of amt. over 500,000,000	583,300+0.0400% of amt. over 500,000,000

분쟁금액 (in US Dollars)				A. 관리비용 (in US Dollars)
up to			50,000	3,000
from	50,001	to	100,000	3,000+4.73% of amt. over 50,000
from	100,001	to	200,000	5,365+2.53% of amt. over 100,000
from	200,001	to	500,000	7,8952+2.09% of amt. over 200,000
from	500,001	to	1,000,000	14,615+1.51% of amt. over 500,000
from	1,000,001	to	2,000,000	21,715+0.95% of amt. over 1,000,000
from	2,000,001	to	5,000,000	31,215+0.46% of amt. over 2,000,000
from	5,000,001	to	10,000,000	45,015+0.25% of amt. over 5,000,000
from	10,000,001	to	30,000,000	57,515+0.10% of amt. over 10,000,000
from	30,000,001	to	50,000,000	77,515+0.09% of amt. over 30,000,000
from	50,000,001	to	80,000,000	95,515+0.01% of amt. over 50,000,000
from	80,000,001	to	100,000,000	98,515+0.0035% of amt. over 80,000,000
from	100,000,001	to	500,000,000	99,215+0.0035% of amt. over 100,000,000
over	500,000,000		0.0100%	113,215

분쟁금액 (in US Dollars)				B. 중재인보수 (in US Dollars)	
				minimum	maximum
up to	50,000			3,000	18.0200% of amount in dispute
from	50,001	to	100,000	3,000+2.6500% of amt. over 50,000	9,010+13.5680% of amt. over 50,000
from	100,001	to	200,000	4,325+1.4310% of amt. over 100,000	15,794+7.6850% of amt. over 100,000
from	200,001	to	500,000	5,726+1.3670% of amt. over 200,000	23,497+6.8370% of amt. over 200,000
from	500,001	to	1,000,000	9,857+0.9540% of amt. over 500,000	43,990+4.0280% of amt. over 500,000
from	1,000,001	to	2,000,000	14,627+0.6890% of amt. over 1,000,000	64,130+3.6040% of amt. over 1,000,000
from	2,000,001	to	5,000,000	21,517+0.3750% of amt. over 2,000,000	100,170+1.3910% of amt. over
from	5,000,001	to	10,000,000	32,767+0.1280% of amt. over 5,000,000	141,900+0.9100% of amt. over 5,000,000
from	10,000,001	to	30,000,000	39,167+0.0640% of amt. over 10,000,000	187,400+0.2410% of amt. over 10,000,000
from	30,000,001	to	50,000,000	51,967+0.0590% of amt. over 30,000,000	235,600+0.2280% of amt. over 30,000,000
from	50,000,001	to	80,000,000	63,767+0.0330% of amt. over 50,000,000	281,200+0.1570% of amt. over 50,000,000
from	80,000,001	to	100,000,000	73,667+0.0210% of amt. over 80,000,000	328,300+0.1150% of amt. over 80,000,000
from	100,000,001	to	500,000,000	77,867+0.0110% of amt. over 100,000,000	351,300+0.0580% of amt. over 100,000,000
over	500,000,000		113,215	121,867+0.0100% of amt. over 500,000,000	583,300+0.0400% of amt. over 500,000,000

Appendix Ⅳ. Case Management Techniques

The following are examples of case management techniques that can be used by the arbitral tribunal and the parties for controlling time and cost. Appropriate control of time and cost is important in all cases. In cases of low complexity and low value, it is particularly important to ensure that time and costs are proportionate to what is at stake in the dispute.

a) Bifurcating the proceedings or rendering one or more partial awards on key issues, when doing so may genuinely be expected to result in a more efficient resolution of the case.

b) Identifying issues that can be resolved by agreement between the parties or their experts.

c) Identifying issues to be decided solely on the basis of documents rather than through oral evidence or legal argument at a hearing.

d) Production of documentary evidence:

(i) requiring the parties to produce with their submissions the documents on which they rely;

(ii) avoiding requests for document production when appropriate in order to control time and cost;

(iii) in those cases where requests for document production are considered appropriate, limiting such requests to documents or categories of documents that are relevant and material to the outcome of the case;

(iv) establishing reasonable time limits for the production of documents;

(v) using a schedule of document production to facilitate the resolution of issues in relation to the production of documents.

e) Limiting the length and scope of written submissions and written and oral witness evidence (both fact witnesses and experts) so as to avoid repetition and maintain a focus on key issues.

f) Using telephone or video conferencing for procedural and other hearings where attendance in person is not essential and use of IT that enables online communication among the parties, the arbitral tribunal and the Secretariat of the Court.

g) Organizing a pre-hearing conference with the arbitral tribunal at which arrangements for a hearing can be discussed and agreed and the arbitral tribunal can indicate to the parties issues on which it would like the parties to focus at the hearing.

부칙 Ⅳ 사건 관리 기법

아래 내용은 중재판정부와 당사자들이 시간과 비용을 관리하는 데 사용 가능한 사건 관리 기법의 사례들이다. 시간과 비용에 대한 적절한 관리는 모든 사건에서 중요하다. 사건이 덜 복잡하거나 분쟁금액이 낮을 경우, 시간과 비용이 분쟁 규모와 비례성을 갖추도록 하는 것이 중요하다.

a) 사건을 더 효율적으로 해결할 것으로 기대되는 경우, 절차를 분리하거나 주요 사안에 대하여 1개 이상의 부분판정을 내리는 것

b) 당사자들 또는 각 전문가들 간의 합의에 의하여 해결할 수 있는 사안을 확인하는 것

c) 심리에서의 구두 증거나 법적 주장을 통하지 않고 서면만을 근거로 결정할 수 있는 사안을 확인하는 것

d) 서면증거의 제출
  (ⅰ) 당사들로 하여금 각자 원용하는 서류를 주장서면과 함께 제출하게 하는 것
  (ⅱ) 시간과 비용의 적절한 관리를 위하여 필요한 경우 문서제출 요청을 피하는 것
  (ⅲ) 문서제출 요청이 적절하다고 판단되는 경우, 그 문서제출 요청을 사건의 결과와 관련성이 있고 중요한 문서 또는 종류로 제한하는 것
  (ⅳ) 문서제출의 합리적인 기한을 정하는 것
  (ⅴ) 문서제출과 관련하여 사안의 해결을 용이하게 하기 위하여 문서제출 일정을 활용하는 것

e) 주장서면 및 서면 및 구두 진술(사실증인 및 전문가 모두)의 분량 및 범위를 제한함으로써 반복을 피하고 주요 사안에 집중하는 것

f) 직접 참석이 반드시 필요하지 않을 경우 절차 회의 및 기타 심리를 전화 또는 화상회의로 대체하며, 당사자들, 중재판정부 및 중재법원 사무국 사이에 온라인 교신을 가능하게 하는 정보기술을 사용하는 것

g) 중재판정부와 심리전 회의를 개최함으로써 심리관련 사항을 논의하고 합의할 수 있으며, 중재판정부가 당사자들이 심리기일에 집중적으로 다뤄주기를 바라는 사안을 전달할 수 있도록 하는 것

h) Settlement of disputes:

(i) informing the parties that they are free to settle all or part of the dispute either by negotiation or through any form of amicable dispute resolution methods such as, for example, mediation under the ICC Mediation Rules;

(ii) where agreed between the parties and the arbitral tribunal, the arbitral tribunal may take steps to facilitate settlement of the dispute, provided that every effort is made to ensure that any subsequent award is enforceable at law. Additional techniques are described in the ICC publication entitled "Controlling Time and Costs in Arbitration".

h) 분쟁의 화해

(i) 당사자들은 협상 또는 ICC ADR 규칙에 따른 조정 등 우호적 분쟁해결 방식을 통하여 분쟁의 전부 또는 일부를 화해할 수 있음을 당사자들에게 안내하는 것

(ii) 당사자들과 중재판정부가 합의한 경우 중재판정부는 분쟁의 화해를 용이하게 하기 위한 조치를 취할 수 있다. 단, 추후에 판정이 법적으로 진행 가능하도록 모든 노력을 기울여야 한다.

기타 추가적인 기법은 "중재의 시간과 비용 통제 기법"이라는 ICC 출판물에 자세히 기재되어 있다.

Appendix V. Emergency Arbitrator Rules

Article 1 Application for Emergency Measures

1. A party wishing to have recourse to an emergency arbitrator pursuant to Article 29 of the Rules of Arbitration of the ICC (the "Rules") shall submit its Application for Emergency Measures (the "Application") to the Secretariat at any of the offices specified in the Internal Rules of the Court in Appendix II to the Rules.
2. The Application shall be supplied in a number of copies sufficient to provide one copy for each party, plus one for the emergency arbitrator, and one for the Secretariat.
3. The Application shall contain the following information:
   a) the name in full, description, address and other contact details of each of the parties;
   b) the name in full, address and other contact details of any person(s) representing the applicant;
   c) a description of the circumstances giving rise to the Application and of the underlying dispute referred or to be referred to arbitration;
   d) a statement of the Emergency Measures sought;
   e) the reasons why the applicant needs urgent interim or conservatory measures that cannot await the constitution of an arbitral tribunal;
   f) any relevant agreements and, in particular, the arbitration agreement;
   g) any agreement as to the place of the arbitration, the applicable rules of law or the language of the arbitration;
   h) proof of payment of the amount referred to in Article 7(1) of this Appendix; and
   i) any Request for Arbitration and any other submissions in connection with the underlying dispute, which have been filed with the Secretariat by any of the parties to the emergency arbitrator proceedings prior to the making of the Application.

   The Application may contain such other documents or information as the applicant considers appropriate or as may contribute to the efficient examination of the Application.
4. The Application shall be drawn up in the language of the arbitration if agreed upon by the parties or, in the absence of any such agreement, in the language of the arbitration agreement.

부칙 V 긴급중재인 규칙

제1조 긴급처분 신청

1. 국제상업회의소 중재규칙("중재규칙") 제29조에 따라 긴급중재인 제도를 활용하고자 하는 당사자는 중재규칙의 부칙 Ⅱ 중재법원 내부규칙에 기재된 사무국의 사무소에 긴급처분신청서("신청서")를 제출하여야 한다.

2. 신청서는 각 당사자에게 1부씩, 긴급중재인에게 1부, 사무국에 1부를 제공하기에 충분한 수만큼 제출되어야한다.

3. 신청서에는 다음 각 호의 사항이 기재되어야 한다.
   a) 각 당사자의 완전한 명칭, 각 당사자에 대한 설명, 주소 및 기타 연락처
   b) 신청인을 대리하는 자의 완전한 명칭, 주소 및 기타 연락처
   c) 신청의 원인이 된 상황 및 중재에 회부되었거나 회부될 예정인 분쟁에 대한 설명
   d) 긴급처분 신청의 취지
   e) 신청인이 중재판정부의 구성을 기다릴 수 없을 정도로 긴급한 임시적 또는 보전 조치가 필요한 사유
   f) 관련된 합의들, 특히 중재합의
   g) 중재지, 준거법 또는 중재언어 등에 대한 합의
   h) 본 부칙 제7조 제1항에 기재된 금액의 지급 증빙자료
   i) 신청서 제출 전에 긴급중재인 절차의 당사자가 사무국에 제출한 중재신청서 및 해당 분쟁과 관련하여 제출된 기타 서면 신청서에는 신청인이 적절하다고 판단하거나 신청서의 효율적인 검토에 도움이 될 것으로 판단되는 기타 문서 또는 정보를 포함시킬 수 있다.

4. 신청서는 당사자들이 합의한 경우 중재언어로 또는 그러한 합의가 없는 경우에는 중재합의의 언어로 작성되어야 한다.

5. If and to the extent that the President of the Court (the "President") considers, on the basis of the information contained in the Application, that the Emergency Arbitrator Provisions apply with reference to Article 29(5) and Article 29(6) of the Rules, the Secretariat shall transmit a copy of the Application and the documents annexed thereto to the responding party. If and to the extent that the President considers otherwise, the Secretariat shall inform the parties that the emergency arbitrator proceedings shall not take place with respect to some or all of the parties and shall transmit a copy of the Application to them for information.
6. The President shall terminate the emergency arbitrator proceedings if a Request for Arbitration has not been received by the Secretariat from the applicant within 10 days of the Secretariat's receipt of the Application, unless the emergency arbitrator determines that a longer period of time is necessary.

Article 2 Appointment of the Emergency Arbitrator; Transmission of the File

1. The President shall appoint an emergency arbitrator within as short a time as possible, normally within two days from the Secretariat's receipt of the Application.
2. No emergency arbitrator shall be appointed after the file has been transmitted to the arbitral tribunal pursuant to Article 16 of the Rules. An emergency arbitrator appointed prior thereto shall retain the power to make an order within the time limit permitted by Article 6(4) of this Appendix.
3. Once the emergency arbitrator has been appointed, the Secretariat shall so notify the parties and shall transmit the file to the emergency arbitrator. Thereafter, all written communications from the parties shall be submitted directly to the emergency arbitrator with a copy to the other party and the Secretariat. A copy of any written communications from the emergency arbitrator to the parties shall be submitted to the Secretariat.
4. Every emergency arbitrator shall be and remain impartial and independent of the parties involved in the dispute.
5. Before being appointed, a prospective emergency arbitrator shall sign a statement of acceptance, availability, impartiality and independence. The Secretariat shall provide a copy of such statement to the parties.
6. An emergency arbitrator shall not act as an arbitrator in any arbitration relating to the dispute that gave rise to the Application.

Article 3 Challenge of an Emergency Arbitrator

1. A challenge against the emergency arbitrator must be made within three days from

5. 중재법원의 의장("의장")이 신청서에 포함된 정보를 근거로 중재규칙 제29조 제5항 및 제29조 제6항에 의하여 긴급중재인 규정이 적용된다고 판단할 경우, 사무국은 신청서 사본 1부와 신청서에 첨부된 문서를 피신청 당사자에게 송부하여야 한다. 의장이 달리 판단하는 경우, 사무국은 긴급중재인 절차는 당사자들의 일부 또는 전부에 관하여 진행되지 않는다고 당사자들에게 통지하고 참고로 신청서 사본을 송부한다.

6. 사무국이 신청서를 접수한 지 10일 이내에 신청인이 사무국에 중재신청서를 접수하지 않으면, 중재법원의 의장은 긴급중재인 절치를 종료하여야 한다. 긴급중재인이 기간이 더 필요하다고 결정하는 경우에는 그러하지 아니하다.

제 2 조 긴급중재인의 선정, 중재기록의 송부

1. 중재법원의 의장은 가능한 한 빠른 시일 내에, 통상 사무국이 신청서를 접수한 날로부터 2일 이내에 긴급중재인을 선임하여야 한다.

2. 중재기록이 중재규칙 제16조에 따라 중재판정부에게 송부된 후에는 긴급중재인이 선임될 수 없다. 그 전에 선정된 긴급중재인은 본 부칙 제6조 제4항에서 허용된 기간 내에는 명령을 내릴 수 있는 권한을 보유한다.

3. 긴급중재인이 선정되면, 사무국은 당사자들에게 그 사실을 통지하고 기록을 긴급중재인에게 송부하여야 한다. 그 후, 당사자들의 모든 서면에 의한 교신은 긴급중재인에게 직접 제출하고 상대방 당사자 및 사무국에 사본을 제출한다. 긴급중재인이 당사자들에게 발송하는 모든 서신에 대한 사본은 사무국에 제출되어야 한다.

4. 모든 긴급중재인은 분쟁 당사자들에게 공정하고 독립적이어야 한다.

5. 긴급중재인으로 선정될 후보자는 선정이 되기 전에, 수락, 직무수행가능, 공정성 및 독립성 진술서에 서명하여야 한다. 사무국은 해당 진술서의 사본을 당사자들에게 제공하여야 한다.

6. 긴급중재인은 긴급처분 신청의 원인이 된 분쟁과 관련된 중재에서 중재인 역할을 수행할 수 없다.

제 3 조 긴급중재인 기피

1. 긴급중재인에 대하여 기피신청을 하려는 당사자는 긴급중재인의 선정 통지를 받은 때

receipt by the party making the challenge of the notification of the appointment or from the date when that party was informed of the facts and circumstances on which the challenge is based if such date is subsequent to the receipt of such notification.

2. The challenge shall be decided by the Court after the Secretariat has afforded an opportunity for the emergency arbitrator and the other party or parties to provide comments in writing within a suitable period of time.

Article 4 Place of the Emergency Arbitrator Proceedings

1. If the parties have agreed upon the place of the arbitration, such place shall be the place of the emergency arbitrator proceedings. In the absence of such agreement, the President shall fix the place of the emergency arbitrator proceedings, without prejudice to the determination of the place of the arbitration pursuant to Article 18(1) of the Rules.
2. Any meetings with the emergency arbitrator may be conducted through a meeting in person at any location the emergency arbitrator considers appropriate or by video conference, telephone or similar means of communication.

Article 5 Proceedings

1. The emergency arbitrator shall establish a procedural timetable for the emergency arbitrator proceedings within as short a time as possible, normally within two days from the transmission of the file to the emergency arbitrator pursuant to Article 2(3) of this Appendix.
2. The emergency arbitrator shall conduct the proceedings in the manner which the emergency arbitrator considers to be appropriate, taking into account the nature and the urgency of the Application. In all cases, the emergency arbitrator shall act fairly and impartially and ensure that each party has a reasonable opportunity to present its case.

Article 6 Order

1. Pursuant to Article 29(2) of the Rules, the emergency arbitrator's decision shall take the form of an order (the "Order").
2. In the Order, the emergency arbitrator shall determine whether the Application is admissible pursuant to Article 29(1) of the Rules and whether the emergency arbitrator has jurisdiction to order Emergency Measures.

로부터 3일 이내에, 기피의 근거가 되는 사실과 상황을 알게 된 날이 위 통지를 받은 후인 경우에는 그 날로부터 3일 이내에 긴급중재인에 대한 기피신청을 하여야 한다.

2. 기피신청은 사무국이 긴급중재인 및 상대방 당사자에게 상당한 기간 내에 서면으로 의견을 제출할 기회를 부여한 후, 중재법원이 결정한다.

제4조 긴급중재인 절차의 수행 장소

1. 당사자들이 중재지에 합의한 경우, 그 장소가 긴급중재절차의 장소가 된다. 그러한 합의가 없는 경우, 의장이 긴급중재절차의 장소를 결정한다. 위 결정은 중재규칙 제18조 제1 항에 의한 중재지 결정에 영향을 미치지 않는다.

2. 긴급중재인과의 회합은 긴급중재인이 적절하다고 판단하는 장소에서 직접 대면하거나, 화상 회의, 전화 또는 그와 유사한 통신 수단을 통하여 이루어질 수 있다.

제5조 절 차

1. 긴급중재인은 가능한 한 빠른 시일 내에, 통상 본 부칙 제2조 제3항에 따라 긴급중재인에게 기록을 송부한 때로부터 2일 이내에 긴급중재절차를 진행하기 위한 절차 일정표를 작성해야 한다.

2. 긴급중재인은 신청의 성격 및 긴급성을 고려하여 적절하다고 판단하는 방식으로 절차를 진행하여야 한다. 어떠한 경우에도 긴급중재인은 공정하고 공평하게 행동하여야 하며, 각 당사자가 자신의 주장을 진술할 수 있는 적절한 기회를 보장하여야 한다.

제6조 명 령

1. 긴급중재인의 결정은 중재규칙 제29조 제2항에 따라 명령(“명령”)의 방식으로 이루어진다.

2. 긴급중재인은 그 명령에서 중재규칙 제29조 제1항에 따라 신청이 적법한 것인지 여부 및 긴급중재인이 긴급처분을 명할 관할권이 있는지 여부를 결정하여야 한다.

3. The Order shall be made in writing and shall state the reasons upon which it is based. It shall be dated and signed by the emergency arbitrator.
4. The Order shall be made no later than 15 days from the date on which the file was transmitted to the emergency arbitrator pursuant to Article 2(3) of this Appendix. The President may extend the time limit pursuant to a reasoned request from the emergency arbitrator or on the President's own initiative if the President decides it is necessary to do so.
5. Within the time limit established pursuant to Article 6(4) of this Appendix, the emergency arbitrator shall send the Order to the parties, with a copy to the Secretariat, by any of the means of communication permitted by Article 3(2) of the Rules that the emergency arbitrator considers will ensure prompt receipt.
6. The Order shall cease to be binding on the parties upon:
   a) the President's termination of the emergency arbitrator proceedings pursuant to Article 1(6) of this Appendix;
   b) the acceptance by the Court of a challenge against the emergency arbitrator pursuant to Article 3 of this Appendix;
   c) the arbitral tribunal's final award, unless the arbitral tribunal expressly decides otherwise; or
   d) the withdrawal of all claims or the termination of the arbitration before the rendering of a final award.
7. The emergency arbitrator may make the Order subject to such conditions as the emergency arbitrator thinks fit, including requiring the provision of appropriate security.
8. Upon a reasoned request by a party made prior to the transmission of the file to the arbitral tribunal pursuant to Article 16 of the Rules, the emergency arbitrator may modify, terminate or annul the Order.

Article 7 Costs of the Emergency Arbitrator Proceedings

1. The applicant must pay an amount of US$ 40,000, consisting of US$ 10,000 for ICC administrative expenses and US$ 30,000 for the emergency arbitrator's fees and expenses. Notwithstanding Article 1(5) of this Appendix, the Application shall not be notified until the payment of US$ 40,000 is received by the Secretariat.
2. The President may, at any time during the emergency arbitrator proceedings, decide to increase the emergency arbitrator's fees or the ICC administrative expenses taking into account, inter alia, the nature of the case and the nature and amount of work performed by the emergency arbitrator, the Court, the President and the Secretariat. If the party which submitted the Application fails to pay the increased

3. 명령은 서면으로 하며, 명령의 이유를 기재하여야 한다. 명령에는 일자를 기재하고 긴급중재인이 서명하여야 한다.

4. 명령은 본 부칙 제2조 제3항에 따라 기록이 긴급중재인에게 송부된 일자로부터 15일 이내에 내려져야 한다. 의장은 긴급중재인이 이유를 소명하고 요청하거나 의장 스스로 필요하다고 판단하는 경우 재량으로 그 기한을 연장할 수 있다.

5. 긴급중재인은 본 부칙 제6조 제4항에 정해진 기한 내에, 중재규칙 제3조 제2항에 의하여 허용되며 신속하게 수령할 수 있을 것이라고 판단되는 교신수단을 이용하여 명령을 당사자들에게 1부씩 사무국에 1부 송부하여야 한다.

6. 명령은 다음의 경우에 당사자들에게 더 이상 구속력을 갖지 못한다.
   a) 의장이 본 부칙 제1조 제6항에 따라 긴급중재인 절차를 종료하는 경우
   b) 본 부칙 제3조에 따라 중재법원이 긴급중재인 기피신청을 받아들이는 경우
   c) 중재판정부가 명시적으로 달리 결정하지 않는 한, 중재판정부가 판정을 내리는 경우 또는
   d) 종국판정을 내리기 전에 모든 신청이 철회되거나 중재가 종료되는 경우

7. 긴급중재인은 적절한 담보제공의 요구 등 긴급중재인이 적절하다고 판단하는 조건을 전제로 명령을 내릴 수 있다.

8. 중재규칙 제16조에 따라 중재판정부에 기록을 송부하기 전에 당사자가 이유를 소명하여 요청한 경우, 긴급중재인은 명령을 변경, 정지하거나 취소할 수 있다.

제7조 긴급중재인 절차의 비용

1. 신청인은 미화 40,000달러를 납부해야 하며, 이 금액은 ICC 관리비용 미화 10,000달러, 긴급중재인의 보수 및 비용 미화 30,000달러로 구성된다. 본 부칙 제1조 제5항에도 불구하고, 사무국이 미화 40,000달러를 수납하기 전에는 신청은 통지되지 않는다.

2. 중재법원의 의장은 긴급중재절차가 진행되는 동안 언제라도, 사건의 성격 및 긴급중재인, 중재법원, 의장 및 사무국이 수행하는 업무의 성격 및 업무량을 고려하여 긴급중재인의 보수 또는 ICC 관리비용의 증액을 결정할 수 있다. 신청서를 제출한 당사자가 사무국이 정한 기한 내에 증액된 금액을 납부하지 못하는 경우, 신청은 철회된 것으로 본다.

costs within the time limit fixed by the Secretariat, the Application shall be considered as withdrawn.

3. The emergency arbitrator's Order shall fix the costs of the emergency arbitrator proceedings and decide which of the parties shall bear them or in what proportion they shall be borne by the parties.
4. The costs of the emergency arbitrator proceedings include the ICC administrative expenses, the emergency arbitrator's fees and expenses and the reasonable legal and other costs incurred by the parties for the emergency arbitrator proceedings.
5. In the event that the emergency arbitrator proceedings do not take place pursuant to Article 1(5) of this Appendix or are otherwise terminated prior to the making of an Order, the President shall determine the amount to be reimbursed to the applicant, if any. An amount of US$ 5,000 for ICC administrative expenses is non-refundable in all cases.

Article 8 General Rule

1. The President shall have the power to decide, at the President's discretion, all matters relating to the administration of the emergency arbitrator proceedings not expressly provided for in this Appendix.
2. In the President's absence or otherwise at the President's request, any of the Vice-Presidents of the Court shall have the power to take decisions on behalf of the President.
3. In all matters concerning emergency arbitrator proceedings not expressly provided for in this Appendix, the Court, the President and the emergency arbitrator shall act in the spirit of the Rules and this Appendix.

3. 긴급중재인은 명령에서 긴급중재인 절차 비용 및 어느 당사자가 어떤 비율로 비용을 부담해야 할 것인지 결정하여야 한다.

4. 긴급중재인 절차 비용에는 ICC 관리비용, 긴급중재인의 보수 및 비용, 그리고 당사자들이 긴급중재인 절차의 진행을 위하여 지출한 합리적인 법률 비용 및 기타 비용이 포함된다.

5. 긴급중재인 절차가 본 부칙 제1조 제5항에 따라 진행되지 않거나 명령을 내리기 전에 종료되는 경우, 의장은 신청인에게 반환되어야 할 금액을 결정하여야 한다. ICC 관리비용으로 미화 5,000달러는 어떠한 경우에도 환급되지 않는다.

제 8 조 일반규칙

1. 의장은 본 부칙에 명시적으로 규정되어 있지 않은 긴급중재인 절차의 관리와 관련된 모든 사안을 재량으로 결정할 권한이 있다.

2. 의장의 부재시 또는 의장이 요청하는 경우, 중재법원의 부의장은 의장을 대리하여 결정할 권한을 가진다.

3. 중재법원, 의장 및 긴급중재인은 본 부칙에 명시적으로 규정되지 않은 긴급중재인 절차에 관한 모든 사항을 중재규칙 및 본 부칙의 정신에 입각하여 처리하여야 한다.

부록 5

대한상사중재원 국제중재규칙

2016. 6. 1. 시행

제1장 총 칙

제1조 규칙과 기관

① 이 규칙은 사단법인 대한상사중재원(이하 "중재원"이라 한다)의 국제중재규칙이라 하고, 중재원 국제중재규칙(이하 "이 규칙"이라 한다)이라 약칭 한다.
② 이 규칙에 따라 사무국이 처리하여야 할 중재 절차에 관한 사무는 중재원 사무국의 직원 중에서 지명된 중재서기가 수행한다.
③ 중재원은 자체 선정한 위원으로 구성된 국제중재위원회(이하 "위원회"라 한다)를 설치하여야 한다. 중재원은 이 규칙 제12조, 제13조에 따른 의사결정을 함에 있어 필요하다고 판단하는 경우 및 제14조, 제15조에 따른 의사결정을 하는데 있어 적절하게 위원회의 자문을 받아야 한다.

제2조 정 의

이 규칙에서 사용하는 용어의 정의는 다음과 같다.

1. "중재판정부"에는 1인의 중재인으로 구성된 중 재판정부와 복수의 중재인으로 구성된 중재판정부가 모두 포함된다.
2. "신청인"에는 1인 또는 복수의 신청인이 모두 포함되며, "피신청인"에는 1인 또는 복수의 피신청인이 모두 포함된다.
3. "국제중재"란 다음 각 목의 어느 하나에 해당하는 중재를 말한다.
   가. 중재합의를 할 당시 당사자들 중 1인 이상이 대한민국 외의 곳에 영업소를 두고 있는 경우
   나. 중재합의에서 정한 중재지가 대한민국이 아닌 경우
4. "영업소"란 다음 각 목의 어느 하나를 말한다.
   가. 하나 이상의 영업소를 가지는 당사자의 경우에는 주된 영업소
   나. 영업소를 가지지 않은 당사자의 경우에는 상거소

제3조 적용범위

① 이 규칙은 다음 각 호의 어느 하나의 경우에 적용한다. 이 경우 이 규칙은 중재합의의 일부를 구성한다. 다만, 당사자들이 서면으로 수정한 사항은 그에 따른다.
1. 당사자들이 이 규칙에 따라 중재를 진행하기로 서면으로 합의한 경우
2. 당사자들이 분쟁을 중재원의 중재에 의해 해결하기로 서면 으로 합의한 경우로서 해당 중재가 국제중재인 경우

② 이 규칙이 당해 중재에 적용되는 강행법규에 위배되는 경우에는 해당 강행법규가 우선한다.

제4조 통지 및 서면제출

① 당사자가 제출하는 증거서류를 포함하는 모든 서면 및 교신이나, 사무국 및 중재판정부로부터의 모든 통지와 교신은 이 규칙에서 별도로 정하고 있거나 사무국 또는 중재판정부의 별도 지침이 있는 경우를 제외하고는 다음 각 호의 어느 하나의 방법으로 한다.
1. 각 당사자, 각 중재인 및 사무국에 각 1부씩 제공하기에 충분한 수의 사본 제출, 또는
2. 전자우편, 팩스 등을 포함한 송신기록이 남는 전자적 수단

② 제1항 제1호에 따른 당사자에 대한 모든 통지와 서면교신은 당사자가 지정한 주소, 또는 그러한 지정이 없을 경우에는 최종으로 알려진 당사자 또는 대리인의 주소로 이루어져야 한다. 이러한 통지나 교신은 수령증을 받는 교부송달, 등기우편, 택배 등 발송을 증명할 수 있는 기타 수단에 의한다.

③ 제1항 제2호에 따른 전자적 수단에 의한 모든 통지와 서면 교신은 수령인이 지정하거나 동의하는 연락처로 하여야 한다.

④ 통지 또는 교신은 당사자 또는 그 대리인이 이를 수령한 날, 또는 제2항에 따라 최종으로 알려진 주소로 행하여진 경우에는 당사자 또는 그 대리인이 수령하였을 날에 이루어진 것으로 본다.

⑤ 중재판정부가 구성될 때까지는 당사자 상호 간, 각 당사자와 중재인 간의 모든 교신은 사무국을 경유한다. 서면교신의 경우 사무국은 나머지 각 당사자와 각 중재인에 그 사본을 송부한다. 중재판정부가 구성된 이후에는, 중재판정부가 달리 지시하지 않는 한, 구두, 서면을 불문한 모든 교신은 당사자 상호 간, 각 당사자와 중재판정부 사이에 직접 이루어진다. 서면교신의 경우에는 그 사본을 동시에 사무국에 송부한다.

⑥ 사무국이 중재판정부를 대신하여 일방 당사자에게 서면 교신을 보내는 경우에는 다른 당사자들 전원에게도 사본을 송부한다.

제5조 기 한

① 기한의 기산점을 정함에 있어서 통지 또는 기타 교신은 이 규칙 제4조에 따라 송달된

일자에 수령된 것으로 본다.

② 기한의 준수를 판단함에 있어서, 통지 또는 기타 교신이 이 규칙 제4조에 따라 기한만료일 또는 그 전에 발송된 경우 그 통지 또는 교신은 기한을 준수한 것으로 본다.

③ 이 규칙에 따라 기간을 산정함에 있어서는, 제4조에 따른 통지 또는 기타 교신이 도달한 익일로부터 기산한다. 그러한 기간의 말일이 수령인의 주소지 또는 영업지에서 공휴일 또는 휴무일에 해당하는 경우, 기간은 그 이후의 최초 영업일에 만료한다. 기간 중의 공휴일 또는 휴무일은 기간에 산입된다.

제6조 일반규칙 및 해석규칙

사무국과 중재판정부는 이 규칙의 정신에 따라 처리하여야 하며, 판정이 법률상 집행될 수 있도록 모든 노력을 다하여야 한다.

제7조 대 리

이 규칙에 따른 절차에서 당사자는 자신이 선정한 자로 하여금 자신을 대리하게 할 수 있다. 이 경우, 중재판정부가 요구하는 바에 따라 그 대리권을 증명하여야 한다.

제2장 중재개시

제8조 중재신청

① 이 규칙에 따라 중재를 신청하고자 하는 당사자는 사무국에 중재신청서(이하 "신청서"라 한다)를 제출하여야 한다. 사무국은 신청서의 접수사실과 접수일자를 신청인과 피신청인에게 통지하여야 한다.

② 중재절차 개시일은 어떠한 경우에나 신청서가 사무국에 접수된 일자로 한다.

③ 신청서에는 다음의 사항이 기재 또는 첨부되어야 한다.

1. 신청인의 성명, 주소, 국가번호와 지역번호를 포함하는 전화번호와 팩스번호, 전자우편 주소
2. 신청인에 대한 기재 - 신청인이 회사인 경우 그 설립지와 회사 형태, 개인인 경우 국적과 주된 거주지 또는 근무지
3. 중재 상대방(피신청인)의 성명, 주소, 국가번호와 지역번호를 포함하는 전화번호와 팩스번호, 전자우편 주소
4. 청구의 원인이 된 분쟁의 성격과 상황에 관한 기술
5. 중재 신청취지(가능한 범위 내에서 신청금액 예상액 표시)
6. 중재지, 중재언어, 준거법, 중재인의 수, 중재인의 자격과 성명 등 중재절차에 관하여 당사자가 이미 서면으로 합의한 사항 또는 신청인이 제안하고자 하는 사항에 대한 기술

7. 중재합의에서 당사자의 중재인 지명을 요하는 경우, 신청인이 지명하는 중재인의 성명, 주소, 국가번호와 지역번호를 포함하는 전화번호와 팩스번호, 전자우편 주소
8. 신청인이 원용한 서면 중재조항 또는 별도의 서면 중재합의 등 관련 계약서
9. 대리인의 성명, 주소, 국가번호와 지역번호를 포함하는 전화번호와 팩스번호, 전자우편 주소

④ 신청인은 신청서와 함께 이 규칙 제4조 제1항 제1호에서 요구하는 수의 사본을 제출하여야 하며 제출일 당시 시행 중인 별표 1(신청요금과 관리요금에 관한 규정)에 따른 신청요금을 납입하여야 한다.

⑤ 신청인이 제4항에 따른 요건을 준수하지 못하는 경우 사무국은 신청인의 요건 준수를 위한 기한을 정할 수 있으며, 신청인이 그 기한 내에 요건을 준수하지 못하는 경우에는 신청을 종결할 수 있다. 이 경우 신청인은 추후 별도의 신청서를 제출하여 동일한 신청을 할 수 있다.

⑥ 사무국은 충분한 수의 신청서 사본이 제출되고 필요한 예납이 이루어진 경우 피신청인이 답변서를 제출할 수 있도록 신청서 및 첨부서류의 사본을 피신청인에게 송부하여야 한다.

제9조 신청에 대한 답변과 반대신청

① 피신청인은 사무국으로부터 신청서를 수령한 날로부터 30일 이내에 다음 각 호의 사항이 기재된 답변서를 제출하여야 한다.

1. 피신청인의 성명, 주소, 국가번호와 지역번호를 포함하는 전화번호와 팩스번호, 전자우편 주소
2. 피신청인에 대한 기재 . 피신청인이 회사인 경우 그 설립지와 회사 형태, 개인인 경우 국적과 주된 거주지 또는 근무지
3. 신청인이 신청서에 기재한 청구의 전부 또는 일부에 대한 인정여부 및 신청서에 기재된 신청취지에 대한 답변
4. 신청인의 제안 및 이 규칙 제11조와 제12조에 따른 중재인의 수와 선정에 관한 의견, 필요한 경우 중재인의 선정
5. 중재지, 준거법 및 중재언어에 대한 의견
6. 중재합의에서 당사자의 중재인 선정을 요하는 경우, 피신청인이 선정하는 중재인의 성명, 주소, 국가번호와 지역번호를 포함하는 전화번호와 팩스번호, 전자우편 주소
7. 대리인의 성명, 주소,국가번호와 지역번호를 포함하는 전화번호와 팩스번호, 전자우편 주소

② 피신청인이, 중재인의 수 및 중재인 선정에 관한 의견 또는 이 규칙 제11조, 제12조에 따른 중재인의 선정 등의 내용을 포함하고 있는 기한연장신청서를 제출한 경우에 한하여 사무국은 답변서 제출기한을 연장할 수 있다. 피신청인이 위 사항의 기한연장신청서를 제출하지 않는 경우 답변서 제출기한은 연장되지 않는다.

③ 답변서는 이 규칙 제4조에 규정된 수의 사본을 사무국에 제출하여야 한다.

④ 피신청인의 반대신청은 다음 각 호의 사항을 기재하여 답변서와 함께 제출하여야 한다. 이 경우 반대신청의 원인은 신청인과 피신청인 사이의 중재합의에 기초하여야 한다.
1. 반대신청의 원인이 된 분쟁의 성질과 상황에 대한 기술
2. 반대신청취지(가능한 한도 내에서 반대청구금액 포함)
⑤ 제4항에도 불구하고 중재판정부가 정황을 고려하여 그 지연이 정당하다고 판단하는 경우 피신청인의 반대신청은 그 이후의 중재절차에서 제출할 수 있다.
⑥ 답변의 취지 및 이유가 반대신청의 내용을 포함하고 있다고 판단할 경우 중재판정부는 피신청인에게 그 부분에 대하여 제4항의 규정에 의한 반대신청을 하는 것인지의 여부를 밝히도록 요구할 수 있다.
⑦ 답변서 제출 해태의 경우에도 피신청인은 중재절차에서 청구를 부인하거나 반대신청을 제기할 수 있다. 그러나 중재합의에서 당사자의 중재인 지명을 요구하는 경우, 피신청인이 답변서를 제출하지 않거나 기한 내에 중재인을 지명하지 못하거나 아예 지명하지 않으면 해당 당사자의 중재인 지명권은 종국적으로 포기된 것으로 간주된다.

제3장 중재판정부

제10조 일반 규정

① 이 규칙에 따른 중재인들은 항상 공정성과 독립성을 유지하여야 한다.
② 중재인 선정 또는 지명을 수락하는 자는 사무국이 정하는 양식의 수락서와 공정성·독립성에 관한 진술서에 서명하여 사무국에 제출하여야 한다. 이 경우 중재인 선정 또는 지명을 수락하는 자는 자신의 공정성·독립성에 관하여 정당한 의심을 야기할만한 사유를 사무국에 고지하여야 하고, 중재절차진행 중이라도 그러한 의심을 야기할만한 새로운 사유가 발생하면 중재인은 이를 당사자와 사무국에 서면으로 즉시 고지하여야 한다.
③ 사무국은 수락서 및 공정성·독립성에 관한 진술서를 제출 받는 즉시 각 당사자에게 송달하여야 한다.
④ 중재인의 선정, 교체, 해임과 관련된 모든 사항에 대한 사무국의 결정은 종국적이며 불복할 수 없다.

제11조 중재인의 수

이 규칙에 따른 중재사건은 원칙적으로 단독 중재인이 심리한다. 다만 당사자들이 3인 중재인의 심리로 합의하거나 사무국이 당사자 의사, 분쟁금액, 분쟁의 복잡성 기타 요소들을 고려하여 3인의 중재인의 심리가 적절하다고 판단하는 경우에는 3인의 중재인의 심리로 결정할 수 있다.

제12조 중재인의 선정

① 분쟁이 단독 중재인에게 회부되는 경우, 당사자들은 피신청인이 중재신청서를 수령한 날 또는 이 규칙 제11조에 따라 사무국이 단독 중재인에 의할 것임을 결정한 경우에는 그 통지를 받은 날부터 30일 이내에 합의하여 단독 중재인을 지명하여야 한다. 다만, 당사자들이 위와 같이 정해진 기간 또는 사무국이 연장을 허용한 기간 내에 합동으로 단독 중재인을 지명하지 못하는 경우에는 사무국이 단독 중재인을 선정한다.
② 당사자들이 3인 중재인에 의하여 분쟁을 해결하기로 합의한 경우에는 신청인은 중재신청서에서 또는 사무국이 허용한 연장기간 내에 1인의 중재인을 지명하고, 피신청인은 답변서에서 또는 사무국이 허용한 연장기간 내에 1인의 중재인을 지명한다. 이 규칙 제11조에 따라 사무국이 3인의 중재인에 의할 것임을 결정한 경우에는 당사자들은 사무국으로부터 그 통지를 받은 날부터 30일 이내 또는 사무국이 허용한 연장기간 내에 각각 1인의 중재인을 지명한다. 다만, 일방 당사자가 위 기한 내에 중재인을 지명하지 못한 경우에는 사무국이 이를 선정한다. 양 당사자에 의해 중재인 2인이 선정되면 2인의 중재인이 합의하여 의장으로 활동할 제3의 중재인을 지명한다. 2인 중재인이 두 번째 중재인의 선정일로부터 30일 이내에 의장으로 활동할 제3의 중재인을 지명하지 못하면 사무국이 이를 선정한다.
③ 중재판정부가 3인의 중재인으로 구성되는 경우, 신청인이나 피신청인이 복수인 때에는, 복수의 신청인들 또는 복수의 피신청인들 공동으로 이 규칙 제2항에 따라 중재인을 각각 지명한다. 그러한 지명이 이루어지지 못하고 당사자들이 중재판정부의 구성방법에 합의하지 못한 경우에는 사무국이 중재판정부를 구성하는 중재인 전원을 선정하며 그 중 1인을 의장으로 지정한다.
④ 중재인 선정시 사무국은 선정될 중재인의 경험, 일정, 국적 및 거주지를 고려하여야 한다. 당사자 일방이 요청하면 사무국은 다른 특별한 사정이 없는 한, 각 당사자들과 국적이 다른 자를 단독 중재인이나 중재판정부의 의장으로 선정하여야 한다. 이러한 요청은 사무국이 선정권을 행사할 수 있는 기간이 개시된 날로부터 3일 이내에 하여야 하며, 요청이 있는 경우 사무국은 상대방 당사자에게 의견진술의 기회를 주어야 한다.
⑤ 사무국이 제22조에 따라 복수 계약에서 발생한 청구들을 하나의 신청서에 제출할 것을 허용한 경우, 당사자들은 각 청구들이 동일한 중재합의에 의하는 경우로 간주하여 제1항, 제2항 및 제3항에 따라 중재인을 지명 하여야 한다.
⑥ 이 규칙에 따라 중재인 전원이 선정된 경우, 사무국은 당사자들 및 중재인 모두에게 중재인 전원의 성명, 주소 및 직업을 서면으로 지체 없이 통지하여야 한다.

제13조 중재인 확인

① 당사자들이 중재인을 지명하는 경우 또는 중재인들이 제3의 중재인을 지명하는 경우, 중재인 선정의 효력은 사무국이 그 지명을 확인함에 의하여 발생한다. 당사자가 중재인을 선정할 권한을 가진다고 합의한 경우에도, 이러한 합의는 본 규칙에 따라 중재인

을 지명하기로 하는 합의로 본다.

② 사무국이 중재인의 지명을 확인한 때에는 지체 없이 그 사실을 당사자와 중재인들에게 통지하여야 한다.

③ 사무국은 중재인의 지명이 명백하게 부적당하다고 인정하는 경우 당사자 및 중재인들에게 의견을 제출할 수 있는 기회를 부여한 다음 확인을 거부할 수 있다.

④ 사무국이 중재인 지명에 대한 확인을 거부한 경우 당해 중재인을 지명한 당사자 또는 중재인들은 사무국이 정한 기간 내에 새로운 중재인을 지명하여야 한다.

제14조 중재인 기피

① 중재인의 공정성과 독립성에 정당한 의심을 야기할 만한 사유가 있는 경우, 당사자는 중재인에 대하여 기피를 신청할 수 있다. 다만, 그 중재인의 지명에 참여한 당사자는 지명 이후에 알게 된 사유를 근거로 하여서만 기피를 신청할 수 있다.

② 중재인의 공정성 및 독립성 결여 또는 기타의 사유에 의한 중재인에 대한 기피신청은 그 기피의 원인이 된 사유와 사실을 기술한 서면을 사무국에 제출함으로써 이루어진다. 이 경우 당해 사건의 각 중재인 및 각 당사자에게 이 서면의 사본을 전달하여야 한다.

③ 기피신청이 유효하기 위해서는, 일방 당사자가 다음 각 호의 하나에 해당하는 날로부터 15일 이내에 기피신청을 하여야 한다.

1. 당사자가 중재인을 지명한 경우에는 그에 대한 확인통지를 받은 날, 또는 사무국이 중재인을 선정한 경우에는 중재인 선정통지를 받은 날
2. 기피신청 당사자가 기피의 원인이 된 사유와 사실을 알게 된 날

④ 기피의 대상이 된 중재인, 상대방 당사자 및 중재판정부의 다른 구성원들은 기피신청을 수령한 날로부터 15일 이내에 기피에 대하여 서면으로 의견을 밝힐 수 있다. 이 경우 그러한 의견은 사무국, 각 당사자와 각 중재인에게 통지하여야 한다.

⑤ 일방 당사자가 중재인에 대하여 기피신청을 한 경우 상대방 당사자는 기피에 동의할 수 있고, 이러한 동의가 있는 경우 중재인은 사임하여야 한다. 그러한 동의가 없는 경우에도 기피 대상인 중재인은 자진 사임할 수 있다. 다만, 위의 경우에 사임하였다고 하여 기피 이유의 타당성을 인정하는 것을 의미하지는 않는다. 상대방 당사자가 기피신청에 동의하지 않거나 기피 대상인 중재인이 사임하지 않는 경우, 사무국은 기피신청에 대한 결정을 하여야 한다.

제15조 중재인의 교체 및 해임

① 중재인은 사망, 사무국의 중재인 사임 수리, 사무국의 기피 결정 또는 중재의 모든 당사자가 요청하는 경우에 교체되어야 한다.

② 사무국은 중재인이 자신의 임무를 수행하지 않거나 임무수행을 부당하게 지연하는 경우 또는 법률상 또는 사실상 자신의 임무를 수행할 수 없는 경우 해당 중재인을 해임

할 수 있다.

③ 중재절차 진행 중에 중재인이 교체되는 경우, 새로운 중재인은 교체된 중재인의 선정에 적용되었던 이 규칙 제12조 및 제13조에 규정된 방식에 따라 선정한다.

④ 중재인이 교체되는 경우, 중재판정부는 당사자들과 협의한 후 중재판정부가 재구성되기 이전의 절차를 반복할 것인지 여부 및 그 범위를 결정한다.

⑤ 심리가 종결된 이후에는 사무국은 사망, 사임 또는 해임된 중재인을 교체하지 않고 나머지 중재인들로 하여금 중재를 완료하도록 결정할 수 있다. 사무국은 그러한 결정을 함에 있어 나머지 중재인 및 당사자와 협의하여야 하고, 그러한 결정에 필요하다고 보는 기타의 사항을 고려할 수 있다.

제 4 장 중재절차

제16조 절차의 진행

① 중재판정부는 규칙 및 당사자간 합의의 범위 내에서, 당사자들을 동등하게 대우하고 당사자들에게 의견을 표명할 권리를 부여하며 사안에 관하여 진술할 공평한 권리를 부여하는 한, 이 규칙에 따라 적절하다고 생각되는 방식으로 중재를 진행할 수 있다.

② 중재판정부는 절차를 분리하거나 당사자들로 하여금 사건의 전부 또는 일부의 해결과 관련된 쟁점에 대하여만 논의하도록 지시할 수 있다.

③ 중재판정부는 적절한 절차의 단계에서 증인신문 또는 당사자들의 주장 진술을 위한 심리를 개최하여야 한다. 다만, 당사자들이 달리 합의하는 경우에는 그러하지 아니하다.

제17조 절차에 관한 규칙

중재판정부는 이 규칙에 따라 절차를 진행하여야 하고, 이 규칙에 정함이 없는 경우에는 당사자들의 합의에 따르며, 당사자 사이의 합의도 없는 경우에는 중재판정부가 정하는 바에 따른다.

제18조 절차일정표

① 중재판정부는 중재절차를 협의하기 위하여 당사자들과 예비절차 회의를 개최할 수 있다.

② 중재판정부는 판정부 구성 이후 지체 없이 예비절차회의 또는 다른 방식으로 당사자들과 협의하여 절차진행을 위한 잠정적인 일정표를 서면으로 작성하여야 하며, 이를 사무국과 당사자들에게 통지하여야 한다. 중재판정부는 당사자들과 협의 후 어느 때라도 위 잠정일정표 상에 정해진 기한을 변경할 수 있다.

第19條 추가서면

① 중재판정부는 당사자들이 중재신청서와 답변서(반대신청서)에 대한 추가서면을 제출하도록 재량에 따라 허가하거나 요구할 수 있고, 그러한 경우 해당서면의 제출을 위한 기간을 정하여야 한다.
② 추가서면 제출을 위하여 중재판정부가 정하는 기간은 45일을 초과할 수 없다.
③ 제1항의 규정에 따라 추가서면을 제출하는 당사자는 그 당사자가 주장의 근거로 삼는 서류로서, 이전에 제출되지 않은 주요 문서의 사본(특별히 양이 많은 경우에는 그 목록)과 관련 견본 및 서증을 첨부하여 상대방 당사자와 중재판정부에 제출하여야 한다.

第20條 신청, 답변 및 반대신청의 변경

당사자는 중재판정부가 절차의 지연, 상대방 당사자의 권리 침해 또는 기타 사유를 이유로 하여 수정이나 보완이 적절하지 않다고 판단하는 경우를 제외하고는, 중재절차 진행 중에 신청, 반대신청 또는 답변을 변경하거나 보완하고 이를 상대방 당사자와 사무국에 통지할 수 있다. 다만, 그 변경이나 보완이 중재합의의 범위를 벗어나는 경우에는 그러하지 아니하다.

第21條 당사자의 추가

① 중재판정부는 다음 각 호의 요건 중 하나가 충족되는 경우 당사자의 신청에 따라 제3자를 중재절차에 당사자로 추가할 수 있다. 이와 같이 당사자로 추가되는 제3자를 "추가 당사자"라 한다.
  1. 당사자 전원과 추가 당사자 모두가 서면으로 추가 당사자의 중재절차 참가를 동의하는 경우, 또는
  2. 추가 당사자가 기존 당사자들과 동일한 중재합의의 당사자인 경우로서 추가 당사자가 중재절차 참가를 서면으로 동의하는 경우.
② 중재판정부 결정에 의하여 당사자가 추가되더라도 판정부의 구성에는 영향을 미치지 아니한다.
③ 제1항에 해당하는 경우에도 중재절차를 지연한다고 인정되는 등 상당한 이유가 있는 경우 중재판정부는 당사자 추가를 불허할 수 있다.
④ 당사자 추가를 위한 신청서 및 추가 당사자에 대한 청구에 관해서는 제8조를, 그에 대한 답변 및 반대신청에는 제9조를 각각 준용한다.
⑤ 본 규정은 이 규칙 시행일 이후의 중재합의에 의한 중재에 대하여만 적용된다.

第22條 복수계약에 따른 단일 중재 신청

사무국은 일응 모든 계약에 이 규칙에 따른 중재합의가 있으며, 중재합의의 동일성이 인

정되고, 다수의 청구가 동일한 거래 또는 계속적 거래에서 발생되는 것으로 판단하는 경우, 다수 계약에서 발생하는 청구에 대해 하나의 신청서를 제출하는 것을 허용할 수 있다. 만약 사무국이 각 청구들이 별도의 절차에서 다루어져야 한다고 판단하는 경우, 당사자들은 별도의 신청서를 제출하여야 한다. 다만, 이는 추후 제23조에 의한 청구의 병합을 신청할 권리에 영향을 미치지 아니한다.

第23조 청구병합

① 중재판정부는 일방 당사자가 요청하는 경우 이 규칙에 따른 동일 당사자간의 중재이면, 진행 중인 다른 사건의 청구를 병합할 수 있다. 다만, 다른 중재절차에서 중재판정부 중 한명이라도 선정된 경우에는 그러하지 아니하다.
② 중재판정부는 제1항에 따른 병합 여부를 결정함에 있어 반드시 당사자들에게 의견을 진술할 합리적인 기회를 주어야 하고 중재합의, 분쟁의 성격 그리고 기타 관련 상황을 고려하여야 한다.

第24조 중재지

① 당사자들의 합의가 없는 경우 중재지는 대한민국 서울로 한다. 다만 중재판정부가 당해 사안의 모든 사정을 고려하여 다른 장소가 더 적합하다고 결정한 경우에는 예외로 한다.
② 중재판정부는 심리 및 기타 회의를 당사자들과의 협의를 거쳐 적절하다고 판단하는 어떤 장소에서도 개최할 수 있다.
③ 중재판정부의 합의는 스스로 적절하다고 판단하는 어느 장소에서도 할 수 있다.

第25조 중재판정부의 관할권에 대한 이의 신청

① 중재판정부는 중재조항 또는 별도의 중재합의의 존부 및 유효성에 관한 이의를 포함하여, 중재판정부의 관할권에 대한 이의신청에 대하여 판단할 권한을 가진다.
② 중재판정부는 중재조항을 포함하는 계약의 존부나 유효성을 결정할 권한을 가진다. 중재조항은 계약의 다른 부분과는 독립된 합의로 취급한다. 중재판정부가 당해 계약이 무효라고 결정하였다고 하여 중재조항까지 무효가 되지는 않는다.
③ 중재판정부의 관할권에 대한 이의신청은 이 규칙 제9조에 따라 신청서에 대한 답변서를 제출할 때까지, 반대신청의 경우에는 반대신청에 대한 답변서를 제출할 때까지 제기하여야 한다.
④ 일반적으로 중재판정부는 관할권에 대한 이의신청을 선결문제로 판단하여야 하나, 중재절차를 진행한 후 최종판정에서 판단할 수도 있다.

제26조 증 거

① 당사자들이 달리 서면으로 합의하지 않는 한, 중재판정부는 절차진행 중 언제라도 당사자들에게 다음 각 호의 사항을 명할 수 있다.
  1. 문서, 서증 또는 필요, 적절하다고 보는 기타 증거의 제출
  2. 당사자들의 지배 하에 있고 중재의 대상과 관련이 있는 재산, 장소, 기타 물건에 대한 중재판정부, 다른 당사자, 또는 전문가의 조사 허용
② 중재판정부는 당사자가 자신의 신청, 반대신청, 답변을 뒷받침하기 위하여 제출하고자 하는 서류 및 기타 증거의 요약본을 중재판정부와 상대방 당사자에게 전달할 것을 요구할 수 있다.
③ 각 당사자는 신청, 반대신청, 항변을 뒷받침하는 사실에 대한 입증 책임을 부담한다.
④ 중재판정부는 증거의 증거능력, 관련성 및 증명력에 관하여 판단할 권한을 가진다.

제27조 전문가

① 중재판정부는 1인 또는 수인의 전문가를 선정하여, 중재판 정부가 결정하고 당사자들에게 통지하여야 하는 특정 쟁점에 관하여 보고하도록 할 수 있다. 이 경우 전문가에게 위임할 사항은 중재판정부가 정하고, 당사자들에게 그 사본을 전달하여야 한다.
② 중재판정부는 전문가에게 관련 정보를 제공하거나, 관련 서류, 동산 또는 기타 재산을 전문가가 조사할 수 있게 하도록 당사자 에게 명할 수 있다.
③ 중재판정부는 전문가의 보고서 수령 후 그 사본을 모든 당사자 에게 송부하고 당사자들이 보고서에 대하여 의견을 표명할 수 있는 기회를 부여하여야 한다. 당사자는 전문가가 그 보고서를 작성함에 있어서 근거로 삼은 모든 서류를 검토할 수 있다.

제28조 중재언어

① 당사자 간에 합의가 없을 때에는 중재판정부는 계약 언어를 비롯한 모든 관련 상황을 적절히 고려하여 중재 언어를 결정한다.
② 당사자는 사무국 또는 중재판정부의 요구가 있으면, 사무국 또는 중재판정부에 제출하는 서면, 서증 또는 기타 문서의 번역문을 제출하여야 한다.

제29조 준거법

① 당사자는 분쟁의 본안에 관하여 중재판정부가 적용할 실체법 및 법원칙에 대하여 자유롭게 합의할 수 있다. 그러한 합의가 없는 경우 중재판정부는 적절하다고 판단하는 실체법이나 법원칙을 적용한다.
② 모든 사안에 있어서 중재판정부는 계약 조항 및 관련 거래관행을 고려하여야 한다.
③ 중재판정부는 당사자들이 합의하여 명시적으로 권한을 부여한 경우에 한하여, 선의의

중재인으로서의 권한을 가지고 형평과 선에 의하여 판단할 수 있다.

제30조 심 리

① 심리가 열릴 경우 중재판정부는 적절한 통지를 함으로써 중재판정부가 정한 일시와 장소에 당사자들이 출석하도록 하여야 한다.
② 중재판정부는 심리를 전적으로 관장하며 모든 당사자는 심리에 참석할 수 있다. 중재판정부 및 당사자의 승인이 없으면 해당 중재절차와 무관한 사람은 심리에 참석할 수 없다.
③ 당사자는 본인이 직접 또는 적법하게 수권된 대리인을 통하여 참석할 수 있으며, 당사자는 자문을 받을 수 있다.
④ 심리는 당사자들이 달리 합의하거나 법에 달리 규정되어 있는 경우를 제외하고는 비공개로 한다. 중재판정부는 증인의 증언이 진행되는 동안 다른 증인의 퇴정을 요구할 수 있고, 중재판정부는 증인신문 방식을 결정할 수 있다.
⑤ 사무국은 중재판정부 또는 일방 당사자의 요청에 따라 녹음이나 통역, 속기록 작성, 심리를 위한 공간, 기타 중재절차의 진행을 위해 필요한 사항을 당사자의 경비부담으로 제공할 수 있다.

제31조 심리의 종결

① 중재판정부는 당사자들이 자신의 주장을 진술할 적절한 기회를 부여 받았다고 판단하는 경우 심리의 종결을 선언하여야 한다. 심리 종결 이후에는, 중재판정부가 요청하거나 허용하는 경우를 제외하고는 추가 서면이나 주장, 증거를 제출할 수 없다.
② 중재판정부는 판정 전에는 언제든지 재량에 따라 직권으로 또는 당사자의 신청에 의하여 심리를 재개할 수 있다.

제32조 보전 및 임시적 처분

① 당사자들이 달리 합의하지 않는 한, 중재판정부는 관련서류를 수령하는 즉시 당사자 일방의 신청에 의해 적절하다고 생각되는 다음 각 호의 보전 및 임시적 조치를 명할 수 있다.
  1. 본안에 대한 중재판정시까지 현상의 유지 또는 복원
  2. 중재절차 자체에 미칠 현존하거나 급박한 위험이나 영향을 방지하는 조치 또는 그러한 위험이나 영향을 줄 수 있는 조치의 금지
  3. 중재판정의 집행 대상이 되는 자산에 대한 보전 방법의 제공
  4. 분쟁의 해결에 관련된 것으로 중요한 증거의 보전
② 중재판정부는 적절한 담보의 제공을 조건으로 제1항의 조치를 명할 수 있다. 그러한 조치는 중재판정부가 적절하다고 생각하는 바에 따라 이유를 기재한 명령 또는 판정

등의 형식으로 한다.

③ 중재판정부가 관련서류를 수령하기 전에 또한 적절한 상황에서는 그 이후에도, 당사자는 관할법원에 임시조치 또는 보전조치를 신청할 수 있다. 당사자 일방이 법원에 그러한 조치를 신청하거나 중재판정부가 명한 조치의 집행을 신청하더라도 중재합의 위반이나 권리포기로 간주되지 않으며, 중재판정부가 보유한 해당 권한도 유지된다. 그러한 신청의 제기 및 법원이 이에 대해 취한 모든 조치는 지체 없이 사무국에 통지되어야 하며 사무국은 이를 중재판정부에 통지하여야 한다.

④ 이 규칙 시행일 이후의 중재합의에 의한 중재의 경우에는, 일방 당사자는 중재판정부의 구성 전에 긴급한 보전 및 임시적 처분을 필요로 할 경우 별표3에서 정한 절차에 따라 긴급한 보전 및 임시적 처분을 구할 수 있다.

第33조 의무의 해태

① 피신청인이 충분한 이유를 소명하지 못하고 중재판정부가 정한 기간 내에 답변서를 제출하지 못하는 경우 중재판정부는 절차의 속행을 명하여야 한다.

② 당사자 중 어느 일방이 적법하게 심리에의 출석을 요청 받았음에도 정당한 이유 없이 출석하지 않은 경우 중재판정부는 심리를 진행할 권한을 가진다.

③ 당사자가 서면증거의 제출을 적법하게 요청 받았음에도 정당한 이유 없이 정해진 기간 내에 이를 이행하지 않는 경우 중재판정부는 제출된 증거에 의거하여 판정을 내릴 수 있다.

第34조 중재신청의 철회

① 신청인은 중재판정 전까지 중재신청의 전부 또는 일부를 서면에 의하여 철회할 수 있다.

② 중재판정부 구성 전까지는 중재신청의 전부 또는 일부를 철회한다는 내용의 서면을 사무국에 제출함으로써 중재신청을 철회할 수 있다. 다만 피신청인이 답변서를 제출한 후에는 피신청인의 동의를 얻어야 하며, 중재신청 철회의 서면을 수령한 날로부터 30일 이내에 피신청인이 이의를 제기하지 아니한 때는 철회에 동의한 것으로 본다.

③ 중재판정부 구성 후에는 중재판정부에 중재신청 철회의 의사표시를 하여야 하며, 중재판정부는 피신청인에게 그에 관한 의견을 진술할 기회를 주어야 한다. 피신청인이 철회에 동의하지 아니하고 중재판정부가 피신청인에게 분쟁의 최종적 해결을 구할 정당한 이익이 있다고 인정하는 경우를 제외하고는 중재판정부는 철회를 허용하여야 한다.

제5장 판 정

제35조 의사 결정

중재인이 복수이고 특정 쟁점에 관하여 합의하지 못하는 경우, 판정 또는 결정은 중재인 과반수의 결의에 따른다. 그러한 결의가 성립되지 않는 쟁점에 대해서는 의장 중재인의 결정에 따른다.

제36조 판정의 형식과 효력

① 판정은 서면으로 한다. 당사자들이 달리 합의하지 않는 한, 중재판정부는 판정에 그 이유를 기재하여야 한다.
② 중재판정문에는 판정일자를 기재하고, 중재판정부 전원이 서명한다. 과반수에 미달하는 일부 중재인이 중재판정문에 서명하기를 거부하거나 서명하지 못하는 경우에는 다른 중재인이 그 사유를 기재하고 서명하여야 한다. 중재판정은 중재지에서 중재판정문에 기재된 일자에 내려진 것으로 본다.
③ 모든 판정은 당사자들을 구속한다. 당사자들은 판정을 지체 없이 이행하여야 한다.

제37조 잠정판정, 중간판정 및 일부판정

① 중재판정부는 종국판정뿐만 아니라 잠정판정, 중간판정 또는 일부판정을 내릴 수 있다.
② 일부판정의 경우 중재판정부는 상이한 쟁점에 관하여 그 시점을 달리하여 판정을 내릴 수 있으며, 이는 이 규칙 제41조에서 규정한 절차에 따라 정정될 수 있다. 중재판정부가 달리 명시하지 않는 한 일부판정도 판정 즉시 개별적으로 집행할 수 있다.

제38조 종국판정의 기한

① 모든 당사자들이 달리 합의하지 않는 한 중재판정부는 최종서면의 제출일과 심리의 종결일 중 나중의 날짜로부터 45일 이내에 판정을 내려야 한다.
② 사무국은 중재판정부의 요청이 이유가 있거나, 또는 기한의 연장이 필요하다고 판단하는 경우에는 직권으로 종국판정의 기한을 연장할 수 있다.

제39조 화해중재판정

이 규칙에 따라 중재신청이 접수되고 예납금이 납입된 후에 당사자들이 화해에 이른 경우, 중재판정부는 당사자 일방의 요청에 따라 화해내용을 기재한 화해중재판정을 내릴 수 있다. 당사자들이 화해중재판정을 요구하지 않는 경우, 당사자들이 합의에 이르렀음을 확인하는 서면을 사무국에 제출함으로써 중재판정부의 임무는 종료되며 중재절차는 종료된다. 다만 당사자들은 미납된 중재비용을 납입하여야 한다.

제40조 판정의 통지 및 기탁

① 판정이 내려지고, 당사자들 또는 당사자 일방이 중재비용 전액을 사무국에 납입한 경우에 사무국은 중재판정부가 서명한 중재판정문을 당사자에게 통지한다. 이 통지 이후에 당사자들은 중재판정부에 대하여 별도의 통지 또는 기탁을 요구할 권리를 상실한다.
② 중재판정부와 사무국은 중재판정에 추가적으로 요구되는 형식성을 구비할 수 있도록 당사자들을 지원하여야 한다.

제41조 판정의 정정 및 해석

① 중재판정부는 판정 후 30일 이내에 중재판정문의 오기, 오산, 오타 등의 오류를 직권으로 정정할 수 있다.
② 당사자들이 달리 합의하지 않는 한, 일방 당사자는 중재판정문의 수령 후 30일 이내에 사무국에 통지함으로써 중재판정부에 제1항의 오류 정정이나 판정의 해석을 요청할 수 있다. 정정이나 해석은 그 요청의 수령 후 30일 이내에 서면으로 이루어져야 한다. 그러한 정정이나 해석은 판정의 일부를 구성한다.

제42조 추가판정

당사자들이 달리 합의하지 않는 한, 일방 당사자는 중재판정의 수령 후 30일 이내에 상대방 당사자에 대한 통지와 함께 사무국에 대한 통지로써, 중재절차에서 제기하였으나 판정에서 판단되지 않은 청구에 대한 추가판정을 중재판정부에 신청할 수 있다. 중재판정부는 그 신청이 정당하다고 판단하는 경우 신청서 수령일로부터 60일 이내에 추가판정을 내려야 한다.

제 6 장 신속절차

제43조 적용범위

이 장의 규정은 다음 각 호의 어느 하나에 해당하는 경우 적용한다.

1. 신청금액이 5억원 이하인 경우
2. 당사자 사이에 이 장에서 정한 신속절차에 따르기로 하는 합의가 있는 경우

제44조 반대신청의 기한 및 신청 · 반대신청금액의 증액

① 피신청인은 반대신청금액이 5억원을 초과하는 경우에는 제9조 제4항에 따른 제출기한 내에 반대신청을 하여야 한다. 이 경우 당사자 사이에 합의가 없는 한 이 장의 규정을 적용하지 아니한다.
② 이 장에 따른 신속절차의 진행 중에 당사자의 증액신청에 의해 신청금액 또는 반대신청금액이 5억원을 초과하게 되는 경우에는 이 장의 규정을 적용하지 아니한다. 다만, 당사자 사이에 위 증액 이후에도 이 장의 절차를 따르기로 하는 합의가 있고, 중재판정부가 이미 구성된 경우 그 판정부가 이를 승인한 때에는 그러하지 아니하다.

제45조 중재인의 선정

① 당사자 사이에 다른 합의가 없는 경우 이 규칙 제12조의 방법에 의하지 아니하고 사무국이 1인의 중재인을 선정한다.
② 당사자들이 중재합의를 통하여 3인의 중재판정부에 의하기로 합의한 경우 사무국은 당사자들에게 단독판정부에 의할 것을 합의하도록 권유할 수 있다.

제46조 구술심리절차

① 중재판정부는 구술심리의 일시와 장소를 결정하여 구술, 인편, 전화 또는 서면 등을 포함하여 적절한 방법으로 당사자 및 사무국에 통지하여야 한다.
② 구술심리를 하는 경우 구술심리는 1회로 종결함을 원칙으로 한다. 다만, 중재판정부는 필요한 경우 종결한 심리를 재개하거나 또는 심리 종결 후 추가서면의 제출을 요구할 수 있다.

제47조 서면심리

① 당사자 사이에 다른 합의가 없고 신청금액 및 반대신청금액이 각 5천만원 이하인 경우 중재판정부는 서면심리를 한다. 다만 중재판정부는 어느 한쪽 당사자의 신청에 따라 또는 직권으로 1회의 구술심리를 개최할 수 있다.
② 중재판정부는 서면제출의 기간과 방법에 관하여 적절한 절차를 마련하여야 한다.

제48조 판 정

① 중재판정부는 판정부가 구성된 날로부터 6개월 이내에 판정하여야 한다. 다만, 사무국은 중재판정부의 요청에 따라 또는 직권으로 필요하다고 인정한 경우 판정기간을 연장할 수 있다.
② 당사자 사이에 다른 합의가 없으면 중재판정부는 그 판정의 근거가 되는 이유의 요지

를 기재하여야 한다.

제49조 준 용

이 장에서 규정하지 않은 사항은 이 규칙의 다른 규정을 준용한다.

제7장 비 용

제50조 중재비용의 납입의무

① 중재비용은 "신청요금과 관리요금에 관한 규정(별표1)"과 "중재인의 수당과 경비에 관한 규정(별표2)"에 따른 신청요금, 관리요금, 중재인의 수당과 경비 및 중재절차 중에 발생하는 기타 경비로 구성된다.
② 당사자들은 연대하여 사무국에 중재비용을 납입하여야 한다.
③ 이 규칙 제20조에 따라 신청이 변경되어 분쟁금액이 감액되는 경우에도 관리요금과 중재인수당은 반환하지 않는다.

제51조 중재비용의 예납

① 당사자들은 절차 중에 발생하는 중재비용을 충당하기 위하여, 사무국이 정한 방식과 기간에 따라 사무국이 정한 예납금을 납입하여야 한다. 이 경우 예납금은 중재절차 중 언제든지 변경할 수 있다.
② 사무국은 예납금 또는 추가 예납금의 금액을 결정하고, 각 당사자에게 예납금으로 일정액을 예치할 것을 요구하여야 한다.
③ 당사자들이 달리 합의하지 않는 한, 예납금은 신청인과 피신청인이 균분하여 납입한다. 납입은 현금으로 한다.
④ 신청인 또는 피신청인이 수인인 경우, 그러한 수인의 당사자는 해당 신청인 또는 피신청인 모두를 위하여 연대하여 예납할 책임을 진다. 이 경우 비용은 해당 당사자들이 달리 합의하지 않는 한 균분하여 납입한다.
⑤ 일방 당사자가 제1항부터 제4항에 따른 예납을 하지 않는 경우, 사무국은 중재판정부와 협의 후 중재절차의 중지 또는 종료를 명할 수 있다.
⑥ 일방 당사자가 예납금 중 자신의 부담부분을 납입하지 않는 경우, 상대방 당사자는 예납금 전액을 납입할 수 있다. 이 경우 전액을 납입한 당사자는 잠정판정, 중간판정 또는 일부판정을 통하여 상대방 당사자에게 그 부담부분을 지급할 것을 명하도록 중재판정부에 요청할 수 있다.
⑦ 사무국은 중재절차 종료 후, 예납금을 정산하여 이를 납입한 당사자에게 그 잔액을 반환하여야 한다.
⑧ 예납금으로부터 발생한 이자는 반환하지 않는다.

第52조 중재비용의 분담

① 관리요금을 포함한 중재비용은 원칙적으로 패소한 당사자의 부담으로 한다. 그러나 중재판정부는 사건의 정황을 고려하여 재량으로 그러한 비용을 당사자 사이에 분담시킬 수 있다.
② 중재판정부는 판정을 내릴 때에 중재비용을 정하여야 한다. 다만, 잠정판정, 중간판정 및 일부판정의 경우에는 비용에 관한 결정을 종국판정시까지 연기할 수 있다.

第53조 당사자가 부담한 비용

변호사비용이나 전문가, 통역, 증인을 위한 비용 등 중재절차 중 당사자가 부담하는 필요비용은 중재판정에서 중재판정부가 결정하는 분담비율에 따라 당사자가 부담한다. 당사자가 달리 합의하지 않는 한, 중재판정부는 그 사안의 제반 사정을 고려하여 중재절차 중 발생한 필요비용을 당사자가 분담하도록 결정한다.

제8장 기 타

第54조 기한의 변경

당사자들은 서면합의로 이 규칙에서 규정한 기한을 변경할 수 있다. 중재판정부는 적절하다고 판단하는 경우 판정기한을 제외하고는 이 규칙에서 정한 모든 기한을 연장할 수 있다. 중재판정부는 사무국을 통하여 기한의 연장과 그 이유를 당사자에게 통지하여야 한다.

第55조 포 기

이 규칙의 규정, 중재합의, 중재절차에 적용되는 다른 규칙 또는 중재판정부의 지시가 준수되지 않았음을 알면서도 그에 대하여 즉시 이의를 제기하지 않고 절차를 계속 진행한 당사자는 이의를 제기할 권리를 포기한 것으로 본다.

第56조 면 책

중재인과 사무국 임직원은 이 규칙에 따라 진행된 중재와 관련된 작위 또는 부작위에 대하여 고의 또는 무모한 행위에 해당되지 않는 한 책임을 지지 않는다.

第57조 비밀유지

① 중재절차 및 그 기록은 공개하지 아니한다.
② 중재인, 긴급중재인, 사무국 임직원, 당사자 그리고 그 대리인과 보조자는 당사자 사이

에 합의되거나 법률상 또는 소송절차에서 요구되는 경우를 제외하고는 중재사건과 관련된 사실 또는 중재절차를 통하여 알게 된 사실을 공개하여서는 아니된다.

③ 제1항 및 제2항에도 불구하고, 중재판정문에 관하여는, 사무국이 당사자의 명칭, 인명, 지명, 일자, 기타 당사자 및 사건에 대한 구체적인 정보를 표시하는 사항을 삭제하고 공개할 수 있다. 다만, 사무국이 정한 기간 내에 당사자의 명시적 반대 의사표시가 있을 경우에는 그렇지 아니하다.

부 칙

① (시행일) 이 규칙은 2007년 2월 1일부터 시행한다.

② 이 규칙 시행 전에 이미 중재절차가 개시된 사건은 중재원 중재규칙에 따라 진행한다. 다만, 당사자가 합의하는 경우 이후의 절차를 이 규칙에 따라 진행할 수 있다. 당사자들 사이에 이러한 합의가 있는 경우 중재원 중재규칙에 따라 이미 이루어진 절차는 유효하다.

부 칙

① (시행일) 이 규칙은 2011년 9월 1일부터 시행한다.

② (중재가 진행 중인 사건에 대한 경과조치) 이 규칙 시행 당시에 중재절차가 진행 중인 사건에 대해서는 종전의 규정을 따른다. 다만, 당사자가 이 규칙을 따르기로 합의한 경우에는 합의 후의 절차에 대하여 이 규칙을 적용하되, 이 규칙 시행 전에 종전의 규정에 따라 행한 행위의 효력에는 영향을 미치지 아니한다.

③ (적용례) 이 규칙은 시행일 이후 이 규칙 제3조에서 정하는 당사자간의 중재합의가 이루어진 중재에 대하여 적용한다.

부 칙

① (시행일) 이 규칙은 2016년 6월 1일부터 시행한다.

② (중재가 진행 중인 사건에 대한 경과조치) 이 규칙 시행 당시에 중재절차가 진행 중인 사건에 대해서는 종전의 규정을 따른다. 다만, 당사자가 이 규칙을 따르기로 합의한 경우에는 합의 후의 절차에 대하여 이 규칙을 적용하되, 이 규칙 시행 전에 종전의 규정에 따라 행한 행위의 효력에는 영향을 미치지 아니한다.

③ (적용례) 이 규칙 제3조 제1항에 해당하는 중재합의가 있는 경우, 중재절차 개시 당시에 시행중인 규칙을 적용하기로 합의한 것으로 간주한다. 다만, 당사자들이 명시적으로 중재합의 당시에 시행중인 규칙을 적용하기로 합의한 경우에는 그 규칙을 적용하며, 이 규칙 제21조와 제32조 제4항은 이 규칙 시행일 이후의 중재합의에 의한 중재에 대하여만 적용한다.

별표 1. 신청요금과 관리요금에 관한 규정

제1조 신청요금

① 신청인은 신청서를 제출할 때에 신청요금으로 금 100만원을 납입하여야 한다. 단, 신청금액이 사무국이 정하는 일정금액 이하인 경우에는 신청요금을 면제할 수 있다.
② 신청인이 신청요금을 납입하지 않을 경우 중재원은 중재절차를 진행하지 아니한다.
③ 신청요금은 반환하지 아니한다.
④ 전항의 규정들은 반대신청에도 적용된다.

제2조 관리요금

① 당사자는 아래 표와 같이 분쟁금액에 따른 관리요금을 사무국에 예납하여야 한다.

단계	분쟁금액(원)	관리요금(원)
I	10,000,000 이하	2%(최저 5만원)
II	10,000,000 초과 50,000,000 이하	200,000+ (분쟁금액−10,000,000)×1.5%
III	50,000,000 초과 100,000,000 이하	800,000+(분쟁금액−50,000,000)×1.0%
IV	100,000,000 초과 5,000,000,000 이하	1,300,000+(분쟁금액−100,000,000)×0.5%
V	5,000,000,000 초과 10,000,000,000 이하	25,800,000+(분쟁금액−5,000,000,000)×0.25%
VI	10,000,000,000 초과	38,300,000+(분쟁금액−10,000,000,000)×0.2%
VII	금액 없는 경우	3,000,000

1. 관리요금은 최대 1억 5천만원을 상한액으로 한다.
2. 사무국은 위 요율을 초과하지 않는 범위 내에서 실행요율을 조정할 수 있다.

② 분쟁금액은 다음 각 호에 따라 산정한다.
1. 신청금액과 반대신청금액은 합산한다.
2. 이자에 대한 신청금액은 산입하지 않는다. 다만, 이자 신청금액이 원금 신청금액보다 많은 경우에는 이자 신청금액만을 분쟁금액 산정에 고려한다.
3. 분쟁금액이 명확하지 않은 경우 사무국은 제반 사정을 고려하여 분쟁금액을 결정할 수 있다.

③ 종국판정이 내려지기 전에 사건이 해결되거나 철회되는 경우, 사무국은 내부규정에 따라 관리요금의 일부를 반환한다.

제 3 조 긴급중재인 절차의 관리요금

① 이 규칙의 별표3에 따라 긴급중재인에 의한 긴급처분을 신청하는 당사자는 신청서 제출시 금 300만원의 관리요금을 사무국에 예납하여야 한다.

② 신청인이 긴급중재인의 선정 전에 긴급처분 신청을 취하할 경우 사무국은 관리요금 전액을 신청인에게 반환한다.

별표 2. 중재인의 수당과 경비에 관한 규정

제1조 중재인의 수당

① 달리 합의되지 않는 한, 중재인의 수당은 사무국이 분쟁의 성격과 분쟁금액, 중재인이 중재에 소요한 시간 등을 고려하여 아래 표의 최소액과 최대액 사이에서 결정한다.

	분쟁금액(원)	중재인 수당(원)	
		최소	최대
I	50,000,000 이하	1,000,000	2,000,000
II	50,000,000 초과 100,000,000 이하	1,000,000+ 1%×(분쟁금액－50,000,000)	2,000,000+ 5%×(분쟁금액－50,000,000)
III	100,000,000 초과 500,000,000 이하	1,500,000+0.75%×(분쟁금액－100,000,000)	4,500,000+ 3%×(분쟁금액－100,000,000)
IV	500,000,000 초과 1,000,000,000 이하	4,500,000+0.5%×(분쟁금액－500,000,000)	16,500,000+2.8%×(분쟁금액－500,000,000)
V	1,000,000,000 초과 5,000,000,000 이하	7,000,000+0.25%×(분쟁금액－1,000,000,000)	30,500,000+1%×(분쟁금액－1,000,000,000)
VI	5,000,000,000 초과 10,000,000,000 이하	17,000,000+0.04%×(분쟁금액－5,000,000,000)	70,500,000+0.2%×(분쟁금액－5,000,000,000
VII	10,000,000 초과 50,000,000,000 이하	19,000,000+0.025%×(분쟁금액－10,000,000,000)	80,500,000+0.1%×(분쟁금액－10,000,000,000)
VIII	50,000,000,000 초과 100,000,000,000 이하	29,000,000+0.015%×(분쟁금액－50,000,000,000)	120,500,000+0.07%×(분쟁금액－50,000,000,000)
IX	100,000,000,000 초과	36,500,000+0.007%×(분쟁금액－100,000,000,000)	155,500,000+0.03%×(분쟁금액-100,000,000,000)

② 분쟁금액의 산정 시에는 별표1 제2조 제2항을 준용한다.
③ 종국판정이 내려지기 전에 사건이 해결되거나 철회되는 경우, 사무국은 내부규정에 따라 중재인 수당을 지급한다.

제2조 중재인의 경비

중재인의 경비는 절차 중에 발생하는 필요비로서 여행, 숙박, 식사 그 밖의 경비를 포함하여 중재절차에 필요한 한도에서 발생한 실제 경비를 의미한다.

제3조 긴급중재인의 수당

① 긴급중재인의 수당은 금 1,500만원으로 한다.
② 긴급중재인이 긴급처분에 관한 결정을 내리기 전에 절차가 종료되는 경우 사무국은 심리기일 진행 여부 등 제반 사정을 고려하여 적절하다고 판단되는 경우 긴급중재인 수당을 감액할 수 있다. 이 경우 사무국은 감액된 수당에 관하여 긴급중재인에게 지체 없이 고지하여야 한다.

별표 3. 긴급중재인에 의한 긴급처분

제1조 긴급처분의 신청

① 이 규칙 제32조에 따라 긴급한 보전 및 임시적 처분을 구하고자 하는 일방 당사자는 중재신청과 동시에 또는 중재신청 이후 중재판정부가 구성되기 전에 긴급중재인에 의한 긴급한 보전 및 임시적 처분(이하 "긴급처분"이라 한다)을 사무국에 서면으로 신청할 수 있다.

② 긴급처분신청서에는 다음 각 호의 사항을 기재하여야 한다.

1. 신청인이 알 수 있는 범위에서, 신청인 및 피신청인의 성명, 주소, 국가번호와 지역번호를 포함하는 전화번호와 팩스번호, 전자우편 주소
2. 신청인이 알 수 있는 범위에서, 대리인들의 성명, 주소, 국가번호와 지역번호를 포함하는 전화번호와 팩스번호, 전자우편 주소
3. 분쟁의 개요
4. 당사자가 구하는 긴급처분의 내용
5. 원용하는 중재합의
6. 긴급처분 필요성을 뒷받침하는 구체적 사실

③ 긴급처분신청서에는 중재신청서와 중재합의의 사본을 첨부하여야 한다.

④ 신청인이 대리인을 선임하여 긴급처분을 신청하는 경우에는 위임장을 함께 제출하여야 한다.

⑤ 신청인은 긴급처분신청서를 제출할 때에 별표1 제3조에 따른 관리요금과 함께, 별표2 제3조에서 정한 긴급중재인의 수당을 예납하여야 한다.

⑥ 신청인이 제5항에 따른 금액을 전액 예납하지 않는 경우 사무국은 긴급처분이 신청되지 않은 것으로 본다.

⑦ 긴급처분신청서가 제출된 경우에는 이 규칙 제4조 제1항 및 제8조 제6항을 준용한다.

제2조 긴급중재인의 선정

① 긴급중재인의 수는 1인으로 하고, 사무국이 이를 선정한다.

② 긴급중재인은 항상 공정성과 독립성을 유지하여야 한다. 공정성이나 독립성에 관하여 정당한 의심을 야기할 만한 사유가 있는 자는 긴급중재인으로 선정될 수 없다.

③ 긴급중재인은 선정 즉시 자신의 공정성 및 독립성에 관하여 의심을 야기할 만한 사정이 없음을 명시하는 공정성·독립성에 관한 진술서 및 취임수락서를 사무국에 제출하여야 한다.

④ 사무국은 접수된 긴급처분신청서가 별표3 제1조의 각 요건에 부합하고 긴급중재인을 선정하는 것이 적절하다고 판단하는 경우에는 신청서를 접수한 날로부터 2 영업일 이

내에 긴급중재인을 선정하도록 노력하여야 한다.

⑤ 사무국이 긴급중재인을 선정한 때에는 지체없이 당사자들에게 긴급중재인의 선정통지서를 송부하여야 한다. 이 경우 사무국은 취임수락서와 공정성·독립성에 관한 진술서의 사본을 첨부하여 송부하여야 한다.

⑥ 일방 당사자는 이 규칙 제14조에 따라 사무국에 기피신청을 뒷받침하는 사실과 상황을 기재한 기피신청서를 서면으로 제출함으로써 긴급중재인에 대한 기피신청을 할 수 있다. 당사자는 선정 통지서를 수령한 날 또는 당사자가 긴급중재인의 공정성 또는 독립성에 대한 정당한 의심을 야기할만한 사실을 알게된 날 중 나중에 도래하는 날로부터 2 영업일 이내에 사무국에 기피신청서를 제출하여야 하며, 사무국은 기피신청에 대한 결정을 하여야 한다.

⑦ 긴급중재인의 권한이 종료된 이후에는 당사자는 긴급중재인에 대한 기피신청을 할 수 없으며 이미 제기된 신청에 의하여 계속 중인 기피절차는 종료된다.

⑧ 긴급중재인의 선정, 교체, 해임에 대하여는 규칙 제10조 제4항을 준용한다.

제 3 조 긴급중재인의 권한

① 긴급중재인은 제32조 제1항에 따라 적절하다고 생각되는 긴급처분을 내리고, 이를 변경, 정지 또는 취소할 수 있다.

② 긴급중재인은 선정된 후 2 영업일 이내에 긴급처분 절차일정표를 작성하여야 한다.

③ 긴급중재인은 필요한 경우 심리기일을 개최할 수 있고, 전화회의나 서면제출로 심리기일을 대신할 수 있다.

④ 긴급중재인은 자신이 선정된 날로부터 15일 이내에 긴급처분에 대한 결정을 내려야 한다. 긴급중재인은 이 기한을 연장할 수 없다. 다만, 사무국은 모든 당사자의 합의가 있는 경우, 또는 사건이 복잡하거나 기타 부득이한 사유가 있는 경우에 그 기한을 연장할 수 있다.

⑤ 당사자들은 긴급중재인이 결정을 내린 긴급처분에 구속되며 이를 이행하여야 한다. 긴급처분은 중재판정부가 구성된 시점에 중재판정부가 내린 보전 및 임시처분으로 간주된다. 긴급처분은 중재판정부가 별표3 제4조 제2항에 따라 긴급처분을 변경, 정지 또는 취소할 때까지 효력이 있다.

⑥ 긴급처분은 다음 각 호의 어느 하나에 해당하는 경우 효력을 상실한다.

1. 긴급처분이 내려진 때로부터 3개월 이내에 중재판정부가 구성되지 않은 경우, 또는
2. 중재신청의 철회, 중재비용 예납 불이행 등 중재절차의 진행이 불필요하거나 불가능하여 중재절차가 종료된 경우

⑦ 긴급중재인의 권한은 중재판정부가 구성된 때에 종료된다.

⑧ 긴급중재인은 당사자들이 서면으로 합의하지 않는 한 당해 분쟁의 중재인이 될 수 없다.

제 4 조 중재판정부에 의한 승인, 변경, 정지 및 취소

① 긴급처분에 대한 긴급중재인의 결정은 중재판정부를 구속하지 않는다.
② 중재판정부는 긴급처분의 전부 또는 일부를 승인, 변경, 정지 또는 취소할 수 있다.

제 5 조 준용규정

긴급중재인 및 긴급처분의 성질에 반하지 않는 한 긴급중재인 및 긴급처분절차에 대해서는 이 규칙의 조항들을 준용한다.

부록 6

IBA RULES ON THE TAKING OF EVIDENCE IN INTERNATIONAL ARBITRATION

Preamble

1. These IBA Rules on the Taking of Evidence in International Arbitration are intended to provide an efficient, economical and fair process for the taking of evidence in international arbitrations, particularly those between Parties from different legal traditions. They are designed to supplement the legal provisions and the institutional, ad hoc or other rules that apply to the conduct of the arbitration.
2. Parties and Arbitral Tribunals may adopt the IBA Rules of Evidence, in whole or in part, to govern arbitration proceedings, or they may vary them or use them as guidelines in developing their own procedures. The Rules are not intended to limit the flexibility that is inherent in, and an advantage of, international arbitration, and Parties and Arbitral Tribunals are free to adapt them to the particular circumstances of each arbitration.
3. The taking of evidence shall be conducted on the principles that each Party shall act in good faith and be entitled to know, reasonably in advance of any Evidentiary Hearing or any fact or merits determination, the evidence on which the other Parties rely.

Definitions

In the IBA Rules of Evidence:

'Arbitral Tribunal' means a sole arbitrator or a panel of arbitrators;

'Claimant' means the Party or Parties who commenced the arbitration and any Party who, through joinder or otherwise, becomes aligned with such Party or Parties;

국제중재에서의 증거조사에 관한 국제변호사협회 규칙

서 문

1. 본 국제중재에서의 증거 조사에 관한 국제변호사협회(IBA) 규칙은 특히 중재 당사자들이 서로 다른 법제도를 가진 국가에서 온 경우, 국제중재절차에서 효율적이고 경제적이면서도 공정한 절차를 통해 증거를 조사하는 방식을 제시함을 목적으로 한다. 이는 중재절차에 적용되는 법규정이나 중재기관의 규칙 또는 임의중재에서 적용되는 규칙 등에 보충적으로 적용하기 위함이다.
2. 당사자들과 중재판정부는 중재절차를 규율하기 위하여 IBA Rules of Evidence (이하 "IBA 증거규칙" 또는 "규칙")를 전부 또는 일부 채택할 수 있으며, 규칙을 변형시켜도 되고 고유한 절차를 개발하는 데에 있어 지침으로 활용할 수 있다. 본 규칙은 중재의 본연의 성질이자 장점인 융통성을 제한하려는 목적으로 제정된 것이 아니며 당사자들과 중재판정부는 각 중재 사건의 개별 상황에서 이를 수용할지를 자유롭게 결정할 수 있다.
3. 국제중재에서의 증거 조사는 각 당사자가 선의에 따라 행동하며, 심리기일 또는 사실과 본안의 결정에 앞서 상대방이 주장의 근거로 삼고 있는 증거가 무엇인지를 합리적인 시점에 있어야 한다는 원칙 하에서 운영된다.

정 의

증거에 관한 IBA 규칙에서,

"중재판정부"는 단독[1인]중재인 또는 [수인의] 중재인단을 의미한다.

"신청인"은 중재를 개시한 당사자나 당사자들 및 답변서 등을 통하여 동 당사자나 당사자들과 한 편이 된 자를 의미한다.

'Document' means a writing, communication, picture, drawing, program or data of any kind, whether recorded or maintained on paper or by electronic, audio, visual or any other means;

'Evidentiary Hearing' means any hearing, whether or not held on consecutive days, at which the Arbitral Tribunal, whether in person, by teleconference, videoconference or other method, receives oral or other evidence;

'Expert Report' means a written statement by a Tribunal- Appointed Expert or a Party-Appointed Expert;

'General Rules' mean the institutional, ad hoc or other rules that apply to the conduct of the arbitration;

'IBA Rules of Evidence' or 'Rules' means these IBA Rules on the Taking of Evidence in International Arbitration, as they may be revised or amended from time to time;

'Party' means a party to the arbitration;

'Party-Appointed Expert' means a person or organisation appointed by a Party in order to report on specific issues determined by the Party;

'Request to Produce' means a written request by a Party that another Party produce Documents;

'Respondent' means the Party or Parties against whom the Claimant made its claim, and any Party who, through joinder or otherwise, becomes aligned with such Party or Parties, and includes a Respondent making a counterclaim;

'Tribunal-Appointed Expert' means a person or organisation appointed by the Arbitral Tribunal in order to report to it on specific issues determined by the Arbitral Tribunal; and

'Witness Statement' means a written statement of testimony by a witness of fact.

Article 1 Scope of Application

1. Whenever the Parties have agreed or the Arbitral Tribunal has determined to apply

“문서”는 서면으로 기록 또는 보관되거나, 또는 전자, 음성, 시각 수단이나 기타 수단에 의한, 모든 유형의 서면, 교신, 사진, 도면, 프로그램 또는 데이터를 의미한다.

“심리기일(Evidentiary Hearing)”은 개최기간의 연속성을 불문하고, 중재판정부가 직접, 또는 전화회의나 화상회의를 통해, 또는 기타 방식으로 구술의 증언이나 기타 증거 조사를 하는 모든 심리절차를 의미한다.

“전문가보고서”는 중재판정부가 선임한 전문가 또는 당사자가 선임한 전문가가 작성한 서면진술서를 의미한다.

“일반 규칙”은 기관중재 또는 임의중재의 절차 에 적용되는 그 해당 기관의 규칙 또는 임의중재에서 당사자가 정한 규칙 등을 의미한다.

“IBA 증거규칙” 또는 “규칙”은 국제중재에 있어 증거조사에 관한 IBA 규칙, 즉, 본 규칙을 의미하며, 수시로 개정 또는 수정된 사항이 포함된다.

“당사자”는 중재의 일방당사자를 의미한다.

“당사자가 선임한 전문가”는 일방당사자가 결정한 구체적 쟁점에 대하여 보고하기 위한 목적으로 그 당사자가 선임한 자 또는 기관을 의미한다.

“문서제출요청서”는 일방당사자가 상대방에게 문서를 제출할 것을 신청하는 서면을 의미한다.

“피신청인”은 신청인이 청구를 제기한 대상이 되는 당사자나 당사자들 및 답변서 등을 통해 동 당사자나 당사자들과 한 편이 된 당사자들을 의미하며, 반대청구를 제기한 피신청인도 여기에 해당된다.

“중재판정부가 선임한 전문가”는 중재판정부가 결정한 구체적 쟁점에 대해 보고를 받는 대상으로서 중재판정부가 선임한 자 또는 기관을 의미한다.

“증인진술서”는 사실에 대하여 증인이 제공한 증언의 서면 진술을 의미한다.

제1조 적용범위

1. 당사자들이 IBA 증거규칙을 적용하기로 합의한 때, 또는 중재판정부가 동 규칙을 적용

the IBA Rules of Evidence, the Rules shall govern the taking of evidence, except to the extent that any specific provision of them may be found to be in conflict with any mandatory provision of law determined to be applicable to the case by the Parties or by the Arbitral Tribunal.

2. Where the Parties have agreed to apply the IBA Rules of Evidence, they shall be deemed to have agreed, in the absence of a contrary indication, to the version as current on the date of such agreement.
3. In case of conflict between any provisions of the IBA Rules of Evidence and the General Rules, the Arbitral Tribunal shall apply the IBA Rules of Evidence in the manner that it determines best in order to accomplish the purposes of both the General Rules and the IBA Rules of Evidence, unless the Parties agree to the contrary.
4. In the event of any dispute regarding the meaning of the IBA Rules of Evidence, the Arbitral Tribunal shall interpret them according to their purpose and in the manner most appropriate for the particular arbitration.
5. Insofar as the IBA Rules of Evidence and the General Rules are silent on any matter concerning the taking of evidence and the Parties have not agreed otherwise, the Arbitral Tribunal shall conduct the taking of evidence as it deems appropriate, in accordance with the general principles of the IBA Rules of Evidence.

Article 2 Consultation on Evidentiary Issues

1. The Arbitral Tribunal shall consult the Parties at the earliest appropriate time in the proceedings and invite them to consult each other with a view to agreeing on an efficient, economical and fair process for the taking of evidence.
2. The consultation on evidentiary issues may address the scope, timing and manner of the taking of evidence, including:
   (a) the preparation and submission of Witness Statements and Expert Reports;
   (b) the taking of oral testimony at any Evidentiary Hearing;
   (c) the requirements, procedure and format applicable to the production of Documents;
   (d) the level of confidentiality protection to be afforded to evidence in the arbitration; and
   (e) the promotion of efficiency, economy and conservation of resources in connection with the taking of evidence.
3. The Arbitral Tribunal is encouraged to identify to the Parties, as soon as it considers it to be appropriate, any issues:
   (a) that the Arbitral Tribunal may regard as relevant to the case and material to its

하기로 결정한 때는 언제라도, 동 규칙의 특정 조항이 당사자들이나 중재판정부가 사건에 적용하기로 결정한 법률의 강행규정에 저촉될 우려가 없는 한, 동 규칙은 증거조사의 준칙이 된다.

2. 당사자들이 IBA 증거규칙을 적용하기로 합의한 경우, 당사자들이 달리 표시하지 않는 한, 합의한 현재 유효한 증거규칙에 합의한 것으로 간주된다.

3. IBA 증거규칙 중 어느 한 조항과 일반규칙이 상충하는 경우, 중재판정부는 당사자들이 달리 합의하지 않는 한, 일반규칙과 IBA 증거규칙 양자 모두의 취지를 충족하기 위하여 중재판정부가 최선이라고 판단한 방식으로 IBA 증거규칙을 적용한다.

4. IBA 증거규칙의 의미에 관하여 분쟁이 발생하는 경우, 중재판정부는 규칙의 취지에 따라, 해당 중재절차에 가장 적합한 방식으로, 동 규칙을 해석한다.

5. 증거조사과 관련된 특정 사안에 대하여 IBA 증거규칙과 일반규칙에 달리 규정을 두지 않고, 당사자들이 달리 합의하지 않는 한, 중재판정부는 IBA 증거규칙의 일반 원칙에 따라 중재판정부가 적절하다고 판단한 방식으로 증거조사를 진행한다.

제2조 증거 관련 쟁점에 대한 협의

1. 적절하고도 가급적 빠른 시점에 당사자들과 증거 방식에 관해 협의하고, 당사자들로 하여금 효율적이고 경제적이면서 공정한 증거조사 방식에 합의할 수 있도록 서로 협의할 것을 권장하여야 한다.

2. 증거관련 쟁점에 대한 협의는 다음의 사항을 포함하여, 증거조사의 범위, 시기 및 방식을 다룬다.
   (a) 증인진술서 및 전문가보고서의 작성 및 제출
   (b) 심리기일에 이루어질 구술 증언(의 여부 및 방식)
   (c) 문서제출 절차에 적용될 요건, 절차 및 형식
   (d) 중재절차 중 현출된 증거에 적용되는 비밀유지보호의 수준
   (e) 증거조사와 관련하여 절차의 효율성, 경제성을 증진하고 자원 절약을 장려하는 증거 제출 방법의 강구

3. 중재판정부는 다음과 같은 쟁점을 파악할 경우 적절하다고 판단되는 즉시 당사자들에게 알리도록 한다:
   (a) 중재판정부가 사건과 관련성이 있고 그 결과에 대해 중대한 영향을 미친다고 보여

outcome; and/or

(b) for which a preliminary determination may be appropriate.

Article 3 Documents

1. Within the time ordered by the Arbitral Tribunal, each Party shall submit to the Arbitral Tribunal and to the other Parties all Documents available to it on which it relies, including public Documents and those in the public domain, except for any Documents that have already been submitted by another Party.
2. Within the time ordered by the Arbitral Tribunal, any Party may submit to the Arbitral Tribunal and to the other Parties a Request to Produce.
3. A Request to Produce shall contain:
   (a) (i) a description of each requested Document sufficient to identify it, or (ii) a description in sufficient detail (including subject matter) of a narrow and specific requested category of Documents that are reasonably believed to exist; in the case of Documents maintained in electronic form, the requesting Party may, or the Arbitral Tribunal may order that it shall be required to, identify specific files, search terms, individuals or other means of searching for such Documents in an efficient and economical manner;
   (b) a statement as to how the Documents requested are relevant to the case and material to its outcome; and
   (c) (i) a statement that the Documents requested are not in the possession, custody or control of the requesting Party or a statement of the reasons why it would be unreasonably burdensome for the requesting Party to produce such Documents, and (ii) a statement of the reasons why the requesting Party assumes the Documents requested are in the possession, custody or control of another Party.
4. Within the time ordered by the Arbitral Tribunal, the Party to whom the Request to Produce is addressed shall produce to the other Parties and, if the Arbitral Tribunal so orders, to it, all the Documents requested in its possession, custody or control as to which it makes no objection.
5. If the Party to whom the Request to Produce is addressed has an objection to some or all of the Documents requested, it shall state the objection in writing to the Arbitral Tribunal and the other Parties within the time ordered by the Arbitral Tribunal. The reasons for such objection shall be any of those set forth in Article 9.2 or a failure to satisfy any of the requirements of Article 3.3.
6. Upon receipt of any such objection, the Arbitral Tribunal may invite the relevant Parties to consult with each other with a view to resolving the objection.

지는 쟁점 및/또는
(b) 다른 쟁점에 앞서 먼저 결정을 내리기 적합한 쟁점이 있는지 여부

제3조 서 증

1. 중재판정부가 정한 기간 내에, 각 당사자는 공문서 및 공개영역에 속하는 문서를 포함하되, 상대방이 기제출한 문서는 제외하고, 각 당사자가 주장의 근거로 삼는 문서로서 당사자가 이용할 수 있는 모든 문서를 중재판정부 및 상대방에게 제출한다.

2. 중재판정부가 정한 기간 내에, 당사자는 중재판정부 및 상대방들에게 문서제출요청서를 제출할 수 있다.

3. 문서제출요청서에는 다음을 포함한다.
   (a) (i) 요청대상문서 각각을 특정할 수 있을 정도의 충분한 설명, 또는 (ii) 존재할 것이라고 합리적으로 판단되는 좁은 범주의 문서에 대한 충분히 구체적인 설명(문서의 내용에 대한 설명도 포함). 요청대상문서가 컴퓨터 파일 형태로 보존된 경우, 요청당사자는 선택에 따라 스스로, 또는 중재판정부의 명령에 의하여 의무적으로, 효율적이고 경제적인 방식으로 요청대상문서를 검색하기 위하여 특정 파일, 검색조건, 검색자(작성자 내지 보관자) 또는 기타 검색수단을 지목한다.
   (b) 요청대상문서가 해당 사건에 대해 어떠한 관련성을 지니고 그 결과에 대해 어떠한 중대한 영향을 미치는지에 대한 기술
   (c) (i) 문서제출요청서에는 요청대상문서가 요청당사자의 소유, 보관 또는 통제 아래 없다는 진술이 포함되어야 하며, 해당 문서를 제출해야 부담을 요청당사자에게 주는 것이 부당한 이유 (ii) 요청대상문서가 현재 상대방의 소유, 보관 또는 통제 아래에 있을 것이라고 추정되는 이유에 대한 기술을 포함시켜야 한다.

4. 문서제출요청서를 받은 당사자는 중재판정부가 명한 기간 내에, 자신이 소유, 보관 또는 통제하는 문서 중 당사자가 이의를 제기할 사유가 없는 한 대상문서 전부를 상대방들에게, 또한 중재판정부의 명령이 있는 경우 중재판정부에게 모두 제출하여야 한다.

5. 문서제출요청서를 받은 당사자가 요청의 일부 또는 전부에 대하여 이의를 하고자 할 경우, 중재판정부가 정한 기간 내에 이의사유를 서면으로 정리하여 중재판정부와 상대방들에게 제출하여야 한다. 제9.2조에 규정된 이의사유가 있거나 상대방의 문서제출요청이 제3.3조의 요건을 충족하지 못한 경우, 문서제출요청에 이의를 제기할 수 있다.

6. 이와 같이 문서제출요청서에 대해 이의가 제기된 경우 중재판정부는 이의사유를 해소시킬 수 있도록 당사자들간 상호 협의할 것을 촉구할 수 있다.

7. Either Party may, within the time ordered by the Arbitral Tribunal, request the Arbitral Tribunal to rule on the objection. The Arbitral Tribunal shall then, in consultation with the Parties and in timely fashion, consider the Request to Produce and the objection. The Arbitral Tribunal may order the Party to whom such Request is addressed to produce any requested Document in its possession, custody or control as to which the Arbitral Tribunal determines that (i) the issues that the requesting Party wishes to prove are relevant to the case and material to its outcome; (ii) none of the reasons for objection set forth in Article 9.2 applies; and (iii) the requirements of Article 3.3 have been satisfied. Any such Document shall be produced to the other Parties and, if the Arbitral Tribunal so orders, to it.
8. In exceptional circumstances, if the propriety of an objection can be determined only by review of the Document, the Arbitral Tribunal may determine that it should not review the Document. In that event, the Arbitral Tribunal may, after consultation with the Parties, appoint an independent and impartial expert, bound to confidentiality, to review any such Document and to report on the objection. To the extent that the objection is upheld by the Arbitral Tribunal, the expert shall not disclose to the Arbitral Tribunal and to the other Parties the contents of the Document reviewed.
9. If a Party wishes to obtain the production of Documents from a person or organisation who is not a Party to the arbitration and from whom the Party cannot obtain the Documents on its own, the Party may, within the time ordered by the Arbitral Tribunal, ask it to take whatever steps are legally available to obtain the requested Documents, or seek leave from the Arbitral Tribunal to take such steps itself. The Party shall submit such request to the Arbitral Tribunal and to the other Parties in writing, and the request shall contain the particulars set forth in Article 3.3, as applicable. The Arbitral Tribunal shall decide on this request and shall take, authorize the requesting Party to take, or order any other Party to take, such steps as the Arbitral Tribunal considers appropriate if, in its discretion, it determines that (i) the Documents would be relevant to the case and material to its outcome, (ii) the requirements of Article 3.3, as applicable, have been satisfied and (iii) none of the reasons for objection set forth in Article 9.2 applies.
10. At any time before the arbitration is concluded, the Arbitral Tribunal may (i) request any Party to produce Documents, (ii) request any Party to use its best efforts to take or (iii) itself take, any step that it considers appropriate to obtain Documents from any person or organisation. A Party to whom such a request for Documents is addressed may object to the request for any of the reasons set forth in Article 9.2. In such cases, Article 3.4 to Article 3.8 shall apply correspondingly.

7. 각 당사자는 중재판정부가 정한 기간 내에 중재판정부가 상대방의 이의에 대해 결정을 내릴 것을 신청할 수 있다. 중재판정부는 당사자들과의 협의를 통해, 시의적절한 방식으로, 문서제출요청서 및 상대방의 이의를 심의한다. 중재판정부는, 문서제출요청서를 받은 당사자가 소유, 보관 또는 통제하는 요청 대상문서 중 이에 대해 다음의 요건이 충족될 경우 해당 문서를 제출할 것을 위 당사자에게 명령할 수 있다: (i) 요청당사자가 입증하고자 하는 쟁점들은 사건과 관련성이 있고, 결과에 대해 중대한 영향을 미치며, (ii) 제9.2조에 규정된 이의 사유 중 어떠한 이유도 적용되지 아니하고, (iii) 제3.3조의 요건을 충족하였다고 중재판정부가 결정했을 것. 제출 명령의 대상이 된 문서를 소지한 당사자는 해당 문서를 상대방에게 제출하여야 하며, 중재판정부의 명령을 받은 경우 중재판정부에 직접 제출하여야 한다.

8. 예외적인 상황에서, 문서를 직접 검토해야만 이의의 타당성에 대해 결정할 수 있는 경우, 중재판정부는 문서를 검토하지 않기로 결정할 수 있다. 이러한 경우, 중재판정부는 당사자와 협의 이후 외부의 중립적인, 그리고 비밀유지의무를 지는, 전문가를 선임하여, 해당문서를 검토하고, 이의 사유의 타당성에 대해 보고하도록 할 수 있다. 중재판정부가 이의를 받아들이는 한도 내에서, 전문가는 검토한 문서의 내용을 중재판정부와 상대방들에게 공개하지 아니하여야 한다.

9. 일방당사자가 중재당사자가 아닌 자 또는 기관으로부터 문서를 제출 받기를 원하나, 그 해당자 또는 기관으로부터 자체적으로 문서를 제출받을 수 없는 경우, 일방당사자는 중재판정부가 정한 기간 내에, 요청대상문서를 제출받기 위하여 법적으로 이용할 수 있는 모든 조치를 중재판정부가 취할 것을 요청하거나, 또는 스스로 그러한 조치를 취하기 위하여 중재판정부에게 허가를 요청할 수 있다. 일방당사자는 중재판정부 및 상대방들에게 서면으로 이러한 요청서를 제출하여야 하며, 동 요청서에는 제3.3조에 규정된 세부사항을 포함시켜야 한다. 중재판정부는 동 요청서에 대해 판단하여야 하며, 아래 요건들이 충족되는 경우에는, 중재판정부가 그 재량에 따라 적절하다고 판단하는 조치를 취하거나, 또는 요청당사자로 하여금 그러한 조치를 취하도록 승인하거나, 또는 상대방들로 하여금 그러한 조치를 취하도록 명령하여야 한다: (i) 문서가 해당 사건에 관련성이 있고, 그 결과에 중대성을 지니며, (ii) 제 3.3.조가 적용되는 경우 그 요건이 충족되었고, (iii) 제9.2조에 규정된 이의 사유 중 어디에도 해당되지 않는다고 결정했을 것.

10. 중재가 종결되기 전 어느 시점에라도, 중재판정부는 (i) 일방당사자에게 문서를 제출하도록 요청하거나, 또는 (ii) 당사자가 최선의 노력을 다하여 중재판정부가 관련자 또는 관련기관으로부터 문서를 제출받기 위하여 적절하다고 판단하는 조치를 취하도록 할 것을 요청하거나, 또는 (iii) 중재판정부는 관련자 또는 관련기관으로부터 문서를 제출받기 위하여 적절하다고 판단하는 조치를 직접 취할 수 있다. 문서 제출을 요청받은 당사자는 제9.2조에 규정된 이유 중 어떠한 이유로도 동 요청서에 대하여 이의를 제기할 수 있다. 이 경우, 제3.4조 내지 제3.8조가 준용된다.

11. Within the time ordered by the Arbitral Tribunal, the Parties may submit to the Arbitral Tribunal and to the other Parties any additional Documents on which they intend to rely or which they believe have become relevant to the case and material to its outcome as a consequence of the issues raised in Documents, Witness Statements or Expert Reports submitted or produced, or in other submissions of the Parties.
12. With respect to the form of submission or production of Documents:
    (a) copies of Documents shall conform to the originals and, at the request of the Arbitral Tribunal, any original shall be presented for inspection;
    (b) Documents that a Party maintains in electronic form shall be submitted or produced in the form most convenient or economical to it that is reasonably usable by the recipients, unless the Parties agree otherwise or, in the absence of such agreement, the Arbitral Tribunal decides otherwise;
    (c) a Party is not obligated to produce multiple copies of Documents which are essentially identical unless the Arbitral Tribunal decides otherwise; and
    (d) translations of Documents shall be submitted together with the originals and marked as translations with the original language identified.
13. Any Document submitted or produced by a Party or non-Party in the arbitration and not otherwise in the public domain shall be kept confidential by the Arbitral Tribunal and the other Parties, and shall be used only in connection with the arbitration. This requirement shall apply except and to the extent that disclosure may be required of a Party to fulfil a legal duty, protect or pursue a legal right, or enforce or challenge an award in bona fide legal proceedings before a state court or other judicial authority. The Arbitral Tribunal may issue orders to set forth the terms of this confidentiality. This requirement shall be without prejudice to all other obligations of confidentiality in the arbitration.
14. If the arbitration is organised into separate issues or phases (such as jurisdiction, preliminary determinations, liability or damages), the Arbitral Tribunal may, after consultation with the Parties, schedule the submission of Documents and Requests to Produce separately for each issue or phase.

Article 4 Witnesses of Fact

1. Within the time ordered by the Arbitral Tribunal, each Party shall identify the witnesses on whose testimony it intends to rely and the subject matter of that testimony.
2. Any person may present evidence as a witness, including a Party or a Party's officer, employee or other representative.

11. 중재판정부가 정한 기간 내에, 당사자들은 당사자들의 주장의 근거로 삼고자 하거나, 또는 제출된 문서, 사실관계증인진술서, 또는 전문가보고서(진술서), 또는 당사자들이 제출한 기타 서면에 제기된 쟁점을 검토한 결과 해당 사건에 관련성이 있고, 그 결과에 대해 중대성을 지닌다고 당사자들이 판단하는 쟁점과 관련된 추가 문서를 중재판정부 및 상대방들에게 제출할 수 있다.

12. 문서의 제출 또는 제공 형태와 관련하여,
    (a) 문서의 사본은 원본에 부합하여야 하며, 중재판정부의 요청에 따라 원본을 심사용으로 제출한다.
    (b) 일방당사자가 전자문서 형태로 보관하는 문서는 수령인이 합리적으로 사용할 수 있는 양식으로, 당사자에게 가장 편리하거나 또는 경제적인 형태로 제출하거나 제공하되, 당사자들이 달리 합의하거나, 또는 당사자간 합의가 없어서, 중재판정부가 달리 판단하는 경우는 제외한다.
    (c) 당사자는 중재판정부가 달리 판단하지 않는 한, 근본적으로 동일한 문서의 사본을 여러 부 제출하여야 할 의무를 지지 않는다.
    (d) 문서의 번역본은 원본과 함께, 원본의 언어를 표시하여 번역본임을 표기한 상태로 제출한다.

13. 중재절차의 일방당사자 또는 절차 밖에 있는 자가 제출하거나 제공한 문서 및 달리 공개영역에 속하지 아니한 문서는 중재판정부 및 상대방들이 기밀로 유지하여야 하며, 중재와 관련하여만 사용되어야 한다. 전술한 요건은 일방당사자가 법적 의무를 이행하거나, 법적 권리를 보호 또는 추구하거나, 또는 법원이나 기타 사법당국에 의한 진정(bona fide)한 법적 절차를 통해 판정을 집행하거나 또는 판정에 이의를 제기하기 위하여 일방당사자가 문서를 공개하여야 하는 경우는 제외하는 한도 내에서 적용된다. 중재판정부는 이러한 비밀유지의무의 조건을 규정하기 위한 명령을 내릴 수 있다. 이러한 비밀유지의무의 조건은 기타 모든 중재 관련 비밀유지의무에 영향을 미치지 않는다.

14. 중재절차가 개별 쟁점 또는 단계별로 구성되는 경우(예를 들어, 관할 같이 미리 결정할 수 있는 쟁점이 있거나 책임여부의 판단과 손해산정 같이 분리될 수 있는 쟁점이 있는 경우), 중재판정부는 당사자들과의 협의를 통해 각각의 쟁점 또는 단계에 대해 개별적으로 문서 및 문서제출요청서의 제출일정을 정한다.

제 4 조 사실관계에 대한 증인

1. 중재판정부가 정한 기간 내에, 각 당사자는 자신이 근거로 삼고자 하는 증언의 증인들 및 그 증언의 주요 내용를 밝혀야 한다.

2. 당사자 본인, (당사자가 회사인 경우 거기에 소속된) 임직원 또는 기타 대리인을 포함하여, 어느 누구라도 증인으로서 증거를 제출할 수 있다.

3. It shall not be improper for a Party, its officers, employees, legal advisors or other representatives to interview its witnesses or potential witnesses and to discuss their prospective testimony with them.
4. The Arbitral Tribunal may order each Party to submit within a specified time to the Arbitral Tribunal and to the other Parties Witness Statements by each witness on whose testimony it intends to rely, except for those witnesses whose testimony is sought pursuant to Articles 4.9 or 4.10. If Evidentiary Hearings are organised into separate issues or phases (such as jurisdiction, preliminary determinations, liability or damages), the Arbitral Tribunal or the Parties by agreement may schedule the submission of Witness Statements separately for each issue or phase.
5. Each Witness Statement shall contain:
   (a) the full name and address of the witness, a statement regarding his or her present and past relationship (if any) with any of the Parties, and a description of his or her background, qualifications, training and experience, if such a description may be relevant to the dispute or to the contents of the statement;
   (b) a full and detailed description of the facts, and the source of the witness's information as to those facts, sufficient to serve as that witness's evidence in the matter in dispute. Documents on which the witness relies that have not already been submitted shall be provided;
   (c) a statement as to the language in which the Witness Statement was originally prepared and the language in which the witness anticipates giving testimony at the Evidentiary Hearing;
   (d) an affirmation of the truth of the Witness Statement; and
   (e) the signature of the witness and its date and place.
6. If Witness Statements are submitted, any Party may, within the time ordered by the Arbitral Tribunal, submit to the Arbitral Tribunal and to the other Parties revised or additional Witness Statements, including statements from persons not previously named as witnesses, so long as any such revisions or additions respond only to matters contained in another Party's Witness Statements, Expert Reports or other submissions that have not been previously presented in the arbitration.
7. If a witness whose appearance has been requested pursuant to Article 8.1 fails without a valid reason to appear for testimony at an Evidentiary Hearing, the Arbitral Tribunal shall disregard any Witness Statement related to that Evidentiary Hearing by that witness unless, in exceptional circumstances, the Arbitral Tribunal decides otherwise.
8. If the appearance of a witness has not been requested pursuant to Article 8.1, none of the other Parties shall be deemed to have agreed to the correctness of the content of the Witness Statement.

3. 당사자, (당사자가 회사인 경우 거기에 소속된) 임직원, 법률자문가, 또는 기타 대리인들이 증인들이나 잠재적 증인들을 면담하고, 이러한 증인들과 함께 그들이 증언하게 될 수도 있는 증언의 내용을 논의하는 것은 부적절한 것이 아니다.

4. 제4.9조 내지 제4.10조에 따라 증언 하는 증인들의 경우를 제외하고는, 중재판정부는 각 당사자에게 각자의 주장의 근거로 삼고자 하는 증인의 진술서를 중재판정부와 상대방들에게 정해진 기간 내에 제출할 것을 명령할 수 있다. 개별 쟁점(예를 들어, 관할 같이 미리 결정할 수 있는 쟁점이 있거나 책임여부의 판단과 손해산정 같이 분리될 수 있는 쟁점이 있는 경우) 또는 단계별로 심리기일이 구성되는 경우, 중재판정부 또는 당사자들은 합의에 의하여 각각의 쟁점이나 단계에 대해 개별적으로 사실관계 증인진술서 제출일정을 정할 수 있다.

5. 각각의 (사실관계)증인진술서는 다음을 포함하여야 한다.
   (a) 증인의 성명 및 주소, 증인과 당사자들간 현재 및 과거 관계(해당사항이 있는 경우), 분쟁이나 진술서의 내용에 관련된 증인의 배경, 자격, 교육 및 경험에 관한 기술
   (b) 쟁점 사안에 관하여 증인의 증언으로서 가치가 있을 만큼 충분한 사실에 대한 완전하고 상세한 기술 및 사실의 토대가 된 정보의 출처. 이미 제출되지 아니한 문서로서 증인이 근거로 삼는 문서는 제공되어야 함.
   (c) 사실관계 증인진술서가 최초로 작성되었을 때의 언어 및 심리기일시 증인이 증언을 제공할 때 사용할 언어에 관한 진술
   (d) 증인진술서의 진실성을 확인하는 선언 및
   (e) 증인의 서명과 서명일 및 서명장소

6. 증인진술서가 제출된 경우, 당사자는 중재판정부가 정한 기간 내에 중재판정부 및 상대방들에게, 기존에 증인으로 지명되지 아니한 자들의 진술서를 포함하여 수정되거나 추가된 증인진술서를 제출할 수 있으나, 이는 수정 또는 추가 내용이 상대방의 증인진술서, 전문가보고서(진술서) 또는 중재절차 중 기존에 제출되지 아니한 기타 서면에 포함된 사안에 대한 답변인 경우에 한한다.

7. 제8.1조에 따라 출석을 요청 받은 증인이 타당한 이유 없이 증언을 위해 심리기일에 출석하지 아니하는 경우, 중재판정부는 예외적인 상황에서 중재판정부가 달리 결정하지 아니하는 한, 해당 심리기일과 관련하여 증인이 제공한 증인진술서를 무시하여야 한다.

8. 제8.1조에 따라 증인의 출석이 요청되지 아니하는 경우, 상대방들 중 어느 누구도 사실관계 증인진술서의 내용의 정확성에 대해 동의한 것으로 간주되지 아니한다.

9. If a Party wishes to present evidence from a person who will not appear voluntarily at its request, the Party may, within the time ordered by the Arbitral Tribunal, ask it to take whatever steps are legally available to obtain the testimony of that person, or seek leave from the Arbitral Tribunal to take such steps itself. In the case of a request to the Arbitral Tribunal, the Party shall identify the intended witness, shall describe the subjects on which the witness's testimony is sought and shall state why such subjects are relevant to the case and material to its outcome. The Arbitral Tribunal shall decide on this request and shall take, authorize the requesting Party to take or order any other Party to take, such steps as the Arbitral Tribunal considers appropriate if, in its discretion, it determines that the testimony of that witness would be relevant to the case and material to its outcome.
10. At any time before the arbitration is concluded, the Arbitral Tribunal may order any Party to provide for, or to use its best efforts to provide for, the appearance for testimony at an Evidentiary Hearing of any person, including one whose testimony has not yet been offered. A Party to whom such a request is addressed may object for any of the reasons set forth in Article 9.2.

Article 5 Party–Appointed Experts

1. A Party may rely on a Party-Appointed Expert as a means of evidence on specific issues. Within the time ordered by the Arbitral Tribunal, (i) each Party shall identify any Party-Appointed Expert on whose testimony it intends to rely and the subject-matter of such testimony; and (ii) the Party-Appointed Expert shall submit an Expert Report.
2. The Expert Report shall contain:
   (a) the full name and address of the Party- Appointed Expert, a statement regarding his or her present and past relationship (if any) with any of the Parties, their legal advisors and the Arbitral Tribunal, and a description of his or her background, qualifications, training and experience;
   (b) a description of the instructions pursuant to which he or she is providing his or her opinions and conclusions;
   (c) a statement of his or her independence from the Parties, their legal advisors and the Arbitral Tribunal;
   (d) a statement of the facts on which he or she is basing his or her expert opinions and conclusions;
   (e) his or her expert opinions and conclusions, including a description of the methods, evidence and information used in arriving at the conclusions. Documents on which the Party-Appointed Expert relies that have not already

9. 요청에 따라 자발적으로 출석하지 아니할 자로부터 제공받은 증거를 일방당사자가 제시하고자 할 경우, 동 당사자는 중재판정부가 정한 기간 내에 전술한 자의 증언을 얻기 위하여 법적으로 이용할 수 있는 모든 조치를 취할 것을 요청하거나, 또는 스스로 그러한 조치를 취하기 위하여 중재판정부에게 허가를 요청할 수 있다. 중재판정부에 대한 요청 시, 당사자는 목표로 한 증인을 찾아서, 증인의 증언을 구하고자 하는 주제를 설명하고, 어떠한 이유로 그러한 주제가 사건에 관련성이 있고 그 결과에 대해 중대성을 지니는지를 진술하여야 한다. 중재판정부는 이러한 요청에 대하여 증인의 증언이 해당 사건에 관련성을 지니고 그 결과에 중대성을 지닌다고 재량으로 결정하는 경우, 중재판정부가 적절하다고 판단하는 조치를 취하거나, 또는 요청당사자로 하여금 그러한 조치를 취하도록 승인하거나, 또는 상대방들로 하여금 그러한 조치를 취하도록 명령하여야 한다.

10. 중재가 종결되기 전 어느 시점에라도, 중재판정부는 당사자로 하여금 아직 증언을 제공하지 아니한 자를 포함한 모든 이들이 증언을 위한 심리기일에 출석하도록 명령하거나, 또는 최선의 노력을 다해 출석하게 하도록 명령할 수 있다. 그러한 요청을 받은 당사자는 제9.2조에 규정된 이유 중 어떠한 이유로도 이의를 제기할 수 있다.

제 5 조 당사자가 선임한 전문가

1. 일방당사자는 특정 쟁점에 대하여 증거수단으로서 당사자가 선임한 전문가에게 의존할 수 있다. 중재판정부가 정한 기간 내에, (i) 각 당사자는 당사자가 근거로 삼고자 하는 증언을 제공할 당사자가 선임한 전문가 및 동 증언의 주제를 밝혀야 하며, (ii) 당사자가 선임한 전문가는 전문가보고서를 제출하여야 한다.

2. 전문가보고서는 다음을 포함한다.
   (a) 당사자가 선임한 전문가의 이름 및 주소, 당사자들, 그들의 법률자문가 및 중재판정부와 당사자가 선임한 전문가간의 현재 또는 과거의 관계(단, 존재할 경우), 관련 진술서 및 당사자가 선임한 전문가의 배경, 자격, 교육 및 경험에 관한 기술
   (b) 당사자가 선임한 전문가가 그의 의견 및 결론을 제시하는 근거가 되는 지침에 대한 설명
   (c) 당사자들, 그들의 법률자문가 및 중재판정부에 대한 당사자가 선임한 전문가의 중립성에 관한 진술
   (d) 당사자가 선임한 전문가의 전문가의견 및 결론의 근거가 되는 사실에 관한 진술
   (e) 결론에 도달하는데 사용된 방법, 증거 및 정보에 관한 기술을 포함하여, 당사자가 선임한 전문가의 전문가의견 및 결론. 이미 제출되지 아니한 문서로서 당사자가 선임한 전문가가 근거로 하는 문서는 제출되어야 함.

been submitted shall be provided;

(f) if the Expert Report has been translated, a statement as to the language in which it was originally prepared, and the language in which the Party-Appointed Expert anticipates giving testimony at the Evidentiary Hearing;

(g) an affirmation of his or her genuine belief in the opinions expressed in the Expert Report;

(h) the signature of the Party-Appointed Expert and its date and place; and

(i) if the Expert Report has been signed by more than one person, an attribution of the entirety or specific parts of the Expert Report to each author.

3. If Expert Reports are submitted, any Party may, within the time ordered by the Arbitral Tribunal, submit to the Arbitral Tribunal and to the other Parties revised or additional Expert Reports, including reports or statements from persons not previously identified as Party-Appointed Experts, so long as any such revisions or additions respond only to matters contained in another Party's Witness Statements, Expert Reports or other submissions that have not been previously presented in the arbitration.
4. The Arbitral Tribunal in its discretion may order that any Party-Appointed Experts who will submit or who have submitted Expert Reports on the same or related issues meet and confer on such issues. At such meeting, the Party-Appointed Experts shall attempt to reach agreement on the issues within the scope of their Expert Reports, and they shall record in writing any such issues on which they reach agreement, any remaining areas of disagreement and the reasons therefore.
5. If a Party-Appointed Expert whose appearance has been requested pursuant to Article 8.1 fails without a valid reason to appear for testimony at an Evidentiary Hearing, the Arbitral Tribunal shall disregard any Expert Report by that Party-Appointed Expert related to that Evidentiary Hearing unless, in exceptional circumstances, the Arbitral Tribunal decides otherwise.
6. If the appearance of a Party-Appointed Expert has not been requested pursuant to Article 8.1, none of the other Parties shall be deemed to have agreed to the correctness of the content of the Expert Report.

Article 6 Tribunal-Appointed Experts

1. The Arbitral Tribunal, after consulting with the Parties, may appoint one or more independent Tribunal-Appointed Experts to report to it on specific issues designated by the Arbitral Tribunal. The Arbitral Tribunal shall establish the terms of reference for any Tribunal-Appointed Expert Report after consulting with the Parties. A copy of the final terms of reference shall be sent by the Arbitral Tribunal

(f) 전문가보고서가 번역된 경우, 전문가보고서가 최초로 작성되었을 때의 언어 및 심리기일시 당사자가 선임한 전문가가 증언을 제공할 때 사용할 언어에 관한 진술
(g) 당사자가 선임한 전문가의 전문가보고서에 표현된 의견에 대한 진정한 믿음에 대한 확인
(h) 당사자가 선임한 전문가의 서명과 서명일 및 서명장소
(i) 1인 이상이 전문가보고서에 서명한 경우, 전문가보고서의 전체 또는 특정 부분을 각 작성자에게 귀속시킴.

3. 전문가보고서가 제출되는 경우, 당사자는 중재판정부가 정한 기간 내에, 중재판정부 및 상대방들에게, 기존에 당사자가 선임한 전문가로 파악되지 아니한 자들의 보고서나 진술서를 포함하여 수정되거나 추가된 증인진술서를 제출할 수 있으나, 단 그러한 수정 또는 추가 내용이 상대방의 증인진술서, 전문가보고서 또는 중재 중 기존에 제출되지 아니한 기타 서면에 포함된 사안에 대한 답변인 경우에 한한다.

4. 중재판정부는 전문가보고서를 제출할 예정이거나 또는 이미 제출하였던 당사자가 선임한 전문가들이 동일 쟁점이나 관련 쟁점에 대해 회의를 갖고 협의하도록 임의로 정할 수 있다. 이러한 회의에서, 당사자가 선임한 전문가들은 전문가보고서의 범위에 속하는 쟁점에 대하여 합의에 도달하도록 노력하고, 합의에 도달한 쟁점 및 합의에 이르지 못한 나머지 부분과 그 이유를 서면으로 기록한다.

5. 제8.1조에 따라 당사자가 선임한 전문가가 출석을 요청 받은 후 타당한 이유 없이 증언을 위한 심리기일에 출석하지 아니하는 경우, 중재판정부는 특별한 상황에서 중재판정부가 달리 결정하지 아니하는 한, 해당 심리기일 과 관련하여 당사자가 선임한 전문가가 작성한 전문가보고서를 무시한다.

6. 당사자가 선임한 전문가가 제8.1조에 따라 출석을 요청 받지 아니 하더라도, 상대방들 중 그 누구도 전문가보고서의 내용의 정확성에 동의한 것으로 간주되지 아니한다.

제 6 조 중재판정부가 선임한 전문가

1. 중재판정부는 당사자들과의 협의를 통해 1인 이상의 중립적인 '중재판정부가 선임한 전문가들'을 선임하여, 중재판정부가 지정한 구체적 쟁점에 대하여 중재판정부에 보고하도록 할 수 있다. 중재판정부는 당사자들과의 협의를 통해 중재판정부가 선임한 당사자들을 위하여 위탁요지서(terms of reference)를 작성할 수 있다. 중재판정부는 최종 위탁요지서(terms of reference) 1부를 당사자들에게 송부하여야 한다.

to the Parties.

2. The Tribunal-Appointed Expert shall, before accepting appointment, submit to the Arbitral Tribunal and to the Parties a description of his or her qualifications and a statement of his or her independence from the Parties, their legal advisors and the Arbitral Tribunal. Within the time ordered by the Arbitral Tribunal, the Parties shall inform the Arbitral Tribunal whether they have any objections as to the Tribunal-Appointed Expert's qualifications and independence. The Arbitral Tribunal shall decide promptly whether to accept any such objection. After the appointment of a Tribunal- Appointed Expert, a Party may object to the expert's qualifications or independence only if the objection is for reasons of which the Party becomes aware after the appointment has been made. The Arbitral Tribunal shall decide promptly what, if any, action to take.
3. Subject to the provisions of Article 9.2, the Tribunal-Appointed Expert may request a Party to provide any information or to provide access to any Documents, goods, samples, property, machinery, systems, processes or site for inspection, to the extent relevant to the case and material to its outcome. The authority of a Tribunal-Appointed Expert to request such information or access shall be the same as the authority of the Arbitral Tribunal. The Parties and their representatives shall have the right to receive any such information and to attend any such inspection. Any disagreement between a Tribunal- Appointed Expert and a Party as to the relevance, materiality or appropriateness of such a request shall be decided by the Arbitral Tribunal, in the manner provided in Articles 3.5 through 3.8. The Tribunal-Appointed Expert shall record in the Expert Report any non-compliance by a Party with an appropriate request or decision by the Arbitral Tribunal and shall describe its effects on the determination of the specific issue.
4. The Tribunal-Appointed Expert shall report in writing to the Arbitral Tribunal in an Expert Report. The Expert Report shall contain:
   (a) the full name and address of the Tribunal- Appointed Expert, and a description of his or her background, qualifications, training and experience;
   (b) a statement of the facts on which he or she is basing his or her expert opinions and conclusions;
   (c) his or her expert opinions and conclusions, including a description of the methods, evidence and information used in arriving at the conclusions. Documents on which the Tribunal-Appointed Expert relies that have not already been submitted shall be provided;
   (d) if the Expert Report has been translated, a statement as to the language in which it was originally prepared, and the language in which the Tribunal-Appointed Expert anticipates giving testimony at the Evidentiary

2. 중재판정부가 선임한 전문가는 임명을 승낙하기 전에, 본인의 자격에 대한 기술서와 함께 당사자들, 그들의 법률자문가 및 중재판정부로부터의 독립성에 관한 진술서를 중재판정부와 당사자들에게 제출하여야 한다. 중재판정부가 정한 기간 내에, 당사자들은 중재판정부가 선임한 전문가의 자격 및 중립성에 대한 이의 여부를 중재판정부에 고지하여야 한다. 중재판정부는 그러한 이의를 인용할 것인지 여부를 즉시 결정하여야 한다. 중재판정부가 선임한 전문가의 임명 이후, 일방당사자는 전문가의 선임이 이루어진 이후 당사자가 인지하게 된 이유에 의하여 이의가 제기된 경우에 한하여, 중재판정부가 선임한 전문가의 자격이나 중립성에 대해 이의를 제기할 수 있다. 중재판정부는 어떠한 조치를 취할 경우, 이를 즉시 결정하여야 한다.

3. 제9.2조의 규정에 따라, 중재판정부가 선임한 전문가는 일방당사자에게, 사건에 관련성이 있고 그 결과에 대해 중대성이 있는 범위에 한하여 모든 정보를 제공할 것을 요청하거나, 또는 조사를 위하여 모든 문서, 물품, 샘플, 재산, 기계, 시스템, 프로세스 또는 현장에 대한 이용권한을 제공할 것을 요청할 수 있다. 전술한 바와 같은 정보나 이용권한을 요청할 수 있는 중재판정부가 선임한 전문가의 권한은 중재판정부의 권한과 동일하다. 당사자들 및 들의 대표들은 전술한 바와 같이 정보를 수령하고 조사에 참여할 수 있는 권리를 갖는다. 위 요청의 관련성, 중대성 또는 적합성에 관하여 중재판정부가 선임한 전문가 및 일방 당사자 간 합의에 이르지 못한 부분은 제3.5조 내지 제3.8조에 규정된 방식에 따라 중재판정부가 결정한다. 중재판정부가 선임한 전문가는 중재판정부가 내린 적절한 요청이나 결정을 준수하지 아니한 사항을 전문가보고서에 기록하고, 그러한 불이행 사항이 특정 쟁점의 결정에 미치게 될 영향을 기술한다.

4. 중재판정부가 선임한 전문가는 전문가보고서를 통해 중재판정부에 서면으로 보고한다. 전문가보고서는 다음을 포함한다.
   (a) 중재판정부가 선임한 전문가의 이름 및 주소, 중재판정부가 선임한 전문가의 배경, 자격, 교육 및 경험에 관한 기술
   (b) 중재판정부가 선임한 전문가가 그의 의견 및 결론을 제시하는 근거가 되는 사실에 관한 진술
   (c) 결론에 도달하는데 사용된 방법, 증거 및 정보에 관한 기술서를 포함한, 중재판정부가 선임한 전문가의 전문가의견 및 결론. 이미 제출되지 아니한 문서로서 중재판정부가 선임한 전문가가 근거로 하는 문서는 제출되어야 함.
   (d) 전문가보고서가 번역된 경우, 전문가진술서가 최초로 작성되었을 때의 언어 및 심리기일시 중재판정부가 선임한 전문가가 증언을 제공할 때 사용할 언어에 관한 진술

Hearing;

(e) an affirmation of his or her genuine belief in the opinions expressed in the Expert Report;

(f) the signature of the Tribunal-Appointed Expert and its date and place; and

(g) if the Expert Report has been signed by more than one person, an attribution of the entirety or specific parts of the Expert Report to each author.

5. The Arbitral Tribunal shall send a copy of such Expert Report to the Parties. The Parties may examine any information, Documents, goods, samples, property, machinery, systems, processes or site for inspection that the Tribunal-Appointed Expert has examined and any correspondence between the Arbitral Tribunal and the Tribunal-Appointed Expert. Within the time ordered by the Arbitral Tribunal, any Party shall have the opportunity to respond to the Expert Report in a submission by the Party or through a Witness Statement or an Expert Report by a Party-Appointed Expert. The Arbitral Tribunal shall send the submission, Witness Statement or Expert Report to the Tribunal-Appointed Expert and to the other Parties.

6. At the request of a Party or of the Arbitral Tribunal, the Tribunal-Appointed Expert shall be present at an Evidentiary Hearing. The Arbitral Tribunal may question the Tribunal-Appointed Expert, and he or she may be questioned by the Parties or by any Party-Appointed Expert on issues raised in his or her Expert Report, the Parties' submissions or Witness Statement or the Expert Reports made by the Party-Appointed Experts pursuant to Article 6.5.

7. Any Expert Report made by a Tribunal-Appointed Expert and its conclusions shall be assessed by the Arbitral Tribunal with due regard to all circumstances of the case.

8. The fees and expenses of a Tribunal-Appointed Expert, to be funded in a manner determined by the Arbitral Tribunal, shall form part of the costs of the arbitration.

Article 7 Inspection

Subject to the provisions of Article 9.2, the Arbitral Tribunal may, at the request of a Party or on its own motion, inspect or require the inspection by a Tribunal-Appointed Expert or a Party-Appointed Expert of any site, property, machinery or any other goods, samples, systems, processes or Documents, as it deems appropriate. The Arbitral Tribunal shall, in consultation with the Parties, determine the timing and arrangement for the inspection. The Parties and their representatives shall have the right to attend any such inspection.

(e) 중재판정부가 선임한 전문가의 전문가보고서에 표현된 의견에 대한 진정한 믿음에 대한 확인
(f) 당사자가 선임한 전문가의 서명과 서명일 및 서명장소
(g) 1인 이상이 전문가보고서에 서명한 경우, 전문가보고서의 전체 또는 특정 부분을 각 작성자에게 귀속시킴.

5. 중재판정부는 전문가보고서1부를 당사자들에게 송부한다. 당사자들은 중재판정부가 선임한 전문가가 심리한 모든 조사용 정보, 문서, 물품, 샘플, 재산, 기계, 시스템, 프로세스 또는 현장 및 중재판정부와 중재판정부가 선임한 전문가간 교환한 서신을 심리할 수 있다. 중재판정부가 정한 기간 내에, 일방당사자는 동 당사자에 의한 서면이나 사실관계 증인진술서, 또는 당사자가 선임한 전문가에 의한 전문가보고서를 통해, 전문가보고서에 대해 답변할 기회를 갖는다. 중재판정부는 중재판정부가 선임한 전문가 및 상대방들에게 전술한 서면, 사실관계 증인진술서 또는 전문가보고서를 송부하여야 한다.

6. 일방당사자 또는 중재판정부의 요청에 따라, 중재판정부가 선임한 전문가는 심리기일에 출석한다. 중재판정부는 중재판정부가 선임한 전문가에게 질의할 수 있고, 동 전문가는 전문가보고서, 당사자들의 서면 또는 증인진술서, 또는 제5.1(ii)조에 따라 당사자가 선임한 전문가가 작성한 전문가보고서에 제기된 쟁점에 대하여 당사자들이나 당사자가 선임한 전문가로부터 질의를 받을 수 있다.

7. 중재판정부가 선임한 전문가가 작성한 전문가보고서 및 그 결론은 중재판정부가 사건의 모든 제반 사정을 적절히 고려하여 평가한다.

8. 중재판정부가 결정하는 방식에 따라 충당되는 중재판정부가 선임한 전문가관련 보수 및 비용은 중재비용의 일부를 구성한다.

제 7 조 검증(Inspection)

제9.2조의 규정에 따라, 중재판정부는 일방당사자의 요청에 따라, 또는 자체적으로, 중재판정부가 적절하다고 판단하는 모든 현장, 재산, 기계 또는 기타 물품, 샘플, 시스템, 프로세스, 또는 문서 등을 검증하거나 중재판정부가 선임한 전문가로 하여금 검증하도록 할 수 있다. 중재판정부는 당사자들과의 협의를 통해 조사 시기 및 일정을 결정한다. 당사자들과 그들의 대리인들은 이러한 검증에 참여할 권리를 갖는다.

Article 8 Evidentiary Hearing

1. Within the time ordered by the Arbitral Tribunal, each Party shall inform the Arbitral Tribunal and the other Parties of the witnesses whose appearance it requests. Each witness (which term includes, for the purposes of this Article, witnesses of fact and any experts) shall, subject to Article 8.2, appear for testimony at the Evidentiary Hearing if such person appearance has been requested by any Party or by the Arbitral Tribunal. Each witness shall appear in person unless the Arbitral Tribunal allows the use of videoconference or similar technology with respect to a particular witness.
2. The Arbitral Tribunal shall at all times have complete control over the Evidentiary Hearing. The Arbitral Tribunal may limit or exclude any question to, answer by or appearance of a witness, if it considers such question, answer or appearance to be irrelevant, immaterial, unreasonably burdensome, duplicative or otherwise covered by a reason for objection set forth in Article 9.2. Questions to a witness during direct and re-direct testimony may not be unreasonably leading.
3. With respect to oral testimony at an Evidentiary Hearing:
   (a) the Claimant shall ordinarily first present the testimony of its witnesses, followed by the Respondent presenting the testimony of its witnesses;
   (b) following direct testimony, any other Party may question such witness, in an order to be determined by the Arbitral Tribunal. The Party who initially presented the witness shall subsequently have the opportunity to ask additional questions on the matters raised in the other Parties' questioning;
   (c) thereafter, the Claimant shall ordinarily first present the testimony of its Party-Appointed Experts, followed by the Respondent presenting the testimony of its Party-Appointed Experts. The Party who initially presented the Party-Appointed Expert shall subsequently have the opportunity to ask additional questions on the matters raised in the other Parties' questioning;
   (d) the Arbitral Tribunal may question a Tribunal- Appointed Expert, and he or she may be questioned by the Parties or by any Party- Appointed Expert, on issues raised in the Tribunal-Appointed Expert Report, in the Parties' submissions or in the Expert Reports made by the Party-Appointed Experts;
   (e) if the arbitration is organised into separate issues or phases (such as jurisdiction, preliminary determinations, liability and damages), the Parties may agree or the Arbitral Tribunal may order the scheduling of testimony separately for each issue or phase;
   (f) the Arbitral Tribunal, upon request of a Party or on its own motion, may vary this order of proceeding, including the arrangement of testimony by particular

제 8 조 심리기일

1. 중재판정부가 정한 기간 내에, 각 당사자는 중재판정부와 상대방들에게 당사자가 출석을 요청하는 증인들에 대하여 고지하여야 한다. 각각의 증인(본 조의 목적상 증인이란 용어에는 사실에 대한 증인 및 모든 전문가가 포함된다)은 당사자나 중재판정부에 의해 출석을 요청 받은 경우, 증언을 위하여 제8.2조에 따라 심리기일에 출석하여야 한다. 각 증인은 중재판정부가 특정 증인과 관련하여 원격회의 또는 그에 준하는 기술의 사용을 허용하지 않는 한, 직접 출석하여야 한다.

2. 중재판정부는 항시 심리기일에 대하여 완전한 절차 지휘권을 갖는다. 중재판정부는 증인에 대한 질의, 증인에 의한 답변 또는 증인의 출석이 관련성이 없거나, 중요하지 않거나, 부당한 부담을 주거나, 중복적이거나, 또는 제9.2조에 규정된 이의에 대한 이유에 해당된다고 판단하는 경우, 전술한 질의, 답변, 출석을 제한하거나 배제할 수 있다. 주신문 및 재주신문에는 비합리적으로 특정 답을 유도하는 질문을 하여서는 안 된다.

3. 심리기일에서의 구술 증언과 관련하여,
   (a) 통상적으로 신청인측 증인을 신문한 다음 피신청인측 증인을 신문한다.
   (b) 주신문 진행 이후, 상대방은 중재판정부가 결정하는 순서로 해당 증인에게 반대신문을 할 수 있다. 최초로 증인을 세운 당사자는 이후 상대방들의 반대신문 사항에서 제기된 쟁점에 관하여 추가적으로 재신문을 할 기회를 갖는다.
   (c) 사실관계 증인의 신문 이후 통상적으로 신청인측 당사자가 선임한 전문가의 증언, 그 후 피신청인측 당사자가 선임한 전문가의 증언을 제시한다. 당사자가 선임한 전문가를 최초로 내세운 당사자는 이후 상대방들의 질의에서 제기된 사안에 대하여 추가적으로 질의할 기회를 갖는다.
   (d) 중재판정부는 중재판정부가 선임한 전문가에게 질의할 수 있고, 동 전문가는 중재판정부가 선임한 전문가의 보고서[진술서], 당사자들의 서면 또는 당사자가 선임한 전문가들이 작성한 전문가보고서에 제기된 쟁점에 대하여 상대방들이나 당사자가 선임한 전문가로부터 질의를 받을 수 있다.
   (e) 중재절차가 개별 쟁점 또는 단계별로 구성되는 경우(예를 들어, 관할 같이 미리 결정할 수 있는 쟁점이 있거나 책임여부의 판단과 손해산정 같이 분리될 수 있는 쟁점이 있는 경우), 각각의 쟁점이나 단계에 대하여 개별적으로 증언일정을 계획할 것을 당사자들이 합의하거나 또는 중재판정부가 명령할 수 있다.
   (f) 중재판정부는 당사자의 요청에 따라, 또는 자체적으로, 특정 쟁점별로 증언의 순서를 정하거나, 또는 증인들이 상호 대면한 상태에서 동시에 증인들에게 질의하는 방

issues or in such a manner that witnesses be questioned at the same time and in confrontation with each other (witness conferencing);

(g) the Arbitral Tribunal may ask questions to a witness at any time.

4. A witness of fact providing testimony shall first affirm, in a manner determined appropriate by the Arbitral Tribunal, that he or she commits to tell the truth or, in the case of an expert witness, his or her genuine belief in the opinions to be expressed at the Evidentiary Hearing. If the witness has submitted a Witness Statement or an Expert Report, the witness shall confirm it. The Parties may agree or the Arbitral Tribunal may order that the Witness Statement or Expert Report shall serve as that witness's direct testimony.
5. Subject to the provisions of Article 9.2, the Arbitral Tribunal may request any person to give oral or written evidence on any issue that the Arbitral Tribunal considers to be relevant to the case and material to its outcome. Any witness called and questioned by the Arbitral Tribunal may also be questioned by the Parties.

Article 9 Admissibility and Assessment of Evidence

1. The Arbitral Tribunal shall determine the admissibility, relevance, materiality and weight of evidence.
2. The Arbitral Tribunal shall, at the request of a Party or on its own motion, exclude from evidence or production any Document, statement, oral testimony or inspection for any of the following reasons:
   (a) lack of sufficient relevance to the case or materiality to its outcome;
   (b) legal impediment or privilege under the legal or ethical rules determined by the Arbitral Tribunal to be applicable;
   (c) unreasonable burden to produce the requested evidence;
   (d) loss or destruction of the Document that has been shown with reasonable likelihood to have occurred;
   (e) grounds of commercial or technical confidentiality that the Arbitral Tribunal determines to be compelling;
   (f) grounds of special political or institutional sensitivity (including evidence that has been classified as secret by a government or a public international institution) that the Arbitral Tribunal determines to be compelling; or
   (g) considerations of procedural economy, proportionality, fairness or equality of the Parties that the Arbitral Tribunal determines to be compelling.
3. In considering issues of legal impediment or privilege under Article 9.2(b), and insofar as permitted by any mandatory legal or ethical rules that are determined by it to be applicable, the Arbitral Tribunal may take into account:

식(Witness Conferencing) 등으로 본 절차의 순서를 변경할 수 있다.
(g) 중재판정부는 언제라도 증인에게 질의할 수 있다.

4. 증언을 제공하는 사실에 대한 증인은 우선 중재판정부가 적절하다고 결정한 방식으로 반드시 진실을 말할 것, 또는 전문가증인의 경우 심리기일에서 표현할 의견에 대한 진정한 믿음만을 말할 것을 확약한다. 증인이 증인진술서나 전문가보고서를 제출한 경우, 증인은 이를 확인한다. 증인진술서나 전문가보고서는 해당증인의 직접증언의 기능을 하도록 당사자들이 합의하거나 중재판정부가 명령할 수 있다.

5. 제9.2조의 규정에 따라, 중재판정부가 사건에 관련성이 있고 그 결과에 대해 중대성을 지닌다고 판단하는 쟁점에 대하여, 중재판정부는 모든 이가 구두 또는 서면 증거를 제출할 것을 요청할 수 있다. 중재판정부가 출석을 요구하고 질의한 증인은 또한 당사자들의 질의대상이 될 수 있다.

제 9 조 증거의 허용가능성 및 심사

1. 중재판정부는 증거의 허용가능성, 관련성, 중대성 및 증명력을 판단한다.

2. 중재판정부는 일방당사자의 요청에 따라, 또는 자신의 결정에 따라, 다음에 해당하는 이유로 문서, 진술서, 구두증언 또는 조사를 증거 또는 제출로부터 제외한다.
   (a) 사건에 대한 충분한 관련성이나 그 결과에 대한 중대성이 결여된 경우
   (b) 중재판정부가 적용 가능하다고 결정한 법적.윤리적 규칙에 의한 법적 장애 또는 특권이 있는 경우
   (c) 증거 제출시 부당하게 부담을 지게 될 경우
   (d) 분실 또는 파손 발생의 가능성에 대한 상당한 소명이 이루어진 문서의 경우
   (e) 중재판정부가 보호해야 할 강력한 필요성이 있다고 판단한 상업적 또는 기술적 기밀이 관련된 경우
   (f) 중재판정부가 보호해야 할 강력한 필요성이 있다고 판단한 특별한 정치적 또는 제도적 민감성 (정부 또는 공적 국제기관에 의하여 기밀로 분류된 증거 포함)이 있는 경우, 또는
   (g) 중재판정부가 보호해야 할 강력한 필요성이 있다고 결정한 당사자들의 절차적 경제성, 비례성, 공정성, 또는 평등성에 대한 참작 사유가 있는 경우

3. 제9.2(b)조에 의한 법적 장애 또는 특권의 문제를 고려함에 있어, 또한 중재판정부가 적용 가능하다고 결정한 강행법규적 또는 변호사윤리 규칙이 허용하는 범위 내에서, 중재판정부는 다음을 고려할 수 있다.

(a) any need to protect the confidentiality of a Document created or statement or oral communication made in connection with and for the purpose of providing or obtaining legal advice;
(b) any need to protect the confidentiality of a Document created or statement or oral communication made in connection with and for the purpose of settlement negotiations;
(c) the expectations of the Parties and their advisors at the time the legal impediment or privilege is said to have arisen;
(d) any possible waiver of any applicable legal impediment or privilege by virtue of consent, earlier disclosure, affirmative use of the Document, statement, oral communication or advice contained therein, or otherwise; and
(e) the need to maintain fairness and equality as between the Parties, particularly if they are subject to different legal or ethical rules.

4. The Arbitral Tribunal may, where appropriate, make necessary arrangements to permit evidence to be presented or considered subject to suitable confidentiality protection.
5. If a Party fails without satisfactory explanation to produce any Document requested in a Request to Produce to which it has not objected in due time or fails to produce any Document ordered to be produced by the Arbitral Tribunal, the Arbitral Tribunal may infer that such document would be adverse to the interests of that Party.
6. If a Party fails without satisfactory explanation to make available any other relevant evidence, including testimony, sought by one Party to which the Party to whom the request was addressed has not objected in due time or fails to make available any evidence, including testimony, ordered by the Arbitral Tribunal to be produced, the Arbitral Tribunal may infer that such evidence would be adverse to the interests of that Party.
7. If the Arbitral Tribunal determines that a Party has failed to conduct itself in good faith in the taking of evidence, the Arbitral Tribunal may, in addition to any other measures available under these Rules, take such failure into account in its assignment of the costs of the arbitration, including costs arising out of or in connection with the taking of evidence.

(a) 법률 자문의 제공이나 취득과 관련하여, 또한 그러한 목적으로, 생성된 문서나 진술서 또는 구두연락의 기밀성을 보호하기 위한 필요성
(b) 분쟁해결협상과 관련하여, 또한 그러한 목적으로, 생성된 문서나 진술서 또는 구두연락의 기밀성을 보호하기 위한 필요성
(c) 법적 장애 또는 특권 사유가 발생했다고 주장되는 시점에 당사자들과 그들의 자문역들이 특권으로 인해 해당 정보가 외부로 노출되지 않으리라고 신뢰하였는지 여부
(d) 문서, 진술서, 구두연락 또는 동 문서 등에 포함된 자문 등과 관련하여 그에 대한 동의, 사전 공개, 확정적 사용에 의하여 법적 장애나 특권이 포기되었을 가능성
(e) 당사자들이 상이한 법규정·윤리적 규칙의 적용을 받는 경우, 당사자들간 공정성 및 평등성을 유지하기 위한 필요성

4. 중재판정부는 적절한 경우, 적합한 비밀유지 보호 조치에 따라 증거를 제출하거나 심리할 수 있도록 필요한 준비를 할 수 있다.

5. 일방당사자가 만족할 만한 설명 없이, 적시에 이의를 제기하지 아니한 문서제출요청서상의 문서를 제출하지 않거나, 또는 중재판정부가 제출할 것을 명한 문서를 제출하지 아니한 경우, 중재판정부는 해당 문서가 해당 당사자의 이해관계에 불리한 것이라고 추론할 수 있다.

6. 일방당사자가 만족할 만한 설명 없이, 증언 등 상대방으로부터 증언, 기타 관련 증거의 제출을 요청받고 적시에 이의를 제기하지 아니하였음에도 불구하고 이를 증거로 제공하지 않는 경우, 또는 중재판정부로부터 증언, 기타 관련 증거의 제출을 명령 받고도 이를 제공하지 아니한 경우, 중재판정부는 해당 증거가 해당 당사자의 이해관계에 불리한 것이라고 추론할 수 있다.

7. 중재판정부가 일방당사자가 증거조사에 있어 성실하게 이행하지 아니하였다고 결정하는 경우, 중재판정부는 본 규칙에 따라 이용할 수 있는 기타 조치 이외에, 전술한 당사자의 불이행을 증거조사로 인하여 발생한 또는 증거조사와 관련하여 발생한 비용을 포함하여, 중재비용의 분담 여부를 결정할 때 이를 고려할 수 있다.

판례색인

국문색인

[ㄴ]

[ㄷ]

[ㅇ]

[ㅈ]

[ㅎ]

영문색인

저자 약력

법무법인 광장(Lee & Ko) 파트너 변호사, 국제중재팀장
대한상사중재원 중재인, 국제중재위원회 위원
국제중재실무회(KOCIA) 부회장
ICC Korea 국제중재위원
싱가포르국제중재센터(SIAC) 중재인
상하이국제중재센터(SHIAC) 중재인
비엔나국제중재센터(VIAC) International Advisory Board 멤버
법무부 중재법개정위원회 위원 역임
싱가포르국제중재센터(SIAC) 중재법원 초대 상임위원 역임
아태지역국제중재그룹(APRAG) 사무총장 역임
서울대학교 법과대학 사법학과 (1987)
제18기 사법연수원 (1989)
미국 Cornell Law School (LL. M., 1995)
미국 New York주 변호사 자격취득 (1995)

국제중재

초판인쇄 2016년 8월 25일
초판발행 2016년 9월 10일

지은이 임성우
펴낸이 안종만

편 집 김선민
기획/마케팅 조성호
표지디자인 권효진
제 작 우인도 · 고철민

펴낸곳 (주) 박영사
서울특별시 종로구 새문안로3길 36, 1601
등록 1959. 3. 11. 제300-1959-1호(倫)
전 화 02)733-6771
f a x 02)736-4818
e-mail pys@pybook.co.kr
homepage www.pybook.co.kr
ISBN 979-11-303-2922-2 93360

정 가 45,000원